Stefanie Pfister

Messianische Juden in Deutschland

Dortmunder Beiträge zu Theologie und Religionspädagogik

herausgegeben von

Prof. Dr. Gerhard Büttner

und

Prof. Dr. Thomas Pola

Band 3

LIT

Stefanie Pfister

Messianische Juden in Deutschland

Eine historische und religionssoziologische Untersuchung

LIT

Umschlagbild: Patrick Schoden

Der Arbeitskreis für evangelikale Theologie (AfeT) unterstützt die Herausgabe dieser Arbeit mit einem Druckkostenzuschuss.

Bibliografische Information der Deutschen Nationalbibliothek
Die Deutsche Nationalbibliothek verzeichnet diese Publikation in der Deutschen Nationalbibliografie; detaillierte bibliografische Daten sind im Internet über http://dnb.d-nb.de abrufbar.

ISBN 978-3-8258-1290-4
Zugl.: Dortmund, Univ., Diss., 2007

Auslieferung/Verlagskontakt:
Fresnostr. 2 48159 Münster
Tel. +49 (0)251–62 03 20 Fax +49 (0)251–23 19 72
e-Mail: lit@lit-verlag.de http://www.lit-verlag.de

Meinen Eltern
und Schwiegereltern

Inhalt

13 Ein Wort des Dankes vorweg

15 1 Einleitung

15 1.1 Einführung

19 1.2 Forschungsstand

24 1.3 Fragestellungen und Ziele dieser Arbeit

25 1.4 Aufbau der vorliegenden Arbeit

26 1.5 Vorgehensweise

27 1.6 Theorie der religiösen Kommunikation

33 1.7 Empirisch-theologischer Bezug

36 1.8 Terminologie

39 2 Entwicklung des messianischen Judentums

39 2.1 Judenchristen

41 2.1.1 Gemeinde von Juden- und Heidenchristen (30 n. Chr. bis ca. 70 n. Chr.)

44 2.1.2 Trennungsprozesse (66 n. Chr. bis ca. 200/250 n. Chr.)

44 2.1.2.1 Trennungen zwischen Juden und Judenchristen

47 2.1.2.2 Trennungen zwischen Juden- und Heidenchristen

49 2.1.2.3 Judenchristen in den folgenden Jahrhunderten

51 2.2 Protestantische Bewegungen (17. Jh. bis 20. Jh.)

52 2.2.1 Puritaner und Pietisten

55 2.2.2 Erweckungsbewegungen und die evangelikale Bewegung

60 2.2.3 Judenmission (19. Jh.)

61 **2.3 Hebräisch-christliche Bewegung (19. Jh. bis ca. 1970)**

61 2.3.1 Unabhängige Gemeinschaften

63 2.3.2 Hebräisch-christliche Allianzen

67 **2.4 Messianisch-jüdische Bewegung (seit 1970)**

67 2.4.1 Politische und religiöse Kulisse

70 2.4.2 Beginn der messianisch-jüdischen Bewegung (ab 1975)

76 2.4.3 Messianische Gemeinden in den USA

81 2.4.4 Messianisch-jüdische Gemeinden in Israel

81 2.4.4.1 Entstehung und Bezeichnung

84 2.4.4.2 Gemeinde und Gottesdienst

89 2.4.4.3 Gesellschaftliche und religiöse Anerkennung

91 2.4.5 Messianisch-jüdische Gemeinden in den GUS-Staaten

93 2.4.6 Messianisch-jüdische Gemeinden weltweit

95 2.4.7 Zusammenfassung

96 2.4.8 Systemtheoretischer Überblick

99 **3 Messianische Juden in Deutschland**

99 **3.1 Russische Juden in Deutschland**

100 3.1.1 Einwanderung russischer Juden

105 3.1.2 Dokumentation jüdischer Identität

108 3.1.3 Integration in jüdische Gemeinden

115 **3.2 Christlich-jüdischer Kontext in Deutschland**

116 3.2.1 Christlich-jüdischer Dialog

118 3.2.2 Evangelikale Werke zur Mission an Juden

124 3.2.3 Kontroversen

128 **3.3 Jüdisch-messianische Gruppen und Gemeinden**

128 3.3.1 Terminologie

128 3.3.1.1 Messianische Juden und messianische Nichtjuden

135 3.3.1.2 Gruppen und Gemeinden

137 3.3.2 Entstehung jüdisch-messianischer Gemeinden und Gruppen in Deutschland
138 3.3.2.1 Ukraine und ehemalige Sowjetunion – 1987 bis 1996
140 3.3.2.2 Deutschland – Anfang der 1990er Jahre
146 3.3.2.3 Deutschland – 1996 bis 2000
150 3.3.2.4 Deutschland – 2001-2005
156 3.3.2.5 Zusammenfassende Darstellung

162 3.4 Zusammenfassung

163 4 Methodik der empirischen Erhebung

163 4.1 Die „gegenstandsbezogene" Theorie
165 4.1.1 Triangulation
167 4.1.2 Auswahl der Perspektiven und Methoden
169 4.1.3 Vergleich der Methoden

173 4.2 Teilnehmende Beobachtung
176 4.2.1 Das offene Kodieren
179 4.2.2 Das axiale Kodieren
181 4.2.3 Das selektive Kodieren
183 4.2.4 Forschungsnotizen
183 Beispiel einer Kode-Notiz
185 4.2.5 Profil einer messianisch-jüdischen Gemeinde

187 4.3 Fragebogen zur Fallstudie
188 4.3.1 Aufbau des Fragebogens
189 4.3.2 Ablauf der Fallstudie

192 4.4 Das narrative Interview
193 4.4.1 Das narrative Interview als Datenerhebungsinstrument
196 4.4.2 Konversion
200 4.4.3 Aufbau der Konversionserzählung
205 4.4.4 Ablauf des narrativen Interviews
208 4.4.5 Auswertung des narrativen Interviews

209 4.4.5.1 Analyseverfahren
210 4.4.5.2 Theorien

212 4.5 Zusammenfassung

215 5 Kollektive Strukturen des messianisch-jüdischen Glaubens

216 5.1 Präsentation der Ergebnisse

218 5.2 Gemeinde- und Gruppenzusammensetzung

218 5.2.1 Leitung
220 5.2.2 Besucher und Mitgliederanzahlen
220 5.2.2.1 Schätzungen
222 5.2.2.2 Mitglieder
223 5.2.2.3 Besucher (messianische Juden und messianische Nichtjuden)
223 5.2.2.4 Messianische Juden (jüdische Besucher und jüdische Mitglieder)
226 5.2.3 Personenmerkmale der Fallstudie
227 5.2.3.1 Demographische Aspekte
230 5.2.3.2 Biographische Aspekte

237 5.3 Messianisch-jüdischer Gottesdienst

237 5.3.1 Rahmenbedingungen
242 5.3.2 Gottesdienstteilnehmer
243 5.3.3 Liturgische und rituelle Elemente
250 5.3.3.1 Jüdische und christliche Indikatoren
254 5.3.3.2 Semantik

257 5.4 Messianisch-jüdische Gemeinde

257 5.4.1 Milieuzentrierung und Weltgestaltung
260 5.4.2 Messianisches Judentum als neue religiöse Bewegung
261 5.4.3 Wissensdimension
261 5.4.3.1 Selbstbezeichnungen der Gemeinden
265 5.4.3.2 Glaubenbekenntnis(se)

267 5.4.3.2.1 Dreizehn messianisch-jüdische Glaubensartikel
278 5.4.3.2.2 Zusammenfassung
280 5.4.3.2.3 Theologische Einordnung
281 5.4.3.2.3 Gepflegte Semantik
282 5.4.4 Jüdische Feste mit messianischer Bedeutung
284 5.4.4.1 Pessach
292 5.4.4.1.2 Auswertung
294 5.4.4.2 Das Fest der ungesäuerten Brote
295 5.4.4.3 Schawuʿot
296 5.4.4.4 Ro'sch ha-Schanah
297 5.4.4.5 Jom Kippur
299 5.4.4.6 Sukkot
300 5.4.4.7 Simchat Tora
301 5.4.4.8 Chanukka
302 5.4.4.9 Purim
303 5.4.4.10 Sonstige Feste
305 5.4.4.11 Zusammenfassung
306 5.4.5 Messianisch-jüdische Zeremonien
307 5.4.5.1 Beschneidung
308 5.4.5.2 Bar-Mizwa und Bat-Mizwa
308 5.4.5.3 Trauung und Ehe
309 5.4.5.4 Tod und Trauer
309 5.4.5.5 Taufe/Mikwe

311 5.5 Zusammenfassung

315 6 Individuelle Strukturen des messianisch-jüdischen Glaubens

316 6.1 Konversionserzählungen – Drei Fallgeschichten

316 6.1.1 Die Fallgeschichte „Pawel"
317 6.1.2 Die Fallgeschichte „Wladimir"
318 6.1.3 Die Fallgeschichte „Galja"

319 6.2 Das Leben vor der Konversion
320 6.2.1 Kommunismus und Atheismus
322 6.2.2 Lebensumbrüche
324 6.2.3 Gottesvorstellungen
328 6.2.4 Aktive Vorbereitung auf die Konversion

330 6.3 Konversionsereignis
330 6.3.1 Faktoren und Motive
332 6.3.2 Bereitschaft zur Konversion
334 6.3.3 Schilderung des Konversionsereignisses
336 6.3.4 Bewertung der Konversion

338 6.4 Das Leben nach der Konversion
339 6.4.1 Gottes Wirken
341 6.4.2 Gestaltung des neuen Glaubens
341 6.4.2.1 Bibellesen
342 6.4.2.2 Gebet
343 6.4.2.3 Taufe
345 6.4.3 Jüdische Identität
345 6.4.3.1 Umgang mit der jüdischen Identität
350 6.4.3.2 Messianisch-jüdische Identität als „Überrest" Israels
353 6.4.4 Selbstbezeichnungen
354 6.4.5 Anschluss an eine messianische Gemeinde/Gruppe

355 6.5 Zusammenfassung und Auswertung

359 7 Einordnung des messianischen Judentums zwischen Christentum und Judentum

359 7.1 Evaluation des Forschungsprozesses

362 7.2 Messianisches Judentum innerhalb des Christentums

362 7.2.1 Ekklesiologische Funktion
364 7.2.1.1 Funktion des Überrestes
365 7.2.1.2 Identität in der Gemeinde aus Juden und Nichtjuden

370 7.3 Messianisches Judentum innerhalb des Judentums
370 7.3.1 Problemanzeige
373 7.3.2 Das pluralistische Modell

375 7.4 Ausblick
375 7.4.1 Erwartungen der messianisch-jüdischen Bewegung
376 7.4.2 Eigene abschließende Bewertung und Ausblick

379 8 Anhang

380 8.1 Glaubensbekenntnisse und Gemeindesatzungen
380 8.1.2 Glaubensgrundsätze des Moses Maimonides
380 8.1.2 Messianisch-jüdische Glaubensartikel (MJA)
382 8.1.3 Glaubensartikel der „messianischen jüdischen Gemeinde" (Stuttgart-Feuerbach)
383 8.1.4 Glaubensbekenntnis der Gemeinde „Adon Jeschua" (Stuttgart-Feuerbach)
385 8.1.5 „Doctrinal Statement" von Chosen People Ministries
387 8.1.6 „Statement of Faith" von Jews for Jesus

389 8.2 Gemeindesatzungen
389 8.2.1 Gemeindesatzung mit Glaubensbekenntnis der Gemeinde „Adat Adonai" (Heidelberg)
395 8.2.2 Gemeindesatzung der Gemeinde „Schma Israel" (Stuttgart-Vaihingen)

399 9 Abkürzungsverzeichnis

401 10 Literaturverzeichnis

431 10.1 Lexika und Hilfsmittel

431 10.2 Zeitschriften

432 10.3 Literaturverzeichnis zur qualitativen Sozialforschung, Religionspsychologie, Religionssoziologie, empirischer Theologie und zur Methodologie

441 11 Bildquellen

Ein Wort des Dankes vorweg

Diese Arbeit wurde im Wintersemester 2007/2008 von der Fakultät Humanwissenschaften und Theologie der Technischen Universität Dortmund als Dissertation angenommen.

Bedanken möchte ich mich bei denjenigen, die mich während der Arbeit an der Dissertation begleitet und mir Mut und Kraft gegeben haben, den eingeschlagenen Weg weiter zu gehen und nicht aufzugeben.

Zunächst bedanke ich mich bei meinem Doktorvater Prof. Dr. Rainer Riesner, der mir einerseits viel Freiheit bei der Behandlung des Themas ließ, sich aber andererseits meiner Fragen immer wieder geduldig angenommen hat. Zudem konnte ich bei den von ihm betreuten Doktorandentreffen in Tübingen meine Untersuchungsergebnisse vorstellen und wertvolle Anregungen aus den anschließenden Diskussionen umsetzen.

Meinem Zweitgutachter Prof. Dr. Gerhard Büttner danke ich dafür, dass er mir mit viel Humor und in lebendigen Gesprächen die Theorie Luhmanns nahe gebracht und mir immer wieder wertvolle Hinweise zur praktischen Umsetzung meiner triangulär angelegten Untersuchung gegeben hat.

Ebenfalls danke ich Prof. Dr. Ernstpeter Maurer, meinem Drittprüfer bei der Disputation, der mich bereits während der ersten Semester meines Lehramtsstudiums ermutigte, die Anfertigung einer wissenschaftlichen Arbeit anzustreben.

Auch die Dortmunder Doktorandentreffen bei Prof. Dr. Thomas Pola waren sehr förderlich, da ich hier ebenfalls meine laufenden Untersuchungen mehrmals vorstellen durfte.

Insbesondere möchte ich mich beim Rektor der Technischen Universität Dortmund, Prof. Dr. Eberhard Becker, für die Bewilligung des zweijährigen Stipendiums mit Schwerpunkt in den Geistes-, Sozial- und Kulturwissenschaften bedanken. Ohne diese Unterstützung wären die vorliegenden umfangreichen empirischen Studien nicht möglich gewesen.

Mein Dank gebührt besonders den zahlreichen Gemeindeleitern messianisch-jüdischer Gemeinden für Auskünfte über ihre Gemeinden und für das Ausfüllen der Fragebögen durch die messianischen Juden und Nichtjuden. Ich danke außerdem für die Offenheit meiner Interviewpartner „Wladimir“, „Pawel“ und „Galja“.

Ich vermute, dass fast jede Doktorandin und jeder Doktorand den Moment kennt, in dem sie/er alle Dateien löschen und aufgeben möchte. Davor hat mich Prof. Dr. Herbert Ulonska durch seine bestärkende und seelsorgerliche Ermutigung bewahrt. Ihm möchte ich darum ebenfalls von Herzen Dank aussprechen.

Auch Reiner Andreas Neuschäfer, Pfarrer und Schulbeauftragter in Thüringen, bestärkte mich fortwährend, gab mir immer wieder wertvolle Anregungen und

„nette" kritische Rückmeldungen und unterstützte mich durch seine Teilnahme an meiner Disputation. Ihm bin ich für seine selbstverständliche und unkomplizierte Hilfe herzlich dankbar.

Darüber hinaus bedanke ich mich bei meiner Freundin Diana, die immer an die Fortsetzung meiner Arbeit geglaubt und mich ermutigt hat, weiter zu machen. Zudem hat sie mir den Kontakt zu dem Journalisten Christoph Urban vermittelt, dem ich dankbar bin für seine präzisen Korrekturen und sprachlichen Tipps. Auch Pfarrer i. R. Reinhard Fritsche möchte ich danken, dass er die Dissertation kurz vor Abgabe des Manuskriptes noch einmal Korrektur gelesen hat.

Dankbar bin ich auch Elisabeth, meiner Tagesmutter, bei der ich meine „Jungs" in liebevollen Händen wusste.

Meiner Mutter Gisela PFISTER (†) bin ich besonders dankbar, da sie mir mit ihrem Lebensmotto „Alles zur Ehre des Herrn" vorgelebt hat, dass es noch wichtigere Dinge gibt als den Abschluss einer Promotion.

Meinem Mann und meinen beiden Söhnen bin ich von Herzen dankbar, da sie mich manche Stunden missen und meine Launen ertragen mussten, mich aber immer liebevoll unterstützt haben.

Nicht zuletzt hoffe ich, durch diese Dissertation über die Gemeinden und Gruppen messianischer Juden in Deutschland aufklären und ein wenig von der Freude an der empirischen Untersuchung vermitteln zu können.

Albersloh, im April 2008
Stefanie PFISTER

1 Einleitung

Messianische Juden sind Juden, die an Jesus als den Messias Israels glauben. Sie haben sich seit etwa zehn Jahren als feste Bewegung im gesamtdeutschen Raum etabliert. Gibt man den Begriff „Messianisches Judentum" in der deutschsprachigen Suchmaschine „google" des Internets ein, erscheinen inzwischen bereits 4000-6000 Einträge.[1] Völlig konträre Meinungen und Stimmen, Befürchtungen sowie Hoffnungen sind als Reaktion auf diese neue religiöse Erscheinung im kirchlichen und jüdischen Kontext in Deutschland zu vernehmen.

1.1 Einführung

In der religionssoziologischen Forschung werden die Gruppen messianischer Juden bisher entweder überhaupt nicht erwähnt[2] oder der evangelikalen Bewegung zugeordnet und dabei als „christliche Sekte" bezeichnet. Als christliche Sekte wird ihnen vorgeworfen, „Verquickung von Jesusbildern und Heiligendarstellungen mit jüdischen Gebeten und jüdischen Symbolen"[3] vorzunehmen, um die religiös nicht gefestigten Zuwanderer missionarisch erreichen und bekehren zu können.[4] Auch theologische Stimmen äußern sich selten. R. Stuhlmann bezeichnet messianische Juden als „evangelikale Judenchristen", da diese zum Christentum bekehrt seien und einen Religionswechsel zur evangelikalen Bewegung vollzogen hätten.[5]

---

1 Der englische Begriff „Messianic Jew" ergibt sogar über 76.000 Einträge weltweit, Stand: 13.07.2007.

2 V. Krech zählt 2005 in seiner detaillierten Aufzählung der „Kleineren christlichen Gemeinschaften in Deutschland" und der „Kleineren neureligiösen und synkretistischen Gemeinschaften" die messianischen Juden nicht auf. Vgl. V. Krech, Kleine Religionsgemeinschaften in Deutschland. Eine religionssoziologische Bestandsaufnahme, in: H. Lehmann (Hrsg.), Religiöser Pluralismus im vereinten Europa. Freikirchen und Sekten. Göttingen 2005, 116-144.

3 R. Hess/J. Kranz, Jüdische Existenz in Deutschland heute. Probleme des Wandels der Jüdischen Gemeinden in der Bundesrepublik Deutschland infolge der Zuwanderung russischer Juden nach 1989, Berlin 2000, 217.

4 So werde zur Missionierung z.B. ein Chanukkaleuchter mit einer Kreuzesdarstellung im Sockel benützt, so dass die Besucher die Vermischung jüdischer mit christlicher Symbolik als selbstverständlich kennen lernen. Vgl. R. Hess/J. Kranz, Jüdische Existenz, 217; ebenso: U. Kashi/O. Gatz, Messianisches Streben in der Endzeit, Missionierung als Heils- und Erlösungswerk, Jerusalem/Berlin 2000, in: http://www.hagalil.com/irael/fundamentalismus/nai-2.htm, Stand: 11.08.2007. Der Herausgeber der Netzseite ist der jüdische Verein haGalil e.V. mit Sitz in München. Ziel der Seite ist es, Bildungs- und Informationsangebote zu bieten, über jüdische Kultur in Geschichte und Gegenwart zu informieren und sich ausdrücklich gegen Antisemitismus und Rechtsextremismus zu wenden.

5 R. Stuhlmann, Messianische Juden. Provokation für Christen und Juden, in: M. Haarmann et al (Hrsg.), Momente der Begegnung. Impulse für das christlich-jüdische Gespräch, Neukirchen-

Stimmen des religiösen Judentums warnen vehement vor dem „Gift im Schokoladenbonbon".[6] Das messianische Judentum täusche bewusst jüdische Identität vor, um Juden zu einer Konversion zum Christentum zu bewegen.[7] Zunehmend sei eine aggressive Missionierung in Deutschland zu beobachten.[8] Dabei gehe es den Missionaren nur um ihr eigenes Seelenheil. Denn nur wenn sich ganz Israel zu Jesus bekenne, könne Jesus wiederkehren.[9]

„Ein Jude, der Jesus als Messias anerkennt, ist kein Jude mehr", so der Rabbiner J. Berger, ehemaliger Sprecher der Deutschen Rabbinerkonferenz.[10] Er bezeichnet die Judenmission als die Fortsetzung des Holocausts mit anderen Mitteln und als einen „Seelenraub".[11] Auch er wirft der Bewegung vor, dass es verwerflich sei, sich auf die russischsprachigen Zuwanderer zu konzentrieren, die jahrzehntelang ohne jüdisches Wissen aufgewachsen und im Glauben nicht so gefestigt seien.[12]

Der Koordinierungsrat der Gesellschaften für christlich-jüdische Zusammenarbeit verurteilte ebenfalls die christlichen Missionierungen an russischen Juden. Judenmission zerstöre, was es an kirchlicher Verständigung durch Worte – Grundsatzartikel, Synodentexte oder Konzilsdokumente – gebe[13] und dementsprechend forderte der Koordinierungsrat 1998 die Kirchen auf, „allen Bestrebungen offener oder verdeckter Missionierung der Juden entgegenzutreten".[14] Ebenso erklärte die Arbeitsgemeinschaft „Juden und Christen" beim Deutschen Evangelischen Kirchentag, dass die Mission an Juden in Deutschland als Bedrohung wahrgenommen werde.[15]

Vluyn 2004, 337.

6 Rabbiner C. Z. Rozwaski, Messianische Juden – Gift im Schokoladenbonbon, München, in: http://juden.judentum.org/judenmission/messianische-juden.htm, Stand: 12.08.2007.

7 HaGalil e.V. (Hrsg.), Strategien und Konzepte der Judenmission, Teil 1, München 27.06.2001, in: http:// juden.judentum.org/missionare.htm, Stand: 11.08.2007.

8 A. Paul, In der Jesusfalle. Chemnitz. Messianische Juden missionieren – die Gemeinde ist empört, in: Jüdische Allgemeine 6 (2006), 19.

9 HaGalil e.V. (Hrsg.), Messianische Juden und christliche Fundamentalisten fest vernetzt, München, in: http://www.judentum.org/judenmission/judenmission/Amzi.htm, Stand: 12.08.2007.

10 J. Boie, Messias auf dem Ku´damm. Gemeinde kritisiert Judenmission der amerikanischen Organisation „Jews for Jesus", in: Jüdische Allgemeine 34 (2005), 17; ebenso in: S. Fuchs, Sollen Christen Juden bekehren, in: http://www.hagalil.com/archiv/2001/04/christentum.htm, München 02.04.2001, Stand: 10.08.2007.

11 Vgl. A. Bahnen, Ganz und gar unberufen. Sollen deutsche Protestanten Judenmission betreiben? Ein Streit nicht nur in Württemberg, in: Frankfurter Allgemeine Zeitung, 4.2.2000, 45.

12 Boie, Ku´ damm, 17.

13 A. Koschel, Mission zerstört die Verständigung, in: DS – Das Sonntagsblatt, 15.12.1995; ebenso: Allgemeine Jüdische Wochenzeitung (Hrsg.), Judenmission verurteilt, in: Allgemeine Jüdische Wochenzeitung 11 (1998), 2.

14 Vgl. Koordinierungsrat (Hrsg.), Judenmission, 1998, in: http://www.deutscher-koordinierungsrat.de/ 04_02_mehr.php?pNUM=1&mID=60, Stand: 18.08.2007.

15 Erklärung der Arbeitsgemeinschaft „Juden und Christen" beim Deutschen Evangelischen Kirchentag, Stuttgart 17.6.1999, in: http://www.jcrelations.net/de/?item=1070, Stand: 18.08.2007.

Die Evangelische Kirche Deutschlands (EKD) stellte 2000 fest, dass das Thema der Judenmission „bisher nicht ausreichend bearbeitet worden" sei und dass „vor allem ausführlichere, die theologischen und historischen Argumente eingehend bedenkende Stellungnahmen fehlen".[16] Die EKD legt verstärkt Wert auf veränderte Begrifflichkeiten wie *„Zeugnis, Begegnung und Dialog"*, die das Verhältnis zwischen Christen und Juden fortan prägen sollen. Als weithin ungeklärt bezeichnet die EKD den religiösen Status messianischer Juden.[17]

Äußerst umstritten war allerdings das Ergebnis der württembergischen Landessynode zum Thema „Judenmission" (2000): 39 Synodale votierten gegen die Judenmission, 32 dafür und fünf enthielten sich.[18] Eine eindeutig ablehnende Stellungnahme zur Judenmission erfolgte dagegen 2005 von dem Zentralkomitee der deutschen Katholiken mit der Begründung, dass Gott Juden und Nichtjuden in sein Heil einschließe.[19]

Viele evangelikale Werke und Gemeinden innerhalb und außerhalb der Landeskirchen unterstützen dagegen aktiv die Etablierung messianischer Gemeinden in Deutschland, da ihrer Auffassung nach das Evangelium von Jesus als den Messias für alle Menschen gelte, „den Juden aber zuerst".[20] Sprecher der messianischen Bewegung bezeichnen daher gerade die Vorenthaltung des Evangeliums den Juden gegenüber als eine Form des Antisemitismus.[21] Messianisch-jüdische Gemeinden seien nötig, weil sich bisher keine Kirche um die Juden gekümmert und zudem die Kirche heidnische Elemente aufgenommen habe.[22]

---

16 Vgl. Ekd (Hrsg.), Christen und Juden III. EKD-Denkschrift Nr. 144, Christen und Juden III, Hannover 2000, in: http://www.ekd.de/EKD-Texte/christen_juden_2000_c-j3.html, Stand: 18.08.2007; sowie: EKD (Hrsg.), Christen und Juden I-III. Die Studien der Evangelischen Kirche in Deutschland, Gütersloh 1997, 2000, 2002.

17 Vgl. Ekd (Hrsg.), Christen und Juden III, 3.5.3.

18 Württembergische Evangelische Landessynode, Erklärung zum Verhältnis von Christen und Juden, Bad Boll 6.4.2000, in: http://www.elk-wue.de/fileadmin/mediapool/elkwue/erklaerung_der_110.pdf, Stand: 12.08.2007.

19 Vgl. Zentralkomitee der deutschen Katholiken (Hrsg.), Juden und Christen in Deutschland. Verantwortete Zeitgenossenschaft in einer pluralen Gesellschaft, Berlin 2005, in: http://www.zdk.de/data/erklaerungen/pdf/Juden_u_Christen_Zeitgenossenschaft_2005_April_1113386246.pdf, 19, Stand: 12.08.2007.

20 Stellvertretend für viele evangelikale Werke sei hier die Evangelische Allianz Deutschlands genannt, die sich auf den II. Internationalen Kongress für Weltevangelisation (Manifest von Manila) beruft, in dem die Evangelisation unter Juden explizit bejaht wird. Vgl. DEA (Hrsg.), Zum Verhältnis von Christen und Juden. Eine Handreichung der Deutschen Evangelischen Allianz, Bad Blankenburg 1999, 3.2.5; ebenso deutlich: Arbeitsgemeinschaft für das messianische Zeugnis an Israel (Amzi)" (Hrsg.), Jüdischen Freunden den Messias bezeugen. Eine Hilfe für den evangelistischen Kontakt zu jüdischen Menschen, Lörrach 1995, 3.

21 Z. B. A. Uschomirski, Mache dich auf, werde Licht. Messianische Juden in Deutschland, Vortrag am 05.06.2005, Ebersbach 2005; Evangelische Nachrichtenagentur idea, Antisemitismus ist, Juden das Evangelium vorzuenthalten, Wetzlar in: http://www.idea.de/cfml/homepage/detail_artikel.cfm?ArtikelID=33189 Stand: Dezember 3.12. 2006.

22 C. Ludwig, Wir sind Juden und glauben an Jesus als den Messias. Die messianischen Juden zwischen allen Stühlen, in: Evangelisches Gemeindeblatt für Württemberg 10, 5.3.2000, abgedruckt

Das weltweite Dilemma der Bewegung hat P. v. d. OSTEN-SACKEN bereits 1982 für die Judenchristen in Israel beispielhaft beschrieben. Da diese sich als Nachfahren der Urgemeinde betrachten, verstehen sie sich sowohl als Teil des jüdischen Volkes als auch als Teil der Gemeinde Jesus Christi. Dadurch könne das Judenchristentum nicht mehr als eine „auf seine einmalige geschichtliche Aufgabe beschränkte Erscheinung" angesehen werden.[23] Christlicher Theologie und Kirche passe dies genauso wenig ins Konzept wie dem Staat Israel.[24] Messianisch-jüdische Gruppen können somit nicht ohne weiteres den schon bestehenden Gemeinschaften des Judentums und den christlichen Gruppierungen zugeordnet werden.

H. H. HENRIX spricht 2005 von einer „Ratlosigkeit gegenüber der Realität messianischer Juden in Deutschland" und vermutet, dass dieser Glaube eher ein Übergangsphänomen von einigen wenigen der über 200.000 russisch-jüdischen Eingewanderten sei,[25] die in ihrer besonderen Biographie Jesus als Messias kennen gelernt haben. Dies habe jedoch keine langfristige Auswirkung zur Bildung einer eigenständigen religiösen Bewegung.[26] Auch das Mitglied des Zentralrats der Juden N. KALMANOWICZ geht davon aus, dass messianische Juden sich nicht erfolgreich etablieren werden: „Sie [die messianischen Juden, Anm. der Verf.] können zwar ein paar einsame Seelen erreichen, die keine Freunde haben, keine Familie und kein Geld. Aber es wird keine breite Bewegung werden. Deutschland ist nicht der richtige Ort dafür."[27]

Demgegenüber steht jedoch die offensichtliche Formierung messianischer Juden in knapp 40 Gemeinden und Gruppen in Deutschland, deren Mitglieder mittlerweile auf 800 bis 1000 geschätzt werden. Demnach spricht HENRIX 2007 von einer „überraschenden Wirklichkeit des gegenwärtigen messianischen Judentums" und „seiner respektablen Selbstdarstellung".[28] Sie treffen sich nicht nur untereinander auf regelmäßigen Konferenzen, sondern haben auch schon eigenständige Liturgien, messianisch-jüdische Bräuche und Glaubensbekenntnisse entwickelt und sind somit Teil der weltweiten Bewegung messianischer Juden geworden.

---

in: IDEA DOKUMENTATION 6 (2000), 42-43.

23 P. v. d. OSTEN-SACKEN, Grundzüge einer Theologie im christlich-jüdischen Gespräch, München 1982, 146-147.

24 Vgl. OSTEN-SACKEN, Grundzüge, 147.

25 Vgl. BUNDESMINISTERIUM DES INNERN (MBI) (Hrsg.), Migrationsbericht. Bericht des Sachverständigenrates für Zuwanderung und Integration im Auftrag der Bundesregierung in Zusammenarbeit mit dem europäischen Forum für Migrationsstudien (efms) an der Universität Bamberg, 2004, 32. Vgl. ausführlich Kapitel 3.

26 Vgl. Interview der Verfasserin mit H. H. HENRIX am 21.06.2005.

27 N. KALMANOWICZ, zitiert in: T. AXELROD, Vereinnahmung statt Dialog. Die Frontlinie im Kampf um die jüdische Seele liegt in Berlin-Lichterfelde, in: JÜDISCHE ZEITUNG Nr. 12/16 (2006), 23.

28 H. H. HENRIX, Schweigen im Angesicht Israels? Zum Ort des Jüdischen in der ökumenischen Theologie, in: Salzburger Ringvorlesung, Salzburg 2007.

1.2 Forschungsstand

Da diese Untersuchung über messianische Juden in Deutschland als theologisch-empirische Pionierstudie zu verstehen ist, kann nicht auf vergleichbare Voruntersuchungen zurückgegriffen werden. Es gibt jedoch bereits zahlreiche Publikationen über die amerikanische und israelische messianisch-jüdische Bewegung, die zu berücksichtigen sind.

Bereits 1936 beschreibt SCHONFIELD die Entwicklung der hebräisch-christlichen Bewegung in „The history of Jewish Christianity.[29] 1974 wurden zwei Dissertationen am „Fuller Theological Seminary's School of World Mission and Institute of Church Growth" in Kalifornien angenommen: GOBLE schrieb die praxisorientierte Arbeit „Everything you need to grow a Messianic Synagogue" und arbeitete anschließend in der Gemeindegründungsarbeit messianischer Juden.[30] HUTCHENS schrieb im Bereich der Missiologie die Arbeit „A Case for Messianic Judaism". Für HUTCHENS, der sich selbst als messianischen Juden bezeichnet, ist das messianische Judentum eine „workable option" für die Juden, die mit der Annahme des Glaubens an Jesus als den Messias befürchten, ihre jüdische Identität zu verwirken. HUTCHENS ermutigte viele Leiter, jüdische Praxis in den entstehenden messianisch-jüdischen Versammlungen zu integrieren und arbeitete selbst in der Jesus-Bewegung in Israel aktiv mit.[31]

Ebenfalls 1974 gibt der messianische Jude FRUCHTENBAUM sein Buch „Hebrew Christianity. Its theology, history, and philosophy" heraus. FRUCHTENBAUM betont, dass hebräische Christen zum jüdischen Volk dazugehören, dass sie aber nicht das jüdische Religionsgesetz einhalten bräuchten. Er skizziert zudem die Problematik hebräischer Christen in den lokalen Kirchengemeinden wie Identitätsschwierigkeiten, Antisemitismus, heidenchristliche Symbole und Kultur, die Furcht, die jüdische Identität zu verlieren, sowie die Praxis jüdischer Feste. FRUCHTENBAUM wird Direktor des messianisch-jüdischen Missionswerks „Ariel Ministries" in Kalifornien und erörterte viele weitere Fragen zur messianisch-jüdischen Theologie.[32]

---

29 H. SCHONFIELD, The history of Jewish Christianity. From the first to the twentieth century, London 1936.

30 P. GOBLE, Everything you need to grow a Messianic Synagogue, Pasadena 1974. 1981 veröffentlicht er das Buch „Everything you need to grow a messianic yeshiva", in dem er und einige Repräsentanten der messianisch-jüdischen Bewegung (D. JUSTER, J. SHULAM, R. FRYDLAND, M. ROSEN) konkrete Tipps für den Aufbau, die Schulung etc. einer Yeshiva geben. Vgl. P. GOBLE, Everything you need to grow a messianic yeshiva, Pasadena 1981.

31 J. HUTCHENS, A case for Messianic Judaism, Pasadena 1975, nicht veröffentlicht.

32 A. FRUCHTENBAUM, Hebrew Christianity. Its theology, history, and philosophy, Tustin 1992[6]; Ders. The quest for a Messianic theology, in: MISHKAN 2, 1985, 1-17.

Wiederum 1974 erscheint Sobels soziologische Studie „Hebrew Christianity. The thirteenth tribe" über die Entstehung des hebräischen Christentums mit einigen Fallbeispielen.[33]

Einen ausgezeichneten Überblick über die messianische Bewegung in Israel bieten Kjær-Hansen und Kvarme 1979 in der dänischen, 1983 in der deutschen Ausgabe „Messianische Juden, Judenchristen in Israel". Die lutherischen Autoren, die selbst in der messianisch-jüdischen Bewegung in Israel aktiv sind, stellen die Situation messianischer Gemeinden in Israel dar. Sie sehen eine Gefahr für die judenchristliche Bewegung in Israel durch zu starke judaisierende Tendenzen in manchen Gemeinden (nationale Elemente in der Pessach-Haggada, Betonung der Menschlichkeit Jesu, Kleidung etc.), die auf Kosten der Einheit von „Juden und Griechen" gehe.[34]

Rausch, Professor für Kirchengeschichte und judaistische Studien am Ashland College Theological Seminary, gibt 1982 einen ausführlichen Überblick über die hebräisch-christliche und über die messianisch-jüdische Bewegung[35] in „Messianic Judaism. Its history, theology and polity".[36] Gutswirth beschreibt 1987 sehr anschaulich einzelne messianisch-jüdische Gemeinden (Gebete, Liede, Gebräuche etc.) in Amerika. Neben statistischen Daten wie Mitgliederzahlen und -zusammensetzungen werden auch Spannungen innerhalb der Gemeinden und im interreligiösen Austausch skizziert.[37]

Speziell die Entstehung der messianisch-jüdischen Allianz in Amerika von 1915 bis 1990 beschreibt Winer 1990 in „The Calling".[38]

1992 veröffentlicht Schiffman, Dozent für rabbinische Studien am „Messianic Jewish Theological Insititute" in St.-Petersburg/USA und Gastdozent an der Yeshiva der „Union of Messianic Jewish Congregation" (UMJC) in Michigan, seine Ergebnisse einer Erhebung unter 30 messianisch-jüdischen Gemeinden des Jahres 1987 in den USA in „Return of the Remnant".[39]

Ein Plädoyer für die Einhaltung jüdischer Gesetze und Traditionen hält Juster, Pastor einer jüdisch-messianischen Versammlung, 1995 in seinem Buch „Jewish

---

33 B. Z. Sobel, Hebrew Christianity. The thirteenth tribe, New York/London/Sydney/Toronto 1974.

34 K. Kjær-Hansen/O. Kvarme, Messianische Juden. Judenchristen in Israel, Erlangen 1983.

35 Die hebräisch-christliche Bewegung wird in Kapitel 2.3, die messianisch-jüdische Bewegung in Kapitel 2.4. dargestellt.

36 D. A. Rausch, Messianic Judaism. Its history, theology, and polity, New York 1982.

37 J. Gutwirth, Les judéo- chrétiens d´aujourd hui, Paris 1987.

38 R. I. Winer, The calling. The history of the Messianic Jewish Alliance of America 1915-1990, Wynnewood 1990; Ders., The Messianic Jewish Alliance of America 1901-1939, in: Mishkan 15 (1991), 48-56.

39 M. Schiffman, Return of the remnant. The rebirth of Messianic Judaism, Baltimore 1992^2.

Roots". Des Weiteren hofft er, dass das ganze jüdische Volk eines Tages Jesus als den Messias annehmen werde.[40]

HORNUNG veröffentlicht 1995 seine theologische Magisterarbeit der Tübinger Universität zu dem Thema „Messianische Juden zwischen Kirche und Volk Israel". Darin skizziert er das Selbstverständnis messianischer Juden, insbesondere anhand der Bücher von STERN (s.o.) und JUSTER. Auf drei Themenkreise, bleibende Erwählung Israels, Gesetzesfrage und Evangelisation unter Juden, lege das messianische Judentum großen Wert. HORNUNG arbeitet heraus, dass sich messianische Juden in der Schnittmenge zwischen dem Volk Israel und der Kirche sehen, wobei sie sich, wie STERN es formuliert, als 100% jüdisch und 100% christlich betrachten. In den letzten zwanzig Jahren werde aber zunehmend die Zugehörigkeit zum Volk Israel betont.[41]

NEREL schreibt 1996 an der Hebrew University in Jerusalem seine Dissertation „Messianic Jews in Eretz Israel (1917-1967)", in der er sehr differenziert die Entwicklung der messianisch-jüdischen Bewegung in Israel im oben genannten Zeitraum aufzeigt.[42]

Andere messianisch-jüdische Autoren wie FRUCHTENBAUM, FISCHER/BRONSTEIN, GREENBERG und RUBIN beschreiben die Liturgien einiger messianisch-jüdischen Feste, wie sie in Amerika üblich sind.[43]

S. FEHER veröffentlicht 1998 ihre soziologische Studie „Passing over Easter",[44] in der sie die Ergebnisse ihrer Interviews mit Mitgliedern einer messianisch-jüdischen Gemeinde in Nordamerika von 1992-95 darlegt. Sie kommt zu dem Aufsehen erregenden Schluss: „In terms of ethnicity, they are more culturally Jewish and more proud of their Jewish heritage than many mainstream Jews".[45] Diese Ergebnisse lassen sich teilweise zum religionssoziologischen Vergleich heranziehen.

S. C. MIMOUNI versucht 1998 in „Le judéo-christianisme ancien"[46] eine Definition des antiken Judenchristentums (vgl. Kapitel 2.1) und gibt 2001 das Buch

---

40 D. JUSTER, Jewish Roots. A foundation of biblical theology, Shippensburg 2003^4.

41 A. HORNUNG, Messianische Juden zwischen Kirche und Volk Israel. Entwicklung und Begründung ihres Selbstverständnisses, Gießen 1995.

42 G. NEREL, Messianic Jews in Eretz Israel (1917-1967). Trends and changes in shaping self-identity, Jerusalem 1996 (Hebräisch); englischsprachige Zusammenfassung: Ders., Messianic Jews in Eretz-Israel (1917-1967), in: MISHKAN 27 (1997), in: http://www.caspari.com/pages/resources/Mishkan/pdf/mishkan27.pdf, Stand: 11.08.2007.

43 A. G. FRUCHTENBAUM, A Passover Haggadah for Jewish believers, Tustin 1991^5, J. FISCHER/D. BRONSTEIN, Messianic Services for the festivals and holy days, Palm Harbor 1992; Dies., Siddur for Messianic Jews, Palm Harbor 1988; J. GREENBERG, Messianic Shabbat Siddur. A Messianic prayer book for use in Sabbath services and at home, Tampa 2004; B. RUBIN; Dedicate and celebrate. A messianic Jewish guide to Hanukkah, Baltimore 1999.

44 S. FEHER, Passing over Easter. Constructing the boundaries of Messianic Judaism, Walnut Creek 1998.

45 FEHER, Passing over Easter, 142.

46 S. C. MIMOUNI, Le judéo-christianisme ancien. Essais historiques, Paris 1998.

„Le judéo-christianisme dans tous ses états" heraus, in dem verschiedene Autoren sich meist zum antiken Judenchristentum und teilweise auch zu neuzeitlichen Entwicklungen äußern.[47]

In ihrem Buch „Messianic Judaism" beschreibt die Rabbinerin Harris-Shapiro 1999, dass sich messianische Juden in Amerika gerne als „vervollständigte Juden" bezeichneten. Des Weiteren sei erstaunlich, dass ein Großteil der Besucher in den Gemeinden Nichtjuden seien. Harris-Shapiro definiert daher das messianische Judentum als evangelikales Christentum. Dennoch müsse sich die jüdische Kommunität fragen, mit welchem Recht sie messianische Juden ausschließen könne.[48]

Die beiden dänischen Lutheraner Kjær-Hansen und Skjøtt stellen 1999 ihre Forschungsergebnisse aus einer Umfrage in 81 messianisch-jüdischen Gemeinden und Gruppen in „Facts & Myths about the messianic congregation in Israel" dar. Zunächst wenden sie den Begriff „messianischer Jude" nur auf die an Jesus glaubenden Juden an, nicht auf die anderen zahlreichen nichtjüdischen Gläubigen in den Gemeinden. Die Autoren geben einen sorgfältig recherchierten und detaillierten Überblick über die soziologischen Strukturen wie Mitgliederzahlen, Gottesdienststrukturen und die theologischen Charakteristika wieder. Da aber nur 20 von 69 Gemeinden ein schriftlich ausformuliertes Glaubensbekenntnis aufweisen, können die Autoren keine spezifische messianische Theologie ausmachen. Als Fazit stellen die dänischen Autoren wie Harris-Shapiro fest, dass die Theologie messianischer Juden am besten als christlich-evangelikal beschrieben werden könne. Ihre Übersicht bietet eine gute Basis, um Vergleiche zu Deutschland zu ziehen.[49]

D. Cohn-Sherbok, Rabbiner und Professor für Judentum an der University of Wales, schildert 2000 in „Messianic Judaism" zunächst die historische Entwicklung und das Glaubens- und Gemeindeleben der messianisch-jüdischen Bewegung in Nordamerika. Dabei beschreibt er die Liturgie der verschiedenen jüdischen Feste in messianischen Gemeinden. Einen letzten Teil hat er insbesondere für die jüdische Kommunität geschrieben. In seinem „pluralistischen Modell" plädiert er dafür, dass das messianische Judentum als ein Zweig des Judentums anerkannt werde (vgl. Kapitel 7).[50]

---

47 S. C. Mimouni, Le judéo-christianisme dans tous ses états, Paris 2001.

48 C. Harris-Shapiro, Messianic Judaism. A Rabbi´s journey through religious change in America, Boston 1999.

49 K. Kjær-Hansen/B. Skjøtt (Hrsg.), Facts & Myths about the messianic congregations in Israel, Jerusalem 1999.

50 D. Cohn-Sherbok, Messianic Judaism, London/New York 2000.

2001 lässt D. COHN-SHERBOK zu verschiedenen Themen wie Liturgie, biblische Autorität, Gemeindestruktur, Synagogenbesuch, jeweils konträre Stimmen des messianischen Judentums in „Voices of Messianic Judaism" zu Wort kommen.[51]

Auch GUNDRY und GOLDBERG lassen 2003 zum Thema „How Jewish is Christianity" Vertreter der messianisch-jüdischen Bewegung aus Amerika und Israel (VARNER, FRUCHTENBAUM, STERN, FISCHER, NEREL) Position beziehen.[52]

Einen kritischen Überblick über die Theologie und die Praxis messianisch-jüdischer Gemeinden in Israel und Amerika bietet MAOZ, ein judenchristlicher Leiter aus Israel, 2003 mit „Judaism is not Jewish".[53]

ZARETSKY, Präsident der Lausanner Bewegung für Evangelisation unter Juden (LCJE), beschreibt 2006 in „Das Evangelium – auch für Juden" die Notwendigkeit der Evangeliumsverkündigung unter Juden.[54]

Des Weiteren gibt es auch zahlreiche, nicht wissenschaftliche Veröffentlichungen, von denen ich vier aufführe: Der messianische Jude STERN, früherer Dozent der Princeton University, hat nicht nur eine Übersetzung des Neuen Testamentes herausgegeben, „die seiner jüdischen Herkunft Rechnung trägt",[55] sondern 1988 auch das Buch „Messianic Jewish Manifesto". Darin geht er ausführlich auf die Notwendigkeit der jüdischen Gesetzesobservanz von messianischen Juden ein und verlangt von den nichtjüdischen Besuchern der messianisch-jüdischen Gemeinden, dass sie die noachidischen Gesetze halten sollen.[56] MAY, Gründer der Organisation „CHRISTEN FÜR ISRAEL" (CFI) veröffentlicht 1998 einen Überblick über die einzelnen Gemeinden in Israel und plädiert dafür, dass messianische Juden in Israel anerkannt werden sollen, indem er mehrfach die Toleranz der jüdischen Religionswissenschaftler BEN-CHORIN und LAPIDE betont.[57]. MAKATOWSKI stellt 2003 in dem Heft „Die messianische Bewegung und die Christen" verschiedene Aussagen zusammen, die hauptsächlich auf einem Interview mit BERGER beruhen, dem Leiter einer messianisch-jüdischen Gemeinde in Jerusalem. MAKATOWSKI plädiert für eine beherzte Offenheit als Christen gegenüber den messianischen Juden.[58]

---

51 D. COHN-SHERBOK, Voices of Messianic Judaism. Confronting critical issues facing a maturing movement, Baltimore 2001.

52 S. N. GUNDRY/L. GOLDBERG, How Jewish is Christianity. 2 views on the messianic movement, Michigan 2003.

53 B. MAOZ, Judaism in not Jewish. A friendly critique o the messianic movement, Fearn 2002.

54 T. ZARETSKY (Hrsg.), Das Evangelium – auch für Juden. Impulse aus der messianischen Bewegung, Basel/Gießen 2006.

55 D. H. STERN, Das Jüdische Neue Testament. Eine Übersetzung des Neuen Testamentes, die seiner jüdischen Herkunft Rechnung trägt, Holzgerlingen 2003^3; Ders., Jewish New Testament. A translation of the New Testament that expresses its Jewishness, Jerusalem/Clarksville 1995^2.

56 D. H. STERN, Messianic Jewish Manifesto, Jerusalem 1991^2.

57 F. MAY, Aufbruch im Heiligen Land. Messianische Juden in Israel: wer sie sind, was sie wollen, wie sie diskriminiert werden, Ulm 1998^2.

58 B. MAKATOWSKI, Die messianische Bewegung und die Christen, Solingen 2003^2.

Der messianische Jude KINZER schreibt 2005 in „Postmissionary Messianic Judaism" innerhalb einer messianisch-jüdischen Ekklesiologie, dass messianische Juden glauben, dass ihre Beziehung zu Jesus als dem Messias ihre jüdische Identität verstärke.[59]

Alle dargestellten Werke beziehen sich entweder auf das messianische Judentum in Israel oder in Amerika, nicht auf das Entstehen der Bewegung in Deutschland. Daher habe ich für diese Studie zusätzlich die aktuellen Zeitschriftenorgane wie „MISHKAN",[60] „MESSIANISCHES ZEUGNIS",[61] „GESANDT",[62] den Informationsbrief „OR JESCHUA"[63] und die Zeitung „KOL HESED"[64] herangezogen.

Eine empirisch fundierte Analyse des Handlungsfeldes „Jüdisch-messianischer Gottesdienst" liegt bisher ebenfalls nicht vor. Zudem gibt es keine vergleichbaren Studien zum christlichen Gottesdienst, in denen dieser als Kommunikationsgeschehen auch die Sozialisationshintergründe der Beteiligten, die Interaktionszusammenhänge sowie die Selbst- und Fremdwahrnehmungen in den Blick nimmt.[65]

1.3 Fragestellungen und Ziele dieser Arbeit

Anstoß und Ausgangsfrage für die Untersuchung ist: Warum glauben manche Juden, dass Jesus ihr Messias ist und besuchen messianisch-jüdische Gemeinden in Deutschland? Bei einer näheren Betrachtung zeigt sich jedoch die Vielschichtigkeit dieses Phänomens:

---

59 S. M. KINZER, Postmissionary Messianic Judaism. Redefining Christian engagement with the Jewish people, Grand Rapids 2005.

60 K. KJÆR-HANSEN (Hrsg.), MISHKAN. A Forum on the gospel and the Jewish people, Jerusalem. MISHKAN wird publiziert durch den „United Christian Council" in Kooperation mit dem Caspari Center for biblical and Jewish Studies, unterstützt durch die „Finnish Evangelical-Lutheran Mission", die „Baptist Convention in Israel" und „Patmos international" (Finnland). Laut Aussage der Herausgeber ist „Mishkan´s editoral policy […] openly evangelical, committed to the New Testament proclamation that the gospel of salvation through faith in Jesus (Yeshua) the Messiah is to the Jews first". Impressum der Zeitschrift.

61 AMZI (Hrsg.), MESSIANISCHES ZEUGNIS, Reinach/Lörrach, erscheint seit 2003 alle zwei Monate. Vor 2003 erschien die Zeitschrift sieben bis zwölfmal im Jahr.

62 EVANGELIUMSDIENST FÜR ISRAEL (EDI) (Hrsg.), GESANDT zu Israel. Ein Brief für Freunde, Leinfelden-Echterdingen, erscheint alle zwei Monate.

63 BSSE (Hrsg.), OR JESCHUAH, Licht durch Jesus, das Licht des Heils. Informations- und Gebetsbrief, erscheint monatlich.

64 BSSE (Hrsg.), KOL HESED. Stimme der Gnade, Jüdische messianische Zeitung, Düsseldorf, erscheint seit 2004 viermal im Jahr.

65 Vgl. A. FEIGE/I. LUKATIS, Empirie hat Hochkonjunktur. Ausweitung und Differenzierung der empirischen Forschung in der deutschsprachigen Religions- und Kirchensoziologie seit den 90er Jahren. Ein Forschungsbericht, in: Praktische Theologie 39 (2004) Nr. 1, 31-32.

1] Messianische Juden in Deutschland sind meist osteuropäische Emigranten innerhalb der deutschen Gesellschaft, was eine politische und gesellschaftsintegrative Fragestellung impliziert.

2] Es scheint offensichtlich, dass messianische Juden eine neue religiöse Bewegung[66] zwischen den schon bestehenden Gemeinschaften des Judentums und des Christentums darstellen, was die religionssoziologische Frage vor allem nach den Ursachen dieser speziellen Gemeindebildungen und ihrer Zugkraft aufwirft.

3] Messianische Juden sind auf der Suche nach ihrem eigenen Selbstverständnis, eigenen Glaubens- und Lebensformen. Dies ist am Ablauf ihrer messianisch-jüdischen Versammlungen, den Namen für ihre Gruppen und den eigenen Glaubensbekenntnissen zu erkennen, was es für Deutschland erstmals konkret aufzuzeigen und zu untersuchen gilt.

4] Es muss den Gründen und Ursachen für die individuelle Konversion oder Annahme des messianischen Glaubens nachgegangen werden, was eine religionspsychologische und religionssoziologische Analyse des Konversionserlebnisses nach sich zu ziehen hat.

1.4 Aufbau der vorliegenden Arbeit

In Kapitel zwei bis drei stelle ich den „Entdeckungszusammenhang" dar. Ich skizziere den „Ort" im Forschungsprozess[67] und zeige auf, welche Erkenntnisse ich bereits vor der empirischen Untersuchung über die Bewegung messianischer Juden weltweit und in Deutschland gewonnen hatte und wie sich das Problemfeld konstituiert. Im zweiten Kapitel gebe ich einen Überblick zur Entstehung des messianischen Judentums als weltweiter Bewegung. Anschließend stelle ich im dritten Kapitel dar, wie es zur Etablierung des messianischen Judentums speziell in Deutschland kam und skizziere die hiesigen Besonderheiten.

In Kapitel vier stelle ich den „Begründungszusammenhang" dar. Ich veranschauliche und begründe meine methodische Vorgehensweise der triangulär angelegten Studie, die speziell auf die entdeckten Zusammenhänge der Kapitel 2-3 zugeschnitten ist. Diese Rekonstruktion meines Forschungshandelns steht retrospektiv mit

---

66 Als neue religiöse Bewegungen werden in der religionswissenschaftlichen Forschung die in heutiger Zeit entstandenen Gruppierungen bezeichnet, die ein „neues religiöses Bewusstsein" gemeinsam haben. Der Begriff ist eingeführt worden, um die meist pejorativ genutzten Begriffe „Sekte oder „Kult" abzulösen. Vgl. V. Krech, Religionssoziologie, Bielefeld 1999, 56-57.

67 H.-G. Ziebertz, Empirische Forschung in der Praktischen Theologie als eigenständige Form des Theologie-Treibens, in: Praktische Theologie 39 (2004), 51.

dem Entdeckungs- und antizipativ mit dem „Verwendungszusammenhang" in Verbindung.[68]

Ab Kapitel fünf fließen „Entdeckung" und „Begründung" im „Verwendungszusammenhang" zusammen, indem ich die Ergebnisse der empirischen Untersuchung religionssoziologisch präsentiere. Dabei gebe ich einen Überblick über die Gemeindestruktur und eine Beschreibung der Gottesdienst- und Gemeindeformen. Anschließend stelle ich die schriftlich fixierten Glaubensgrundlagen der messianischen Juden vor. Im sechsten Kapitel erfolgt die Auswertung der Fallstudie über die Konversionserzählungen. Das siebte Kapitel enthält neben aktuellen Problemanzeigen, Möglichkeiten zur Einordnung der Bewegung in einen jüdischen und christlichen Kontext. Abschließend erfolgen eine persönliche Stellungnahme und ein Ausblick.

1.5 Vorgehensweise

Die Studie über die Gemeinden messianischer Juden in Deutschland führe ich auf der Grundlage der „Grounded Theory Methodologie" (GTM)[69] nach STRAUSS/CORBIN[70] durch. Diese qualitative Forschungsstrategie bietet sich vor allem an aufgrund der Komplexität der Thematik, dem äußerst schwierigen Feldzugang zur Datengewinnung und dem bisherigen Mangel an quantitativen oder qualitativen Studien zu dem Phänomen von Gemeinden messianischer Juden in Deutschland. Auch wegen der häufig anzutreffenden Ratlosigkeit, mit der dem Phänomen begegnet wird, ist die GTM geeignet, die Problemstruktur zu erhellen und Daten zu erfassen.

---

68 ZIEBERTZ, Empirische Forschung, 52.

69 HOPF und WEINGARTEN haben 1979 „grounded theory" mit „gegenstandsbezogene Theorie" übersetzt. Umfassender, aber auch umständlicher wäre die Bezeichnung „in empirischen Daten begründete Theorie" oder „Forschungsstil zur Erarbeitung von in empirischen Daten gegründeten Theorien", was LAMNEK sprachlich am nächsten mit „datenbasierte Theorie" bezeichnet. Im deutschsprachigen Raum hat sich der Begriff „grounded theory" durchgesetzt, den ich auch in der vorliegenden Arbeit übernehme und im Folgenden mit GTM abkürze. Vgl. C. HOPF/E. WEINGARTEN (Hrsg.), Qualitative Sozialforschung, Stuttgart 1993³; S. LAMNEK, Qualitative Sozialforschung. Bd. 1, Methodologie, Weinheim 1995³, 106; J. STRÜBING, Grounded Theory. Zur sozialtheoretischen und epistemologischen Fundierung des Verfahren der empirisch begründeten Theoriebildung, Wiesbaden 2004, 13-14.

70 In den 70er Jahren wurde die GTM anhand von Studien, die die „Interaktion mit Sterbenden" durch das Krankenhauspersonal beschreiben, entwickelt. Allgemeine Aussagen übernehme ich von GLASER/STRAUSS, praktisch und methodisch richte ich mich jedoch ausschließlich nach STRAUSS/CORBIN. Vgl. B. GLASER/A. STRAUSS, The discovery of grounded theory. Strategies for qualitative research, Chicago 1979¹⁰; A. STRAUSS/J. CORBIN, Grounded Theory. Grundlagen Qualitativer Sozialforschung, Weinheim 1996.

Für GLASER und STRAUSS war die große Kluft zwischen Theorie und empirischer Forschung der Ansatzpunkt für die GTM, denn sie bemängeln, dass das Überprüfen von Hypothesen überbetont, der Prozess aber des Entdeckens von Konzepten und Hypothesen vernachlässigt werde. Deshalb wollten sie durch ihre so genannten „grounded theories", das heißt auf empirische Daten und Einsichten beruhenden Theorien, das Entdecken von Theorien in der empirischen Forschung verankern.[71] Die GTM basiert auf einer systematischen Reihe von Verfahren, die in einem Wechselspiel zwischen induktivem und deduktivem Vorgehen und ständigen reflexiven Vergleichen die Daten schrittweise gewinnen. Dabei wird auf eine Hypothesenbildung ex ante verzichtet. Die Datengewinnung, Analyse und Theorienbildung stehen in einer wechselseitigen Beziehung.[72] Dadurch kann eine induktiv abgeleitete Theorie entwickelt werden, die äußerst gegenstandsverankert dem Phänomen messianischer Juden in Deutschland gerecht wird und es erhellt.

1.6 Theorie der religiösen Kommunikation

Bei der Beschreibung messianischer Juden in Deutschland folge ich der Systemtheorie Niklas LUHMANNS, da sie grundlegende Erkenntnisgewinne der Sozialwissenschaften in ihr theoretisches Konstrukt einbindet und mit den Unterscheidungen zwischen System, Umwelt und Beobachter sachadäquateVoraussetzungen für eine empirische Studie bietet.[73]

Gegenstand der Systemtheorie ist nicht der Mensch oder das Subjekt, sondern das System, das allein durch das abgegrenzt (und somit definiert) wird, was es nicht ist, nämlich dessen Umwelt. Die Umwelt ist nicht „an sich" Umwelt, sondern „alles übrige" eines Systems. Das heißt, alles was nicht in das System fällt, gehört somit zur Umwelt, die eigene Formen und Ordnungen aufweist (z.B. psychische und soziale Systeme), mit denen das System konfrontiert wird.[74]

---

71 Vgl. S. LAMNEK, Methodologie, 111-112.

72 Vgl. A. STRAUSS, Qualitative analysis for social scientists, New York 1987, 34f.; STRAUSS/CORBIN, Grounded Theory, 6-7.

73 Vgl. A. NASSEHI, Kommunikation verstehen, Einige Überlegungen zur empirischen Anwendbarkeit einer systemtheoretisch informierten Hermeneutik, in: T. SUTTER (Hrsg.), Die Beobachtung verstehen, das Verstehen beobachten. Perspektiven einer konstruktivistischen Hermeneutik, Opladen 1997, 144.

74 Vgl. E. ESPOSITO, Art. System/Umwelt, in: C. BARALDI et al (Hrsg.), GLU. Glossar zu Niklas LUHMANNS Theorie sozialer Systeme, Frankfurt am Main 1997, 195-199.

Die Differenz von System und Umwelt ist der „Ausgangspunkt jeder systemtheoretischen Analyse“,[75] das heißt immer da, wo sich „Differenzen einzeichnen lassen“,[76] kann man auch von Systemen sprechen. Die Differenzen werden durch die Figur des „Beobachters“ deutlich. Denn „beobachten“ bedeutet, zwischen System und Umwelt zu „unterscheiden“ und die Unterscheidung zu bezeichnen (=benennen).[77] Das Beobachtertheorem bedeutet auch, dass alles, was gesagt wird, von einem Beobachter gesagt wird. Ein Beobachter kann jede Instanz sein, die unterscheiden und bezeichnen kann, z.B. auch ein soziales System. Der Beobachter kann alles sehen, außer seine eigenen Operationen, z.B. seine getroffene Anfangsunterscheidung („blinder Fleck“).

Zur Verdeutlichung erläutere ich die systemtheoretischen Begrifflichkeiten: Innerhalb einer Gesamttheorie der Gesellschaft bildet auch das Religionssystem ein soziales System.[78] Bei der Annahme, dass die messianischen Juden in Deutschland ein religiöses System darstellen (vgl. Kapitel 5), beinhaltet ihre Umwelt zunächst einmal die Gesellschaft in Deutschland, andere religiöse Systeme (Christen- und Judentum) und einzelne Mitmenschen der unmittelbaren Lebensumwelt (psychische Systeme). Eindeutige Differenzen entstehen, wenn das System messianischer Juden eine Unterscheidung zu dem System des Judentums beobachtet und diese benennt, z.B. mit „Glaube an Jesus als den Messias“. Das System messianischer Juden kann dabei aber nicht die getroffene Anfangsunterscheidung („Glaube an Jesus als den Messias“) beobachten und zur Diskussion stellen, sondern diese Unterscheidung dient als Prämisse für weitere Beobachtungsoperationen. So bestimmt die Grundannahme des Glaubens an Jesus den Messias alles, was danach beobachtet werden kann (z.B. der Missionsauftrag, Erwählung Israels etc.).

Einen besonderen Fall stellt die „Selbstbeobachtung“ des Systems dar. Die Selbstbeobachtung meint nicht, dass das System seine Anfangsunterscheidung beobachtet, was unmöglich ist. Sondern die Selbstbeobachtung beobachtet etwas, dem sie auch angehört, daher ist meines Erachtens die Bezeichnung „Selbstreferenz“ zutreffender.[79] Die Selbstreferenz ist ebenfalls abhängig von der Anfangsun-

---

75 N. Luhmann, Soziale Systeme. Grundriss einer allgemeinen Theorie, Frankfurt am Main 19934, 35.

76 Das „Einzeichnen von Differenzen“ bedeutet in der Systemtheorie Luhmanns das „Treffen einer Unterscheidung“, die anschließend benannt wird. Vgl. E. Esposito, Art. Identität/Differenz, in: C. Baraldi et al (Hrsg.), GLU, 72.

77 Vgl. N. Luhmann, Die Religion der Gesellschaft, Frankfurt am Main 2002, 28-29.

78 Vgl. N. Luhmann, Lässt unsere Gesellschaft Kommunikation mit Gott zu, in: Ders., Soziale Aufklärung 4, Opladen 1987, 241-249; Ders., Die Religion der Gesellschaft, 13; A. Nassehi, Religion und Biographie. Zum Bezugsproblem religiöser Kommunikation in der Moderne, in: M. Wohlrab-Sahr, Biographie und Religion. Zwischen Ritual und Selbstsuche, Frankfurt am Main 1995, 109.

79 Vgl. Luhmann, Religion der Gesellschaft, 28-30; E. Esposito, Art. Operation/Beobachtung, in: C. Baraldi et al (Hrsg.), GLU, 126-127.

terscheidung, die als Maßstab für weitere Differenzen gültig ist. Für unser Beispiel heißt dies wiederum, dass das System messianischer Juden die getroffene Unterscheidung „Glaube an Jesus als den Messias" für sich als „Sinn" konstituiert. Davon ausgehend, kann das System neue Erkenntnisse gewinnen und die Beobachtungen können miteinander koordiniert werden. Aus den differenzierten Beobachtungen entstehen Selbstbeschreibungen und Texte des Systems, zum Beispiel konkret das Glaubensbekenntnis der jüdisch-messianischen Bewegung in Deutschland in der vorliegenden Studie, da es „Selbstaussagen" über den messianisch-jüdischen Glauben schriftlich fixiert hat. Die einzelnen Glaubensaussagen stimmen dabei immer mit der getroffenen Ausgangsunterscheidung „Glaube an Jesus als den Messias" überein.

Weil ein Beobachter sich immer auf der bezeichneten Seite der Unterscheidung befindet, kann nur ein Beobachter zweiter Ordnung die vom Beobachter nicht bezeichnete Seite und den Beobachter selbst beschreiben. Jede Theorie kann ein Beobachter sein, insbesondere die Systemtheorie: „Und die Systemtheorie ist eine Theorie, die nicht *etwas* beobachtet, sondern beobachtet, *wie* beobachtet wird und insbesondere auch, wie sie selbst beobachtet."[80] Der Vorteil der Systemtheorie wird deutlich: Das *Was* der Beobachtung steht nicht im Mittelpunkt, sondern das *Wie* der Beobachtung.

Worin bestehen aber die Beobachtungs-Operationen sozialer Systeme? LUHMANNS Kommunikationsmodell bietet eine Antwort: Innerhalb eines sozialen Systems werden die Beteiligten nicht als Urheber von Kommunikation angesehen, sondern die Kommunikation gilt als Prozess, der die sozialen Systeme überhaupt erst ausmacht.[81] LUHMANN geht dabei nicht von einem „Zwei-Personen-Modell" der Kommunikation aus, in dem die eine Person einer anderen eine Nachricht „überträgt" oder mitteilt. Sondern er nimmt ein „Drei-Selektionen-Modell" an, in dem Kommunikation 1. eine Synthese von selektierter vermittelter Information, 2. eine selektierte Mitteilung und 3. selektiertes Verstehen darstellt.[82] Erst wenn die Mitteilung einer Kommunikation verstanden wird, kann sich eine neue Kommunikation anschließen.[83]

Für die religiöse Kommunikation gilt nun das Gleiche.[84] So wird religiöse Kommunikation nicht mehr länger als Mitteilung Gottes direkt zu dem Menschen

80 Vgl. O. JAHRAUS, Zur Systemtheorie Niklas LUHMANNS, in: Ders. (Hrsg.), Niklas LUHMANN. Aufsätze und Reden, Stuttgart 2001, 322.

81 Vgl. JAHRAUS, Systemtheorie, 306- 307.

82 Nur so stellt die Kommunikation zugleich die Bedingungen der Möglichkeiten weiterer Kommunikationen dar. Vgl. LUHMANN, Lässt unsere Gesellschaft, 247-248.

83 NASSEHI, Kommunikation, 139.

84 LUHMANN bezieht sich im Folgenden, sofern nicht anders angegeben, auf das System des Christentums.

(Zwei-Personen-Modell) verstanden. Sondern aus den dargebotenen informativen Komponenten (z.B. Jesu Leben und Tod), die selektiert mitgeteilt werden (z.B. durch die Evangelienberichte, Predigt, Literatur etc.) erwächst dem Bebachter ein eigenes – die Mitteilung überprüfendes – Sinn reduziertes Verständnis (z.B. mit der entsprechenden Semantik: Jesus = Gottes Sohn).

Luhmann spricht insbesondere bei der religiösen Kommunikation auch von einem „Vier-Selektionen-Modell", in dem eine vierte Selektion wie die Annahme oder Ablehnung einer möglichen weiteren Kommunikation die Identität eines religiösen sozialen Systems aufzeigt. Mit einer „gelungenen Anschlusskommunikation" bezeichne ich dabei die angenommenen Themen, Thesen, Glaubensgrundsätze etc., die Verständigung im System ermöglichen. Denn sie beruhen auf der gemeinsam getroffenen Anfangsunterscheidung. Das heißt, die Identität des Systems von Juden, die an Jesus als den Messias glauben, wird an den angenommenen Anschlusskommunikationen (Sünde, Buße, Gnade etc.) und abgelehnten Kommunikationen, also Differenzen (Gesetzesobservanz, keine Torarolle etc.), zu seiner Umwelt der nicht an Jesus als den Messias glaubenden Juden deutlich (vgl. ausführlich Kapitel 5).

Wie kann das System aber eine „gelungene" anschlussfähige Kommunikation erreichen? Jedes System definiert sich nach Luhmann über die Leitunterscheidung, den „binären Code".[85] Der Code unterscheidet zwischen einem positiven und einem negativen Wert. Zur Bezeichnung der beiden Werte des religionsspezifischen Codes im System des Christentums eignet sich am besten die Unterscheidung von „Immanenz und Transzendenz".[86] Eine Kommunikation ist immer dann religiös, wenn sie Immanentes unter dem Gesichtspunkt des Transzendenten betrachtet.[87] Immanenz steht dabei für einen Wert, der anschlussfähig ist für psychische und kommunikative Operationen (Erfahrungen des alltäglichen Lebens, Emotionen) und Transzendenz steht für einen Wert, von welchem aus das Geschehen als kontingent gesehen und durch die Reflexion einen religiösen Sinn (z.B. auch die Immanenz eine eigene religiöse Qualität) erhält.[88]

Im religiösen System messianischer Juden eignet sich der binäre Code „Glaube an Jesus als den Messias/kein Glaube an Jesus als den Messias". Da der positive

---

85 Vgl. Luhmann, Religion der Gesellschaft, 65.

86 Transzendenz wird zunächst als eine Richtungsangabe verstanden, die einerseits auf die Überschreitung von Grenzen verweist, z.B. die Möglichkeit, dass die Transzendenz im Jenseits gegenwärtig sein kann, aber andererseits auch die Grenzen zum Unerreichbaren aufzeigt. Vgl. G. Büttner/V.-J. Dieterich, Religion als Unterricht. Ein Kompendium, Göttingen 2004, 109.

87 Brot und Wein werden z.B. nicht länger nur als Nahrungsmittel, sondern durch eine Art Realitätsverdoppelung als Blut und Leib Christi (Heilsmittel) betrachtet. Vgl. Büttner/Dieterich, Religion als Unterricht, 107-108.

88 Es gibt also keine Transzendenz ohne Immanenz und vice versa. Vgl. Luhmann, Religion der Gesellschaft, 77.

Wert für die kommunikative Anschlussmöglichkeit eines Systems steht, gehören dem System messianischer Juden nur die Kommunikationen an, die sich am oben genannten Code orientieren. Wenn nun ein Überschuss an Denk- und Kommunikationsmöglichkeiten eröffnet wird, können an eine Kommunikation weitere Kommunikationen anschließen, das heißt, dann erst kann das System weiter operieren und sich entwickeln. Selektionen bedeuten daher immer Differenzierungen und implizieren eine Entscheidung für das eine (z.B. den Glauben an Jesus als den Messias Gottes) und nicht für das andere potentiell Mögliche (z.B. den Glaube an Jesus als besonderen Menschen, Atheismus etc.) aus dem Überschuss an Selektionsmöglichkeiten.

Bei der Ablehnung oder Annahme einer bestimmten Kommunikation wird als Selektionsform „Sinn" beobachtbar. Sinn differenziert und selektiert und lässt dabei die nicht aktualisierten Möglichkeiten potentiell zugänglich, aber im Hintergrund.[89]

Da Sinn die conditio sine qua non für die Selbstreferenz eines Systems ist, hat auch das Teilsystem der christlichen Religion nach LUHMANNS Interpretation die Funktion, Sinn zu konstituieren. Die Differenzen zur Umwelt werden die Hauptbezugspunkte der Religion und Kommunikationsformen sind als religiös zu bezeichnen, wenn ihr Sinn diese Differenzen erfasst.[90] Religion hat somit für das Gesellschaftssystem die Funktion „die unbestimmbare, weil nach außen (Umwelt) und nach innen (System) hin unabschließbare Welt in eine bestimmbare zu transformieren, in der System und Umwelt in Beziehung stehen können, die auf beiden Seiten Beliebigkeit der Veränderung ausschließen".[91] Nach LUHMANN wird in der christlichen Religion durch die „Kontingenzformel"[92] Gott die Kommunikation über den Sinn ermöglicht. Der transzendente Hochgott gilt als Beobachter, der alles beobachtet und sich deshalb von allem unterscheidet, aber nicht selbst beobachtet werden kann.[93]

Dass der komplexe Prozess der Kommunikation über den Sinn, zum Beispiel die Kontingenzformel Gott gelingt, liegt an den Mechanismen eines Systems, zum Beispiel der Sprache, die die Aufgabe hat, kommunikative Anschlussmöglichkeiten

---

89 Vgl. LUHMANN, Soziale Systeme, 64ff., 92ff.; Ders., Die Gesellschaft der Gesellschaft, Bd. 2, Frankfurt am Main 1997, 44ff.; JAHRAUS, Systemtheorie, 313.

90 Es sei daran erinnert, dass das System des Christentums hier gemeint ist. Vgl. G. CORSI, Art. Religion, in: C. BARALDI, GLU, 156.

91 Vgl. LUHMANN, Funktion der Religion, 26.

92 Kontingenz bezeichnet allgemein modaltheoretisch ein Problem aus dem Umkreis possibilistischer Modalisierungen, das heißt etwas Wirkliches (einschl. wirklich Möglichem), sofern es auch anders möglich ist. Formal: Kontingenz als Negation der Unmöglichkeit und Negation der Notwendigkeit. Kontingente Formulierungen gewinnen universalistische Ausstrahlungen. Vgl. LUHMANN, Funktion der Religion, 187-188.

93 Vgl. CORSI, Art. Religion, 158.

zu gewährleisten und somit den prozessualen Charakter der Kommunikation zu bewahren. Diese spezifische systeminterne Sprache nennt LUHMANN „Mediencode" oder „symbolisch generalisiertes Kommunikationsmedium".[94] Demnach benutzt die Politik die Sprache der Macht, Wirtschaft die Sprache des Geldes und die Religion die Sprache des Glaubens.[95]

Um aber wichtige Kommunikationsthemen in einem religiösen System generalisieren und bewahren zu können, kommt es zur „gepflegten Semantik". Das sind zum Beispiel Selbstbeschreibungen, Texte über den Glauben, liturgische Abläufe etc., die als „(Selbst-)Verständigungsmittel" hier für messianische Juden innerhalb des Systems dienen und in dieser Studie untersucht werden sollen.[96]

Wie erfolgt aber nun der Anschluss des psychischen Systems, zum Beispiel eines konvertierten Juden, an die religiöse Kommunikation im System messianischer Juden? NASSEHI unterstreicht in diesem Zusammenhang die Bedeutsamkeit der Biographien psychischer Systeme in der Systemtheorie LUHMANNS: „Damit sind letztendlich Biographien diejenigen Bezugspunkte, an denen religiöse Kommunikation sich an ihrem Proprium selbst bewähren kann."[97] Wie ist dies nun konkret zu verstehen?

In den psychischen Systemen, hier des Konvertiten zum messianisch-jüdischen Glauben, kann man „die Gedanken nur von außen in der Weise und Form des jeweiligen Beobachters beobachten".[98] Das Konversionsereignis können der Beobachter zweiter Ordnung (z.B. Forscherin) und die anderen psychischen Systeme (Besucher der Gemeinde) somit nur der Selbstbeschreibung des Konvertiten entnehmen.[99] Denn die Transzendenz selbst ist nicht kommunizierbar und muss mit Hilfe anschaulicher Vorstellungen, symbolischer oder metaphorischer Sprache konkretisiert werden.[100] Der messianisch-jüdische Glaube bleibt dadurch zwar ein Bekenntnis des Konvertiten, „aber die Einheit dieses Geschehens wird als Kommunikation erzeugt und nicht als (unvermeidlich prekärer) Bewusstseinszustand

94 Die symbolisch generalisierten Kommunikationsmedien spielen aber bei der Religion weniger eine Rolle, da dem Glauben die Unterscheidung zwischen Handeln und Erleben (als unwahrscheinliche Selektion) fehlt. Vgl. CORSI, Art. Religion, 156-159.

95 Vgl. BÜTTNER/ DIETERICH, Religion als Unterricht, 39-42.

96 BÜTTNER/DIETERICH, Religion als Unterricht, 215; BARALDI, Art. Semantik, in: Ders. et al (Hrsg.), GLU, 168-169; LUHMANN, Gesellschaftsstruktur und Semantik, Bd. 3, Frankfurt am Main 1998a, 19f.

97 NASSEHI, Religion, 117.

98 E. ESPOSITO, Art. Psychisches System, in: BARALDI et al (Hrsg.), GLU, 143.

99 Vgl. V. KRECH, Religiöse Erfahrung - was oder wie? Zur soziologischen Rekonzeptualisierung eines religionswissenschaftlichen Begriffs anhand der Analyse von Konversionsberichten, in: H. TYRELL/V. KRECH/H. KNOBLAUCH (Hrsg.), Religion als Kommunikation, Würzburg 1998, 478.

100 Vgl. H. TYRELL/V. KRECH/H. KNOBLAUCH, Religiöse Kommunikation. Einleitende Bemerkungen zu einem religionssoziologischen Forschungsprogramm, in: TYRELL et al, Religion als Kommunikation, 10; BÜTTNER/DIETERICH, Religion als Unterricht, 215.

der Beteiligten".[101] Wenn sich nun der konvertierte messianische Jude als Einheit beobachtet („alle meine Gedanken"), über seine Operationen reflektiert und diese interpretiert, also mit spezifisch messianisch-jüdischem Sinn ausstattet, kann er über das Erlebnis seiner Konversion kommunizieren und dadurch an die religiöse Kommunikation im messianisch-jüdischen System anschließen. Dann ist es auch für einen Beobachter zweiter Ordnung möglich aus der Konversionserzählung das Konversionsereignis zu rekonstruieren.

In der vorliegenden Untersuchung sollen auf dieser Grundlage weitere Fragen beantwortet werden:

1] Wie beobachtet und beschreibt das religiöse Sozialsystem messianischer Juden in Deutschland seine eigene religiöse „Kommunikation"? (Selbstbeobachtung des religiösen Systems)

2] Welche „Differenzziehungen" zur Umwelt waren bis zur heutigen Entwicklung notwendig und welche bestehen weiterhin? Welche Selektionen und welche Codes lassen sich beobachten, um die Einheit des Systems zu bestimmen? (Beobachter zweiter Ordnung)

3] Welche Ausdifferenzierungen von Immanenz und Transzendenz sind in den Gottesdienstformen messianischer Juden vorhanden? Welche Semantik wird als (Selbst-) Verständigungsmittel gepflegt? Das heißt, durch welche symbolhafte oder metaphorische Sprache wird die Transzendenz beschrieben, veranschaulicht und dadurch erfahren? (Beobachter zweiter Ordnung)

4] Welche Fremdreferenz gibt es zum Gesamtsystem der Gesellschaft? Besteht eine Kompatibilität mit gesellschaftlichen Strukturen und/oder anderen religiösen Systemen? (Beobachter zweiter Ordnung)

5] Wie ist die theologische Selbstreflexion des psychischen Systems ausdifferenziert? (Selbstbeobachtung des psychischen Systems)

1.7 Empirisch-theologischer Bezug

Obwohl diese Untersuchung nicht von theologischen Zielsetzungen bestimmt ist, ist ein empirisch-theologischer Bezug durch die praktisch-theologischen Anteile (Gottesdienstformen, Rituale etc.) von messianischen Juden gegeben.

---

101 Man kann auch sagen, dass allein Kommunikation kommuniziert, da diese nur an kommunikative Ereignisse anschließen kann, nicht direkt an das intransparente Bewusstsein. Vgl. LUHMANN, Religion der Gesellschaft, 13. 40-41; Ders., Die Wissenschaft der Gesellschaft, Darmstadt 2002, 30f.

Der empirisch-theologische Ansatz innerhalb der Praktischen Theologie, die sich mit gegenwärtigem christlich-kirchlichem Handeln beschäftigt, ist seit Beginn der 1990er Jahre fest etabliert. Gerade von der Praktischen Theologie wurde zunehmend gefordert, dass sie sich bei der Untersuchung von Gottesdienstformen mehr mit der Empirie auseinandersetzen müsse, damit nicht bloß das theologische Selbstverständnis (zum Beispiel der Amtshandlungen), sondern auch die Funktionen der Ausübenden oder der Rituale untersucht werden könne.[102] Denn lange habe sich die Theologie nur für das gesprochene Wort (Predigt; Gebet etc.), oft in „ritualfeindlicher Haltung“ interessiert. Dabei habe man das anthropologische Geschehen vernachlässigt, da Gott selbst als das Subjekt des Geschehens im Mittelpunkt stand.[103] Die Praktische Theologie hat sich daher auch methodologisch in Analogie zu den modernen Handlungswissenschaften organisiert und beschränkt sich mittlerweile nicht länger auf eine einzige sozialwissenschaftliche Interpretationsmethodologie von Erfahrung.[104]

1990 legte J. v. d. VEN als wissenschaftstheoretische Konzeption den „Entwurf einer empirischen Theologie“ vor, in der theologische und empirische Forschung zueinander in Beziehung gesetzt wurden.[105] H.-G. ZIEBERTZ schildert den Vorteil einer empirisch-theologischen Forschung:

> *„Die empirische [theologische, Anm. der Verf.] Forschung eröffnet einen Zugang zur religiösen Dimension der Wirklichkeit, den die biblische, historische und systematische Theologie nicht bieten kann. Sie zeigt, warum Menschen auf Religion zugehen, wie sie mit Religion umgehen und was sie von Religion wegführt […]. Sie thematisiert die Praxis, die implizit in allem theologischen Sprechen mitgedacht wird.“*[106]

---

102 N. METTE/H. STEINKAMP, Sozialwissenschaften und Praktische Theologie, Düsseldorf 1983, 15.

103 Vgl. H.-G. HEIMBROCK, Empirische Hermeneutik in der Praktischen Theologie, in: J. v. d. VEN/H.-G. ZIEBERTZ, Paradigmenentwicklung in der Praktischen Theologie, Kampen/Weinheim 1993, 49-67.

104 Seit den 1970/80er Jahren gibt es die Verbindung von sozialwissenschaftlichen Analysen von Gottesdienst und Theologie, z.B. H. HILD (Hrsg.), Wie stabil ist die Kirche? Bestand und Erneuerung. Ergebnisse einer Meinungsbefragung, Gelnhausen/Berlin 1975^2; A. FEIGE, Erfahrungen mit Kirche. Daten und Analysen einer empirischen Untersuchung über Beziehungen und Einstellungen junger Erwachsener zur Kirche. Ein Beitrag zur Soziologie und Theologie der Volkskirchenmitgliedschaft in der Bundesrepublik Deutschland, Hannover 1982. Zudem sind auch qualitativ-inhaltliche Analysen aus humanwissenschaftlichen Konzepten entstanden, zum Beispiel R. VOLP, Zeichen – Semiotik in Theologie und Gottesdienst, Mainz/München 1982. Vgl. ausführlich dazu F. SCHWEITZER, Praktische Theologie. Kultur der Gegenwart und die Sozialwissenschaften – Interdisziplinäre Beziehungen und die Einheit der Disziplin, in: K. E. NIPKOW et al (Hrsg.), Praktische Theologie und die Kultur der Gegenwart. Ein internationaler Dialog, Gütersloh 1991, 78; HEIMBROCK, Empirische Hermeneutik, 50. 61.

105 J. v. d. VEN, Entwurf einer empirischen Theologie, Weinheim 1990; v. d. VEN/H.-G. ZIEBERTZ, Paradigmenentwicklung in der Praktischen Theologie, Weinheim/Kampen 1993.

106 ZIEBERTZ, Empirische Forschung, 54.

J. v. d. Ven spricht sich dabei insbesondere für einen „intra-disziplinären Ansatz" aus,[107] bei dem für eine theologische Untersuchung Konzepte, Methoden und Techniken der Sozialwissenschaften übernommen werden. Kritisiert wird jedoch an diesem Entwurf, dass die Dominanz der theologischen Disziplin zwischen den unterschiedlichen Betrachtungsweisen kaum einen kritischen Dialog zulasse.[108]

Deshalb untersuche ich die Gemeinden und Gruppen messianischer Juden religionssoziologisch mithilfe der qualitativen Methodik der GTM im Zusammenhang mit der systemtheoretischen Theorie. Aus diesem Grund geht es in dieser Arbeit einerseits um die (religionswissenschaftliche) Frage nach der messianisch-jüdischen Religiosität und andererseits um die (praktisch-theologische) Darstellung von religiöser Praxis, zum Beispiel der Gottesdienstformen. Eine Herausforderung besteht zudem darin, die empirische Anwendbarkeit von Luhmanns Systemtheorie in diesem Kontext zu überprüfen. So kann Luhmann vorgeworfen werden, dass er zwar für seine Theorien empirisches Material benutze, die Empirie selber aber dürfe die theoretischen Überlegungen nicht „stören".[109] Luhmann habe damit die Verifikation seiner Theorien den Empirikern überlassen.[110]

Insgesamt ergänzen sich die Bereiche der Praktischen Theologie (Gottesdienstformen), die empirischen Daten (messianische Juden) und die systemtheoretischen Erkenntnisse: So untersuche ich zum Beispiel die Konversionserzählungen messianischer Juden zunächst als kommunikative Gattungen, um nach Ulmer den Status des Erzählers als „echten" Konvertiten" abzusichern.[111] Gleichzeitig fokussiere ich aber innerhalb dieser Erzählungen die religiösen Besonderheiten messianisch-jüdischer Konvertiten, da Religion durch Kommunikation tradiert und „gemacht" wird.[112] Die Ergebnisse werden in Bezug zu den messianisch-jüdischen Gottes-

---

107 Van der Ven beschreibt vier Grundmodelle der angewandten Theologie: 1. Modell: Praktische Theologie als deduktive Anwendung der Erkenntnisse, ohne sozialwissenschaftlichen Bezug; 2. Modell: Multidisziplinärer Ansatz: Austausch von Theorien und Ergebnissen, z.B. Zwei-Phasenmodell: Sammlung der Ergebnisse empirischer sozialwissenschaftlicher Forschung, die dann im theologischen Kontext genutzt und mit theologischen Theorien benutzt werden; 3. Modell: Interdisziplinarität: Diskurs und gegenseitige Kritik; 4. Modell: Intradisziplinarität. Vgl. v. d. Ven, Entwurf, 117.

108 Vgl. v. d. Ven, Entwurf, 139; vgl. dazu ausführlich: T. Rink, Eine multidimensionale Methodik zur Analyse von Bekehrungsmotiven, Pretoria 2006, 12.

109 Vgl. D. Pollack, Religiöse Chiffrierung und soziologische Aufklärung. Die Religionstheorie Niklas Luhmanns im Rahmen ihrer systemtheoretischen Voraussetzungen, Frankfurt am Main 1988, 180f.

110 Vgl. A. Kött, Systemtheorie und Religion. Mit einer Religionstypologie im Anschluss an Niklas Luhmann, Würzburg 2003, 212.

111 B. Ulmer, Konversionserzählungen als rekonstruktive Gattung. Erzählerische Mittel und Strategien bei der Rekonstruktion eines Bekehrungserlebnisses, in: Zeitschrift für Soziologie 17 (1988) Nr. 1, 19-33; vgl. ausführlich Kapitel 4 und 6.

112 Feige/Lukatis, Empirie, 12-32.

dienst- und Gemeindestrukturen ausgewertet, so dass sich Möglichkeiten zu Interdisziplinarität und Diskurs eröffnen können.

Der Untertitel dieser Untersuchung „Eine historische und religionssoziologische Untersuchung" stellt dabei die jeweiligen Beobachterperspektiven dar. Die historische Darstellung des messianischen Judentums weltweit und in Deutschland hat einen rein deskriptiven Charakter. Die Präsentation der Ergebnisse wie der Gottesdienstformen, der Feste und der Rituale erfolgt aus religionssoziologischer Perspektive mit systemtheoretischer Betrachtung. Dabei werden zwar theologische Aspekte immer wieder beleuchtet, aber nicht ausführlich diskutiert. Die Konversionserzählungen präsentiere ich ebenfalls aus religionssoziologischer Perspektive, die ich mit systemtheoretischen Erkenntnissen ergänze.

1.8 Terminologie

Für diese Arbeit ist nicht nur ein Verständnis der Luhmannschen Begrifflichkeiten vonnöten, sondern auch eine Erklärung über die gewählten Terminologien und Begrifflichkeiten speziell für diese Untersuchungsgruppe.

Die Adjektiv-Adjektiv-Komposita „messianisch-jüdisch" oder „jüdisch-messianisch" verwende ich synonym. Das Wort „russisch" wird in breiter Bedeutung für alle Juden benützt, die aus den Nachfolgestaaten der ehemaligen UDSSR eingewandert sind. Die Bezeichnungen „russische Juden", „russisch-jüdische Immigranten/Emigranten/Einwanderer", „Juden russischer Herkunft", „sowjetische Juden" etc. benutze ich synonym für diejenigen, die im Aufnahmeverfahren die jüdische Identität für sich geltend machten, obgleich diese nicht immer eine halachische Gültigkeit besitzt (vgl. Kapitel 3.2.1).[113]

Obwohl die Begriffe „Judenchristen", „hebräische Christen", „messianische Juden" und „jesusgläubige Juden" in Theologie, Literatur und Geschichte meist synonym und austauschbar gebraucht werden, benütze ich diese Begriffe in der vorliegenden Arbeit differenziert, was ich im Kapitel 2 und 5 näher ausführe. Meist habe ich die Bezeichnung „an Jesus als den Messias glaubende Juden" verwendet.

Im deutschen Sprachgebrauch bezeichnet der Ausdruck „Bekehrung" aus theologischer Perspektive die Hinwendung eines Menschen zu Gott, wogegen der Begriff „Konversion" eher als technischer Terminus aus dem Bereich der empirischen

113 KJÆR-HANSEN und SKJØTT bezeichneten die Einwanderer nach Israel, die unter dem „Law of Return" einwandern durften und für sich selbst den Anspruch erhoben, Juden zu sein, auch dann als Juden, wenn sie es halachisch nicht waren. Vgl. KJÆR-HANSEN/SKJØTT, Facts & Myths. Ebenso ist KÖRBER in ihrem Forschungsprojekt über russisch-jüdische Einwanderer nach Deutschland verfahren. Vgl. K. KÖRBER, Juden, Russen, Emigranten. Identitätskonflikte jüdischer Einwanderer in einer ostdeutschen Stadt, Frankfurt am Main 2005.

Forschung stammt. Da Rink in seinem Forschungsüberblick aufzeigt, dass diese Trennung nicht konsequent durchgehalten werden kann, verwende ich wie Rink beide Begriffe synonym.[114]

Aus Gründen der besseren Lesbarkeit habe ich darauf verzichtet, die maskuline und die feminine Form zugleich zu verwenden, sondern mich für die inklusive Schreibweise entschieden. Wo nicht gesondert vermerkt, spreche ich mit der maskulinen Form gleichermaßen die Frauen an. Wähle ich allein die feminine Form, sind nur Frauen gemeint.[115]

Die Umschrift der hebräischen Wörter entspricht der deutschen Aussprache der lateinischen Schriftzeichen.[116] Alle Vokale gebe ich vereinfacht als a, e, i, o und u wieder. Die hebräischen Wörter schreibe ich zur Erleichterung des Leseflusses meistens groß.

Im Anschluss an Kjær-Hansen und Kvarme bezeichne ich in der vorliegenden Arbeit die jüdischen Feste mit den hebräischen Namen (Pessach, Schawuot etc.) und die christlichen Feste in traditioneller Weise (Weihnachten, Ostern und Pfingsten). Allgemeine Abkürzungen richten sich nach dem Internationalen Abkürzungsverzeichnis für Theologie und Grenzgebiete, zusammengestellt von Schwertner.[117]

Vor der Veröffentlichung der Dissertation habe ich einige (statistische) Daten aktualisiert.

---

114 Rink, Multidimensionale Methodik, 11. Obwohl ich von messianischen Leitern hingewiesen wurde, nicht von einer Bekehrung oder Konversion zu sprechen, sondern von einer „Entscheidung für Jesus" oder der „Annahme des Glaubens an Jeschuah hamaschiach", benutze ich die religionssoziologischen Begriffe „Konversion" oder „Bekehrung".

115 Wenn ich gelegentlich beide Formen nenne, hebe ich damit diese Regelung nicht auf, sondern ich möchte lediglich an einigen Stellen explizit machen, was mit der inklusiven Schreibweise gemeint ist.

116 א = ʼ; בּ = b; ב= w; ג= g; ד = d; ה= h (außer am Wortende); ו = w, wenn kein Vokal; ז = s; ח = ch; ט = t; י = j, wenn kein Vokal; כּ = k; כ , ך = ch; ל = l; ם, מ; = m; ן, נ = n; ס = ss; ע = ʻ; פּ = p; ף, פ= f; ץ, צ= z; ק= q; ר= r; שׁ = sch; שׂ = ss (nicht im Anlaut); ת = t.

117 Vgl. S. Schwertner (Hrsg.), Internationales Abkürzungsverzeichnis für Theologie und Grenzgebiete (IATG), in: Theologische Realenzyklopädie (TRE), Berlin 1994².

2 Entwicklung des messianischen Judentums

H. STRESOW, Vorsitzender eines messianisch-jüdischen Missionswerkes in Deutschland schreibt: „Die messianische Bewegung ordne ich theologisch als Fortsetzung der ersten Gemeinde ein, die […] zu Pfingsten begann.“[1] Ringt die Bewegung mit dieser provozierenden Aussage um Anerkennung oder gibt es tatsächlich Parallelen des heutigen messianischen Judentums zu den Lebens- und Glaubensformen der ersten judenchristlichen Gemeinde? Um diesen Anspruch sorgfältig untersuchen zu können, diskutiere ich zunächst den Begriff „Judenchristen“ und charakterisiere dann die (juden- und heidenchristliche) Urgemeinde. Des Weiteren beschreibe ich die Trennungsprozesse der judenchristlichen von der heidenchristlichen Kirche und die Entstehung der messianischen Bewegung weltweit.

2.1 Judenchristen

Die Komplexität des antiken Judenchristentums wird am unterschiedlichen Gebrauch des Begriffes in den Schriften der Kirchenväter deutlich. Die Bezeichnung „Ebioniten“ ist zuerst bei Irenäus belegt (Iren. haer. I,26,2) und leitet sich ab von dem hebräischen 'æbjônîm („Arme“). Ursprünglich war dies die Selbstbezeichnung einer judenchristlichen Gruppe, die sich als „vor Gott Arme“, das heißt als „Fromme“ verstand.[2] Laut PIXNER ist der Name vermutlich aus dem Essenismus übernommen worden.[3] Auch DANIÉLOU sieht dort eine Beziehung.[4] Die Ebioniten feierten Sabbat und Herrentag,[5] sie lehnten aber den Glauben an die Göttlichkeit

---

1 H. STRESOW, Wurzeln und Zweige, in: BSSE (Hrsg.), KOL HESED 1 (2004), 12; ähnlich: D. JUSTER, Jewishness of Jesus, Wisconsin 1977, 34; Ders., Jewish Roots, 148; COHN-SHERBOK: „Messianic Jews see themselves as the true heirs of these early disciples of the risen Lord“, in: Ders., Messianic Judaism, 87; R. FRYDLAND, Let there be no strife I pray thee, in: AMERICAN MESSIANIC JEW 61 (1976), Nr. 1, 3-6; H. FISCHBEIN, Über die Einheit der messianischen Gläubigen. Eine Botschaft für Christen, Stuttgart., in: http://menora-online.de/adon-jeschua/deutsch/christde.htm, Stand: 10.08.2007.

2 G. STRECKER, Art. Judenchristentum, in: TRE, 312.

3 Vgl. B. PIXNER, Essener-Viertel und Urgemeinde, in: R. RIESNER (Hrsg), Wege des Messias und Stätten der Urkirche, Gießen 1994^{2}, 332.

4 J. DANIÉLOU/J. A. BAKER, The theology of Jewish christianity, London 1964, 56-67; DANIÉLOU, Judenchristentum, 15.

5 Vgl. H. MERKEL, Art. Judenchristen, in EKL, Sp. 852.

Jesu und an die Jungfrauengeburt ab. Später unterschieden sie sich von der Christologie der Großkirche.[6]

Die Bezeichnung „Nazoräer" geht auf die hebräisch-aramäische Bezeichnung zurück, die Juden für Christen gebrauchen (Act 24,5; Tertullian, adv. Marc. IV,8; Eusebius, onom. 138,24f.). Epiphanius beschreibt, dass sich der Begriff von dem Herkunftsort Jesu, Nazaret, ableitet (pan. 29,6,5) und wendet ihn ebenfalls auf Judenchristen an (pan. 29,56,6).[7] Paget bezeichnet mit dem Begriff „Nazoräer" allgemein die judenchristlichen Gruppierungen, die in der Christologie mit der entstehenden Großkirche übereinstimmten. Zum Beispiel glaubten die Nazoräer an eine universale Erlösung durch den Messias Jesus und an dessen baldige Wiederkehr. Dabei nahmen sie am innerjüdischen Diskurs teil und verstanden sich als Teil der jüdischen Gemeinschaft.[8]

Der Kirchenschriftsteller Eusebius von Caesarea benutzt die Bezeichnung „Hebräische Gläubige" und „Hebräer" als Kurzfassung für „Hebräer, die sich zum Christentum bekehrt haben" (Eus. h. e. III,25,5, vgl. onom. 172,1-3).[9] Daneben gibt es die judenchristliche Gruppe der „Elkesaiten/Elchasaiten", nach dem Gründer Elkesai oder Elchasai. Sie lehnten den Glauben an die Jungfrauengeburt, die Göttlichkeit Jesu und die Lehren des Paulus ab.[10] Darüber hinaus werden in der späteren patristischen Literatur die „Symmachianer" genannt, deren Name sich von dem Bibelübersetzter Symmachus ableitet.[11]

Eine homogene Definition der Bezeichnung „Judenchristen" gestaltet sich daher als sehr schwierig. J. Daniélou nennt das Judenchristentum das „Frühchristentum mit jüdischer Struktur" oder auch das „Christentum jüdischer Observanz".[12] Zum Christentum konvertierte Juden werden manchmal ebenso als Judenchristen bezeichnet, wie die Christen, die ihren Glauben mit jüdischen Elementen vermischten.[13] M. Simon definiert Judenchristen mit „Christen jüdischer Herkunft, die

6 Vgl. R. Pritz, Nazarene Jewish Christianity. From the end of New Testament period until its disappearance in the fourth century, Jerusalem 1988, 19; H. Merkel, Art. Judenchristen, in: Evangelisches Kirchenlexikon (EKL), Bd.2, Göttingen 1989³, Sp. 852.

7 Vgl. G. Strecker, Art. Judenchristentum, 312.

8 Vgl. J. C. Paget, Art. Judenchristen. II. Alte Kirche, in: RGG, Bd. 4, Sp. 605.

9 Vgl. A. M. Ritter, Art. Judenchristen. 3. III. Mittelalter und Neuzeit, in: RGG4, Bd. 4, Sp. 605; Strecker, Art. Judenchristentum, 312.

10 Epiphanius stellt die Elkesaiten/Elchasaiten den Sampsäern gleich (anc. III,53,1). Zudem sollen sie in Verbindung mit den Ossäern gestanden haben (53,1,3; vgl. Cirillo 27-29). Vgl. Strecker, Art. Judenchristentum, 312.

11 Vgl. G. Strecker, Art. Judenchristentum, 312.

12 J. Daniélou, Das Judenchristentum und die Anfänge der Kirche, Köln 1964, 8. 11.

13 A. F. Klijn, The study of Jewish Christianity, in: New Testaments studies 20 (1974), 421; M. Simon, Verus Israel, A study of relations between Christians and Jews in the Roman Empire (135-425), Oxford 1986, 237.

weiterhin das jüdische Gesetz halten".[14] Wie C. COLPE aufzeigt, liegt in dem sprachlichen Kompositum „Judenchristen" die Hauptbedeutung auf dem Grundwort „Christen".[15] G. STRECKER betont in seiner Definition stärker die jüdische Identität und bezeichnet Judenchristen als „Juden, die sich zu Jesus Christus (in verschiedenen christologischen Vorstellungen) bekennen und an der überkommenen jüdischen Struktur von Theologie und Lebenshaltung festhalten."[16] Auch B. WANDER betont neben der jüdischen Herkunft und Identität die Zugehörigkeit zu einer jüdischen Gruppe: „Terminologisch präzisiert handelt es sich bei Judenchristen um als Juden geborene oder zum Judentum übergetretene Personen (Proselyten), die sich der jüdischen Gruppierung um den gekreuzigten und auferweckten Jesus aus Nazareth anschlossen."[17]

Fazit: „Judenchristen" sind Juden in den ersten Jahrhunderten, die christliche Glaubensinhalte bekannten. Dies geschah entweder in Übereinstimmung mit der entstehenden Großkirche (wie bei den Nazoräern) oder in Differenz dazu (z.B. die Elkesaiten/Elchasaiten oder die Ebioniten). Allen Gruppen gemeinsam war, dass sie in unterschiedlichen Ausprägungen an jüdischen Strukturen von Theologie und Tradition festhielten.

2.1.1 Gemeinde von Juden- und Heidenchristen (30 n. Chr. bis ca. 70 n. Chr.)

Wie kam es aber zu der Entstehung judenchristlicher Gruppen und wodurch war die Glaubens- und Lebenspraxis der ersten Juden, die an den Messias Jesus glaubten, gekennzeichnet?

Nach der lukanischen Überlieferung entstand die erste judenchristliche Gemeinde um 30 n. Chr. in Jerusalem aus einem Kreis um einige Jünger Jesu. Sie glaubten an die unmittelbar bevorstehende Parusie des auferstandenen Messias und bekannten Jesus als Sohn Davids (Röm 1,3; Mt 1,1ff) oder als den „Christus" (Mk 8,29; 13,21; 14,61; 15,32). Indem die ersten Judenchristen Jesus den Titel „Herr"

14 M. SIMON, Le Judaïsme et le Christianisme antique, Paris 1968.

15 Werde der Begriff „Judenchristen" als Kasuskomposition (Deklinierung des 1. Gliedes) verstanden, bedeute er „die Christen aus/unter den Juden". Werde er dagegen als Determinativkompositum (1. Glied undekliniert, 2. Glied wird inhaltlich näher bestimmt) verstanden, bedeute er „judenähnliche" oder „judaisierende Christen". Sei es als ein Additionswort (Gleichbedeutung) zu verstehen, dann wären Judenchristen Personen, die sowohl Christen als auch Juden sind. Es sei aber keinerlei Bezeichnung zutreffend. Vgl. C. COLPE, Das deutsche Wort „Judenchristen" und ihm entsprechende historische Sachverhalte, in: S. SHAKED et al (Hrsg.), Gilgul. Essays on transformation, revolution and permanence in the history of religions, Leiden 1987, 50-68.

16 G. STRECKER, Art. Judenchristentum, in: TRE, Bd. 17, Berlin/New York 1988, 311.

17 B. WANDER, Art. Judenchristen. 1. Neues Testament, in: RGG4, Bd. 4, Sp. 602.

(griechisch: kyrios, Joh. 20, 28) verliehen – im Tenach gehört er Gott selbst (Psalm 118,27: „Gott ist Herr") – bekannten sie, dass Jesus Gott ist.[18] Diese aramäisch sprechende Gruppe versammelte sich anfangs um Petrus (Act 2, 14-41), ab 44 vor allem um Jakobus (Act 15,13; Gal 1,19). Letzterer betonte sehr stark die Gesetzesobservanz (Gal 2,1-113; Act 21,20ff).[19] Diese ersten Judenchristen beteten im Tempel, feierten die jüdischen Feste, gaben Almosen für die Armen etc., kurz: sie hielten sich an das jüdische Religionsgesetz und waren „Eiferer für das Gesetz" (Act 21,20).[20] Darin unterschieden sie sich nicht von den Juden, die in Jesus nicht den Messias sahen,[21] wie es auch I. Epstein betont:

> *„The earliest adherents [...] regarded Jesus as the Messiah. [...] They continued to go to the Temple, and presumably to the synagogue, as they had been accustomed to do [...] they conformed in every respect to the usual jewish observances."*[22]

Die Judenchristen unterschieden sich jedoch von ihrer jüdischen Umgebung durch die Taufe auf den Namen Jesu Christi zur Vergebung der Sünden (Act 2,38f.; 10,43.48), die gemeinsame Mahlfeier, das „Brechen des Brotes" (Act 2,42), die eigenen Hausgottesdienste (Act 2,46) und die Gütergemeinschaft (Act 2,44-45; 4,32-37). G. Theissen charakterisiert die Taufe und das Abendmahl als die urchristlichen Sakramente: „Beide stehen in einer besonders engen Beziehung zur urchristlichen Grunderzählung. Nur sie gehen auf Handlungen und Worte Jesu zurück, nur sie werden mit seinem Tod und seiner Auferstehung eng verbunden."[23]
Die Judenchristen missionierten anfangs ausschließlich Juden (Mt 10,5f.) und nur vereinzelt tauften sie Nichtjuden (Act 10). Da die Urgemeinde Ähnlichkeiten mit der essenischen Jerusalemer Gruppe aufwies (z.B. Taufe nach der Umkehr, den Neuen Bund als Hintergrund des Pfingstfestes, Gütergemeinschaft etc.),[24]

---

18 U. Rechberger, Ist die Dreieinigkeit überhaupt biblisch? Eine Spurensuche im Buch der Bücher, in: Theologische Orientierung 146 (2007), 26.

19 Merkel, Art. Judenchristen, 213. 215.

20 Vgl. Act 2,46f; 3,1; 5,12; 24,11.12; 18,18; 21,23-26; 24,17.

21 Dass sie sich weiter zur Synagoge rechneten, geht auch daraus hervor, dass sie der jüdischen Gerichtsbarkeit unterstanden (Mt 10,17). Vgl. Strecker, Judenchristentum, 314; Hornung, Messianische Juden, 3; J. J. Petuchowski, Art. Judenchristen, in: J. J. Petuchowski/C. Thoma, Lexikon der jüdisch-christlichen Begegnung. Hintergründe – Klärungen – Perspektiven, Freiburg im Breisgau 1989, 96-97; Daniélou, Das Judenchristentum, 8.

22 I. Epstein, Judaism. A historical presentation, Harmondsworth 1979, 107.

23 Theissen, G., Die Religion der ersten Christen. Eine Theorie des Urchristentums, Gütersloh 2003^3, 171.

24 Essener oder Essäer sind geschichtlich von den Chassidim (1. Makk 2, 29f.42f.) abzuleiten, die sich während der syrischen Verfolgung in die Wüste Juda zurückzogen. Die Essener vertraten die Treue zum Gesetz, sie distanzierten sich aber von dem Priesterstand in Jerusalem und dem dort dargebrachten Opfer und erwarteten eine Erneuerung des Heiligtums und des priesterlichen Dienstes von Gott. Vgl. K. Gutbrod/R. Kücklich/T. Schlatter (Hrsg.), Calwer Bibellexikon,

betrachtete die religiöse Führung die Judenchristen zunächst als eine innerjüdische Sekte und sprach ihnen ihre jüdische Identität nicht ab.

Daneben bildete sich in Jerusalem aus den Diasporajuden um Stephanus eine griechisch sprechende Gruppe, die auch in Jesus den Messias sah (Act 6,1) und die diese Botschaft über die Grenzen Israels hinaus verbreitete. Der Hellenist Philippus wirkte in Samaria und in den Küstengebieten (Act 8,4ff) und Vertreter dieser Gruppe wirkten in Syrien (Act 11,20). Daraus entstand in Antiochia gegen Ende der 30er Jahre eine gemischte Gemeinde aus Juden und Heiden (Act 11,20). Von Antiochia aus missionierte Paulus ab 46/47 bis 56 n. Chr. auch Heiden in Zypern, Kleinasien, Mazedonien und Griechenland (Act 13, 1-14,28; 15, 36-21,14). Zunächst war unklar, ob der Glaube an Jesus Christus auch den Heiden gelte (Mt 15, 21-28; Act 10). Die Nachfolger Jesu diskutierten, ob ein Heidenchrist nicht auch zum Judentum übertreten, sich beschneiden lassen und die mosaischen Gesetze einhalten müsse (Act 15,5).[25] Mit der Aufnahme der Heiden begann daher eine neue Konstitution innerhalb der urchristlichen Gemeinde, da die heidenchristlichen Mitglieder die jüdischen Gesetze nicht einhielten. Infolgedessen kam es vielfach zu Spannungen, so dass deutliche Reglementierungen des religiösen und alltäglichen Lebens notwendig wurden. Paulus erwirkte auf dem eigens angesetzten Apostelkonvent 48/49 n. Chr. zu Jerusalem die Fortsetzung der Heidenmission (Act 15,1-21) und eine Anerkennung der Einheit der Gemeinde aus Juden und Heiden (Gal. 2,7ff). Jakobus jedoch forderte, dass die Heidenchristen um der Tischgemeinschaft mit den Judenchristen willen vier Reinheitsgebote[26] (Aposteldekret) beachten sollten (Act 15,20.29; 21,25). Die Judenchristen konnten weiter die Gesetze der Tora praktizieren. Somit waren die Heidenchristen, die an das Evangelium glaubten, ohne Beschneidung und nur mit den Auflagen des Aposteldekrets genauso Teil der Gemeinde wie die ans Evangelium gläubigen Judenchristen mit ihrer bleibenden Bindung an die Tora. P. v. d. Osten-Sacken: „Israel und die Völker bilden im Rahmen der Gemeinde Jesu eine Einheit in ihrer jeweiligen Identität".[27]

Die römischen Behörden bezeichneten im Zusammenhang mit den Caligula-Unruhen zwischen 39 und 41 n. Chr. die jüdischen und nichtjüdischen Mitglieder der urchristlichen Gemeinden mit dem lateinischen Ausdruck „Christiani", der

---

Stuttgart 1969⁵, Sp. 298-301. Lukas nennt verschiedene Personen, die vermutlich Essener waren (Simeon: Lk 2, 25; Act 2,5; Stephanus: Act. 8,2; Ananias: Act. 22,12). Vgl. Pixner, Essener-Viertel, 327-332.

25 Vgl. Merkel, Art. Judenchristen, 855.

26 Verbot von Götzenopfer, Blut, Ersticktem und Verbot der Hurerei. Die ersten drei Vorschriften finden sich in Lev 17, die vierte Vorschrift bezieht sich auf das Verbot der Verwandtenehe (Lev 18,6-18). Schon im AT galten diese Gebote für Israel und für die Fremdlinge (Lev 17,8.10.13; 18,26).

27 Osten-Sacken, Grundzüge, 149; ähnlich: L. Goppelt, Die apostolische und nachapostolische Zeit, Göttingen 1966^2; H. Conzelmann, Geschichte des Urchristentums, Göttingen 1989^6; 49f.; A. Fruchtenbaum, Hebrew Christianity, 36-37; Wander, Art. Judenchristentum. I. Neues Testament, 602.

mit „Christianoi" („Messiasleute") ins Griechische übernommen wurde (Act 11,26; 26,28; 1. Petr. 4,16).[28] Da die frühkirchlichen Schriften zumeist in Griechisch verfasst wurden und der Begriff „Nazoräer" nur in Act 24,5 und dann wieder bei Epiphanius erwähnt wird, nimmt Pritz an, dass aus sprachlichen Gründen der griechische Name „Christianoi" bevorzugt verwendet wurde.[29]

Fazit: Die Jerusalemer Urgemeinde war zunächst eine innerjüdische Gruppe, welche die jüdischen Gebote einhielt und glaubte, dass Jesus der verheißene Messias Israels ist. Mit der Missionierung von Heiden und ihrer Aufnahme entstand dann eine gemischte Gemeinde aus Juden- und Heidenchristen. Für diese Gemeinde wurde auf dem Apostelkonvent beschlossen, die Heidenchristen sollten das Aposteldekret beachten und die Judenchristen die jüdischen Gebote einhalten.

2.1.2 Trennungsprozesse (66 n. Chr. bis ca. 200/250 n. Chr.)

In der Gemeinde von Juden- und Heidenchristen blieb es jedoch nicht spannungsfrei. Neben den Verfolgungen durch die Römer mussten sich die Judenchristen einerseits mit dem erstarkenden rabbinischen Judentum nach der Zerstörung des Tempels auseinandersetzen, andererseits mit dem immer größer werdenden heidenchristlichen Anteil unter den Gläubigen. Das führte zu folgenreichen Trennungsprozessen.

2.1.2.1 Trennungen zwischen Juden und Judenchristen

Zur Trennung der Judenchristen vom Judentum kam es allmählich. R. Pritz sieht gerade in der Aufnahme von Heiden in die Gemeinschaft einer ursprünglich innerjüdischen Gruppe eine klare Absage an die Autorität der jüdischen Führerschaft:

---

28 Im lateinischen Sprachbereich bezeichnen Wortverbindungen, die aus dem Namen eines Mannes und der Endung -iani gebildet werden, immer die politischen Anhänger des mit dem Namen bezeichneten Mannes. Vgl. K. Wengst, Neutestamentliche Aspekte zur trinitarischen Rede von Gott, 1201.2004, in: http://www.jcrelations.net/de/?item=2404, Stand: 25.08.2007; M. Hengel, Das früheste Christentum, in: Kleine Schriften, Bd. 2, Judaica, Hellenistica et Christiana, Tübingen 1999, 207; R. Riesner, Die Frühzeit des Apostels Paulus, Tübingen 1994, 98-101, Ders., Vom Messias Jesus zum christlichen Bekenntnis. Jüdische Voraussetzungen und judenchristliche Überlieferungen, in: ThBeitr 32 (2001), 376.

29 Vgl. Pritz, Nazarene Jewish Christianity, 19f.

„The carefully developed rabbinic devices for maintaining a religion undiluted by foreign thinking and practice were sidestepped. In this new stream of Judaism, a gentile could have access to the God of Israel, the Messiah of Israel, and the Scriptures of Israel without becoming a Jew.“[30]

Für G. THEISSEN folgt aus der Aufnahme der Heidenchristen in die judenchristliche Gruppe eine verstärkte Distanz zum Judentum, weil dadurch der Ritus der Beschneidung als Trennungszeichen von Juden und Heiden in Frage gestellt wurde.[31] Er sieht den Schritt vom „offenen Judentum der frühen Jesusbewegung zu einer Sondergruppe am Rande des Judentums“ durch veränderte Riten veranlasst. Riten seien äußere Zeichen von Zugehörigkeit und Nichtzugehörigkeit. Weil die Heidenchristen als Unbeschnittene nicht zum Tempelkult zugelassen waren, mussten innerhalb der neu entstandenen Gemeinde aus Juden- und Heidenchristen religiöse Riten (z.B. Taufe statt Beschneidung, Abendmahl statt Opfermähler) entstehen, die beiden Mitgliedergruppen gerecht wurden. Obwohl nach THEISSEN die zwei Grundaxiome des Judentums, der Monotheismus und der Bundesnomismus (Gottes privilegierter Bund mit Israel) nicht in Frage gestellt wurden, verstärkten die drei Ausdrucksformen des neuen Glaubens (Taufe, Abendmahl und Christus als Messias) bald die Loslösung zum Judentum. Juden betrachteten gerade den Glauben an Jesus als den Messias mit Skepsis: „Die Absolutheit der neuen urchristlichen Religion entsteht dadurch, dass der im Judentum verwurzelte Absolutheitsanspruch des einen und einzigen Gottes mit einem konkreten Menschen verbunden wird.“[32] Auch die Evangelienschreibung als „autoritative Grundlage für die Lebensorientierung einer religiösen Gemeinschaft“ habe die Distanz verstärkt.

Politische Faktoren verstärkten die innerjüdischen Trennungsprozesse. Während des ersten jüdischen Krieges 66 n. Chr. wurden einige Mitglieder der judenchristlichen Gemeinde in Jerusalem ins Ostjordanland vertrieben. Zwischen 70 und 132 n. Chr. konnte sich zwar wieder eine judenchristliche Gemeinde in Jerusalem etablieren, die im 2. jüdischen Krieg aber erneut die Flucht ergreifen musste, sodass sich in Jerusalem eine heidenchristliche Gemeinde bilden konnte.[33] Da sich die Judenchristen, die an die Messianität Jesu glaubten, von den – meist unter messianischem Vorzeichen stehenden – Freiheitskämpfen der Juden gegen die Römer fernhielten, wurden sie von der jüdischen Gemeinschaft als Verräter gemieden.[34]

---

30 R. PRITZ, From Jewish sect to Christian Church, in: K. KJÆR-HANSEN (Hrsg.), Jewish Identity and faith in Jesus, Jerusalem 1996, 28.

31 Im Folgenden, sofern nicht anders erwähnt: THEISSEN, Religion, 228-233.

32 THEISSEN, Religion, 284.

33 Vgl. STRECKER, Art. Judenchristentum, 316.

34 Vgl. PETUCHOWSKI, Art. Judenchristen, in: PETUCHOWSKI/THOMA, Begegnung, 96-97.

Des Weiteren wurde in die 12. Benediktion des Achtzehn-Bitten-Gebetes (Schemone ʿessre Amida[35]), in der allgemein die Häretiker (minim) verwünscht werden, zwischen 135 bis 150 n. Chr. auch die „nozrim" eingefügt.[36] In den rabbinischen Quellen heißt diese Verwünschung „birkat haminim", die „Benediktion von den Ketzern" (kurz: „Ketzersegen"). So heißt es im palästinischen Ritus: „Den Abtrünnigen sei keine Hoffnung und das ruchlose Königreich rotte bald aus, in unseren Tagen. Die Nazarener und die Häretiker mögen wie ein Augenblick vergehen, getilgt werden aus dem Buch des Lebens und nicht mit den Gerechten aufgeschrieben werden. Gelobt seist du, Herr, der die Ruchlosen beugt."[37]

Dies machte es den Judenchristen unmöglich, das Achtzehngebet zu rezitieren, da sie befürchten mussten, den „Segensspruch gegen die Häretiker" auf sich selbst zu beziehen.[38] Dadurch blieben viele Judenchristen dem synagogalen Gottesdienst fern:

> *„The purpose of this „benediction" was to bar Jewish believers from leading worship, since it was assumed that they would not curse themselves, as well as to generally discourage Jewish believers from participating in daily and Sabbath prayers."*[39]

C. Thoma warnt allerdings davor, die Einfügung des Ketzersegens als „Hinauswurf der (Juden)christen aus den Synagogen" zu verstehen. Vielmehr haben sich die sozial-religiösen Strukturen der Judenchristen zunehmend „volks-, kultur- und religionsökonomisch" den Heidenchristen angepasst. Daher sei ein allmählicher Ablösungsprozess notwendig gewesen.[40]

---

35 Die Amida (Schemone ʿessre/Achtzehngebet) ist das zentrale Gebet in einem jüdischen Gottesdienst, das im Stehen gesprochen wird. Sie besteht aus achtzehn (heute neunzehn) Bitten, wobei jede Bitte mit einem Segensspruch abschließt. Vgl. E. Gal-Ed, Das Buch der jüdischen Jahresfeste, Frankfurt am Main/Leipzig 2001, 306.

36 Vgl. Merkel, Art. Judenchristen, 852; J. C. Paget, Art. Judenchristen, Sp. 604; E. W. Stegemann/W. Stegemann, Urchristliche Sozialgeschichte. Die Anfänge im Judentum und die Christusgemeinden in der mediterranen Welt, Stuttgart/Berlin/Köln 19972, 207 mit Verweis auf: L. H. Schiffman, Who Was a Jew? Rabbinic and halakhic perspectives on the Jewish Christian schism, Hoboken 1985, 60.

37 Zitiert in: H.-J. Becker (Hrsg.), Der Jerusalemer Talmud. Sieben ausgewählte Kapitel. Übersetzt, kommentiert und eingeleitet von Hans-Jürgen Becker, Stuttgart 1995, 340.

38 Vgl. L. H. Schiffman, At the crossroads: Tannaitic perspectives on the Jewish-Christian Schism, in: E. P. Sanders/A. I. Baumgarten/A. Mendelson (Hrsg.), Jewish and Christian Self-Definition, Bd. 2, Aspects of Judaism in the Graeco-Roman Period, Philadelphia 1981, 115-156; K. Kjær-Hansen, The cost of the discipleship. Lessons from the first century, in: T. Elgvin, Israel and Yeshua, Jerusalem 1993, 28.

39 R. Robinson, Who was a Jew?, in: K. Kjær-Hansen, Jewish identity and faith in Jesus, Jerusalem 1996, 38.

40 Vgl. C. Thoma, Das Messiasprojekt. Theologie Jüdisch-christlicher Begegnung, Augsburg 1994, 339-352.

Aber auch die frühen rabbinischen Schriften beschrieben nun deutlich, wer zum Judentum gehörte und wer nicht.[41]. Der Glaube an Jesus als Messias galt als unvereinbar mit dem Judentum. Der Kontakt zu Häretikern und Judenchristen sei zu meiden.[42] R. Hvalvik beschreibt das Ergebnis dieser Trennungsprozesse zwischen Juden und Judenchristen:

> *„Of the many groups and parties in the land of Israel in the early first century only two survived: the Pharisees, who constituted the core of rabbinic Judaism; and the sect of the Nazarenes, which became the core of the Christian church. In the turn of events, rabbinic Judaism became more or less identical with „normative" Judaism, excluding – among others – the Jesus-believing Jews. Thus the Jesus-believing Jews found themselves outside the Jewish community – despite their own self-definition."*[43]

Fazit: Vor allem neue religiöse Riten, die zu erwartende Gefährdung des monotheistischen Glaubens und die Evangelienschreibung bewirkten Trennungsprozesse zwischen den Judenchristen und dem Judentum. Da sich die Judenchristen zudem von den jüdischen Freiheitskämpfen distanzierten, wurden sie von vielen Juden zunehmend als Verräter betrachtet. Dies spürten die Judenchristen zum Beispiel durch die fehlende Akzeptanz im erstarkenden rabbinischen Judentum und durch die Einfügung des Ketzersegens in ein synagogales Gebet.

2.1.2.2 Trennungen zwischen Juden- und Heidenchristen

Neben dem allmählichen Ausschluss der Judenchristen aus der jüdischen Gemeinschaft vollzog sich auch die Trennung der Judenchristen von der nun entstehenden heidenchristlichen Kirche, wie D. Rufeisen beschreibt: „The Judeo-Christian church was situated between jewish society, which ostracized them more and more, and the gentile Christianity, who ostensibly also put them aside."[44] Doch wie kam

---

41 In Mischna Sanhedrin 10,1 heißt es: „Ganz Israel hat Anteil an der kommenden Welt. Und das sind die, die keinen Anteil an der kommenden Welt haben: Wer sagt, die Lehre von der Auferstehung der Toten sei nicht aus der Tora; wer sagt, es gebe keine Tora vom Himmel; und der Epikureer. Rabbi Akiwa sagt: Auch der, der in den außenstehenden Büchern liest [...]. Ihnen haben sie noch hinzugefügt: Wer das Joch der Tora von sich abwirft, wer den Bund bricht und wer das Gesicht gegen die Tora erhebt – die haben keinen Anteil an der kommenden Welt." Zitiert in: Becker (Hrsg.), Der Jerusalemer Talmud, 219-220, Hervorhebung H.-J. B.

42 Vgl. H. G. Kippenberg/G. A. Wevers (Hrsg.), Textbuch zur neutestamentlichen Zeitgeschichte, Göttingen 1979, 200-204.

43 R. Hvalvik, A new sect within Judaism, in: Kjær-Hansen, Jewish Identity, 25.

44 D. O. Rufeisen, Hebrew Christians between early and later Christian traditions, in: Elgvin, Israel and Yeshua, 54.

es im Einzelnen zu dieser Trennung? Und was geschah mit den judenchristlichen Gruppierungen?

Zunächst bekämpften die Römer Juden und Judenchristen gleichermaßen. Beide Gruppen schockierte die Zerstörung Jerusalems (70 n. Chr.). Die heidenchristliche Kirche bekämpfte später die Juden, weil sie nach kirchlicher Anschauung aufgrund ihrer Sünde auf ewig von Gott verworfen seien. Der Begriff des „Gottesmordes", den Melito von Sardes prägte, hatte großen Einfluss auf die Theologie der Großkirche.[45] Zunehmend bildete sich die „Substitutionstheologie" als offizielle Kirchenlehre in den ersten Jahrhunderten heraus.[46] Das heißt, die heidenchristliche Kirche betrachtete sich als das wahre Israel und als alleinige Trägerin alttestamentlicher Verheißungen. Der Barnabasbrief um 135 n. Chr. ist das erste dementsprechende schriftliche Zeugnis dieser antijüdischen Theologie. Dies machte es den judenchristlichen Mitgliedern schwer, ihre jüdische Identiät weiter zu betonen: „The problem of Jewish Christianity was created as early as the church began to define itself as the new Israel."[47]

Besonders deutlich verfestigte sich die Substitutionstheologie in der „Adversus Judaeos-Tradition", wobei zahlreiche Kirchenväter Traktate, Abhandlungen und Reden gegen die Juden verfassten.[48] Hieronymus berichtet, dass die Judenchristen unter dem Namen „Minaei" bzw. „Nazaraei" „in allen Synagogen des Ostens unter den Juden" verflucht werden und spitzt die Problematik des Judenchristentums wie folgt zu: „Da sie Juden und Christen sein wollen, sind sie weder Juden noch Christen."[49]

Laut P. v. d. Osten-Sacken wurden judenchristliche Mitglieder „[s]pätestens um die Wende vom 2. zum 3. Jahrhundert [...] aufgrund ihrer Treue zur Tora von der

---

45 Vgl. Chadwick, H., Die Kirche in der antiken Welt, Berlin 1972, 17f.; Pritz, Nazarene Jewish Christianity, 109; Osten-Sacken, Grundzüge, 150.

46 Der Ausdruck „Substitutionstheologie" oder „Enterbungstheologie" (engl. Covenant theology oder Replacement theology) ist ein relativ neuer Ausdruck in der christlichen Theologie. Vgl. H. Ucko, Common roots, new horizons. Learning about Christian faith from dialogue with Jews, Genf 1994, 28-29; G. Fackre, The place of Israel in Christian Faith, in: Ecumenical Faith in Evangelical Perspective, Michigan 1993, 148-153; Hornung, Messianische Juden, 6-7.

47 K. Kjær-Hansen, From research object to living reality, in: Ders. Jewish Identity, 41.

48 22 Werke, zum Beispiel der Verfasser des Barnabasbriefes 130 n. Chr.; 11 Werke der „Scripta Polemica": Justin der Märtyrer: Dialog; Tertullian: Eine Antwort an die Juden 200 n. Chr.; Hippolyt: Abhandlung gegen die Juden; Novatian: Über jüdische Speisen; Cyprian: Drei Bücher von Zeugnissen gegen die Juden; Ephraem der Syrer: Rhythmus gegen die Juden; Afrahat, der Perser: Beweise gegen die Juden; Johannes Chrysostomus: Acht Reden gegen die Juden; Augustin: Traktakt gegen die Juden; Maximus Confessor: Abhandlung gegen die Juden; Isidor von Sevilla: Gegen die Juden; Johannes von Damaskus: Über den orthodoxen Glauben"; anonym: „Traktat gegen die Juden (12. Jhd.). Vgl. P. Vielhauer, Geschichte der urchristlichen Literatur, Einleitung in das Neue Testament, die Apokryphen und die Apostolischen Väter, Berlin 1985⁴.

49 Hieronymus (ep. 112,13, In Jes. 5, 18f und 52,44-6). Vgl. G. Strecker, Art. Judenchristen, 321; Rengstorf, K. H./S. v. Kortzfleisch (Hrsg.), Kirche und Synagoge. Handbuch zur Geschichte von Christen und Juden. Darstellung mit Quellen, Bd. 1, Stuttgart 1968, 163.

werdenden Großkirche in Rom als Häretiker gebrandmarkt".[50] Die mehrheitlich heidenchristliche Kirche hatte sich bereits vor 70 n. Chr. in ihren Gottesdienstzeiten von den Juden distanziert und feierte am Sonntag statt am Sabbat Gottesdienst. Des Weiteren legte das 1. Ökumenische Konzil von Nicaea (325) den Ostertermin als eindeutigen Termin fest. Er wurde bereits im 2. Jahrhundert von vielen statt am 14. Nissan, dem Termin des jüdischen Passahfestes, am Sonntag nach der Frühjahrs-Tag- und Nachtgleiche begangen. Unter Kaiser Theodosius I. wurde der christliche Glaube 380 zur offiziellen Staatsreligion des Römischen Reichs erklärt und unter Kaiser Justinian sind viele Gesetze gegen Juden erlassen worden.

In den folgenden Jahrhunderten war es für einen Juden somit unmöglich, nach der Annahme des christlichen Glaubens jüdische Bräuche auszuüben. Im Gegenteil: Judenchristen mussten ein Bekenntnis ablegen, das ihnen die Ausübung aller jüdischen Bräuche und den Kontakt mit anderen Juden untersagte.[51]

Fazit: Die heidenchristliche Kirche betrachtete das Volk Israel als von Gott verworfen und setzte sich selbst an die Stelle Israels. Aufgrund dieser Substitutionstheologie durften auch die Judenchristen nicht mehr länger an ihrem jüdischen Erbe festhalten.

2.1.2.3 Judenchristen in den folgenden Jahrhunderten

Aufgrund der geschilderten Trennungsprozesse war es nur eine Frage der Zeit, dass die judenchristlichen Gruppen an Bedeutung verloren. Dennoch konnte das heterogene Judenchristentum in einigen Bewegungen und Kirchen seine Spuren hinterlassen, bevor es von der heidenchristlichen Kirche verfolgt und verdrängt wurde.

Bis zum 3. und 4. Jahrhundert n. Chr. gab es noch Judenchristen in Palästina, im Ostjordanland, in Alexandrien und Rom. In Kleinasien, Syrien und in Palästina erhielt sich die jährliche Gedenkfeier zur Auferstehung Jesu am 14. Nissan bis in das 2. und 3. Jahrhundert hinein. In Syrien behielten die Judenchristen sogar bis ins 5. Jahrhundert ihre Bedeutung bei. Epiphanius und Hieronymus berichten von Ebionäern, Nazarenern und Elkasaiten noch am Ende des 4. und Anfang des 5. Jahrhunderts. J. Daniélou nimmt darüber hinaus an, dass sich das Judenchristentum auch in dem Gebiet östlich von Palästina, in Transjordanien, Nordsyrien, Osrhoene, Persien, Mesopotamien und sogar bis nach Indien ausbreiten konnte.[52]

50 Osten-Sacken, Grundzüge, 150.

51 Vgl. Rengstorf/Kortzfleisch, Kirche und Synagoge, 100; J. Parkes, The conflict of the church and the synagogue. A study in the origins of anti-Semitism, New York 1985[6], 394-400.

52 Vgl. Daniélou, Judenchristentum, 11.

Ab dem 5. Jahrhundert sind nur noch unscharfe Spuren judenchristlicher Gruppierungen fassbar: Das Judenchristentum hat bleibende Auswirkungen im zumindest wurzelverwandten Mandäismus hinterlassen, dessen Anhänger sich noch heute als kleine Sekte im südlichen Irak und Iran versammeln.[53] Auch der im 3. Jahrhundert in Persien und Mesopotamien aufkommende Manichäismus, der einen konsequenten Dualismus zwischen dem Lichtgott und dem Ungott der Finsternis lehrt, entstand in Auseinandersetzung mit der judenchristlichen Gruppe der Elkesaiten.[54] Die Kirchen Äthiopiens und Georgiens weisen judenchristliche Einflüsse auf[55] und die Evangelien der Hebräer, Nazarener und der Ebioniten hatten auf die Entstehung des Islams einen nicht unerheblichen Einfluss.[56]

In den folgenden Jahrhunderten wurden Juden oft von Heidenchristen zur Taufe gezwungen, nur wenige Judenchristen nahmen den christlichen Glauben aus aufrichtiger Überzeugung an.[57] Die Kirche setzte immer wieder getaufte Juden in den mittelalterlichen Disputationen ein. Das führte zu Zwangsbekehrungen und -taufen von Juden oder zur öffentlichen Verbrennung jüdischer Schriften.[58]

Immer wieder kam es zu judenfeindlichen Gesetzesvorschriften und Edikten sowie zu einem aggressiven, auch literarisch weit verbreiteten Antijudaismus.[59] Das jüdische Volk wurde während der Jahrhunderte immer wieder verfolgt und erlitt Pogrome, auch die zwangsgetauften Juden erlitten ähnliche Schicksale: Zum Beispiel wurden die „Marranen" aus ihrem Heimatländern Spanien (1492) und Por-

---

53 Anhänger des Mandäismus (aramäisch manda = Einsicht) kamen aus Palästina und waren im parthischen Haran schon im Jahre 37 nachzuweisen. Bei den Mandäern gibt es den Ritus der Krönung mit einer Laubkrone bei der Taufe, worauf auch die Oden Salomons anspielen. Ebenso wird bei den Mandäern ein Kelch mit Wasser nach der Taufe benutzt, was auch in der „Apostolischen Tradition" bezeugt wird. Vgl. J. Daniélou, Judenchristentum 11.18; H. Gese./M. Höfner/K. Rudolph, Die Religionen Altsyriens, Altarabiens und der Mandäer, Stuttgart 1970, 80f., 118.233f.

54 Vgl. Ritter, Art. Judenchristen III., Sp. 605; G. Strecker, Art, Judenchristentum, 232; Daniélou, Judenchristentum, 12.

55 In der äthiopischen Kirche gibt es zum Beispiel die Überlieferung von Salomo und der Königin von Saba (1. Reg 10,1-13; 2 Chr 9, 1-12), die Sabbatheiligung. Vgl. Ritter, Art. Judenchristen III, Sp. 605.

56 Vgl. C. Colpe, Das Siegel der Propheten. Historische Beziehungen zwischen antikem Judentum, Judenchristentum, Heidentum und frühem Islam, Berlin 2006^2, 166-171.238; Strecker, Art. Judenchristentum, 323; Daniélou, Judenchristentum, 12.

57 Dies waren zum Beispiel Moses Sephardi (Umbenennung in Petrus Alfonsi, 1062 -12. Jh.); Solomon Halevi (Umbenennung in Pablo de Santa Maria, 1351-1435), Joshua Ben Joseph (Umbenennung in Andreas Baltram, 1413-1414) Vgl. Schonfield, The History of Jewish Christianity, 107, 140, 151; Cohn-Sherbok 2000, 11.

58 Vgl. H. D. Leuner, Zwischen Israel und den Völkern. Vorträge eines Judenchristen, Berlin 1978, 59; S. Schreiner, Von den Zwangsdisputationen des Mittelalters zum christlich-jüdischen Dialog heute, in: Judaica 42 (1986), 141-157.

59 Zum Beispiel die „Summa contra Gentiles" von Thomas von Aquin und die „Pugio Fidei" von Ramon Marti. Einen Überblick bieten H. Schreckenberg, Die christlichen Adversus-Judaeos-Texte und ihr literarisches und historisches Umfeld (1.-11. Jahrhundert), Frankfurt am Main 1999^4 und D. Sänger, Die Verkündigung des Gekreuzigten und Israel. Studien zum Verhältnis von Kirche und Israel bei Paulus und im frühen Christentum, Tübingen 1994, 15.

tugal (1496-98) vertrieben, wobei sie jedoch heimlich am Judentum festhielten.[60] Sänger beschreibt den anhaltenden Antisemitismus insbesondere in Mittel- und Westeuropa: „Die Christen verkörperten die Reichsreligion, die Juden waren im besten Fall geduldet, dabei lange ins Ghetto verbannt.“[61]

Fazit: Bis zum 5. Jahrhundert lassen sich einige wenige judenchristliche Gruppen, insbesondere in Palästina, im Ostjordanland, in Alexandrien und Rom, Kleinasien und Syrien ausmachen. Darüber hinaus lassen sich zumindest Spuren und Beeinflussungen von Judenchristen in einigen Kirchen und Bewegungen (Islam, syrische Kirche) erkennen.

In den folgenden Jahrhunderten zwingt die heidenchristliche Kirche Juden zur Taufe. Eine judenchristliche Gruppierung oder Bewegung besteht daher bis zum 19. Jahrhundert nicht mehr.

2.2 Protestantische Bewegungen (17. Jh. bis 20. Jh.)

Eine andere Gesinnung gegenüber dem jüdischen Volk und den Judenchristen trat erst in der Neuzeit auf. Hornung beschreibt, dass das Wiederaufkommen einer judenchristlichen Bewegung gesellschaftlichen Veränderungen wie der Aufklärung und der französischen Revolution zu verdanken sei. Mit der Lösung von tradiertem christlichem Denken ging eine größere Freiheit im religiösen und sozialen Leben einher und Toleranz, Gleichberechtigung und Freiheit der Meinungsäußerung waren Schlagworte der Aufklärung. Im Judentum entstanden verschiedene Bewegungen wie das Reformjudentum oder der politische Zionismus. Christen und Juden konnten eine individuelle Lebenspraxis ausüben. Jude durfte auch bleiben, wer nicht religiös war: „Dies ermöglichte die Zugehörigkeit zu zwei Gruppen: zu den Juden und gleichzeitig zu den Christen. So war es wieder möglich, ein an Jesus glaubender Jude zu werden.“[62] Auch Rausch betont diese Faktoren: „Emancipation of the Jew would also bring legal freedom to the Jewish Christian.”[63]

Andere Autoren betonen dagegen insbesondere die neuzeitlichen Reformbewegungen im Protestantismus, die das Entstehen judenchristlicher Gruppen gefördert

60 „Marranen“ war ein Schimpfname, unter Juden wurden solche Menschen „Annussim“= Bezwungene genannt.

61 Sänger, Verkündigung, 15.

62 Hornung, Messianische Juden, 10. Hornung bezieht sich auch auf K. Crombie, For the love of Zion. Christian witness and the restoration of Israel, London u.a. 1991, 346.

63 Vgl. Rausch, Messianic Judaism, 21.

haben.[64] Dies zeige ich konkret anhand der puritanischen Bewegung in England und der pietistischen Bewegung in Deutschland auf.

2.2.1 Puritaner und Pietisten

Bereits im 17. Jahrhundert führten Theologen reformatorische Gedanken weiter und setzten sich zunehmend mit dem Judentum auseinander, um Juden das Evangelium zu vermitteln. Universitäten wie Leipzig, Wittenberg, Straßburg, Basel, Altdorf, später besonders Halle und Helmstedt beschäftigten sich mit rabbinischer Theologie, mit Talmud- und hebräischen Sprachstudien. Im Zusammenhang mit der Bewegung der Puritaner in England und der pietistischen Bewegung in Deutschland, die beide die bleibende Erwählung Israels betonten, kam es zu einem völlig neuen Bewusstsein für die Existenz von Judenchristen.

Wagenseil (1633-1705), Professor an der Universität Altdorf, war der erste protestantische Judenmissionar. Er setzte sich in seinen Veröffentlichungen dafür ein, dass die Christen ein gottgefälliges Leben führen sollten, um die Juden für den christlichen Glauben zu interessieren. Durch Wagenseils freundschaftliche Verbindungen zu dem jüdischen Gelehrten Menasse Ben Israel (1604-1657), der wiederum Kontakte zu Cromwell ermöglichte, kam es im Zusammenhang mit der Reformbewegung des Puritanismus[65] (16. bis 18. Jh.) zur Rückkehr vormals ausgewiesener Juden nach England. Cromwell hob den Verbannungserlass aus dem Jahr 1290 auf.[66] Die Puritaner gingen davon aus, dass Christus vor dem letzten Gericht und dem Ende der Welt im Tausendjährigen Reich in Jerusalem regieren werde (Chiliasmus/Millenarismus[67]). Zuvor aber müsse das jüdische Volk nach Jerusalem zurückgekehrt sein. Aus diesem Grund organisierte der Puritaner Cartwright ab 1649 Schifffahrten zur „Heimkehr" von Juden nach Palästina.[68] Erstmalig in Europa erfuhren Juden in England wieder volle Religionsfreiheit, obwohl Crom-

---

64 Stern sieht die gesellschaftlichen Komponente als sehr wichtig an, Dixon und Juster betonen eher die veränderte Haltung der Christen. Vgl. D. Stern, Restoring the Jewishness of a gospel, Jerusalem 1988, 2; M. Dixon, The rebirth and restoration of Israel, Chichester 1988, 123-133; Juster, Jewish Roots, 148.f.; Hornung, Messianische Juden, 9.

65 Der Puritanismus und der englische Calvinismus sind eng verwandt. Die Puritaner forderten in ihrer Programmschrift von 1563 eine Erneuerung der anglikanischen Kirche und griffen immer wieder die „widerbiblische" Verfassung, Liturgie und Lehre der anglikanischen Kirche an.

66 Vgl. P.-G. Aring, Art. Judenmission, in: TRE, Bd. 17, 327.

67 Der „Chiliasmus" ist eine aus der jüdischen Apokalyptik stammende Konzeption der Weltgeschichte. Religionswissenschaftlich wird der Begriff für die Bewegungen genutzt, in denen das (baldige) Hereinbrechen einer fundamental veränderten Welt erwartet wird. Vgl. D. Pezzoli-Oligiati, Art. Chiliasmus. I. Religionswissenschaftlich, in: RGG4, Sp. 136.

68 Vgl. Dixon, Rebirth, 125.

well versuchte, die Juden durch freundliche Behandlung für das Christentum zu gewinnen.

Der Pietismus (lat. pietas = Frömmigkeit) wird von WALLMANN als die bedeutendste Frömmigkeits- und religiöse Erneuerungsbewegung des Protestantismus nach der Reformation bezeichnet.[69] Seinen Anfang nahm die pietistische Bewegung mit den von Spener gegründeten pietistischen Gemeinschaftsstunden, den so genannten Konventikeln („collegia pietatis") um 1670 in Frankfurt am Main. Hier legten die Pietisten die Bibel gemeinschaftlich aus und sie vertraten wie die Puritaner ebenfalls den Chiliasmus.[70] Das Evangelium sollte für alle Menschen, Heiden und Juden gleichermaßen, verkündigt werden. Des Weiteren betonten die Pietisten die persönliche Wiedergeburt und dass sich ein Gläubiger zur Buße und Umkehr entscheiden müsse, damit er das Heil empfangen könne. Spener verstand die Buße als ein punktuelles, das weitere Leben bestimmende Ereignis und unterschied zwischen der „großen Buße" (Bekehrung) und der „kleinen Buße" (tägliche Reue in der Nachfolge, Heiligung).[71] Er setzte sich für ein freundliches Bezeugen und Vorleben des Christentums unter den Juden ein, ohne die Juden zur Konversion zwingen zu wollen.

Spener schickte seine Schüler, darunter auch A. H. Francke, zu Edzard (1629-1708) nach Hamburg. Edzard lebte als Privatgelehrter in Hamburg und widmete sich der Judenmission, er gab Hebräischunterricht und hielt regelmäßig Sabbatlesungen für Juden in dem von ihm gegründeten Proselytenhilfswerk ab, so dass sich dort zahlreiche Juden taufen ließen.[72]

Graf von Zinzendorf (1700-1760) gründete 1727 die „Brüdergemeine" in Herrnhut, die neben der Mission unter den Heiden auch eine Judenmission betrieb. Callenberg (1694-1760), der bei Francke studiert hatte, gründete 1728 ein Institutum Judaicum in Halle, das viele Theologen aussandte, die mit den Juden über den Glauben an den Messias Jesus ins Gespräch kamen, dabei aber auch explizit das schlechte Verhalten der Christen gegenüber den Juden verurteilten.[73] Deshalb schreibt A. BAUMANN, dass durch den Pietismus insbesondere der kirchliche Anti-

---

69 J. WALLMANN, Was ist Pietismus?, Göttingen 1995, 11-27; ähnlich: T. MESSNER, Die Bewegung des Pietismus in Geschichte und Gegenwart, in: H. SCHMID (Hrsg.), Was will der Pietismus? Historische Beobachtungen und aktuelle Herausforderungen, Wuppertal 2002, 7-34.

70 Spener formulierte in „Pia Desideria" (1675) seine chiliastische Hoffnung auf eine Verbesserung der Kirche. Durch Bengel lebte der Chiliasmus auch im württembergischen Pietismus fort. Vgl. V. LEPPIN, Art. Chiliasmus, III. Kirchengeschichtlich (Mittelalter, Reformation und Neuzeit), in. RGG4, Sp. 139, RITTER, Art. Judenchristen III, Sp. 606-607.

71 Vgl. C. LAMB/M. D. BRYANT, Religious conversion. Contemporary practices and controversies, London/New York/Kassel 1999, 18; H. BURKHARDT, Die biblische Lehre von der Bekehrung, Gießen/Basel 1985, 40f.; T. RINK, Multidimensionale Methodik, 47; WALLMANN, Pietismus, 12.

72 Noch 1845 traf JAMES Craig auf Spuren der Arbeit Edzards und führte sie ebenfalls 30 Jahre lang weiter. Vgl. ARING, Art. Judenmission, 326-327.

73 Vgl. ARING, Art. Judenmission, 327.

judaismus aufgebrochen worden sei und dass „[e]rstmals, seitdem das Christentum Staatsreligion geworden war, [...] hier wieder eine Begegnung zwischen Christen und Juden auf gleicher sozialer Ebene statt[fand]".[74] Als Folge entstanden viele internationale Freundeskreise zwischen Juden und Christen und in den christlichen Konfessionen entstand ein neues Interesse am Judentum.

Fazit: Innerhalb des Protestantismus des 17. und 18. Jahrhunderts konnten sich durch nachreformatorische Bewegungen wie Puritaner und Pietisten neue Formen der Judenmission etablieren. Der Puritanismus wirkte sich zudem auf die Herausbildung der Bibelauslegung des „Dispensationalismus" (engl. dispensation = Heilsordnung/göttliche Einteilung) aus.

Exkurs Dispensationalismus: Diese Bibelauslegung beruht auf einer wörtlichen Bibelauslegung und differenziert zwischen verschiedenen Zeitaltern (Dispensationen) mit bestimmten geistlichen Zielsetzungen und Segnungen für die Menschen in der biblischen Heilsgeschichte.

Dabei gibt es den traditionellen und den progressiven Dispensationalismus: Der traditionelle Dispensationalismus unterscheidet zwischen der Gemeinde (bestehend aus allen Völkern, seit Act. 2) und Israel (Volk der Juden als nationalethnische Einheit).[75] Deshalb beziehen sich die Verheißungen an Abraham und seine Nachkommen (Gen 12,2a; 3, 15,5, 18-21; 17,4b, 6,8) nicht auf die Gemeinde (Röm 9,3-5). Nur in die Verheißung der Errettung können „alle Geschlechter der Erde" (Gen 12,3) durch den neuen Bund einbezogen werden.

Es lässt sich weiter zwischen Prä- und Postmillenarismus unterscheiden. Der Prämillenarismus erwartet die Wiederkehr Jesu und die Entrückung der heiligen gläubigen Gemeinde vor dem Beginn des Tausendjährigen Reichs, der Postmillenarismus erst nach dem Reich als Abschluss der Geschichte.[76] Nachdem die Gemeinde aus den Nationen entrückt sei, erwarten traditionelle, prämillenaristische Dispensationalisten, dass Israel durch die Trübsal gehen, zum Glauben an Jesus kommen und in das Tausendjährige Reich eintreten werde.

Der progressive Dispensationalismus unterstreicht die Einheit eines Volkes Gottes aus Israel und der Gemeinde auf der Basis des Neuen Bundes, jedoch mit

---

74 Vgl. A. BAUMANN, in: EKL, Bd. 2, Göttingen 1986³, Sp. 855.

75 Vgl. I. SWIDERSKI, Gemeinde oder Israel. Was ist die biblischste dispensationalistische Sicht der Messianischen Juden, in: BSSE (Hrsg.), KOL HESED 9 (2007), 8.

76 Vgl. P. S. BOYER, Art. Chiliasmus. IV. Nordamerika, Sp. 140-141, in: RGG4, Sp. 140-141; D. JUSTER, Covenant and dispensation. Toward a Messianic Jewish perspective, in: MISHKAN 2 (1985), 26; H. OBRIST, Gott hält sich nicht an unseren Endzeitplan, in: AMZI (Hrsg.), MESSIANISCHES ZEUGNIS 3 (2004), 3-4; U. KÖRTNER, Art. Chiliasmus. V. Systematisch, in: RGG4, Sp. 141-142; M. SCHERER-EMUNDS, Die letzte Schlacht um Gottes Reich. Politische Heilsstrategien amerikanischer Fundamentalisten, Münster 1989, 33.

geteilten Segnungen. Die Erfüllung der Bündnisse geschehe durch Christus, der Israels abrahamitische Verheißungen auf der Basis des Neuen Bundes ergänze. Die Zeit der göttlichen Segnungen über Israel habe es bereits gegeben und gegenwärtig sei die Zeit der Segnungen an Juden und Nichtjuden gleichermaßen.[77]

Deutlich unterscheidet sich daher die Position der Dispensationalisten gegenüber den „Nicht-Dispensationalisten", die davon ausgehen, dass die Gemeinde das „neue Israel" sei (vgl. Substitutionstheologie, Kapitel 2.1.2.2).

2.2.2 Erweckungsbewegungen und die evangelikale Bewegung

Der Pietismus erlebte seinen Höhepunkt in den zwanziger Jahren des 18. Jahrhunderts, dann verdrängte die rationalistisch geprägte Theologie der Aufklärung die pietistischen Vertreter zunehmend von den Fakultäten. Seit etwa 1800 kam es jedoch zu lokalen Erweckungsbewegungen, die sich gegen die aufklärerischen Gedanken in Theologie und Gemeinde richteten und die der pietistischen Frömmigkeit wieder zu neuem Aufschwung verhalfen. Bis 1815 war die Erweckungsbewegung nur auf kleine Kreise beschränkt, zwischen 1815 und 1830 wurden jedoch zahlreiche Bibel- und Missionsgesellschaften gegründet.[78]

Darüber hinaus kam es zu religiösen Erweckungsaufbrüchen in der Schweiz, in England und in den USA. Eine einflussreiche Erweckungsbewegung entwickelte sich aus dem Puritanismus und dem Methodismus Großbritanniens, die durch die großen Erweckungen („Great Awakening", 1735 und 1792) in den USA verbreitet wurde und bis heute den Evangelikalismus (s.u.) mitbestimmt. Inwiefern konnten aber die Erweckungsbewegungen nun das Entstehen judenchristlicher Gruppen fördern?

Die Vertreter der Erweckungsbewegungen im 19. Jahrhundert betonten insbesondere die Rechtfertigung des sündigen Menschen durch dessen Annahme von Gottes Heilshandeln am Kreuz und die pietistischen Merkmale der Bekehrung, der Mission und des Gemeinschaftsideals. Das Letztere geschah praktisch durch einen regelmäßigen Besuch der Konventikel, Sozietäten, Vereine und dem Abhalten von Konferenzen und Allianzen.

Auch Theologiestudierende und -professoren wurden von der Erweckungsbewegung erfasst und entwickelten ein großes Interesse am Judentum und am Glaubenszeugnis gegenüber Juden. Besonders Franz Delitzsch (1813-1890), The-

---

77 R. SAUCY, The case for progressive dispensationalism. The interface between dispensational non-dispensational theology, Michigan 1993, C. A. BLAISING, Dispensationalism, Israel and the church. The search for definition, Michigan 1992; C. C. RYRIE, Dispensationalism, Chicago 1995; I. SWIDERSKI, Gemeinde oder Israel, 8-9.

78 Vgl. HOLTHAUS, Die Evangelikalen, 34; MESSNER, Die Bewegung des Pietismus, 23.

ologieprofessor in Erlangen und Leipzig, sah es als seine Verpflichtung an, das Judentum vor dem Antisemitismus zu schützen und gründete 1886 ein Institutum Judaicum. Das Institutum sollte der „wahrheitsgemäßen Kenntnis des Judentums unter den Christen und der wahrheitsgemäßen Kenntnis des Christentums unter den Juden“[79] dienen. Hier wurden Theologen für die Missionsaufgabe unter Juden vorbereitet und die akademische Öffentlichkeit über das Judentum informiert.[80]

In Deutschland etablierte sich die Erweckungsbewegung zeitweilig in der Gemeinschaftsbewegung (Gnadauer Verband). In vielen kleinen, voneinander unabhängigen Kreisen pflegte man die individuelle Frömmigkeit und das pietistische Gemeinschaftsideal, wobei besonders die Landesteile Siegerland, Minden-Ravensberger Land und Württemberg flächendeckend von der Erweckungsbewegung geprägt worden sind.[81]

Holthaus schreibt, dass der Pietismus die evangelikale Bewegung in Deutschland geprägt habe.[82] Der engl. Begriff „evangelical“ war seit dem 16. Jahrhundert die Entsprechung des deutschen Wortes „evangelisch“ und wurde synonym zu dem Begriff „protestant“ genutzt. Im 18. Jahrhundert betonten die „Evangelicals“ in England im Gegensatz zu der orthodoxen Grundeinstellung der Kirche die Elemente „Bekehrung, Evangelisation und Erweckung“.[83] Dann wandte man den Begriff „Evangelicals“ nur noch auf die Verantwortlichen der englischen Erweckungsbewegung an.[84] Seit den 1960er Jahren wird daher der zurückübersetzte Begriff „Evangelikale“ als Bezeichnung für die verschiedenen Gruppen, die sich aus dem Pietismus und der Erweckungsbewegung entwickelt haben, genutzt.[85]

Evangelikale Gruppen haben nach F. Laubach vier Merkmale: 1. Die persönliche Erfahrung der Errettung durch Christus durch den Empfang der Vergebung der Sünden und der Gewissheit des Glaubens, 2. das Bewusstsein der Zusammengehörigkeit mit allen Menschen, die von Herzen Jesus Christus nachfolgen, 3. die Bereitschaft, sich persönlich in Evangelisation und Mission zu engagieren und 4. die Nachfolge Jesu, Glaube und Gehorsam in Bindung an das Wort Gottes.[86]

---

79 A. Baumann, Christliches Zeugnis und die Juden heute. Zur Frage der Judenmission, Hannover 1981, 19.

80 Vgl. S. Wagner, Frank Delitzsch. Leben und Werk, Gießen/Basel 1991².

81 Vgl. Messner, Die Bewegung des Pietismus, 23; D. Lange, Eine Bewegung bricht sich Bahn. Die deutschen Gemeinschaften im ausgehenden 19.- und beginnenden 20. Jahrhundert und ihre Stellung zu Kirche, Theologie und Pfingstbewegung, Gießen/Dillenburg 1990³, 21; Wallmann, Pietismus, 607; T. Kern, Zeichen und Wunder. Enthusiastische Glaubensformen in der modernen Gesellschaft, Frankfurt am Main 1997, 108.

82 S. Holthaus, Die Evangelikalen. Fakten und Perspektiven, Lahr 2007, 34.

83 F. Laubach, Aufbruch der Evangelikalen, Wuppertal 1972, 13.

84 Vgl. R. J. Busch, Einzug in die festen Burgen. Ein kritischer Versuch, die Bekennenden Christen zu verstehen, Hannover 1995, 90.

85 Vgl. Holthaus, Die Evangelikalen. 11.

86 Laubach, Aufbruch, 82f.

Jödicke nennt 1. das wörtliches Bibelverständnis, 2. die Forderung nach einem Glauben, der im Leben Konsequenzen zeigt, 3. scharfe Unterscheidung zwischen Gläubigen und Nicht-Gläubigen, 4. die Bekehrung.[87]

Nach Holthaus finden sich die Merkmale des Pietismus, die Betonung der Wiedergeburt des Einzelnen, die Kritik an einer rein theoretischen Frömmigkeit und das Interesse an privaten Erbauungskreisen bis heute bei den Evangelikalen.[88] Auch Jödicke bezeichnet den Pietismus als die Grundlage für die moderne evangelikale Bewegung, da der Mensch als Individuum den Kern seines Lebens und Glaubens bewusst wähle.[89]

Evangelikale Gläubige betonen die „Evangelisation unter allen Völkern", die auch die Evangelisation an Juden meint und gehen davon aus, dass nur ein geringer Teil des jüdischen Volkes bisher den ihm verheißenen Messias Jesus im Glauben angenommen und dadurch zum neuen Bund in dem einen Leib Christi gehöre (Jer. 31,31-33). Gott habe den Bund mit Israel (Gen 12,1-3) aber nicht für ungültig erklärt, sondern er habe Israel weiter erhalten, damit Gottes Erlösungsplan erfüllt und „ganz Israel" (Röm 11,26) bei Jesu Wiederkehr errettet werde, indem es an den Messias Jesus glaube. Dann werde das jüdische, bekehrte Volk im messianischen 1000-jährigen Friedensreich eine herrschende Rolle einnehmen. Aus evangelikaler Sicht ist es daher wichtig, Juden das Evangelium zu verkünden und die Position der bereits an Jesus glaubenden Juden zu unterstützen.[90]

Eine Institutionalisierung der evangelikalen Bewegung stellt die „Evangelische Allianz" dar, die 1846 als Ergebnis einer internationalen und interkonfessionellen Konferenz von Vertretern 52 verschiedener Kirchen und Denominationen in London gegründet wurde. Die „Deutsche Evangelische Allianz" (DEA) mit Sitz in

---

87 Vgl. Jödicke, Moderne Religiosität, 218-228. Auch Johnston nennt vier Kennzeichen: 1. die grundlegende Bedeutung der Erlösung durch den persönlichen Glauben an Christus, 2. die letztgültige Autorität der Schrift für Gauben und Leben, 3. eine Lebensführung der Frömmigkeit und Nachfolge, 4. aktives Engagement für Evangelisation. Vgl. R. K. Johnston, Art. Evangelikale Theologie, in: RGG4, Bd. 2, Sp. 1699-1701. Die evangelikale Bewegung ist vom Fundamentalismus abzugrenzen, der kein eigenständiges theologisches System darstellt, sondern eher eine Teilbewegung des Evangelikalismus ist. Der Fundamentalismus propagiert neben der buchstäblichen Unfehlbarkeit der Heiligen Schrift, die Nichtigkeit der modernen Theologie und pflegt meist starke apokalyptische Orientierungen. Vgl. M. Riesebrodt, Fundamentalismus als patriarchalische Protestbewegung. Amerikanische Protestanten (1910-28) und iranische Schiiten (1961-79) im Vergleich, Tübingen 1990, 12; G. M. Marsden, Art. Evangelical and Fundamental Christianity, in: Encyclopedia of Religion V, London/New York 1987, 190-197; Laubach, Aufbruch, 13; F. Jung, Die deutsche evangelikale Bewegung. Grundlinien ihrer Geschichte und Theologie, Bonn 2001³.

88 Holthaus, Die Evangelikalen, 34.

89 A. Jödicke, Die moderne Religiosität von Bekehrten. Eine Studie zum Evangelikalismus in der Schweiz, in: J. Bergmann/A. Hahn/T. Luckmann (Hrsg.), Religion und Kultur. Sonderheft der Kölner Zeitschrift für Soziologie und Sozialpsychologie, 33, Opladen 1993, 218-230 in Bezug auf A. Hahn, Identität und Selbstthematisierung, in: Ders./V. Kapp (Hrsg.), Selbstthematisierung und Selbstzeugnis, Bekenntnis und Geständnis, Frankfurt am Main 1987.

90 Vgl. Zaretsky, Evangelium, 19-30; D. Rausch, Zionism within early American fundamentalism, New York 1979, 307.

Bad Blankenburg wirkt seit 1851. Weitere Meilensteine der evangelikalen Bewegung sind die Gründung des „Weltbundes der Evangelikalen" 1951 in Woudschoten in Holland („World Evangelical Fellowship", WEF) sowie der 1. Weltevangelisationskongress 1966 in Berlin und der internationale Kongress für Weltevangelisation 1974 in Lausanne.[91] Zudem gibt es die „Lausanner Bewegung Deutscher Zweig – Koalition für Evangelisation"[92] und seit 1969 die „Arbeitsgemeinschaft evangelikaler Missionen" (AEM).[93]

Holthaus differenziert weiter zwischen den „Allianz-Evangelikalen", die zu der „Deutschen Evangelischen Allianz" gehören, den „charismatischen Evangelikalen", die Mitglieder der Pfingst- und charismatischen Bewegung sind und den „Bekenntnis-Evangelikalen", deren Bezeichnung auf die Protestbewegung „Bekenntnisbewegung *Kein anderes Evangelium*" in Reaktion auf die Theologie Bultmanns zurückgeht.[94]

Der Pietismus und die Erweckungsbewegungen gelten auch als Ursprung der Pfingstbewegung, die 1901 unter Studenten des Parkham's Topeka College in Amerika durch den Prediger Seymour in Los Angeles begann und die sich kurzfristig in Deutschland innerhalb der Gemeinschaftsbewegung (im Gnadauer Verband), etablieren konnte. Die Pfingstbewegung orientiert sich an evangelikalen Glaubenslehren (Konversion, Bindung an das Wort Gottes, Heiligung des persönlichen Lebens, Glaube an die Parusie Jesu etc.). Darüber hinaus betonen die Anhänger die unmittelbare Erfahrbarkeit des Heiligen Geistes (zum Beispiel durch die Geisttaufe, Glossolalie, Visionen, Prophetien, Handauflegen, Heilungsgebete etc). 1954 schlossen sich verschiedene freie Pfingstgemeinden zu der „Arbeitsgemeinschaft der Christengemeinden Deutschlands (ACD) zusammen, die zuneh-

---

91 Vgl. Geldbach, Art. Evangelikale Bewegung, Sp. 1190; R. Hempelmann, Handbuch der evangelistisch-missionarischen Werke, Einrichtungen und Gemeinden. Deutschland – Österreich – Schweiz, Stuttgart 1997, 134-135; DEA (Hrsg), Die Evangelische Allianz stellt sich vor. Gemeinsam glauben, miteinander handeln, Informationsbroschüre, Bad Blankenburg o. J., DEA (Hrsg.), Internetrundbrief.info@ead.de, vom 21.07.2005; H. Steeb, Wie alles begann. Gründung und Geschichte, Stuttgart, in: http://www.ead.de/info/welcome.htm, Stand: 12.08.2007; Laubach, Aufbruch, 13; E. Geldbach, Art. Evangelikale Bewegung, in: EKL, Bd. 1, Sp. 1187f.

92 Vgl. H. Stadelmann, Was ist evangelikal?, in: ideaSpektrum 30 (2007), 1. In den 1950er- und 1960er Jahren entstanden mehrere evangelikale Missionswerke der USA auch im deutsprachigen Raum, z.B. „Jugend für Christus", das „Janz-Team", „Wort des Lebens", „Trans-World-Radio" (Evangeliumsrundfunk), „Campus für Christus", „Jugend mit einer Mission" und „Teen Challenge". Vgl. S. Holthaus, Die Evangelikalen, 41-42.

93 Es gibt folgende wichtige evangelikale Erklärungen zur Mission: „Wheaton Declaration" (1968), „Lausanner Verpflichtung" (1974), „Willowbank Report" (1978), „Thailand Reports" (Pattaya 1980) „Grand Rapids Report" (1982), „Seoul Declaration"(1982), „Manila Manifest" (1989, vgl. S. 82). Vgl. K. Fiedler, Evangelikale Bewegung, II. Europa, in: RGG4, Bd.2, Sp. 1698-1699.

94 Vgl. Holthaus, Die Evangelikalen, 44-50.

mend freikirchliche Strukturen übernahm[95] und 1982 in den „Bund freikirchlicher Pfingstgemeinden" (BFP) umbenannt wurde.[96]

Die charismatische Bewegung entstammt der Pfingstbewegung Ende der 1960er Jahre und teilt deren grundlegende Lehren. Die Anhänger verbleiben jedoch in den eigenen Kirchen und Gemeinden.[97] Kennzeichen der charismatischen Bewegung ist der Zusammenhang von Buße, Glaube, Taufe und Geistempfang und der Empfang der Gnadengaben (Charismen) des Heiligen Geistes, die in den Gottesdiensten eingebracht werden (zum Beispiel durch Glossolalie, Heilungen etc.) sowie die Evangelisation.[98] Besonders in evangelikalen Kreisen, zum Beispiel in freikirchlichen Gemeinden, kann die charismatische Bewegung anknüpfen, da die gemeinsame Wurzel im Pietismus liegt.[99]

Fazit: Die Erweckungsbewegung im 19. Jahrhundert belebte die pietistische Frömmigkeit (persönliche Bekehrung, Bibeltreue, Gemeinschaft etc.) und die Evangelisation unter allen Völkern. Auswirkungen hatte die Erweckungsbewegung auf die Herausbildung des heutigen Evangelikalismus, der Pfingstbewegung und der charismatischen Bewegung. Evangelikale Gläubige verkündigten den Juden vielerorts das Evangelium, in der Hoffnung, dass „ganz Israel" an Jesus als den Messias glaubend werde. Der deutsche Evangelikalismus ist somit geprägt

---

95 Die Freikirchen sind vom Staat unabhängige Kirchen, die sich als Freiwilligkeitskirchen verstehen, da sie eine persönliche Entscheidung für die Mitgliedschaft im religionsmündigen Alter erwarten. Sie lehnen oft die Kirchensteuer ab und betonen die Einzelgemeinde. Interessenvertretung ist die 1926 gegründete „Vereinigung Evangelischer Freikirchen" (VEF) mit folgenden Mitgliedern: Bund Evangelisch-Freikirchlicher Gemeinden (Baptisten), Bund freier evangelischer Gemeinden (BFeG), Evangelisch-methodistische Kirche, Bund freikirchlicher Pfingstgemeinden, Arbeitsgemeinschaft Mennonitischer Gemeinden in Deutschland, Evangelisch-methodistische Kirche, Heilsarmee, Kirche des Nazareners, Mühlheimer Verband freikirchlicher evangelischer Gemeinden und weitere Gastmitglieder. Vgl. VEREINIGUNG EVANGELISCHER FREIKIRCHEN (VEF), Mitgliedskirchen, Wustermark, in: http://www.vef.info/ordnung.phtml, Stand: 6.9.2007.

96 Vgl. J. J. SUURMOND, Word and spirit at play. Towards a charismatic theology, Grands Rapids 1995, 29; R. HEMPELMANN, Charismatische Bewegung im deutschen Protestantismus. Kontinuität und Wandel, in: Materialdienst der Evangelischen Zentrale für Weltanschauungen (EZW) 59 (1996), 163-174; Ders., Sehnsucht nach Berührung, Pfingstbewegung, in: UNSERE KIRCHE Nr. 23 (2006), 10; P. ZIMMERLING, Die charismatischen Bewegungen. Theologie, Spiritualität, Anstöße zum Gespräch, Göttingen 2002², 36-40; W. J. HOLLENWEGER, Charismatisch-pfingstliches Christentum. Herkunft, Situation, Ökumenische Chancen, Göttingen 1997, 31ff.

97 Charismatische Bewegungen gibt es bei den verschiedenen freikirchlichen Gemeinden, aber auch in der evangelischen („Geistliche Gemeinde-Erneuerung") und in der römisch-katholischen Kirche („Charismatische Erneuerung").

98 Vgl. G. GASSMANN/H. MEYER (Hrsg.), Neue transkonfessionelle Bewegungen, Frankfurt am Main 1976, 9-43; HEMPELMANN, Charismatische Bewegungen, 175-179; H. SCHÄFER/D. WERNER, Wo der Geist des Herrn ist, da ist Freiheit (2. Kor 3,17). Ökumenische Überlegungen zur charismatischen Bewegung. Eine Einladung zum Gespräch, in: PASTORALTHEOLOGIE 82 (1993), Nr. 7, 298-318; LANGE, Bewegung, ZIMMERLING, Charismatische Bewegungen, 45-54; SUURMOND, Word and spirit at play, 30.

99 Vgl. H. KIRCHNER (Hrsg.), Charismatische Erneuerung und Kirche, Neukirchen-Vluyn 1986², 117f.

durch die einheimische Tradition des Pietismus und der Erweckungsbewegung und durch die späteren Einflüsse aus Amerika.[100]

2.2.3 Judenmission (19. Jh.)

Viele einzelne Judenmissionare, insbesondere im englischsprachigen Sprachraum, sind die treibende Kraft der protestantischen Missionsbewegung im späten 18. und 19. Jahrhundert gewesen, wobei ich die Entstehung der judenmissionarischen Werke darstelle.

1809 gründete Frey (1771-1853), aus dem Missionsseminar der Berliner Brüderunität stammend, das Missionswerk „London Society for Promoting Christianity among the Jews" (LSPCJ) in London.[101] Dem folgte 1822 in Berlin nach dem Londoner Vorbild die „Gesellschaft zur Beförderung des Christentums unter den Juden". 1871 entstand unter maßgeblicher Initiative von F. Delitzsch als Dachverband für mehrere Vereinigungen in Deutschland und Norwegen der „Evangelisch-lutherische Zentralverein für Mission unter Israel" in Leipzig.[102] Auch die 1799 gegründete Elberfelder Missionsgesellschaft missionierte unter Juden. ARING beschreibt die Londoner Judenmission als Anstoß für die große Missionsbewegung unter Juden in Europa während des 19. Jahrhunderts, dem „Missionsjahrhundert".[103] Juden, die den Glauben an Jesus als den Messias annahmen, besuchten fortan die Gemeinden oder Gruppen der meist protestantischen Kirchen oder pietistischen Werke.

Neben zahlreichen weiteren Vereinen und Werken ist für die vorliegende Untersuchung die 1820 gegründete „Basler Gesellschaft zur Verbreitung des Christentums unter Juden" als erste größere Vereinigung auf dem Kontinent interessant. Nachdem sich dieses Werk 1830 auflöste, kam es zur Neugründung des „Vereins der Freunde Israels", woraus sich die „Schweizerische evangelische Judenmission" (SEJ) entwickelte. Da die SEJ nach dem zweiten Weltkrieg den Missionsauftrag unter Juden

---

100 HOLTHAUS, Die Evangelikalen, 43.

101 Die Bewegung führte 1893 zur „Hebrew Christian Testimony to Israel" in London. Vgl. COHN-SHERBOK, Messianic Judaism, 15-18; S. HARCOURT, The history of the International HEBREW CHRISTIAN ALLIANCE, in: MISHKAN 14 (1991), 74; M. GLASER, The traditional Jewish mission as a model, in: D. COHN-SHERBOK, Voices, 171.

102 Der Verein änderte 1985 seinen Namen in „Evangelisch-Lutherischer Zentralverein für Zeugnis und Dienst unter Juden und Christen (e. V.)" und im Jahr 2000 in den Namen „Evangelisch-Lutherischer Zentralverein für Begegnung von Christen und Juden (e.V.)". Vgl. K. SCHÄFER, Art. Evangelisch-Lutherischer Zentralverein für Zeugnis und Dienst unter Juden und Christen, in: RGG, Tübingen 1999^4, Sp. 1732; M. DAHL, in einer E-Mail an die Verf. vom 13.2.2008.

103 ARING, Art. Judenmission, 328.

ablehnte,[104] entstand 1971 der „Evangeliumsdienst für Israel“ (EDI)[105], der für die Arbeit unter messianischen Juden in Deutschland gegenwärtig eine bedeutende Rolle spielt (vgl. Kapitel 3.1). Zu einer engen Zusammenarbeit der verschiedenen Vereine und Werke ist es nicht gekommen, meist blieb die protestantische Judenmission eine Sache von einzelnen Werken oder Personen und ihren Freundeskreisen.[106]

Fazit: Die Erweckungsbewegung förderte das Entstehen judenmissionarischer Werke, so dass viele Juden erstmals wieder seit Jahrhunderten freiwillig den Glauben an Jesus annahmen. Dabei verblieben die an Jesus glaubenden Juden jeweils in den protestantischen Kirchen oder Gemeinden.

2.3 Hebräisch-christliche Bewegung (19. Jh. bis ca. 1970)

Viele Gläubige der Erweckungsbewegung wünschten von den konvertierten Juden, dass diese als Judenmissionare an ihrem Volk tätig sein sollten. Dies sei aber nur möglich, wenn sie ihre jüdische Identität beibehalten und pflegen würden.[107] In den lokalen Kirchengemeinden jedoch, in denen die bekehrten Juden Mitglieder waren, mussten sie befürchten, ihre jüdische Identität eher zu verlieren, weil sie dort die jüdischen Feste nicht mehr feiern konnten und ihre eigene Kultur ihnen verwehrt blieb. Häufig fühlten sie sich aufgrund heidenchristlicher Symbole unwohl und erfuhren manchmal latenten oder offenen Antisemitismus.[108] Das heißt, die messiasgläubigen Juden erkannten die Notwendigkeit einer eigenständigen Organisationsform.

2.3.1 Unabhängige Gemeinschaften

Erste unabhängige judenchristlichen Gruppen entstanden bereits 1813, zum Beispiel die „Beni Abrahams“ (Kinder Abrahams) in London. Hier trafen sich regelmäßig 41 konvertierte Juden, um den Sabbat zu feiern und zu beten.[109]

104 Die SEJ heißt heute „Stiftung für Kirche und Judentum“ und gibt die Zeitschrift: „JUDAICA“ heraus. Vgl. Stiftung Kirche und Judentum (Hrsg.), Stiftung Kirche und Judentum, Basel 4.12.2001, in: http://query.staatsarchiv.bs.ch/query/Detail.aspx?ID=137911, Stand: 6.9.2007.

105 Obwohl die aktuelle Abkürzung ***edi,*** bevorzuge ich in dieser Arbeit folgende IBWEISE: EDI.

106 ARING, Judenmission, 330.

107 Vgl. HARRIS-SHAPIRO, Messianic Judaism, 22.

108 FRUCHTENBAUM, Hebrew Christianity, 1974.

109 Vgl. HARRIS-SHAPIRO, Messianic Judaism, 22.

In Moldawien kam es ebenfalls noch im 19. Jahrhundert zu der kurzlebigen, aber beeindruckenden Gemeinschaft von 150 jesusgläubigen Juden, die sich „Israeliten des neuen Bundes“[110] nannte. RABINOWITZ (1837-1899), der von K. KJÆR-HANSEN als „Herzl des Judenchristentums“[111] und von HORNUNG als „Pionier in der messianisch-jüdischen Bewegung der Neuzeit“[112] bezeichnet wird, gründete 1884 in Kischinew eine Gemeinschaft von Juden, die an den Messias Jesus glaubten. Sie übte jüdische Rituale und Gebräuche wie Sabbat, Beschneidung, Feiertage aus. K. KJÆR-HANSEN schreibt: „He [RABINOWITZ, Anm. der Verf.] helped to re-establish Jewish Christianity as a viable and living option.“[113]

1885 ließ RABINOWITZ sich in Berlin von dem methodistischen Pastor und Professor C. M Mead aus Massachusetts auf ein eigens von ihm auf Hebräisch formuliertes Glaubensbekenntnis taufen, wobei ihm wichtig war, nur der universalen Gemeinschaft in Jesus anzugehören, ohne dabei seine jüdische Identität zu verlieren:[114] „The lasting significance of Rabinowitz´s activity lies first and foremost in his stubborn insistence that his faith in Jesus had not turned him into an ex-Jew: his baptism had not uncircumcised him“.[115] Nach RABINOWITZ’ Tod 1899 setzte sich die Arbeit zunächst fort, obwohl viele Juden seiner Bewegung feindlich gesinnt waren. Durch den Ausbruch des Ersten Weltkrieges endete aber die Gemeindearbeit.[116]

A. GAEBELEIN (1861-1945), ein Methodistenprediger und Judenmissionar in New York City, lernte 1894 RABINOWITZ persönlich kennen und vertrat – vermutlich von RABINOWITZ angeregt – die Auffassung, dass ein an Christus glaubender Jude nicht als Heide, sondern nach dem mosaischen Gesetz leben solle.[117] GAEBELEIN benutzte auch bereits 1895 kurzfristig die Bezeichnung „Messianic Judaism“ in der

---

110 Die Namen der Bewegung wechselten zeitweise: „Die christliche Bewegung Kischenews“, „Die an Christus gläubigen Juden Kischenews“, und die „Bewegung des Rabinowitz`“.

111 Vgl. KJÆR-HANSEN, Josef Rabinowitz – the Herzl of Jewish Christianity, in: MISHKAN 14 (1991), 1-14.

112 HORNUNG, Messianische Juden, 46.

113 KJÆR-HANSEN, Research object, in: Ders., Jewish Identity, 47.

114 In diesem Glaubensbekenntnis umschrieb er die Trinität mit: „Gott schuf die Erde durch sein Wort und seinen heiligen Geist“. Jesus wird darin als „Erlöser Israels“ und „König des Hauses Jakob“ umschrieben. Vgl KJÆR-HANSEN, Josef RABINOWITZ, 1-14; HARCOURT, History, 74; COHN-SHERBOK, Messianic Judaism, 19-20; A. HORNUNG, Messianische Juden, 46.

115 KJÆR-HANSEN, Research Object, 47.

116 Vgl. L. GOLDBERG, The rise, disappearance, and resurgence of messianic congregations, in: W. VARNER et al (Hrsg.), How Jewish is Christianity. 2 views on the Messianic movement, Grand Rapids 2003, 25. Durch den ehemaligen Mitarbeiter der Rabinowitz-Bewegung Schonberger entstand 1883 die „Hebrew Christian Testimony to Israel” in London (später: „Messianic Testimony to Israel“). Vgl. J. GARTENHAUS, Famous Hebrew Christians, Grand Rapids 1979, 40; H. J. SCHONFIELD, The history of Jewish Christianity. From the first to the twentieth century, London 1936, 213-21.

117 Vgl. A. C. GAEBELEIN, Half a century. The autobiographie of a servant, New York 1988, 48-49; 61, RAUSCH, Messianic Judaism, 1983, 35-36.

evangelikalen Zeitschrift „Our hope“ der „Hope of Israel Mission“ im Untertitel: „A monthly devoted to the study of prophecy and to Messianic Judaism”. Diese Benennung konnte sich aber zu diesem Zeitpunkt noch nicht durchsetzen.[118]

Fazit: In einzelnen, meist kleineren judenchristlichen Gruppierungen konnten die an Jesus glaubenden Juden ihre jüdische Identität ausleben. Da diese Gruppen aber nicht an ein nationales oder internationales Netz angebunden waren, waren sie sehr auf sich gestellt und konnten sich nicht langfristig etablieren.

2.3.2 Hebräisch-christliche Allianzen

In England und in den USA entstanden im 19. Jahrhundert erstmals diese notwendigen Verbindungen, die so genannten Allianzen. Hier konnten die an Jesus glaubenden Juden, die sich nun „hebräische Christen“ nannten, erstmalig Gleichgesinnte kennen lernen und ihre jüdische Identität betonen.

Der messianische Jude A. FRUCHTENBAUM definiert einen hebräischen Christen wie folgt: „A Hebrew Christian is a Jew who believes that Jesus Christ is his Messiah. By faith Hebrews align themselves with other believers in Christ whether Jews or gentiles, but nationally they identify themselves with the Jewish people”. Ein hebräischer Christ sei daher ein Jude und ein Christ. Zudem sei ein hebräischer Christ genauso stolz auf seine jüdische Identität wie auf seinen Glauben an Jesus als den Messias.[119]

Als erste nationale Allianz entstand 1865 in London die Hilfsorganisation „Hebrew Christian Union” (HCU). Schwartz nannte die Aufgabe der HCU „to stir up and stimulate one another in the endeavor of uniting with and caring for our brethren“.[120] 1866 erschienen bereits 80 hebräische Christen zu einer ersten gemeinsamen Konferenz.[121] Sie bekannten die hebräische Identität als gemeinsamen Nenner:

---

118 Der Untertitel der ersten Ausgaben „A Monthly devoted to the study of prophecy and to Christian Judaism“ wurde für die Ausgaben von März bis Juli 1895 in den oben genannten Titel geändert. Für die nächsten Jahre hieß er dann: „A Christian monthly devoted to the study of prophecy and organ of the hope of Israel movement“. Vgl. RAUSCH, Messianic Judaism, 55, 68, Anm. 13.

119 FRUCHTENBAUM, Hebrew Christianity, 13.

120 B. Z. SOBEL, Hebrew Christianity, 178-189; COHN-SHERBOK, Messianic Judaism, 17; J. SCHULZ, Die messianische Bewegung organisiert sich, in: AMZI (Hrsg.), 4 (2005), 6.

121 D. COHN-SHERBOK, Modern Hebrew Christianity and Messianic Judaism, in: P. TOMSON/D. LAMBERS-PETRY, The image of the Judaeo-Christians in ancient Jewish and Christian literature, Tübingen 2003, 287-299.

„When we profess Christ, we do not cease to be Jews; Paul *after his conversion, did not cease to be a Jew; not only Saul was, but even* Paul *remained, a Hebrew of the Hebrews. […]. As Hebrews, as Christians, we feel tied together; and as Hebrew Christians, we desire to be allied more closely to one another.“*[122]

Die hebräischen Christen hegten auch zionistische Gedanken.[123] In der Zeitschrift der Allianz „The scattered nation“ erschien 1866 folgende Proklamation: „We cannot and will not forget the land of our fathers, and it is our desire to cherish feelings of patriotism; for to this day we sing the song of our ancestors: If I forget thee; O Jerusalem, let my right hand forget her crunning.“[124] Sobel beschreibt ebenfalls die parallele Entwicklung der zionistischen und der hebräisch-christlichen Bewegung: „Hebrew Christianity began to achieve stability and organizational sophistication at about the same period in history that witnessed the emergence and phenomenal growth for political Zionism as a force among the Jews of the Western world.“[125]

In den USA entwickelte sich 1915, insbesondere durch den hebräischen Christen Levy, aus der „Boston Conference of the Messianic Council" (1901), die „Hebrew Christian Alliance of America" (HCAA) in New York. Dies war einer der ersten Schritte um eine internationale Gemeinschaft zu gründen.[126] Der Auftrag der hebräischen Christen innerhalb der HCAA bestand insbesondere darin, den Juden das Evangelium zu verkünden: „Who is to call Israel to Christ, awaking them from their stupendous sleep of nineteen hundred Years, if not the Hebrew Christians? Yes, it is the Hebrew Christian and the Hebrew Christian only, that must do it."[127]

Manche Christen kritisierten jedoch die Entstehung der HCAA. Es gebe dadurch wieder einen Unterschied zwischen Juden und Christen innerhalb des Leibes Christi. Die HCAA betonte jedoch, dass sie keine Kirche oder Denomination sei und zögerte, die jüdische Identität der hebräischen Christen allzu sehr zu betonen. So forderte Levy zwar 1917 in seiner Resolution „Jewish ordinances in the light of Hebrew Christianity“, dass hebräische Christen weiterhin ihre nationalen Riten und Zeremonien halten dürften, was jedoch nach intensiver Diskussion abgelehnt wurde.[128]

---

122 A. M. Meyer bei der Konferenz, zitiert in: Schonfield, Jewish Christianity, 222.

123 G. Nerel, Messianic Jews and the modern Zionist movement, in: Elgvin, Israel and Yeshua, 76-78.

124 Hebrew Christian Alliance (Hrsg.), The scattered nation, 1866, 126, zitiert in: G. Nerel, Messianic Jews, 76.

125 Sobel, Hebrew Christianity, 221.

126 Vgl. Cohn-Sherbok, Messianic Judaism, 26; Ders., Modern Hebrew Christianity, 288.

127 S. B. Rohold, The Editors Note, in: The Hebrew Christian Alliance Quarterly I (1917), 2-3.

128 M. J. Levy, Jewish ordinances in the light of Hebrew Christianity, in: The Hebrew Christian Alliance, Bd. 1 (1917), in: R.I. Winer, The Messianic Jewish Alliance of America 1901-1939,

LEVY benutzte 1917 die Bezeichnung „Messianic Judaism" für die Bewegung hebräischer Christen, die sich aber noch nicht durchsetzen konnte.[129] Im Gegenteil: noch im gleichen Jahr distanziert sich die HCAA ausdrücklich von dieser Bezeichnung: „We felt it our duty to make it clear that we have nothing to do with this so-called Messianic-Judaism, in any shape or form, nor have we any faith in it."[130]

Interessant ist, dass gerade die HCAA 60 Jahre später die messianisch-jüdische Bewegung erheblich unterstützt hat, wie es D. RAUSCH beschreibt: „Ironically, it would be in the American branch of the Alliance that Messianic Judaism would breathe new life and become very visible."[131] M. BENHAYIM erklärt, dass in diesen ersten Entstehungsjahren der hebräisch-christlichen Bewegung die Zeit für ein messianisches Judentum noch nicht reif gewesen sei.[132]

Zur Herausbildung der hebräisch-christlichen Bewegung spielten neben weiteren hebräisch-christlichen Vereinigungen[133] hauptsächlich die „American Board of Missions to the Jews" (ABMJ) eine Rolle, die 1892 von dem ehemaligen Rabbi L. Cohn (1862-1937) begründet wurde.[134] L. Cohn schätzte selbst, dass er über 1000 Juden zum Glauben an den Messias geführt und sie in die Kirchen integriert habe.[135] Die ABMJ befürwortete nämlich keine separaten hebräisch christlichen Kirchen. Deshalb standen die hebräischen Christen oft vor der Wahl, ob sie sich in die Kirchen integrieren oder Abstand zu ihnen halten sollten.[136] Mitte der 1980er Jahre wurde das weltweit aktive Missionswerk in „Chosen People Ministries" (CPM) umbenannt. In Berlin gibt es seit 1995 auch einen deutschen Zweig, den „Beit Sar Schalom Evangeliumsdienst e. V." (BSSE), der durch PIKMAN begründet wurde und seit 2004 unabhängig von CPM ist.[137]

Die HCAA wurde später Teil der 1925 durch Levinson (1881/82) gegründeten „INTERNATIONAL HEBREW CHRISTIAN ALLIANCE" (IHCA). Das internationale

---

in: MISHKAN 15 (1991), 48-56, in: http://www.caspari.com/pages/resources/ Mishkan/pdf/mishkan15.pdf, Stand: 11.08.2007.

129 Vgl. WINER, Calling, 23; D. RAUSCH, The Messianic Jewish congregational movement, in: The Christian century 99, (1982), 15-22.

130 HEBREW CHRISTIAN ALLIANCE (Hrsg), Art. Messianic Judaism, in: The HEBREW CHRISTIAN ALLIANCE I (1917), 86.

131 RAUSCH, Messianic Judaism, 43.

132 M. BENHAYIM, The emergence of Messianic Jews, in: KJÆR-HANSEN, Jewish Identity, 51.

133 Zum Beispiel die „American Hebrew Christian Association" (1855) in New York. Die „Mildmay Mission to the Jews" und die „Barbican Mission to the Jews" (1870) verschmolzen zur „Christian Witness to Israel" (CWI). 1882/1883 gründete STERN die „Hebrew Christian Prayer Union" in England. Vgl. COHN-SHERBOK, Messianic Judaism, 16, 48.

134 Vgl. COHN-SHERBOK, Messianic Judaism, 15.

135 Vgl. K. PRUTER, Jewish Christians in the United States. A bibliography, New York, 1987, 61.

136 Vgl. HARRIS-SHAPIRO, Messianic Judaism, 21.

137 CPM hat im Jahr 2005 in 12 Ländern Mitarbeiter und messianische Gemeinden: Deutschland, Israel, Frankreich, USA, Kanada, Russland, Ukraine, Australien, Moldavien, Mexiko, Argentinien und Großbrittanien. Vgl. W. PIKMAN, in: BSSE (Hrsg.), OR Jeschuah, Berlin 2005, 1.

Netzwerk vereinigte erstmals die bis dahin gegründeten nationalen Allianzen der Länder in Europa und Amerika. 12 Allianzen wurden bei der Gründung Mitglied. Levinson lud mit folgenden Worten zu dieser ersten internationalen Konferenz vom 5.-12.9.1925 nach London ein:

> *„Seit den Tagen der Apostel sind Judenchristen über die ganze Diaspora verteilt, verbannt von ihren unbekehrten Brüdern […]. Wir glauben, dass sich die Zeit der Heiden ihrer Vollendung nähert und der Gott unser Väter im Begriff ist, Israel sein altes Erbe wiederzugeben, weil er es gnädiglichst verheißen hat […]. Deshalb haben wir uns entschlossen […] alle Judenchristen […] weltweit […] einzuladen."*[138]

Bei dieser ersten internationalen judenchristlichen Konferenz versammelten sich glaubende Juden aus 18 verschiedenen Ländern. Die Gesamtheit der jüdischen Gläubigen wurde zu diesem Zeitpunkt auf ca. 147.000 geschätzt.[139] Bei der zweiten internationalen judenchristlichen Konferenz 1928 in Hamburg unter der Leitung des Judenmissionars A. Frank (1859-1965), trafen sich bereits jüdische Gläubige aus 25 verschiedenen Ländern.[140] Bis ca. 1939 umfasste die IHCA zwanzig Allianzen.

Schon früh entstand aber auch der Wunsch nach unabhängigen, eigenen hebräisch-christlichen Gemeinden. Bereits 1895 war in New York eine eigenständige hebräisch-christliche Gemeinde entstanden, in Toronto 1917. Zacker gründete 1922 in Philadelphia die erste „Hebrew Christian Synagogue", um hebräischen Christen Unabhängigkeit von den christlichen Kirchen bieten zu können.[141] Bronstein gründete unter der Schirmherrschaft der presbyterianischen Kirche 1931 die erste hebräisch-christliche Gemeinde von Chicago, die in den 1950er Jahren bereits 70 Mitglieder aufwies.[142] Die Entstehung weiterer hebräisch-christlicher Gemeinden folgte in Amerika, Argentinien und Israel, aber auch in Osteuropa und in Russland.[143]

Fazit: Im 19. und 20. Jahrhundert entstanden einige bedeutende hebräisch-christliche Allianzen (1865: HCU, 1892: ABMJ, 1915: HCAA), die für die einzelnen hebräischen

---

138 Zitiert in: Schulz, Messianische Bewegung, 6.

139 Vgl. Harcourt, History, 74.

140 Schulz, Messianische Bewegung, 6.

141 Vgl. Winer, Calling, 106-112; Cohn-Sherbok, Messianic Judaism, 71.

142 Vgl. Rausch, Messianic Judaism, 99-102.

143 Kiew (1916), Los Angeles (1930er Jahre und 1955), Illinois (1934), Buenos Aires (1934), Oak Park (1934), Michigan (1934), Pennsylvania (1934), New Jersey (1936), Baltimore (1940er Jahre), Detroit (1950er Jahre). Vgl. Cohn-Sherbok, Messianic Judaism, 35-36. 72; Goldberg, The rise, 24-25; J. Zacker, in: The Hebrew Christian Alliance Quarterly 5 (1921), Nr. 4, 135-144.

Christen in den verschiedenen Kirchen eine gemeinsame Verbindung ermöglichte. Durch die IHCA (1925) kam es darüber hinaus zu einer internationalen Netzwerkbeziehung hebräisch-christlicher Allianzen. Allen Allianzen gemeinsam war, dass sie zwar die jüdische Identität der konvertierten Juden betonten, dass sie aber unabhängige judenchristliche Gruppen weniger befürworteten, so dass sich die hebräischen Christen oft weiter in die bestehenden Kirchengemeinden integrierten. Erst im 20. Jahrhundert entstanden erste hebräisch-christliche Kirchen, in denen sich ausschließlich hebräische Christen versammelten.

2.4 Messianisch-jüdische Bewegung (seit 1970)

Wie entwickelte sich aber aus den hebräisch-christlichen Gemeinden eine messianisch-jüdische Bewegung weltweit? Was führte dazu, dass sich ein völlig neues Selbstverständnis unter den hebräischen Christen entwickelte, das sich nicht nur in Betonung der jüdischen Identität, sondern auch in der neuen Selbstbezeichnung „messianische Juden" äußerte? Zunächst einmal sind religiöse und politische Umwälzungen zu nennen, die insbesondere die hebräischen Christen in Amerika und Israel im 20. Jahrhundert erfasste.

2.4.1 Politische und religiöse Kulisse

Die nationalsozialistische Verfolgung und Ermordung von europäischen Juden im Zweiten Weltkrieg schloss die an Jesus glaubenden Juden mit ein.[144] Die Werke der Judenmission und die Allianz der an Jesus glaubenden Juden wurden durch das nationalsozialistische Regime in Deutschland völlig vernichtet.[145] Dennoch führte der Holocaust dazu, dass an Jesus glaubende Juden weltweit wieder ihre jüdische Identität betonten, wie es P. v. d. Osten-Sacken beschreibt:

> *„Diese Erfahrung hat wesentlich dazu beigetragen, dass viele Judenchristen sich überhaupt oder eindringlicher ihres besonderen Verhältnisses zum jüdischen*

144 Vgl. J. Beckmann (Hrsg.), Kirchliches Jahrbuch für die Evangelische Kirche in Deutschland 1933-1944, 1976^2, 460.

145 Von 1933-34 versuchten sich die Judenchristen erfolglos im „Reichsverband nichtarischer Christen" zu integrieren und 1938 fand die letzte Tagung der „Internationalen Judenchristlichen Allianz" in Hamburg statt. 1939 wurde das Institutum Delitzschianeum geschlossen und 1942 wurde die Jerusalemkirche in Hamburg zerstört. Vgl. J. Schulz, Die judenchristliche Vergangenheit Deutschlands, Freie Theologische Akademie (FTA) Gießen, nicht publizierter Vortrag am 06.12.2005; Cohn-Sherbok, Messianic Judaism, 43.

Volk bewusst geworden sind und ihre bleibende Zugehörigkeit zum jüdischen Volk auch als Christen bekannt haben."[146]

J. Beckmann betont ebenfalls, dass sich die an Jesus glaubenden Juden eindringlicher der „Jüdischkeit Jesu von Nazareth" bewusst geworden seien.[147] Durch die Ausrufung des Staates Israel 1948 konnte dieses Selbstverständnis bestärkt werden.[148] Auch M. Benhayim sieht die Gründung des israelischen Staates als wichtigen Faktor für die Herausbildung der messianisch-jüdischen Bewegung an: „Only the Holocaust and the establishment of the State of Israel could provide the milieu for serious re-orientation of Jewish Life and effectively promote the revival of a thoroughly Jewish oriented Messianic faith."[149]

In Amerika fanden zudem weitere gesellschaftliche und religiöse Veränderungen statt, die die Entstehung der messianisch-jüdischen Bewegung vorbereiteten. In den 1960er und frühen 1970er Jahren, die von einem kulturellen und religiösen Pluralismus gekennzeichnet waren, entstanden in Amerika viele alternative Gruppen und Bewegungen wie zum Beispiel die Hare-Krishna-Bewegung, Hippie-Gruppen, radikale politische Gruppen und Jugendbewegungen in den verschiedenen Kirchen, denen sich meist junge Menschen anschlossen.[150] Zudem wandten sich viele junge Juden in Amerika in den 1960er Jahren wieder verstärkt traditionellen jüdischen Gebräuchen zu und suchten nach einem authentischen, lebendigen Judentum, indem sie zum Beispiel die Musik, das Essen und die jüdischen Volkslieder früherer Generationen wieder aufgriffen.[151] Eine der neu entstehenden Gruppen in diesen Kontexten war die evangelikal-charismatische Gruppe der „Jesus People", die auch viele Juden erfasste, die von der jüdischen Gemeinschaft enttäuscht waren.[152]

Die Bewegung der Jesus People erfuhr wiederum durch den Sieg Israels im Sechs-Tage-Krieg 1967 einen Aufschwung, da viele evangelikale Christen mit prämillenaristischem Glauben hofften, dass sich die prophetischen Verheißungen über Israel erfüllen würden.[153] Rausch schreibt: „The Israeli victory was seen as God's faithfulness toward his chosen people, the Jews."[154] Y. Chernoff schildert

146 Osten-Sacken, Grundzüge 145; ähnlich: Leuner, Zwischen Israel, 61.

147 Beckmann, Kirchliches Jahrbuch, 460.

148 Vgl. Winer, Calling, 66.

149 Benhayim, Emergence, 51.

150 R. Wuthnow, Experimentation in American Religion. The new mysticisms and their implications for the churches, Berkeley 1978, 29-35; Harris-Shapiro, Messianic Judaism, 24-25.

151 N. Glazer, American Judaism, Chicago, 1989², 151-152; Harris-Shapiro, Messianic Judaism, 25.

152 J. L. Lipson, Jews for Jesus. An anthropological study, New York 1990, 2; Harris-Shapiro, Messianic Judaism, 24-25.

153 Feher, Passing over Easter, 47; Harris-Shapiro, Messianic Judaism, 25.

154 Rausch, Messianic Judaism, 73.

anschaulich die Stimmung unter den evangelikalen Gläubigen und den an Jesus glaubenden Juden zur Zeit des Sechs-Tage-Krieges:

> *„During the first weeks of June, 1967, with breath held in abeyance and hearts pounding, we rode out the war, holding special, all-night prayer meetings. [...] There was no question about it: God had fought for Israel [...], we gave God all the glory for the amazing victory, and praised him mightily with singing, with raising and clapping our hands, with tears of joy and laughter."*[155]

Das Time Magazin schätzte die nach 1967 (bis 2001) zum Glauben an Jesus konvertierten Juden allein in Amerika auf über 50.000.[156]

In eben dieser unruhigen Zeit konnte sich ab 1970 die Gruppe „Jews for Jesus" unter M. Rosen zunächst als Zweig der „Jewish Mission of America" (JMA) in San Francisco konstituieren, wie es C. Harris-Shapiro aufgrund der geschilderten Begebenheiten beschreibt: „Given the large numbers of Jewish youth seeking religious meaning, their new sensitivity to Jewishness due the Six-Day-War, and the evangelical foregrounding of that same war, it is hardly a surprise that a group such as `Jews for Jesus` (Hineni Ministries) was formed."[157] Diese Gruppe machte durch provozierende Straßen- und Campuseinssätze mit Schauspiel und Gesang auf sich aufmerksam und fungierte seit 1973 unabhängig von der JMA.[158] J. Lipson beschreibt in seiner anthropologischen Studie die Vielschichtigkeit dieser Gruppe, die sich allmählich zu einer Missionsorganisation entwickelte:

> *„Were it necessary to choose a single concept characteristic of Jews for Jesus, that concept would be integration. The group's hybrid character reflects its origin in the Jesus and Hebrew Christian movements. Its ideology combines Christian, Jewish, contemporary American, and youth influences and values. Its social organization can be viewed in terms of a movement, a missionary organization, an ethnic group, and a surrogate family."*[159]

---

155 Y. Chernoff, Born a Jew, die a Jew. The story of Martin Chernoff. A pioneer in messianic Judaism, Hagerstown 1996, 100.

156 Vgl. J. Chernoff, Messianic Jewish revival and liturgy, in: D. Cohn-Sherbok, Voices of messianic Judaism, 12.

157 Harris-Shapiro, Messianic Judaism, 25.

158 Vgl. Lipson, Jews for Jesus, 62; D. A. Rausch, Communities in Conflict. Evangelicals and Jews, Philadelphia 1991, 125; Cohn-Sherbok, Messianic Judaism, 61.

159 Lipson, Jews for Jesus, 151.

Mittlerweile gibt es in mindestens elf Ländern Zweige dieser Bewegung, die nach wie vor mit auffälligen und provozierenden Missionsmethoden agiert.[160]

Fazit: Seit dem Ende des Zweiten Weltkrieges wurde zunehmend den an Jesus glaubenden Juden, insbesondere nach dem Holocaust, ihre jüdische Identität bewusst. Dieses Identitätsbewusstsein verstärkte sich durch die Staatsgründung und den überraschenden Sieg Israels 1967. In Amerika war es die Zeit der Neuen Religiösen Bewegungen (evangelikal-charismatische Gruppe Jesus-People, verstärktes jüdisches Bewusstsein, Jews for Jesus), die auch auf junge jüdische Menschen Einfluss hatten und damit das Entstehen der messianisch-jüdischen Bewegung vorbereiteten.

2.4.2 Beginn der messianisch-jüdischen Bewegung (ab 1975)

Auch an den hebräisch-christlichen Allianzen und Gemeinden ging die Zeit der Aufbrüche nicht spurlos vorüber. Viele junge Mitglieder, die ihre jüdische Identität stärker betonen wollten, suchten nach adäquaten Ausdrucksformen und einer anderen Selbstbezeichnung für die hebräisch-christliche Bewegung, um sich stärker als Juden denn als Christen identifizieren zu können.

1963 gründete Pfefer auf der HCAA in Detroit ein Jugendkomitee und 1965 entstand durch den hebräischen Christen Brotman in Chattanooga innerhalb der HCAA sogar eine eigene Allianz für junge hebräische Christen. Die Mitgliederzahl dieser „Young Hebrew Christian Alliance" (YHCA) stieg rasch sprunghaft an und 1970 hielt diese Allianz ihre erste unabhängige Konferenz in Pennsylvania ab. Die jungen Juden benutzten den Namen „Jeschua" statt „Jesus" und zeigten sich äußerst interessiert an jüdischer kultureller Praxis.[161] M. Brotman berichtet über diese Konferenz: „The joy of celebrating a Passover, Hanukkah, and other holidays was a new experience. There was a birth of a messianic community."[162] Die ersten Gottesdienstformen waren weitgehend protestantisch ausgerichtet, wobei die Besucher das Abendmahl feierten und christliche Hymnen sangen. In

---

160 Heutige Zweige von Jews for Jesus in den USA, Australien, Brasilien, England, Frankreich, Israel, Kanada, Russland, Südafrika, Ukraine und in Deutschland. Vgl. Faltblatt: Juden für Jesus stellen sich vor, Essen o. J., Stand: 2006.

161 Vgl. Gutwirth, Judéo-chrétiens, 40; Rausch, Messianic Judaism, 57-58.66.72; Harris-Shapiro, Messianic Judaism, 26.

162 M. Brotman, Minutes of the biennial conference of the Hebrew Christian Alliance of America, 1967, 2-4, zitiert in: Cohn-Sherbok, Messianic Judaism, 58.

den Versammlungsräumen gab es eine Menora[163] und es befanden sich Schriftzüge an den Wänden mit den Worten „Jeschua hamaschiach" (Jesus = der Messias).[164]

In Cincinnati bezeichnete sich seit 1970 eine Gruppe hebräischer Christen und nichtjüdischer Glaubender unter dem Ehepaar M. und Y. CHERNOFF zuerst als „Jews who believe in Messiah Jesus", dann als „Messianic Jews". Y. CHERNOFF bezeichnet diese Gruppe, die viele jüdische Gottesdienstelemente übernahm, als „possibly the first modern, indigenous, independent, self-supporting, self-propagating messianic Jewish congregation in the United States."[165] 1974 existierten bereits ähnlich strukturierte Gruppen und Gemeinden in Philadelphia, Washington, Cincinnati, Chicago und Los Angeles.[166]

Auf der Konferenz der HCAA in Florida 1973 diskutierten die jüngeren Mitglieder intensiv einen Namenswechsel der „Young HEBREW CHRISTIAN ALLIANCE" (YHCA) in „YOUNG MESSIANIC JEWISH ALLIANCE",[167] der 1975 vollzogen wurde. Auch aus der HCAA mit den anderen hebräisch-christlichen Mitgliedern wurde vor allem durch FINKELSTEIN und M. CHERNOFF die „MESSIANIC JEWISH ALLIANCE OF AMERICA" (MJAA).[168] Diese Konferenz von 1975 war bis dahin die größte hebräisch-christliche bzw. nun erste messianisch-jüdische Konferenz. Die Mitglieder tagten eine Woche lang und feierten charismatische Gottesdienste mit vielen jüdischen Elementen.[169]

Dennoch verlief die Umbenennung der Allianzen in Amerika nicht ohne Konflikte. Aufgrund der Uneinigkeit über die neue messianisch-jüdische Theologie und die charismatischen Musik- und Anbetungsformen verließen besonders die Älteren die Allianzen und blieben Teil ihrer herkömmlichen Konfessionen. Sie nannten sich auch weiterhin hebräische Christen.[170] Vielerorts kritisierten evangelikale

---

163 Die Menora erinnert an den Leuchter im Stiftszelt (Ex 25,31ff.) und war vor allem als Symbol nach der Tempelzerstörung geläufig. Sie kann als Sinnbild der Tora fungieren (baumartige Zweige=Tora als Baum des Lebens) und ist israelisches Staatssymbol. Bereits 1940 hatte die IHCA auch das Symbol der angezündeten Menora genutzt („Candlestick of witness"). In den 1950er Jahren ergänzte die IHCA das Symbol um das Wort „ichthýs (=griechisches Akronym des Wortes Fisch: ιχθύς), das mit den griechischen Anfangsbuchstaben ein Kurzbekenntnis darstellt: Ἰησοῦς Χριστός, Θεοῦ Υἱός, Σωτήρ = Jesus Christus, Gottes Sohn, Erlöser). Dieses Akronym ersetzt die IMJA in den 1970er Jahren wiederum durch die Worte: „Jeschua sagte: Ich bin das Licht der Welt." Heute steht an dieser Stelle kurz: „Jeschua – Licht der Welt". Vgl. G. NEREL, Symbols used by Messianic Judaism in Israel today, Rancho Mirage, in: http://www.imja.com/Gershon2.html, Stand: 12.08.2007.

164 Vgl. GUTWIRTH, Judéo-Chrétiens, 36; R. WINER, Calling, 23.

165 CHERNOFF, Born a Jew, 131.

166 Vgl. COHN-SHERBOK, Messianic Judaism, 67.

167 J. M. HUTCHENS, Messianic Judaism. A progress report, in: MISSIOLOGY. An International Review V (1977), Nr. 3, 285; RAUSCH, Messianic Judaism, 76.

168 Vgl. RAUSCH, Messianic Judaism, 74; CHERNOFF, Born a Jew, 124; COHN-SHERBOK, Messianic Judaism, 11-12.

169 Vgl. WINER, Messianic Jewish Alliance, 58- 59; HARCOURT, History, 78, COHN-SHERBOK, Messianic Judaism, 66.

170 Vgl. COHN-SHERBOK, Messianic Judaism, 70.

Christen die Überbetonung der jüdischen Identität und die starke Israelbezogenheit messianischer Juden[171] und zweifelten die Aufrichtigkeit ihres Glaubens an.[172] Auch die FCTJ („Fellowship of Christian Testimonies to the Jews") wandte ein, dass die Trennungsmauer zwischen Juden- und Heidenchristen wieder aufgebaut werde.[173]

Dennoch konnte sich die messianisch-jüdische Bewegung rasch weiter entwickeln. Die IHCA nannte sich fortan „International Messianic Jewish Alliance" (IMJA). D. Sedaca, Sekretär für Nord- und Südamerika in der IMJA, drückt die veränderte innere Einstellung der neuen Bewegung wie folgt aus:

> *„Messianisches Judentum ist der Ausdruck, den wir benützen, um eine Art von Lebensstil und Gottesdienst zu umschreiben, der sich voll mit jüdischen Gebräuchen und Traditionen identifiziert, dabei aber glaubt, dass Jeschua […] der verheißene Messias der jüdischen Schriften ist. Gleichzeitig hält das messianische Judentum höchst nachdrücklich daran fest, dass es Teil des Gesamtleibes des Messias ist, der Kirche (der Gemeinde), aber das Recht beansprucht, seinen eigenen Ausdruck zu finden, sowohl im täglichen Leben wie auch in der Gottesdienstform, und zwar so, dass dies mit dem jüdischen Erbe übereinstimmt."*[174]

Der messianische Jude D. Juster gründete 1978/79 die charismatische „Union of Messianic Jewish Congregations" (UMJC) in Pennsylvania. Juster definiert, ein messianischer Jude halte daran fest, dass er von Gott berufen und daher die Ausübung jüdischer Gewohnheiten weiter nötig sei. Ein hebräischer Christ ordne im Gegensatz dazu seine jüdische Identität dem alten (und vergangen geglaubten) Bund zu.[175] Er weist zudem darauf hin, dass bisher keine Form des Judentums oder des Christentums den Begriff „Messianisches Judentum" für sich in Anspruch genommen habe:

> *„For better or worse the meaning of words is given by those who use them. Hence the evolution of language ‚Messianic Judaism' has earned its meaning as term by those in the grass roots who employ it. The day will come when most Jews and Christians will understand the term as […] referring to Jews who follow Jesus and maintain a loyalty to their Jewish heritage."*[176]

---

171 Vgl. Cohn-Sherbok, Messianic Judaism, 81; Rausch, Communities in conflict, 131.

172 Vgl. Rausch, Messianic Judaism, 244-245.

173 Vgl. Winer, Calling, 53.

174 D. Sedaca, Die Wiedergeburt des messianischen Judentums, in: Kjær-Hansen (Hrsg.), Tod eines Messias: Messiasgestalten und Messiaserwartungen im Judentum, Stuttgart, 1996 152-153.

175 Interview mit Juster in: Rausch, Messianic Judaism, 118.

176 Vgl. JUSTER, Jewish Roots, viii.

Die Gemeinden innerhalb der IMJA und der UMJC kombinierten Elemente des rabbinischen Judentums und der pfingstlerisch-charismatischen Bewegung. Als Flügel der MJAA entstand 1986 die charismatisch ausgerichtete „International Alliance of Messianic Congregations and Synagogues" (IAMCS) mit erstem Vorsitzenden D. Chernoff. Ziel der IAMCS war es, neben der Gründung weiterer Gemeinden, Einheit und spirituelle Erneuerung zwischen den Gemeinden zu bewirken. Fruchtenbaum dagegen gründete 1987 die nicht charismatische „Fellowship of Messianic Congregations" (FMC).[177] Alle Dachverbände der messianisch-jüdischen Allianzen nehmen auch nichtjüdische Mitglieder auf. D. Rausch beschreibt die Vielfalt verschiedenster Gemeinden, die gerade zu Beginn der messianisch-jüdischen Bewegung äußerst verwirrend war:

> *„At the one end of the spectrum is the Hebrew Christian movement, made up of missionary societies and individual missionaries, who regard themselves primarily as an evangelistic arm off the evangelical church to the Jewish community. At the other hand of the spectrum are the most orthodox of the Messianic Congregations and individual adherents who regard themselves primarily as Jewish, Jews who believe that Jesus is the Messiah. Between the ends of this spectrum fall an array of congregations and individuals. And to complicate the matter, some Hebrew Christians now call themselves Messianic Jews."*[178]

Allen Gemeinden oder Allianzen ist jedoch gemeinsam, dass sie den messianisch-jüdischen Gottesdienst betonten, den Juster und Fisher auch als das Herzstück der messianisch-jüdischen Bewegung bezeichnen.[179] D. Chernoff unterstreicht dies ebenfalls: „Messianic Judaism is a much deeper identification [...]. There is no doubt about it that the Messianic synagogue or congregation is at the centre of it [Messianic Judaism]".[180] Auch der messianische Jude D. Stern betont das öffentliche Bekenntnis in einer messianisch-jüdischen Gemeinde.[181] Doch wie feierten die ersten messianischen Juden in Amerika nun ihre Gottesdienste?

Einige Leiter der ersten messianisch-jüdischen Gemeinden waren Nichtjuden, die im evangelikalen „Fuller Theological Seminary's School of World Mission and

177 Vgl. Cohn-Sherbook, Messianic Judaism, 75-77; Winer, Calling, 65; Baumann, Art. Judenchristen, Sp. 853; Stern, Manifesto, 198.

178 Rausch, Messianic Judaism, 88.

179 D. Juster/J. Fisher, Messianic Judaism, unveröffentlichtes Dokument, 1, zitiert in: Rausch, Messianic Judaism, 119.

180 Interview mit D. Chernoff, aufgenommen 1979, zitiert in: Rausch, Messianic Judaism, 118; ebenso: Juster/Fisher, Messianic Judaism, 119.

181 Vgl. Stern, Manifesto, 22-23.

Institute of Church Growth“ Kalifornien ausgebildet wurden.[182] Andere Leiter waren im Kontext der Aufbruchsbewegungen konvertiert (vgl. Kapitel 2.4.1).[183]

In Zusammenarbeit mit den messianischen Juden gestalteten sie messianisch-jüdische Liturgien aus, deren Elemente jedoch von Gemeinde zu Gemeinde variierten. Zunächst übernahmen die Besucher so viele jüdische Gewohnheiten, Gebete, Lieder wie nur möglich. Später aber modifizierten sie die jüdischen Bestandteile entweder messianisch-jüdisch durch eigene Interpretationen oder Gebete oder ließen sie ganz weg. Langfristig übernahmen messianische Gemeinden das Anzünden der Sabbatkerzen, das Rezitieren des Kidduschs, die Weihe des Festtages bei einem Becher Wein[184] und des Schema' Jisraels,[185] das Tragen der Kippa[186] und des Tallits mit den Zizijot[187] und das Feiern der jüdischen Feste.[188] Des Weiteren vermieden messianische Juden die Selbstbezeichnung „Christ“ und betonten, dass ihre jüdische Identität Ausdruck der bleibenden Erwählung Gottes sei.[189]

Innerhalb kürzester Zeit konnte sich die messianisch-jüdische Bewegung etablieren. Nach einer Umfrage unter 62 messianisch-jüdischen Gemeinden in Nordamerika entstand ein Großteil der befragten Gemeinden (N=47) zwischen 1981 und 1995.[190] Mittlerweile lebt in den Vereinigten Staaten die größte Anzahl messianischer Juden. T. ZARETSKY schätzte sie 2006 auf etwa 40.000 bis 60.000. Andere Schätzungen gehen von bis zu 100.000 Personen aus.[191] Die Zahl der

---

182 FRUCHTENBAUM, Quest, 11.

183 Vgl. COHN-SHERBOK, Messianic Judaism, 65; RAUSCH, Messianic Judaism, 74.

184 Der Kiddusch („Heiligung“) besteht aus einem Segensspruch über Wein und Brot und einem hymnischen Gebet für den betreffenden Tag.

185 „Schema' Jisrael“ sind die zwei hebräischen Anfangsworte von Dtn 6,4 „Höre Israel! Der Herr ist unser Gott, der Herr ist einzig“. Das Schema' (Dtn 6,4-9; 11,13-21; Num 15,37-41) wird in der jüdischen Liturgie täglich morgens und abends in einem liturgischen Rahmen rezitiert, der aus Segenssprüchen besteht, in denen Gott als Schöpfer, Offenbarer und Erlöser gepriesen wird. Es wird als „Losung des ethischen Monotheismus und als Erklärung von Israels Treue zu Gott“ verstanden. Vgl. J. J. PETUCHOWSKI, Art. Schema' Jisrael, in: PETUCHOWSKI/THOMA, Begegnung, 183-184.

186 Das Bedecken des Kopfes geht zurück auf Ex 28,1-4 und war üblich für die Priester. Im Babylonischen Talmud heißt es, dass man keine sechs Schritte ohne eine angemessene Kopfbedeckung gehen sollte (Schabbat 156b). Obwohl es nicht von den Rabbinern geboten wurde, tragen seit dem 18. Jahrhundert viele jüdische Männer eine Kopfbedeckung (in Europa meist die Kippa), nicht nur als Zeichen der Ehrfurcht beim Gebet, sondern auch im Alltag.

187 Die Quasten des Tallits erinnern nach Num 15,37-41 an die Gebote, da die Summe aller Fäden, Knoten und Windungen die Zahl 613 ergibt.

188 Vgl. COHN-SHERBOK, Modern Hebrew Christianity, 291; SCHIFFMAN, Return, 71-79.

189 Vgl. HORNUNG, Messianische Juden, 52, D. JUSTER, Jewish Roots, 153; M. BARUCH, Judaism is not Jewish. A friendly critique of the Messianic movement, Fearn 2003, 324.

190 Vgl. J. S. WASSERMANN, Messianic Jewish Congregations, A North American Expression, in: MISHKAN 27 (1997), 26-35.

191 ZARETSKY, Evangelium, 41. Von 20.000 spricht HARCOURT, History, 78; STERN schätzt dagegen 1991 die Zahl auf 50.000 bis 100.000. Vgl. D. STERN, The future of Messianic Judaism, in: W. VARNER/A. FRUCHTENBAU/D.H. STERN/J. FISCHER/G.NEREL (Hrsg.), How Jewish is Christi-

Gemeinden wird auf etwa 300 bis 400 geschätzt.[192] Mittlerweile gibt es auch mindestens drei messianisch-jüdische Jeschivas, in denen die Leiter der Gemeinden ausgebildet und ordiniert werden.[193] Alle messianischen Gemeinden und Gruppen pflegen regelmäßige Kontakte durch gemeinsame Konferenzen der Allianzen, Musikveranstaltungen oder spezieller Yeshiva-Kurse.[194]

S. Feher sieht das rasante Wachstum der messianisch-jüdischen Bewegung darin begründet, dass sich viele Juden aufgrund des hebräischen Sprachgebrauches den Gemeinden anschlossen. Anderseits konnten sich auch viele nichtjüdische Mitglieder der Bewegung anschließen, da sie glaubten, dadurch Gottesdienste wie die Judenchristen im ersten Jahrhundert feiern zu können.[195]

Fazit: Bereits zu Beginn der 1970er Jahre gibt es einzelne Gruppen mit hebräischen Christen und jungen Juden, die viele jüdische Elemente in den Gottesdienst integrierten, doch erst 1975 mit den Umbenennungen der „hebräisch-christlichen" in „messianisch-jüdische Allianzen" in den USA hat das messianische Judentum ein offizielles Entstehungsdatum. Das messianische Judentum möchte zwar Teil des Gesamtleibes des Messias sein, dabei aber insbesondere Gottesdienstformen übernehmen, die mit dem jüdischen Erbe übereinstimmen. Das heißt, trotz der Variationen der nun entstehenden Gemeinden und Allianzen (IMJA, UMJC, IAMCS, FMC) bleibt das Herzstück der messianisch-jüdischen Bewegung der messianisch-jüdische Gottesdienst.

---

anity. 2 views on the Messianic movement, Grand Rapids 2003, 176; Winer schätzt 1991 ebenfalls etwa 100.000. Vgl. Winer, Messianic Jewish Alliance, 58.

192 Die jüdische Wochenzeitschrift Yached Ne'eman schätzt, dass es 1994 bereits 144 messianisch-jüdische Gemeinden gab, zitiert in: Amzi, Wachstum, in: Amzi (Hrsg.), Messianisches Zeugnis 12 (1995), 4. Stern schätzt 2003 die Zahl der Gemeinden auf etwa 300, vgl. Stern, The future, 176; Zaretsky schätzt 2006 etwa 400 Gemeinden, vgl. Zaretsky, Evangelium, 41.

193 In Ann Arbor (Michigan) gibt es seit 2002 das „Messianic Jewish Theological Institute" (MJTI) mit regionalen Studienorten in Virginia, Connecticut und Pasadena. MJTI ist vernetzt mit der „Netzer David International Yeshiva" in Clearwater, Florida. Es gibt auch eine Jeshiva der UMJC (Messiah Bible Institute) in Washington für messianisch-jüdische Pastoren und die MJAA hat ein spezielles Ausbildungsprogramm entwickelt.

194 Vgl. R. Cohen, in: Cohn-Sherbok, Messianic Judaism, 73-75.

195 Feher, Passing over Easter, 48.

2.4.3 Messianische Gemeinden in den USA

Die meisten amerikanischen messianisch-jüdischen Gemeinden fungieren unabhängig von einer kirchlichen Organisation. Viele Gemeinden treffen sich dennoch in Kirchengebäuden, die anderen Gemeinden in Schulen oder privaten Gebäuden. Obwohl mittlerweile in den USA etwa 400.000 russisch-sprechende Juden leben,[196] bilden die russisch-sprachigen messianisch-jüdischen Gemeinden im Vergleich zu Israel (vgl. Kapitel 2.4.4) oder Deutschland (vgl. Kapitel 3.3) einen äußerst geringen Anteil der messianisch-jüdischen Bewegung.[197]

90% der messianischen Gemeinden in Amerika sind laut D. Rausch charismatisch.[198] M. Schiffman nennt 1992 als Ergebnis seiner 1987 durchgeführten Untersuchung unter 30 messianisch-jüdischen Gemeinden (innerhalb der MJAA, der UMJC und der FMC) konkret 77% charismatische Leiter. Dabei betont er aber, dass messianische Gemeinden sich in erster Linie als „messianisch" und nicht als „charismatisch" bezeichnen würden, um keine potentiellen Besucher auszuschließen: „They [the messianic congregations, Anm. der Verf.] do not want to exclude brothers of other views especially since the Messianic pool is small."[199] Die Ordination der Leiter, die oft auch als „Rabbi" angesprochen werden, erfolgt jeweils durch andere messianisch-jüdische Leiter.[200] Die Besucher der Gemeinden legen Wert darauf, als „Messianic Jews" bezeichnet zu werden. Die an Jesus glaubenden Juden in Kirchen oder anderen Gemeinden werden dagegen von den „Messianic Jews" als „Jewish Christians" bezeichnet.[201]

Die Gottesdienste in den so genannten „Synagogen" finden entweder freitagabends oder samstagmorgens statt[202] und weisen Besucherzahlen von ca. 25 bis über 100 mit einer enormen Bandbreite an liturgischen Variationen auf. B. Skjøtt stellte 1995 als Ergebnis einer Umfrage unter 18 messianisch-jüdischen Gemeinden fest, dass freie Liturgieformen vorherrschen.[203] Nur wenige Gemeinden führen eigens entwickelte messianisch-jüdische Liturgien regelmäßig durch, andere

---

196 Vgl. E. Ben-Rafael et al., Building a Diaspora. Russian Jews in Israel, Germany and the USA, Leiden 2006, 3.

197 Vgl. Experteninterview mit W. Pikman am 16./17.3.2007.

198 Rausch, Messianic Judaism, 109.

199 Schiffman, Return, 128.

200 Gemäß Act 6. Vgl. R. Cohen, A centrally run organization, in: Cohn-Sherbok, Voices, 73-75.

201 S. Telchin, Messianic Judaism is not Christianity. A loving call to unity, Michigan 2004, 66.

202 Vgl. Cohn-Sherbok, Voices, 97.

203 Vgl. B. F. Skjøtt, Sabbath and worship in Messianic congregations in Israel, in Mishkan 22 (1995), 21-24, in: http://www.caspari.com/pages/resources /Mishkan/pdf/mishkan22.pdf, Stand: 11.08.2007.

Versammlungen reduzieren geplante Gottesdienstabläufe zugunsten spontaner charismatischer Anbetungsformen.[204]

Allen Gemeinden gemeinsam ist die Betonung der jüdischen Identität, wobei allerdings das rabbinische Judentum nicht als Maßstab gilt: „Rabbinic Judaism, with its stress on study and intellectual prowess, and with the soulish beauty of many of its customs, has lured some believers away from the simplicity of their faith in Yeshua."[205] Die Besucher messianisch-jüdischer Gemeinden übernehmen jedoch viele jüdische Traditionen oder Gebräuche, die sie mit dem messianisch-jüdischen Glauben vereinbaren können. Deutlich wird dies zum Beispiel an der Kleidung oder an jüdischen Kultgegenständen. So tragen 80% der befragten männlichen Besucher der Umfrage M. Schiffmans zufolge die Kippa, 70% den Tallit und 13% der Befragten tragen sogar die Tefillin.[206] Laut B. Kasdan leihen sich sogar die nichtjüdischen Besucher einen „Tallit qatan" aus und tragen diesen als Symbol der Zugehörigkeit zum Glauben an den Gott Israels.[207] Ein Drittel der befragten Versammlungen hatten zum Zeitpunkt der Befragung M. Schiffmans (1987) einen Toraschrein mit Tora[208]; 2007 werden dies aber deutlich mehr sein.[209]

Aber auch in den Elementen der Liturgie wird die Betonung der jüdischen Identität deutlich. 80% der befragten Gemeinden rezitieren den Kidduschsegen, 67% zünden regelmäßig die Sabbatkerzen an. Gebete aus dem Siddur[210] seien dagegen seltener zu finden, wie B. Skjøtt feststellt.[211] Die Besucher rezitieren regelmäßig einen Teil des Schema' Jisraels.

D. Cohn-Sherbok beschreibt die Elemente der Liturgie des Gottesdienstes am Sabbat-Morgen: die Rezitation aus Jesaja 12,3 und des Schema' Jisraels, den Psalm 23, die 'Amida, das Keduscha-Gebet,[212] das Vaterunser, die Tora-Lesung, das Reichen der Tora durch die Gemeinde, Segensprüche über die Tora, Lesung des

---

204 Vgl. Cohn-Sherbok, Voices, 78-79.89; Schiffman, Return, 142-143.

205 M. L. Brown, The place of rabbinic tradition in Messianic Judaism, Harrisburg, in: http://www.icnministries.org/resources/rabtrad.htm, Stand: 05.08.2007.

206 Tefillin sind kleine schwarze Ledergehäuse mit beschrifteten Pergamenten (Ex 13,1-10; Ex 13,11-16; Dtn 6,4-9; Dtn 11,13-21/29), die man mit Lederbändern an die Stirn und um den Arm wickelt.

207 Vgl. B. Kasdan, God's appointed customs. A Messianic Jewish guide to the biblical lifecycle and lifestyle, Baltimore 1996, 129-130.

208 Vgl. Schiffman, Return, 138

209 Vgl. Experteninterview mit W. Pikman am 16./17. 03. 2007.

210 Im „Siddur" („seder"=Ordnung) sind die täglichen Gebete aneinandergereiht. Die Gebete für die Festtage enthält der Machsor.

211 Vgl. Skjøtt, Sabbath and Worship, Stand: 11.08.2007.

212 Die „Keduscha" (hebräisch für „Heiligkeit") ist eine Proklamation der Heiligkeit Gottes, die in verschiedenen Fassungen bei einem jüdischen Gottesdienst üblich ist. Allen Fassungen ist gemeinsam, dass Jes 6,3 (Engel erklären Gott dreimal „heilig") mit Ez 3,12 („Gelobt sei die Herrlichkeit Adonais von seinem Orte her") verbunden wird. Vgl. J. J. Petuchowski, Art. Qeduscha/Sanctus, in: Petuchowski/Thoma, Begegnung, 163-164.

Neuen Testamentes, Kaddisch,[213] Lobpreis Gottes, Alenu,[214] Jigdal,[215] Schabbat-Kiddusch, Adon Olam[216] und den Aaronitischer Segen[217] für die amerikanischen messianisch-jüdischen Gemeinden.[218]

Äußerst wichtig ist die Predigt im Gottesdienst: „The word of God is primary in Messianic congregations because it, and not tradition or upbringing, is the basis of the messianic faith in Yeshua."[219] Messianische Juden singen Lieder, die Jesus preisen, wobei die Melodien meist eingängig sind. Oft werden die Lieder von Lobpreisbands mit Instrumenten unterstützt. Das Feiern des Abendmahls sowie das Beten des Vaterunsers sind üblich. Alle messianisch-jüdischen Gemeinden feiern die jüdischen Feste, M. SCHIFFMAN stellt fest, dass aber auch 47% der befragten Gemeinden die Geburt Jesu und 67% seine Auferstehung feierten, wobei dies manchmal im Zusammenhang mit den jüdischen Festen geschehe.[220]

Messianisch-jüdische Gemeinden in Amerika praktizieren auch die Beschneidung. Als Vorbereitung für die Bar oder Bat Mizwa, die viele messianisch-jüdische Kinder erhalten, findet religiöser Unterricht während des Gottesdienstes am Sabbat statt. Die Einhaltung der rabbinischen Speisevorschriften (Kaschrut) sei nach S. TELCHIN weniger üblich.[221]

Der Anteil von Nichtjuden in den messianischen Gemeinden auf weit über 50% geschätzt wird:[222] „Most Messianic assemblies have a large percentage of gentiles.

213 Das „Kaddisch" dient als Abschluss verschiedener Rubriken eines jüdischen Gottesdienstes mit dem Ausruf der Gemeinde aus Ps 113,2 und Dan 2,20: „Sein großer Name sei gepriesen in Ewigkeit und in der Ewigkeit der Ewigkeiten!" Vgl. J. J. PETUCHOWSKI, Art. Qaddischgebet, in: PETUCHOWSKI/THOMA, Begegnung, 162-163.

214 Das Alenu („auf uns") gehörte ursprünglich in die Liturgie zu Ro'sch ha-Schanah und ist seit dem 11. Jahrhundert das Schlussgebet in einem jüdischen Gottesdienst, das die Bedeutsamkeit der Tora betont.

215 Das „Jigdal" stellt eine poetische Formulierung der dreizehn Glaubensartikel des Maimonides dar (vgl. zu Maimonides Kapitel 5.4.3.2).

216 Das Lied „Adon Olam" („Er ist einer, es gibt keinen zweiten!") wurde im Mittelalter verfasst, um sich deutlich von trinitarischen Äußerungen zu distanzieren.

217 Die Priester sprachen nach dem Opfer zum Volk im Vorhof des Tempels den Segen. Später wurde der Segen im Gebetsgottesdienst kurz vor Abschluss der ʿAmida eingefügt. Als Tradition der Reformbewegung wurde er am Ende des jüdischen Gottesdienstes aus Num 6,24-26 übernommen: „Der Herr segne dich und behüte dich! Der Herr lasse sein Angesicht über dir leuchten und sei dir gnädig! Der Herr erhebe sein Angesicht auf dich und gebe dir Frieden!" Vgl. A. BÖCKLER, Jüdischer Gottesdienst. Wesen und Struktur, Berlin 2002, 104.

218 Vgl. COHN-SHERBOK, Messianic Judaism, 97.

219 SCHIFFMAN, Return, 130.

220 SCHIFFMAN, Return, 137.

221 TELCHIN, Messianic Judaism, 69; anders dagegen HUTCHENS, der davon ausgeht, dass die Kaschrut meist eingehalten werden. Vgl. HUTCHENS, Messianic Judaism, 286.

222 Vgl. SCHIFFMAN, Return, 130; FEHER, Passing over Easter, 165; H. BERNSTEIN, Evangelizing Jews. Messianic Jews versus Jews for Jesus. Annual meeting of the association for the sociology of Religion, Toronto 1997; B. KOSMIN et al., Highlights of the CJF 1990 National Jewish Population Survey, New York 1991, 13-16; D. RUDOLPH, Intermarriage can have a positive effect on messianic Judaism, in: COHN-SHERBOK, Voices, 103.

These gentiles love Israel and the Jewish people and have adopted a Jewish expression of their faith in Messiah Yeshua."[223] Dieser hohe Anteil an Nichtjuden bringt aber eine spezifische Problematik für die messianisch-jüdischen Gemeinden mit. So gibt es zwischen 27-75% Mischehen[224] und die Gewohnheiten der Nichtjuden, zum Beispiel im Gottesdienst auch den Tallit und die Kippa zu tragen, sind sehr umstritten.[225] Andererseits sehen manche messianische Juden in dem hohen Anteil von Mischehen einen positiven Effekt für die messianische Gemeinde, da diese Nichtjuden geistlich hoch motiviert seien und ihre Kinder messianisch-jüdisch erziehen würden.[226]

Die Rolle der Frau in amerikanischen messianisch-jüdischen Gemeinden entspricht meist einem konservativ-traditionellem Rollenverständnis. In den messianischen Versammlungen sei es daher nicht üblich, dass eine Frau als Leiterin fungiere oder dass sie predige, wenngleich sie auch beten oder kleinere Amtshandlungen übernehmen dürfe.[227] Meist übernehmen die Frauen die Aufgabe der Kindererziehung.[228]

Obwohl die Besucher messianisch-jüdischer Gemeinden die Zugehörigkeit zum jüdischen Volk durch die Ausübung vieler jüdischer Gebräuche hervorheben, erkennt die jüdische Gemeinschaft sie nicht als Juden an.[229] Die jüdische Gemeinschaft sehe laut S. Feher das messianische Judentum als eine trügerische Form des Christentums an: „Of all the proselytizers, Christians who identify as Jews are held in the lowest esteem because of their attempt to merge Judaism with Christianity, an attempt that the collective Jewish psyche, with all its scars and prejudices, finds it repugnant."[230] Die amerikanische jüdische Gemeinschaft erkenne eher säkulare oder liberale Juden als messianische Juden an.[231] Der „Jewish Community Relations Council" in New York definiert 1995: „Messianisches Judentum ist keine Form des Judentums. [...] Sie haben einen unüberwindbaren Abgrund überquert, indem sie eine andere Religion angenommen haben."[232] Messianisch-jüdische Or-

---

223 Brown, Rabbinic Tradition, Stand: 05.08.2007.

224 Vgl. Schiffman, Return, 130; Cohn-Sherbok, Voices, xi.

225 Vgl. Telchin, Messianic Judaism, 72.

226 Vgl. Rudolph, Intermarriage, 103; E. Abrams, Faith or Fear. How Jews can survive in a Christian Amerika, New York 1997, 109-112; S. Klayman, The Messianic Jewish youth experience. Our past, present and future, in: Kesher. A journal of Messianic Judaism 11 (2000), 117-141.

227 Vgl. Skjøtt, Sabbath and Worship, 21-24.

228 Vgl. Feher, Passing over Easter, 122-135.

229 Telchin, Messianic Judaism, 70.

230 Feher, Passing over Easter, 41-42.

231 Harris-Shapiro, Messianic Judaism, 170.

232 Übersetzt zitiert in: A. Meyer, WER ist Jude?, in Amzi (Hrsg.) Messianisches Zeugnis 9 (1997), 6.

ganisationen oder Einzelpersonen berichten zudem, dass sie von Juden kritisiert, ausgegrenzt, diffamiert oder teilweise tätlich angegriffen wurden.[233]

Dennoch berichtet D. Cohn-Sherbok, dass die messianische Bewegung zunehmend an Bedeutung innerhalb des amerikanischen Judentums gewinne: „I could see that this new movement had captured hearts and minds of thousands of pious individuals from the Jewish community, as well as gentiles who have accepted Yeshua as lord and Savior. The Messianic Movement has become a significant force on the Jewish scene."[234]

Fazit: Die Gottesdienstformen amerikanischer messianischer Gemeinden enthalten viele jüdische Elemente (Sabbat, Kippa, Tallit, Tefillin, Schemaʿ, Kiddusch, Beschneidung etc.) und alle Besucher erachten die jüdische Identität als sehr wichtig. Über die Hälfte der Besucher sind jedoch Nichtjuden, die in dieser Glaubensform ihre geistliche Erfüllung finden.

---

233 Vgl. Kravitz, B., Die jüdische Antwort an Missionare. Handbuch gegen Mission, Los Angelos 2003², 16, in: http://www.jewsforjudaism.org/web/pdf/germanhandbook.pdf, 16, Stand: 11.08.2007; Amzi (Hrsg.) Messianisches Zeugnis 12 (1999) + 1 (2000), 7; Rausch, Communities in Conflict, 131; Chernoff, Born a Jew, 201.215.

234 Cohn-Sherbok, Messianic Judaism, xii-xiii.

2.4.4 Messianisch-jüdische Gemeinden in Israel

In Israel leben Gruppen und Gemeinden von Juden, die an Jesus als den Messias glauben, Diese messianischen Juden leben dort als Teil des Staates Israel und damit wie die ersten Judenchristen wieder in einem jüdischen Lebenszusammenhang.[235]

2.4.4.1 Entstehung und Bezeichnung

Den Anfang nahm die heutige messianisch-jüdische Bewegung bereits vor der Gründung des Staates Israel mit etwa 100 hebräischen Christen, von denen ein Großteil aber noch im Mai 1948 das Land verlassen hat.[236] Dennoch konnte bereits zwei Jahre nach der Staatsgründung eine erste hebräisch-christliche Konferenz mit etwa 70 Teilnehmern stattfinden.[237] In den folgenden Jahren immigrierten hebräische Christen aus Zentral- und Osteuropa in den neu gegründeten Staat,[238] so dass es bis 1967 schätzungsweise 200 bis 500 an Jesus glaubende Juden gab.[239]

Wenn der Sieg Israels im Sechs-Tage-Krieg 1967 die Identität der an Jesus glaubenden Juden in Amerika verstärkt hat, so gilt das umso mehr noch in Israel, wie es auch B. Berger, Gemeindeleiter der messianisch-jüdischen Gemeinde in Jerusalem, beschreibt: „Dann begann fast auf das Jahr genau 1967 die messianische Bewegung [...]. Im Jahr 1967 hat eine große Zahl von Juden zum Glauben an Jesus gefunden – das ist menschlich unerklärlich.“ [240] Auch der Jom-Kippur-Krieg 1973 verstärkte das neue Bewusstsein jüdischer und messianisch-jüdischer Identität, weil durch den Sieg Israels die jüdische Identität bekräftigt wurde.[241]

---

235 Vgl. Osten-Sacken, Grundzüge, 146.

236 Nerel gibt 80 hebräische Christen an, die unter der „Operation Mercy/Grave“, einer Rettungsmission für hebräische Christen der Jerusalemer Anglikanischen Kirche, das Land verließen. Vgl. G. Nerel, Messianic Jews in Eretz Israel, English summary, 1996, xi; anders: Crombie spricht davon, dass wesentlich mehr hebräische Christen in Israel lebten. Vgl. K. Crombie, Anglican Mission to Israel 1948-1980, in: Mishkan 20 (1994), 20-28, in: http://www.caspari.com/pages/resources/Mishkan/pdf/mishkan20.pdf, Stand: 11.08.2007.

237 Vgl. Kjær-Hansen/Skjøtt, Facts & Myths, 63-63.

238 P. Østerbye, The church in Israel. A report on the work and position of the Christian churches in Israel, with special reference to the protestant churches and communities, Lund 1970, 169; G. Nerel, A Messianic Jewish church in Eretz Israel, in: Mishkan 29 (1998), 46-60, in: http://www.caspari.com/pages/resources/Mishkan/ pdf/mishkan29.pdf, Stand: 11.08.2007.

239 Vgl. Kjær-Hansen/Skjøtt, Facts & Myths, 64; Østerbye, Church, 169; Nerel, Eretz Israel, I; M. Benhayim, Hail and Farewell, in: The Messianic Jew (and Hebrew Christian) 2 (1993), 51-54; J. R. Sibley, Trends in Jewish Evangelism in Israel, in: Mishkan 10 (1989), 24, http://www.caspari.com/pages/resources/Mishkan/pdf/mishkan10.pdf, Stand: 11.08.2007.

240 Vgl. W. Wieland, Interview mit Benjamin und Reuven Berger. Das messianische Israel und die Identität der christlichen Gemeinde, in: Prophetisches Bulletin 12, Winterthur 2002, 10.

241 Hutchens, Messianic Judaism, 290-291.

Ende der 1970er Jahre gibt es Schätzungen von über 1000 messianischen Juden[242] und bis Mitte der 1990er Jahre von 3000-4000.[243] Ende der 1990er Jahre werden bereits bis zu 6000 messianische Juden in Israel geschätzt.[244] Aktuelle Zahlen belaufen sich auf 2300 bis 10.000 messianische Juden,[245] je nachdem ob auch die nichtjüdischen Mitglieder oder ausländische Besucher erfasst werden.

Auch in Israel nennen sich die an Jesus glaubenden Juden seit den 1970ern nicht länger „hebräische Christen". Die im Hebräischen gängige Bezeichnung „Nozrim" für Christen hat für viele Juden einen negativen Beigeschmack. Die Rückübersetzung ins Hebräische „Jehudim meschichiim/messianische Juden" setzte sich durch, nach dem hebräischen Wörterbuch „[e]ine Bezeichnung, die heutzutage von einer Gruppe von Juden gebraucht wird, die von sich sagen, sie seien jüdischer Abstammung, dem Staat Israel gegenüber loyal, nach dem Glauben aber Nazoräer".[246] Seltener sind andere Bezeichnungen, wie „Jehudi Ma` amin b` Jeschuah, „jüdischer Jeschuah-Gläubiger" oder „Jewish Believers in Jesus" (JBJ).[247]

Die Bezeichnung „messianische Juden" kann in Israel auch die jüdischen Jesus-Glaubenden in evangelikalen Kirchen einschließen.[248] Da es zudem auch an Jesus glaubende Juden in den großen konfessionellen Kirchen gibt,[249] bezeichnen B.

---

242 Vgl. AMZI, Gebetskarte 11 (1998); KJÆR-HANSEN, Messianische Juden, 27-28; O. KVARME, The development of Hebrew Christianity. Credal and ecclesiological Questions. The problem of contexualization, in: D.-M. JÄGER, (Hrsg.), Papers read at the 1979 Tantur Conference on Christianity in the Holy Land, Jerusalem 1981, 142-315.

243 SIBLEY, Trends 38; KJÆR-HANSEN/SKJØTT, Facts & Myths, 65; STERN, Messianic Judaism, 197-198; B. HOEKENDIJK, So fanden wir den Messias. Wie Gott heute unter Juden wirkt, Neuhausen/Stuttgart 1995^2, 100; Ders., The Messianic Movement in Israel, in: MISHKAN 23 (1995), 33-42, in: http://www.caspari.com/pages/resources/Mishkan/pdf/mishkan23.pdf, Stand: 11.08.2007.

244 Vgl. B. MAOZ, Jewish Christian paradigms in Israel, in: MISHKAN 29 (1998), 6-20, in: http://www.caspari.com/pages/resources/Mishkan/pdf/mishkan29.pdf, Stand: 11.08.2007; Ders., The Messianic movement in Israel – A personal perspective (1963-1998), in: MISHKAN 28 (1998), 5-29, in: http://www.caspari.com/pages/resources/Mishkan/pdf/mishkan28.pdf, Stand: 11.08.2007; MAY, Aufbruch, 21.50; KJÆR-HANSEN/SKJØTT, Facts & Myths, 59; AMZI (Hrsg.), Gebetskarte 11 (1998).

245 WIELAND, Interview, 10. L. DERFNER/K. SVETLOVA, Messianic Jews in Israel claim 10. 000, in: Jerusalem Post Online, Apr.29, 2005, http://pqasb.pqarchiver.com/jpost/access/832899721.html?dids=832899721:832899721&FMT=ABS&FMTS=ABS:FT&date=Apr+28%2C+2005&author=LARRY+DERFNER+and+KSENIA+SVETLOVA&pub=Jerusalem+Post&edition=&startpage=01&desc=Messianic+Jews+in+Israel+claim+to+number+10%2C000; Stand: 09.08.2007; P. SCHMID, Juden, die an Jesus glauben. Messianische Gemeinden in Israel stoßen an, 2004, http://www.livenet.de/index.php/D/article/187/16047/, Stand: 06.08.2007.

246 A. Eben- SHOSHAN (Hrsg.), Ha-million he-chadasch, Jerusalem 1987, 479. Auch im „Kleinen Lexikon des Judentums" wird von „Meshichiim" gesprochen. Vgl. J. MAIER/P. SCHÄFER, Kleines Lexikon des Judentums, Stuttgart 19872, 164.

247 Vgl. ZARETSKY, Evangelium, 50.

248 Vgl. TELCHIN, Messianic Judaism, 117.

249 An Jesus glaubende Juden gibt es in den katholischen und evangelischen Kirchen sowie in den evangelikalen, baptistischen, lutherischen, anglikanischen und presbyterianischen Gemeinden bzw. Kirchen. Die 300-400 jüdischen Katholiken kamen als Nonnen, Mönche oder Priester nach Israel, um ihre jüdischen Wurzeln zu suchen. Sie benutzen eine spezielle hebräische Liturgie für ihre Got-

Skjøtt und K. Kjær-Hansen in ihrer detaillierten Aufstellung nur Juden, die eine messianisch-jüdische Gemeinde besuchen, als messianische Juden. Und B. Maoz erklärt, dass die Bezeichnung „messianisches Judentum" nicht den individuellen Glauben, sondern die Identität der Bewegung meine, so dass der Begriff damit die Nichtjuden ausschließe.[250] Dadurch kommen Skjøtt und Kjær-Hansen 1999 auf eine exakte Gesamtheit von 4957 messianischen Juden (einschl. 1397 Kindern) in 69 Gemeinden und zwölf unabhängigen Hausgruppen.[251] Die Anzahl messianisch-jüdischer Gemeinden beläuft sich nach anderen Schätzungen auf 81 bis 200,[252] je nachdem, ob hier auch die kleineren Gruppen oder Hauskreise mitgezählt werden.[253]

W. Quenzer schreibt noch 1985: „Sie [messianische Juden, Anm. der Verf.] leben, aufgesplittert in verschiedene Gruppen, für die sich ein organisatorischer Zusammenschluss noch nicht ergeben hat, in einer gewissen Öffentlichkeitsscheu, halb im Verborgenen […]".[254] Diese Situation stellt sich heute anders dar. Das messianische Judentum hat sich als eine religiöse Bewegung mit vernetzten Strukturen etabliert[255], auch wenn es nur einen geringen Anteil an der israelischen Gesamtbevölkerung darstellt.

Fazit: Aus weniger als 100 an Jesus glaubende Juden zu Zeiten der Staatsgründung hat sich aufgrund des neuen jüdischen Identitätsbewusstseins nach den Siegen Israels und der weltweiten messianisch-jüdischen Entwicklung auch in Israel eine messianische Bewegung mit etwa 5000 Mitgliedern entwickelt.

---

tesdienste mit Elementen aus der syrischen Tradition. Zusätzlich gibt es die „Association of Hebrew Catholics" (AHC), die 1979 durch Friedman gegründet wurde. Vgl. Kjær-Hansen/Skjøtt, Facts & Myths, 54-55; Y. Elichai, History of the catholic Liturgy in Hebrew. Unveröffentlichtes Manuskript (Hebräisch), Jerusalem 1994, zitiert in: L. Loden, The catholic Jewish community in Israel, in: Mishkan 29 (1998), 61-66, in: http://www.caspari.com/pages/resources/Mishkan/pdf/mishkan29.pdf, Stand: 11.08.2007. Die Gemeinschaft Hebräisch sprechender Katholiken, die ihre Liturgie auf Hebräisch feiern sei laut Henrix „frei von missionarischer Attitüde gegenüber dem Judentum" und sei darum von den messianischen Judentum zu unterscheiden. Vgl. Henrix, Schweigen, Ringvorlesung.

250 Vgl. B. Maoz, Jewish Christianity. Whither and why, in: Elgvin, Israel and Yeshua, 124-125.

251 Vgl. Kjær-Hansen/Skjøtt, Facts & Myths, 18, 70, 72.

252 Vgl. Amzi, 100 Gemeinden, in: Amzi (Hrsg.), Messianisches Zeugnis 3 (1997), 6; Dies. (Hrsg.), Gebetskarte 11 (1998); B. Maoz, Wachsende Gemeinden, in: Amzi (Hrsg.), Messianisches Zeugnis 6 (2001), 6; H. Obrist, Messianische Bewegung in Israel, in: Amzi (Hrsg.), Messianisches Zeugnis 11+12 (2002), 3; May, Aufbruch, 50; Ders., in: CFI 151 (2004), 6-7; Goldberg, The rise, 25; Derfner/Svetlova, Messianic Jews in Israel, Stand: 09.08.2007.

253 Vgl. Kjær-Hansen/Skjøtt, Facts & Myths, 62.

254 W. Quenzer, Orientalische Christen – messianische Juden. Zur religiösen Landkarte des Nahen Ostens, in: EZW 1 (1985), 9.

255 Zum Charakter einer religiösen Bewegung vgl. ausführlich Kapitel 3.4.

2.4.4.2 Gemeinde und Gottesdienst

Wie sieht es nun in israelischen Gemeinden aus? Was ist das Besondere an einem messianisch-jüdischen Gottesdienst?

Zunächst einmal ist hier die Sprachen- und Gemeindevielfalt zu nennen. SKJØTT und KJÆR-HANSEN untersuchten 69 messianisch-jüdische Gemeinden und 12 Gruppen, von denen 57 erst in den 1990er Jahren entstanden sind. Fünf sind amharisch- (äthiopische Gemeinden), 25 russisch-, die anderen hebräischsprachig.[256] Zudem gibt es zahlreiche französisch-, englisch- und spanischsprachige Gemeinden.[257] Selten ist eine Gemeinde einsprachig, so dass Simultanübersetzungen, insbesondere ins Englische oder Hebräische die Regel sind. A. INTRATER (IMJA) beschreibt angesichts der sprachlichen und kulturellen Vielfalt das messianische Judentum wie folgt: „Wir haben in Israel einen Mikrokosmos der Verschiedenartigkeit der Gemeinde Jesu weltweit."[258]

Gerade auch durch die Einwanderungswelle russischer Juden wuchs die Zahl der an Jesus glaubenden Juden. Mittlerweile leben in Israel zwischen 1.000.000 und 1.100.000 russische Juden.[259] Die über 25 russisch-sprachigen messianisch-jüdischen Gemeinden weisen meist einen baptistischen oder pfingstlerischen Hintergrund auf,[260] nur wenige russisch-sprechende messianische Juden haben Verbindungen zur russisch-orthodoxen Kirche. Obwohl diese russisch-sprachigen Gemeinden oft christliche und jüdische Feiertage zugleich begehen, was häufig Spannungen innerhalb der messianisch-jüdischen Bewegung auslöst, vermuten K. KJÆR-HANSEN und B. SKJØTT dennoch durch die russisch-jüdischen Zuwanderer einen entscheidenden Beitrag für die messianische Bewegung: „But if the Russians within the Messianic movement are similar to the Russians in Israeli society in general one can expect that [...] the Russian congregations will significantly contribute to the messianic movement more than just with regard to number."[261] Auch E. THOMAS redet von einer geistlichen Verstärkung für die Gemeinden: „Wir haben ein starkes Rückgrat von Gläubigen in Israel, nämlich diejenigen, die aus Russland eingewandert sind [...], eifrig im Glauben und sie lassen sich nicht so schnell Angst einjagen, denn sie kommen aus einer harten Vergangenheit.[262]

---

256 Vgl. KJÆR-HANSEN/SKJØTT, Facts & Myths, 50.58.

257 SCHMID, Juden, die an Jesus glauben, Stand: 06.08.2007.

258 A. INTRATER in: MAY, Aufbruch, 77.

259 Vgl. BEN-RAFAEL et al, Building a Diaspora. Russian Jews in Israel, Germany and the USA, Leiden/Boston 2006, 3.

260 Vgl. T. MASVIE,, Worship in Israel in Messianic Congregation, in: MISHKAN 29 (1998), 30-33, in: http://www.caspari.com/pages/resources/Mishkan/pdf/mishkan29.pdf, Stand: 11.08.2007.

261 KJÆR-HANSEN/SKJØTT, Facts & Myths, 51.

262 E. THOMAS, Gottes Wort gewinnt Herzen und überwindet Grenzen, in: EDI (Hrsg.), GESANDT 32 (2003), Nr. 4, 7+8.

Die meisten (70%) messianisch-jüdischen Gemeinden in Israel stehen unter jüdischer Leitung (N=78, Stand: 1999). Nur wenige der befragten Leiter haben eine mehrjährige theologische Ausbildung absolviert.[263]

Obwohl Frauen immer wieder als „key persons" für die Entstehungsgeschichte der Gemeinde genannt werden, gestattet die Mehrheit der befragten 59 messianisch-jüdischen Gemeinden ihnen nicht, als Leiterin oder Älteste zu fungieren. Frauen engagieren sich dagegen häufig als „Diakoninnen" mit praktischen Aufgabengebieten (Leitung von Frauen- oder Kindergruppen, Beten, Lesen etc.). In 16 der befragten Gemeinden und in zwei Gruppen sei es aber grundsätzlich erlaubt, dass eine Frau die Gemeinde leite, wobei zehn von ihnen russisch- sprachig und charismatisch sind. In zwei russisch-, einer spanisch- und einer englisch- sprachigen Gemeinde haben Frauen bereits eine leitende Position inne und in drei hebräischsprachigen Gemeinden teilen sich Frauen die Leitung mit ihrem Mann. Dass es überhaupt Leitungspositionen für Frauen gebe, sei auf die Immigration und die Einflüsse der charismatischen Bewegung zurückzuführen.[264] Seit 1999 gibt es eine äthiopische messianisch-jüdische Gemeinde, die eine Frau als Leiterin hat.[265]

Nahezu alle Leiter absolvieren regelmäßig Schulungen und Seminare in messianisch-jüdischen Ausbildungszentren.[266] Mittlerweile haben sich verschiedene messianisch-jüdische Ausbildungsstätten etabliert: Zunächst gab es von 1981 bis 1989 das „Beit Immanuel Study Center" in Jaffa. Seit 1986 gibt es das „Center for the Study of Early Christianity", aus dem sich später die „University of the Holy Land" (UHL) entwickelte. Dort werden jüdische an Jesus Glaubende in 21 akademischen Kursen unterrichtet.[267] Zudem gründete die Lutherische Kirche in Norwegen 1982 das Caspari Center, das mit der „Meninghets Fakultet" in Oslo zusammenarbeitet und seit 2003 messianische Leiter ausbildet.[268] Seit 1993 gibt es die „Messianic Midrasha", initiiert durch die „National Assembly of Messianic Congregations", die Kurse zu praktischer Theologie, rabbinischer Literatur und Bibelwissen anbietet. 1998 wurde das „King of Kings College" in das „Israel College of the Bible" (ICB) umbenannt. In diesem akademisch akkreditierten Institut (Jerusalem, Tel Aviv und Haifa) können Studierende den Bachelor absolvieren.[269] Des Weiteren gibt es das „Bible Training Center for Pastors" (BTCP), initiiert durch HENDREN in den 1990er Jahren, das aus zehn separaten Kursen besteht.

---

263 KJÆR-HANSEN/SKJØTT, Facts & Myths, 24.

264 Vgl KJÆR-HANSEN/SKJØTT, Facts & Myths, 23.29.35-36.

265 Vgl. L. LODEN, A Look at leadership in Israel' s Messianic Community, in: MISHKAN 42 (2005), 26.

266 SCHMID, Juden, die an Jesus glauben, Stand: 06.08.2007.

267 Vgl. UHL (Hrsg.), Academic profile, http://www.uhl.ac/profile.html, Stand: 26.08.2007.

268 Im Folgenden, sofern nicht anders erwähnt: R. PRITZ, Messianic institutions for theological training in Israel, in: MISHKAN 42 (2005), 18-24.

269 Vgl. ICB (Hrsg.), About ICB, http://www.israelcollege.com/showpage.php?cat=12, Stand: 26.08.2007.

Außerdem gibt es eine große Kooperation zwischen den einzelnen Gemeinden, zum Beispiel in der seit 1981 dreimal jährlich stattfindenden „National Pastor's Conferenc". Bisher waren oft ausschließlich Leiter der hebräisch-sprachigen Gemeinden anwesend, zunehmend stoßen auch Leiter der russisch- und amharischsprachigen Gemeinden hinzu.[270]

Pritz beschreibt, dass die Leiter meistens eher monarchisch eine Gemeinde leiten würden, wie es in protestantisch-evangelikalen Gemeinden üblich sei.[271]

Viele Gruppen und Gemeinden versammeln sich in den Räumen von Kirchen oder Gemeinden, nur wenige haben ein eigenes Gebäude. Alle Gemeinden benutzen die israelische Flagge und jüdische Kultgegenstände wie das Schofarhorn, die Menora, den Davidsstern, aber nur wenige (zwei Gemeinden laut Kjær-Hansen und Skjøtt) befinden sich im Besitz einer Torarolle. Keine Gemeinde verwendet ein Kreuz, sollte dennoch eines im Raum vorhanden sein, verdecken oder entfernen es die Besucher für den Gottesdienst. Manchmal ist allerdings das Symbol des Kreuzes mit einer Menora zu finden. Da der Sabbat nationaler Ruhetag ist, findet auch die messianisch-jüdische Gottesdienstfeier entweder am Samstagmorgen oder am Samstagnachmittag statt.[272]

In Israel betonen messianische Juden weniger ihre jüdische Identität als in den USA, da sie sich als legitimen Teil Israels verstehen: Sie zahlen Steuern, gehen zum Militär und feiern mit allen Juden zusammen die jüdischen Feiertage. Messianische Juden bezeichnen ihre Gemeindeleiter nicht als „Rabbi", da dieser Begriff für einen qualifizierten religiösen Gelehrten gilt. Und wenn messianische Juden ihren Gottesdienst auch als „synagoge-style" beschreiben, nennen sie jedoch nicht ihre Versammlung eine Synagoge.[273]

Es bestehen keine einheitliche Liturgie oder Gottesdienstabläufe in den Gemeinden[274] und die meisten Versammlungen beschreiben ihre Liturgie als frei. Man richte sich nach den Bedürfnissen der Versammlung aus oder nach „the leading of

---

270 Weitere Kooperationen: Seit den Ende der 1990er Jahre gibt es das „Men Meetings with God" (18-25 Leiter) und seit 2001 zweimal jährlich das „Sitting at Yeshua' Feet" (50-65 Leiter). Des Weiteren gibt es das „Amana Meeting" (13 Leiter), initiiert durch Maoz. Seit 1997 gibt zudem es zwei virtuelle Netzwerke, das „Messianic Congregation Leadership Network" (MCLM) und das „Israel Congregation Leaders Network" (ICLN). Vgl. Loden, Leadership, 25-31.

271 Pritz, Messianic institutions, 18-24.

272 Vgl. H.-P. Obrist, Messianische Bewegung in Israel, 3; Ders., Schabbat, 3; Schmid, Pessachfest, 2; Maoz, Jewish Christian Paradigms, 6-7.

273 Vgl. G. Nerel, An interaction with a new book on modern Jewish believers in Yeshua, in: Mishkan 33 (2000), 77, in: http://www.caspari.com/pages/resources/Mishkan/pdf/mishkan33.pdf, Stand: 11.08.2007; Kjær-Hansen/Skjøtt, Facts & Myths, 19.

274 Vgl. Edi (Hrsg.), Sie glauben an Jesus den Messias. Messianische Juden in Israel und in Deutschland, Diavortrag, Leinfelden-Echterdingen, 3.

the spirit".[275] Messianische Juden in Israel halten den Schabbatkiddusch, rezitieren das Schema', singen Anbetungslieder, beten Psalmen, sprechen manchmal Gebete aus dem Siddur und den Aaronitischen Segen. Die Lesungen erfolgen meist aus dem Tenach, selten aus dem Neuen Testament, wobei aber der Prediger beide Teile der Bibel stets aufeinander bezieht. Einige (lutherische und gelegentlich einige russisch-sprachige) Gemeinden beten das Vaterunser. Das Abendmahl feiern die meisten messianischen Gemeinden einmal im Monat. Ausnahmslos alle Gemeinden feiern die jüdischen Feiertage, wobei sie zum Beispiel für das jüdische Pessachfest eine eigene messianisch-jüdische Pessach-Haggada benutzen. Die lutherischen und die russisch-sprachigen Gemeinden begehen zudem auch kirchliche Feiertage.[276]

Konvertierte Juden lassen sich taufen. Dies geschieht durch vollständiges Untertauchen entweder in den Taufbecken evangelikaler Gemeinden oder im Jordan, im See Genezareth oder im Mittelmeer. Wichtig ist, dass der Täufling seine zuvor erfolgte Konversion bezeugen kann.[277] Oft gibt es große Taufveranstaltungen von vielen verschiedenen Gemeinden. So trafen sich zum Beispiel im April 2004 15 messianische Gemeinden am See Genezareth zu Taufen von 50 Personen.[278]

Messianische Juden in Israel halten die Grundvorschriften des koscheren Essens ein, da die im Lebensmittelhandel erhältlichen Speisen koscher sind, die rabbinischen Koschervorschriften halten sie jedoch nicht immer ein.[279]

Die Theologie messianisch-jüdischer Gemeinden unterscheide sich nach K. Kjær-Hansen und B. Skjøtt kaum von anderen protestantischen Gruppen. Viele Gemeinden versuchen aber, den Gottesdienst in einen israelischen bzw. jüdischen Kontext zu betten, um das „Jüdische" des messianisch-jüdischen Glaubens zu betonen: „In these congregations Jewish elements are used to express the Jewish roots of faith in the Messiah and to stress that this faith is in essence Jewish."[280]

Nur etwa zwanzig Gemeinden haben ein eigenes Glaubensbekenntnis, das Kjær-Hansen und Skjøtt als evangelikal (Autorität der Bibel, alle Menschen sind Sünder, Erlösung durch Annahme des Sühnegeschehens Jesu am Kreuz etc., vgl. Kapitel 2.2.2) bezeichnen.[281] Da aber auch in den anderen Gemeinden diese Glaubensinhalte praktisch, zum Beispiel in den Gottesdienstformen, übernommen

---

275 T. Elgvin, The theology of Messianic Jewish Worship, in Mishkan 29 (1998), 22-29, in: http://www.caspari.com/pages/resources/Mishkan/pdf/mishkan29.pdf, Stand: 11.08.207.

276 Vgl. A. Burchartz/O. C. Kvarme, Passah und Abendmahl. Eine Hilfe für Christen, Leinfelden-Echterdingen 1999², 41-55; Kjær-Hansen/Skjøtt, Facts & Myths, 27. 41-42; Elgvin, Theology, 24.

277 Vgl. Kjær-Hansen/Skjøtt, Facts & Myths, 33.

278 Vgl. Amzi, Gemeinden und Werke in Israel, in Amzi (Hrsg.), Messianisches Zeugnis 3 (2004) 12.

279 Vgl. Obrist, Messianische Bewegung, 4; Schmid, Pessachfest, Stand: 06.08.2007.

280 Kjær-Hansen/Skjøtt, Facts & Myths, 27.

281 Kjær-Hansen/Skjøtt, Facts & Myths, 29-31.

werden, könne man daher die messianisch-jüdische Theologie insgesamt als christlich-evangelikal bezeichnen: „In its basic theology, Christology and soteriology the Messianic Movement is therefore best described as Christian/evangelical."[282]

T. ELGVIN betont zudem die Einflüsse der amerikanischen evangelikalen und messianisch-jüdischen Theologie und der charismatischen Bewegung.[283] So sind auch einige Gemeinden Mitglieder in der evangelikalen „United Christian Council in Israel" (UCCI) und es bestehen rege Kontakte zu internationalen Missionsgesellschaften.[284]

Um sich aber gerade von ausländischen oder evangelikal-christlichen Einflüssen abzugrenzen, betonen einige messianisch-jüdische Gemeinden, dass sie speziell die einheimischen Juden („Sabres") erreichen möchten. So werde der hebräische Gottesdienst nicht übersetzt, damit „die Besucher unserer Gemeinde sehen, dass wir Leute sind wie sie – Leute, die sich ihrer jüdischen-israelischen Identität verpflichtet fühlen", so N. HENDREN, Leiter der Gemeinde in Tel Aviv.[285] Auch die „Yehudim Chasidei Yeshua" (YECHI), von einheimischen jüdischen Gläubigen unter SHULAM gegründet, wollen sich deutlich von evangelikalen oder konfessionell ausgerichteten Gemeinden, den „protestantischen Kirche[n] mit Kippa"[286] abgrenzen. Daher plädiert diese Gruppe für eine israelbezogene, freie Glaubensäußerung an Jesus den Messias, ohne christliche Bekenntnisse unterschreiben zu müssen.[287] Andere Gemeindeleiter, wie MAOZ in Rischon LeZion plädieren dagegen für eine Übersetzung der hebräischen Gottesdienste, da man dies den ausländischen Besuchern als Teil des Leibes Jesu schuldig sei.[288]

In Mischehen mit Nichtjuden sind durchschnittlich 30% der messianischen Juden verheiratet, wobei die Anteile unter den englisch- (37,2%) und den russischsprachigen (37,1%) Gemeinden am höchsten sind.[289]

Fazit: Messianische Gemeinden in Israel sind von großer Vielfalt gekennzeichnet, eine einheitliche Liturgie ist nicht auszumachen. Israelische messianische Juden brauchen ihre jüdische Identität nicht zu rechtfertigen wie in der Diaspora, so dass sie selbstverständlich jüdische Gebräuche in die Gottesdienste einfließen

---

282 KJÆR-HANSEN/SKJØTT, Facts & Myths, 29.

283 ELGVIN, Theology, 24.

284 MAOZ, Jewish Christian Paradigm, 20, 22.

285 N. HENDREN, Schabbatfeiern in der Gemeinde, in: AMZI (Hrsg.), MESSIANISCHES ZEUGNIS 3 (2004), 7.

286 J. SHULAM, Yehudim Chasidei Yeshua, in: FEIGENBAUM e.V. (Hrsg.), Seht den Feigenbaum, 251/252 (2004), 18.

287 J. SHULAM, Eschatology and Jewish evangelism, in: MISHKAN 32 (2000), 43-47, in: http://www.caspari.com/pages/resources/Mishkan/pdf/mishkan32.pdf, Stand: 23.08.2007.

288 A. MEYER, Eine Gemeinde für Israelis, in: AMZI (Hrsg), MESSIANISCHES ZEUGNIS 1+2 (1997), 4-5.

289 KJÆR-HANSEN/SKJØTT, Facts & Myths, 71.

lassen. Frauen dürfen hier grundsätzlich eher führende Positionen innehaben als in den USA. Die schriftlich fixierte und praktisch ausgeübte Theologie in den messianisch-jüdischen Gemeinden ist christlich-evangelikal.

2.4.4.3 Gesellschaftliche und religiöse Anerkennung

Werden messianisch-jüdische Gemeinden in Israel gesellschaftlich und religiös anerkannt? In Israel können sich religiöse Gemeinschaften als „amutah“ nach dem 1980 verabschiedeten „Amutot Law“ („Friendly Society Law“) für gemeinnützige oder wohltätige Organisation registrieren lassen. Diese Registrierung der messianischen Versammlungen ist bis 1999 nur etwa der Hälfte der messianischen Versammlungen in einem, meist langjährigen, Prozess gelungen. Andere werden als ausländische Gesellschaft oder als zu einer kirchlichen Institution gehörend registriert[290] und werden auch von diesen finanziert.[291]

Da die israelische Nationalität eng mit der jüdischen Religion verschränkt ist, erfuhren bereits einige messianische Juden Benachteiligungen, wenn sie nach Israel zurückkehren wollten. Zum Beispiel wurde D. Rufeisen, der zum römisch-katholischen Glauben konvertierte, vom Höchsten Gericht 1962 nicht mehr als Jude anerkannt und E. Dorflinger aus den USA durfte aufgrund ihres messianischen Glaubens und Lebensstils nicht einreisen.[292] Hutchens beschreibt die Entscheidung des Höchsten Gerichts von 1976: „It is known that there are Jews who believe in Jesus and want to retain their identity as Jews, but Judaism has vomited them out, and they shall not be part of the congregation of Israel.[293]

Doch am 16.4.2008 kam es laut dem amerikanischen Nachrichtenorgan „Baptist Press” zu der Entscheidung des Obersten Gerichtshofes in Jerusalem, dass zwölf messianische Juden im Rahmen des Rückkehrergesetzes nach Israel einzuwandern durften: „The Supreme Court of Israel has ruled that Messianic Jews have the same rights regarding automatic citizenship as Jews who do not believe in Jesus as the Messiah“.[294] Laut J. Sibley, Professor am Criswell College in Dallas, seien messianische Juden bisher von dem Rückkehrergesetz ausgeschlossen gewesen und daher betont er die Bedeutsamkeit dieser Entscheidung: „It´s really a huge ruling

---

290 Vgl. Kjær-Hansen/B. Skjøtt, Facts & Myths, 22.

291 Vgl. Kjær-Hansen/Skjøtt, Facts & Myths, 22-23; Obrist, Messianische Bewegung, 4.

292 Vgl. R. Reichmann, in: Frankfurter Allgemeine Zeitung 59, 11. 3.2005, 8; Cohn-Sherbok, Messianic Judaism, 192-194; Riggans, Messianic Judaism, 334-335.

293 Hutchens, Messianic Judaism, 293.

294 E. Roach, Israeli Supreme Court sides with Messianic Jews, in: Baptist Press. News with a Christian Perspective, Nashville 21.4.2008, in: http://www.bpnews.net/bpnews.asp?id=27874, Stand: 2.5.2008.

because the court apparently further ordered the Israeli Ministry of interior to stop persecuting Jewish believers."[295]

Des Weiteren werden evangelistische Tätigkeiten der messianischen Juden in der Knesset bekämpft.[296] Die evangelikalen Werke AMZI und EDI berichten häufig von verbalen und tätlichen Angriffen auf die messianischen Gemeinden. Dazu berichten die Mitarbeiter dieser Werke von Demonstrationen vor den Versammlungsgebäuden, Störaktionen bei Gottesdienstveranstaltungen, Belästigungen und Verleumdungen. Meist werden orthodoxe Juden als Urheber angegeben.[297] W. RIGGANS beschreibt, dass es in der rabbinischen Terminologie diffamierende Ausdrücke für messianische Juden gebe. So werden messianische Juden zum Beispiel als „Meshumad" (von der hebräischen Wurzel „zerstören/abschneiden") bezeichnet, da ihre jüdische Seele durch den Glauben an Jesus abgeschnitten sei.[298] Da es in Israel keine zivilrechtliche Eheschließung gibt, kann eine messianisch-jüdische Ehe juristisch nicht anerkannt werden, so dass eine rabbinische Ehe notwendig ist.[299] Dennoch erkennt die Mehrheit der israelischen Bevölkerung messianische Juden an, sofern sie sich nicht auf ein konfessionelles Bekenntnis taufen lassen.[300]

Fazit: Messianische Juden in Israel erleben trotz ihres jüdischen Selbstverständnisses und ihrer Integration in den jüdischen Staat Misstrauen und ihnen kommt wenig Verständnis seitens der orthodoxen Juden entgegen. Dennoch werden sie von der Mehrheit der Bevölkerung weiter als Juden anerkannt und immerhin die Hälfte der Gemeinden ist als religiöse Gemeinschaft (amutah) registriert.

---

295 J. SIBLEY, zitiert in: E. ROACH, Israeli Supreme Court, Stand: 2.5.2008.

296 Vgl. HENDREN, Schabbatfeiern, 5.

297 Vgl. S. SCHNEIDER, Jesus oder Satan. Geistlicher Kampf in Tiberias, in: AMZI (Hrsg.), MESSIANISCHES ZEUGNIS 12 (1996) 5; A. MEYER, Antimissionsgesetz und wachsende Probleme, in: AMZI (Hrsg.), MESSIANISCHES ZEUGNIS 9 (1998), 4; J. SPIVAK, MESSIANISCHES ZEUGNIS in Israel, in: EDI (Hrsg.), GESANDT 28 (1999), Nr. 1, 5-7; B. MAOZ, Gnade und Wahrheit-Gemeinde, Rishohn Le Tsion, in: EDI (Hrsg.), GESANDT 28 (1999) Nr.5, 5-7; AMZI, Neues Leben in Elat, in: AMZI (Hrsg.), MESSIANISCHES ZEUGNIS 3 (1998), 5; B. HOWARD, Orthodoxer Mob stürmt Gemeinden, in: AMZI (Hrsg.), MESSIANISCHES ZEUGNIS 2 (2006), 15; H.-P. OBRIST, Messianische Bewegung, 4; AMZI, Anti-Missionsdemonstration in New York, in: AMZI (Hrsg.), MESSIANISCHES ZEUGNIS 12 (1999)+1 (2000), 7; A. MEYER, Antichristliche Stimmung nimmt zu, in: AMZI (Hrsg.), MESSIANISCHES ZEUGNIS 4 (1999), 6; AMZI, Gemeinden und Werke, 12.

298 Vgl. W. RIGGANS, Jewish leaders against Messianic Jews. The old/new Weapons, in: ELGVIN, Israel and Yeshua, 97-107.

299 Vgl. OBRIST, Messianische Bewegung, 4; KJÆR-HANSEN/SKJØTT, Facts & Myths, 22.

300 Die Umfrage des „Dahaf Research Institute" (Tel Aviv) wurde von einer Gruppe israelischer messianischer Juden in Auftrag gegeben, um herauszufinden, ob die breite Öffentlichkeit es messianischen Juden gestatten würde, nach Israel innerhalb des „Law of return" zu immigrieren. 78% sprachen sich dafür aus. Vgl. MISHKAN, (Hrsg.), The Dahaf report on Israel public opinion concerning messianic Jewish Aliyah, in: MISHKAN 10 (1989), 85.

2.4.5 Messianisch-jüdische Gemeinden in den GUS-Staaten

Infolge der Perestrojka und des Zusammenbruchs der Sowjetunion wurde 1990 ein Religionsgesetz verabschiedet, das allen Religionsgemeinschaften ohne Unterschied Religionsfreiheit gewährte. Ein religiöser „Boom" machte sich breit, den A. Greeley als eine einmalige religiöse Renaissance bezeichnet.[301] Die traditionellen Kirchen waren dem Ansturm kaum gewachsen. Bei der Integration in die religiösen Kirchen und Gruppen machten sich aber bald die Folgen der antireligiösen Sozialisation bemerkbar, da die Generationen der Sowjet-Ära über keine religiösen Traditionen und Rituale verfügten.[302] Daher wurden häufig die Gruppen für Jugendliche attraktiv, die zu keiner bestimmen Kirche gehörten.

Obwohl die jüdische Bevölkerung in der Sowjetunion als besonders akkulturiert galt, entstand seit der Perestrojka eine Wiederbelebung des jüdischen Lebens, insbesondere des Bildungswesens mit Schwerpunkt in Moskau und St. Petersburg.[303] Auch die jüdischen Gemeinden erfuhren immensen Zuwachs. Nach Angaben von Berkowitz, Direktor der Förderation der Jüdischen Gemeinden Russlands, gab es 2004 in Russland eine der sich am schnellsten entwickelnden jüdischen Gemeinschaften der Welt. Die Zahl der in Russland lebenden Juden (matrilinear definiert) werden auf über eine Million geschätzt, wobei auch die Juden hinzugezählt werden, die atheistisch leben oder christlich getauft sind.[304] Auch E. Ben-Rafael und weitere Autoren schätzen 2006 etwa 800.000 bis 1.000.000 Juden, die in der ehemaligen Sowjetunion leben.[305]

Dutzende evangelikaler Werke versuchen ebenfalls seit der Perestrojka die Juden mit dem Evangelium zu erreichen. Die evangelikalen Organisationen wie Chosen People Ministries (CPM, vgl. Kapitel 2.3.2), „Jews for Jesus" (vgl. Kapitel 2.4.1) oder „Campus für Christus"[306] arbeiteten anfänglich eher unabhängig voneinander,

---

301 Vgl. A.. Greeley, Religiöses Wiedererwachen in Russland?, in: D. Pollack et al (Hrsg.), Religiöser Wandel in den postkommunistischen Ländern Ost- und Mitteleuropas, Würzburg 1998, 538.

302 Vgl. E. Barker, Und wer wird nun gewinnen? Nationalkirchen und Minderheitenreligionen in der postkommunistischen Gesellschaft, in: Pollak, Religiöser Wandel, 121-149.

303 Vgl. S., Theis, Religiosität von Russlanddeutschen, Stuttgart 2006, 113; A. Krindatsch, Religiöse Wiedergeburt und Entstehung einer neuen „konfessionellen Landschaft" in Russland (II), in: Osteuropa 3 (2000), 264-279.

304 Vgl. J. Huber, Boom der Orthodoxen. Einmal Israel und zurück. Viele emigrierte Juden und Jüdinnen kehren wieder nach Russland zurück, in: Die Wochenzeitung (WOZ) 12, 24.3.2005, 2-3.

305 Dies seien 35% der russisch-sprechenden Juden insgesamt, während 40% bis 45% in Israel, 10-12% in den USA und 7-8% in Deutschland leben. Vgl. Ben-Rafael et al, Building a Diaspora, 3.

306 Campus für Christus (CfC) wurde als internationale, überkonfessionelle Missionsbewegung 1951 unter Studenten in den USA gegründet. Das Ziel von CfC: „Den Menschen unserer Zeit Christus vorstellen". CfC arbeitet auf der Basis der Evangelischen Allianz und unterstützt insbesondere Russland und die baltischen Staaten mit humanitären Hilfsgütern. Vgl. Hempelmann, Handbuch, 74-76.

mittlerweile schließen sie sich aber zusammen und entwickeln gemeinsame Evangelisationsstrategien unter Juden.[307] Die Mitarbeiter der Werke führen zahlreiche Straßenevangelisationen und Hausbesuche durch, geben evangelistische Literatur weiter, leisten humanitäre und medizinische Hilfe, veranstalten evangelistische Konzerte, Musik- und Tanzfestivals, praktizieren jüdische Festtage und vermitteln über Radiosendungen und Internet den Glauben an Jesus als den Messias. Für Konvertierte bieten sie Glaubenskurse, Jüngerschaftsschulungen und Seminare zur Evangelisation unter Juden an.[308]

So ist es nicht verwunderlich, dass sich seit den 1990er Jahren zahlreiche messianisch-jüdische Gemeinden entwickeln konnten und A. Uschomirski von einer „geistlichen Erweckung" spricht.[309] D. Stern schätzt, dass in Osteuropa und in den GUS-Ländern bereits über 100 messianisch-jüdische Versammlungen entstanden seien.[310] Mittlerweile können messianische Juden auch in Zaporozhje das Bibelkolleg besuchen oder in Odessa das „Messianic Jewish Bible College" (MJBC).[311]

Doch auch in den GUS-Staaten kommt es zu Problemen bei der Anerkennung. Das Missionswerk BSSE berichtet von Auseinandersetzungen mit jüdischen Gemeinden und Konflikten mit jüdischen Kulturzentren.[312] Nach Aussage von Zaretsky existiert eine antimissionarische „Davidsstern-Liga", die Protest-Handzettel verteile, messianische Juden verleumde, öffentlich beschimpfe oder gar körperlich angreife.[313] Zudem wandte sich das neue Religionsgesetz von 1997 explizit gegen neue religiöse Bewegungen, wodurch Religionsgemeinschaften wie messianische Juden, die weniger als 15 Jahre in Russland „registriert" sind, nicht den Status einer Körperschaft des öffentlichen Rechts erhalten können.[314] In den zentralasiatischen Republiken gebe es Pläne für neue Gesetze, die die Legalität der Evangelisationen einschränken könnten.[315]

Dennoch schreibt Zaretsky, dass sich das Evangelium über die Grenzen der ehemaligen Sowjetunion verbreite: „Russische Jesusgläubige, die das Evangelium

307 So trafen sich 2004 verschiedene Repräsentanten von 31 evangelikalen Organisationen und messianisch-jüdischen Gemeinden. Vgl. J. Beckermann, Kehilat Jeschua, in: BSSE (Hrsg.), Kol Hesed 2 (2005), 3.

308 Vgl. Zaretsky, Evangelium, 39.

309 Vgl. A. Uschomirski, Begegnungen in der alten Heimat, in: Edi (Hrsg.), Gesandt 28 (1999), Nr. 5, 3-4.

310 Stern, The future, 176.

311 Vgl. BSSE, Beit el Gibor, in: BSSE (Hrsg.), Kol Hesed 3 (2005), 3, Zaretsky, Evangelium, 39.

312 A. Sereda, Messianische Juden in der Ukraine, in: BSSE (Hrsg.): Kol Hesed 3 (2005), 3.

313 Vgl. Zaretsky, Evangelium, 40.

314 Vgl. Theis, Religiosität, 120-121; G. Stricker, Das neue Religionsgesetz in Russland. Vorgeschichte, Inhalt, Probleme, Befürchtungen , in: Osteuropa 7 (1998b), 689-709.

315 Zaretsky, Evangelium, 39.

zuerst in den GUS-Staaten gehört haben, geben es heute selbst in Israel, den USA, Kanada und Deutschland weiter."[316]

Fazit: Die messianisch-jüdische Bewegung in den GUS-Staaten ist noch sehr jung. Sie kann nicht auf eine hebräisch-christliche Bewegung, auf verschiedene Allianzen oder messianisch-jüdische Entwicklungen zurückblicken. Die Bewegung messianischer Juden in den GUS-Staaten ist insbesondere durch die Evangelisation verschiedener evangelikaler Werke nach dem Zusammenbruch des Kommunismus entstanden. Die jüdische Identität hat bisher im Leben der konvertierten russischen Juden keine bedeutende, aufgrund des erfahrenen Antisemitismus höchstens eine negative Rolle gespielt.

2.4.6 Messianisch-jüdische Gemeinden weltweit

Mittlerweile hat sich das messianische Judentum weltweit etabliert. Aktuelle, stark divergierende Schätzungen belaufen sich auf 50.000 bis 332.000 messianische Juden[317] in 165-400 Gemeinden.[318]

Neben den geschilderten Entwicklungen in Amerika, in Israel und in den GUS-Staaten gibt es messianische Juden in Australien, Österreich, Kanada, Dänemark, Frankreich, Großbritannien, Niederlande, Israel, Südafrika, Schweiz etc. Zu einem internationalen Zusammenschluss ist es in der „International Messianic Jewish Alliance" (IMJA) gekommen und weltweit gibt es über 80-100 messianisch-jüdische Organisationen und Verbände.[319]

---

316 ZARETSKY, Evangelium, 40.

317 2001 geht ein Bericht von etwa 100.000 bis 250.000 Mitgliedern aus. Vgl. IDEASPEKTRUM, Jeder 150. Jude glaubt an Jesus Christus, in: IDEASPEKTRUM 18 (2001), Nr. 5. Dagegen gehen JOHNSTONE und MANDRYK im gleichen Jahr von 332.000 jüdischen Jesusgläubigen weltweit aus. Vgl. P. JOHNSTONE/J. MANDRYK, Operation World. When we pray God works, London 2001, 362. ZARETSKY schätzt dagegen 2006, dass es nicht mehr als 50.000 bis 90.00 messianische Juden weltweit gibt. ZARETSKY, Evangelium, 37.

318 1993 schätzt SEDACA 165 und 1998 FEHER über 180 messianisch-jüdische Gemeinden weltweit. Vgl. SEDACA, D., The rebirth of messianic Judaism, Rancho Mirage, in: http://www.imja.com/rebirth.html, Stand: 12.08.2007; FEHER, Passing over Easter, 43. 2001 soll es bereits 400 messianische Synagogen geben. Vgl. CHERNOFF, Messianic Jewish revival, 12; STERN, The future, 175; D. SEDACA, Outreach through messianic Jewish congregations. A history and insight for today, 2003, http://www.lcje.net/papers/2003/sedaca.doc, Stand: 12.08.2007.

319 Zum Beispiel gibt es neben den bereits genannten Werken (CPM, UMJC, IMJA) weitere evangelikale Organisationen, die die messianisch-jüdische Arbeit unterstützen und nationale Allianzen: Ariel Ministries, Caspari Center, Christian and Missionary to Israel, Friends of Israel Gospel Ministry, Ministries International (JMI), National Evangelism Commitee (Kenetz Artzi), Light to the Nations, MAC, Zion´s Hope, Messianic Jewish Alliance of Canada (MJAC), International Federation of Messianic Jews (IFMJ), Messianic Israel Alliance (MIA), British Messianic Jewish Alliance (BMJA), The Association of Messianic Believers (AMB) etc.

Die „Lausanne Consultation on Jewish Evangelism" (LCJE) bietet zudem ein weltweites Netzwerk für Organisationen und Personen an, die sich der Evangelisation unter Juden verpflichtet haben. Die LCJE entstand 1980 auf der Internationalen Konferenz in Pattaya (Thailand) des „Lausanne Commitee for World Evangelization" (LCWE) als eine spezielle Arbeitsgruppe zur Judenmission. In dem Bericht dieser Arbeitsgruppe heißt es: „Die Juden mit einzuschließen ist eine Prüfung unserer Bereitschaft, uns an der Weltevangelisation zu beteiligen."[320] 1989 tagte eine theologische Konsultation in Willowbank/Bermuda, die von der World Evangelical Fellowship (WEF) und von dem LCWE unterstützt wurde. Sie gab ebenfalls eine Erklärung zur Unterstützung der Evangelisation unter Juden ab.[321] Auch im Manifest von Manila, dem Dokument, das 1989 vom LCWE beim zweiten Internationalen Kongress zur Weltevangelisation herausgegeben wurde, heißt es:

> *„Manchmal wird behauptet, dass Juden aufgrund des Bundes Gottes mit Abraham Jesus nicht als Messias anzuerkennen brauchen. Wir bekräftigen, dass sie ihn so sehr brauchen wie jeder andere und dass es eine Art von Antisemitismus und Untreue Christus gegenüber wäre, vom neutestamentlichen Modell abzuweichen, das Evangelium „den Juden zuerst..." zu bringen. Deshalb lehnen wir die These ab, dass Juden ihren eigenen Bund haben, der den Glauben an Jesus unnötig macht."*[322]

Die LCJE bezeichnet sich als „einzige weltumspannende Organisation heute, in der Menschen im Bereich der Evangeliumsverkündigung unter Juden zusammenkommen können". Neben Informationsaustausch und Diskussion aktueller theologischer Themen, hat sie sich zur Aufgabe gemacht, „auf weltweiter Ebene Strategien zu entwickeln, damit mehr Juden die Gute Nachricht von Jesus hören und darüber nachdenken".[323]

Auch die russischsprachige messianisch-jüdische Bewegung hat sich nicht nur in den GUS-Staaten verbreitet. So trafen sich im Jahr 2006 zur „Ersten internationalen Konferenz von russischsprachigen messianischen Pastoren und Leitern" in Berlin etwa 120 Leiter aus Israel, den USA, Deutschland, Russland, Ukraine und

---

320 LCWE (Hrsg.), Christian witness to the Jewish people, LOP 7, Pattaya/Thailand 1980, in: http://www.lausanne.org/pattaya-1980/lop-7.html, Stand: 23.08.2007.

321 Konsultation Willowbank/Bermuda (Hrsg.), Die Willowbank-Erklärung über das christliche Evangelium und das jüdische Volk, Willowbank/Bermuda 1989, in: http://www.lcje.net/willowbank.html (englisch), Stand: 11.08.2007.

322 LCWE (Hrsg.), Das Manifest von Manila, Manila 1989, in: http://www.lausanne.org/id/manila-1989/manila-manifesto.html, South Hamilton 1989, Stand: 11.08.2007.

323 Lcje (Hrsg.), Lausanner Bewegung für Evangelisation unter Juden, Bad Blankenburg 2005, Faltblatt.

Australien.[324] Sie wollen die weltweite messianische, insbesondere russischsprachige Bewegung stärken und weitere Gemeinden gründen.[325]

Fazit: Das messianische Judentum hat in den jeweiligen Ländern unterschiedliche Ausprägungen entwickelt, wobei ich hier nicht auf die Vielfalt eingehen kann. Weltweit hat sich durch die messianisch-jüdischen Allianzen, die Gemeinden und die Evangelisationen unter Juden eine neue religiöse Bewegung entwickelt, die nicht mehr nur als vorübergehende Erscheinung bezeichnet werden kann.

2.4.7 Zusammenfassung

Die ersten Judenchristen in der Jerusalemer Urgemeinde glaubten, dass Jesus der verheißene Messias Israels war. Sie taten dies als innerjüdische Gruppe und lebten weiter im jüdisch-religiösen Kontext. Mit der Aufnahme der Heidenchristen entstand eine gemischte Gemeinde, für die auf dem Apostelkonvent beschlossen wurde, dass die Heidenchristen das Aposteldekret beachten und die Judenchristen die jüdischen Gebote weiter einhalten sollten. Verschiedene Faktoren, wie die Aufnahme der (unbeschnittenen) Heidenchristen, neue religiöse Riten, die Distanz der Judenchristen von den jüdischen Freiheitskämpfen etc. führten zu Trennungsprozessen zwischen den Judenchristen und der jüdischen Gemeinschaft.

Da sich die heidenchristliche Kirche ab dem frühen 2. Jahrhundert aufgrund der aufkommenden Substitutionstheologie selbst als das wahre Israel betrachtete, verwehrte sie es den judenchristlichen Mitgliedern, weiter an ihrem jüdischen Erbe festhalten. Das führte dazu, dass die Judenchristen als eigenständige Gruppierung „verschwanden". Dennoch haben sie bis ins 5. Jahrhundert und in einigen Kirchen sogar darüber hinaus Spuren hinterlassen.

In den späteren Jahrhunderten zwang die heidenchristliche Kirche Juden zur Taufe, Juden erlitten Verfolgungen und Pogrome und eine judenchristliche Bewegung entstand bis ins 19. Jahrhundert nicht mehr.

Erst die Puritaner und die Pietisten im 17. und 18. Jahrhundert interessierten sich für das Judentum und suchten den Dialog mit Juden. Die Erweckungsbewegungen des 19. Jahrhundert belebten wieder die pietistische Frömmigkeit und es entstanden dann im 20. Jahrhundert die evangelikale Bewegung, die Pfingst- und die charismatische Bewegung. Des Weiteren förderte die Erweckungsbewegung das Entstehen judenmissionarischer Werke, wodurch erstmals wieder seit Jahrhun-

324 A. Uschomirski, So groß ist Gott, in Edi (Hrsg.), Gesandt 35 (2006), Nr. 6, 3-5.

325 W. Pikman in: BSSE (Hrsg), Or Jeschua, August (2006), 1.

derten viele Juden freiwillig den Glauben an Jesus annahmen, dabei aber in den Kirchen verblieben.

Eigenständige judenchristliche Gruppierungen (zum Beispiel unter RABINOWITZ) waren nur von kurzer Dauer. Erst im 19. und 20. Jahrhundert entstanden einige bedeutende hebräisch-christliche Allianzen, zum Beispiel 1865 die HEBREW CHRISTIAN UNION (HCU), 1892 die AMERICAN BOARD OF MISSION TO THE JEWS (ABMJ), 1915 die HEBREW CHRISTIAN ALLIANCE of America (HCAA) und insbesondere 1925 die INTERNATIONAL HEBREW CHRISTIAN ALLIANCE (IHCA).

Zu Beginn der 1970er Jahre trafen sich einzelne Gruppen, die viele jüdische Elemente in ihre Gottesdienstformen integrierten. Die Bewegung messianischer Juden entstand 1975, angeregt durch die amerikanischen, evangelikal-charismatischen Aufbruchsbewegungen und ein neues jüdisches Identitätsbewusstsein. Die hebräisch-christlichen Allianzen nannten sich fortan messianisch-jüdische Allianzen und betonen seitdem insbesondere die Gemeinschaft in einem messianisch-jüdischen Gottesdienst.

Von Amerika und Israel ausgehend hat sich das messianische Judentum mittlerweile weltweit mit jeweils ländertypischen Variationen verbreitet. Die Gottesdienstformen amerikanischer messianischer Gemeinden enthalten viele jüdische Elemente, obwohl über die Hälfte der Besucher Nichtjuden sind. Das messianische Judentum in Israel ist durch eine außerordentliche sprachliche und kulturelle Vielfalt gekennzeichnet und dort verteidigen messianische Juden weniger ihre jüdische Identität, da diese ihnen weniger abgesprochen wird.

Die messianisch-jüdische Bewegung in den GUS-Staaten ist noch sehr jung und ist durch die Evangelisation verschiedener evangelikaler Werke nach dem Zusammenbruch des Kommunismus entstanden. Die Theologie der Gemeinden wird in Israel, in den USA und in den GUS-Staaten meist als evangelikal bezeichnet.

2.4.8 Systemtheoretischer Überblick

Abschließend fasse ich den geschichtlichen Entwicklungsprozess in einem kurzen systemtheoretischen Überblick zusammen:

1] Zunächst bildete die Gruppe der Judenchristen innerhalb des religiösen Systems des Judentums ein „Sub-System" mit einem ersten Inklusions-/Exklusionsmarker, dem Glauben an Jesus als den Messias Israels.

2] Indem sich diese Gruppe für die Heidenchristen öffnete, entstand das neue religiöse System der juden- und heidenchristlichen Gemeinde. Zudem wurde die Taufe zum Aufnahmeritus und das Abendmahl zum Integrationsritus der gemischten Gemeinde.

3] Das System der juden- und heidenchristlichen Gemeinde löst sich langsam aus dem System des Judentums.

4] Das System der juden-und heidenchristlichen Gemeinde wird zunehmend zu einem heidenchristlichen System. Die Judenchristen, die anfänglich den Heidenchristen den Zugang zum System gewährt hatten, werden nun aus dem neuen System der mehrheitlich heidenchristlichen Kirche ausgeschlossen, weil sich die Inklusions- bzw. Exklusionsmarker verändert haben: Christen jüdischer Abstammung gehören nicht mehr dazu.

5] Durch das vorherrschende System der heidenchristlichen Kirche war mehrere Jahrhunderte lang ein eigenständiges System von Judenchristen nicht mehr möglich. Sobald ein Jude an Jesus glaubte, musste er die „Bedingungen" des heidenchristlichen Systems anerkennen, wie die Absage seiner jüdischen Herkunft, um aufgenommen zu werden.

6] Ab dem 19. Jahrhundert versuchten einzelne judenchristliche Gruppen ihre jüdische Identität zu betonen, um sich von dem System der heidenchristlichen Kirche zu unterscheiden. Oft waren diese Gruppen aber kurzlebig.

7] Auch die hebräischen Christen bildeten noch kein eigenes religiöses System, aber sie stellten innerhalb der heidenchristlichen Kirche ein „Sub-System" dar, welches das „Judesein" als eine bleibende biblische Berufung betrachtete und sich mit anderen hebräischen Christen weltweit zusammenschloss. Die hebräischen Christen gehören weiter dem System des Christentums an.

8] Das System der messianisch-jüdischen Bewegung konnte 1975 aus den Bemühungen hebräischer Christen erwachsen, indem sich die Mitglieder bewusst von den (heidenchristlichen) Kirchen distanzierten, sich in eigenen Gottesdienstformen versammelten, christliche Begriffe vermieden und ihr Judesein betonten. Da messianische Juden sich als „Juden" bezeichnen, möchten sie dem System des Judentums angehören, gleichzeitig aber auch zu der weltweiten Gemeinde der an Jesus glaubenden Menschen.

Im nächsten Kapitel stelle ich dar, wie sich die neue religiöse Bewegung mittlerweile in Deutschland etabliert hat. Dann wende ich mich den politischen, religiösen und gesellschaftlichen Entwicklungsprozessen zu.

3 Messianische Juden in Deutschland

In den USA oder in Israel konnte aus den bestehenden hebräisch-christlichen Kirchen oder Allianzen allmählich eine messianisch-jüdische Bewegung erwachsen. In Deutschland dagegen führte der Zweite Weltkrieg zu einem kompletten Abbruch einer hebräisch-christlichen Bewegung. Zum Beispiel hatte der deutsche Zweig der judenchristlichen Allianz de facto nach dem Krieg keinen Bestand mehr,[1] so dass es seit der Zeit des Nationalsozialismus bis Mitte der 1990er Jahre keine hebräisch-christliche bzw. messianisch-jüdische Bewegung in Deutschland gab.[2]

Es gab aber Faktoren, die die Entwicklung der messianisch-jüdischen Bewegung in jüngster Vergangenheit in Deutschland direkt oder indirekt gefördert haben wie die Einwanderung russischer Juden oder die aktiven missionarischen Tätigkeiten evangelikaler Werke. Auch der christlich-jüdische Dialog hat in Deutschland für ein neues theologisches Bewusstsein gesorgt und damit unbeabsichtigt die jüdische Identität messianischer Juden gestärkt.

3.1 Russische Juden in Deutschland

Ohne die Einwanderung russischer Juden aus den ehemaligen GUS-Staaten wäre es weder zu einer Wiederbelebung jüdischer Gemeinden in Deutschland noch zu der Entwicklung einer aktiven messianisch-jüdischen Bewegung gekommen.

---

1 Der deutsche Zweig der judenchristlichen Allianz bestand bis 1985 nur noch aus weniger als 20 Mitgliedern, die jedoch keinen oder nur losen Kontakt zueinander hatten und viele assimilierten sich in bestehende christliche Gemeinden. Vgl. MAJER-LEONHARD, Allianz 1985, in: EDI (Hrsg.), GESANDT 15 (1985), 3. Die deutsche Zeitschrift „Der Zeuge", die im Auftrag der IHCA von H.D. LEUNER herausgegeben wurde, erschien von 1950 bis 1989.

2 Der russische Jude Anton Poljak (1900-1963) versuchte zwar 1951 die verbliebenen Judenchristen in einer „Union messianischer Juden" in Israel zu vereinen und gründete in Deutschland die „Judenchristliche Gemeinde in Möttlingen e.V". Er bezeichnete aber das jüdische Volk als „Reichsgemeinde" (im messianischen Reich) und das heidenchristliche als „Leibesgemeinde" (Leib Jesu bei Parusie). Zudem geht die EVANGELISCHE ZENTRALSTELLE FÜR WELTANSCHAUUNGSFRAGEN (EZW) von durchweg heidenchristlichen Mitgliedern dieser „judenchristlichen Gemeinde" Poljaks aus, vgl. EVANGELISCHE ZENTRALSTELLE FÜR WELTANSCHAUUNGSFRAGEN (EZW), Judenchristliche Gemeinde. Nur für Heidenchristen, in: EZW 1 (1982), 18-20; J. SCHULZ, Die judenchristliche Vergangenheit Deutschlands, Gießen, nicht publizierter Vortrag am 06.12.2005 in Gießen; Ders., Messianische Bewegung, 5; MAJER-LEONHARD, Allianz, 3.

3.1.1 Einwanderung russischer Juden

Nach dem Zweiten Weltkrieg galten die Juden als eine Gemeinschaft von Überlebenden des Holocausts und die „Erfahrungen während des Nationalsozialismus" waren „einheits- und identitätsstiftende Faktor[en]."[3] Man ging zunächst davon aus, dass aus der bestehenden jüdischen Gemeinschaft die Älteren sterben und die Jüngeren auswandern würden, so dass man die jüdische Gemeinde nur als provisorisch betrachtete.[4] Im Gründungsjahr des Zentralrates der Juden in Deutschland 1950 gab es zwar wieder 50-70 jüdische Gemeinden, wobei zum Vergleich daran erinnert sei, dass 1933 noch 1600 jüdische Gemeinden in Deutschland existierten. Wiederholt wanderten in den folgenden Jahren Juden aus Osteuropa nach Westdeutschland ein: Zwischen 1955 und 1985 immigrierten insgesamt 40.000 Juden (1956 zumeist aus Ungarn, in den 1960er Jahren aus Polen, 1968/1973 aus der Tschechoslowakei, 1968 aus Rumänien, Anfang der 1970er Jahre auch 3800 aus der Sowjetunion auch einige aus Israel und Amerika. Die Mitgliederzahlen in den jüdischen Gemeinden waren dabei durch starke Fluktuation gekennzeichnet: Zum einen starben siebenmal so viele Juden wie geboren wurden, dazu wanderten jährlich etwa 400 Juden aus und etwa 1000 Juden ein.[5] Ende der 1980er Jahre pendelten sich die die Mitgliederzahlen in Westdeutschland zwischen 27.000 bis 28.000 Mitgliedern in etwa 65 Gemeinden ein.[6] Diese Mitglieder waren zum größten Teil polnischer, rumänischer, tschechischer und nun auch sowjetischer Herkunft und der Anteil der jüdischen Restgruppe aus Deutschland betrug nur 10%.[7]

Bereits seit 1987 wanderten einige Juden aus der ehemaligen Sowjetunion nach Berlin ein, doch erst seit dem 11.7.1990 sicherte ihnen die Regierung de Maizière

3 G. S. Rosenthal/W. Homolka, Das Judentum hat viele Gesichter. Die religiösen Strömungen der Gegenwart, Gütersloh 2000, 72.

4 Vgl. J. H. Schoeps/W. Jasper/B. Vogt, Ein neues Judentum in Deutschland. Fremd- und Eigenbilder der russisch-jüdischen Einwanderer. Neue Beiträge zur Geistesgeschichte, Potsdam 1999, 97; M. Richarz, Juden in der Bundesrepublik Deutschland und in der Deutschen Demokratischen Republik seit 1945, in: M. Brumlik (Hrsg.), Jüdisches Leben in Deutschland seit 1945, Frankfurt am Main, 1988, 16; H. J. Ginsburg, Politik danach. Jüdische Interessenvertretung in der Bundesrepublik, in: Brumlik, Jüdisches Leben, 111.

5 R. Hess/J. Kranz, Jüdische Existenz in Deutschland heute. Probleme des Wandels der jüdischen Gemeinden in der Bundesrepublik Deutschland infolge der Zuwanderung russischer Juden nach 1989, Berlin 2000, 99; Zentralwohlfahrtsstelle der Juden in Deutschland (ZWST), Leitfaden für jüdische Zuwanderer aus der ehemaligen Sowjetunion, Frankfurt am Main 20013, 10; L. Mertens, Alija. Die Emigration der Juden aus der UdSSR/GUS, Bochum 1993^2; E. Burgauer, Zwischen Erinnerung und Verdrängung – Juden in Deutschland nach 1945, Reinbek bei Hamburg 1993, 22-30.153ff.; Richarz, Juden, 13-30.

6 Vgl. M. Brenner, Nach dem Holocaust. Juden in Deutschland 1945-1950, München 1995; J. H. Schoeps/W. Jasper/B. Vogt, Russische Juden in Deutschland. Integration und Selbstbehauptung in einem fremden Land, Weinheim 1996, 17; Hess/Kranz, Jüdische Existenz, 125; Richarz, Juden, 15-22.

7 Vgl. A. Herzig, Jüdische Geschichte in Deutschland. Von den Anfängen bis zur Gegenwart, Bonn 2005, 275.

ein ständiges Aufenthaltsrecht für die ehemalige DDR zu.[8] Auch der Deutsche Bundestag fällte rasch eine Entscheidung, da die Einwanderung von Juden eine historisch-moralische Dimension haben würde. „Die Zuwanderung von Aussiedlern und russischen Juden ist geprägt von der historischen Verantwortung Deutschlands. Diese historisch-ethische Dimension unterscheidet die Aufnahme beider Gruppen substantiell von anderen Zuwanderungsformen."[9]

Etwa 45 Jahre nach dem Holocaust konnte wieder ein reges jüdisches Leben in Deutschland entstehen. Man hoffte auf eine „Revitialisierung der jüdischen Gemeinden",[10] auf die „Revitalisierung des jüdischen Elements im deutschen Kultur- und Geistesleben"[11] und auf eine langfristige „deutsch-jüdische-Symbiose."[12] Daher beschloss die Ministerpräsidentenkonferenz in Bonn am 9.1.1991, dass Personen, die jüdischer Nationalität sind, das hieß „nach staatlichen, vor 1990 ausgestellten Personenstandsurkunden jüdischer Nationalität im Sinne ehemaliger sowjetischer Vorschriften sind"[13] oder von mindestens einem jüdischen Elternteil abstammen (einschließlich Familienangehörigen), im Rahmen des Kontingentflüchtlingsgesetzes (HumHAG)[14] dauerhaftes Aufenthaltsrecht ohne ein „formelles Beweiserhebungsverfahren" erlangen können.

Nach Angaben des Bundesverwaltungsamtes und des BUNDESAMTES FÜR MIGRATION UND FLÜCHTLINGE sind zwischen 1993 und 2006 insgesamt 198.189 jüdische Zuwanderer

---

8 Vgl. T. DARIEVA,, Von anderen Deutschen und anderen Juden. Zur kulturellen Integration russischsprachiger Zuwanderer in Berlin, in: B. WARNEKEN/T. HAUSCHILD (Hrsg.), Inspecting Germany. Internationale Deutschland-Ethnographie der Gegenwart, Münster 2002, 405-420; HESS/KRANZ, Jüdische Existenz, 55; B. DIETZ, Jüdische Einwanderer in Deutschland. Ausreisemotive, Aufnahmeverfahren und Integration von Immigranten aus der früheren UdSSR. Texte zur Aussiedlerarbeit A7, Hamm 1999, 3.

9 P. A. HARRIS, Russische Juden und Aussiedler. Integrationspolitik und lokale Verantwortung, in: K. J. BADE/J. OLTMER (Hrsg.), Aussiedler. Deutsche Einwanderer aus Osteuropa, Osnabrück 1999, 263.

10 Altbundeskanzler Helmut Kohl betonte in einem Gespräch mit Abgeordneten des Zentralrats der Juden, dass „lebendige jüdische Gemeinschaften" im wiedervereinigten Deutschland entstehen sollen. Vgl. Tagesspiegel, 29.1.1992, zitiert in: K. KÖRBER, Juden, Russen, Emigranten. Identitätskonflikte jüdischer Einwanderer in einer ostdeutschen Stadt, Frankfurt am Main 2005, 10.

11 H. Waffenschmidt, Tagesspiegel, 26.10.1990, zitiert in: F. BECKER/K. KÖRBER, Juden, Russen, Flüchtlinge. Die jüdisch-russische Einwanderung nach Deutschland und ihre Repräsentation in den Medien, in: F. RAPHAËL (Hrsg.), Das Flüstern eines leisen Wehens. Beiträge zu Kultur und Lebenswelt europäischer Juden, Konstanz 2001, 430.

12 Sichtbar an der Berichterstattung, z.B. M. Niroumand, Deutsch-jüdisches Coming Out, in: Die Tageszeitung, 23.11.1992; U. MOTTE, Ostjuden sollen uns willkommen sein, in: SÜDDEUTSCHE ZEITUNG, 31.10./1.11.1992; T. KRAUSE, Schtetl in der Großstadt der Neunziger, in: DER TAGESSPIEGEL, 30.11.1992. Vgl. zusammengefasst in: KÖRBER, Emigranten, 5.

13 S. HAUG, Soziodemographische Merkmale, Berufsstruktur und Verwandtschaftsnetzwerke jüdischer Zuwanderer. Working Papers 8 der Forschungsgruppe des Bundesamtes, Nürnberg 2007, 7.

14 Im Rahmen humanitärer Hilfsaktionen aufgenommene Flüchtlinge, wobei die Aufzunehmenden auf der Grundlage des Gesetzes von 1980 im Zusammenhang mit den vietnamesischen „boatpeople" als Flüchtlinge anerkannt wurden. Dieses Gesetz verlangt keinen individuellen Nachweis von Verfolgung, sondern die ethnische Zugehörigkeit zu einer bestimmten Gruppe, hier zu der Gruppe sowjetischer Juden.

(inklusive Familienangehörigen) eingewandert. Wenn man die Aufnahmezusagen von 1991 und 1992 einbezieht, kann man von max. 226.651 Zuwanderern ausgehen.[15]

Tabelle 1:
Gemäß Aufnahmezusage eingereiste jüdische Zuwanderer

Jahr	Jüdische Zuwanderer
1991*	12.583
1992*	15.879
1993	16.597
1994	8.811
1995	15.184
1996	15.959
1997	19.437
1998	17.788
1999	18.205
2000	16.538
2001	16.711
2002	19.262
2003	15.442
2004	11.208
2005	5.968
2006	1.079
Summe ab 1993	198.189
Summe gesamt	226.651

Quelle: Bundesverwaltungsamt, seit 2005 Bundesamt für *Migration und Flüchtlinge*, Zuzug gemäß Aufnahmezusage, basierend auf Rückmeldungen der einzelnen Bundesländer.
* Vor 1993 sind keine Angaben zu den Zuzügen verfügbar; die Werte für 1991 und 1992 beinhalten die Zahl der Aufnahmezusagen der Länder.

Abb. 3.1.1 - 1 Zuzug jüdischer Personen aus der ehemaligen Sowjetunion seit 1993[16]

Seit 1995 pendelte sich der Zuzug russischer Juden (mit Ausnahme des Jahres 1994) auf 15.000 bis 20.000 pro Jahr ein. Im Jahr 2004 sank die Zahl auf 11.208, 2005 auf 5.968 und 2006 auf 1.079.[17] Dennoch sind in den Jahren 2002 bis 2004 mehr-

15 Nach dem Ausländerzentralregister (AZR), in dem die jüdischen Zuwanderer als Kontingentflüchtlinge registriert werden, halten sich in Deutschland „nur" 113.692 Kontingentflüchtlinge auf (Stand: 18.04.2005). Die Differenz zu den oben genannten Zahlen kann sich einmal daraus ergeben, dass einige Einwanderer inzwischen die deutsche Staatsbürgerschaft erworben oder Deutschland wieder verlassen haben. Eine weitere Erklärung ist der Zuzug der Familienangehörigen, die zwar selbst keinen Kontingentflüchtlingsstatus haben, aber im Rahmen des Familiennachzugs einreisen können und eine Niederlassungserlaubnis erhalten. Vgl. Haug, Soziodemographische Merkmale, 11 (Stand: Februar 2007).

16 Abgebildet in: Haug, Soziodemographische Merkmale, 9 (Stand: Februar 2007), ebenso Statistik von 1993-2006 in: Bundesamt für Migration und Flüchtlinge (Hrsg.), Jüdische Zuwanderer aus der ehemaligen Sowjetunion, in: Bundesministerium des Innern/Bundesamt für Migration und Flüchtlinge, Migrationsbericht des Bundesamtes für Migration und Flüchtlinge im Auftrag der Bundesregierung, Berlin 2007, 83-87.

17 Bundesamt für Migration und Flüchtlinge, Jüdische Zuwanderer, 86; Haug, Soziodemographische Merkmale, 9.

russische Juden nach Deutschland immigriert als nach Israel oder in die USA,[18] so dass der Politikwissenschaftler P. Harris konstatiert: „Deutschland ist neben Israel und den USA das wichtigste Einwanderungsland für jüdische Immigranten weltweit."[19]

Als Ausreisemotive gaben die russisch-jüdischen Einwanderer 1996 in einer Umfrage des Moses Mendelssohn Zentrum für europäisch-jüdische Geschichte der Universität Potsdam vorwiegend „die zunehmende Bedrohung durch Antisemitismus" an.[20] Viele Emigranten wählten Deutschland, weil sie glaubten, dass sie in Deutschland, aufgrund der Wiedergutmachung Juden gegenüber, ein besonderes Ansehen genießen und weil hier gerade im Gegensatz zu den USA die älteren Zuwanderer eher Sozialleistungen erhalten würden.[21]

In anderen Untersuchungen nannten russische Juden generell folgende Gründe zur Ausreise: Antisemitismus, mangelnde Möglichkeiten zur Mobilität und Erziehung der Kinder, Wunsch zu religiösen Aktivitäten, Familienzusammenführungen und Hoffnung auf wirtschaftliche Verbesserung.[22] Mitte bis Ende der 90er Jahre dominierten familiäre, persönliche und wirtschaftliche Gründe. In den vergangenen Jahren spielt vor allem die Erwartung einer – insbesondere für die Kinder – besseren Lebensperspektive und die Familienzusammenführung eine große Rolle.[23] In einer Untersuchung von 2006 geben die Einwanderer (N=324) folgende Gründe der Immigration an: 22,3% nennen „Familienzusammenführung", 17,8% „bessere wirtschaftliche Möglichkeiten für die Kinder", 13,9% nennen „um eine politische Instabilität zu vermeiden", 7% geben die „politische Freiheit" an, 7%

---

18 2002 nahm Deutschland 19.262 russische Juden auf, Israel 18.878 und die USA 2.486. Im Jahr 2003 nahm Deutschland 15.442 russische Juden auf, Israel 12.400 und die USA 1.581. Vgl. Ben-Rafael, Building a Diaspora, 33; Bundesministerium des Innern (BMI), Migrationsbericht. Bericht des Sachverständigenrates für Zuwanderung und Integration im Auftrag der Bundesregierung in Zusammenarbeit mit dem Europäischen Forum für Migrationsstudien (efms) an der Universität Bamberg 2004, 32.

19 P. Harris, Die Einwanderung russischer Juden nach Deutschland. Voraussetzungen und Integrationsperspektive, Vortrag am 19.12.2005 an der Universität Münster, in: http://cgi.uni-muenster.de/exex/Rektorat/upm.php?rubrik=Alle&neu=O&monat=2005, 1, Stand: 13.08.2007.

20 Die Umfrage wurde, in Zusammenarbeit mit dem Steinheim-Institut in Duisburg, 1993 bis April 1994 unter russischen Juden (N=413) in 36 Städten der alten und neuen Bundesländer durchgeführt und galt als „Planungsgrundlage für Integrationshilfen von Städten und jüdischen Gemeinden sowie Organisationen". Vgl. Schoeps/Jaspers/Vogt, Russische Juden, 9.12.

21 Vgl Schoeps/Jaspers/Vogt, Russische Juden, 56-58.68; Hess/Kranz, Jüdische Existenz, 54; R. Münz/W. Seifert/R. Ulrich, Zuwanderung nach Deutschland. Strukturen, Wirkungen, Perspektiven, Frankfurt am Main 1999^2, 16ff.

22 Vgl. R. J. Simon (Hrsg.), New lives. The adjustment of Soviet Jewish immigrants in the United States and Israel, Lexington 1985, 14-15; S. J. Gold, Refugee Communities. A comparative field study, Newbury Park 1992, 37-40; R. J. Brym, The emigration potential of Jews in the former Soviet Union, in: Eastern European Jewish Affairs 23 (1993), Nr. 2, 9-24.

23 Vgl. Hess/Kranz, Jüdische Existenz, 53; BMI, Migrationsbericht, 32.

geben „bessere wirtschaftliche Möglichkeiten für sich selbst" an. Nur noch 7% der Befragten nennen den „Antisemitismus".[24]

In Deutschland erfolgte die Verteilung der Einwanderer nach dem Schema des „Königssteiner Schlüssels", der sich aus dem Steueraufkommen und der Bevölkerungsanzahl eines Bundeslandes ermittelt und der Einwohnerzahl entsprechend die Flüchtlinge auf die Bundesländer verteilt.[25] Dadurch wohnten viele Einwanderer zunächst in mittleren, kleineren Städten und in ländlichen Regionen, bis sie ihren Wohnsitz nach etwa ein bis eineinhalb Jahren in große Städte verlegten.[26]

Insgesamt weisen die jüdischen Zuwanderer ein relativ hohes Bildungs- und Qualifikationsniveau auf, zum Beispiel haben 68-73% einen Hochschulabschluss,[27] dennoch sind etwa 60-70% der Zuwanderer arbeitslos und abhängig von Sozialleistungen.[28] Das liegt einerseits an den mangelnden Deutschkenntnissen, andererseits an der hiesigen fehlenden Anerkennung der im Heimatland erworbener beruflichen Qualifikationen.[29] Die jüdischen Kontingentflüchtlinge haben einen verbrieften Anspruch auf eine unbefristete Aufenthalts- und Arbeitserlaubnis und auf Sozialleistungen (Eingliederungshilfen wie z.B. Sprachkurs, Sozialhilfe, Wohnungsgeld, Kindergeld etc.). Nach achtjährigem Aufenthalt kann ein Antrag auf die Erteilung der deutschen Staatsbürgerschaft gestellt werden.[30]

---

24 11,7% nannten sonstige Gründe. Vgl. BEN-RAFAEL et al, Building a Diaspora, 158.

25 2004 ergab sich zum Beispiel folgende Verteilung der jüdischen Zuwanderer: Baden-Württemberg: 12,2%, Bayern 13,9%, Berlin 2,3%, Brandenburg: 3,6%, Bremen 1%, Hamburg 2,6%, Hessen: 7,4%, Mecklenburg-Vorpommern: 2,8%, Niedersachsen: 9,3%, Nordrhein-Westfalen: 22,4%, Rheinland-Pfalz: 4,7%, Saarland: 1,4%, Sachsen: 6,4%, Sachsen-Anhalt: 3,9%, Schleswig-Holstein: 2,8%, Thüringen: 3,3%. Vgl. BMI, Migrationsbericht, 5.

26 Vgl. SCHOEPS/JASPERS/VOGT, Neues Judentum, 57-60.

27 Nach DOOMERNIK haben 73% und nach SCHOEPS 72,2% der russisch-jüdischen Einwanderer einen Hochschulabschluss erworben. Auch die OTTO BENEKE STIFTUNG schätzt den Akademikeranteil auf ca. 70%, KESSLER gibt einen Anteil in Berlin von 68% an. Vgl. J. DOOMERNIK, Going West. Soviet Jewish immigrants in Berlin since 1990, Aldershot 1997, 85; SCHOEPS, Neues Judentum; 43-44; OTTO BENEKE STIFTUNG (Hrsg.), Qualifizierte Zuwanderinnen und Zuwanderer erfolgreich integrieren. Das Akademikerprogramm der OTTO BENEKE STIFTUNG e.V., Bonn 2005, 5; J. KESSLER, Jüdische Immigration seit 1990. Resümee einer Studie über 4000 jüdische Migranten aus der ehemaligen Sowjetunion in Berlin, in: ZEITSCHRIFT FÜR MIGRATION UND SOZIALE ARBEIT 3-4 (1997), 41.

28 SCHOEPS, Neues Judentum, 66. Auch weitere Autoren schätzen hohe Arbeitslosenquoten: S. GRUBER/H. RÜSSLER, Hochqualifiziert und arbeitslos. Jüdische Kontingentflüchtlinge in Nordrhein-Westfalen. Problemaspekte ihrer beruflichen Integration. Eine empirische Studie, Wiesbaden 2002; KESSLER, Jüdische Immigration, 40-46.

29 Vgl. S. HAUG, Jüdische Zuwanderer in Deutschland. Ein Überblick über den Stand der Forschung. Working Papers 3, Nürnberg 2005, 3; Dies., Soziodemographische Merkmale, 13; J. KESSLER, Zuwanderer aus den ehemaligen GUS-Staaten. Erwartungen und Realitäten in der jüdischen Gemeinde, Teil I, München, in: http://www.juden-in-berlin.de/gemeinde/sozialarbeit.htm, 3-4, Stand: 11.08.2007.

30 Vgl. KÖRBER, Emigranten, 57.

3.1.2 Dokumentation jüdischer Identität

Wie ich oben dargestellt habe, sind die Personen zuwanderungsberechtigt, die selbst jüdischer Nationalität sind oder von mindestens einem jüdischen Elternteil abstammen. Die Grundlage für die Anerkennung ist die Eintragung der jüdischen Nationalität in russischen Personenstandsdokumenten.

Laut traditionell-halachischer Definition ist eine Person, die von einer jüdischen Mutter geboren wird oder zum Judentum konvertierte, ein Jude. In den USA erkennen seit 1983 das Reformjudentum und das Rekonstruktionsjudentum[31] eine Person auch als jüdisch an, wenn ein Elternteil, zum Beispiel der Vater Jude ist (patrilineare Abstammung). Konservative Juden (in den USA) lehnen aber die patrilineare Abstammung ab. Humanistische Juden[32] wiederum gewähren jemandem einen jüdischen Status, wenn er sich selber als Jude identifiziert.[33]

Wie aber wurde nun die Zugehörigkeit zum jüdischen Volk in der ehemaligen Sowjetunion bestimmt und wie gestaltet sich die Anerkennung in den jüdischen Gemeinden in Deutschland?

In der Sowjetunion galt das „Jüdisch sein" als Nationalität (russ.: „nationalnost") und man trug in den sowjetischen Pässen neben der sowjetisch definierten Staatsbürgerschaft als so genannten 5. Punkt „Jewrej" (=Jude) ein. Entweder der Vater oder die Mutter konnte die jüdische Identität weitergeben und die Kinder konnten ab dem 16. Lebensjahr die jeweils andere Nationalität auf Antragstellung annehmen. Sogar ein Großelternteil konnte zur Herleitung der jüdischen Abstammung dienen.[34] Somit legten die Antragsteller den deutschen Aufnahmebehörden Personenstandsdokumente vor, mit denen die Abstammung patrilinear oder matrilinear dokumentiert wurde.[35]

Wenn nun ein russischer Jude mit einer patrilinear dokumentierten jüdischen Identität die Mitgliedschaft in einer jüdischen Gemeinde in Deutschland beantragen möchte, stößt er auf Schwierigkeiten. Denn nach halachischer Definition, die für die Aufnahme in jüdischen Gemeinden ausschlaggebend ist, gilt derjenige als Jude, der von einer jüdischen Mutter geboren wurde oder zum Judentum kon-

---

31 Das Rekonstruktionsjudentum des amerikanischen Judentums geht von einem humanistischen und naturalistischen Verständnis der göttlichen Natur aus.

32 Das humanistische Judentum distanziert sich selber von allen Zweigen des Judentums und rühmt die humanistischen Dimensionen des Glaubens.

33 Vgl. COHN-SHERBOK, Messianic Judaism, 174.

34 Vgl. HESS/KRANZ, Jüdische Existenz, 41.114.

35 Es gab aber auch etliche Dokumente, in denen die jüdische Zugehörigkeit ohne amtliche Bestätigung (z. B. vor Antragstellung) wieder eingetragen wurde, nachdem sie vorher bewusst in der Sowjetunion getilgt worden war, um Diskriminierungen entgehen zu können. Gerade auch den tatsächlich politisch Verfolgten fehlten Originaldokumente, um ihre Identität glaubhaft machen zu können. Vgl. BECKER/KÖRBER, Flüchtlinge, 435; KÖRBER, Emigranten, 17.

vertierte.[36] Von den 198.189 Juden, die (ab 1993) bis Ende 2006 (seit 1991: 226.651) aus den GUS-Staaten zugewandert sind, wurden demnach erst 99.671 Mitglieder in einer jüdischen Gemeinde (insgesamt Mitglieder Ende 2006: 107.794).[37] S. Haug bezeichnet daher die Einwanderungsregelung mit dem „Ziel der Sicherung des Fortbestehens der jüdischen Gemeinden" als „dysfunktional", wenn die Voraussetzung für eine Mitgliedschaft in einer jüdischen Gemeinde an halachische Maßstäbe gebunden sei.[38]

Die nicht halachische Weitergabe der jüdischen Nationalität und die verweigerte Zugehörigkeit zu einer jüdischen Gemeinde führen nicht selten zu Verwirrung bei der eigenen Identitätsfindung.[39] Dies zeigt zum Beispiel die Antwort des messianischen Juden Pawel, der sich patrilinear jüdisch definiert, auf die Frage „Was bedeutet Ihnen Ihre jüdische Identität?":

> *„Für mich ist bisschen schwer, weil ich nach jüdischem Gesetz kein Jude bin. Weil meine Mutter Russin ist, noch schlimmer: Sie ist halb Russin, halb Kasachin. Und nur mein Vater ist nach jüdischem Gesetz der Jude [...]. Die Juden hier in Deutschland nehmen mich als Juden an, akzeptieren mich, aber ich bin doch bisschen anders [...]. Das ist – die Identitätsfrage ist – eine schwere Frage für mich persönlich [...]. Bei uns war das ein einfach ein Zeichen im Pass, weil im Pass stand Staatsangehörigkeit und Nationalität. Natürlich war Jude eine Nationalitätsangehörigkeit (NI 7: 13/29-14/16)."*[40]

Für sowjetische Juden stellt ihre jüdische Identität eher eine Abstammungsfrage als eine religiöse Frage dar. Sie machen ihre jüdische Identität selten von der Ausübung der jüdischen Religion oder der Zugehörigkeit zu einer jüdischen Gemeinde abhängig.[41] Dennoch ist diese jüdische Identität für die Einwanderer sehr wichtig. In der Untersuchung von Ben-Rafael und weiteren Autoren (2003-2004) wurden

---

36 Kessler, Jüdische Migranten aus der ehemaligen Sowjetunion seit 1990, München 23.2.2003, in: http://www.berlin-judentum.de/gemeinde/migration.html, Abschnitt 4.2.2, Stand: 23.08.2007.

37 Vgl. ZWST (Hrsg.), Mitgliederstatistik der jüdischen Gemeinden und Landesverbände in Deutschland für das Jahr 2007 (Auszug), Frankfurt am Main 2008, 2.

38 Haug, Jüdische Zuwanderer, 6. Haug bezieht sich auf J. Raabe, Rechtswidrige Verwaltungspraxis bei der Zuwanderung jüdischer Emigranten aus der ehemaligen Sowjetunion, in: Zeitschrift für Ausländerrecht und Ausländerpolitik 24 (2004), Nr. 11/12, 410-415.

39 Vgl. I. Leytus, Im Herzen jüdisch. Zuwanderer und ihre Probleme mit dem Übertreten, in: Jüdische Allgemeine 1 (2004), 19.

40 Ausschnitt aus dem Narrativen Interview (NI) 7, geführt am 24.05.2005. Im Folgenden steht die erste Zahl für die Nummer des geführten Interviews (NI 7), die Zahl vor dem Schrägstrich für die Seite, die Zahl nach dem Schrägstrich für die Zeile (NI 7: 13/18-14/3). Die Transkription wurde zur besseren Lesbarkeit vereinfacht, meine Äußerungen wurden weggelassen, Namen und Orte wurden anonymisiert.

41 Vgl. P. Harris, Einwanderung, Vortrag am 19.12.2005; Körber, Emigranten, 16.

die russisch-jüdischen Einwanderer in Deutschland nach der Rolle ihrer jüdischen Identität befragt. Auf die Frage „What are you in the first place: Jewish, Russian, German?" antworteten 95% der Befragten (N=363), dass sie sich in erster Linie als Juden betrachten würden.[42]

Doch das neue Zuwanderungsgesetz, das seit dem 1.1.2005 in Kraft getreten ist,[43] bringt zahlreiche Veränderungen. Wie bisher sind zwar Personen zuwanderungsberechtigt, die jüdischer Nationalität im Sinne ehemaliger sowjetischer Vorschriften sind oder von mindestens einem jüdischen Elternteil abstammen. Zudem müssen die Zuwanderer aber den Nachweis erbringen, dass sie sich in absehbarer Zeit eigenständig den Lebensunterhalt sichern können. Dazu wird für die Antragsteller unter Berücksichtigung der familiären Situation eine Sozial- und Integrationsprognose erstellt (Kriterien: Sprachkenntnisse, Qualifikation, Berufserfahrung, Alter der Zuwanderer). Darüber hinaus müssen die Einwanderer einen Nachweis erbringen, dass in einer jüdischen Gemeinde im Bundesgebiet die Möglichkeit zur Aufnahme besteht: „Dieser Nachweis soll durch eine Stellungnahme der zentralen Wohlfahrtsstelle der Juden in Deutschland unter Einbeziehung der Union der progressiven Juden erfolgen."[44] Gleichzeitig werden zur Verbesserung der Integrationschancen Sprachkurse und Orientierungskurse angeboten.

Dies bedeutet eine Verschärfung der Einreisebedingungen, da ein russischer Jude, der sich väterlicherseits als Jude definiert und daher nicht von einer jüdischen Gemeinde anerkannt wird, folglich auch keine Einreisebewilligung erlangen kann. Bedingt durch diese Neuregelung wanderten bereits im ersten Jahr des neuen Gesetzes (2005) nach Deutschland nur noch 5.968 russische Juden ein.

Darüber hinaus wirkt sich das neue Zuwanderungsgesetz auf das jüdische Identitätsbewusstsein der russischen Juden aus. Denn vor 2005 betrachteten sich die eingewanderten Juden – in Übereinstimmung mit der Einwanderungsbehörde – auch als Juden, wenn sie patrilinear Juden sind. Wenn nun aber die Einwanderungsbehörde ebenfalls die Kriterien der jüdischen Gemeinde zugrunde legt, könnte dies die Identitätsfindung zahlreicher abgewiesener russischer Juden erschweren, die sich patrilinear als Juden definieren.

In der vorliegenden Untersuchung befragte ich russische messianische Juden, die noch nach dem Kontingentflüchtlingsgesetz vor 2005 einwandert sind. Rus-

---

42 An zweiter Stelle bezeichneten sie sich als „Russen" (65%) und an dritter Stelle als „Deutsche" (97%). Vgl. BEN-RAFAEL et al, Building a Diaspora, 160.

43 Am 24.06.2005 hat sich die Innenministerkonferenz (IMK) auf Eckpunkte zur Neuregelung des Aufnahmeverfahrens (mit Ausnahme der baltischen Staaten) festgelegt und der IMK-Umlaufbeschluss vom 18.11.2005 gestaltet das neue Aufnahmeverfahren näher aus. Vgl. HAUG, Soziodemographische Merkmale, 7.

44 Vgl. BMI, Migrationsbericht 2005, 49-51; BMI (Hrsg.), Die Neuregelung des Aufnahmeverfahrens, Berlin, 4, in: http://www.bamf.de/nn_972904/DE/Integration/JuedischeZuwanderer/juedische-zuwanderer-node.html__nnn=true, Stand: 05.08.2007.

sische Juden, die nach dem deutschen Gesetz einwandern durften und die sich selbst – aufgrund der sowjetischen Definition – als Juden bezeichnen, bezeichne ich in dieser Studie ebenfalls als Juden, auch wenn sie nach halachischem Status keine Juden sind.[45]

Fazit: Zwischen 1993 und 2006 sind bereits 198.189 jüdische Zuwanderer (inklusive der Aufnahmezusagen von 1991 und 1992: max. 226.651 Zuwanderer) eingewandert, die entweder selbst jüdischer Nationalität sind oder von mindestens einem jüdischen Elternteil abstammen. Jüdische Gemeinden in Deutschland erkennen aber die patrilineare Weitergabe der jüdischen Identität nicht an. Das könnte ein Grund sein, warum erst knapp die Hälfte der Einwanderer auch Mitglieder von jüdischen Gemeinden geworden sind. Nach den Auflagen des neuen Zuwanderungsgesetzes dürften in Zukunft noch weniger russische Juden einwandern, da bereits bei der Einreise die Zugehörigkeit zu einer jüdischen Gemeinde vorliegen muss. Die ist aber vielen aufgrund ihrer patrilinearen jüdischen Definition nicht möglich.

3.1.3 Integration in jüdische Gemeinden

Obwohl noch längst nicht alle Einwanderer in den jüdischen Gemeinden Mitglieder geworden sind, stellt Deutschland mittlerweile die am stärksten wachsende jüdische Gemeinschaft in Europa dar,[46] so dass O. Schily von dem „Wunder der Auferstehung der jüdischen Gemeinde in Deutschland" sprach.[47] Allein durch die Einwanderung kam es zu einem rasanten Gesamtanstieg um etwa 370% von 29.089 Mitgliedern der jüdischen Gemeinde im Jahr 1990 auf 107.794 Mitgliedern Ende 2006, von denen allein 99.671 Mitglieder aus den ehemaligen GUS-Staaten stammten. 1990 waren nur etwa 3,5% der Gemeindemitglieder russischer Herkunft, 2004 waren es bereits etwa 89% der Gemeindemitglieder, und 2007 sogar knapp 92,5%.[48] Das heißt, ohne die russischen Juden gäbe es eine stetig sinkende Anzahl von Mitgliedern in den jüdischen Gemeinden, wie die folgende Aufstellung veranschaulicht.

---

45 Kjær-Hansen und Skjøtt sind in ihrer Untersuchung ähnlich verfahren. Sie haben die Einwanderer nach Israel, die mithilfe des Rückkehrergesetzes einwandern durften, als Juden bezeichnet, auch wenn diese Personen nicht halachisch jüdisch waren. Vgl. Kjær-Hansen/SkjØtt, Facts & Myths, 18.

46 Vgl. Harris, Einwanderung, Vortrag am 19.12.2005; Zentralrat der Juden (Hrsg.), Jüdische Mitglieder, Berlin 2005, in: http://cgi.zentralratjuden.de/cgi-bin/index.php, Stand: 5.1.2007.

47 O. Schily in Berlin 2003, zitiert in: E. Beck, Russische Juden. Zurück nach Deutschland, München 2003, in: www.nahost-politik.de/deutschland/russland.htm, 1-4, Stand: 17.03.2007.

48 ZWST (Hrsg.), Mitgliederstatistik, 2.

Entwicklung des Mitgliederbestandes mit und ohne Zuwanderung 1990 - 2007

Jahr 31.12.19..	Mitglieder ohne Zuw.	Zuwanderer aus GUS *	Gesamt Mitglieder
1990	28.081	1.008	29.089
1991	27.486	6.206	33.692
1992	26.821	9.983	36.804
1993	25.729	15.188	40.917
1994	24.850	20.709	45.559
1995	24.237	29.560	53.797
1996	22.946	38.168	61.203
1997	22.211	45.260	67.471
1998	20.730	53.559	74.289
1999	19.251	62.488	81.739
2000	17.902	69.854	87.756
2001	16.320	77.006	93.326
2002	14.732	83.603	98.335
2003	12.653	89.819	102.472
2004	11.157	94.576	105.733
2005	9.977	97.700	107.677
2006	8.123	99.671	107.794
2007	**6.363**	100.967	107.330

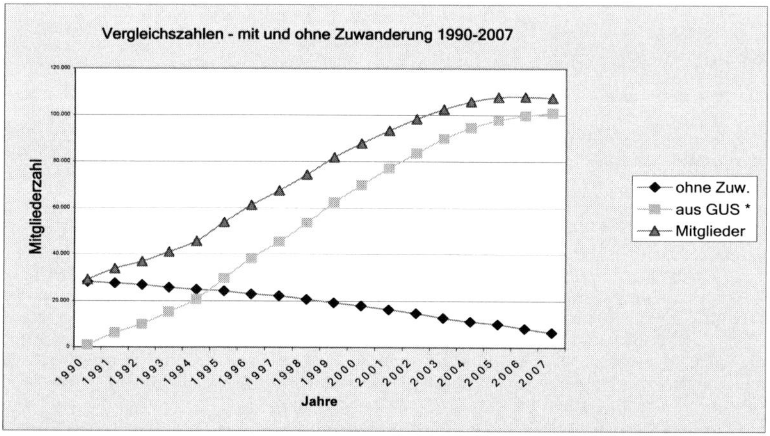

Abb. 3.1.3 – 1 Mitgliederstatistik der Zentralwohlfahrtsstelle der Juden in Deutschland[49]

Doch wie verlief nun die Integration der Zuwanderer in die jüdischen Gemeinden?

Mit der Einwanderung russischer Juden hatte sich der Staat eine „Revitalisierung der jüdischen Gemeinden" erhofft. Doch die Hoffnungsträger werden

49 Quelle: ZWST (Hrsg.), Mitgliederstatistik, 2.

in alltäglichen und medialen Diskursen nicht als „Juden", sondern als „Russen" beschrieben.[50] Ironisch sieht dies die russisch-jüdische Schriftstellerin L. GORELIK:

> *„Dabei sind sie ja noch nicht einmal Russen. In der Ex-Sowjetunion geboren und aufgewachsen, durften sie keine Russen sein. Dort waren sie Juden, hier sind sie erst zu Russen geworden."*[51]

So sprach S. KORN bereits zu Beginn der Einwanderungswelle davon, dass die russischen Zuwanderer die Gemeinden vor eine Zerreißprobe stellen könnten.[52] Ein Zitat einer alteingesessenen Jüdin macht die enttäuschten Erwartungen der jüdischen Gemeinde deutlich: „Wir haben für unsere Brüder gehofft und auf sie gewartet. Jetzt stellen wir leider fest: Wir haben Juden erwartet, aber gekommen sind Russen. Viele ‚jüdische' Einwanderer sind vollkommen assimilierte russische Patrioten, die am ‚Russischsein' festhalten."[53] Auch Landesrabbiner H. G. BRANDT beschreibt: „Wir freuten uns und jauchzten ob der Ankunft unserer Brüder und Schwestern aus der ehemaligen Sowjetunion, hätten uns jedoch noch mehr gefreut, wenn sie mit etwas mehr jüdischem Gepäck gekommen wären."[54] J. SCHOEPS konstatiert daher 2005 ernüchtert:

> *„Der Traum von einer Renaissance des deutschen Judentums ist ausgeträumt. Wenn es sie denn nach der Schoa aus den ‚Rest der Geretteten' überhaupt wieder gegeben haben sollte. Wer geglaubt hat, durch die jüdische Zuwanderung aus der ehemaligen Sowjetunion werde es zu einer Erneuerung des deutschen Judentums kommen, so wie es vor dem Zweiten Weltkrieg existiert hat, dürfte inzwischen eines Besseren belehrt worden sein."*[55]

---

50 Besonders deutlich wird dies an den Bezeichnungen „Neue Russen" und „Homo Sowjeticus", den stereotypen äußerlichen Beschreibungen und Vorwürfen zu der gefälschten Abstammung. Vgl. Berichte in: Rheinischer Merkur, 14.2.1992; ALLGEMEINE JÜDISCHE WOCHENZEITUNG, 3.9.1992; Tagesspiegel, 27.8.1992; ALLGEMEINE JÜDISCHE WOCHENZEITUNG, 13.6.1996; SÜDDEUTSCHE ZEITUNG, 16.02.1998; Die Welt, 5.3.1994; SÜDDEUTSCHE ZEITUNG, 9.9.1994 und 16.2.1998; Focus, 19.2.1997. Zusammengefasst in: F. BECKER/K. KÖRBER, Holocaust Memory and multiculturalism. Russian Jews in German Media after 1989, in: W. MILWAUKEE, New German Critique 92 (2005), 5-20 und K. KÖRBER, Emigranten 2005, 73.

51 L. GORELIK, Wir Russen. Wer sind die Menschen, die aus der ehemaligen Sowjetunion nach Deutschland gekommen sind? Ein Erklärungsversuch, in: JÜDISCHE ALLGEMEINE 41-42 (2005), 1. Auch Spätaussiedler werden in Deutschland als "Russen" bezeichnet. Vgl. DARIEVA, Von anderen Deutschen, 406.

52 S. KORN zitiert in: SCHOEPS/ JASPER/VOGT, Neues Judentum, 9.

53 R. KLÜGER, Viel zu tolerant, in: JÜDISCHE ALLGEMEINE 51 (2004), 11.

54 H. G. BRANDT, Rede bei der Begegnung mit Vertretern des Vatikans am 09.03.2006, Bad Nauheim 2006, in: http://www.deutscher-koordinierungsrat.de/04_02_mehr.php?pNUM=1&mID=60, Stand: 6.9.2007.

55 J. SCHOEPS, Die neuen Hebräer. Das deutsche Judentum gibt es nicht mehr. Mit der Zuwanderung hat ein radikaler Wandel begonnen, in: JÜDISCHE ALLGEMEINE 60 (2005), Nr. 31, 1.

Den alteingesessenen jüdischen Mitgliedern fiel es sehr schwer, die russisch-jüdischen Einwanderer zu integrieren, da diese – akkulturiert an sowjetische Verhältnisse – jüdisch religiöses Leben nicht oder nur sehr eingeschränkt in der ehemaligen Sowjetunion kennen gelernt haben und folglich nicht religiös sind.[56] J. Berger macht explizit den Kommunismus verantwortlich für das mangelnde jüdische Bewusstsein der sowjetischen Zuwanderer: „Diese siebzig Jahre waren für diese Menschen von der Länge, der Breite und Tiefenwirkung her in Bezug auf den jüdischen Glauben, das jüdische Wissen, das jüdische Leben, die jüdische Lebensform fast genauso tödlich wie das KZ."[57] Dementsprechend bezeichnen nur 8,5% der Befragten in der Studie des Moses Mendelssohn Zentrums ihr Familienleben im Herkunftsland als sehr religiös.[58]

Anfangs erhofften sich die Emigranten von der jüdischen Gemeinde eine soziale Anlaufstelle zur lebenspraktischen Hilfe[59] und persönliche Ansprechpartner, die sich als „Juden um ihre jüdische Klientel kümmerten."[60] Doch schon bald gestalteten sich die aufwändigen Prüfungsverfahren zur Aufnahme in die jüdische Gemeinde als eine hohe Hürde für die Antragsteller. Zu Beginn der Einwanderungswelle wurden die Zuwanderer oft ohne genauere halachische Überprüfung aufgenommen, zunehmend setzten sich jedoch strengere Maßstäbe durch. Die Dokumente werden mittlerweile sorgfältig auf die halachische Definition der jüdischen Abstammung geprüft. Dazu werden innerjüdische Institutionen wie die Zentralwohlfahrtsstelle und auch die Landeskriminalämter hinzugezogen. So vergehen nicht selten ein bis zwei Jahre Wartezeit, und manchmal wird nur eine „Teil-Zugehörigkeit", zum Beispiel mit eingeschränktem Wahlrecht gewährt. Auch Neumitglieder mit einem atheistischen oder christlichen Ehepartner fühlten sich oft benachteiligt, da dem Partner oft keine Mitgliedschaft gewährt wird.[61]

Auch strenge Konversionsverfahren zum Beispiel für die nichtjüdischen Familienangehörigen erschweren den Zugang zu einer jüdischen Gemeinde. Der orthodoxe Rabbiner Ehrenberg verlangt für die Konversion zwei bis drei

56 J. Kessler, Zuwanderer, Stand: 11.08.2007; Mertens, Alija, 41-53; M. Borodowski, Jüdisches Leben in Moskau heute, in: Judaica 2 (1990), 113-117; B. Pinkus, The Jews of the Soviet Union. The History of a National Minority, Cambridge/New York 1988, 295-297. Schoeps/Jasper/Vogt, Russische Juden, 140- 145.

57 J. Berger, Zum Stand des christlich-jüdischen Gesprächs heute. Thesen und Klarstellungen, in: H. Erler/A. Koschel (Hrsg.), Der Dialog zwischen Juden und Christen. Versuche des Gesprächs nach Auschwitz, Frankfurt/New York 1999, 84-85.

58 Vgl. Schoeps/Jasper/Vogt, Russische Juden, 131.140-145.

59 Kessler, Zuwanderer, 1-12, Stand: 11.08.2007; J. Gutmark, Zuwanderung war ein Segen, in: Jüdische Allgemeine, 19.08.2005, 19.

60 Hess/Kranz, Jüdische Existenz, 75.

61 Vgl. Hess/Kranz, Jüdische Existenz, 75; Körber, Emigranten, 146-147; Becker/Körber, Holocaust memory, 16; D. Polnauer, Jüdische Gemeinde im Wandel, in: Schoeps/Jasper/Vogt, Russische Juden, 272.

Jahre Unterricht und ein strenges Leben nach der Halacha, was nach seiner Einschätzung 95% der Einwanderer nicht schaffen würden.[62] Der liberale Rabbiner Rothschild fordert ebenfalls Unterricht, Integration in die Gemeinde und viele intensive Glaubensgespräche.[63] K. KÖRBER betont aufgrund der Aufnahme- und Konversionsbedingungen: „Der Eintritt in die jüdische Gemeinde erscheint damit schwieriger als die Emigration nach Deutschland. Während die Einreiseerzählung lautete 'Deutschland lädt die Juden ein', wird nun nachträglich überprüft, ob es sich bei den Eingewanderten überhaupt um Juden handelt."[64]

Zudem zeichneten sich bald Konflikte mit den wenigen alteingesessenen Juden ab, die aus verschiedenen Gründen die Zuwanderer beargwöhnten oder belächelten.[65] In den jüdischen Gemeinden prallten zwei unterschiedliche Personengruppen aufeinander, die kaum etwas gemeinsam haben. Selbst eine jüdische Identität konnte nicht als Gemeinsamkeit vorausgesetzt werden, da die Einwanderer sich oftmals patrilinear als Juden definierten.

Die religiöse Unkenntnis der Zuwanderer wirkte sich störend auf die Integration aus, da sie keine jüdischen Bräuche und Traditionen kannten. Die Zuwanderer wünschten sich zum Beispiel einen liberalen Gottesdienst, da sie dort leichter Zugänge finden würden, was aber wiederum das Fernbleiben der orthodox ausgerichteten Juden zur Folge hatte.[66]

Des Weiteren behinderten sprachliche Differenzen den Integrationsprozess. Nur wenige ältere Zuwanderer sprechen oder verstehen noch Jiddisch, was einen Zugang zur deutschen Sprache erleichtert hätte. So sprechen die Mitglieder in den Gemeinden zunehmend russisch und fordern die russische Gottesdienstsprache, da sie kaum Hebräisch verstehen.[67]

Auch zu den politischen Aktionen der deutschen jüdischen Gemeinschaft, wie zum Beispiel der Feier am 9. Mai und Gedenken zum Holocaust haben die Neueinwanderer wenig Bezug.[68]

Daher fällt es den jüdischen Gemeinden oft schwer, auf alle Wünsche der Zuwanderer einzugehen: „Die überforderten jüdischen Gemeinden können nicht immer die Bedürfnisse der Neuankömmlinge befriedigen. Diese wiederum stehen

---

62 Vgl. Y. EHRENBERG, Sollte der Übertritt zum Judentum für Zuwanderer einfacher werden? Etikettenschwindel, in: JÜDISCHE ALLGEMEINE 37 (2005), 11.

63 Vgl. LEYTUS, Im Herzen jüdisch, 19.

64 KÖRBER, Emigranten, 146,

65 Vgl. SCHOEPS/JASPER/VOGT, Neues Judentum, 105-106; KÖRBER, Emigranten, 72.

66 Vgl. KLÜGER, Viel zu tolerant, 11.

67 Vgl. SCHOEPS/JASPER/VOGT, Neues Judentum, 106; HESS/KRANZ, Jüdische Existenz, 102.113; SCHOEPS, Die neuen Hebräer, 1; KESSLER, Zuwanderer, 2.

68 DER TAGESSPIEGEL, 27.8.1992; SÜDDEUTSCHE ZEITUNG, 16.2.1998. Anders dagegen: A. KRAFT/M. CASPARA/A. KANIS/M. ZIPPE, Zweierlei Erinnern. Wie Zuwanderer sich dem Pogromgedenken nähern, in: JÜDISCHE ALLGEMEINE 46 (2005), 19.

unter Stress, einige sind einsam, einige tun sich schwer mit der Integration."[69] Auch das Zentralratsmitglied N. KALMANOWICZ räumt Probleme der jüdischen Gemeinde mit den Zuwanderern ein.[70] Die jüdische Soziologin J. KESSLER fasst die Konflikte aus beiden Perspektiven zusammen:

> *„Die Neuzuwanderer nehmen wahr, dass ihre Bedürfnisse nicht bedient werden und wir sind enttäuscht, dass unsere nicht bedient werden, weil wir dachten, jetzt kriegen wir endlich die blühende Kehille (Anm.: Gemeinde) und die Bereicherung, von der alle so gern sprechen."*[71]

Einige aktuelle jüdische Stimmen sprechen sich daher offen dafür aus, dass es besser sei, auf den Teil der Zuwanderer verzichten, der kein Interesse an der jüdischen Religion mehr habe. Denn die Neuzuwanderer hätten „außer zahlenmäßig, das jüdische Leben eher zerstört als bereichert". Andernfalls werde „unbegrenzte Toleranz [...] zum Verlust der jüdischen Identität der ganzen Gemeinde" führen.[72]

Dennoch kann man die Integrationsschwierigkeiten nicht verallgemeinern. Gerade in den formal oder faktisch neu entstandenen Gemeinden, zum Beispiel in den neuen Bundesländern, können sich die Zuwanderer mehr mit ihrer jüdischen Gemeinde identifizieren, da die Gemeindeangebote auf sie zugeschnitten sind.[73] Immerhin 28,9 % der Befragten der Studie des Moses Mendelssohn Zentrums gaben an, dass die jüdische Gemeinschaft ein fester Bestandteil der jüdischen Identität geworden sei.[74] Auch in anderen Gemeinden gibt es aktuelle Stimmen, dass man die Spannungen nicht so ernst nehmen solle.[75] J. GUTMARK, Vorstandmitglied der Gemeinde in Wiesbaden, berichtet sogar äußerst positiv über den Integrationsprozess:

> *„Die Gottesdienste sind viel lebendiger als früher, weil die Zuwanderer ein erstaunliches Interesse zeigen. Damit haben sie auch unser religiöses Leben gesichert. Auch die jungen Leute unter den Zuwanderern interessieren sich für ihre Religion [...]. Mitglieder, die schon länger in Deutschland sind, stehen*

69 T. AXELROD, Vereinnahmung statt Dialog. Die Frontlinie im Kampf um die jüdische Seele liegt in Berlin-Lichterfelde, in: JÜDISCHE ZEITUNG 12/16 (2006), 23.

70 N. KALMANOWICZ, zitiert in: AXELROD, Vereinnahmung, 23.

71 KESSLER, Zuwanderer, Stand: 11.8.2007.

72 KLÜGER, Viel zu tolerant, 11.

73 Vgl. SCHOEPS/JASPER/VOGT, Russische Juden, 131-132; A. WINKELMANN, ...anders, alles gut, in: JÜDISCHE ALLGEMEINE 51 (2004), 11; H. BIERMANN, Einer für alle, alle für einen, in: JÜDISCHE ALLGEMEINE 43 (2005), 21.

74 Vgl. SCHOEPS/JASPER/VOGT, Neues Judentum, 110.

75 Vgl. D. KAUSCHKE, Eine zweite Amtszeit wird es nicht geben. Albert MEYER über Erfolge, Misserfolge und die Zukunft der Einheitsgemeinde, in: JÜDISCHE ALLGEMEINE 32 (2005), 17.

den Neuankommenden als Dolmetscher und Ratgeber bei Behördengängen zur Seite. Die Einwanderung war ein Segen für unsere Gemeinde."[76]

Auch aus der jüdischen Gemeinde in Weiden wird berichtet, dass hier die Zuwanderer bereits eine „seelische Heimat" gefunden hätten und dass eine lebendige Gemeinschaft bestünde.[77] Und Fehr berichtet über die jüdische Gemeinde Münster, dass diese sich „von einer ausschließlichen Religionsgemeinschaft" zu einer Art „Dienstleistungsgesellschaft" entwickelt habe, um den jüdischen Einwanderern Beratung, Übersetzung, Vermittlung und Gemeinschaft zu bieten. Das Ergebnis sei eine aktive Gemeinde „unter einem Dach, an einem Ort, in ihrer Verschiedenheit".[78]

Weitere Stellungnahmen betonen die positive Entwicklung der jüdischen Gemeinden in Deutschland. M. Brenner sieht in der Einwanderung die Bewahrung vor dem Untergang des jetzigen Judentums: „Mag die ostjüdische Einwanderung in früheren Generationen dem deutsch-jüdischen Leben inhaltlich stärkere Impulse verliehen haben, so gibt sie ihm heute die zum Überleben notwendige numerische Grundlage."[79] Die ZWST für Juden in Deutschland sieht in der Zuwanderung eine „erhebliche Bereicherung und Lebenselixier für das jüdische Gemeindeleben"[80] und unterstützt den Integrationsprozess mit zahlreichen Projekten, Sprachkursen, religionspraktischen Unterweisungen und Freizeiten. Der Rabbiner B. Rabinowitz (Wuppertal) betrachtet die Einwanderung als eine Chance: „Deutschland muss das deutsche Judentum ganz neu aufbauen, ein Judentum, das in Deutschland geboren wird."[81] Er appelliert daher an die jüdische Gemeinschaft, mutig, tolerant und flexibel gegenüber den Bestimmungen der Halacha zu sein, um die zum Judentum zurückkehrenden Einwanderer erreichen zu können.[82] Dies bedeutet auch eine mögliche Vereinfachung von Konversionsverfahren zum Judentum von halachisch nicht anerkannten Juden. So plädiert Rabinowitz für ein „menschlicheres" Verfahren für die „Menschen, die aus der ewigen Kette des jüdischen Volkes heraus gefallen sind" und ernsthaft am Schicksal Israel teilhaben wollen.[83]

---

76 Gutmark, Zuwanderung, 19.

77 Vgl. Schoeps/Jasper/Vogt, Ein neues Judentum, 103-104.

78 S. Fehr, zitiert in: S. Witte, Es zählt nicht nur die Religion, in: Münstersche Zeitung, 22.8.2007, 8.

79 M. Brenner, Eine gute Mischung. Goethe trifft Tolstoi. Wie die russische Zuwanderung Deutschlands Judentum stärken und bereichern kann, in: Jüdische Allgemeine 43 (2005), 1.

80 Vgl. ZWST (Hrsg.), Projekte und Aktivitäten. Ein aktueller Ausschnitt, Frankfurt am Main 2005, 1-7.

81 B. Rabinowitz, Glaube ohne Grenzen. In Deutschland kann und muss sich ein modernes, weltoffenes Judentum entwickeln, in: Jüdische Allgemeine 45 (2005), 15.

82 Vgl. Rabinowitz, Glaube ohne Grenzen, 15; Ders., Sollte der Übertritt zum Judentum für Zuwanderer einfacher werden? Gute Tradition, in: Jüdische Allgemeine 37 (2005), 11.

83 Vgl. Rabinowitz, Übertritt, 11; anders: Y. Ehrenberg, orthodoxer Rabbiner der jüdischen Gemeinde Berlin, betont, dass eine Konversion zum Judentum auch eine Verpflichtung der

Auch die Vereinigung konservativer und liberaler Gemeinden und die Union progressiver Juden in Deutschland, Österreich und der Schweiz befassen sich seit 1997 mit der Frage, ob ein Mensch mit einem jüdischen Vater den schweren Weg der Konversion gehen müsse.[84]

Fazit: Einerseits kann die jüdische Gemeinschaft in Deutschland nicht ohne die russisch-jüdischen Zuwanderer existieren, denn ohne die Zuwanderung gäbe es kaum jüdische Gemeinden. Andererseits ist der Prozess der Integration sehr vielschichtig und langwierig. Zum Beispiel bringen die Zuwanderer neben ihrer eigenen Sprache und Kultur kaum jüdisch-religiöse Kenntnis mit und es fällt ihnen schwer, dem synagogalen Gottesdienst zu folgen. Dennoch gibt es bereits Beispiele, in denen von einer gelungenen Integration, ja sogar Bereicherung des jüdischen Gemeindelebens, gesprochen werden kann.

3.2 Christlich-jüdischer Kontext in Deutschland

Im Folgenden stelle ich dar, wie sich das Verhältnis zwischen Juden und Christen in Deutschland nach dem Zweiten Weltkrieg verändert hat und welche Stellungnahmen derzeit die christlich-jüdische Situation in Deutschland prägen.

Nur zögernd veröffentlichten die Kirchen nach dem Krieg erste Schuldbekenntnisse gegenüber dem jüdischen Volk. Das Stuttgarter Schuldbekenntnis der EKD benannte 1945 zwar die Mitschuld im Zweiten Weltkrieg, hielt aber an der Theologie der Verwerfung Israels fest, das „den Messias kreuzigte."[85] Noch 1948 äußerte der Reichsbruderrat der EKD: „Indem Israel den Messias kreuzigte, hat es seine Erwählung und Bestimmung verworfen.[86] Erst 1950 bekennt die Synode der Evangelischen Kirche in Deutschland auf ihrer Tagung in Berlin-Weißensee ihre Mitschuld, erteilt dem Antisemitismus eine Absage und bekennt, „dass Gottes Verheißung über dem von ihm erwählten Volk Israel auch nach der Kreuzigung Jesu Christi in Kraft geblieben ist".[87]

Einhaltung der Mizwot nach sich ziehen müsse, sonst sei dies ein „Etikettenschwindel". Vgl. EHRENBERG, Etikettenschwindel, 11.

84 Vgl. HESS/KRANZ, Jüdische Existenz, 147.

85 Vgl. HERZIG, Jüdische Geschichte, 266.

86 H. BARTH, Die bleibende Erwählung Israels. Auswirkungen auf die Kirchenordnungen der evangelischen Kirche, Rothenburg 2001, in: http://www.ekd.de/vortraege/Barth/Barth_010926.html, Stand: 05.08.2007.

87 Vgl. J. BECKMANN (Hrsg.), Kirchliches Jahrbuch für die Evangelische Kirche in Deutschland 1933-1945, Gütersloh 1948, 5f.; R. RENDTORFF/H. H. HENRIX (Hrsg.), Die Kirchen und das Judentum. Dokumente von 1945-1985, Bd. 1, Paderborn/München 1989², 541-544.549.

3.2.1 Christlich-jüdischer Dialog

Zunehmend gaben religiöse und wissenschaftliche Einrichtungen, Gruppen und Einzelpersonen unterschiedliche Publikationen, Erklärungen und Stellungnahmen über das Verhältnis von Christen und Juden ab[88], so dass mittlerweile von 1945-2000 insgesamt 412 Dokumente (185 römisch-katholische, 186 evangelische, 16 jüdische und 25 gemeinsame jüdisch-christliche Erklärungen) vorliegen (Stand: 2000).[89] Viele Organisationen, Komitees oder Kirchen haben ihre theologischen Fehlentwicklungen bekannt wie Antisemitismus, Antijudaismus und Substitutionslehre, betonen die bleibende Erwählung Israels und zielen auf eine respektvollere und sachgerechte Darstellung des Judentums in den Bereichen kirchlicher Praxis.[90] Dieser „christlich-jüdische Dialog“[91] war erst aufgrund der völlig veränderten Einstellung der Christen möglich:

> *„Erst im zwanzigsten Jahrhundert geschahen mit der Trennung von Kirche und weltlicher Macht, mit der Schoa und der Gründung des Staates Israel die Erschütterungen, die das christliche Überlegenheitsgefühl über die Juden zunichte machten und einen Dialog zwischen gleichberechtigten Partnern ermöglichten.“*[92]

Die Erklärung des zweiten Vatikanischen Konzils 1965 über das „Verhältnis der Kirche zu den nichtchristlichen Religionen/Nostra aetate“ stellt dabei einen

---

88 M. VOLKMANN, Zionismus und Staat Israel im christlich-jüdischen Dialog, Bad Boll 2006, in: http://www.ev-akademie-boll.de/fileadmin/res/otg/640806-Volkmann.pdf, Stand: 12.08.2007; C. THOMA, Art. Dialog, in: PETUCHOWSKI/THOMA, Lexikon der jüdisch -christlichen Begegnung, 35-39.

89 RENDTORFF/HENRIX, Die Kirchen und das Judentum, Bd. 1; H. HENRIX/W. KRAUS (Hrsg.), Die Kirchen und das Judentum. Dokumente von 1986-2000, Bd. 2, Paderborn 2001.

90 Wichtige Organisationen, die den Dialog auf internationaler Ebene vorangetrieben haben: das Generalsekretariat des Ökumenischen Rates der Kirchen in Genf, die Zentren verschiedenen protestantischer Denominationen, die Kommission für die religiösen Beziehungen zum Judentum des vatikanischen Einheitssekretariats, das International Council of Christians and Jews (ICCJ) und das Internationale Jewish Commitee for Interreligious Consultations (IJCIC). Auf nationaler oder regionalkirchlicher Ebene waren es die nationalen Bischofskonferenzen, (bischöfliche) Akademien, das Israel Interfaith Commitee, die Aktion Sühnezeichen, Studienkommission „Kirche und Judentum“ innerhalb der EKD (seit 1976), die Arbeitsgemeinschaft Juden und Christen auf dem Deutschen Evangelischen Kirchentag, der „Gesprächkreis Juden und Christen“ innerhalb des Zentralkomitees der Deutschen Katholiken (seit 1970), der „Deutsche Koordinierungsrat für christlich-jüdische Zusammenarbeit“ etc. Vgl. THOMA, Art. Dialog, 37.

91 OSTEN-SACKEN bezeichnet den Dialog in Deutschland als einen „innerchristlichen christlich-jüdischen Dialog“. Vgl. P. v. d. OSTEN-SACKEN, Art. Christlich-jüdischer Dialog, in: EKL, Göttingen 1986³, Sp. 686. Auch ERLER und KOSCHEL stellen in Frage, ob überhaupt von einem „Dialog“ ausgegangen werden kann. Dies kann hier aber nicht diskutiert werden. ERLER/KOSCHEL, Dialog, 75-114.

92 VOLKMANN, Zionismus, 1.

Meilenstein dar. Hier heißt es, die Kirche könne nicht vergessen, dass sie von der „Wurzel des guten Ölbaums, in den die Heiden als wilde Schößlinge eingepfropft sind" genährt werde. Die Juden seien „nach dem Zeugnis der Apostel immer noch von Gott geliebt um der Väter willen; sind doch seine Gnadengaben und seine Berufung unwiderruflich" und man dürfe die Juden nicht als von Gott verworfen oder verflucht darstellen.[93] J. Pelikan beurteilt „Nostra aetate" daher als die „überzeugendste offizielle Bekräftigung der Fortdauer des Bundes mit Israel seit dem neunten, zehnten und elften Kapitel des Römerbriefes"[94] und G. Schmitt als „ein revolutionäres Dokument". Das Konzil habe „einen epochalen Wandel gebracht", „ein verändertes Bild vom Gottesvolk Israel". Von da an beginne eine neue theologische Reflexion über das Judentum.[95]

Die Studie der EKD „Christen und Juden I" (1975) stellte ein wichtiges protestantisches Pendant dar. Sie zeigt ebenfalls auf, dass Paulus in Römer 9-11 die bleibende Erwählung Israels bestätigt. Christen sollten zudem darüber nachdenken, wie sie ihr Zeugnis gegenüber Juden gestalten und benennen sollen, da die Begriffe „Mission" und „Dialog" für die Juden belastet seien.[96]

Auch die Landessynode der Evangelischen Kirche im Rheinland 1980 stand unter dem Leitwort „Nicht du trägst die Wurzel, sondern die Wurzel trägt dich (Römer 11,18b)". Neben einem Schuldbekenntnis betont die Evangelische Kirche: „Wir glauben die bleibende Erwählung des jüdischen Volkes als Gottes Volk und erkennen, dass die Kirche durch Jesus Christus in den Bund Gottes mit seinem Volk hinein genommen ist [...]. Darum verneinen wir, dass das Volk Israel von Gott verworfen oder von der Kirche überholt sei."[97]

Auch weitere kirchliche Erklärungen betonten die bleibende Erwählung Israels und das dialogische Verhältnis von christlicher Gemeinde und jüdischem Volk.[98] Die weiterentwickelte Studie der EKD "Christen und Juden III" (2000) resümiert

---

93 Vgl. G. M. Schmitt, 40 Jahre Konzilserklärung Nostra aetate, Ansprache am 6. März 2005 in Rheingönheim, in: http://www.christen-und-juden.de/index.htm?html/aetate.htm, Stand: 12.08.2007.

94 J. Pelikan, The Christian tradition, Bd. 5, Chicago 1982, zitiert in: R. E. Diprose, Israel and the church. The origins and effects of replacement theology, Waynesboro 2000, 53.

95 G. M. Schmitt, 40 Jahre Konzilserklärung, Stand: 12.08.2007.

96 R. Rendtorff (Hrsg.), Arbeitsbuch Christen und Juden. Zur Studie des Rates der Evangelischen Kirche in Deutschland Gütersloh 19894, 256.

97 Landessynode der Evangelischen Kirche im Rheinland, Synodalbeschluss zur Erneuerung des Verhältnisses von Christen und Juden, 1980, in: http://www.lomdim.de/klak/80rhein.html, Stand: 11.08.2007.

98 Landessynode der Ev. Landeskirche in Baden (1984); Regionalsynode der Ev. Kirche Berlin-Brandenburg: „Orientierungshilfe zum Thema Christen und Juden" (1984); Reformierter Bund: „Leitsätze zum Thema „Wir Christen und die Juden – Israel und die Kirche" (1984); Erklärung der deutschen Bischöfe „Über das Verhältnis von Kirche und Judentum" (1980); Theologischer Ausschuss der Ev. Kirche der Union „Kirche und Israel" (1982); Vereinigte Ev. –Luth. Kirche Deutschlands: „Zum Verhältnis von Christen und Juden" (1983). Vgl. Osten-Sacken, Art. Christlich-Jüdischer Dialog, Sp. 689-690.

die Punkte des jüdisch-christlichen Dialogs, die mittlerweile in allen Gliedkirchen anerkannt werden: 1. die Absage an den Antisemitismus, 2. das Eingeständnis christlicher Mitverantwortung und Schuld am Holocaust, 3. die Erkenntnis der unlösbaren Verbindung des christlichen Glaubens mit dem Judentum, 4. die Anerkennung der bleibenden Erwählung Israels und 5. die Bejahung des Staates Israels. Volkmann fasst zusammen, dass die bleibende Erwählung Israels und damit der weiter bestehende Gottesbund mit Israel die zentrale theologische Aussage und Grundlage des christlich-jüdischen Dialogs ist.[99]

Fazit: Nach dem Zweiten Weltkrieg bekannte das zweite Vatikanische Konzil, die EKD und weitere Kirchen unter anderem ihre Mitschuld am Holocaust, erteilten dem Antisemitismus eine Absage und betonten mit Blick auf Römer 9-11 die bleibende Erwählung Israels.

3.2.2 Evangelikale Werke zur Mission an Juden

Nun stellt sich die Frage, wie in diesem Kontext dennoch evangelikale Missionswerke erfolgreich agieren konnten und wie die jüdischen Gemeinschaften und die Kirchen darauf reagierten.

Die EKD-Studie beschreibt, dass es im Bereich der Evangelischen Kirche auch freie Organisationen gibt, die die Judenmission unterstützen.[100] Deren Entstehung und Wirken möchte ich nun aufzeigen.

Zunächst entstanden in Deutschland innerhalb der evangelikalen Bewegung zahlreiche Hilfswerke für Juden in Israel (zum Beispiel 1975: Dienste in Israel[101], 1984: Ruf zur Versöhnung[102]etc.). Des Weiteren bekundeten viele Evangelikale ihre Solidarität mit Israel durch ihre Mitgliedschaft zum Beispiel in dem Werk „Christliche Freunde Israels" (CFRI)[103] oder dem „International Fellowship of In-

---

99 Volkmann, Zionismus, 1.

100 Rendtorff, Arbeitsbuch, Absatz 3.1.

101 Dienste in Israel – Die Brückenbauer ist ein Arbeitszweig des Evangelisch-Freikirchlichen Sozialwerks Hannover E.V. und bietet jungen Menschen die Möglichkeit in sozialen Einrichtungen in Israel zu arbeiten, um „durch einen praktischen Versöhnungsdienst Brücken zum jüdischen Volk zu bauen". Vgl. Dienste in Israel – Die Brückenbauer (Hrsg.), Über uns, Hannover, in: http://www.dienste-in-israel.de/wir-ueber-uns.html, Stand: Februar 2008.

102 Ruf zur Versöhnung ist ein internationales Israelhilfswerk, welches Gebetsreisen nach Auschwitz, zu Gedenkstätten der europäisch-jüdischen Geschichte und nach Israel organisiert, Überlebende des Holocausts in Israel betreut, israelische Neueinwanderer und messianisch-jüdische Gemeinden in Israel unterstützt. Vgl. Ruf zur Versöhnung (Hrsg.), Wir über uns, Frankfurt am Main, in: http://www.rzv-israel.de/index-Dateien/Page 381.htm, Stand: 20.02.2008.

103 Christliche Freunde Israels e. V. (CFRI) ist der deutsche Arbeitszweig von „Christian Friends of Israel" (CFI), Jerusalem. Vgl. CFI (Hrsg.), Über uns, in: http://cfri.de/ueberuns.html, Trostberg, Stand: 28.2.2008.

tercessors" mit dem deutschen Zweig (seit 2002) „Christliches Forum für Israel"[104] etc. Andere evangelikale Organisationen unterstützten speziell die „Heimkehr" der Juden nach Israel, wie zum Beispiel der 1991 gegründete „Ebenezer Hilfsfonds"[105].

Einige evangelikale Missionswerke, wie die „Arbeitsgemeinschaft für das messianische Zeugnis an Israel (AMZI)", der „Evangeliumsdienst für Israel" (EDI), „LICHT IM OSTEN" (LIO) und „Jews for Jesus" begannen in den frühen 1990er Jahren sich den russisch-jüdischen Emigranten in Deutschland zuzuwenden. Diese Missionswerke sind in je eigenen Kontexten entstanden und haben unterschiedliche Arbeitsschwerpunkte, die ich im Folgenden darlegen möchte. Die Reihenfolge der aufgezählten Werke richtet sich dabei nicht nach dem Zeitpunkt ihrer Entstehung, sondern nach dem Beginn ihrer aktiven Missionsarbeit in Deutschland.

1971 entstand der „Evangeliumsdienst für Israel e.V." (EDI) in Bernhausen bei Stuttgart als eine Abspaltung der SEJ (vgl. Kapitel 2.2.3). Der EDI sieht seinen Auftrag einerseits darin, in christlichen Gemeinden Liebe und Verständnis für Israel zu wecken und die Verwurzelung des christlichen Glaubens in der Geschichte Israels aufzuzeigen. Andererseits unterstützt die Organisation judenchristliche Gemeinden in Deutschland, das Evangelium weiterzugeben, „ohne das, was den christlichen vom jüdischen Glauben trennt, zu verschweigen".[106] H. RENZ, Leiter des Evangeliumsdienstes, sieht in der Einwanderung sowjetischer Juden und in der Entstehung jüdisch-messianischer Gemeinden die unverdiente Chance Gottes, „einer Geschichte von Tod, Blut und Tränen für die jüdischen Menschen in Deutschland und Europa eine Geschichte des Segens folgen zu lassen".[107]

Operation Mobilisation (OM) ist ein internationales überkonfessionelles (Jugend-) Missionswerk in über 80 Ländern und seit **1981** in Mosbach/Baden in Deutschland. In Israel arbeitet OM in messianisch-jüdischen Gemeinden. In Deutschland hat ein Ehepaar, das in losem Kontakt mit der OM steht, die messianisch-jüdische Gründungsarbeit immens vorangetrieben, sie taten dies aber nicht speziell im Auftrag von OM.[108]

---

104 Das „Christliche Forum für Israel – DEUTSCHLAND AN DER SEITE ISRAELS " ist ein Verbund von zehn Israelwerken (darunter auch CFRI), die sich mit verschiedenen Projekten gegen Antisemitismus in Deutschland einsetzen. Vgl. DEUTSCHLAND AN DER SEITE ISRAELS (Hrsg.), Eine Initiative für Israel, in: http://www.deutschland-israel.de/initiative/index.html, Stand: 28.02.2008.

105 Der Ebenezer Hilfsfonds (überkonfessionell) wurde 1991 gegründet, um die Einreise von Juden aus der ehemaligen Sowjetunion nach Israel zu ermöglichen.

106 Vgl. EDI (Hrsg.), Jesus für Juden? Beiträge zur Geschichte und zum Auftrag des Evangeliumsdienstes für Israel, Leinfelden-Echterdingen 1997, 3.

107 H. RENZ, Es war ein unglaublicher Segen, Faltblatt, Leinfelden-Echterdingen, 1; ähnlich: W. PIKMAN, zitiert in. AXELROD, Vereinnahmung, 23; L. MASIN, Im Blickfeld Israel und Deutschland, in: BSSE (Hrsg.), KOL HESED 1 (2004), 7.

108 Vgl. HEMPELMANN (Hrsg.), Handbuch, 284; T. KÜBLER (OM) in einer E-Mail an die Verfasserin vom 22.03.2007.

1968 wurde die „Arbeitsgemeinschaft für das messianische Zeugnis an Israel" (AMZI) in St. Chrischona in Basel durch Konrad MEYER gegründet und seit 1985 gibt es sie als eingetragenen Verein mit Mitgliedern aus Landes- und Freikirchen in Deutschland. AMZI engagiert sich unter anderem für „Aufklärungsveranstaltungen" über die jüdischen Wurzeln des Christentums und „fördert das messianische Zeugnis unter Juden in Europa"[109] mit folgendem Auftrag: „Wir bringen die Nachricht von Jesus, dem Messias, allen Menschen – Israel zuerst."[110] AMZI ist unter anderem Mitglied in der „Lausanne Consultation on Jewish Evangelism" (LCJE, vgl. Kapitel 2.4.6).

Das 1920 zur „Missionierung des russischen Reiches" gegründete und 1946 als „Missionsbund zur Ausbreitung des Evangeliums" wieder begründete Missionswerk „LICHT IM OSTEN" (LIO) in Stuttgart-Mühlhausen (seit 1956 Sitz: Korntal) hat den Missionsschwerpunkt in osteuropäischen Ländern. LIO hat keine Mitarbeiter in messianisch-jüdische Gemeinden entsandt und gründet auch keine Gemeinden, gibt aber seit 1996 monatlich die russischsprachige messianisch-jüdische Zeitschrift „Menora" heraus, die nahezu in jeder messianischen Gruppe oder Gemeinde in Deutschland (ebenfalls in Israel, Kanada, Amerika und Ländern der GUS) erhältlich ist. Diese Zeitschrift enthält literarische, oft poetische Texte über den Glauben an Jesus als den Messias, Interviews, jüdische Weisheiten etc. und erscheint mit einer Auflage von 45.000.[111] Seit 2007 gibt es auch eine deutschsprachige Ausgabe der „MENORA", die in Zusammenarbeit mit der Stuttgarter Gemeinde „Adon Jeschua" gestaltet und bisher noch unregelmäßig vertrieben wird.[112]

1996 gründete der ukrainische messianische Jude W. PIKMAN den deutschen Zweig „Beit Sar Shalom Evangeliumsdienst e.V." („Haus des Friedefürsten") des internationalen Missionswerks Chosen People Ministries (CPM, vgl. Kapitel 2.3.2). Seit 2004 gehört BSSE nicht mehr zu CPM, sondern zu dem Verband Chosen People Global Ministries, in dem die einzelnen Werke unabhängig sind. Die spezielle Zielsetzung des deutschen Zweigs besteht darin, „Juden zuerst und Nichtjuden zu Jesus zu bringen und messianisch-jüdische Gemeinden zu gründen".[113] Des Weiteren unterstützt der BSSE russische Juden durch den „messianischen Hilfsdienst" (Sachgüter, Unterstützung bei Wohnungssuche etc.).[114] Der

---

109 LCJE (Hrsg.), Lausanner Bewegung, Faltblatt.

110 AMZI (Hrsg.), Informationsfaltblatt, Reinach/Lörrach.

111 Vgl. W. BUCK, Unsere Geschichte, Korntal-Münchingen, in: http://www.lio.org/index.php?id=23, Stand: 27.08.2006.

112 Vgl. ISRAELITISCH MESSIANISCHE GEMEINDE ADON JESCHUA (Hrsg.), MENORA. Messianische Zeitschrift, Stuttgart 2007.

113 Vgl. Experteninterview mit W. PIKMAN am 16./17.3.2007, ebenso: BSSE (Hrsg.), Was hast du den Juden getan?, Berlin 2006, Faltblatt.

114 Vgl. BSSE, Der messianische Hilfsdienst, Berlin, in: http://www.messianischerhd.de, Stand: 13.03.2007; Experteninterview mit T. BURGHARD, Missionarin des BSSE, geführt am 23.02.2005.

BSSE bietet zudem spezielle „Sommertrainings-Evangelisationsprogramme" mit Aus- und Fortbildungsseminaren an, um „die effektivsten Methoden der Verbreitung des Evangeliums unter Juden auf der Basis ihrer Geschichte und der Bibel zu erlernen".[115]

Mittlerweile hat das Missionswerk insgesamt etwa 20 Mitarbeiter und etwa 13 Missionare in elf deutsche Städte entsandt (Stand: 2006)[116] und nach eigener Aussage schon mehrere hundert Juden und Nichtjuden zur Konversion bewegen können.[117] Seit 2006 unterhält BSSE in Berlin-Lichterfelde ein so genanntes „messianisches Zentrum", um hier eine messianisch-jüdische Ausbildungsstätte für messianische Theologen und Pastoren entstehen zu lassen.[118]

Der deutsche Zweig der Organisation „Jews for Jesus", der **1999/2000** in Essen gegründet wurde, ist 2003 von A. Snyder übernommen worden. „Juden für Jesus" hat seitdem die – für die Organisation typische – missionarische Dynamik entwickelt, die unter anderem auf der Vision gründet: „Es ist unser Wunsch, dass wir als Juden für Jesus in Europa ein Licht für unser Volk sind, damit unser Volk die anderen Nationen zu dem Licht hinzieht, das Jeschua selbst ist."[119] Nach eigener Aussage werden daher jeden Tag evangelistische Schriften in den verschiedenen Städten verteilt.[120] Durch zahlreiche „Aufklärungskampagnen" in vielen evangelikalen Gemeinden zeigen Mitarbeiter den Teilnehmern die jüdischen Wurzeln des christlichen Glaubens auf. Speziell unter den russisch-jüdischen Einwanderern beschreibt A. Snyder den Auftrag der Organisation wie folgt:

---

115 Anzeige in BSSE (Hrsg.), Kol Hesed 2 (2005), 15.

116 Berlin (zwei Missionare), Düsseldorf, Aachen, Heidelberg, München (zwei Missionare), Würzburg, Bamberg, Osnabrück, Erfurt. Vgl. H. Stresow, E-Mail an die Verfasserin am 03.08.2005.Im Jahr 2008 gibt es bereits in dreizehn deutschen Städten Missionare oder Kreise des BSSE. Vgl. BSSE (Hrsg.), Jüdisch-messianische Dienste an Gemeinden, Berlin, in: http://www.beitsarshalom.org/, Stand: 2.5.2008.

117 Vgl. Experteninterview mit H. Stresow, geführt am 30.05.2005; Experteninterview mit A. Ignatenko, geführt am 21.07.2005 und mit T. Burghard, geführt am 23.02.2005; Amzi (Hrsg.), Gebetskarte 6 (1995).

118 Vgl. W. Pikman, in: BSSE (Hrsg.), Or Jeschua 10 (2005), 2; EAD (Hrsg.), In der Bundeshauptstadt entsteht ein „messianisches Zentrum", Hannover, in: http://www.ead.de/aktuell/archiv.php?suche=messianisches%20 zentrum&id=1016, Stand: 09.08.2007; BSSE (Hrsg.), Jüdisch-messianisches Zentrum in Berlin, Berlin 2006, einzelnes Blatt; H. Stresow, Jüdisch-messianisches Zentrum in Berlin, in: BSSE (Hrsg.), Kol Hesed 4 (2006), 15-16.

119 K.–D. Passon, Juden für Jesus in Deutschland. Charisma- Gespräch mit Avi Snyder, Direktor der „Juden für Jesus" in Deutschland, in: Charisma 29 (2003), Nr. 126, 32.

120 Weitere Evangelisationsmethoden sind messianische Musik, Theater, Rundbriefe und evangelistische Videos, z.B. „Survivors Stories", in denen Holocaustüberlebende berichten, wie sie zum Glauben an Jesus als den Messias konvertierten. Vgl. Jews for Jesus (Hrsg.), Jews, Jesus and Jews for Jesus, San Francisco http://files.jewsforjesus.org/pdf/other/4j.pdf, 1-11, Stand: 11.08.2007; LCJE (Hrsg.), Lausanner Bewegung., Faltblatt.

„Wir sind aus dreierlei Gründen gekommen: Einmal, um zu evangelisieren und den jüdischen Menschen zu sagen, dass man ein Jude sein und an Jesus glauben kann […]. Zweitens, um die gläubigen Juden, die aus der früheren Sowjetunion eingewandert sind, herauszufordern. Gott hat sie nicht nur um eines besseren Lebens willen nach Deutschland gebracht, sondern um ein lebendiges Zeugnis für nichtgläubige jüdische und deutsche Nachbarn zu sein. Drittens um deutsche Christen zu ermutigen, ihren Glauben an Juden weiterzugeben, auch wenn sie dabei missverstanden werden können.“[121]

Der deutsche Zweig von Jews for Jesus betreibt nach eigener Aussage aber keine Gemeindegründungsarbeit, sondern eher freundschaftliche, persönliche Missionierung, um jüdischen Menschen zu helfen, in lokalen Gemeinden Mitglieder zu werden.[122] Zudem ist es Snyders besonderes Anliegen, dass „jüdische und deutsche Gläubige Hand in Hand das Evangelium in Deutschland und Europa verkündigen“.[123] In der bisher einzigartigen Operation „Erkenne deinen Gott – Berlin“, in der „Juden und Deutsche für Jesus“ das Evangelium in Berlin 2005 vier Wochen lang verkündigten, ist dieses Anliegen bereits „gelungen“.[124] Deutlich wird, dass Juden für Jesus neben den Juden auch speziell Nichtjuden missionieren möchten.

2004 gründeten STADELMANN und MAY (CFI) an der Freien Theologischen Akademie in Gießen (FTA) das „Institut für Israelogie“. Das Institut macht sich zur Aufgabe, „israelbezogen und biblisch-heilsgeschichtlich“ zu lehren, um der Substitutionstheologie entgegenzuwirken. Es werden zahlreiche Seminare und Vortragsreihen zum messianischen Judentum unter anderem auch von messianischen Juden wie FRUCHTENBAUM, SCHULZ oder Leitern von Missionsorganisationen wie SNYDER (Juden für Jesus) angeboten.[125]

Der „Nordelbische Verein für Zeugnis und Dienst unter Juden und Christen e.V.“ (1986 gegründet), der Mitglied im „Evangelisch-Lutherischen Zentralverein

121 A. SNYDER im Interview in: PASSON, Juden für Jesus, 32.

122 A. SNYDER in einer E-Mail an die Verfasserin vom 20.11.2005, LCJE (Hrsg.), Lausanner Bewegung, Faltblatt.

123 A. SNYDER im interview in: PASSON, Juden für Jesus, 32.

124 Die Aktion „Erkenne deinen Gott – Berlin“ wurde vom 08-27.08.2005 in Berlin durchgeführt. Es wurden laut eigener Aussage insgesamt etwa 280.000 bis 315.000 (!) Traktate verteilt und 15 Juden sowie 53 Deutsche haben eine Entscheidung für den Glauben an Jesus als den Messias getroffen. Vgl. A. SNYDER, Dank- und Gebetsanliegen, Rund-E-Mails vom 14.08., 20.08. und 04.09.2005; JUDEN FÜR JESUS (Hrsg.), Über uns, Essen 04.05.2006, in: http://www.juden fuerjesus.de/ueberuns.htm, Stand: 11.08.2007; Dies., Juden für Jesus ruft aus Berlin „Erkenne deinen Gott“ (Jesaja 62,1-2), Faltblatt, 3.

125 M. JÄHNERT, Ein historischer Tag. Institut für Israelologie wurde eingeweiht, in: CHRISTEN FÜR ISRAEL 152 (2005), 10. Der Name des Instituts und der theologische Hintergrund basieren auf dem Werk von A. FRUCHTENBAUM, Israelology. The missing link in systematic theology, Tustin 1996.

für Begegnung von Christen und Juden"[126] ist, hat seit den 1970er Jahren das Altenheim für messianische Juden „Eben-Ezer" in Haifa, seit Anfang der 1980er Jahre das messianisch-jüdische Caspari-Center in Jerusalem und später das Werk Keren Tekuma (ein Fonds für eingewanderte, messianische Juden), die Bible Society und die Versöhnungsinitiative arabischer Christen und messianischer Juden Musalaha unterstützt. Obwohl der Zentralverein seit 2006 alle Kontakte zu messianischen Juden abgebrochen hat, unterstützt der Nordelbische Verein seit 2004 den Edi speziell für die messianisch-jüdische Gemeinde in Hamburg. An der konkreten Entwicklung und Unterstützung messianischer Gemeinden in Deutschland war der Nordelbische Verein aber nicht beteiligt, er steht der messianisch-jüdischen Entwicklung jedoch sehr positiv gegenüber.[127]

Die Werke LIO, Edi, BSSE und OM gehören zur Deutschen Evangelischen Allianz (DEA), dem nationalen Zweig der Evangelischen Allianz (vgl. Kapitel 2.2.2). Die DEA unterhält zur Amzi und der deutschsprachigen Organisation „Juden für Jesus" ebenfalls freundschaftliche Kontakte.[128] Die DEA bekennt sich in ihrer Handreichung „Zum Verhältnis von Christen und Juden" ausdrücklich zu den messianischen Juden:

> *„Als Evangelische Allianz fühlen wir uns besonders verbunden mit den Juden, die an Jesus als ihren Messias glauben. […] Juden, die an Jesus glauben, hören dadurch nicht auf, Juden zu sein. […] Wie keine andere Gruppe innerhalb der weltweiten Gemeinde Jesu vergegenwärtigen sie die jüdischen Wurzeln der Christenheit und helfen den Heidenchristen, diese besser zu verstehen."*[129]

Dieses Bekenntnis impliziert nicht nur die Unterstützung und „Geschwisterschaft mit den messianischen Juden", sondern auch die „Aufgabe der Mission und Evangelisation", die „nicht an den Schranken des jüdischen Volkes endet".[130]

Darüber hinaus haben die Werke Edi, BSSE, Amzi und Juden für Jesus eine gemeinsame Arbeitsbasis in Deutschland im 1980 entstandenen „Lausanne Commitee for Jewish Evangelism (LCJE)", das als „weltumspannende Organisation" zur Evangeliumsverkündigung unter Juden gilt (vgl. Kapitel 2.4.6). Deren deutscher Zweig wurde 1998 als „Lausanner Bewegung" gegründet: „[Die Lausanner

126 Ursprünglich 1871 als „Evangelisch-Lutherischer Zentralverein für Mission unter Israel gegründet. Vgl. Kapitel 2.2.3.

127 Vgl. M. Dahl (Vorsitzender „Nordelbischer Verein") in einer E-Mail an die Verfasserin vom 11.1.2007.

128 Vgl. H. Steeb, Wie alles begann. Gründung und Geschichte, Stuttgart, in: http://www.ead.de/info/welcome.htm, Stand: 12.08.2007; Ders., E-Mail an die Verfasserin vom 22.07.2005.

129 Dea (Hrsg.), Zum Verhältnis von Christen und Juden. Eine Handreichung der Deutschen Evangelischen Allianz, Bad Blankenburg 1999, Absatz 3.2.7.

130 H. Steeb, E-Mail an die Verfasserin vom 22.07.2005.

Bewegung] dient Werken, die Juden das Evangelium verkündigen, als Plattform zur Begegnung und zur Koordination ihrer Strategien."[131]

Fazit: Herausragende evangelikale Werke in Deutschland, die speziell messianische Juden unterstützen, sind der Evangeliumsdienst für Israel (EDI), die Arbeitsgemeinschaft für das messianische Zeugnis an Israel (AMZI) und der Beit Sar Shalom Evangeliumsdienst (BSSE). Eine Sonderform stellt die Organisation Juden für Jesus dar, da sie zwar unter Juden missioniert, dabei aber keine messianisch-jüdischen Gemeinden gründet oder unterstützt. Die DEUTSCHE EVANGELISCHE ALLIANZ (DEA) bietet ein gemeinsames Bekenntnis für den EDI, den BSSE und auch für die AMZI. Eine gemeinsame Arbeitsbasis für die evangelistische Arbeit unter Juden gibt es für die Werke EDI, BSSE, AMZI und Juden für Jesus im „Lausanne Commitee for Jewish Evangelism" (LCJE). Trotz unterschiedlicher Arbeitsschwerpunkte sehen diese Werke speziell die Evangelisation unter Juden als ihren Auftrag.

Doch wie lässt sich dies nun mit dem oben geschilderten christlich-jüdischen Dialog vereinbaren?

3.2.3 Kontroversen

Evangelikale Christen und an Jesus glaubende Juden unterstützen zwar ebenso den Konsens des christlich-jüdischen Dialogs (Ablehnung von Antisemitismus und Antijudaismus, bleibende Erwählung Israels etc.), dabei versehen sie aber die bleibende Erwählung Israels mit einer anderen theologischen Bedeutung: Im Gegensatz beispielsweise zur Arbeitsgemeinschaft „Juden und Christen beim Deutschen evangelischen Kirchentag", die davon ausgeht, dass Juden aufgrund ihrer Erwählung das Heil in Gott finden, betonen evangelikale Gläubige, dass Gottes Bund mit Israel deshalb bestehen bleibe, damit „ganz Israel" bei der Parusie Jesu errettet werden könne, indem es an den Messias Jesus glaube (vgl. Kapitel 2.2.2). Daher nehmen evangelikale Gläubige zur Absage an die Judenmission eine distanzierte Haltung ein. Zudem möchten sie nicht den Auftrag Jesu verleugnen, den christlichen Glauben allen Menschen zu verkünden.[132]

Die Kirchen, die sich dagegen eindeutig von einer Judenmission distanzieren, argumentieren, dass man Juden bei der Mission nicht mit den anderen Völkern gleich stellen dürfe, die nicht an den biblischen Gott glaubten und dass der fehlende Glaube an Jesus nicht das entscheidende Kriterium für die Zugehörigkeit zu

---

131 LCJE (Hrsg.), Lausanner Bewegung, Faltblatt; LCJE (Hrsg.), About LCJE, in: http://www.lcje.net/about.html, Stand: 11.08.2007, Dies. (Hrsg.), Lausanner Bewegung Deutschland, Stuttgart, in: http://www.lausanner bewegung.de/, Stand: 11.08.2007.

132 Vgl. ZARETSKY, Evangelium, 19-30.

Gott und seinem Heil sein dürfe.[133] In vielen Stellungnahmen wird daher gerade zur Thematik der Judenmission immer wieder, mehr oder weniger deutlich, Position bezogen.

Eine eindeutig ablehnende Stellungnahme zur Judenmission von katholischer Seite erfolgte 2005 durch das ZENTRALKOMITEE DER DEUTSCHEN KATHOLIKEN mit der Begründung, dass Gott Juden und Nichtjuden in sein Heil einschließe.[134] Auch offizielle Erklärungen der Päpstlichen Bibelkommission richten sich implizit gegen judenmissionarische Tendenzen: So heißt es zum Beispiel in der Erklärung „Das jüdische Volk und seine Heilige Schrift in der christlichen Bibel“ von 2001:

> „*Wir Christen können und müssen zugeben, dass die jüdische Lesung der Bibel eine mögliche Leseweise darstellt, die sich organisch aus der jüdischen Heiligen Schrift der Zeit des Zweiten Tempels ergibt, in Analogie zur christlichen Leseweise, die sich parallel entwickelte. Jede dieser beiden Leseweisen bleibt der jeweiligen Glaubenssicht treu, deren Frucht und Ausdruck sie ist. So ist die eine nicht auf die andere rückführbar.*“[135]

Deutlich spricht sich die „Arbeitsgemeinschaft Juden und Christen beim Deutschen evangelischen Kirchentag“ 1999 aus: „Jüdinnen und Juden haben es für ihr Heil nicht nötig, dass ihnen Jesus als der Messias verkündigt wird.“ Die Arbeitsgemeinschaft lehnt darum „alle Unternehmungen von Christen ab, gegenüber Juden Bekehrungsversuche direkt zu betreiben oder indirekt zu unterstützen“.[136]

Aber gerade in der protestantischen Kirchenlandschaft ist es schwierig, eine einstimmige Ablehnung der Judenmission zu erkennen. Auch die Jüdische Allgemeine schreibt: „Offiziell sprechen sich die evangelischen Landeskirchen gegen die Judenmission aus. Doch hier und da auf gewundenen Wegen geschieht es immer wieder, dass einzelne Mitglieder oder gar Pfarrer messianische Gruppen unterstützen.“[137]

In der Hauptvorlage „Gott hat sein Volk nicht verstoßen“ zur Landessynode 1999 distanzierte sich das Kirchenparlament der Evangelischen Kirche von Westfa-

---

133 RENDTORFF (Hrsg.), Arbeitsbuch, Absatz 3.1.

134 Vgl. ZENTRALKOMITEE DER DEUTSCHEN KATHOLIKEN (Hrsg.), Juden und Christen in Deutschland. Verantwortete Zeitgenossenschaft in einer pluralen Gesellschaft, Berlin 13.4.2005, in: http://www.zdk.de/data/erklaerungen/pdf/Juden_u_Christen_Zeitgenossenschaft_2005_April_1113386246.pdf, Stand: 12.08.2007.

135 Vgl. ZENTRALKOMITEE DER DEUTSCHEN KATHOLIKEN (Hrsg.), Juden und Christen, Stand: 12.08.2007.

136 Arbeitsgemeinschaft Juden und Christen beim Deutschen Evangelischen Kirchentag, Ja zur Partnerschaft und zum innerbiblischen Dialog. Nein zur Judenmission, in: K. v. BONIN/A. GIDION (Hrsg.), Deutscher Evangelischer Kirchentag (DEKT). Dokumente, Gütersloh 1999, 539ff.

137 KÜHN, Mission Jesus, 3.

len deutlich von jeglicher Mission an Juden.[138] Die EKD lehnt zwar das Zeugnis als „monologische Verkündigung für eine einseitige, auf andere ausgerichtete, auf das bloß Verbale beschränkte Proklamation" ab. Bei einer partnerschaftlichen „Begegnung" dürfe es aber zur Bezeugung des eigenen Glaubens kommen. Judenmission sei insofern abzulehnen, wenn man darunter eine „planmäßig durchgeführte, personell und institutionell organisierte Aktivität von Christen mit dem Ziel der Verbreitung christlichen Glaubens unter jüdischen Menschen" verstehe.[139]

Die Rheinische Synode von 1980 machte keine konkrete Aussage zur Judenmission, sondern bekannte sich „zum gemeinsamen und gegenseitigen Zeugnis von Kirche und Israel".[140] Zudem erstaunte viele das Ergebnis der württembergischen Landessynode zum Thema „Judenmission" (2000), da hier keine einstimmige Ablehnung der Judenmission erzielt wurde: 39 Synodale votierten gegen die Judenmission, 32 dafür und fünf enthielten sich.[141]

Daher kommt es immer wieder zu Spannungen zwischen messianischen Juden, den kirchlichen Institutionen und den jüdischen Gemeinden in Deutschland. So heißt es zum Beispiel der Superintendent der sächsischen Landeskirche Conzendorf nicht gut, wenn die Kirche den messianischen Juden Gottesdiensträume zur Verfügung stelle.[142] Die aggressiven Missionierungsversuche messianischer Juden würden die schwierigen Aufbauphasen jüdischer Gemeinden in ganz Deutschland und konkret in Chemnitz stören.[143] Daher ist es nicht verwunderlich, dass die Mitarbeiter der evangelikalen Missionswerke immer wieder berichten, dass sie auf den Evangelischen Kirchentagen nicht erwünscht seien, weil dadurch das christlich-jüdische Verhältnis getrübt werde.[144]

Vertreter der jüdischen Gemeinde in Deutschland dagegen verurteilen nicht nur evangelistische Aktivitäten als „aggressive Missionierung",[145] sondern lehnen auch das messianische Judentum per se ab, da es jüdische Identität vortäusche, um

---

138 Vgl. Landessynode der Evangelischen Kirche im Rheinland, Synodalbeschluss zur Erneuerung des Verhältnisses von Christen und Juden, 1980 in: http://www.lomdim.de/klak/80rhein.html, Stand: 11.08.2007.

139 RENDTORFF, Arbeitsbuch, sowie EKD (Hrsg.), Christen und Juden, III, Absatz 3.1.

140 V. A. LEHNERT, Exegetisch Kirche leiten. Klaus HAACKER als Lehrer der Kirche, in: THBEITR 38 (2007), Nr. 4/5, 243.

141 WÜRTTEMBERGISCHE EVANGELISCHE LANDESSYNODE, Erklärung, Stand: 02.08.2007.

142 AXELROD, Vereinnahmung, 23.

143 Vgl. A. PAUL, Keine Einzelerscheinung. Die Chemnitzer Jüdische Gemeinde im Konflikt mit messianischen Juden, in: Der Sonntag 8 (2006), in: Liberale Jüdische Gemeinde Ruhrgebiet (Hrsg.), Chemnitzer Jüdische Gemeinde im Konflikt mit messianischen Juden, in: http://www.solutix.de/content/view/437/137/, Stand: 19.8.2007; Ders., Jesusfalle, 19; Evangelisch Lutherische Landeskirche Sachsens, Rundschreiben 1 (2006), 1-2.

144 EAD (Hrsg.), Messianisches Zentrum, Stand: 09.08.2007; H. STRESOW, Experteninterview, geführt am 30.05.2005.

145 PAUL, Jesusfalle, 19.

Juden zu einer Konversion zum Christentum zu bewegen.[146] Der ZENTRALRAT DER JUDEN hatte bereits 1998 die Kirchen aufgefordert, „allen Bestrebungen offener oder verdeckter Missionierung der Juden entgegenzutreten".[147] Rabbiner ROTHSCHILD urteilte, dass man nicht Jude und Christ zugleich sein könne und BERGER sieht in der Judenmission eine Fortsetzung des Holocausts. BERGER bezeichnet daher die messianisch-jüdische Bewegung als eine „systematisch organisierte, gut bezahlte Gruppe", die „ahnungslose, unwissende jüdische Menschen" schnappe.[148]

Es verwundert daher nicht, dass es in den Städten, in denen es eine jüdische und eine messianisch-jüdische Gemeinde gibt, zu Kontroversen kommen kann. Ambros, stellvertretender Vorsitzender der jüdischen Gemeinde in Chemnitz, bezeichnet die Gottesdienste messianischer Juden als „Seancen" und die Besucher als „verloren" für die jüdische Gemeinde.[149] Die messianisch-jüdische Gemeinde stifte Verwirrung, indem sie die „Glaubensinhalte in unannehmbarer Weise" theologisch vermische.[150]

Der Gemeindeleiter der messianisch-jüdischen Gemeinde in Hannover berichtet, die örtliche jüdische Gemeinde drohe den Besuchern der messianisch-jüdischen Gemeinde mit dem Ausschluss aus der Synagoge.[151] Auch in weiteren deutschen Städten sei den messianischen Juden verboten worden, die Synagoge zu besuchen. Andere messianische Juden berichteten, sie bekämen von der jüdischen Gemeinde keine Hilfe mehr bei der Wohnungs- oder Arbeitssuche, wenn bekannt werde, dass sie eine messianische Gemeinde besuchten.[152] A. USCHOMIRSKI und H. RENZ (EDI) berichten zudem von jahrelangen Zwistigkeiten und Auseinandersetzungen mit dem Landesrabbiner BERGER.[153]

Aufs Schärfste verurteilte die Berliner Jüdische Gemeinde die Missionsaktion der Organisation „Juden für Jesus" in Berlin 2005 (s. Kapitel 3.2.2).[154]

Fazit: Die jüdische Gemeinde, die Organisationen des christlich-jüdischen Dialogs, die katholischen Kirchen und in weiten Teilen die evangelischen Landeskirchen wenden sich explizit gegen jegliche missionarische Aktivitäten unter Juden.

---

146 HAGALIL (Hrsg.), Strategien und Konzepte der Judenmission, Teil 1, München 27.06.2001, in: http://juden.judentum.org/missionare.htm, Stand: 11.08.2007.

147 Vgl. ALLGEMEINE JÜDISCHE WOCHENZEITUNG, Judenmission verurteilt, in: Dies. 11 (1998), 2.

148 J. BERGER, zitiert in: KÜHN, Mission Jesus, 3.

149 AXELROD, Vereinnahmung, 23.

150 PAUL, Jesusfalle.

151 M. BRAKER, Gegenwind in Deutschland, in: AMZI (Hrsg.), MESSIANISCHES ZEUGNIS 2 (2007), 9.

152 Die messianischen Gemeinden gaben dies nur unter Zusicherung ihrer Anonymität an.

153 Vgl. geführte Experteninterviews mit A. USCHOMIRSKI am 01.06.2005 und H. RENZ am 30.08.05.

154 M. WULIGER, Da war doch noch was, in: JÜDISCHE ALLGEMEINE 33 (2005), 22.

Einzelne Personen jedoch innerhalb der evangelischen Kirchen und einige evangelikale Werke unterstützen das Zeugnis bzw. die Evangelisation an Juden. Somit scheinen sich zunächst keinerlei Möglichkeiten zu einem Konsens zwischen der messianisch-jüdischen Bewegung und der christlich-jüdischen Dialogbewegung aufzeigen zu lassen, was die Akzeptanz der neuen Bewegung messianischer Juden in Deutschland nicht gerade erleichtert.

3.3 Jüdisch-messianische Gruppen und Gemeinden

Nachdem ich die Einwanderung der russischen Juden nach Deutschland, deren Integrationsschwierigkeiten in jüdische Gemeinden und den christlich-jüdischen Dialog skizziert habe, fokussiere ich nun die konkrete historische Entstehung messianisch-jüdischer Gemeinden in Deutschland. Zuvor ist jedoch eine präzise Terminologie der Begriffe „messianische Juden" und „Gemeinde" bzw. „Gruppe" notwendig.

3.3.1 Terminologie

Im Schriftsprachgebrauch, in der Alltagssprache und im evangelikalen Bereich existieren eine Vielzahl von Bezeichnungen für messianische Juden und ihre Gruppen. So haben wir die Bezeichnungen „Judenchristen" und „hebräische Christen" bereits kennen gelernt und definiert. Des Weiteren gibt es zum Beispiel die „messianischen Gläubigen", die „christlichen Juden" oder die „vollendeten Juden".

3.3.1.1 Messianische Juden und messianische Nichtjuden

Um klar darstellen zu können, um wen es in dieser Untersuchung geht, beziehe ich in einer kontrastierenden Darstellung die jeweiligen Gegenmöglichkeiten der Bezeichnungen mit ein. Ich begründe weitgehend aus der Beobachterperspektive zweiter Ordnung, aber ich nehme auch die selbst getroffenen Unterscheidungen des Systems auf (vgl. Kapitel 1.6 und 1.7).

Zunächst lässt sich die Bezeichnung „messianischer Jude" in die Merkmale „Jude" und „messianisch" (das heißt *Glaube an Jesus als den Messias*) zerlegen. Diese Variablen können je zwei Werte annehmen *(Jude/Nichtjude sein* und *Glaube an Jesus als den Messias/kein Glaube an Jesus als den Messias),* die man miteinander kombinieren kann. Die dabei entstehende mehrdimensionale Tabelle bezeichnet man als „Typologie“[155] „aus der Gesamtheit aller verschiedenen Kombinationen (Typen) der zugrunde liegenden Variablen“.[156]

	Jude	**Nichtjude**
Glauben an Jesus als den Messias	**1** • messianischer Jude • Judenchrist/jüdischer Christ • jesusgläubiger/christus-gläubiger Jude • hebräischer Christ • biblischer Jude • Vollständiger (vervoll-ständigter) Jude[157] • Jude für Jesus • Christ jüdischer Herkunft • (Christ)	**2** • Heidenchrist • Christ • messianischer Gläubiger • messianischer Nichtjude • Gläubiger • entschiedener/wieder-geborener Christ[158] • (messianischer Jude)[170]
kein Glauben an Jesus als den Messias	**4** • religiöser Jude • orthodoxer Jude • Reformjude • liberaler Jude • gläubiger Jude • traditioneller Jude • säkularer Jude • atheistischer Jude • Jude mit messianischer Hoffnung	**3** • Christ • Heidenchrist • Etc.[160]

Tab 3.3.1 1 – 1 Typologie I: Messianische Juden

155 Vgl. K. D. BAILEY, Methods of social research, New York 19944, 382; R. SCHNELL/B. HILL/E. ESSER, Methoden der empirischen Sozialforschung, München/Wien 1999[6], 161-162.

156 Für diese theoretische Bestimmung gibt es keine objektiven Gütekriterien, z.B. ob alle relevanten Begriffe berücksichtigt wurden. Die mehrdimensionale Tabelle erhebt damit keinen Anspruch auf Vollständigkeit, sondern dient der theoretischen Unterstützung weiterer Ausführungen. Vgl. SCHNELL/HILL/ESSER, Methoden, 162-163.

157 P. LIBERMAN, The fig tree blossoms. Messianic Judaism emerges, Harrison 1977, 2; STERN, Manifesto, 24; HARRIS-SHAPIRO, Messianic Judaism, 56-58.

158 Im evangelikalen Sprachgebrauch gebräuchlich. Vgl. T. KERN, Schwärmer, Träumer und Propheten, Frankfurt 1997.

159 H. FISCHBEIN bezeichnet den Nichtjuden, der an Jesus als den Messias glaubt und die jüdischen Gebote hält, ebenfalls als messianischen Juden. Vgl. BSSE (Hrsg.), Man muss die Schrift `mit jüdischen Augen` lesen, Interview mit H. FISCHBEIN, in: KOL HESED 1 (2004), 3.

160 In diese Kategorie würden zwar auch Muslime, Buddhisten etc. fallen, hier ist jedoch die Variable „Nicht-jude“ im christlichen Kontext gemeint.

Diese mehrdimensionale Tabelle macht deutlich, dass die Bezeichnungen innerhalb jeder einzelnen Zelle (Merkmalsraum) nicht eindeutig voneinander abgegrenzt und sogar beliebig erweitert werden können. Der Begriff „messianischer Jude“ kann in den ersten zwei Merkmalsräumen genutzt werden und im vierten Merkmalsfeld einen Juden, der an den Messias Gottes glaubt, bezeichnen. Die Bezeichnung „Christ“ kann in den ersten drei Merkmalsräumen mit unterschiedlichen Konnotationen auftreten.[161] Eine deutliche Trennung besteht jedoch aufgrund der Variable *Glaube an Jesus als den Messias*, die zum Beispiel einen orthodoxen Juden explizit von einem messianischen Juden unterscheidet.

Für die nächste Typologie übernehme ich daher die Unterscheidung „Glaube an Jesus als den Messias“ und kombiniere die zwei Werte dieser Variable (*an Jesus als Messias glaubender Jude/an Jesus als den Messias glaubender Nichtjude)* mit den zwei Werten der Variable „Besucher einer messianisch-jüdischen Gemeinde“ (*Besucher/kein Besucher*).[162] Denn erst wenn an Jesus glaubende Juden eine messianische Gemeinde besuchen, tritt ihre besondere Identität zutage.[163]

	„an Jesus als den Messias glaubender Jude“	**„an Jesus als den Messias glaubender Nichtjude“**
„regelmäßiger Besucher einer messianisch-jüdischen Gemeinde/ Gruppe“	„messianischer (an Jesus als Messias glaubender) Jude“	„messianischer (an Jesus als Messias glaubender) Nichtjude“
„kein Besucher einer messianisch-jüdischen Gemeinde/Gruppe“	„Jude mit christlichem Glauben“/ „Christ jüdischer Herkunft“	„Christ aus den Nationen“/ „Heidenchrist“

Tab. 3.3.1.1 – 2 Typologie II: Messianische Juden in der messianisch-jüdischen Gemeinde

161 Messianische Juden werden oft als Christen bezeichnet. Genauso werden aber auch Nichtjuden, die nicht an Jesus als den Messias glauben als Christen bezeichnet, wenn sie z.B. einer Kirche angehören.

162 Der Wert „Besucher“ meint einen Besucher, der regelmäßig eine messianische Gemeinde besucht. Die Werte „regelmäßiger, unregelmäßiger oder gelegentlicher Besucher einer messianischen Gemeinde“ werden hier nicht erfasst.

163 Zaretsky beschreibt zwar, dass die Bezeichnung „messianischer Jude“ auch jüdische Gläubige in den Kirchen und Freikirchen bezeichnen könne. Hier möchte ich aber speziell nur diejenigen Juden, die zu den messianischen Gemeinden gehören, dementsprechend bezeichnen. Vgl. Zaretsky, Evangelium, 49.

Messianischer Jude

Die Bezeichnung „messianische Juden" ist seit 1975 die geläufigste Bezeichnung[164] und auch im Jahr 2006 der „im Augenblick [...] am häufigsten gebrauchte Begriff"[165] des religiösen Systems selbst. Auch in Deutschland bezeichnen die Verantwortlichen der Bewegung den Ausdruck „messianischer Jude" als adäquat[166] und er wird als „In-vivo-Kode"[167] in Gesprächen, Zeitschriften, Gottesdiensten, Interviews benützt (Selbstbeobachtung des religiösen Systems). Aber auch bei Beobachtern zweiter Ordnung hat sich der Begriff durchgesetzt.[168]

Die Bezeichnung grenzt sich einerseits deutlich von dem Begriff des „Judenchristen" ab, der für die an Jesus glaubenden Juden der ersten Jahrhunderte galt, die trotz ihres Glaubens dem jüdischen Religionsgesetz treu blieben.[169]

Der Begriff „Judenchrist" war schon für diejenigen unpassend, die zur Taufe gezwungen wurden und weiter heimlich an der jüdischen Tradition festhielten. Andererseits war der Begriff „Judenchrist" auch für diejenigen unpassend, die sich aus Überzeugung haben taufen lassen und allen Elementen der jüdischen Glaubensgemeinschaft absagten.[170] Auch die heutigen konvertierten Juden, die einer christlichen Gemeinde oder Kirche angehören, könnte man als „Christ jüdischer Herkunft" oder als „Jude mit christlichem Glauben" bezeichnen.[171]

Weiterhin distanziert sich der Begriff „messianisch" auch deutlich von der Bewegung der „hebräischen Christen".[172] In beiden Fällen ersetzt er die, für Juden negativ konnotierte, Bezeichnungen „Christ" und „christlich". Das „messianisch sein" soll dabei nicht als „Christ sein" im Sinne von „Nichtjude sein" oder „Heide

---

164 JUSTER, Jewish Roots; KJÆR-HANSEN, Messianische Juden; STERN, Manifesto; TELCHIN, Messianic Judaism; ZARETSKY, Evangelium etc.

165 ZARETSKY, Evangelium, 49.

166 H. STRESOW (BSSE e.V.), H. RENZ (EDI) und J. SCHULZ (AMZI) und nahezu alle Gemeindeleiter halten die Bezeichnung „messianischer Jude" für einen angemessenen, treffenden und zeitgemäßen Begriff.

167 „In-vivo-Kodes" sind Worte oder Äußerungen, die von den Beteiligten selbst verwendet werden. Vgl. GLASER, B., Theoretical sensitivity. Advances in the methodology of grounded theory, Mill Valley 1978, 70; STRAUSS/CORBIN, Grounded Theory, 50.

168 Z.B. COHN-SHERBOK, Messianic Judaism; HARRIS-SHAPIRO, Messianic Judaism; HORNUNG, Messianische Juden etc.

169 „Judenchrist" wird meist auf die an Jesus glaubenden Juden in den ersten vier Jahrhunderten bezogen. Vgl. Kapitel 2.1.

170 Vgl. J. J. PETUCHOWSKI, Art. Judenchristen, in: PETUCHOWSKI/THOMA, Begegnung, 97-98.

171 Obwohl der Begriff „Judenchrist" oft von Theologen verwendet und theologisch verteidigt wird (z.B. H. D. LEUNER, Zwischen Israel und den Völkern. Vorträge eines Judenchristen, Berlin 1978, 68-7), verwende ich den Begriff des „Judenchristen" wie den des „hebräischen Christen" nicht als Synonym für die Mitglieder der messianisch-jüdischen Bewegung.

172 Die Bezeichnung „hebräischer Christ" impliziert die völlig andere Strömung der geschichtlichen Entwicklung (vgl. Kapitel 2.2.).

sein" synonym verwendet werden.[173] Das heißt, auch wenn ein Jude „messianisch" ist, soll er in dieser Studie weiter als „Jude" bezeichnet werden. Dies könnte man auch damit begründen, dass ein von einer jüdischen Mutter geborener Jude nach dem jüdischen Religionsgesetz auch ein Jude bleibt, wenn er z.B. „sündigt", indem er zu einer anderen Religion übertritt.

Darüber hinaus beziehe ich mit dem Begriff „Jude" auch diejenigen Personen ein, die zwar halachisch keine Juden sind, sich aber selbst als Juden bezeichnen und im Sinne des Kontingentflüchtlingsgesetzes (nicht als nichtjüdische Familienangehörige) nach Deutschland einwandern durften.

Gleichzeitig enthält die Bezeichnung „messianischer Jude" auch keine diffamierenden Elemente gegenüber den traditionellen Juden wie zum Beispiel die Bezeichnung „vervollständigter Jude"[174] oder „biblischer Jude".[175] Da der Begriff „messianischer Jude" aber auch für einen Juden mit „messianischer Hoffnung" gelten könnte,[176] also für den religiösen Juden, der den Messias und ein messianisches Reich erwartet, soll das Adjektiv „messianisch" in der weiteren Darstellung implizit immer um den Zusatz „an Jesus als den Gesalbten, den Messias glaubend" ergänzt werden.

Messianischer Nichtjude

Mit einem „messianischen Nichtjuden" bezeichne ich (aus der Beobachterperspektive zweiter Ordnung) einen an Jesus glaubenden Nichtjuden, der regelmäßig eine jüdisch-messianische Gemeinde besucht.[177] Der Begriff „messianischer Gläubiger", der vereinzelt in informellen Gesprächen auftauchte, stellt einerseits aufgrund seiner Tautologie (messianisch = an Jesus gläubig) keine adäquate Bezeichnung dar. Andererseits lässt sich das substantivierte Adjektiv „gläubig" nicht als Pendant zum Begriff „Jude" einsetzen.[178] Der „messianische Nichtjude" soll terminologisch

---

173 Vgl. STERN, Manifesto, 18; TELCHIN, Messianic Judaism, 9.

174 Diese Bezeichnung stellt einen orthodoxen Juden als defizitär dar.

175 Dies impliziert, dass die mündliche Tora und die rabbinische Lehre unbiblisch seien. Darüber hinaus möchten sich nicht alle messianischen Juden von den rabbinischen Traditionen distanzieren. Der Begriff „Jude für Jesus" bietet sich auch nicht an, da er bereits für eine Organisation genutzt wird. Zudem wird der stark missionarische Stil der „Juden für Jesus" nicht von allen messianischen Juden befürwortet. Vgl. STERN, Manifesto, 20-21.

176 Z.B. glauben einige Anhänger der chassidischen Gruppierung „Chabad" (oder „Lubawitsch") innerhalb des orthodoxen Judentums, an einen bereits erschienenen Messia Menachem Mendel Schneerson.

177 Vgl. ebenso: RAUSCH, Messianic Judaism, 119; COHN-SHERBOK, Messianic Judaism, 169; JUSTER, Jewish Roots, 118.

178 In einer Gruppe tauchte auch die Bezeichnung „messianischer Deutscher" auf, die aber nicht die verschiedenen Herkünfte der anderen Nichtjuden umfassen kann. Den Begriff „Heide" habe ich

nicht als Jude angesehen werden, auch wenn er die messianisch-jüdische Gemeinde besucht. Damit grenze ich mich ab von der Definition Fischbeins, der auch Nichtjuden, die an Jesus glauben, als messianische Juden bezeichnet.[179] Dazu ist die Bezeichnung „messianischer Nichtjude“ explizit von dem des „Heidenchristen“ oder „Christen“ unterschieden, der einen an Jesus glaubenden Nichtjuden bezeichnet, der z.B. eine landeskirchliche oder evangelikale Gemeinde besucht und daher in der Studie nicht erfasst wird.

Im Folgenden geht es somit um die „messianischen Juden“ und die „messianischen Nichtjuden“,[180] die eine messianisch-jüdische Gruppe oder Gemeinde besuchen. Zur weiteren Unterscheidung werden diese nach ihrer Herkunft typisiert.

	„messianische Juden“	**„messianische Nichtjuden“**
russische Herkunft[181]	„messianische Juden russischer Herkunft“	„messianische Nichtjuden russischer Herkunft“
deutsche Herkunft	„messianische Juden deutscher Herkunft“	„messianische Nichtjuden deutscher Herkunft“
Spätaus-siedler[182]	„Subbotnikis“/ „Sabbatarier“	„messianische Nichtjuden deutsch-russischer Herkunft“

Tab. 3.3.1.1 – 3 Typologie III Messianische Juden und Nichtjuden und ihre Herkunft

Die Bezeichnung „messianische Juden russischer Herkunft“ impliziert alle messianischen Juden, die aus den Nachfolgestaaten der Sowjetunion (Estland, Lettland, Litauen, Moldau, Russische Förderation, Ukraine, Weißrussland, Armenien, Aserbaidschan, Georgien, Kasachstan, Kirgisien, Tadschikistan, Turkmenistan und Usbekistan[183]) nach Deutschland eingereist sind und eine messianisch-jüdische

nur im theologischen Kontext dieser Untersuchung synonym benutzt.

179 Vgl. Fischbein, zitiert in: BSSE, Schrift, 3; anders: Fruchtenbaum, Hebrew Christianity, 18-21; D. Sedaca, The search for a genuine Messianic Jewish identity, Rancho Mirage, in: http://www.imja.com /identity.htm, Stand: 12.08.2007.

180 Auch wenn jemand für sich selbst eine andere Selbstbezeichnung gewählt hat (vgl. 5.5), behalte ich diese Bezeichnungen bei, damit ein eindeutiger Bezugsrahmen für den Leser gewährleistet ist.

181 Die Bezeichnungen „russische Herkunft“, „deutsche Herkunft“ etc. werden synonym gebraucht mit „russisch-stämmig“, „deutschstämmig“ etc. Hier dienen sie aber der genaueren Differenzierung, um z.B. die messianischen Nichtjuden, die als Spätaussiedler eingereist sind von denen zu unterscheiden, die in Deutschland geboren sind.

182 „Spätaussiedler“ sind Personen, die im Sinne des Art. 116 GG deutscher Volkszugehörigkeit sind. Von 1991 bis 2004 wanderten fast zweieinhalb Millionen Menschen als Spätaussiedler nach Deutschland ein. Davon kamen 92,3% aus dem Gebiet der ehemaligen Sowjetunion, insbesondere aus Kasachstan und der Russischen Förderation (im Jahr 2005 99,6%). Vgl. Bundesamt für Migration und Flüchtlinge (Hrsg.), Migration und Asyl in Zahlen, Nürnberg 2004, 57; Bundesministerium des Innern (Hrsg.), Migrationsbericht.

183 Vgl. Bundesamt für Migration und Flüchtlinge (Hrsg.), Migration und Asyl, 24.

Gemeinde besuchen. Sie stellen den Hauptanteil der Untersuchung dar (94,6% der befragten messianischen Juden, vgl. Kapitel 5.2.3.2)

„Messianische Juden deutscher Herkunft" sind die in Deutschland geborenen Juden, die konvertierten und eine messianische Gemeinde besuchen. Ihr Anteil an der Untersuchung ist äußerst gering (3,9% der befragten messianischen Juden).

Die „Subbotnikis oder „Sabbatarier"[184] sind „Juden deutsch-russischer Herkunft", die sich in mehrheitlich nichtjüdischen Gemeinden, meist von Adventisten,[185] integrieren. Mit großer Vehemenz werden die jüdischen Gesetze und vor allem der Sabbat konsequent eingehalten. Da ihre Gottesdienstformen jedoch teilweise denen messianisch-jüdischer Gemeinden ähneln, bezeichnen einige evangelikale Christen sie fälschlich als messianische Juden.[186] Sie werden in der Studie nicht erfasst, da sie eine gesonderte Untersuchungsgruppe darstellen und keine messianisch-jüdischen Gemeinden besuchen.

Der Begriff „messianische Nichtjuden russischer Herkunft" impliziert alle messianischen Nichtjuden, die aus den o. g. Nachfolgestaaten der Sowjetunion eingereist sind und eine messianisch-jüdische Gemeinde besuchen. Ihr Anteil beträgt 37,8% der befragten messianischen Nichtjuden.

„Messianische Nichtjuden deutscher Herkunft" sind in Deutschland geborene Besucher oder Mitglieder, die an Israel und den messianischen Juden in Deutschland interessiert sind, zum Beispiel die jüdischen Wurzeln des Christentums entdecken möchten und aktiv in einer jüdisch-messianischen Gemeinde mitwirken. Insgesamt gibt es in der Fallstudie 26,6% messianische Nichtjuden, die regelmäßig eine messianisch-jüdische Gemeinde besuchen.

---

184 Russ. subbota (=Samstag). Im 16. Jahrhundert entstanden in Siebenbürgen und unabhängig davon im russischen Gouvernement Saratow die Gruppen der Subbotniki. Die Subbotniki feierten den Sabbat statt des Sonntags und betrachten den Sabbat als Teil der von Christus nicht aufgehobenen Tora. Vgl. F. HAUCK/G. SCHWINGE, Theologisches Fach- und Fremdwörterbuch, Göttingen, 2002^{9}, 175.188.

185 Die adventistische Kirche ist eine Freikirche, die in naher Zukunft die Wiederkunft Jesu erwarten. Gemeinsamer Ursprung aller adventistischen Gemeinschaften ist die religiöse Erweckungsbewegung Anfang des 19. Jahrhunderts in den USA.

186 Mittlerweile gibt es mindestens fünf solcher Gemeinden in Deutschland. Die Besucher und Mitglieder dieser Versammlungen sind meist pfingstlerisch geprägt, ohne jedoch im BFP Mitglied zu sein. Die Gemeinde der „Subodnikis" in Karlsruhe-Durlach mit zwölf Mitgliedern (vier jüdischer Abstammung) ist aus der Abspaltung zur örtlichen Pfingstgemeinde entstanden. In Singen am Bodensee gibt es „Subodnikis" in einer freien evangelischen, pfingstlerisch geprägten Gemeinde mit ca. 80 regelmäßigen Besuchern rumänischer Herkunft (10-20 Juden). In Minden gibt es eine Gemeinde mit ca. 100 Spätaussiedlern aus Tadschikistan, von denen viele nach eigener Aussage in dritter Generation jüdischer Abstammung sind. Die Gemeinde in Hannover „Jeschuah Hamaschiach e.V." besteht seit 2004 und hat etwa 30-40 Mitglieder (vier Juden). In Schwäbisch-Hall hat sich eine heidenchristliche, russischsprachige Gemeinde von Spätaussiedlern (keine Juden) aus einer adventistischen Gemeinde entwickelt, die aber Juden mit dem Evangelium erreichen möchten. Vgl. Experteninterview mit einem Gemeindeleiter, geführt am 04.08.2005.

„Messianische Nichtjuden deutscher Herkunft aus Russland" sind die nichtjüdischen „russisch-deutschen Spätaussiedler" in den messianischen Gemeinden mit einem Anteil von 27,9% der befragten messianischen Nichtjuden.

Die Spätaussiedler versammeln sich in Deutschland meist in eigenen Gemeindeformen. THEIS schildert die religiösen Merkmale vieler Spätaussiedler: große Ergebenheit in Gottes Willen, persönlicher, emotionaler Gottesbezug, korporative Identität (starkes „Wir-Gefühl"), rigide Moralvorstellungen, Biblizismus, Glaube an Verbalinspiration, Gesetzlichkeit, zentrale Bedeutung von Apokalyptik und Bekehrungserlebnis, hoher Stellenwert des Abendmahls etc.[187]. So werden die Merkmale der Bekehrung, die Sprache Russisch, die deutsche Abstammung und die kulturellen Ausprägungen gemeinschaftsstiftend erlebt. [188]

J. KRAFT beschrieb 1995, dass die russlanddeutschen Gemeinden bei der Evangelisation unter Juden kaum involviert waren.[189] Und DARIEVA geht davon aus, dass erst die Lebenssituation in der neuen Heimat die Spätaussiedler und die russisch-jüdischen Kontingentflüchtlinge miteinander in Verbindung brachte, da russische Juden im Gegensatz zu Spätaussiedlern aus großstädtischen Milieus stammten.[190]

Fazit: Die Bezeichnung „messianische Juden" ist seit 1975 die geläufigste Bezeichnung der Bewegung. Ein messianischer Jude definiert sich dadurch, dass er zum Glauben an Jesus als den Messias Israels konvertierte, eine messianisch-jüdische Gemeinde besucht und sich als Jude bezeichnet. In den messianisch-jüdischen Gemeinden gibt es messianische Juden und messianische Nichtjuden.

3.3.1.2 Gruppen und Gemeinden

Die Bestimmung messianisch-jüdischer Gruppen oder Gemeinden ist ebenfalls wichtig. Denn es gibt neben dem „messianischen Hauskreis" und „messianischen Bibelkreis" zum Beispiel die „messianische Gruppe" und die „messianische Gemeinde" als Selbstbezeichnungen.

Im deutschsprachigen evangelikalen Bereich bezieht sich der Begriff „Hauskreis" oder „Bibelkreis" auf eine meist wöchentlich stattfindende Veranstaltung evangelikaler Gemeinden oder Kirchen, die das gemeinsame Bibellesen, den Austausch über das Gelesene und eine abschließende Gebetsgemeinschaft zum Inhalt hat. Die Besucher eines Hauskreises gehören meist als feste Mitglieder einer evangelikalen

187 Vgl. THEIS, Religiosität, 134-145.

188 C. EYSELEIN. Russlanddeutsche Aussiedler verstehen. Praktisch-theologische Zugänge, Leipzig 2006, 360-365.

189 J. KRAFT, Evangelisation unter Juden in Deutschland, in: IDEA DOKUMENTATION 22 (1995), 14.

190 Vgl. DARIEVA, Von anderen Deutschen, 406.417.

Gemeinde an und besuchen einen Hauskreis zusätzlich zum Gottesdienst.[191] Die Besucher eines so genannten „messianischen Hauskreises" oder „messianischen Bibelkreises" sind aber selten Mitglieder in evangelikalen Gemeinden oder in der Landeskirche, sie zeichnen sich oft gerade durch ihre Unabhängigkeit aus.[192]

Deshalb möchte ich mit dem Begriff der „Gruppe" im Folgenden die Begriffe wie „Hauskreis" oder „Bibelkreis" typologisch ersetzen (Beobachterperspektive zweiter Ordnung).[193] Dabei bezeichne ich in Anlehnung an NEIDHARD eine „religiöse Gruppe" als diejenige religiöse Sozialform mit einem sehr geringen Organisationsgrad, deren „Sinnzusammenhang durch unmittelbare und diffuse Mitgliederbeziehungen sowie durch relative Dauerhaftigkeit bestimmt ist".[194] Durch die Ausprägung der Lehre und der quantitativen Zunahme ist es jedoch in einigen der messianisch-jüdischen Gruppen zu fest ausgeprägten Strukturen mit hohem Organisationsgrad und Mitgliedschaftskriterien, eigener Liturgie, Bekenntnis etc. in Abgrenzung zur Umwelt gekommen. Dies stellt dann eine „messianisch jüdische Gemeinde" dar.[195] Da die Mitgliedschaft jedoch auch dort nicht immer formal definiert wird und es auch andererseits viele „Zugehörige" gibt, die kein offizielles Mitglied sind, müssen zusätzliche Merkmale über die Zugehörigkeit oder die Nichtzugehörigkeit zur religiösen Gruppe bestimmen.[196] Dies sind die Konversion, das öffentliche Bekenntnis, die Taufe und eine regelmäßige, kontinuierliche und (bedingt auch aktive Teilnahme) an der religiösen Gruppe (vgl. Kapitel 5.3.2). Diese Kennzeichen müssen kein Konglomerat darstellen, aber meist ist dies in der Realität der Fall.

Systemtheoretisch ausgedrückt bestimmen die oben genannten Marker die Grenzen des religiösen messianisch-jüdischen Systems gegenüber der Umwelt und steigern die operationsfähige Kontingenz der religiösen Gruppe bzw. Gemeinde.[197]

---

191 Auch KJÆR-HANSEN und SKJØTT unterscheiden zwischen den „home-groups", die als „cell-group" zu einer Gemeinde gehören und somit nicht gesondert aufgeführt werden und den unabhängigen „house groups", die zu keiner Kirche oder Denomination gehören, sich aber oft auf dem Weg zu einer Gemeinde befinden. Vgl. KJÆR-HANSEN/SKJØTT, Facts & Myths, 17.

192 Ein „messianischer Hauskreis" kann zwar einer „messianischen Gemeinde" angehören, dann wird er aber hier nicht eigens aufgeführt.

193 Dabei lasse ich die Selbstbezeichnungen der einzelnen Gruppen stehen (Selbstbeobachtung). Die oben genannte Unterscheidung soll aber der typologischen und religionssoziologischen Einordnung dienen (Beobachterperspektive zweiter Ordnung).

194 F. NEIDHARD, Das innere System sozialer Gruppen, in: KÖLNER ZEITSCHRIFT FÜR SOZIOLOGIE UND SOZIALPSYCHOLOGIE 31 (1979), 642.

195 Eine messianische Gemeinde wird daher nicht nach der Anzahl der Besucher oder offizieller Mitglieder definiert oder nach der Tatsache, ob sie ein eigenes Gebäude aufweist (bis September 2006 hatte keine messianische Gemeinde oder Gruppe ein eigenes Gebäude).

196 Vgl. LUHMANN, Funktion der Religion, 184-285.

197 Zum Beispiel kann die religiöse Gruppe in die Sozialform einer Kultgemeinschaft übergehen, sich zu einer Sektenbewegung oder einer Sektenorganisation entwickeln. Vgl. KRECH, Religionssoziologie, 53.

Dies hat die Selbstorganisation der neuen religiösen Bewegung messianischer Juden in Deutschland zur Folge mit einer kollektiven Identität nach innen und einer Abgrenzung nach außen.[198] Man kann von einer solchen religiösen Bewegung sprechen, wenn zwischen vielen Individuen, Gemeinden oder Organisationen Netzwerke von informellen Beziehungen entstehen und feste Organisationsgrade zum Beispiel auf nationaler oder internationaler Basis ausgebildet werden. Kollektive Glaubensansichten oder neue bzw. reaktivierte religiöse Überzeugungen können diese Bewegung prägen und weiter mobilisieren.[199] Manche religiösen Bewegungen versuchen auch, einen sozialen und kulturellen Wandel herbeizuführen, zu verhindern oder rückgängig zu machen.[200]

Fazit: Eine „messianische Gruppe" ist somit eine Gruppe von messianischen Juden, die sich regelmäßig und dauerhaft zu messianisch-jüdischen Handlungen (Beten, Gottesdienste etc.) trifft, wobei diese Gruppe noch geringe Organisationsstrukturen aufweist. Wenn solch eine Gruppe neben einer höheren Besucheranzahl, fest ausgeprägte Strukturen (Funktion eines Leiters, spezielle Liturgien, Bekenntnis, Mitgliederkriterien etc.) nachweist, ist es eine „messianisch-jüdische Gemeinde". Weitere Kriterien für die „Zugehörigkeit" sind die Konversion, das öffentliche Bekenntnis zu Jesus als den Messias und die Taufe. Aus einem Netzwerk verschiedener Gemeinden kann eine (neue) religiöse Bewegung mit festen Organisationsgraden auf nationaler oder internationaler Basis entstehen.

3.3.2 Entstehung jüdisch-messianischer Gemeinden und Gruppen in Deutschland

Einige „Bekehrungsgeschichten" der Pioniere des messianischen Judentums in Deutschland stehen exemplarisch für weitere Konversionen von sowjetischen Juden seit Ende der 1980er Jahre.

---

198 Vgl. J. A. HANNIGAN, Apples and oranges or varieties of the same fruit. The new religious movements and the new social movements compared, in: Review of Religious Research 31 (1990), 246-258; Ders., Social movement theory and the sociology of religion. Toward a new synthesis, in: Sociological Analysis 52 (1991), 311-332.

199 Vgl. J. EIBEN/W. Viehöver, Religion und soziale Bewegungen. Zur Diskussion des Konzepts der Neuen Religiösen Bewegungen, in: FORSCHUNGSJOURNAL NEUE SOZIALE BEWEGUNGEN 6 (1993), Nr. 3/4, 51-75.

200 Vgl. J. RASCHKE, Zum Begriff der sozialen Bewegung, in: R. ROTH/D. RUCHT (Hrsg.), Neue Soziale Bewegungen in der Bundesrepublik Deutschland, Bonn 19912, 31-35; KRECH, Religionssoziologie, 56-60; Ders., Kleine Religionsgemeinschaften, 3-4.

3.3.2.1 Ukraine und ehemalige Sowjetunion – 1987 bis 1996

Bereits 1987 bekehrte sich M. Schurawlow (spätere Namensänderung in: M. Braker) aus Dnepropetrowsk (Ukraine). 1990 ließ er sich taufen und ein Jahr später konvertierte seine Frau ebenfalls, beide reisten 1993 nach Deutschland ein.

B. Galinker, ein weiterer Pionier des messianischen Judentums in Deutschland, hatte während des Studiums Kontakte mit der zionistischen Bewegung, woraufhin er sich auf eine Immigration nach Israel vorbereitete. Im Alter von etwa 20 Jahren wurde er jedoch Opfer eines Verbrechers in Kiew. Anschließend habe er lange unter Todesängsten gelitten und sich nach einer Antwort über die Bedeutung des Lebens gesehnt. 1991 habe er an der Universität von einem Freund zum ersten Mal von Jesus gehört. Durch das intensive Lesen des Neuen Testamentes, viele Gespräche und durch ein Buch von B. Graham[201] hat er sich bekehrt und eine große, von dem Missionswerk CPM 1990 gegründete messianisch-jüdische Gemeinde in Kiew besucht. Dort hat er sich 1992 taufen lassen.[202]

A. Uschomirski konvertierte 1992 durch die intensive Lektüre des Buches „Verraten" von Telchin[203] im Alter von 33 Jahren. Einen Monat vor seiner Ausreise nach Deutschland (1992) hat er sich mit seiner Frau in der oben genannten Kiewer messianisch-jüdischen Gemeinde taufen lassen. Diese Gemeinde teilte sich Ende 1992 in zwei Gemeinden auf und die größere Gemeinde erhielt nun den Namen „Beit El Gibor" („Haus Gottes des Starken").[204]

W. Pikman konvertierte ebenfalls 1992 durch den Kontakt mit seinem Kiewer Studienkollegen Galinker. Pikman ließ sich noch im gleichen Jahr taufen und wurde 1993 Mitarbeiter des Missionswerk CPM. Das befreundete Ehepaar Ignatenko bekehrte sich 1993 und ließ sich noch im gleichen Jahr in der oben genannten Kiewer Gemeinde taufen.

W. Pikman und B. Galinker absolvierten eine private theologische halbjährige Ausbildung in den USA und beide sind 1993 zu messianisch-jüdischen Pastoren noch vor ihrer Ausreise nach Deutschland ordiniert worden. B. Galinker wurde Missionar bei CPM und Gemeindeleiter der Kiewer messianisch-jüdischen Ge-

---

201 B. Graham ist ein US-amerikanischer Baptistenpastor und Mitbegründer der evangelikalen Bewegung. Er predigte meist auf multimedialen Großveranstaltungen. Ende der 1980er Jahre evangelisierte er in Moskau.

202 Experteninterview mit B. Galinker, geführt am 26.08.2005.

203 In diesem Buch erfährt ein jüdischer Vater, dass seine erwachsene Tochter plötzlich zum messianisch-jüdischen Glauben konvertiert ist. Er versucht durch intensives Bibelstudium seine Tochter zu überzeugen, dass ihr Glaube falsch ist, doch bald konvertieren er und seine Frau ebenfalls. Vgl. S. Telchin, Betrayed, Lincoln/Virginia 1981, Ders., Verraten, Hagen 1983.

204 Vgl. Amzi/Edi (Hrsg.), Wir glauben an Jesus den Messias. Messianische Juden in Deutschland, Reinach/Lörrach, 7-9; Uschomirski, Anatoli, 4; Experteninterview mit B. Galinker am 26.08.2005.

meinde bis zu seiner Ausreise nach Deutschland (2000).[205] A. IGNATENKO reiste 1994 und W. PIKMAN 1995 nach Deutschland ein.

Ein ehemaliger Major der sowjetischen Armee, der sich durch die Begegnung mit W. PIKMAN und A. IGNATENKO bekehrt hatte, erzählte seinem Nachbarn J. SCHECHTMANN von Jesus und schenkte ihm 1993 das Heftchen: „Das Leben", eine Auslegung von Jesaja 53.[206] J. SCHECHTMANN hat verschiedene Lebenskrisen durchlitten und sah den im Heft geschilderten Glauben an Jesus als persönliche Befreiung und Heilung an. Noch im gleichen Jahr hat er sich ebenfalls in der Kiewer Gemeinde taufen lassen.[207] 1994 hat er Kiew verlassen, um nach Deutschland einzureisen.

K. SWIDERSKI aus Moskau habe in Moskau besonders unter dem immer präsenten Antisemitismus gelitten und erst durch die Begegnung mit einer jungen kirgisischen Missionsfamilie und anschließendem Bibelstudium sei ihm klar geworden: „Wer die Liebe Gottes nicht hat, kann auch sein Volk nicht lieben und umgekehrt, ein Gläubiger kann nicht Antisemit sein."[208] Er konvertierte noch vor seiner Ausreise 1995.

Die bisher einzige Frau in leitender Position einer messianisch-jüdischen Gemeinde M. PODOLSKA hat sich in Kiew 1995 bekehrt und sich in einer evangelisch freikirchlichen Gemeinde taufen lassen. Parallel dazu habe sie eine andere messianische Gemeinde (mittlerweile die größte mit über 1000 Mitgliedern) in Kiew (HCA) besucht. Vor ihrer Ausreise nach Deutschland 1996 hat sie nach eigener Aussage von dem Gemeindeleiter einen Aussendungsbefehl als Laienmissionarin erhalten, um ihrem Volk auch in Deutschland zu dienen.[209]

Etwa zeitgleich (ca. 1994/1995) konvertierten L. DOLGONOVSKYY aus Weißrussland und I. P. aus der Ukraine.[210] Seit 2000 wohnt I. P. in Deutschland. I. GOUSSEV bekehrte sich 1995 bei einem Besuch eines Englischkurses der Missionsorganisation „CAMPUS FOR CHRIST". 1996 hat er sich taufen lassen und ist nach Deutschland eingereist.

---

205 Vgl. Experteninterview mit T. BURGHARD am 23.02.2005 und mit B. GALINKER am 26.08.2005.

206 In diesem russisch-hebräischen Heft wird der jüdisch-messianische Glaube erklärt und Jesus wird als der in Jes. 53 angekündigte Messias beschrieben. Abschließend ist ein Gebet zur Sündenvergebung abgedruckt, vgl. BSSE (Hrsg.), Das Leben, (Russisch).

207 Vgl. J. SCHECHTMANN in: AMZI/EDI (Hrsg.), Wir glauben an Jesus den Messias. Messianische Juden in Deutschland, 10-12; Experteninterview mit T. BURGHARD, geführtes Experteninterview am 23.02.2005 und mit W. PIKMAN am 16.+17.03.2007.

208 K. SWIDERSKI, Lebensgeschichte, Düsseldorf 2002, in: http://www.beithesed.org/pastor/pastde.htm, Stand: 12.08.2007.

209 Experteninterview mit M. PODOLSKA, geführt im September 2005.

210 I. P. (Anonymisierung des jetzigen Leiters gewünscht).

Auch V. Promokov, der 1996 konvertierte, besuchte ebenfalls die Kiewer Gemeinde Beit El Gibor und wurde Mitarbeiter bei CPM, bis er 1999 nach Deutschland einwanderte.[211]

Fazit: Viele Konvertiten hatten bereits schon vor ihrer Einreise Kontakt mit evangelikalen Gläubigen oder gar einer messianisch-jüdischen Gemeinde. Insgesamt kommen folgende Pioniere der messianisch-jüdischen Bewegung aus der Gemeinde „Beit El Gibor" in Kiew: A. Uschomirski, B. Galinker, A. Ignatenko, W. Pikman, J. Schechtmann und V. Promokov.

Gleichzeitig bestätigen die Erzählungen auch die Präsenz und die Aktivitäten der internationalen evangelikalen Werke zu Beginn der 1990er Jahre in der ehemaligen Sowjetunion. Viele konvertierte russische Juden schlossen sich sofort evangelikalen oder gerade entstehenden jüdisch-messianischen Gemeinden an und konnten hier Erfahrungen für ihre spätere Arbeit in Deutschland sammeln. Gleichzeitig brachten diese ersten messianischen Juden nach Deutschland das Bedürfnis mit, sich weiter in eigenen messianisch-jüdischen Gemeindeformen zu versammeln.

3.3.2.2 Deutschland – Anfang der 1990er Jahre

Parallel zu den Einzelschicksalen der konvertierten ukrainischen und sowjetischen Juden, bereiteten in Deutschland einzelne Personen und Werke die Ankunft russischer (messianischer) Juden vor.

H. Renz (Edi) bezeichnet das Ehepaar Wolthaus (Ukrainerin und Niederländer), Mitarbeiter der niederländischen OM, als die „Gründer der messianischen Bewegung in Deutschland."[212] Die beiden erkannten „schon in den ersten Tagen des Exodus aus Russland nach Deutschland [...], dass es Gottes göttlicher Plan und Absicht war, sie in dieses Land Deutschland zu bringen."[213] Dementsprechend trafen sie sich Anfang 1993 mit einigen Mitarbeitern verschiedener Missionswerke in Mosbach und planten an so genannten „Strategie-Wochenenden" evangelistische Kontakte zu den russischen Einwanderern.

Zum ersten von dem Ehepaar organisierten gemeinsamen „Schalom-Wochenende" in Mosbach erschienen 1995 neben den deutschen Mitarbeitern auch einige an Jesus glaubende Juden. K. Swiderski schreibt dazu: „Im Jahre 1995, als ich [...]

211 Experteninterviews mit V. Promokov, geführt im Juli 2005 und mit B. Galinker, geführt am 26.08.2005., mit Burghard am 23.02.2005 und mit W. Pikman, geführt am 16/17.03.2007.

212 Experteninterview mit H. Renz, geführt am 30.08.2005.

213 H. Wolthaus, Ich will, dass ihr Worte des Lebens zu meinem Volk redet, in: BSSE (Hrsg.), Kol Hesed 3 (2005), 11.

mir vollkommen sicher war, dass ich der einzige an Jesus glaubende Jude auf dieser Welt bin, habe ich eine Einladung nach Mosbach empfangen."[214] Die Pioniere A. USCHOMIRSKI, K. SWIDERSKI, M. SCHURAWLOW (BRAKER), J. SCHECHTMANN und A. IGNATENKO und ein weiterer messianischer Jude lernten sich teilweise erstmals kennen und tauschten ihre Erfahrungen aus. Gleichzeitig verpflichteten sie sich zu weiterer Zusammenarbeit und Evangelisation.[215] Unterstützt wurde das Ehepaar von dem deutschen evangelikalen Gläubigen WEHNER, der die jährlichen Konferenzen im Bibel- und Erholungsheim Hohegrete organisierte.[216]

H. RENZ (EDI)[217] schildert aus seiner Sicht die erste völlig unerwartete Begegnung mit den russischen eingewanderten Juden 1991: Zunächst sei ein russisch-jüdischer Asylbewerber (kein messianischer Jude) zu ihm ins Büro gekommen, da er Probleme mit der Anerkennung seines Judeseins seitens der Synagoge hatte. In der Kooperation mit dem Werk LICHT IM OSTEN (LIO) konnte dessen jüdische Identität, durch Übersetzung der Dokumente, bestätigt werden. In den nächsten Jahren wiederholte sich dieses Verfahren bei vielen Einwanderern. Deshalb entschloss RENZ, sich den russischen Juden näher zuzuwenden und bei der Durchführung des ersten messianischen Seminars in Deutschland mitzuwirken.

1994 luden daher die Werke AMZI, EDI und CPM zu einem zweiwöchigen „Sommer-Trainings-Evangelisations-Programm" in Berlin ein. Anschließend sollte eine einwöchige Evangelisation und messianisch-jüdische Evangelisation in Potsdam, Frankfurt am Main, Berlin und Stuttgart stattfinden.[218] H. RENZ ließ in Stuttgart Einladungen zu einem evangelistischen Vortrag in den jüdischen Emigrantenheimen verteilen und musste dabei erfahren, dass die Juden zuvor schon von den Zeugen Jehovas angesprochen worden waren: „Da wurde mir klar, dass wir etwas tun müssen, ich kann doch nicht den Sekten alles überlassen! Das war dann der Startschuss für weitere Aktivitäten." J. KRAFT, Mitarbeiter beim EDI, schreibt ebenfalls, dass evangelikale Gläubige sehr spät den Weg in die Wohnheime gefunden hätten: „Die Zeugen Jehovas, die neuapostolische Kirche, Mormonen und einige andere Sekten waren früher, fleißiger – und oft erfolgreicher."[219]

W. PIKMAN und A. IGNATENKO verkündigten direkt nach ihrer Einreise (A. IGNATENKO: 1994, W. PIKMAN: 1995) in Berlin unter den russischen Juden im familiären

---

214 Vgl. K. SWIDERSKI, Die Geschichte des messianischen Judentums, Düsseldorf 2002, 17, in: http://www.beit hesed.org/de/history/index.html, Stand: 12.08.2007.

215 Vgl. WOLTHAUS, Ich will, 11; SWIDERSKI, Geschichte, 17.

216 Vgl. K. SWIDERSKI, Wie die jüdisch-messianische Bewegung in Deutschland entstand, in: Bsse (Hrsg.), KOL HESED 2 (2007), 1.

217 Im Folgenden, sofern nicht anders erwähnt: H. RENZ, im Experteninterview, geführt am 30.08.2005; Ders., Messianische Juden, Vortrag am 14.10.2005.

218 A. Israeli (CPM), der die Gemeinde in Kiew mitgegründet hatte, unterstützte die Evangelisationseinsätze in Berlin und Stuttgart. Vgl. SWIDERSKI, Geschichte, 17.

219 KRAFT, Evangelisation, 14-15.

und freundschaftlichen Umfeld den messianisch-jüdischen Glauben, so dass eine kleine Gruppe entstand, die sich regelmäßig zum Gebet und Austausch traf. Dann gründete W. Pikman am Schawuotfest 1995 die erste messianisch-jüdische Gemeinde in Deutschland „Beit Shomer Israel“ (Haus des Hütenden/Hirten Israels) in Berlin (2005: 40 Mitglieder, ca. 100 Besucher). A. Ignatenko wurde 1996 Mitarbeiter beim BSSE, dem deutschen Zweig von CPM und arbeitet ebenfalls in der Gemeinde in Berlin mit.

In Esslingen stellt 1994 H. Renz (Edi) A. Uschomirski als hauptamtlichen Mitarbeiter ein zur Betreuung russischer Juden. Rasch versammelten sich dort 25 Personen zu einem ersten messianischen Gottesdienst. Monatliche Sabbatgottesdienste folgten, so dass 1996 die Gemeinde „Schma Israel“[220] in Esslingen gegründet werden konnte[221] (2005: 23 Mitglieder und 35-40 Besucher). Auf Wunsch seiner Gemeinde wurde A. Uschomirski im Oktober 1998 durch W. Pikman zum messianischen Pastor ordiniert. A. Uschomirski begann mit folgenden Worten seinen Dienst:

> *„Der Herr hat mich dazu berufen, vollzeitlich in seinem Dienst zu stehen und die junge Gemeinde zu leiten. […]. Er gibt mir die Kraft, ein Zeugnis für meine jüdischen Mitmenschen zu sein und ihnen die „Besora“ - die Gute Nachricht von Jeschua hamaschiach zu bringen, weil sie `eine Kraft Gottes ist, die alle rettet, die daran glauben, die Juden zuerst`.“*[222]

In diesen Worten wird der als notwendig angesehene evangelistische Auftrag eines messianischen Juden an andere Juden deutlich.

Durch die Teilnahme am Hauskreis mit A. Uschomirski in Stuttgart konvertierte H. Fischbein, der 1992 eingereist war, und ließ sich 1993 taufen. Seit Oktober 1995 leitete H. Fischbein dann einen eigenen Hauskreis und monatliche messianisch-jüdische Gottesdienste. Er schildert den weiteren Entstehungsprozess seiner Gemeinde:

> *„1993 hat sich in einer frei-evangelischen Gemeinde eine Gruppe von Juden herauskristallisiert, die zum Glauben an Jeschua, den Messias Israels kamen. Sie versammelten sich mit einigen russisch-sprechenden Deutschen mit langer*

---

220 Entgegen der hier üblichen Schreibweise „Schema' Jisrael“ schreibt sich die Gemeinde „Schma Israel“, was ich dann übernommen habe, wenn es im Text um die Gemeinde geht.

221 Zum Zeitpunkt der Untersuchung noch Stuttgart-Vaihingen, seit Februar 2006 finden die Gottesdienste in Stuttgart-Mitte aufgrund der besseren Verkehrsanbindung statt. Bereits 1997 wurde die erste große Sederfeier mit 67 Personen in der Gemeinde durchgeführt. Seit 1998 finden regelmäßig „Twilas“ (Taufen) statt. 1999 wurde die erste messianische Bat Mizwa eines Mädchens in der Gemeinde in Esslingen durchgeführt. Vgl. A. Uschomirski, in: Edi (Hrsg.), Gesandt 25 (1996) 4, 6-7; 26 (1997) 2, 3-4; 26 (1997) 3, 2-4; 27 (1998) 2, 3-4; 27 (1998) 3, 5-6; 28 (1999), 1, 3-5; 35 (2006) 1, 3.

222 Vgl. A. Uschomirski, Zeugnis, in: Amzi/Edi: (Hrsg.), Wir glauben an Jesus, 9.

Glaubenserfahrung in einem Bibelhauskreis. Mit dem geistlichen Wachstum verspürten die jüdischen Gläubigen das Bedürfnis, über ihren Glauben mit ihrem Volk zu sprechen. So fingen die regelmäßigen Besuche der Wohnheime für jüdische Emigranten im Süden Deutschlands an. [...] Der biblische Hauskreis wuchs immer mehr. Als nächstes kam der Gedanke, regelmäßige Gottesdienste abzuhalten, zu denen man russisch-sprechende Juden und alle Interessenten einladen könnte [...]. Im Jahr 2000 hat die messianische Gruppe ein Gebäude für die regelmäßigen messianischen Versammlungen gemietet [...]. Man hat den Evangelisten Henry Fischbein gewählt [...]. Die Gründung einer messianischen Gemeinde war das nächste Ziel."[223]

2000 gründete H. FISCHBEIN die „israelitische messianische Gemeinde Adon Jeschua." in Stuttgart-Feuerbach (2002 als e.V.) mit dem Leitgedanken: „In unserer Gemeinde Adon Jeschua, die überwiegend von Juden besucht wird, nehmen wir gern jeden wiedergeborenen Nichtjuden auf, der sich der messianischen Bewegung anschließt.[224]" (2005: ca. 30 regelmäßige Besucher). Die Gemeinde Adon Jeschua definiert dabei einen Juden wie folgt: „Ein Jude ist ein Mensch, der unter seinen Vorfahren mindestens einen Juden hat (Mutter, Vater, Großvater, Großmutter), ebenso wie auch Ehepartner, die sich als Teil des jüdischen Volkes sehen."[225]

Die beiden Stuttgarter Gemeinden „Schma Israel" und „Adon Jeschua" feiern einige jüdische Feste zusammen. Auch zwischen den beiden Gemeindeleitern besteht ein reger Informationsaustausch.[226] Dementsprechend lässt A. USCHOMIRSKI verlauten: „Ich kann mir gut vorstellen, dass es in Zukunft eine Gemeinde wird."[227]

Das konvertierte jüdische Ehepaar BRAKER begann nach seiner Einreise 1993 in Thüringen mit der Verkündigung des Evangeliums in Wohnheimen. In Nordhausen entstand auch für einige Jahre eine jüdisch-messianische Gruppe, die sich aber aufgrund von Umzug der Emigranten wieder auflöste.[228] Seit Januar 1996 ist M. BRAKER als fester Mitarbeiter und Missionar bei AMZI tätig und verkündigt nach

223 H. FISCHBEIN, Unsere Entstehungsgeschichte, Stuttgart, in: http://menora-online.de/adon-jeschua/deutsch/ geschichte.htm, Stand: 10.08.2007.

224 Vgl. H. FISCHBEIN, Über die Einheit der messianischen Gläubigen. Eine Botschaft für Christen, Stuttgart, in: http://menora-online.de/adon-jeschua/deutsch/christ-de.htm, Stand: 10.08.2007.

225 H. FISCHBEIN, Wie wir verstehen, Stuttgart, in: http://www.adon-jeschua.de/deutsch/ponatia-de.htm, Stand: 29.08.2006.

226 Vgl. Experteninterview mit A. USCHOMIRSKI, geführt am 01.06.2005; A. USCHOMIRSKI, Gott hört Gebet, in EDI (Hrsg.), GESANDT 25 (1996) 4, 6-7; Ders., Im Namen des Vaters, des Sohnes und des Ruach Ha Kodesch, in: EDI (Hrsg.), GESANDT 27 (1998) 2, 3-4.

227 Vgl. Experteninterview mit A. USCHOMIRSKI, geführt am 01.06.2005.

228 Insgesamt konvertierten laut BRAKER in Thüringen in den sechs Jahren 40-50 jüdische Zuwanderer. Vgl. Experteninterview mit M. BRAKER, geführt am 04.11.2004.

eigener Aussage „meinem Volk in Deutschland Gottes Wort".[229] 1999 übernahm M. Braker eine kleine Gruppe in Hannover und gründete noch im gleichen Jahr an Ro'sch ha-Schanah die jüdisch-messianische Versammlung „Schofar Chesed Jeschua"[230] (2005: 25-30 Besucher): „Einmal wollen wir die gute Nachricht vom jüdischen Messias Jeschua unter Juden weitergeben. Zum andern wollen wir ein gutes Beispiel dafür liefern, dass messianische Juden und deutsche Christen zusammenleben können."[231]

H. Stresow (Nichtjude), jetziger Vorsitzender des BSSE, kann für Berlin von den Anfängen der messianischen Bewegung in Deutschland berichten: In einem Gebetskreis von Leitern verschiedener Gemeinden zu Beginn der 1990er Jahre wurde eine kontroverse Diskussion darüber geführt, wie denn den einwandernden russischen Juden in Zukunft zu begegnen sei. Eine Gruppe um H. Stresow wollte den einwandernden Juden das Evangelium nicht vorenthalten. Die Begegnung mit einigen messianischen Juden, besonders mit W. Pikman, bestärkte H. Stresow schließlich in seiner Auffassung, die Etablierung der messianischen Bewegung zu fördern, wie er im Interview mit der Verfasserin schildert:

> *„Und da ist dann plötzlich ein messianischer Jude aus der Ukraine in unserem Kreis gewesen [W. Pikman, Anm. der Verfasserin]. […] Und er bat mich, da ich hier in der landeskirchlichen Gemeinschaft in leitender Stellung war, ob ich ein wenig helfen würde […]. Und dann bin ich von jüdisch-messianischen Brüdern angesprochen worden, ob ich Gründungsmitglied von Beit Sar Shalom werden wolle."*[232]

---

229 M. Braker, Zeugnis, in: Amzi/Edi (Hrsg.), Wir glauben, 10.

230 Braker unterhält zudem sporadische Kontakte (Feiern) mit ca. 30 Russlanddeutschen und russischen Juden in Nordhausen. Einmal jährlich reist er mehrere Wochen durch die Ukraine und predigt dort in (messianischen) Gemeinden. Vgl. Experteninterview mit M. Braker, geführt am 04.01.2004 und mit T. Braker, geführt am 22.08.2005; J. Kraft, Neues Leben in Jesus. Messianisches Zeugnis in Deutschland, in: Amzi (Hrsg.), Messianisches Zeugnis 1+2 (1997), 4; M. Shurawljow/D. Meyer, Mit dem Klang des Schofars ins neue Jahr, in: Amzi (Hrsg.), Messianisches Zeugnis 11 (1998) 7; Ders., Menschen für Jesus gewinnen. Aus der Arbeit in Deutschland, in: Amzi (Hrsg.), Messianisches Zeugnis 9 (1999), 5; Ders., Ukraine. Not und Offenheit, in: Amzi (Hrsg.), Messianisches Zeugnis 10 (2000), 6; Ders., Versammlung in Hannover, in: Amzi (Hrsg.), Messianisches Zeugnis 5 (2003), 10, Amzi/Edi (Hrsg.), Wir glauben, 10.

231 M. Braker, Auf die Wurzeln besinnen, in: Amzi (Hrsg.), Messianisches Zeugnis 4 (2003), 11.

232 H. Stresow im Experteninterview, geführt am 30.05.2005.

H. Stresow und W. Pikman arbeiteten effektiv zusammen, so dass sie bereits 1996 den deutschen Zweig von Chosen People Ministries (CPM) gründen konnten: „Beit Sar Shalom Evangeliumsdienst" (BSSE).[233]

Durch die Kontakte von K. Swiderski (Düsseldorf) in den Wohnheimen im Ruhrgebiet sind bald mehrere kleine messianisch-jüdische Gruppen entstanden. 1996 gründete er dann die Gemeinde „Beit Chesed e.V." („Haus der Gnade") in Düsseldorf mit dem erklärten Ziel, „zu zeigen, dass Jeschua aus Nazareth der wahre Messias Israels und der Retter der ganzen Welt ist"[234] (2004: 80 Mitglieder; 2005: ca. 150 regelmäßige Besucher). Seit 1998 ist er Missionar beim BSSE und hat im Ruhrgebiet weitere messianische Gruppen begleitet.[235] 1998-2001 absolvierte er das evangelikale Bibelseminar in Bonn[236] und seit 2004 ist er zudem Chefredakteur der vom BSSE herausgegebenen deutschsprachigen messianisch-jüdischen Zeitschrift „Kol Hesed" („Stimme der Gnade").

Der konvertierte Jude J. Schechtmann lebte zunächst drei Jahre mit seiner Familie in Hamburg in einem Übergangswohnheim, in dem bald eine messianische Gruppe entstand.[237] Schon 1995 trafen sich regelmäßig 15-25 russische Juden zu einer Sabbatfeier.[238] 1996 wurde unabhängig vom CPM die „messianische Gemeinde" in Hamburg aufgebaut (2005: 25-30 Besucher, 10 Mitglieder),[239] zu der auch A. Uschomirski regen Kontakt unterhält.

Fazit: Durch enge Zusammenarbeit der Werke Edi, Amzi, BSSE und der ersten messianischen Pioniere sind Mitte der 90er Jahre die ersten jüdisch-messianischen Gemeinden Deutschlands in den Städten Berlin, Stuttgart (zwei Gemeinden), Hannover, Düsseldorf und Hamburg entstanden. Folgende Stationen lassen sich

---

233 Vgl. Amzi (Hrsg.), Gebetskarte 6 (1995), in: Amzi (Hrsg), Messianisches Zeugnis 6 (1995) 3; Experteninterview mit A. Ignatenko, geführt am 21.07.2005 und mit T. Burkhardt, geführt am 23.02.2005.

234 Swiderski, Lebensgeschichte, Stand: 12.08.2007.

235 Mülheim, Düsseldorf, Neuss, Mönchengladbach, etc.

236 1993 wurde das Bibelseminar in Bonn als eine konfessionelle theologische Ausbildungsstätte für Gemeinde und Mission des Bundes Taufgesinnter Gemeinden e.V. (BTG) und der Arbeitsgemeinschaft evangelikaler Gemeinden e.V. gegründet. Es wird ein evangelikal-freikirchliches Gemeindeverständnis vertreten. Vgl. H. Derksen, Bibelseminar, Bonn, in: http://www.bsb-online.de/index.php?kat=3&action=article&kat=3&cat=view&article_id=3&sid=05fda5985b4c29e94b84925ab63d04e2, Stand: Januar 2007.

237 Vgl. Edi (Hrsg.), Mache dich auf, werde Licht. Messianische Juden in Deutschland, Vortrag am 5.6.2005.

238 Vgl. Kraft, Neues Leben, 4.

239 Zum Zeitpunkt der Untersuchung arbeitet Schechtmann auf ehrenamtlicher Basis beim Edi. Vgl. Experteninterview mit D. Schechtmann, geführt am 27.07.2005; Edi (Hrsg.), Mache dich auf, Vortrag am 5.6.2005; J. Schechtmann, in: Amzi/Edi: (Hrsg.), Wir glauben, 10-12; A. Uschomirski, Messianische Gemeinde in Hamburg, in: Edi (Hrsg.), Gesandt 33 (2004), Nr. 3, 5-6.

bei den Gemeindegründungen feststellen, wobei exemplarisch der Bericht H. Fischbeins über die Gemeinde „Adon Jeschua" zugrunde liegt:

1. Konvertierte Juden lernen einander kennen.

2. Die konvertierten Juden versammeln sich mit evangelikalen Nichtjuden regelmäßig in einem Hauskreis zum Gespräch, Bibellese und Gebet.

3. Je mehr die an Jesus glaubenden Juden über den messianisch-jüdischen Glauben erfahren, desto mehr wächst in ihnen das Bedürfnis, evangelistisch, insbesondere an Juden, aktiv zu werden.

4. Die konvertierten Juden gehen (oft zusammen mit den nichtjüdischen Gruppenbesuchern) in die jüdischen Wohnheime und evangelisieren dort.

5. Einige der eingeladenen Juden bekehren sich ebenfalls und besuchen fortan regelmäßig den Hauskreis, so dass dieser zunehmend wächst.

6. Die an Jesus glaubenden Juden und Nichtjuden organisieren zunächst sporadische, dann regelmäßige Gottesdienste, zu denen man weitere russisch-jüdische Emigranten einlädt.

7. Die Gruppe mietet ein Gebäude.

8. Die Gruppe wählt einen Evangelisten oder Leiter für die Gruppe.

9. Die Gruppe messianischer Juden gründet eine messianisch-jüdische Gemeinde.

3.3.2.3 Deutschland – 1996 bis 2000

J. Kraft schätzte 1995 die Anzahl messianischer Juden in Deutschland auf 50-100 in zehn messianischen Hauskreisen und prognostizierte: „Aufgrund ihrer kleinen Zahl wird eine messianische Gemeinde in den meisten Städten kaum infrage kommen."[240] Zunehmend strebten aber die überall verstreut lebenden messianischen Juden nach Kontakten, so dass diese Prognosen sich nicht bewahrheiteten.

240 Kraft, Evangelisation, 14-15. Weitere Schätzungen belaufen sich auf 50 messianische Juden aus den GUS-Staaten in Deutschland. Vgl. J. Keil/S. Braun, in: Vorwürfe wegen Juden-Mission klären, in: Pressemitteilung des Amtes für Information der evangelischen Landeskirche in Württemberg vom 6.12.1995, gesammelt in: Idea Dokumentation 22 (1995), 31.

Das Ehepaar Wolthaus organisierte im September 1996 eine Begegnung für 50 messianische Juden und Mitarbeiter in der messianisch-jüdischen Arbeit,[241] die sich über die ersten bereits existierenden Gruppen und Hauskreise austauschten und über die Entstehung weiterer jüdisch-messianischer Gemeinden berieten.[242] 1997 fand die erste offizielle nationale messianische Konferenz mit etwa 30 Teilnehmern im Westerwald statt.[243] Die Mitarbeiter von Amzi, Edi und Licht im Osten trafen sich regelmäßig, um die Arbeit unter russischen Juden in Deutschland zu koordinieren. A. Uschomirski bildete in mehrtätigen Seminaren für die zweimal jährlich stattfindenden jüdisch-messianischen Kinder- und Jugendfreizeiten Mitarbeiter aus.[244]

Im März 1998 fand eine dreitägige jüdisch-messianische Konferenz in Pracht (Westerwald) mit etwa 100 Teilnehmern statt, die vom Edi und BSSE und dem Ehepaar Wolthaus organisiert wurde. Dort formulierten und bekannten alle anwesenden jüdisch-messianischen Teilnehmer und die Gemeindeleiter W. Pikman, K. Swiderski, A. Uschomirski und M. Braker das erste jüdisch-messianische Glaubenbekenntnis in Deutschland (vgl. Anhang 8.1.2).[245]

Am 29.08.1999 planten W. Pikman als Vorsitzender, A. Uschomirski als sein Stellvertreter und M. Braker (damals noch Schurawlow), die „Allianz messianischer Juden in Deutschland“ (AMJD) als Zweig der „International Messianic Jewish Alliance“ (IMJA) ins Leben zu rufen. Zu einer faktischen Ausführung der AMJD ist es jedoch nach Aussagen Uschomirski aus verschiedenen Gründen nie gekommen.[246] Dennoch nahmen die jährlichen jüdisch-messianischen Konferenzen in Hohegrete (Westerwald) weiterhin einen hohen Stellenwert ein und konnten regelmäßig organisiert werden. 1999 kamen bereits 160 messianische Juden aus Deutschland zu dieser Konferenz zusammen.[247]

---

241 Dieses erste organisierte Treffen wird manchmal in unterschiedlichen Berichterstattungen auch als erste Konferenz messianischer Juden in Deutschland angesehen. Nach aktuellster Berichterstattung gilt jedoch 1997 als erste nationale Konferenz. Vgl. A. Uschomirski, Zehnte nationale Konferenz messianischer Juden in Deutschland, in: Gesandt 36 (2007), Nr. 3, 3-5.

242 Vgl. Experteninterview mit I. Henkhaus, geführt im Oktober 2005; Amzi (Hrsg.), Messianisches Zeugnis 10, 27 (1996), 3.

243 Vgl. A. Uschomirski, Zehnte nationale Konferenz, 3-5.

244 Vgl. Amzi (Hrsg.), Evangelisation Deutschland, in: Amzi (Hrsg.), Messianisches Zeugnis 10 (1995), 4; C. Jäger, Schalom-Konferenz in Mosbach, in: Edi (Hrsg.), Gesandt 27 (1998), Nr. 6, 3; A. Uschomirski, Messianisches Studienseminar, in: Edi (Hrsg.), Gesandt 31 (2002), Nr. 5, 3-4; Ders., Frühe Judenchristliche Gemeinden, in: Edi (Hrsg.), Gesandt 31 (2002), Nr. 6, 5-6; Ders., Zurüstung und Dienst 32 (2003), Nr. 1, 3-5.

245 Vgl. W. Pikman in BSSE (Hrsg.), Or Jeschuah, Gebetsbrief 1998; Ders., Erste Konferenz messianischer Gläubiger in Deutschland, in: Edi (Hrsg.), Gesandt 27 (1998), Nr. 3, 3-4; Experteninterview mit Uschomirski, geführt am 01.06.2006.

246 Vgl. Experteninterview mit A. Uschomirski, geführt am 01.06.2005.

247 Vgl. M. Shurawljow, Mutter und Tochter glauben an Jesus, in: Amzi (Hrsg.), Messianisches Zeugnis 2 (1999), 9.

H. Renz (Edi) gründete temporär den Verein „Der Ölbaum“, um den verschiedenen Werken eine neutrale Basis zur gemeinsamen Arbeit unter messianischen Juden zu bieten. Später entschied man sich aber dafür, dass die LCJE als gemeinsame Basis genüge.[248]

Es entstanden weitere, kleinere messianisch-jüdische Gruppen: I. Goussev übernahm 1999 den seit 1998 existierenden messianischen Bibelkreis in Karlsruhe (2005: ca. 10 Besucher). Da A. Uschomirski diese Gruppe regelmäßig besucht, bezeichnet I. Goussev seine Gruppe auch als „eine Art Tochtergemeinde von Schma Israel“.[249]

Einige andere sowjetische Juden sind erst nach ihrer Einreise in Deutschland konvertiert oder in der messianischen Bewegung aktiv geworden: D. Gorin, der 1992 eingereist ist, konvertierte 1994 und wurde Mitglied einer evangelisch- freikirchlichen Brüdergemeinde. Ihm sei rasch deutlich geworden, dass er dem jüdischen Volk seinen Glauben weitersagen möchte. D. Gorin übernahm 1998/1999 eine Gruppe, die durch evangelistische Aktivitäten Brakers 1998 in Frankfurt und durch den Missionar Thomlinson (England)[250] zunächst in Darmstadt entstanden war und deren Mitglieder sich nun in Heppenheim trafen. Seit 2001/2002 hat sich die Gruppe dann als „Bibelkreis messianischer Juden“ in Frankfurt im Haus Metanoia/Lebenswende[251] zentralisiert (2005: 10 bis 15 regelmäßige Besucher). Die Gruppe unterhält örtliche Kontakte zu „Juden für Jesus“.[252]

Auch der nichtjüdische Ukrainer R. Vidonyak und seine jüdische Frau konvertierten erst in Deutschland 1995/1996 durch das intensive Lesen der Bibel. Zunehmend haben sie unter befreundeten Juden von Jesus erzählt. Nach eigenen Angaben hätten die beiden eine Vision gehabt, dass in Heidelberg eine messianische Gemeinde entstehen solle. Seit 1999/2000 ist R. Vidonyak Missionar beim BSSE und 1999 entstand eine feste Gruppe, die seit 2000 regelmäßig Gottesdienste abhielt. Noch im gleichen Jahr konstituierte sie sich als „Adat Adonai“ („Gemeinde des Herrn“) in Heidelberg: (2005: 12 Mitglieder, 20 Besucher). Sie zeichnet sich durch ein eigenes Glaubensbekenntnis aus.[253]

Im Ruhrgebiet verteilte ein deutsches Ehepaar Mitte bis Ende der 1990er Jahre in jüdischen Wohnheimen evangelistische Literatur. Dadurch bekehrte sich der russische Jude B. Kanevski, der bei der Gründung der messianischen Gemeinde in Mülheim an der Ruhr 1998/1999 mitwirkte. K. Swiderski predigte hier in

248 Vgl. H. Renz im Experteninterview am 30.08.2005.

249 Experteninterview mit I. Goussev, geführt am 07.08.2005.

250 Amzi, Evangelisation Deutschland, in: Amzi (Hrsg), Messianisches Zeugnis 3 (1998), 8.

251 Das evangelikale Werk Metanoia/Lebenswende in Frankfurt ermöglicht drogenabhängigen Jugendlichen einen Neuanfang durch Therapie, regelmäßige Arbeit und den christlichen Glauben.

252 Vgl. Experteninterview mit D. Gorin, geführt am 19.07. 2005.

253 Vgl. Gemeindesatzung mit Glaubensbekenntnis im Anhang 8.2.1.

der Anfangszeit, bis seine Tätigkeit von dem nichtjüdischen Spätaussiedler E. GRUNDMANN, ehrenamtlicher Mitarbeiter beim EDI, 2005 übernommen wurde (2005: 30-40 Besucher). Nach Abschluss der empirischen Untersuchung hat diese Gemeinde den Namen „Schalom" erhalten" und ist 2006 nach Essen umgezogen. E. GRUNDMANN beschreibt: „Unsere jüdisch-christliche Gemeinde [...] ist offen für Juden und Nichtjuden. Mitglied werden kann jeder, der Jeschua hamaschiach als Erlöser angenommen hat."[254]

T. BURGHARD, nichtjüdische Missionarin des BSSE aus Deutschland war bereits seit dem ersten „Sommer-Evangelisationsprogramm" in Berlin 1994 in der messianischen Bewegung aktiv. T. BURGHARD half B. GALINKER 2000/2001 beim Aufbau der messianischen Gemeinde „Bnej Ha Or" („Söhne des Lichts") in München (2005: 20-25 Besucher).[255]

1998 entstand durch F. KOGAN, einem russischen Juden, der einige Zeit in Israel gelebt hatte, die messianische Gemeinde „Freude am Baum des Lebens" in Berlin. Kennzeichen dieser messianischen Gemeinde ist die strikte Einhaltung der jüdischen Gottesdienstzeiten, die Befolgung der hebräischen Gottesdienstliturgien und Gewohnheiten, sowie das regelmäßige Torastudium. Des Weiteren lernen hier die russischen Juden die hebräische Sprache in eigens dafür organisierten Kursen (2005: ca. 20 Besucher).[256]

Fazit: Die Jahre 1996 bis 2000 waren durch rege nationale Zusammenarbeit messianischer Juden und weitere Gemeindegründungen in Heidelberg, Mülheim an der Ruhr, München und Berlin gekennzeichnet. Messianisch-jüdische Gruppen bildeten sich in Karlsruhe und Frankfurt. 1998 verabschiedeten und bekannten auf der ersten messianisch-jüdischen Konferenz die Teilnehmer ein eigenes messianisch-jüdisches Glaubensbekenntnis.

Auf der nachstehenden Karte sind die Orte der Gemeinden und Gruppen bis zum Jahr 2000 dargestellt (Gemeinden = schwarz-weiß, Gruppen = schwarz).[257]

---

254 E. GRUNDMANN, Mein Weg in den Dienst am jüdischen Volk, in: EDI (Hrsg.), GESANDT 36 (2007), Nr. 2, 7; Ders., Heute den Dienst tun, den Gott uns aufgetragen hat, in: EDI (Hrsg.), GESANDT 36 (2007), Nr. 4, 7-9.

255 Vgl. Experteninterviews mit T. BURGHARD, geführt am 23.02.2005 und mit B. GALINKER, geführt am 26.08.2005; CPM (Hrsg.), Boris GALINKER. Germany, New York 2007, in: http://www.chosenpeople. com/docs/GB/About/Staff/GALINKER.html, Stand: 09.08.2007.

256 Vgl. Experteninterview mit F. KOGAN, geführt im November 2005.

257 Die bereits wieder aufgelösten Gruppen und die Kontakte zu Juden, die von einzelnen Personen ausgehen oder auch von den evangelikalen Werken unterstützt wurden, habe ich hier nicht dargestellt.

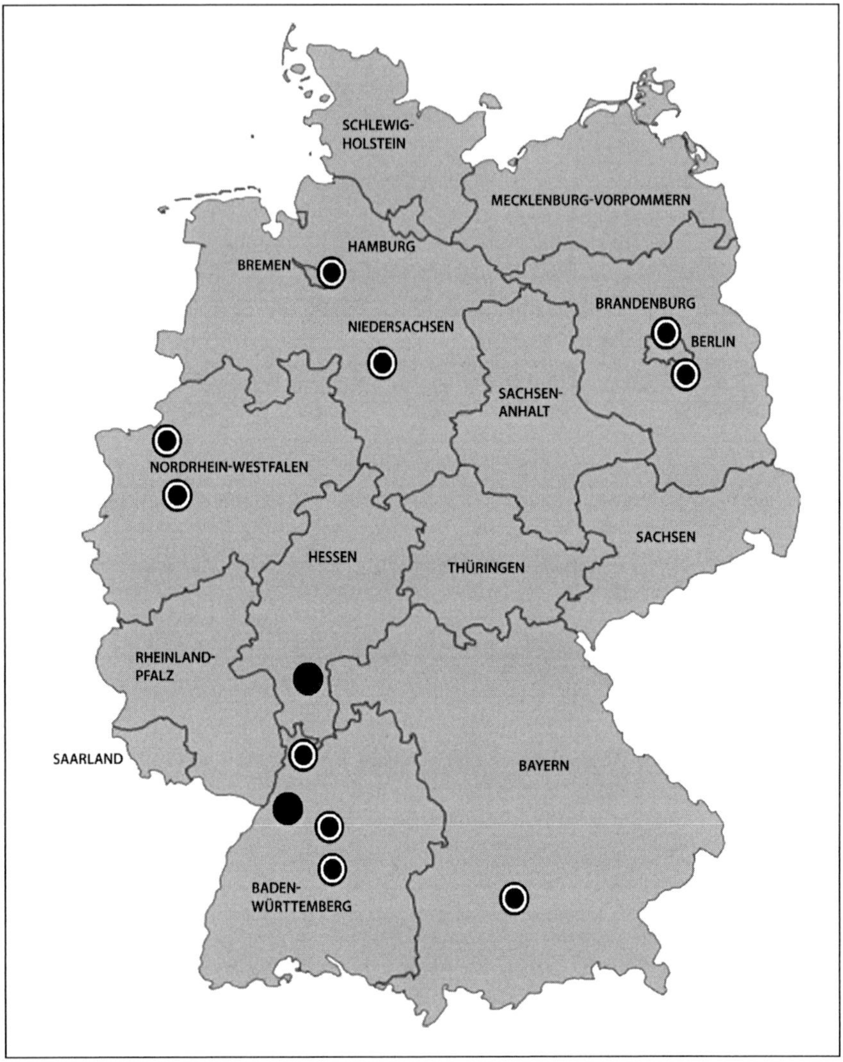

Abb. 3.3.2.3 – 1 Messianisch-jüdische Gemeinden und Gruppen bis zum Jahr 2000

3.3.2.4 Deutschland – 2001-2005

A. Uschomirski schätzte 1999 etwa 200 messianische Juden in acht Gemeinden und Amzi 2001 bereits auf ca. 400 in ca. 20 messianischen Gruppen (Selbstbeobachtung).[258] Zunehmend kristallisierte sich nun heraus, welche Gruppen sich mit einer notwendigen kollektiven Identität nach innen zu einem messianisch-jüdisches System entwickeln konnten und welche Gruppen diesen Sprung nicht schafften.

So lösten sich erste kleinere Gruppen wieder auf: In Villingen bei Freiburg gab es bis 2002 eine monatlich stattfindende messianisch-jüdische „Kaffeegruppe"[259] und in Herborn traf sich bis Anfang 2003 eine messianisch-jüdische Gruppe in einem Wohnheim, die sich wieder auflöste, weil die Besucher alle verzogen.[260] Diese beiden Orte seien nur exemplarisch genannt, es gab viele Anfänge von messianisch-jüdischen Gruppen in ländlichen Gegenden, langfristig konnten sich messianisch- jüdische Gemeinden meist nur in Städten etablieren (vgl. Karte in Kapitel 3.3.2.5).

In Essen entstand aus den evangelistischen Veranstaltungen der Organisation „Juden für Jesus" in Zusammenarbeit mit der evangelisch-freikirchlichen Gemeinde seit 2001 eine regelmäßige Versammlung. A. Snyder bezeichnet sie als „eine Gruppe zum Bibelstudium für jüdische und nichtjüdische Gläubige, die mehr über den Herrn wissen möchten"[261] (2005: 20 bis 30 Besucher). Mit der Gemeinde Mülheim an der Ruhr finden viele gemeinsame Veranstaltungen, zum Beispiel die wöchentliche Sabbatfeier, statt.

Die messianische Gruppe in Wismar mit etwa 15 regelmäßigen Besuchern trifft sich seit 2002 unter der Leitung von I. P., der seit 2000 in Deutschland lebt. I. P. bezeichnet seine jüdische Identität als „noch sehr schwach", er habe bisher „Jesus Christus kennen gelernt, nicht Jeshua hamaschiach".[262] Seit etwa 2000/2001 existiert durch einen ehemaligen Jews for Jesus-Mitarbeiter die messianische Gemeinde in Bremen, über deren Mitgliederzahl und Auftrag keine weiteren Informationen erhältlich waren.

Durch E. Tsypenyuk, der sich bereits in der Ukraine bekehrt und ein zweijähriges Vollzeitstudium am „Messianic Jewish Bibel Institut" (MJBI) in Odessa absolviert hatte, entstand im Oktober 2001 die „messianische jüdische Gemeinde e.V." in Stuttgart-Feuerbach mit der Selbstbeschreibung: „Wir, die jüdisch-messianische Gemeinde, sind Juden und Nicht-Juden (Eph. 2,14), die den Heiligen Gott Israels, den Gott Abrahams, Isaaks und Jakobs, den Schöpfer alles Sichtbaren

---

258 Vgl. Amzi, Für Juden und für Jesus, in: Amzi (Hrsg.) Messianisches Zeugnis 6 (2001), 5. Anders: Die Zeitschrift Charisma gibt zwölf messianische Gemeinden und Gemeindegründungsarbeiten in Deutschland an. Vgl. G. Bially, Wachsende Zahl messianischer Synagogen in Deutschland, in: Charisma 126, 29 (2003), 33.

259 Vgl. Gespräch mit einem ehemaligen Mitarbeiter, geführt im September 2004.

260 Vgl. Gespräch mit einem ehemaligen Mitglied, geführt im Oktober 2003.

261 Vgl. A. Snyder in einer E-MAIL an die Verf.: 2005.

262 Experteninterviews mit I.P, geführt am 22.07.2005.

und Unsichtbaren anbeten und ihm dienen."[263] Diese Gemeinde trifft sich in den Räumen der Biblischen Glaubensgemeinschaft (BGG).[264] Die Gottesdienste sind bestimmt von spontanen Visionen, Gebeten, Rufen, Glossalie etc. (2005: 70-80 Besucher, 20-30 Mitglieder).

Ebenfalls seit 2001 existiert die messianische Gemeinde in Aachen unter der Leitung von V. KROMM (BSSE)[265] (2005: 20 Besucher). Im gleichen Jahr entstand zudem durch den Nichtjuden WEHNER in der Stadtmission in Koblenz eine messianische Gruppe von Juden und Nichtjuden. WEHNER, der anfangs in der Versammlung predigte, verstarb 2000[266], so dass 2001 die Gemeinde vom Ehepaar WOLTHAUS übernommen wurde. Seit 2005 heißt sie „messianische Gemeinde Beit El Israel". In der Gemeinde gebe es auch viele Nichtgläubige, da die Gemeinde sich eher als Missionsfeld, denn als „reife" Gemeinde verstehe, in der man den Glauben an Jesus als Messias kennen lernen könne (2005: 40 Besucher, 12 Mitglieder).[267]

Die messianische Gruppe in Potsdam, die etwa 2001/2002 gegründet wurde, wird seit 2004 von GUENES, einem Mitarbeiter des BSSE betreut, weil der Leiter während des Zeitraumes der Untersuchung verstarb (2005: bis 15 regelmäßige Besucher).[268] Es gibt noch eine weitere Gemeinde in Potsdam, die durch einen rumänischen Nichtjuden aus Amerika entstanden ist. Die Besucher sind alles russische Juden (2005: 20-30). W. PIKMAN hofft, dass die Gruppe und die Gemeinde in Zukunft zu einer größeren messianisch-jüdischen Gemeinde fusionieren werden.[269]

In der Calvary Chapel Gemeinde Zion (FEG) in Augsburg sind seit 2000 einige Juden bei einer Evangelisation und einigen Gottesdiensten konvertiert. Ab Februar 2002 besuchten diese dann zunächst parallel einen Hauskreis und haben sich dann von der charismatischen Gemeinde abgespalten und die messianische Gemeinde „Kinder Israels" (e.V. seit August 2005) unter der Leitung von J. CHOUMINOV in Augsburg gegründet. J. CHOUMINOV reiste 1997 nach Deutschland ein, konvertierte im Jahr 2000 und ließ sich 2001 taufen. Er gibt von seiner Gemeinde an, dass diese

---

263 Messianische jüdische Gemeinde e.V. (Hrsg.), Schalom liebe Freunde, Stuttgart, in: http://www.messianische-juden.org/index.html, Stand: Oktober 2007.

264 Nach der Evangelisation P. GASSNERS von 1935-1937 begann das Gemeindeleben der BGG in Stuttgart-Cannstatt mit zahlreichen Großveranstaltungen. Seit 1991 gibt es in Deutschland und im Ausland Gemeinden. Neben der Bibel als Glaubensgrundlage sind die Charismen des Heiligen Geistes von großer Bedeutung. Vgl. HEMPELMANN (Hrsg.), Handbuch, 65-66.

265 Vgl. Experteninterview mit V. KROMM, geführt im Januar 2005.

266 Vgl. K. SWIDERSKI, Jüdisch-messianische Bewegung, 1.

267 Vgl. Gespräch mit H. WOLTHAUS im Herbst 2004; H. WOLTHAUS in einem Brief an die Verfasserin im November 2004; Experteninterview mit I. WOLTHAUS, geführt am 18.07.2005.

268 Vgl. Experteninterview mit A IGNATENKO am 21.07.2005.

269 Vgl. Experteninterview mit W. PIKMAN, geführt am 16./17.03.2007.

sich identifiziere mit „den Juden in Israel, denen Gott offenbart hat, dass Jesus für alle gekommen ist“ (2005: 30-40 Besucher, 22 Mitglieder).[270]

In Bad Pyrmont hat sich 2003 eine kleine jüdisch-messianische Gruppe gebildet, weil ein deutscher Pastor am Krankenbett russischer Juden gebetet habe (2005: ca. 20 Besucher).[271]

2003 ist die Gemeinde „Zion“ in Wuppertal innerhalb des Bundes Freikirchlicher Pfingstgemeinden (BFP)[272] durch W. Ramchen entstanden. Diese Gemeinde habe sich aus einem messianisch-jüdischen Hauskreis entwickelt. „Zion“ fungiert als eigenständige messianische Gemeinde unabhängig vom BFP (2005: 30-40 Besucher, 25 Mitglieder).[273] Ebenfalls seit 2003 existiert durch V. Promokov (BSSE), der seit 1999 in Deutschland ist, die messianische Gruppe in Würzburg (2005: 10 Besucher, 8 Mitglieder).[274] Auch die messianische Gruppe in Erfurt unter der Leitung von W. Schulz (BSSE e.V.) hat sich etwa seit 2003 konstituiert (2005 ca. 12-15 Besucher).[275]

In Köln lädt eine jüdische Familie in Zusammenarbeit mit dem jüdischen Zentrum seit 2004 im „Club für messianische (und nicht messianische) Juden“ zu einer regelmäßigen traditionellen Sabbatfeier ein. Anschließend werden politische Fragen erörtert und theologische Diskussionen geführt. Diese Gruppe besteht aus sieben bis acht messianischen und nicht messianischen Juden, die eine jüdische Gemeinde besuchen. (2005: 7-10 Besucher).[276]

Die messianische Bibelgruppe in Schwerin ist 2004/2005 durch die selbstlose Aktion der an Jesus glaubenden Friseurin F. H. (Spätaussiedlerin) entstanden. Sie frisierte aus Liebe zum jüdischen Volk nahezu allen Juden und Jüdinnen in

---

270 Experteninterview mit J. Chouminov, geführt am 19.07.2005.

271 Edi (Hrsg.), Mache dich auf, Vortrag am 5.6.2005.

272 Der BFP ist 1947 als Arbeitsgemeinschaft der Christengemeinden Deutschlands (ACD) entstanden und hat enge Verbindung zur weltweiten Pfingstbewegung. Zimmerling bezeichnet den BFP innerhalb der Pfingstbewegung als selbstständige Pfingstkirche. Vgl. Zimmerling, Charismatische Bewegungen, 46.

273 Da diese Gemeinde eigenständig als messianische Gemeinde agiert und die meisten Besucher Juden sind, habe ich diese Gemeinde in die Untersuchung mit einbezogen. In Köln und Düsseldorf dagegen ist die „Christusgemeinde Morgenstern“ im Bund Freikirchlicher Pfingstgemeinden (BFP) keine jüdisch-messianische unabhängige Gemeinde und stellt nach Aussage ihres Pastors „eine Zwischenform von Christentum und messianischem Judentum“ dar (Düsseldorf: 65 Mitglieder, davon 25 Juden; Köln: 40 Mitglieder, davon 20 Juden). In diesen Gemeinden habe ich zwar teilnehmende Beobachtungen durchgeführt, diese aber nicht in die Auswertung messianischer Gemeinden einbezogen. Vgl. Experteninterview mit W. Ramchen, geführt am 18.07.2005, mit P. Breitenbach, geführt am 14.06.2005 und mit A. Ermolenko, geführt am 7.6.2005 und am 14.06.2005.

274 Vgl. Experteninterview mit V. Promokov, geführt am 28.07.2005.

275 Vgl. H. Stresow in einer E-Mail an die Verfasserin vom 03.08.2005; W. Schulz, Messianische Freude in Erfurt in: BSSE (Hrsg.) Or Jeschua 5 (2007), 4; H. Stresow im Experteninterview, geführt am 30.05.2005.

276 Vgl. Experteninterview mit der Familie (Anonymität erwünscht), geführt am 08.06.2005.

Schwerin unentgeltlich die Haare und erzählte dabei über Jesus, den Messias. Diese Gruppe mit zehn bis 20 Besuchern steht bisher unter keiner offiziellen Leitung und wird von J. Schechtmann aus Hamburg zweimal im Monat besucht.[277]

Im August 2005 wurde die freikirchliche messianische Gemeinde „Kalah Jeshua" („Braut Jeschuahs") in Köln-Kornweiler (charismatisch) unter der Leitung von V. Peplau (Nichtjude) gegründet (2005: 20 Besucher, acht Mitglieder).[278] Im August 2005 hat Pastor P. Wiebe, der 1979 als Spätaussiedler (mit jüdischen Wurzeln) nach Deutschland eingereist ist, die jüdisch-messianische Gruppe in Heimerzheim bei Bonn gegründet. P. Wiebe ist ehrenamtlicher Mitarbeiter beim Edi und die Gemeinde heißt seit 2007 „Freie Jüdische Gemeinde Bonn" (2005: ca. 15 Besucher).[279]

Seit Herbst 2005 besteht zudem ein Bibelkreis für messianische Juden und Nichtjuden in Bamberg[280] unter der Leitung eines Nichtjuden, der seit 1999 in der messianischen Arbeit aktiv ist (2005: 4-6 Besucher).[281]

In Nürnberg existiert eine messianische Gemeinde unter der Leitung eines Schotten (Nichtjude),[282] sowie mindestens eine kleinere messianische Gruppe, deren Existenz mir durch mehrere Gemeindeleiter bestätigt wurde. In Gießen bestehen seit Januar und in Köln seit April 2005 durch L. Dolgonovskyy initiiert, zwei weitere Gruppen, in denen sich insgesamt ca. 22 Juden monatlich treffen. Der Kreis in Köln ist in einer freikirchlichen Gemeinde integriert.[283]

---

277 Vgl. Experteninterview mit J. Schechtmann, geführt am 27.07.2005; Edi (Hrsg,), Mache dich auf, Vortrag am 5.6.2005; A. Uschomirski, Messianische Gemeinde, 6.

278 V. Peplau war früher Pastor der Freien Ev. Christengemeinde in Gummersbach, dort ist er ausgetreten. Seit 2004 finden am Freitagabend regelmäßige Sabbabttreffen statt. Vgl. Experteninterview mit V. Peplau, geführt am 08.06.2005.

279 Die Gründung der Gruppe geschah in Zusammenarbeit mit dem Christlichen Hilfswerk TABEA und der Gemeinde „Licht des Lebens". Vgl. P. Wiebe, Überwältigt von Gottes Wirken und Führung, in: Edi (Hrsg.), Gesandt 35 (2006), Nr. 5, 5-6; Ders., Bei dir ist die Quelle des Lebens und in deinem Licht sehen wir das Licht, in: Edi (Hrsg), Gesandt 36 (2007), Nr. 2, 3-5; Ders., Wir freuen uns, dass wir unserem Volk dienen dürfen, in: Edi (Hrsg.), Gesandt 36 (2007), Nr. 4, 4-7.

280 Vgl. H. Stresow in einer E-Mail an die Verfasserin vom 03.08.2005.

281 In Bamberg hat er bis Ende 2004 mit einigen messianischen Juden einen Sabbatkreis veranstaltet. Er unterhielt weiterhin persönliche Kontakte und möchte ab 2005 einen messianisch-jüdischen Kreis innerhalb des Bundes evangelisch-freikirchlicher Gemeinden gründen. Vgl. Expertengespräch mit dem Leiter, geführt am 18.07.2005; H. Stresow in einer E-Mail an die Verfasserin vom 03.08.2005.

282 Die angegebenen Informationen beruhen auf Gesprächen mit dem Gemeindeleiter (Anonymisierung gewünscht).

283 Ab September 2005 ist Dolgonovskyy Mitarbeiter bei Juden für Jesus in Essen. Vgl. Experteninterview mit L. Dolgonovskyy, geführt am 18.07.2005.

In Osnabrück besteht durch den BSSE-Mitarbeiter J. Feimann seit etwa 2005 eine regelmäßige Gruppe (2005: bis 10 Besucher).[284] Weitere Gruppen sind in Solingen und in Duisburg etwa seit 2004/2005 entstanden.[285]

Weiterhin zeigten sich aber auch Differenzen, zum Beispiel zwischen charismatischen messianischen Juden und nicht-charismatischen, evangelikalen Mitarbeitern. Besonders deutlich wird dies am Beispiel Chemnitz: P. Seifert, Nichtjude und Diakon für „Kirche Unterwegs" der Evangelisch Lutherischen Landeskirche Sachsens,[286] arbeitete Mitte der 1990er zunächst mit der messianischen Jüdin M. Podolska zusammen. Gemeinsam verteilten sie messianische Literatur und organisierten eine Evangelisation in Chemnitz. Dann aber habe Podolska ein persönliches Heilungserlebnis und eine Vision gehabt, was der Beginn einer kleinen messianischen Gruppe gewesen sei. Daraus entstand 2001 die charismatische Gemeinde „Jajin Chadasch" („Neuer Wein") in Chemnitz, die sich in den Räumen der Heilsarmee[287] mit der Überzeugung trifft: „Wir verstehen uns als messianisch-jüdische Gemeinde, die die Tradition des jüdischen Volkes bewahren, dem jüdischen Volk aus Liebe das Evangelium erzählen und dabei die geistlichen Gaben betonen möchte" (2005: 15-30 Besucher).[288]

Anfangs arbeiteten hier noch Seifert und ein Mitarbeiter des BSSE mit, von 2001-2002 war Podolska ebenfalls Mitglied im BSSE. 2002 jedoch wurde die Zusammenarbeit aufgrund einiger theologischer und persönlicher Differenzen beendet, vor allem die charismatische Ausrichtung erwies sich als Trennungsfaktor. Aus dieser Separation erwuchs 2001/2002 um Seifert eine sich sporadisch versammelnde messianische Gruppe in Chemnitz, die seit 2002 mit dem Edi einmal jährlich einen „Shalomkongress" zur Evangelisation veranstaltet, sowie Seminare und Vorträge zusammen mit A. Uschomirski abhält.[289]

Die Konferenzen messianischer Juden in Pracht (Westerwald) finden jährlich statt. 2004 trafen sich bereits 150 messianische Juden, wobei „[d]ie Teilnehmer [...]

---

284 In Osnabrück bestehen seit 2002 Kontakte zu jüdischen Menschen durch J. Feimann und seine Frau (BSSE). Im Jahr 2007 fand die erste große Evangelisationsveranstaltung für Juden statt. J. Feimann, Offen für das Evangelium in: BSSE (Hrsg.), Or Jeschua 8 (2005) 4; J. und G. Feimann, Praktische Hilfe, in: BSSE (Hrsg.), Or Jeschua 12 (2005), 4; Dies., Gott hat durch eure treuen Gebete Großes getan, in: BSSE (Hrsg.), Or Jeschua 3 (2006), 4.

285 Vgl. Experteninterview mit W. Pikman am 16./17.03.2007.

286 P. Seifert hatte bereits seit Anfang 1990 eigenständig mit Laienmitarbeitern ca. 250.000 Bibeln an russische Kasernen Sachsens und Südbrandenburgs verteilt. Er arbeitete mit dem messianischen Juden L. Gourfinkel zusammen und verteilte Bibeln, messianisch-jüdische Kalender (Edi) sowie Ausgaben der Zeitschrift Menora.

287 Die Gemeinde hat das Symbol eines Davidssternes, dessen eine Zacke in ein Trinkgefäß ausläuft. Im Davidsstern befindet sich die Abbildung einer Weintraube.

288 Vgl. Experteninterview mit M. Podolska und ihrer Tochter, geführt am 19.07.2005.

289 Vgl. P. Seifert in einer E-Mail an die Verfasserin am 13.11. 2005, 1 und vom 02.04.2005, Experteninterview mit M. Podolska, geführt im September 2005 und mit H. Renz am 30.08.2005.

zum Teil äußerst überrascht [waren] zu sehen, dass so viele andere Juden auch an Jesus als den Messias glauben".[290] Seit 2005 organisiert ein Kreis von Delegierten der verschiedenen Gemeinden die Konferenzen.[291] Im Jahr 2005 waren es bereits 250 Teilnehmer[292]. 2006 und 2007 trafen sich ebenfalls über 200 messianische Juden zur „9. und 10. Nationalen Konferenz messianischer Juden in Deutschland".[293]

Nach Abschluss der empirischen Untersuchung wurde im Oktober 2006 das „messianische Zentrum" in Berlin eingeweiht (vgl. Kapitel 3.2.2). H. Stresow und W. Pikman betrachten es als „geschichtliches Ereignis", dass ausgerechnet in Berlin nun ein messianisch-jüdisches Zentrum entstehe und W. Pikman ist zuversichtlich, dass das Berliner messianische Zentrum eine großartige Wirkung auf die messianische Bewegung in Europa und in der Welt haben werde.[294]

Fazit: Die meisten Gemeinden entstanden somit in den letzten fünf Jahren, und zwar in Augsburg, Bremen, Stuttgart, Aachen, Koblenz, Wuppertal, Nürnberg, Würzburg, Chemnitz und Köln-Kornweiler. Auch zahlreiche Gruppen bildeten sich in Wismar, Potsdam, Bad Pyrmont, Erfurt, Köln, Schwerin, Bamberg, Chemnitz, Duisburg, Solingen und Bonn in den Jahren zwischen 2000 und 2005.

Die Zusammenkünfte messianischer Juden auf Konferenzen oder zu Seminaren bewirkte eine intensive Verbindung der einzelnen Gemeinden untereinander. Auch das erste deutschsprachige Presseorgan Kol Hesed, das im Jahr 2006 bereits in acht Ländern vertrieben wird, versucht die Interessen aller Gemeinden zu vertreten[295].

3.3.2.5 Zusammenfassende Darstellung

Zum Zeitpunkt der Untersuchung (2004-2005) gab es somit insgesamt 39 messianisch-jüdische Gemeinden und Gruppen in Deutschland.[296] Die 20 Gemeinden und 19 Gruppen entstanden dabei in den Jahren zwischen 1995 bis 2005.

290 J. Schulz, Sollen Juden Christen werden?, in: Amzi (Hrsg.), Messianisches Zeugnis 4 (2004), 3.

291 Vgl. Experteninterview mit A. Uschomirski, geführt am 01.06.2005; H. Obrist, Messianische Juden, in: Amzi (Hrsg.), Messianisches Zeugnis 4 (2005), 5.

292 Vgl. BSSE, Messianische Konferenz 2005, in: Ders. (Hrsg.), Kol Hesed, Nr. 2 (2005), 15.

293 Vgl. A. Uschomirski, Siehe, wie fein und lieblich ist es, wenn Brüder einträchtig beieinander wohnen, in: Edi (Hrsg.), Gesandt 35 (2006), Nr. 3, 4-5; Ders., Zehnte Nationale Konferenz, 3-5.

294 Vgl. W. Pikman, in: BSSE (Hrsg.), Or Jeschua 2 (2005), 2; EAD (Hrsg.), Evangelisches Messianisches Zentrum, Stand: 09.08.2007; BSSE (Hrsg.), Jüdisch-messianisches Zentrum in Berlin, Berlin 2006, einzlenes Blatt; H. Stresow, Jüdisch-messianisches Zentrum, 15-16; W. Pikman, Informationsbrief über die Arbeit des BSSE, Berlin 2007.

295 Vgl. Experteninterview mit A. Uschomirski am 01.06.2005.

296 Da die Bewegung äußerst dynamisch ist, kann diese Zahl nur zum Zeitpunkt der Untersuchung (2004/2005) gelten. Zudem kann es sein, dass ich trotz der aufwändigen Recherchen nicht alle

Die Gemeinden entwickelten sich wie folgt: Im Jahr 1995 entstand die Gemeinde in Berlin, 1996 entstanden vier Gemeinden: in Esslingen (jetzt Stuttgart-Vaihingen), Düsseldorf, Hamburg und Stuttgart-Feuerbach („Adon Jeschua"). 1998 entstand die messianische Gemeinde in Berlin und in Mülheim an der Ruhr. 1999 wurden in Hannover und 2000 in München und Heidelberg weitere Gemeinden gegründet. 2000/2001 wurde die Gemeinde in Koblenz übernommen und etwa zu diesem Zeitpunkt entstand die Gemeinde in Bremen. 2001 entstanden drei Gemeinden in Aachen, Chemnitz und Stuttgart-Feuerbach. 2002 etablierte sich die Gemeinde in Augsburg, 2003 in Wuppertal und 2004 in Köln-Kornweiler.[297] Die Gruppen existieren seit: 1998/1999 in Frankfurt, 1999 in Karlsruhe. Seit 2001 gibt es die Gruppe in Essen, seit 2001/2002 eine kleine Gruppe in Chemnitz und in Potsdam und seit 2002 in Wismar. Seit 2003 versammeln sich in Würzburg, Erfurt und Bad Pyrmont messianische Juden und seit 2004 existiert der „Club" in Köln. Seit etwa 2004/2005 versammeln sich in Schwerin, Gießen und Köln messianische Juden und seit 2005 gibt es sporadische Treffen in Bamberg.[298] Ebenfalls seit 2005 gibt es die Gruppen in Duisburg und Solingen. Nach Abschluss der Untersuchung entstand 2006 die Gemeinde bei Bonn.

Nahezu alle Gruppen und Gemeinden sind von den jetzigen Leitern (mit)gegründet worden, die Gemeinden Mülheim/Ruhr, Hannover, Koblenz und die Gruppen in Karlsruhe und Essen wurden später übernommen. Der kürzeste Zeitraum zwischen der Einreise des Leiters bis zur Gründung oder Übernahme einer messianischen Gruppe/Gemeinde betrug dabei weniger als ein Jahr (in den beiden Gemeinden in Berlin 1995 und München 2000), längstens jedoch fünf bis sechs Jahre. Das heißt, die russisch-jüdischen Einwanderer, die bereits als konvertierte Juden einreisten, gründeten besonders rasch eine messianische Gemeinde (W. Pikman in Berlin, B. Galinker in München, J. Schechtmann in Hamburg, U. Uschomirski in Stuttgart).[299]

Insgesamt sind fünf Gemeinden (Berlin, Düsseldorf, Aachen, München, Heidelberg) und drei Gruppen (Potsdam, Erfurt und Würzburg) durch Mitarbeiter oder Missionare des BSSE initiiert, unterstützt und dadurch geprägt worden.

Gruppen, die es gibt, kennen gelernt habe.

297 Von der Gemeinde in Nürnberg habe ich keine näheren Informationen erhalten.

298 Es gibt lose Kontakte von messianischen Juden untereinander in Erlangen (seit 2003), in Herborn (seit 2003/2004) und in Freiburg, seit 2003/2004.

299 In einer Gemeinde und in einer Gruppe betrug dieser Zeitraum etwa ein bis zwei Jahre (Hamburg 1994-1996; Wismar 2000-2001). Drei bis vier Jahre vergingen, bis zwei weitere Gemeinden (Stuttgart-Vaihingen: 1992-1996; Stuttgart-Feuerbach, Hr. Fischbein: 1992-1996) und drei bis vier Gruppen (Würzburg: 1999-2003, Karlsruhe: 1996-1999; Köln und Gießen: 1997-2001) entstanden. Fünf bis sechs Jahre dauerte es, bis vier Gemeinden (Hannover: 1993-1999; Heidelberg: 1995-2000; Chemnitz: 1996-2001; Augsburg: 1997-2002) und zwei Gruppen (Frankfurt: 1992-1998/1999; Mülheim an der Ruhr: 1993-1998) gegründet wurden.

Der Edi unterstützt zwei Gemeinden (Stuttgart-Vaihingen, Hamburg) und vier messianische Gruppen (Karlsruhe, Schwerin, Chemnitz, Bonn). Amzi unterstützt die messianische Gemeinde in Hannover.

Somit gibt es acht Gemeinden und sieben Gruppen, die durch evangelikale Werke oder Organisationen, die alle der Evangelischen Allianz und der LCJE angehören, unterstützt werden. Diese messianischen Gemeinden haben durch die Zugehörigkeit zu einem speziellen evangelikalen Werk den Status des „eingetragenen Vereins“[300] (außer Hamburg), keine messianische Gemeinde hat den Status der „Körperschaft des öffentlichen Rechts“.[301]

Gleichzeitig bedeutet dies, dass die Glaubensinhalte dieser messianisch-jüdischen Gemeinden von den Ansichten der sie unterstützenden Werke abhängig sein können. So heißt es zum Beispiel in der Heidelberger Gemeindesatzung: „Die Gemeinde betrachtet BSSE als ihren inneren Dienst für die Evangelisation und Unterweisung und erzeigt dem Missionswerk vielseitige Unterstützung“.[302] W. Pikman erklärt, dass sich der BSSE aber nicht in die Gemeindearbeit „einmische“ und diese beeinflusse.[303]

Unabhängig von Werken oder Organisationen (und nicht charismatisch) fungieren sechs Gemeinden („messianische Gemeinde Bremen“, „Kinder Israels“ in Augsburg, „messianische Gemeinde“ in Mülheim/Ruhr, messianische Synagoge „Freude am Baum des Lebens“ in Berlin, „israelitische messianische Gemeinde Adon Jeschua“ in Stuttgart-Feuerbach und „messianische Gemeinde“ in Koblenz). Des Weiteren gibt es acht unabhängige (und nicht-charismatische) Gruppen, den „Bibelkreis messianischer Juden“ in Frankfurt, die messianische Gruppe in Wismar, den „Club“ für messianische (und nicht messianische) Juden in Köln, die messianische Gruppe in Bad Pyrmont, die Gruppen in Gießen und Köln, Essen und Freiburg.

Als charismatisch und unabhängig bezeichne ich drei Gemeinden („Jajin Chadasch“ in Chemnitz, „Kalah Jeschuah“ in Köln und die „messianische jüdische

---

300 Diese Rechtsform bedingt eine steuerlich begünstigende Anerkennung als gemeinnütziger Verein oder wohltätige Organisation und eine eigene Rechtspersönlichkeit (sog. juristische Person) und kann so auch als Organisation am Rechtsleben teilnehmen (z.B. Verträge schließen).

301 In der BRD besitzen die röm.-kath. Kirche, die ev. Kirche, die Freikirchen, Sondergruppen und religiöse Vereinigungen diesen Status. Dieses Recht wird nur an Gemeinschaften verliehen, die durch ihre eigene rechtliche Verfassung und die Zahl der Mitglieder die Gewähr eines dauerhaften Bestands bieten (Art. 140 GG in Verbindung mit Art. 137 Abs. 5 WRV). Des Weiteren müssen sie in Einklang mit den verfassungsrechtlichen und gesetzlichen Bindungen agieren und die Grundrechte Dritter sowie die Grundprinzipien des freiheitlichen Religions- und Staatskirchenrechts des GG nicht gefährden. Vgl. Bundesministerium des Innern, Staat und Religionsgemeinschaften in Deutschland, Berlin 2007, http://www.bmi.bund.de/cln_028/nn_122688/Internet/Content/Themen/Kirchen__und_Religionsgemeinschaften/DatenundFakten/Staat__und__Religionsgemeinschaften.html, Stand: 08.08.2007.

302 Gemeindesatzung. Adat Adonai in Heidelberg, 1, vgl. Anhang.

303 Vgl. W. Pikman, Experteninterview, geführt am 16./17.2007.

Gemeinde“ in Stuttgart).[304] Eine Gemeinde bezeichnet sich als eigenständige Gemeinde innerhalb des BFP (Zion in Wuppertal).[305]

Den Status „e.V.“ haben von diesen unabhängigen messianischen Gemeinden bisher vier erhalten: Die Stuttgarter Gemeinden „Adon Jeschua“, „Adat Adonai“, die Gemeinde „Kinder Israels“ in Augsburg und die „messianische jüdische Gemeinde“ in Stuttgart. [306]

Träger/ Missionswerk	**Gemeinden**	**Gruppen**	**Kontakte/ sporadische Treffen**
Beit Sar Shalom Evangeliumsdienst (BSSE)	Berlin, Düsseldorf München Heidelberg Aachen	Potsdam Erfurt Würzburg Bamberg Osnabrück	
Evangeliumsdienst für Israel (EDI)	Stuttgart-Vaihingen Hamburg	Karlsruhe Chemnitz Schwerin Bonn (Heimerz-heim-Swisttal)	Koblenz
Arbeitsgemeinschaft für das messianische Zeugnis an Israel (AMZI)	Hannover		
unabhängig, nicht charismatisch	Stuttgart-Feuerbach („Adon Jeschua“) Mülheim an der Ruhr[305] Berlin („Freude“) Bremen Koblenz Augsburg Potsdam	Frankfurt/Darmstadt Essen Wismar Köln (Club) Köln (Gruppe) Gießen Duisburg Solingen Bad Pyrmont	Berlin Freiburg Erlangen Herborn
unabhängig, charismatisch	Chemnitz Stuttgart-Feuerbach Köln-Kornweiler		
eigenständig innerhalb des BFP	Wuppertal		

304 Diese Gemeinde bezeichne ich in der vorliegenden Untersuchung als charismatisch, auch wenn dies nicht dem Selbstbild bzw. – verständnis der Gemeinde entspricht. Zur Begriffsklärung und Weite der Bezeichnung „charismatisch“ verweise ich ausdrücklich auf P. ZIMMERLING, Charismatische Bewegungen, sowie auf Kapitel 2.2.2.

305 Eine Gemeinde (Nürnberg) und eine Gruppe (ebenfalls in Nürnberg) konnten mangels empirischer Daten und aufgrund erwünschter Anonymität nicht zugeordnet werden.

306 Da der Leiter der Mülheimer bzw. (seit 2006) Essener Gemeinde E. GRUNDMANN Mitarbeiter beim EDI ist, kann es sein, dass diese Gemeinde langfristig vom EDI unterstützt wird. Zum Zeitpunkt der Untersuchung allerdings war diese Gemeinde unabhängig.

keine Zuordnung möglich	Nürnberg	Nürnberg	
Summe	**20 messianisch-jüdische Gemeinden**	**19 messianisch-jüdische Gruppen**	

Auf der nachstehenden Karte sind die Orte der Gemeinden (schwarz-weiß) und Gruppen (schwarz) bis zum Jahr 2007 dargestellt.

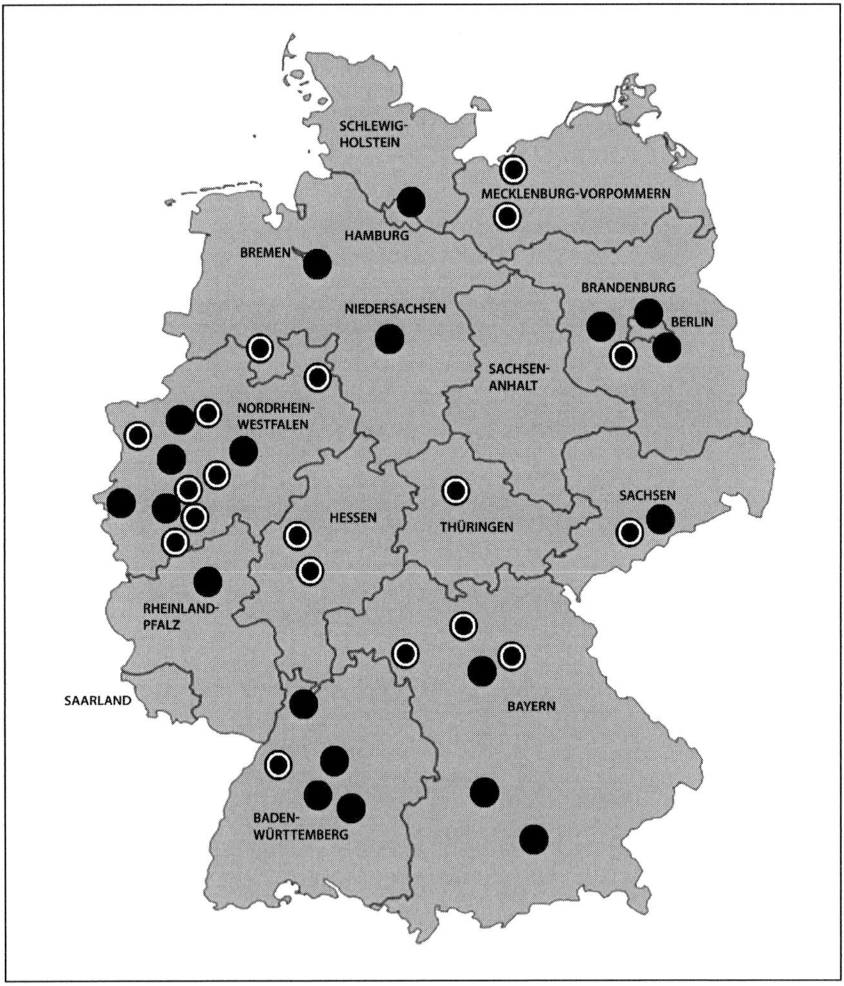

Abb. 3.3.2.6 – 1 Messianisch-jüdische Gemeinden und Gruppen in Deutschland bis zum Jahr 2007

Bei einem Vergleich mit den jüdischen Gemeinden in Deutschland zeigt sich, dass die meisten messianisch-jüdischen Gemeinden in den Städten entstanden sind, wo es bereits große und mittlere jüdische Gemeinden gibt (Hamburg, Bremen, Hannover, Berlin, Chemnitz, Düsseldorf, Wuppertal, Aachen, Koblenz, Würzburg, Heidelberg, Stuttgart, Augsburg, München, Nürnberg). Auch viele messianisch-jüdische Gruppen sind in der Nähe von jüdischen Gemeinden zu finden (Wismar, Schwerin, Potsdam, Köln, Karlsruhe, Bamberg).

Verwunderlich ist, dass es in Frankfurt nur eine kleine messianisch-jüdische Gruppe und in Städten mit größeren jüdischen Gemeinden wie Wiesbaden, Mainz, Mannheim, Bochum, Dortmund, Münster, Bonn, Halle, Magdeburg, Leipzig, Dresden, Bremerhaven, Rostock keine messianisch-jüdischen Gruppen gibt.

Zu vermuten ist, dass in den nächsten Jahren aufgrund verschiedener Kontakte in Freiburg,[307] Herborn,[308] Berlin,[309] Erlangen,[310] Koblenz[311] und in Berlin weitere jüdisch-messianische Gruppen entstehen werden.[312]

Fazit: Alle messianisch-jüdischen Gemeinden befinden sich in der Nähe einer jüdischen Gemeinde (Ausnahme sind die kleinen Gruppen in Osnabrück, Bad Pyrmont, Gießen, die zudem von Nichtjuden geleitet werden).

---

307 Durch weitere deutsche Mitarbeiter und einige Spätaussiedler entstanden seit 2003 Kontakte in Freiburg mit sporadischen Großveranstaltungen (A. Uschomirski) unter Juden.

308 Das deutsche Ehepaar Heuhsen (Arbeitskreis Lahn-Dill-Kreis des CFRI) hat seit 2003/2004 viele private Kontakte in Herborn mit Juden. Sporadisch werden die jüdischen Feste zusammen mit deutschen Christen gefeiert. Vgl. H.-J. und D. Heuhsen, Laubhüttenfest mit 70 Juden und Christen, in: Christliche Freunde Israels (CFRI) (Hrsg.), Rundbrief 10 (2004), 3; Gespräch mit H.-J. Heuhsen am 07.01.2005.

309 J. Guenis (BSSE e.V.) unterhält seit 2003 in Berlin Kontakte zu russisch-sprechenden Juden. Vgl. J. Feimann, Offen, 4; J. Guenis, Hungrig nach Gottes Wort, in: BSSE (Hrsg.), Or Jeschua 12 (2005), 4.

310 P. Grummich (Nichtjude) unterhält als Mitglied einer landeskirchlichen Gemeinschaft und ehrenamtlicher Mitarbeiter beim Edi in Erlangen Kontakte zu den ehemaligen Besuchern seiner 2004 wieder aufgelösten messianisch-jüdischen Bibelgruppe. Vgl. Experteninterview mit P. Grummich, geführt am 18.07.2005.

311 In Koblenz gibt es Kontakte in der Jugendarbeit zu Juden. Vgl. Experteninterview mit H. Renz, geführt am 30.08.2006.

312 A. Friedman, messianisch-jüdischer Kantor aus Finnland, unterhält Kontakte zu deutschen (messianischen Juden) in einer liberalen jüdischen Gemeinde in Berlin. Vgl. H. Stresow im Experteninterview, geführt am 30.05.2005.

3.4 Zusammenfassung

Von 1993 bis Ende 2006 sind bereits 198.189 (ab 1991: 226.651) russische Juden eingewandert, die entweder selbst jüdischer Nationalität sind oder von mindestens einem jüdischen Elternteil abstammen. Jüdische Gemeinden in Deutschland erkennen aber die patrilineare Weitergabe der jüdischen Identität nicht an. Einerseits können die jüdischen Gemeinden in Deutschland nicht ohne die russisch-jüdischen Zuwanderer existieren, andererseits erweist sich die Integration aufgrund sprachlicher, kultureller und religiöser Differenzen als äußerst schwierig.

Zudem habe ich dargestellt, dass das Verhältnis zwischen Juden und Christen in Deutschland durch den christlich-jüdischen Dialog geprägt ist, in dem übereinstimmend die bleibende Erwählung Israels betont wird. Aus historischen und theologischen Gründen lehnen viele Kirchen sowie die jüdischen Gemeinden die Mission an Juden ab. Dagegen treiben aber viele evangelikale Werke wie der Edi, die Amzi und der BSSE die Evangelisation unter Juden voran.

Viele jetzige Leiter von messianisch-jüdischen Gemeinden konvertierten zu Beginn der 1990er Jahre in der ehemaligen Sowjetunion durch Kontakte mit evangelikalen Gläubigen, Werken oder einer messianisch-jüdische Gemeinde. Durch enge Zusammenarbeit dieser Pioniere und der oben genannten Werke entstanden bereits Mitte der 90er Jahre die ersten messianisch-jüdischen Gemeinden Deutschlands. Zum Zeitpunkt der Untersuchung (2004-2005) gab es insgesamt 39 messianisch-jüdische Gemeinden und Gruppen in Deutschland, wobei die 20 Gemeinden und 19 Gruppen zwischen 1995 bis 2005 entstanden sind und sich meist in den Ballungszentren jüdischer Gemeinden befinden.

Bevor ich die empirischen Ergebnisse der Untersuchung darstelle, möchte ich nun meine methodischen Schritte ausführlich erläutern, damit der Forschungsprozess für den Leser transparent wird.

4 Methodik der empirischen Erhebung

Nachdem die Entstehung messianisch-jüdischer Gruppen und Gemeinden geschildert wurde, ist die Komplexität der Bewegung deutlich geworden. Ein adäquates Forschungsinstrument zur Erfassung messianisch-jüdischer Gemeinden und deren Besucher, müsste daher nicht nur offen sein für alle Unwägbarkeiten des Forschungsfeldes, sondern auch flexibel bei der Theoriebildung und dennoch präzise. Gleichzeitig sollte es die Gemeinden und ihre Besucher in ihrer „natürlichen Umgebung" erfassen können, so dass nur eine qualitative Forschungsstrategie in Frage kommt. Zudem besteht in der Religionsforschung allgemein Konsens, dass sich Religiosität in der Moderne mithilfe qualitativer Sozialforschung eher erfassen lässt als durch quantitative Erhebungen.[1]

Ein Kennzeichen der qualitativen Sozialforschung ist die Offenheit des Forschers gegenüber den Untersuchungspersonen, -situationen und den –methoden (Prinzip der Gegenstandsorientierung). Des Weiteren ist eine qualitative Forschung immer auch Kommunikation, sie ist prozesshaft und damit in ihrem Ablauf veränderbar und sie ist reflexiv in Gegenstand und Analyse (Prinzip der Prozessorientierung). Darüber hinaus sollten die einzelnen Untersuchungsschritte expliziert werden, damit ein kommunikativer Nachvollzug gewährleistet ist und die empirische Forschung muss sich flexibel den Personen und Gegebenheiten anpassen können (Prinzip der Prozess- und der Problemzentrierung).[2]

4.1 Die „gegenstandsbezogene" Theorie

Die Studie über die Gemeinden und Gruppen messianischer Juden in Deutschland wurde daher auf der Grundlage einer qualitativen, „gegenstandsbezogenen" Methode durchgeführt, der „Grounded Theory Methodologie" (GTM) nach Strauss/Corbin, die allen Prinzipien der qualitativen Forschungsstrategie gerecht wird.[3]

---

1 Vgl. S. Theis, Religiosität, 28; U. Schwab, Geschlossene Konzeptionen und permanenter Wandel. Religiosität in der Moderne zwischen institutioneller Bindung und individueller Konstruktion, in: A. Grözinger/J. Lott (Hrsg.), Gelebte Religion. Im Brennpunkt praktisch-theologischen Denkens und Handelns, Rheinbach 1997, 130.141.

2 Vgl. A. Witzel, Verfahren der qualitativen Sozialforschung. Überblick und Alternativen, Frankfurt 1982, 231; S. Lamnek, Methodologie, 29-30.

3 Vgl. Strauss/Corbin, Grounded Theory.

Zunächst wird die GTM dem Prinzip der Problemzentrierung gerecht. Das Problemfeld muss in seiner Einmaligkeit herausgearbeitet und dann sollte in weiteren Schritten eine „gegenstandsbezogene Theorie" entwickelt werden. Dazu habe ich mein Vorverständnis über die messianisch-jüdische Bewegung expliziert und offen dargelegt, einmal in der historischen Darstellung (Kapitel 2) und indem ich die aktuelle Situation der russisch-jüdischen Einwanderer und der messianisch-jüdischen Gemeinden beschrieben habe (Kapitel 3). Für den weiteren Forschungsprozess konnte die soziale Wirklichkeit durch die so genannten „sensitizing concepts"[4] wahrgenommen werden. Das sind flexible, an das Problemfeld angepasste Konzepte. Die soziale Wirklichkeit war in dieser Untersuchung eindeutig: Eine Gruppe von Juden, die in der Hinsicht homogen sind, dass sie an Jesus als den Messias glauben und eine messianisch-jüdische Gruppe oder Gemeinde besuchen. Diese Fallstudie von messianischen Juden konnten nun durch einen Forschungsansatz („approach")[5] untersucht werden, wobei die theoretischen Vorgaben der GTM in praktische Handlungsweisen flexibel und multimethodisch umgewandelt wurden. Die dabei entstehenden Kategorien, die typisch für die GTM sind, konnte ich durch die flexiblen Konzepte kleinschrittig präzisieren, korrigieren oder verwerfen. Dadurch war ich immer offen für neue und unerwartete Kategorien entgegen meinem bisherigen Vorwissen. Weiter unten wird dieses Verfahren am Beispiel der teilnehmenden Beobachtung deutlich (vgl. Kapitel 4.2).

Des Weiteren wird die GTM dem Prinzip der Gegenstandsorientierung gerecht. Für die konkrete Planung wurden dem Forschungsgegenstand Methoden oder Auswertungstechniken untergeordnet, angepasst, modifiziert oder mit mehreren einander ergänzenden Methoden erweitert. Auch dem Prinzip der Prozessorientierung wird die Grounded Theory aufgrund ihrer ständigen reflexiven Überprüfung der Daten gerecht. A. Strauss und J. Corbin definieren:

> *„Die Grounded Theory ist eine qualitative Forschungsmethode bzw. Methodologie, die eine systematische Reihe von Verfahren benutzt, um eine induktiv abgeleitete, gegenstandsverankerte Theorie über ein Phänomen zu entwickeln […]. Das Ziel der Grounded Theory ist das Erstellen einer Theorie, die dem untersuchten Gegenstand gerecht wird und ihn erhellt."*[6]

Praktisch setzte ich dies so um, dass ich auf eine Hypothesenbildung ex ante verzichtete und Theorien induktiv aus der Untersuchung des Phänomens ableitete.

---

4 H. Blumer, What is wrong with social theory, in: American Sociological Review 14 (1954), 3-10.

5 Vgl. S. Lamnek, Qualitative Sozialforschung, Bd. 2, Methoden und Techniken, Weinheim 1995[3], S.28-29.

6 Strauss/Corbin, Grounded theory, 8-9.

Indem Daten systematisch erhoben und analysiert wurden, entstanden bestimmte Kategorien, die benannt und nun fortwährend mit anderen Kategorien verglichen werden konnten. Dadurch standen die Datengewinnung, die Analyse und die Theorienbildung immer in einer wechselseitigen Beziehung.[7]

Somit bieten die qualitative Analyse und insbesondere die GTM optimale Möglichkeiten, um typische Problemkonstellationen im sozialen Kontext der messianisch-jüdischen Gemeinden zu beschreiben und systematische Hypothesen über mögliche Ursachen und Zusammenhänge zu entwickeln.

Fazit: Die Grounded Theorie ist eine qualitative Methode, die sich flexibel dem Untersuchungsfeld messianischer Juden anpassen kann. Dies geschieht einerseits durch die Prinzipien der qualitativen Sozialforschung wie der Prozess-, Gegenstands- und Problemorientierung, andererseits durch die induktive Vorgehensweise, bei der Daten systematisch erhoben, analysiert, nach Kategorien sortiert, benannt und miteinander verglichen werden. Bei der GTM stehen somit immer die Datengewinnung, die Analyse und die Theorienbildung in einer wechselseitigen Beziehung.

4.1.1 Triangulation

Nun war es nötig, die methodischen Vorgaben der GTM flexibel dem Problemfeld anzupassen. Aufgrund der Vielschichtigkeit der messianisch-jüdischen Bewegung, wurde eine Untersuchung des Forschungsfeldes aus unterschiedlichen Perspektiven und mit unterschiedlichen Methoden angestrebt. Durch die Strategie der Triangulation ist die praktische Umsetzung gelungen.

Der Begriff der Triangulation[8] wurde metaphorisch aus der Geodäsie und Landvermessung übernommen. Er bezeichnet eine Strategie, die „von verschiedenen Referenzpunkten aus die exakte Position eines Objektes [...] lokalisier[t]".[9] „Ver-

7 Vgl. A. Strauss, Qualitative analysis 34f.; Strauss/Corbin, Grounded Theory, 6-7; B. Glaser/A. L. Strauss, Die Entdeckung gegenstandsbezogener Theorie. Eine Grundstrategie qualitativer Sozialforschung, in: C. Hopf/E. Weingarten (Hrsg.), Qualitative Sozialforschung, Stuttgart 1979, 91-118.

8 Die Suche nach Verknüpfungsmöglichkeiten zwischen qualitativer und quantitativer Forschung geht zurück auf einen Entwurf von D. T. Campbell/D. W. Fiske, Convergent and discriminant validation by multitrait-multimethod matrix, in: Psychological Bulletin 56 (1959), 81-105. Zum ersten Mal als „Triangulation" bezeichnet in: E. J. Webb et al. (Hrsg.), Unobtrusive Measures. Nonreactive research in the social sciences, Chicago 1973[9].

9 H. W. Smith, Strategies for social research. The methodological imagination, Englewood Cliffs 1975, 273, zitiert nach T. Jick, T., Mixing qualitative and quantitative Methods. Triangulation in action, in: J. v. Maanen (Hrsg.), Qualitative Methodology, Newbury Park 1983, 136.

einfacht ausgedrückt bezeichnet der Begriff der Triangulation, dass ein Forschungsgegenstand von (mindestens) zwei Punkten aus betrachtet – oder konstruktivistisch formuliert: konstituiert – wird."[10] Im Kontext sozialwissenschaftlicher und hier primär qualitativer Forschung gewährt der Gebrauch triangulärer Forschungsmethoden einen größtmöglichen Erkenntnisgewinn auf unterschiedlichen Ebenen durch die Einnahme verschiedener Perspektiven oder Zugänge.

Der Gewinn triangulativer Verfahren besteht einerseits in einer möglichen Strategie zur Validitätsmaximierung, andererseits in der Möglichkeit „die Breite und Tiefe der Analyse durch die Perspektive auf jeweils unterschiedliche Aspekte eines Phänomens zu erhöhen".[11] Durch die Einnahme unterschiedlicher Forschungsperspektiven erhöht sich die potentielle Aussagekraft der Analyse. Deshalb wurden die empfohlenen Strategien von STRAUSS und CORBIN flexibel der Fallstudie angepasst, verschiedene Methoden umgesetzt und die empirische Erhebung somit triangulär angelegt.[12]

Diesen Einsatz unterschiedlicher Methoden bezeichnet N. DENZIN als „methodologische Triangulation".[13] Dabei geht es nicht um die Triangulation innerhalb einer bestimmten Methode („within-method"), sondern um die methodologische Triangulation zwischen verschiedenen Methoden („between-method").[14]

Bei der Triangulation ist darauf zu achten, dass jede Methode den Gegenstand, den sie abbilden soll, auch auf spezifische Weise mit-konstituiert und bestimmte theoretische Ausgangspositionen impliziert.[15] S. LAMNEK schlägt deshalb vor, beim Gebrauch verschiedener Methoden keine kongruenten Ergebnisse im Sinne einer, sehr unwahrscheinlichen, Deckungsgleichheit zu erwarten, sondern den Begriff „Konvergenz" im Sinne von Komplementarität zu verwenden. So können sich die Erkenntnisse „ineinander fügen, sich ergänzen, auf einer Ebene liegen", müssen

---

10 U. FLICK, Triangulation. Eine Einführung, Wiesbaden 2004, 11.

11 M. KÖTTIG, Triangulation von Fallrekonstruktionen, in: B. VÖLTER//B. DAUSIEN/G. ROSENTHAL (Hrsg.), Biographieforschung im Diskurs. Theoretische und methodische Verknüpfungen, Opladen 2005, 66.

12 Vgl. STRAUSS, Qualitative analysis.

13 DENZIN unterscheidet insgesamt vier Typen der Triangulation: die Einbeziehung verschiedener Datenquellen („Data Triangulation"), den Einsatz unterschiedlicher Beobachter oder Interviewer („Investigor Triangulation"), den Gebrauch unterschiedlicher Theorien („Theorien-Triangulation") und den Einsatz unterschiedlicher Methoden. Die Daten-Triangulation fand ebenfalls in die Untersuchung Einzug. Sie ergab sich allein schon aus der Tatsache, dass ich das gleiche Phänomen an verschiedenen Zeitpunkten, an verschiedenen Orten und Personen untersucht habe. Vgl. N. DENZIN, The Research act. A theoretical introduction to sociological methods, Englewood Cliffs 19893, 301; B. G. GLASER/A. L. STRAUSS, The discovery of grounded theory. Strategies for qualitative research, Chicago 197910; STRAUSS/CORBIN, Grounded Theory, 148-165.

14 Vgl. DENZIN, Research Act, 301.

15 So müssen verschiedene Methoden in einem Forschungskontext nicht immer „dasselbe Phänomen" abbilden. Vgl. dazu auch Kritik an DENZIN bei N. G. FIELDING/J. L. FIELDING, Linking Data, Beverly Hills 1986, 33.

aber nicht kongruent sein.[16] Triangulation kann damit auch verstanden werden im Sinne eines Versuchs, verschiedene Datensorten aufeinander zu beziehen.[17]

Fazit: Triangulation bedeutet, das Forschungsfeld aus verschiedenen Perspektiven zu betrachten, was durch den Einsatz verschiedener Methoden (methodologische Triangulation) gewährleistet wird. Zu berücksichtigen sind dabei die jeder Methode implizite theoretische Ausgangsposition.

4.1.2 Auswahl der Perspektiven und Methoden

Weil jede Methode jeweils eigene Fragestellungen, Perspektiven oder Theorien impliziert, ist es notwendig, die Stärken und Grenzen verschiedener Forschungsperspektiven zu kennen sowie ihre theoretischen Hintergrundannahmen bei ihrer Auswahl zu berücksichtigen. So können sich die unterschiedlichen Methoden ergänzen.[18] Die Auswahl der triangulierten Perspektiven und Methoden muss somit begründet und systematisch erfolgen, was FLICK auch als „systematische Perspektiven-Triangulation" bezeichnet. Das Potential dieser systematischen Perspektiven-Triangulation liegt nun darin, dass es systematisch unterschiedliche Perspektiven verbinden und mannigfache Aspekte des Forschungsgegenstands thematisieren kann. Dafür ist es allerdings wichtig, die methodischen Zugangsweisen systematisch zu triangulieren, „die sich unterschiedlichen Ausschnitten der skizzierten Spektren zuordnen lassen und jeweils die spezifischen Perspektiven der jeweiligen Ausschnitte zu kombinieren und zu ergänzen erlauben".[19]

J. BERGOLD und U. FLICK arbeiteten heraus, dass sich sämtliche qualitative Forschungsmethoden durch die polaren Perspektiven „Einordnung in Strukturen, die im Subjekt lokalisiert sind" und „Einordnung in sozial geprägte Interaktionsmuster" systematisieren lassen.[20] Das heißt, entweder untersucht eine Methode

---

16 Vgl. LAMNEK, Methodologie, 236.

17 Vgl. M. HAMMERSLEY/P. ATKINSON, Ethnography. Principles in practice, London 1997², 199.

18 U. FLICK, Entzauberung der Intuition. Triangulation von Methoden und Datenquellen als Strategie der Geltungsbegründung und Absicherung von Interpretationen, in: J. H. P. HOFFMEYER-ZLOTNIK (Hrsg.), Analyse verbaler Daten. Über den Umgang mit qualitativen Daten, Opladen 1992, 21.

19 FLICK, Triangulation, 23-24.

20 J. B. BERGOLD/U. FLICK (Hrsg.), Ein-Sichten. Zugänge zur Sicht des Subjekts mittels qualitativer Forschung, Tübingen 1987, 5f. LÜDERS und REICHERTZ entwickeln ähnlich: die systematisierten Hintergründe als „Nachvollzug subjektiv gemeinten Sinns" und die „Deskription sozialen Handelns und sozialen Milieus". BERGMANN unterscheidet methodologisch zwischen rekonstruktiven und interpretativen Forschungsmethoden. FIELDING und FIELDING fordern zusätzlich Methoden, „die strukturelle Aspekte des Problems" erfassen, mit Methoden, die die Bedeutung für die Beteiligten fokussieren, zu kombinieren. Vgl. C. LÜDERS/J. REICHERTZ, Wissenschaftliche Praxis ist, wenn alles funktioniert und keiner weiß warum. Bemerkungen zur Entwicklung qua-

hauptsächlich das Subjekt und dessen Wissen oder sie hat die Gruppe mit ihren Interaktionsformen im Blick.

Die Triangulation der vorliegenden Untersuchung der Methoden und Perspektiven wurden dabei auf zwei Ebenen vorgenommen:

1] Triangulation von qualitativen Methoden:[21] Auf der Ebene der Triangulation von qualitativen Methoden triangulierte ich die Methode der „teilnehmenden Beobachtung" mit dem impliziten Untersuchungsziel: „Einordnung in sozial geprägte Interaktionsmuster"[22] (Perspektive A) mit der Methode des „narrativen Interviews" mit dem impliziten Untersuchungsziel „Einordnung in Strukturen, die im Subjekt lokalisiert sind"[23] (Perspektive B). Dadurch konnten beide Perspektiven gleichwertig abgedeckt werden.

2] Triangulation der qualitativen Methoden mit der quantitativen Methode: Auf der Ebene der Triangulation qualitativer und quantitativer Methoden triangulierte ich die „teilnehmende Beobachtung" und den „teilstandardisierten Fragebogen", die das Untersuchungsziel „vertiefte Erkenntnisse von sozial geprägten Interaktionsmustern" (Perspektive AI) implizierten mit den Methoden „narratives Interviews" und „teilstandardisierter Fragebogen", die mit dem Ziel agierten „vertiefte Erkenntnis subjektiver und sozial geprägter Wissensstrukturen" (Perspektive BI). Dadurch konnten hier ebenfalls beide vertieften Perspektiven gleichwertig untersucht werden.

Die folgende tabellarische Darstellung macht die zwei Ebenen der Triangulation sowie die Auswahl der Methoden und Perspektiven deutlich, wobei eine ausführlich begründete Auswahl der Methoden in den Kapiteln 4.2., 4.3 und 4.4 erfolgt.

litativer Sozialforschung, in: SOZIALWISSENSCHAFTLICHE LITERATUR RUNDSCHAU 9 (1986) Nr. 12, 90.102; J. R. BERGMANN, Flüchtigkeit und methodische Fixierung sozialer Wirklichkeit. Aufzeichnungen als Daten der interpretativen Soziologie, in: W. BONSS/H. HARTMANN (Hrsg.), Entzauberte Wissenschaft. Zur Relativität und Geltung soziologischer Forschung, Sonderband 3 der Zeitschrift „SOZIALE WELT", Göttingen 1985, 305-306; FIELDING/FIELDING, Linking Data, 34.

21 Vgl. A. BRYMAN, Quantity and quality in social research, London 1988; Ders., Quantitative and qualitative research. Further reflections on their integration, in: J. BRANNEN (Hrsg.), Mixing methods. Quantitative and qualitative research, Aldershot 1995, 57-80.

22 Nach BERGOLD/FLICK impliziert die skizzierte Perspektive auch die „Deskription sozialen Handelns und sozialen Milieus" (LÜDERS/REICHERTZ, Wissenschaftliche Praxis) und die „strukturellen Aspekte des Problems" (FIELDING/FIELDING, Linking Data), weniger die „interpretativen Verfahren (BERGMANN, Flüchtigkeit). Der Übersichtlichkeit und ihrer Aussagekraft halber habe ich mich für die Perspektiven nach BERGOLD und FLICK entschieden. Die anderen Perspektiven können jedoch mitgedacht werden. Vgl. BERGOLD/FLICK, Ein-Sichten.

23 Nach BERGOLD/FLICK impliziert die skizzierte Perspektive auch die Perspektive „auf den Nachvollzug subjektiv gemeinten Sinns" (LÜDERS/REICHERTZ, Wissenschaftliche Praxis), die Perspektive „Bedeutung des Problems für die Beteiligten" (FIELDING/FIELDING, Linking Data) und die „rekonstruktiven Verfahren" (BERGMANN, Flüchtigkeit). Hier gilt ebenso, dass die genannten Perspektiven mitgedacht werden können. Vgl. BERGOLD/FLICK (Hrsg.), Ein-Sichten.

	Perspektive/ Untersuchungsziel A	Methode(n) A	Perspektive/ Untersuchungsziel B	Methode(n) B
Triangulation von qualitativen Methoden	„A: Einordnung in sozial geprägte Interaktionsmuster"	Teilnehmende Beobachtung	„Einordnung in Strukturen, die im Subjekt lokalisiert sind"	Narratives Interview
Triangulation qualitativer und quantitativer Methoden	AI: „Vertiefte Erkenntnisse und quantitative Werte sozial geprägter Interaktionsmuster"	Teilnehmende Beobachtung, teilstandardisierter Fragebogen	BI: „Vertiefte Erkenntnis subjektiver Wissensstrukturen"	Narratives Interview, teilstand. Fragebogen

Abb. 4.1.2-1 Darstellung der ausgewählten Perspektiven und Methoden[24]

Fazit: Da jede Methode implizite Untersuchungsziele hat, ist es nötig, die ausgewählten Methoden mit ihren Perspektiven miteinander zu triangulieren, was in der systematischen Perspektiven-Triangulation geschieht. Durch die Triangulation auf zwei Ebenen (qualitative Methoden miteinander und qualitative mit quantitativer Methode) konnten die Perspektiven „Einordnung in Strukturen, die im Subjekt lokalisiert sind" und „Einordnung in sozial geprägte Interaktionsmuster", systematisch erfasst werden.

4.1.3 Vergleich der Methoden

Im Sinne der GTM sowie einer triangulären Vergleichstudie sollte nun ein ständiger Vergleich der erfassten Daten stattfinden („constant comparative method"),[25] um eine „theoretische Sättigung" zu erreichen, das heißt das „gesättigte" Ergebnis aus der Fülle der verglichenen Daten, das keine „Ausreißer" mehr aufweist. Dieses Vergleichen geschieht einmal durch einen „minimalen Vergleich", hier werden Fälle bzw. Daten miteinander verglichen, die sich sehr ähnlich sind. Des Weiteren werden in einem „maximalen Vergleich" möglichst unterschiedliche Fälle verglichen. Aufgrund der drei Methoden (teilnehmende Beobachtung, narratives Interview und Fragebögen) mit ihren jeweiligen Perspektiven ergaben sich folgende Vergleichsmöglichkeiten.

Vergleichsfeld I: Im ersten Vergleichsfeld konnten die einzelnen Fälle der teilnehmenden Beobachtungen untereinander (Fälle B1 + B2 +... - B14) verglichen

24 Diese Darstellung lehnt sich an Tabelle 1-6 der „Systematischen Perspektiven-Triangulation" Flicks an und führt diese auf zwei Ebenen weiter. Vgl. FLICK, Triangulation, 25.

25 Vgl. STRÜBING, Grounded Theory, 18.

werden, wobei nach dem Prinzip der GTM zuerst ein minimaler Vergleich (ähnlicher Fälle), dann ein maximaler Vergleich (kontrastierender Fälle) angestrebt wurde. Die Ergebnisse wurden in der Gesamtanalyse (∑ B1-14) aufgeführt, die nach Gemeinsamkeiten und Unterschieden bezüglich ihrer „Interaktionsmuster"[26] untersucht wurde.

Vergleichsfeld II: Im zweiten Vergleichsfeld wurde zwar keinen Vergleich der einzelnen Fälle angestrebt, dieser geschah jedoch implizit in der Untersuchung und Auswertung aller quantitativen Werte und Muster des Fragebogens (∑ FB1-211). Dabei zeigten sich auch „Ausreißer" und Korrelationen, so dass hier der minimale und maximale Vergleich ebenfalls geschah. In diesem Vergleichsfeld konnten beide Perspektiven, einmal der Interaktionsmuster und des „subjektiven Wissens"[27] herausgearbeitet werden.

Vergleichsfeld III: Im dritten Vergleichsfeld erfolgte ein (abstrakter) Vergleich aller Beobachtungsfälle mit der Gesamtheit der Fragebogenfälle (∑ B1-14 im Vergleich zu ∑ FB1-11)[28]. Einen Vergleich der einzelnen Fälle konnte dabei nicht vorgenommen werden, jedoch konnte eine Teilmenge der Fragebögen mit dem dazugehörigen Beobachtungsprofil (zum Beispiel alle Gemeindemitglieder einer bestimmten Gemeinde im Kontext des entsprechenden Falles) mit dem Schwerpunkt „Interaktionsmuster" verglichen werden.

Vergleichsfeld IV: Im vierten Vergleichsfeld erfolgte ein (ebenfalls abstrakter) Vergleich der analysierten narrativen Interviews von Fall zu Fall (Fälle N1 + N2 +...N12) im minimalen und maximalen Vergleich. Ein Analysieren der gesamten Interviews (∑ N1-12), um Gemeinsamkeiten und Unterschiede in den Wissensbeständen aller Interviewten feststellen zu können, war im Rahmen dieser Studie nicht möglich. Anhand von drei ausführlich behandelten Interviews (Teilmenge N1 - N3) wurden jedoch strukturelle Gemeinsamkeiten und Unterschiede des „subjektiven Wissens" dieser Personen skizziert.

Vergleichsfeld V: Im fünften Vergleichsfeld konnte der Gesamtmenge aller gültigen Fragebögen die Teilmenge der Fragebögen von interviewbereiten Personen entnommen werden (GTM: verschränktes Sampling). Die Ergebnisse der durch-

26 Im Folgenden kürze ich „Einordnung in sozial geprägte Interaktionsmuster" mit „Interaktionsmuster" ab.

27 Im Folgenden kürze ich „Einordnung in Strukturen, die im Subjekt lokalisiert sind" mit „subjektivem Wissen" oder „subjektiven Strukturen" ab.

28 Hier wurden nur die absolut abstrakten herausgefilterten Kategorien miteinander verglichen, da eine Untersuchung auf der Konzeptebene den Rahmen dieser Untersuchung gesprengt hätte.

geführten und gültigen Interviews (N7, N10, N12) wurden dann um die Daten aus dem entsprechenden Fragebogen des Erzählers ergänzt.[29] Dadurch konnten die „subjektiven Wissensbestände" untersucht werden.

Vergleichsfeld VI: Im sechsten Vergleichsfeld wurde die Teilmenge der drei Interviews mit der Gesamtheit der Beobachtungen verglichen (∑ B1-14 im Vergleich ∑ N1-3), um einen Überblick über die Verbindung von „subjektivem Wissen" mit den „Interaktionsstrukturen" gewinnen zu können.[30]

Nach diesem Verfahren konnte jede Perspektive gleichberechtigt durch jeweils zwei Vergleichsformen erfassen werden:[31] Die ausschließliche Zielperspektive „Einordnung in sozial geprägte Interaktionsmuster" erfolgt einmal durch den Vergleich der gesamten Beobachtungen (Vergleichsfeld I) und zum andern im Vergleich einer Teilmenge der Fragebögen mit den entsprechenden Beobachtungsfällen (Vergleichsfeld III). Die Zielperspektive „Einordnung in Strukturen, die im Subjekt lokalisiert sind" wird durch zwei Vergleichsformen erreicht: Einerseits durch den Vergleich der Teilmenge von drei Interviews miteinander (Vergleichsfeld IV), andererseits durch den Vergleich der Teilmenge von drei Interviews mit den dazu gehörenden Fragebögen (Vergleichsfeld V).

Die Verbindung der beiden Perspektiven „Interaktionsmuster" und des „subjektiven Wissens" geschieht zunächst durch den Vergleich der Gesamtheit aller Fragebögen zueinander (Vergleichfeld II). Zudem wird eine vertiefte Erkenntnis der beiden Zielperspektiven und ihrer Zusammenhänge von dem abschließenden Vergleich der Teilmenge von drei Interviews mit der Gesamtheit der Beobachtungen (Vergleichsfeld VI) erwartet.

Die nächste Tabelle zeigt diese Vergleichsfelder, wobei ich die tatsächlich vorgenommenen Vergleichsdimensionen kursiv gedruckt habe.

29 Das verschränkte Sampling ermöglicht es, Diskrepanzen des Fragebogens aufzuklären und bestimmte Aspekte zu vertiefen. Gleichzeitig bietet es bereits eine Grundlage (z.B. Informationen über die Herkunft, Familienstand etc.) für das narrative Interview.

30 Der Vergleich eines narrativen Interviewfalls mit einer entsprechenden Beobachtungseinheit war im Rahmen dieser Arbeit nicht zu leisten und auch durch das abstrakte Niveau der Gesamtheit der Beobachtungen nicht mehr notwendig.

31 So wird man auch der Forderung gerecht, die Erhebung und Analyse der Daten gleichberechtigt zu behandeln. Vgl. FLICK, Triangulation, 26.

	Teilnehmende Beobachtung (B)	**Teilstandardisierter Fragebogen (FB)**	**Narratives Interview (N)**
B	Vergleichsfeld I • Fälle $B_1 + B_2 + \ldots - B_{11}$ untereinander • *ΣB_{1-14}: Gemeinsamkeiten und Unterschiede, zur Erfassung der Zielperspektive „Interaktion"*	Vergleichsfeld III • Fall FB_1 mit B_1 etc. • *ΣB_{1-11} im Vergleich zu ΣFB_{1-211} zur Erfassung der Zielperspektive „Interaktion"*	Vergleichsfeld VI • Fall N_1 mit Fall B_1 etc. • *ΣB_{1-14} im Vergleich zu ΣNI_{1-3}, zur Erfassung der Zusammenhänge zwischen den Zielperspektiven „Interaktion" und „subjektives Wissen"*
FB	s. Vergleichsfeld III	Vergleichsfeld II • $FB_1 + FB_2 + \ldots - FB_{211}$ untereinander • *ΣFB_{1-211}, Analyse von Häufigkeiten, Gemeinsamkeiten und Unterschieden zur Erfassung der Zusammenhänge der Zielperspektiven „Interaktion" und „subjektives Wissen"*	Vergleichsfeld V • *Fall N_{I7}, N_{10}, N_{12} und entsprechende Fragebögen zur Erfassung der Zielperspektive „subjektive Strukturen"* • ΣN_{1-12} + alle Fälle FB_{1-211}
NI	s. Vergleichsfeld IV	s. Vergleichsfeld V	Vergleichsfeld IV • *Vergleich der Fälle $N_{I7}+N_{I10}+N_{12}$ untereinander zur Erfassung des „subjektiven Wissens"* • ΣNI_{1-12}

Abb. 4.1.2-2 Mögliche und *tatsächlich* vollzogene Vergleichsdimensionen[32]

Fazit: Die drei Methoden teilnehmende Beobachtung, narratives Interview und Fragebögen mit ihren jeweiligen Perspektiven triangulierte ich in so genannten Vergleichsfeldern. In einem Vergleichsfeld werden ähnliche und kontrastierende Untersuchungsergebnisse aus den Zielperspektiven „subjektives Wissen" oder „Interaktionsmuster" miteinander verglichen. Nachstehend begründe ich nun die Auswahl der einzelnen Methoden, stelle ihre Bedeutung für den Forschungsprozess und ihre konkrete Ausführung im Kontext der GTM dar.

32 Diese Tabelle entwickelte ich in Anlehnung an: FLICK, Triangulation, 89.

4.2 Teilnehmende Beobachtung

Meinen ersten Feldzugang erlebte ich bereits 2001 im Rahmen meiner Staatsarbeit[33] als Beobachterin eines messianisch-jüdischen Gottesdienstes in Düsseldorf. Obwohl die empirische Untersuchung erst drei bis vier Jahre später stattfand, war dieser erste Feldeindruck für den Forschungsprozess bedeutsam.[34] Mir wurde hier bereits aufgrund der Komplexität und der Fülle an zu erfassenden Daten deutlich, dass ich das Feld zunächst einmal beobachtend kennen lernen musste, bevor ich weitere Forschungsmethoden einsetzen könnte. Nach der ersten Beobachtung im September 2001[35] erfolgten von Januar bis März 2004 drei Beobachtungseinheiten der eigentlichen Studie in drei weiteren Gemeinden. Von September 2004 bis Mai 2005 erfolgten 10 gültige Beobachtungseinheiten in sieben weiteren Gemeinden.[36]

Aufgrund der verschiedenen Kriterien, nach denen man die Beobachtungsverfahren systematisieren kann,[37] bezeichne ich die vorliegenden Beobachtungen als „passiv teilnehmende, offene Feld- und (direkte) Fremdbeobachtungen mit zunehmender Strukturierung und Thesenbildung".

Es handelte sich um eine „teilnehmende Beobachtung", da ich selber Interaktionspartnerin der beobachteten Personen war. Ich nahm die soziale Rolle der Gottesdienstbesucherin ein und „lebte" somit über einen längeren Zeitraum in dem Feld. Dabei war ich „passiv teilnehmend", da ich nicht in das Geschehen eingegriffen habe. Nur am Ende des Gottesdienstes stellte ich mich und mein Anliegen kurz vor und war in eben diesem Moment aktiv beobachtend.

Somit machte ich bei der Feldforschung eine „zweite Sozialisation durch". Da insgesamt keine teilnehmende Beobachtung unter drei Stunden währte, lernte ich zunehmend, mich in diesem Feld „richtig" zu verhalten. Dies bedeutete zunächst konkret das Mitsingen bei den Liedern, das Erlernen der Milieusprache oder zum

---

33 S. PFISTER, Jüdischer und christlicher Gottesdienst in den ersten beiden Jahrhunderten im Vergleich zu den Gottesdienstformen heutiger messianischer Juden, Dortmund 2001. Nicht veröffentlichte schriftliche Hausarbeit im Rahmen der ersten Staatsprüfung für das Lehramt für die Sekundarstufe I.

34 Die Bedeutsamkeit des ersten Feldeindruckes beschreibt auch H. KNOBLAUCH, Qualitative Religionsforschung. Religionsethnographie in der eigenen Gesellschaft, Paderborn 2003, 75.

35 Die erste Feldbeobachtung erfolgte unsystematisch, sie konnte aber aufgrund der sehr ausführlichen Notizen nachträglich im Sinne der GTM kategorisiert werden und zum (zeitlichen) Vergleich einbezogen werden.

36 Von den 16 weiteren teilnehmenden Beobachtungen konnten nur diese zehn als gültig betrachtet werden, weil sie den nachstehenden Anforderungen gerecht wurden.

37 Vgl. A. DIEKMANN, Empirische Sozialforschung. Grundlagen, Methoden, Anwendungen, Reinbek bei Hamburg 200310, 469; SCHNELL/HILL/ESSER, Methoden, 358-360; J. v. KOLLWIJK,/M. WIEKEN-MAYSER (Hrsg.), Techniken der empirischen Sozialforschung. Bd. 2, München 1974, 96-99.

Beispiel das Einnehmen des Sabbatweines.[38] Gleichzeitig bedeutete dies aber auch eine emotionale Beteiligung, so dass die erlernten Kenntnisse nicht isolierte Informationen waren, sondern ich habe ein „Gefühl", eine subjektive Perspektive für dieses Feld gewonnen.[39] So sieht E. GOFFMAN das „Herzstück der Beobachtung" darin, dass „man sich selbst, seinen eigenen Körper, seine eigene Persönlichkeit und seine eigenen soziale Situation den unvorhersehbaren Einflüssen aussetzt"[40]. Durch meine Bereitschaft, die Eigenarten des Feldes zu übernehmen, gelang es mir äußerst rasch, innerhalb des Feldes Zugang zu gewinnen. Manchmal wurde ich zudem gefragt, ob ich denn selber auch an „Jeschua hamaschiach" glauben würde, was ich bejahen konnte.[41] Diese Bejahung der „gleichen Zugehörigkeit" schwächte dennoch nicht die Position als Wissenschaftlerin ab, da ich diese immer wieder deutlich machte und auch auf deren primäre Funktion hinwies.[42] Die Gefahr der Doppelrolle des Forschers, die einseitige Identifikation mit der Teilnehmerrolle im Feld („going native") war bei mir trotz ähnlicher Glaubenszüge nicht gegeben. Allein schon durch sprachliche und kulturelle Unterschiede blieben große und notwendige Divergenzen.

Des Weiteren führte ich die Beobachtung als „offene" Beobachtung in sechs Gemeinden durch. In diesen Gemeinden war ich schon durch einen früheren Besuch bekannt oder ich erhielt die Möglichkeit, mich vor dem Gottesdienst vorzustellen. In den anderen fünf Gemeinden (in sieben Beobachtungsfällen) stellte ich mich am Ende des Gottesdienstes selbst vor oder wurde von dem Gemeindeleiter vorgestellt.[43] Das offene Beobachtungsverfahren hatte insgesamt den Vorteil, dass ich mich frei im Feld bewegen und Fragen stellen konnte und nicht den Beschränkungen einer bestimmten sozialen Rolle unterlag.

---

38 Dazu gehörte auch das Erlernen russischer Sprache, das zur einfachen Konversationsführung und zum groben Verständnis ausreichte und in den Kontaktsituationen äußerst hilfreich war.

39 Vgl. H. FISCHER, Feldforschung, in: Ders. (Hrsg.), Ethnologie, Berlin/Hamburg 1992b, 81.97-99; KNOBLAUCH, Qualitative Religionsforschung, 73.

40 E. GOFFMAN, zitiert in: H. KNOBLAUCH (Hrsg.), Kommunikative Lebenswelten. Zur Ethnographie einer geschwätzigen Gesellschaft, Konstanz 1996, 253.

41 Aufgrund meiner pesönlichen Glaubensüberzeugung war dies möglich, ohne dass ich einer evangelikalen Gemeinde angehöre. FEHER berichtet dagegen, dass sie in vielen messianisch-jüdischen Gemeinden in Nordamerika überhaupt nicht akzeptiert wurde, da sie nicht konvertiert sei oder dass die Besucher sie „bekehren" wollten. Vgl. FEHER, Passing over Easter. 55-56.

42 Dass dies anfänglich nicht immer gelungen ist, zeigt die Bitte eines Besuchers, mit ihm eine messianische Gemeinde in Dortmund zu gründen, so dass ich in späteren Fällen meine Forschungsposition verstärkt betonte.

43 Hier erfuhren die Gemeindebesucher erst im Nachhinein, dass sie Gegenstand der Untersuchung geworden waren, so dass ich die Beobachtungen hier konsequenterweise als „im Nachhinein-offene" Beobachtung bezeichne.

Eine Schwierigkeit der offenen Beobachtung bestand darin, Einlass in das Feld durch die Gemeindeleiter zu bekommen.[44] Dennoch wurde mir in keiner Gemeinde die teilnehmende Beobachtung untersagt, nur ein weiterer Methodeneinsatz (Fragebogen und narratives Interview) kam für sechs Gemeindeleiter nicht in Frage. Zusätzlich führte ich insgesamt 36 Interviews mit den Leitern oder verantwortlichen Mitarbeitern von Gemeinden durch, die ich in der Untersuchung als so genannte „Experteninterviews" bezeichne, da die Gemeindeleiter, die selbst Teil des Handlungsfeldes sind, für mich die „Experten" ihrer eigenen Gemeinde darstellten.[45]

Die Beobachtung fand als direkte „Fremdbeobachtung" (vs. Selbstbeobachtung) in einer „natürlichen Beobachtungssituation" (vs. Laborsituation, künstlich hergestellte Situationen) in den Gottesdienstbesuchen messianischer Gemeinden statt.[46]

Die ersten vier Beobachtungen erfolgten zunächst „unstrukturiert".[47] Die ersten fortlaufenden Beschreibungen (Handlungsabläufe, Gebete, Interaktionen der Besucher, Symbole etc.), ergänzte ich mit „analytischen Memos",[48] das sind „theoretische Notizen" mit ersten Deutungen. Diese analytischen Memos dienen als Grundlage zur späteren Kodierung, da sie erlauben, die Überlegungen zurückzuverfolgen und sind „bewusste, kontrollierte Versuche, aus verschiedenen Beobachtungsnotizen eine klare Bedeutung zu destillieren".[49] Die nächsten sieben Beobachtungseinheiten erfolgten im Rahmen „halb offener" Kategorien-Systeme, das heißt hier klassifizierte ich auftretende Handlungen nach Kategorien, wobei auch neue Kategorien hinzukommen konnten.[50] Anschließend folgte eine Auswertung der Feldnotizen mit Analyse der gebildeten Konzepte und Kategorien und vorläufiger Hypothesenbildung. Erste Hypothesen wurden aufgefasst, dargestellt,

---

44 Die Gemeindeleiter waren somit die so genannten „Türsteher", die den Zugang zu den messianischen Gemeinden gewähren oder verwehren können. Vgl. KNOBLAUCH, Qualitative Religionsforschung, 78.82f.

45 Im Unterschied zu anderen Interviewformen bildet bei dem ExpertInneninterview der organisatorische und institutionelle Zusammenhang den Gegenstand der Analyse. Die Interviews führte ich als offene leitfadenorientierte Interviews durch, die ich durch Notizen während und unmittelbar nach den Gesprächen protokollierte. Vgl. M. MEUSER/U. NAGEL, ExpertInneninterviews. Vielfach erprobt, wenig bedacht. Ein Beitrag zur qualitativen Methodendiskussion, in: D. GARZ/K. KRAIMER (Hrsg.), Qualitativ-empirische Sozialforschung. Konzepte, Methoden, Analysen, Opladen 1991, 441-471; L. A. DEXTER, Elite and specialized interviewing, Evanston 1970.

46 Vgl. SCHNELL/HILL/ESSER, Methoden, 359.

47 Vgl. DIEKMANN, Empirische Sozialforschung, 469-475.

48 Vgl. KNOBLAUCH, Qualitative Religionsforschung, 94.

49 L. SCHATZMANN,/A. STRAUSS, Field research. Strategies for a natural sociology, Englewood Cliffs 1973, 100, übersetzt zitiert in: KNOBLAUCH, Qualitative Religionsforschung, 94-95.

50 In diesen Kategorie-Systemen können ablaufende soziale Prozesse auch zeitlich aufeinander folgend registriert werden. Vgl. SCHNELL/HILL/ESSER, Methoden, 362.

erweitert oder wieder verworfen und durch weitere Beobachtungsfälle bis hin zur theoretischen Sättigung herausgebildet.

4.2.1 Das offene Kodieren

Nun mussten die Daten der teilnehmenden Beobachtungen nach der GTM miteinander verglichen, zusammengefasst, benannt und ausgewertet werden. Die folgende Untersuchung der ersten vier Fälle der teilnehmenden Beobachtung (Kapitel 4.2.1, 4.2.2 und 4.2.3) ist somit dem Vergleichsfeld I (Fälle B1 + B2 + B3 + B4) zuzuordnen, da ich diese Beobachtungsfälle nach Gemeinsamkeiten und Unterschieden bezüglich ihrer „Interaktionsmuster" untersucht habe.

Der Kodierungsprozess der GTM nach Strauss und Corbin besteht aus zwei grundlegenden Verfahren: Einmal das bereits beschriebene ständige Vergleichen („constant comparative method"), zum andern das Stellen von spezifischen Fragen. So wird jedes Wort, jeder Satz oder Abschnitt durch Fragen wie „Was geschieht hier?", „Was repräsentiert das Phänomen?" etc. untersucht.[51]

Der Prozess des Kodierens dient der Entwicklung von Konzepten in Auseinandersetzung mit dem empirischen Material und kann in das offene, das axiale und das selektive Kodieren unterteilt werden. Der Kodierungsprozess soll dargestellt werden, um die dabei entstandenen Theorien systematisieren und kontrollieren zu können.

> *„Statt also die Daten nur zu inspizieren, um dann die in der Entwicklung befindliche Theorie fortzuschreiben, insistiert die grounded theory darauf, das Material systematisch (wenngleich nicht vollständig) zu kodieren, allerdings mit Kodes auf der Basis theoretischer Konzepte und Kategorien, die erst sukzessive aus der kontinuierlich vergleichenden Analyse dieser Daten entwickelt werden müssen."*[52]

Anhand der ersten vier Beobachtungsprotokolle veranschauliche ich zunächst den Prozess des offenen Kodierens. Das offene Kodieren wird als „Aufbrechen der Daten" durch ein analytisches „Herauspräparieren" einzelner Phänomene verstanden.[53] Dies ist ein breiter, zunächst noch relativ ungeordneter Prozess, bei dem zunächst dicht am Text, dann abstrahiert, viele Konzepte und Kategorien erarbeitet werden. Konzepte sind konzeptuelle Bezeichnungen oder Etiketten, die

51 Soweit nicht anders angegeben, folge ich nachstehend Strauss/Corbin, Grounded theory, 43-74.

52 Strübing, Grounded theory, 19.

53 Strübing, Grounded theory, 19-20.

einzelnen Ereignissen oder Vorkommnissen des Phänomens zugeordnet werden. Diese können zunächst alltagssprachlich formuliert sein, einfache Tätigkeiten beschreiben oder schon erste Zusammenhänge erfassen. Kategorien bilden dabei eine Klassifikation von Konzepten. So werden Konzepte, die zu einer Gruppe gehören, den höher abstrahierten Kategorien zugeordnet. Wobei nicht alle Konzepte zu Kategorien werden.

So entstanden zum Beispiel in der vorliegenden Untersuchung des ersten Beobachtungsprotokolls in einer sorgfältigen line-by-line-Analyse erste Konzepte durch das Stellen von Fragen. Aus den ungeordneten, zunächst diffus erscheinenden Begebenheiten *Handreichen, Fragen stellen, Lächeln, Händeschütteln, Umarmen, russische Lieder, Übersetzung, hebräische Gebete, Bücher lesen,* angenehme Atmosphäre entstand bald das Konzept „Begrüßung" (z. B. aus den Begebenheiten *Handreichen, Lächeln, Händeschütteln, Umarmen*). Das Konzept „Mehrsprachigkeit" entstand aus den Elementen *russische Sprache, hebräische Gebete* und *russische Lieder.* Bei der Bildung von Konzepten habe ich die Selbstverständlichkeit der Textoberfläche durchbrochen, jeweils umsortiert, immer nach dem Prinzip „it could have been otherwise".[54]

Insgesamt entwickelte ich aus 289 Begrifflichkeiten folgende 17 Konzepte: Begrüßung, Atmosphäre, Funktionen, Literatur, Raum, jüdische Symbole, „christlicher Glaube", jüdisch-messianische Deutungen, Torabedeutung, jüdische Handlungen/Assoziationen/Traditionen, Musik, Kinder, aktive Gottesdienstteilnahme, intensive Gespräche, gemeinsames Essen, Gottesdienstausklang, eigene Eindrücke/Einstellung.

Bei der nun folgenden Kategorisierung habe ich die Konzepte miteinander verglichen und bei gleicher Bezugnahme auf ein bestimmtes Phänomen (bestimmte Eigenschaften oder Charakteristika) zusammengefasst. Dabei stellte sich heraus, dass ich mit einem dabei neu entstandenen Konzept „Rahmung des Gottesdienstes" auch die (Sub)Konzepte Begrüßung, Gottesdienstausklang, intensive Gespräche, gemeinsames Essen und Raum umfassen konnte, da diese chronologische oder attributive Teile desselben Phänomens waren.

Bei einem weiteren Vergleich habe ich das Konzept „Rahmung des Gottesdienstes", zusammen mit den Konzepten „Musik", „Atmosphäre", „Essen", „intensive Gespräche", „aktive Gottesdienstteilnahme" zur Kategorie „Gemeindeintegration/aktive Gottesdienstteilnahme" klassifiziert.

Des Weiteren benannte ich die zweite Kategorie nach dem „In-vivo Kode" (vgl. Kapitel 3.3.1.1) der messianischen Juden „Jeshua hamaschiach"/„jüdisch-messianischer Glauben". Diese Kategorie entstand aus den Konzepten „jüdisch-

---

54 So äußert sich J. STRÜBING im Forum „Qualitative Sozialforschung" im Juli 2005, in: http://www.qualitative-research.net/fqs/fqs.htm, Stand: 30.07.2008. Dieses Forum dient als Austauschsplattform zu aktuellen qualitativen Forschungsfragen. Vgl. J. STRÜBING, E-Mail an die Mitglieder des Forums, Juli 2005.

messianische Deutungen", „christliche Symbolik/christlicher Glaube",[55] „jüdische Rituale/Symbole/Traditionen"[56] und „Torabedeutung".

Die dritte Kategorie „Gemeindestruktur" bildete ich aus den Konzepten „Mehrsprachigkeit", „Funktionen", „Kinder" und „Gemeindemitglieder". Auf einer abstrakten Ebene konnte ich nun Vergleiche anstreben. Dabei musste ich mir bewusst machen, aus welchen Konzepten und Begrifflichkeiten diese Kategorien entstanden waren und welche Konzepte sich zu keiner Kategorie zuordnen ließen.[57]

Der Prozess des offenen Kodierens regte aber nicht nur die Entdeckung von Kategorien an, sondern auch von deren Eigenschaften und Dimensionen, um Beziehungen zwischen Kategorien und Subkategorien herausarbeiten zu können. „Deshalb ist das Verstehen der Natur von Eigenschaften und Dimensionen sowie deren Beziehungen ein notwendiger Schritt zum Verständnis sämtlicher analytischer Verfahren beim Entwickeln einer Grounded Theory."[58] Da jede Kategorie ein einzigartiges dimensionales Profil hat, ist es wichtig, zunächst die Eigenschaften einer Kategorie auf einem Kontinuum zu dimensionalisieren. „Das dimensionale Profil repräsentiert die *spezifischen Eigenschaften* eines Phänomens unter einem gegebenen Satz von Bedingungen".[59] Dabei bin ich nicht nur von den beobachteten Eigenschaften ausgegangen, sondern von allen möglichen Eigenschaften dieses Phänomens, damit ich Anhaltspunkte zur weiteren Planung und Einordnung erhielt. Diesen Vorgang möchte ich am Beispiel der Kategorie „Gemeindeintegration/aktive Gottesdienstteilnahme" aufzeigen.[60]

Kategorie	**Eigenschaften**	**Dimensionale Ausprägung (pro Ereignis)**	
Gemeindeintegration/	Zeitkontinuum	kontinuierlich	intermittierend
aktive Teilnahme	Regelmäßigkeit	oft	selten
	Intensität	hoch	niedrig
	Ausmaß	viel	wenig

Abb. 4.2.1 – 1 Dimensionales Profil der Kategorie „Gemeindeintegration/aktive Teilnahme"

55 Die Konzepte „christlicher Glaube" und „christliche Symbolik" wurden hier zu einem Konzept zusammengefasst, da die christliche Symbolik nur wenig empirische Begriffe aufwies.

56 Hier wurden die Konzepte „jüdische Symbole", „jüdische Handlungen/Assoziationen/Traditionen" zusammengezogen.

57 So habe ich den Begriff „Kreuz" bei der christlichen Symbolik zunächst gar nicht aufgenommen, da er auch in kaum einer Beobachtung wieder auftauchte. Aber gerade in seinem expliziten „Nichtauftauchen" nimmt dieser Begriff eine äußerst wichtige Funktion innerhalb des jüdisch-messianischen Glaubens ein, nämlich die der Vermeidung christlicher Symbolik. Dieser Gefahr bin ich dann bei den folgenden Beobachtungen entgangen, indem ich nach der Fertigstellung der Kategorien, jede der (hier 289) Begrifflichkeiten einem der Konzepte zuordnete.

58 Strauss/Corbin, Grounded theory, 51.

59 Strauss/Corbin, Grounded theory, 51 (Hervorhebung S./C.).

60 Zur Ergänzung der GTM habe ich anfänglich alle einzelnen Konzepte einer Kategorie bzgl. ihrer Eigenschaften dimensionalisiert, so wurden entscheidende Kriterien zur weiteren Einordnung deutlich. Bei weiterer Übung mit der GTM bin ich davon allerdings wieder abgewichen, da dieses Verfahren sehr zeitaufwändig ist.

Nun ist es möglich, jeden einzelnen Fall innerhalb dieser Dimensionalisierungen zu lokalisieren, so dass zum Beispiel bei der ersten Beobachtung (B_I) von einer kontinuierlichen, äußerst intensiven Gottesdienstteilnahme gesprochen werden kann. Die Regelmäßigkeit der Teilnahme kann nur vermutet werden und das Ausmaß kann erst später mit anderen Beobachtungsfällen in Beziehung gesetzt und so lokalisiert werden. Dieses dimensionale Profil erleichterte mir während des Forschungsprozesses immer wieder das Anordnen und Lokalisieren eines bestimmten, zum Beispiel sehr spezifischen oder individuellen Falles im Gesamtkontext.

Fazit: Aus dem offenen Kodierungsprozess, dem „Aufbrechen von Daten", entstanden insgesamt drei Kategorien: „Gemeindeintegration/aktive Gottesdienstteilnahme", die „Gemeindestruktur" und der „messianisch-jüdische Glauben", deren einzelne Fälle sich im dimensionalen Profil lokalisieren ließen.

4.2.2 Das axiale Kodieren

An dieser Stelle des Kodierprozesses ist es nötig, Zusammenhänge zwischen den einzelnen Kategorien herzustellen, „axial" zu kodieren. Dies geschieht durch den Einsatz eines „Kodier-Paradigmas". Das axiale Kodieren, das „Erarbeiten eines phänomenbezogenen Zusammenhangsmodells"[61] knüpft dabei direkt an die Erarbeitung des offenen Kodierens an.

Das Kodier-Paradigma besteht aus den herausgearbeiteten Bedingungen und dem Kontext eines einzelnen Phänomens sowie aus den Handlungs- und interaktionalen Strategien und Konsequenzen. Dadurch können zentrale Kategorien herausgefiltert und die Daten des offenen Kodierens auf neue Art zusammengesetzt werden.

> *„Beim axialen Kodieren liegt unser Fokus darauf, eine Kategorie (Phänomen) in Bezug auf die Bedingungen zu spezifizieren, die das Phänomen verursachen; den Kontext (ihren spezifischen Satz von Eigenschaften), in denen das Phänomen eingebettet ist; die Handlungs- und interaktionalen Strategien, durch die es bewältigt, mit ihm umgegangen oder durch die es ausgeführt wird; und die Konsequenzen dieser Strategien."*[62]

Am Beispiel der Kategorie „Gemeindeintegration/aktive Gottesdienstteilnahme" verdeutliche ich das axiale Kodieren. Diese Kategorie beinhaltet die Fragen, war-

---

61 Strübing, Grounded theory, 20.

62 Strauss/Corbin, Grounded theory, 76. Hervorhebung S./C.

um solche messianisch-jüdische Gemeindestrukturen entstehen und warum sich Juden oder Nichtjuden diesen Gemeinden anschließen. Zusätzlich werden aber auch die Faktoren der regelmäßigen Teilnahme und des (vermutlich) intensiven Glaubenslebens der Besucher erfasst.

Als „ursächliche Bedingungen" gelten dabei Ereignisse oder Vorfälle, die zum Auftreten oder der Entwicklung des „Phänomens", der zentralen Idee, hier der Kategorie „Gemeindeintegration" führen. Als „intervenierende Bedingungen" gelten die Strukturen, die auf die Interaktionsebene einwirken und die entsprechenden Handlungen zur Bewältigung oder zum Umgang mit dem Phänomen hemmen (zum Beispiel Konflikte in der Gemeinde) oder fördern (homogene Mitgliederstruktur). Als „Konsequenzen" dienen die Ergebnisse oder Resultate der phänomenbezogenen Handlungen (zum Beispiel eine enge Bindung an die Gemeinde). Dieses theoretische Modell habe ich für jede Kategorie entworfen und jeweils mit einem Zwischenergebnis festgehalten:

Ursächliche Bedingung	**Phänomen**	
	Ktgr: Gemeindeintegration	
Ktgr.: Jüdisch-messianischer Glauben	Spezifische Dimensionen des Phänomens	
Ktgr.: Gemeindestruktur	Zeitkontinuum:	kontinuierlich
	Regelmäßigkeit:	oft
	Intensität:	hoch
	Ausmaß:	viel

Spezifische Eigenschaften der Bedingung

Konversion, Herkunft der Gottesdienstteilnehmer: ähnlich, Lebensstruktur: ähnlich verlaufen

Kontext der Gottesdienstteilnahme: Unter Bedingungen, bei denen die Gottesdienst-teilnahme/Integration regelmäßig, kontinuierlich, aktiv und mit hoher Religiosität auftritt

Strategien/Handlungen: Weiter anhaltende Bereitschaft zu aktiven Handlungen, Übernahme spezifischer Aufgaben, Rahmung des Gottesdienstes, intensive Gebetshaltung im Gottesdienst, Vorbereiten, Organisieren, Toraauslegung, Arbeitsteilung

Konsequenzen: Enge Bindung an die Gemeinde, familiäre Atmosphäre, Kenntnis und Verständnis untereinander, Intensivierung des eigenen messianisch-jüdischen Glaubenslebens

Intervenierende Bedingungen:

Hemmend: Konflikte in der Gemeinde, Anfeindungen von außen, Nichtanerkennung der Gemeinde, persönliche Glaubenskrise, zu große Gemeinden, Zunahme von Nichtjuden

Fördernd: konfliktfreies Miteinander, Anerkennung der Gemeinde, kleine Gruppengröße, homogene Struktur

Abb. 4.2.2 – 1 Axiales Kodieren am Beispiel der Kategorie „Gemeindeintegration/aktive Gottesdienstteilnahme"

Zwischenergebnis des axialen Kodierens: Als „ursächliche Bedingungen" der Kategorie „Gemeindeintegration/aktive Gottesdienstteilnahme" ließen sich die Kategorien der „Gemeindestruktur" und des „messianisch-jüdischen Glaubens" einordnen, da beide Faktoren eine Gemeindeintegration überhaupt erst bewirken und maßgeblich zu einer aktiven, regen Gottesdienstteilnahme beitragen. Dabei nehme ich als spezifische Eigenschaften der ursächlichen Bedingungen zunächst einmal die Konversion an sowie den ausdrücklichen Wunsch, diesen neuen messianisch-jüdischen Glauben in Gemeinsamkeit auszuleben.

Des Weiteren bilden ähnliche Herkunftsländer (Sprache, Kultur etc.) und Lebensstrukturen (Einreise nach Deutschland, Lebenswende, Schicksal etc.) der Gottesdienstteilnehmer spezifische Eigenschaften der Ursache. Unter den „kontextuellen Bedingungen" einer regelmäßigen, kontinuierlichen, intensiven und regen Gottesdienstteilnahme/Gemeindeintegration besteht eine weiter anhaltende Bereitschaft zur Übernahme von Gemeindeaufgaben, zur Gestaltung und Vorbereitung des Gottesdienstes etc. (Strategien/ Handlungen). Als „Konsequenz" entsteht hier eine enge Bindung an die Gemeinde, eine nahezu „familiäre" Atmosphäre, in der sich die Gemeindebesucher wohl fühlen, in der sie sich gut kennen und in der das eigene Glaubensleben intensiviert wird. „Intervenierende Bedingungen" (hemmend oder fördernd) können die Gruppengröße, Einflüsse und Anerkennung von außen, die Homogenität der Struktur, Konflikte innerhalb der Gemeinde oder die Dauer des Bestehens der messianischen Gemeinde sein.

Dieses Zwischenergebnis wurde an jedem einzelnen Fall überprüft und Variationen wurden dabei einbezogen, um die einzelnen Faktoren des axialen Kodierens zu ergänzen.

Fazit: Das axiale Kodieren schafft Zusammenhänge zwischen den einzelnen Kategorien. Grundlage für das axiale Kodieren sind die Daten des offenen Kodierens. Für die Kategorie „Gemeindeintegration/aktive Gottesdienstteilnahme" gelten beim axialen Kodieren als ursächliche Bedingungen die anderen beiden Kategorien „Gemeindestruktur" und „jüdisch-messianischer Glauben".

4.2.3 Das selektive Kodieren

Das Zwischenergebnis des axialen Kodierens diente nun als Grundlage für das anschließende „selektive Kodieren", wobei die Schlüssel- oder Kernkategorien („core categories") nun systematisch mit den anderen Kategorien in Beziehung gesetzt wurden. Mit dem selektiven Kodieren bezeichnet man in der GTM den Prozess des Auswählens der Kernkategorie, das „In-Beziehung-Setzen" der Kategorien, die Validierung dieser Beziehungen und das Auffüllen von Kategorien.

In unserem Beispiel ist dies die Kategorie „Gottesdienstteilnahme/Gemeindeintegration".[63] Eine weitere kleine Darstellung und ein Zwischenbericht fasste nun

63 Die Kategorien „Gemeindestruktur" und „messianisch-jüdischer Glaube" als ursächliche Bedingungen stellte ich zunächst zurück, um das sichtbare Phänomen, die Gottesdienstteilnahme, zu untersuchen.

die Bezüge der Schlüsselkategorien zu den anderen Kategorien (und Subkategorien) unter Einbeziehung der Ergebnisse des axialen Kodierens systematisch dar:

Eigenschaft	**Dimensionale Ausprägung**	
Gemeindeintegration/Teilnahme	aktiv	passiv
Gottesdienstablauf	„gelungen"	nicht „gelungen"

Abb. 4.2.3 – 1 Indizien für die Kategorie „Gemeindeintegration" beim selektiven Kodieren

Zwischenbericht des selektiven Kodierens: Wenn die Personen ein ähnliches, oben skizziertes Profil aufweisen und sie ihren messianisch-jüdischen Glauben in der Gemeinschaft ausleben möchten, schließen sie sich einer messianischen Gemeinde an. Die aktive, intensive Teilnahme am Gottesdienst der messianischen Juden wirkt sich auf einen „gelungenen" Gottesdienstablauf" aus. Von „gelungen" kann gesprochen werden, wenn die Rahmung des Gottesdienstes (Begrüßung, intensive Gespräche, familiäres gemeinsames Essen) als positiv und intensiv empfunden wird, wenn die Besucher sich gegenseitig herzlich begrüßen, sich unterhalten etc. Ein „gelungener" Gottesdienstverlauf ist auch an den Gebeten, die in stiller Hingabe oder mit offener Anbetungshaltung gesprochen werden, zu erkennen und daran, dass die Besucher Rituale oder Gewohnheiten lebhaft und ernsthaft gestalten. Als Folge entsteht eine enge Bindung an die Gemeinde, intensive Kenntnis der anderen Besucher in einer familiären Atmosphäre und eine Intensivierung des eigenen messianisch-jüdischen Glaubenslebens.

Aus diesem Zwischenbericht, den ich erweiterte, modifizierte oder ergänzte,[64] ließen sich Theorien und weitere Planungsschritte für die Untersuchung ableiten. Zum Beispiel wurde bald deutlich, dass die Untersuchung des subjektiven Wissens nötig wurde. Denn es stellte sich die Frage, wie die Gottesdienstbesucher zu der Annahme dieses Glaubens gekommen sind, was sie dazu bewogen hat, sich der Gemeinde anzuschließen und wie sich der messianisch-jüdische Glaube gestaltet.

Fazit: Das selektive Kodieren setzt die Kernkategorie „Gemeindeintegration" mit den anderen beiden Kategorien „Jüdisch-messianischer-Glaube" und „Gemeindestruktur" systematisch miteinander in Beziehung, so dass ein Zwischenbericht mit ersten Thesen entsteht, der als weitere Planungsgrundlage dient.

64 Zum Beispiel benannte ich die Kategorie „Gemeindeintegration" später in „Gottesdienst- und Gemeindetypen" um, da ich dadurch den zahlreichen Gemeindevariationen gerecht werden konnte (vgl. Kapitel 5.3. und 5.4).

4.2.4 Forschungsnotizen

Der Zwischenbericht bildete nun die Grundlage für weitere „analytische Memos", für „Kode-Notizen", in denen ich konzeptuelle Begriffe erarbeitete und für die „theoretischen Notizen", die zusammenfassenden Memos. Daraus ergaben sich Planungsnotizen, also Ideen, Fragen, und Anregungen. Eine kleine Auswahl dieser methodischen „Schnipsel" möchte ich nun darstellen, um den Erarbeitungsprozess zur weiteren Kategoriebildung transparent zu machen. Die Beispiele erheben keinen Anspruch auf Vollständigkeit und stellen keinen lückenlosen Forschungsbericht dar, sondern dienen der Veranschaulichung meiner Vorgehensweise.

Beispiel einer Kode-Notiz

19.01.2004 Bezug zu Feldnotiz B_1- B_3 vom 17.01.2004, erstellt am 18.01.2004

Kode-Notiz: Der Glaube an Jesus als den Messias und seine Eigenschaften (Kategorie: messianisch-jüdischer Glaube)

Nach meinen ersten Kodierungen möchte ich den Glauben an Jesus als den Messias in seinen Eigenschaften erfassen, die entlang dimensionaler Kontinua variieren.

Eigenschaften	**Mögliche Dimensionen**	
Beweggrund zum Gemeindebesuch	regelmäßig	sporadisch
lebensverändernd	Schicksal/Tragik	„soziale" Entscheidung
Persönliche Beziehung	intensiv	oberflächlich
Kontinuitätsgrad	kontinuierlich	intermittierend
Verbindend	alle Besucher	wenige

Hauptbeweggrund?

Der Glaube an Jesus als den Messias scheint zunächst der Hauptbeweggrund zu sein, warum sich die messianischen Juden versammeln, um ihn regelmäßig anzubeten. Der Glaube muss eine starke, lebensverändernde Wirkung auf die Juden gehabt haben, da die meisten aus der ehemaligen Sowjetunion kommend, keinerlei Beziehung zum Christentum- oder Judentum haben. So gehe ich davon aus, dass die Besucher seit ihrer Konversion eine intensive kontinuierliche Beziehung zu Jesus als dem Messias haben und diese durch den Gemeindebesuch vertiefen möchten.

Ursache: Der gemeinsame messianisch-jüdische Glaube bewegt die Juden zu einer regelmäßigen Gottesdienstteilnahme.

Unter der Bedingung, dass man den messianisch-jüdischen Glauben angenommen hat, besucht man regelmäßig die Gemeinde, um ihn zu praktizieren und zu vertiefen. Der Glaube verbindet die Besucher untereinander. Wird man bald wieder die Gemeinde verlassen, wenn der Glaube nur oberflächlich bleibt? (Hier könnten dann andere Faktoren ins Spiel kommen, zum Beispiel die gemeinsame Sprache)

Abb. 4.2.4 – 1 Kode-Notiz der GTM

Beispiel einer theoretischen Notiz

19.01.2004 Theoretische Notiz, entstanden aus der Kode-Notiz: Messianisch-jüdischer Glaube vom 19.01.2004

Der jüdisch-messianische Glaube zeigt sich deutlich an den Symbolen, den Ritualen, den Handlungen und an der intensiven Hingabe im Gebet. Was ist das Spezifische an diesem Glauben? Unter welchen Bedingungen kam es zur Konversion? Wie war das Erlebnis der Konversion selbst? Wie gestalten die Besucher privat ihren messianisch-jüdischen Glauben? Ging die Konversion zum messianisch-jüdischen Glauben dem Besuch einer messianischen Gemeinde voraus oder umgekehrt? Ging der Besuch einer messianischen Gemeinde der Einwanderung nach Deutschland voraus oder umgekehrt? (Idee: Fragebogen)

Abb. 4.2.4.–2 Theoretische Notiz der GTM

Beispiel einer Planungsnotiz

19.01.2004 Planungsnotiz, Datenauswahl für den jüdisch-messianischen Glauben

1. Von meinem theoretischen Memo des heutigen Tages ausgehend, möchte ich untersuchen, was der Hauptbeweggrund ist für den regelmäßigen, aktiven Gottesdienstbesuch. Ist die Gemeindestruktur oder der gemeinsame Glauben ausschlaggebend? Dazu werde ich mindestens zwei weitere Beobachtungseinheiten durchführen und meinen Schwerpunkt auf diese beiden Aspekte legen.
2. Weiter halte ich es für sinnvoll zu erfragen, wie lange sich die Personen in Deutschland befinden, seit wann sie die Gemeinde besuchen und wann sie konvertiert sind.

   Bisher habe ich vier Vermutungen bezüglich der Reihenfolge:

   1. Möglichkeit: Einreise nach Deutschland → Besuch einer Gemeinde → Konversion

   2. Möglichkeit: Konversion → Einreise → Besuch einer messianischen Gemeinde

   3. Möglichkeit: (Messianisch-jüdische) Gemeinde in der Heimat → Konversion → Einreise → Gemeinde

   4. Möglichkeit: Konversion → Gemeinde in der Heimat → Einreise → Gemeinde

   In den beiden letzten beiden Fällen ist der messianisch-jüdische Glauben so stark, dass er in Deutschland ebenfalls zu einer Gemeindebindung führt. Aber da erst ab ca. 1990 in der ehemaligen Sowjetunion messianisch-jüdische Gemeinden entstanden sind, kann ich mir nicht vorstellen, dass es davon viele Kohorten gibt. Deshalb müsste ich erfragen, seit wann sich die messianischen Juden in einer messianischen Gemeinde allgemein befinden, statt in der jetzigen messianischen Gemeinde (Formulierung des Fragebogens!).
3. In narrativen Interviews würde ich gerne erfragen, welche Veränderungen das Konversionserlebnis bewirkte.

Abb. 4.2.4 – 3 Planungsnotiz der GTM

Anhand dieser Forschungsnotizen konnte ich auch die Auswahl meiner weiteren Methoden und ihrer jeweiligen Perspektiven begründen. Die Perspektiven der „Interaktionsmuster“ würden sich neben der teilnehmenden Beobachtung ausgezeichnet in einer kollektiven Fallstudie mit Fragebögen erfragen lassen (vgl. Kapitel 4.3) und die Perspektiven des „subjektiven Wissens“, also zum Beispiel wie es zu einer Konversion kam, besser in einem narrativen Interview (vgl. Kapitel 4.4). Dabei wandte ich ebenfalls die Kodierprozesse der GTM an.

4.2.5 Profil einer messianisch-jüdischen Gemeinde

Da mir nach dem Kodieren eine außerordentliche Datenvielfalt der teilnehmenden Beobachtungen vorlag, strebte ich eine einheitliche Aussage aller messianisch-jüdischen Gemeinden zur Erfassung der Perspektive „Interaktionsmuster" der Kategorie „messianisch-jüdischer Glauben" an.

Insbesondere stellte ich Fragen nach der Liturgie (L), den Symbolen (S) und den Rahmenbedingungen (R): Welche liturgischen Elemente sind in den Gottesdiensten zu finden? Sind sie eher jüdisch oder eher christlich? Welche christlichen oder jüdischen Symbole gibt es? Findet der Gottesdienst an einem Sonntag oder an einem Sabbat statt? Etc. Dazu legte ich von jeder Gemeinde ein Profil mit einem additiven Index der Eigenschaftsprofile an. Ein Index gilt als Zusammenfassung von mehreren Einzelindikatoren einer jeden einzelnen Größe zu einer neuen Variable.[65] Dadurch konnte ich im Vergleichsfeld I die einzelnen messianisch-jüdischen Gemeinden (∑ B 1-14) miteinander vergleichen.

Die Kategorie „messianisch-jüdischer Glauben" lässt sich dabei als Syndrom der verschiedenen Merkmale oder Faktoren auffassen, da das gemeinsame Auftreten dieser Merkmale einen bestimmten Zusammenhang oder einen Zustand anzeigen. In einem solchen Syndrom lassen sich quantitative und qualitative Eigenschaften gemeinsam auswerten, da hier die Profilgestalt einer Gemeinde und die Beziehungen der Eigenschaften zueinander relevant sind und nicht der Wert einer bestimmten Eigenschaft für sich.[66] Das heißt, ich konnte zum Beispiel quantitativ in diesem additiven Index die jüdischen Symbole „zählen" und parallel dazu die Gottesdienstteilnahme qualitativ teilnehmend beobachten, wobei es auf das Verhältnis dieser Ausprägungen zueinander ankam und auf den gesamten Kontext, nicht auf ein einzelnes Ergebnis.

Einerseits ließ sich die Kategorie „messianisch-jüdischer Glauben" aus reaktivierten traditionellen religiösen Überzeugungen wie den Elementen der jüdischen Rituale und Deutungsmuster verstehen. Andererseits entstand sie aus aktuellen (und teilweise reaktivierten) christlichen Ritualen und Glaubensauffassungen, so dass Elemente aus dem Judentum und dem Christentum miteinander „re-kombiniert" wurden.[67] Innerhalb dieser Profilgestalt bildete ich deshalb einen Index zur Erfassung der Anteile der jüdischen sowie der christlichen Elemente in der Kategorie „jüdisch-messianischer Glauben". Dabei nahm ich eine einfache Addition der

---

65 Vgl. J. FRIEDRICHS/H. LÜDTKE, Teilnehmende Beobachtung. Einführung in die sozialwissenschaftliche Feldforschung, Weinheim/Basel 1977³, 88; SCHNELL/HILL/ESSER, Methoden, 160-161; C. BESOZZI/H. ZEHNPFENNIG, Methodologische Probleme der Indexbildung, in: KOLLWIJK/WIEKEN-MAYSER,(Hrsg.), Techniken Bd. 5, 9-55..

66 Vgl. FRIEDRICHS/LÜDTKE, Teilnehmende Beobachtung, 88.

67 Vgl. KRECH, Religionssoziologie, 60; EIBEN/VIEHÖVER, Religion, 55.

einzelnen Indikatorenwerte vor, wobei alle Indikatoren denselben Wertebereich besitzen (0-1), damit sie gleichwertig in den Index eingehen.

Somit bestand der additive Index der „jüdischen Elemente" des messianisch-jüdischen Glaubens aus der Summe der vergebenen Punkte.[68] Für jedes Vorhandensein eines jüdischen Elements (liturgische oder symbolische Elemente, Rahmenbedingungen) habe ich einen Punkt vergeben. Somit sieht die Profilgestalt der messianischen Gemeinde „Adat Adonai" in Heidelberg mit einem additiven Index wie folgt aus:

liturgische (L) und symbolische Elemente (S) und Rahmenbedingungen (R)	**messianisch-jüdische Gemeinde „Adat Adonai"**	**jüdische Indikatoren**	**christlliche Indikatoren**
Name (R)	hebräischer Name	1	0
Organisation/ Missionswerk (R)	BSSE e.V.	0	1
Versammlungsort (R)	FEG	0	1
Versammlungszeit (R)	Samstag 15 Uhr/wöchentlich	1	0
israelische Flagge (S)	vorhanden	1	0
Menora (S)	vorhanden	1	0
hebräische Schriftzüge (S)	auf Bildern und Schmuck vorhanden	1	0
Kippa (S)	werden von zwei Männern (von 9 anwesenden M.) Kippas zum Ausleihen aus Pappe	1	0
Tallith (S)	nicht vorhanden	0	0
Talit qatan (S)	nicht vorhanden	0	0
Kreuz (S)	nicht vorhanden	0	0
hebräische Lieder (L)	ja	1	0
hebräische Gebete/Segen (L)	nein	0	0
Siddur (L)	nein	0	0
jüdische Feste (L)	alle jüdischen Feste werden gefeiert	1	0
Vaterunser (L)	nein	0	0
christliche Feste (L)	nein	0	0
Lieder christlichen Inhalts (L)	einige	0	1
Summe der Indikatoren		8	3

Abb. 4.2.5 – 1 Profil der Gemeinde „Adat Adonai" mit additivem Index

68 Vgl. Schnell/Hill/Esser, Methoden, 165-166.

Als Teilergebnis für die Gemeinde Adat Adonai kann hier festgehalten werden, dass die Divergenz zwischen den Indikatoren der „jüdischen Elemente" (=8) und den Indikatoren der „christlichen Elemente (=3) groß ist. Des Weiteren konnte ich nun untersuchen, in welchen Bereichen (liturgische, symbolische Elemente oder Rahmenbedingungen) die Indikatoren vertreten sind und was in der Summe aller Beobachtungen ($\sum$ B1-14) hauptsächlich empirisch erscheint.

4.3 Fragebogen zur Fallstudie

Nachdem ich die Profile der Gemeinden miteinander verglichen und zusammenfassend ausgewertet hatte, stellte sich die Frage nach den Besuchern dieser Gemeinden. Wie kam es zu dem regelmäßigen Gemeindebesuch? Sind alle Befragten auch Konvertiten? Wie aktiv nehmen sie am Gemeindeleben teil? Eine ausschließlich quantitative Analyse, zum Beispiel durch das Ziehen einer statistisch repräsentativen Stichprobe schied von vornherein aus, da die Grundgesamtheit der messianischen Gemeinden in Deutschland nicht exakt eingrenzbar ist und weil keine eindeutig definierten Kriterien zur Mitgliedschaft existieren. Dennoch konnte ich einen quantitativen Fragebogen einsetzen, dessen Befunde allerdings qualitativ ausgewertet und ergänzt wurden. Dies will ich nun erläutern.

Der Einsatz des quantitativen Fragebogens in der Fallstudie konzentrierte sich vor allem auf die Erkenntnisse wesentlicher und typischer Zusammenhänge, statt auf die Darstellung statistischer Ergebnisse.[69] Ohnehin gab es bei bestimmten Fragen nur sehr kleine Kohorten. Verallgemeinernde Aussagen habe ich daher theoretisch und nicht statistisch begründet, da eine Isolierung der Variablen und die Standardisierung des Kontextes künstliche Interaktionsbedingungen hätte hervorrufen können.[70]

Die Fragebögen stellen somit „Selbstzeugnisse" dar, die „beabsichtigt oder unbeabsichtigt Aufschlüsse über die Struktur, Dynamik und Funktion des Bewusstseins ihrer Verfasser geben".[71] Dadurch kann der statistisch abzusichernde Begriff der „Repräsentativität" vom Begriff des „Typischen" (Idealtypen, Extremtypen, Prototypen) abgelöst werden. Dabei bin ich von den Kollektivphänomenen der Gruppe ausgegangen, so dass eine Generalisierbarkeit im Sinne von Existenzaussagen („Es

69 Vgl. LAMNEK, Methodologie, 189.

70 Vgl. C. HOPF, Soziologie und qualitative Sozialforschung, in: C. HOPF/E. WEINGARTEN (Hrsg.), Qualitative Sozialforschung, Stuttgart 1984, 15; U. VOLMERG, Validität im interpretativen Paradigma. Dargestellt an der Konstruktion qualitativer Erhebungsverfahren, in: P. ZEDLER/H. MOSER, (Hrsg.), Aspekte qualitativer Sozialforschung, Studien zu Aktionsforschung, empirischer Hermeneutik und reflexiver Sozialtechnologie, Opladen 1983, 126.

71 Vgl. KOLLWIJK/WIEKEN-MAYSER, Techniken, 170.

gibt...") durch viele typische Fälle, nicht durch viele zufällige Fälle ermöglicht wurde.[72]

Aufgrund erster Kategorienbildung ist dann ein Fragebogen entstanden, der zwar quantitative Befunde hervorbringen soll, die aber qualitativ erklärt oder veranschaulicht werden, zum Beispiel durch die Auswertung der narrativen Interviews.[73] Dadurch konnte ich die Daten der Fallstudie zur Theoriegenerierung heranziehen.

4.3.1 Aufbau des Fragebogens

Bei der Konzeptionalisierung des Fragebogens erfasste ich die Eigenschaften der drei Kategorien, der „Gemeindeintegration", der „Gemeindestruktur" und des „messianisch-jüdischen Glaubens". Basis für die Konzeptionalisierung des Fragebogen waren Teile der deutschen „Demographischen Standards",[74] die ich erheblich gekürzt und modifiziert habe, um den Fragebogen speziell für die Fallstudie zuzuschneiden.

Die Fragestellung erfolgte nach dem Prinzip, standardisierte Fragen dort einzusetzen, wo vergleichbare Erhebungen oder Vorwissen aus den teilnehmenden Beobachtungen und ersten Gesprächserlebnisse vorlagen. Offene Fragen habe ich dort formuliert, wo ein Problembereich nicht genau ermittelt oder eingegrenzt werden konnte. Da, wo eine Auflistung aller standardisierten Antwortmöglichkeiten nicht erschöpfend oder zu einer wesentlichen Verlängerung des Fragebogens geführt hätte, habe ich ebenfalls offene Fragen formuliert. Eine Verkürzung der Fragen war mir wichtig, um die Gemeindebesucher zum Ausfüllen zu motivieren.

Zur Erfassung der „Gemeindestruktur" habe ich zwölf sozialdemographische Fragen zu Anfang gestellt (Geschlecht, Alter, Herkunft, Familienstand, Schulbildung, Beruf, Jüdischsein etc.). Auch die Fragen nach einem Schicksalserlebnis und des Zeitpunktes nach einem Gemeindebesuchs können hier als biographisches Muster eingeordnet werden.

Es schlossen sich weitere Fragen zur Erfassung der Kategorie „Gemeindeintegration" an. Demnach lässt sich zum Beispiel die Integration in einer messianischen

---

72 LAMNEK, Methodologie, 191,193; C. HOPF, Norm und Interpretation. Einige methodische und theoretische Probleme der Erhebung und Analyse subjektiver Interpretationen in qualitativen Untersuchungen, in: ZEITSCHRIFT FÜR SOZIOLOGIE 11 (1982), 312ff.

73 Es ist durchaus möglich, in der qualitativen Forschung eine qualitative Analyse von quantifizierten Daten vorzunehmen. Oder man kann qualitative Daten benutzen, um quantitativ gewonnene Befunde zu veranschaulichen oder zu erklären. Vgl. STRAUSS/CORBIN, Grounded theory, 3-4.

74 Vgl. STATISTISCHES BUNDESAMT (Hrsg.), Demographische Standards. Methoden, Verfahren, Entwicklungen (Hrsg.), Wiesbaden 2004, in: http://www.gesis.org/Methodenberatung/Untersuchungsplanung/Standarddemo grafie/dem_ standards/demsta2004.pdf, Stand: 31.8.2007.

Gemeinde an den Dimensionen der Kontinuität, Regelmäßigkeit, dem Besuch weiterer Veranstaltungen und der Mitarbeit ablesen. Auch die Frage nach der Wichtigkeit der jüdischen Feste ordnete ich hier ein.

Die Subkategorie der Gemeindeintegration „Selbstverständnis als messianische Gemeinde und als Bewegung" lässt sich an den Fragen nach dem Besuch in anderen Gemeinden, nach dem Kontakt zu anderen Juden, nach dem Besuch eines Synagogengottesdienstes und an den erfragten Beziehungen zu messianischen Juden außerhalb Deutschlands erkennen. Auch die Ergebnisse der Frage nach der jüdischen Identität, nach der Beziehung zu Israel und nach den Wünschen für die messianische Bewegung gehören zu dieser Kategorie.

Weitere Fragen behandelten die Kategorie des „messianisch-jüdischen Glaubens". Hier wird nach dem Zeitpunkt der Konversion,[75] der Taufe und dem Konversionserlebnis gefragt. Auch die Frage nach der Selbstbezeichnung, nach der jüdischen Identität, dem Erlernen der hebräischen Sprache und die sechs Fragen zu den Besonderheiten im messianischen Glaubensleben gehören zu der Kategorie „messianisch-jüdischer Glauben". Der Absolutheitsanspruch dieses Glaubens zeigt sich in den Fragen zur geglaubten eigenen Errettung, der zugestandenen Errettung anderer Juden und in den Aussagen über die Mission.

Diese drei Frageblöcke innerhalb des Fallstudienfragebogens ermöglichen nun, im Vergleichsfeld II innerhalb der einzelnen Fragebogenfälle ($\sum$ FB 1-211), den minimalen und den maximalen Vergleich vorzunehmen. In diesem Vergleichsfeld konnten beide Perspektiven, einmal der „Interaktionsmuster" und des „subjektiven Wissens" herausgearbeitet werden.

4.3.2 Ablauf der Fallstudie

Nachdem ich den Fragebogen konzipiert und ins Russische übersetzt hatte,[76] musste er an die Besucher der messianisch-jüdischen Gemeinden verteilt werden. Neben den üblichen Anfangsschwierigkeiten der Feldforschung einer neuen unbekannten, gerade auch religiösen Bewegung, dem Recherchieren von Orten und Ansprechpartnern gestaltete sich insbesondere der Einsatz des Fragebogens als kompliziert und brisant.

---

75 Die Frage nach dem Jahr der Konversion habe ich nicht unterteilt in „sicher gewusst" oder „geschätzt", da ich durch vorherige Gespräche erfahren habe, dass die Konvertiten sich nicht nur an das Jahr, sondern auch an das Datum ihrer Konversion erinnern können. Dies hat sich in der Auswertung bestätigt.

76 Vor der eigentlichen Umfrage bezog ich bewusst verschiedene Mitglieder der Untersuchungsgruppe in die Auswahl, Formulierung und Diskussion der zweisprachigen Fragebögen ein. So setzte ich auf Anregung von J. SCHULZ (AMZI) die hebraisierten Formen von Jesus Christus (Jeschua hamaschiach) ein, da diese Milieusprache die allgemeine Verständlichkeit der Fragen förderte.

Zum Beispiel wurde in einer Gemeinde der Fragebogen „aus Angst, wegen der Vergangenheit" nicht eingesetzt. Die Informationen der Fragebögen könnten falsch benutzt werden und die Fragen seien zu persönlich und zu vertraulich.[77] Ein weiterer Gemeindeleiter befürchtete falsche Berichterstattung, so dass die Informationen aus dem Kontext gerissen und gegen die Bewegung benutzt werden könnten. Er wies mich darauf hin, dass die messianische Bewegung in Deutschland nicht wünsche, dass die Daten der Untersuchung der breiten Öffentlichkeit zugänglich gemacht werden.[78] Ein Leiter lehnte die Untersuchung ab, da es den messianischen Juden nicht gefallen würde, die Frage nach der Staatsangehörigkeit und der Nationalität zu beantworten.[79]

Dennoch durfte ich nach einigen persönlichen Besuchen und Anfragen in elf Gemeinden und sechs Gruppen die Fragebögen verteilen. Im Februar 2004 führte ich in drei Gemeinden einen Pretest durch (1. Pretest: N=14,[80] 2. Pretest N=21, 3. Pretest: N=33[81]), den ich jeweils in die Hauptuntersuchung einbezogen habe. Es wäre unzumutbar gewesen, die Bereitschaft der Gemeindebesucher ein zweites Mal vorauszusetzen.[82]

Die eigentliche Erhebung erfolgte von September 2004 bis Juni 2005. Die Auswahl der Stichprobe der mir zum Zeitpunkt der Untersuchung bekannten 20 Gemeinden und 18 Gruppen erfolgte unter besonderen Voraussetzungen, da von den Gemeindebesuchern keine Adressen oder Verzeichnisse vorlagen. Zunächst nahm ich mit den Gemeindeleitern Kontakt auf und besuchte dann acht Gemeinden[83] und drei Gruppen[84] persönlich und verteilte die Fragebögen nach dem Gottesdienst an die Besucher. In vier Fällen war die Fallstudie als postalische Umfrage konzipiert, das heißt sie wurden mit einem erklärenden Anschreiben in

77 Vgl. Gespräch mit dem Gemeindeleiter am 3.11.2004.

78 Vgl. Brief des Gemeindeleiters an die Verfasserin vom 07.09.2004.

79 Vgl. Experteninterview mit dem Gemeindeleiter, geführt am 12.01.2005.

80 Gruppe in Essen: Messung der Zeit (Ø 13,5 Min.): Da ich den Gottesdienstbesuchern freistellte, entweder sofort im Anschluss an den Gottesdienst oder zu Hause (mit Freiumschlag) zu antworten, bemängelte niemand die Länge des Fragebogens; Prüfen der Verständlichkeit: Dies ergab eine Vereinfachungen zweier Fragen in der russischen Übersetzung, die aber nur die Aufgabenstellung (beim Ankreuzen) und nicht den Inhalt betraf. So kann dieser erste Pretest zur Erhöhung der Stichprobenzahl mit in die Hauptuntersuchung einbezogen werden.

81 Gemeinden in Mülheim an der Ruhr und Hannover: Keinerlei Verständnisschwierigkeiten oder Beanstandungen, so dass hier die Ergebnisse ebenfalls in die Hauptuntersuchung einbezogen werden können.

82 Ein Pretest in einer anderen russisch-jüdischen Einwanderungsgruppe wäre aufgrund der speziellen Fragestellungen nicht möglich gewesen. Auch die Aufteilung der Befragten in Pretest- und Hauptuntersuchungsteilnehmer in einer Gemeinde war aufgrund der relativ niedrigen und stark schwankenden Besucherzahl keine adäquate Alternative.

83 Gemeinden: Mülheim an der Ruhr, Hannover, Aachen, Stuttgart-Feuerbach (messianische jüdische Gemeinde), Stuttgart-Vaihingen, Heidelberg, München, Wuppertal.

84 Gruppen: Essen, Frankfurt/Darmstadt, Karlsruhe (wobei die Besucher aus Karlsruhe von mir einen Fragebogen beim Besuch in der Gemeinde in Stuttgart-Vahingen erhielten).

der Gruppe oder Gemeinde ausgelegt.[85] Meine Anfrage wurde von sieben weiteren Gemeinden und vier Gruppen abgelehnt bzw. ihr wurde nicht entsprochen.[86] Die Chemnitzer Gemeinde konnte ich für die Fallstudie nicht einbeziehen, weil ich von ihrer Existenz erst nach der Durchführung der Fallstudie erfahren habe. Zwei Gemeinden und sieben Gruppen befanden sich noch in ihrer Gründungsphase bzw. kurz danach, so dass hier keine Fallstudie angemessen war.[87]

Ich verteilte insgesamt 322 Fragebögen in elf verschiedenen Gemeinden (=255) und in sechs Gruppen (=67) und erhielt aus elf Gemeinden 209[88] und aus fünf Gruppen 36 ausgefüllte Fragebögen zurück,[89] insgesamt somit 245 Fragebögen. Dies bedeutete eine Gesamt-Rücklaufquote von 76%. Dabei schwankte die Rücklaufquote in den Gemeinden und Gruppen zwischen 30 und 100%.[90] Gültig waren 211 Fragebögen.[91]

123 Fragebögen wurden komplett in russischer Sprache ausgefüllt, 27 weitere teils auf Deutsch, teils auf Russisch. Das heißt, 71% der Befragten waren nur eingeschränkt oder gar nicht der deutschen Schriftsprache zum Ausfüllen des Fragebogens mächtig.

---

85 Gemeinden Augsburg und Stuttgart-Feuerbach (Adon Jeschua); Gruppen: Potsdam (aufgrund von Krankheit des Leiters kein persönlicher Besuch möglich) und Würzburg. In den anderen zwei Gruppen und der Gemeinde Augsburg wurden die Fragebögen mit einem erklärenden Anschreiben von mir und einem frankierten Briefumschlag von dem Gemeindeleiter nach der Versammlung für alle sichtbar ausgelegt. Somit konnten die Besucher entscheiden, ob sie den Fragebogen mitnahmen. Zudem unterlagen sie keiner Kontrolle durch den Gemeindeleiter, da sie den Fragebogen mir direkt zuschickten. Insgesamt erhielt ich hier 15 Briefumschläge postalisch zurück (Augsburg=6, Würzburg=2, Potsdam =7).

86 Die anderen Gemeinden und Gruppen lehnten ab oder schickten keine Fragebögen zurück.

87 Weitere Gemeinden (Köln-Kornweiler, Potsdam) und Gruppen (Gießen/Köln, Schwerin, Bamberg, Duisburg, Bonn und Solingen) bestehen erst seit 2004/200, so dass ich sie nicht befragt habe.

88 Mülheim/Ruhr: 21, Hannover: 33, Aachen: 15, Stuttgart-Vaihingen: 24, Stuttgart-Feuerbach (Adon Jeschua): 15, weitere Gemeinde in Stuttgart-Feuerbach: 34, Heidelberg: 15, Augsburg: 6, München: 22, Wuppertal: 24.

89 Essen: 14, Frankfurt/Darmstadt: 9, Würzburg: 2, Potsdam: 7, Karlsruhe: 4.

90 Bei den persönlichen Besuchen ergaben sich folgende Rücklaufquoten: Frankfurt/Darmstadt: 53%, Stuttgart-Feuerbach (messianische jüdische Gemeinde): 70%; München: 73%, Aachen: 75%, Heidelberg: 79%, Essen: 80%, Stuttgart-Vaihingen: 83%, Mülheim 92%, Wuppertal 92%, Hannover, Potsdam 98%, Stuttgart-Feuerbach („Adon Jeschua"): 100%, Hannover: 100%. Erwartungsgemäß war die Rücklaufquote bei den postalisch verschickten Fragebögen niedriger: 30% (Augsburg) und 35 % (Würzburg). Erstaunlich war allerdings die Rücklaufquote von 98% in Potsdam. Dies war besonders überraschend, da zum Zeitpunkt der Untersuchung die Gruppe ohne Leitung bestand, die Rücksendung also in Eigenregie erfolgte.

91 211 Fragebögen von den Besuchern der messianisch-jüdischen Gemeinden und Gruppen. Weitere Fragebögen galten als nicht gültig, wenn sie von Gästen der Gemeinde ausgefüllt wurden, die selber zum ersten Mal da waren (dies war aus den Antworten ersichtlich) oder wenn die Fragebögen nicht adäquat ausgefüllt wurden. Drei Personen antworteten auf die Frage, ob sie an Jesus als den Messias glauben würden, mit „nein", so dass ich diese nicht einbezogen habe, damit die Homogenität der Gruppe insgesamt als soziales Aggregat gewährleistet war. In einer Gemeinde wurden die Fragebögen offensichtlich „gemeinsam" ausgefüllt, was man einerseits an der Homogenität der Antworten, sowie auch an den sichtbar vorgenommenen Korrekturen und eingefügten „Häkchen" erkennen konnte. Darum waren diese Fragebögen ebenfalls nicht mehr gültig.

Die Auswertung der Fragebögen erfolgte mit dem Programmpaket SPSS 14.0 für Windows zur statistischen Analyse und graphischen Darstellung empirischer Daten. Dabei teilte ich jeder Antwort vor der Auswertung einen bestimmten Kode zu (nein = 0, ja = 1, keine Antwort = 999 etc.), bei offenen Antworten kodierte ich nachträglich, das heißt, ich bündelte ähnliche oder gleiche Aussagen und verlieh dieser Gruppe einen Variablennamen. Mit SPSS konnte ich auch Alters- oder andere Zahlenangaben zusammenfassen.[92] Zusammenhänge, zum Beispiel von Konversionszeitpunkt und der jüdischen Identität ließen sich durch Kreuztabellen über die so genannten Residuen aufzeigen.[93]

Abschließend verglich ich im Vergleichsfeld III die abstrakten Kategorien der gesamten Beobachtungsfälle mit den gesamten Fällen der Fragebögen (∑ B 1-14) im Vergleich zu ∑ FB 1-211) zur Erfassung der Zielperspektive „Interaktion".

4.4 Das narrative Interview

Nach der Auswertung der Fallstudie anhand der Fragebögen war es nötig, die Zielperspektive „Einordnung in Strukturen, die im Subjekt lokalisiert sind" zu erfassen. Besonders das persönliche Erlebnis der Konversion scheint eine starke lebensverändernde Wirkung gehabt zu haben, es wird oft mit einem schweren Schicksalsschlag oder einer tragischen Lebensführung in Verbindung gebracht.[94] Zudem geben 61,1% der Befragten aus der Fallstudie ein bewusstes Erlebnis bei der Konversion an. Das Konversionserlebnis erfragte ich im narrativen Interview, das

---

92 S. Kirchhoff/S. Kuhnt/P. Lipp/S. Schlawin (Hrsg.), Fragebogen. Datenbasis. Konstruktion. Auswertung, Opladen 2003[3]; Regionales Rechenzentrum für Niedersachsen (Hrsg.), SPSS Grundlagen, Einführung anhand der Version 11, Hannover 2003[8]; Ders., SPSS Fortgeschrittene. Durchführung fortgeschrittener statistischer Analysen, Hannover 2002[3].

93 Die Residuen sind ein Maß für die Abweichung der beobachteten Häufigkeiten von den erwarteten Häufigkeiten. Sie lassen sich erkennen bei der Betrachtung einer einzelnen „Zelle", also einer bestimmten Merkmalskombination (zum Beispiel „Jude sein" und „Zeitpunkt der Konversion"). Durch die Residuen kann man erkennen, ob die beobachteten (gemessenen, tatsächlichen) Häufigkeiten von den erwarteten Häufigkeiten abweichen. Wenn zwischen den beiden Variablen einer Tabelle kein Zusammenhang besteht, dann entsprechen die Werte in den Zellen in etwa den erwarteten Werten, die anhand der Randverteilungen geschätzt werden können. Vgl. P. Bartels, Einführung in SPSS, unveröffentlichtes Skript, WWU Münster 2005.

94 31,7 % der Personen in der Fallstudie bejahen, dass einer oder beide Faktoren zu der Konversion mit beigetragen hat.

als „Königsweg" zur Erfassung subjektiver Perspektiven gilt[95] und sich besonders für explorative Fragestellungen und „schwer abfragbare Sinnstrukturen" eignet.[96]

4.4.1 Das narrative Interview als Datenerhebungsinstrument

Das narrative Interview, dessen Technik im deutschen Sprachraum vor allem von der „Arbeitsgruppe Bielefelder Soziologen" und von SCHÜTZE[97] entwickelt wurde, erfüllt zwei wichtige Desiderate:

Zum einen ermöglicht es dem Erzähler als „nicht-reaktives" Forschungsverfahren die größtmögliche Freiheit für die Darstellung seiner Erzählung. Denn der Erzähler wählt aus, was ihm für die Themenstellung des Interviews relevant erscheint. Zum andern ermöglichst es eine systematische Auswertung aufgrund der jeder Erzählung zugrunde liegenden eigenen Dynamik. Die Interviewkommunikation wird zunächst an die Regeln alltagsweltlicher Kommunikation angepasst. Dadurch können selbst erlebte Abläufe von Ereignissen in Form einer Stegreiferzählung durch die „in die Gegenwart transportierte Erfahrungsaufschichtung durch die Dynamik des Erzählvorgangs wieder verflüssigt"[98] und systematisch wiedergegeben werden. Sofern die Erzählung nicht vorbereitet wird, stellt sie ein dem tatsächlich Erlebten sehr nahe stehende Erfahrungsrekapitulation dar,[99] da sich der Befragte automatisch bestimmten Erzählzwängen (Detaillierungszwang, „Gestaltschließungszwang", „Zwang zur Relevanzfestlegung und Kondensierung") unterwirft.

1] Zunächst unterwirft sich der Befragte dem „Detaillierungszwang" an Stellen mangelnder Plausibilität, zum Beispiel bei Übergängen von einem Ereignis zum anderen. Der Erzähler muss sich in der Erzeugung und Reihenfolge seiner narrativen Sätze an den tatsächlich im historischen Gesamtzusammenhang

95 Vgl. B. HAUPERT, Vom narrativen Interview zur biographischen Typenbildung, in: D. GARZ/K. KRAIMER, Qualitativ-empirische Sozialforschung. Konzepte, Methoden, Analysen, Opladen 1991, 220.

96 P. MAYRING, Einführung in die qualitative Sozialforschung. Eine Anleitung zu qualitativem Denken, Weinheim/Basel 2002[5], 74.

97 Ich folge, wenn nicht anders angegeben F. SCHÜTZE, Zur Hervorlockung und Analyse von Erzählungen thematisch relevanter Geschichten im Rahmen soziologischer Feldforschung. Dargestellt an einem Projekt zur Erforschung kommunaler Machtstrukturen in: ARBEITSGRUPPE BIELEFELDER SOZIOLOGEN (Hrsg.), Kommunikative Sozialforschung. Alltagswissen und Alltagshandeln, Gemeindemachtforschung, Polizei, politische Erwachsenenbildung, München 1976, 162-260.

98 H. J. GLINKA, Das narrative Interview. Eine Einführung für Sozialpädagogen, Edition Soziale Arbeit, Weinheim/München 1998, 9.

99 Vgl. F. SCHÜTZE, Die Technik des narrativen Interviews in Interaktionsfeldstudien. Dargestellt an einem Projekt zur Erforschung von kommunalen Machtstrukturen, Bielefeld 1977, 570.

erfahrenen Ereignissen und ihrer Reihenfolge ausrichten, damit die kausale Logik der Ereignisabfolge und die intentionale Logik entsprechender Verflechtungen und Zusammenhänge von Handlungsplanungen bestehen bleiben. Wenn der Erzähler merkt, dass an diesen „Übergangsstellen“ Erklärungen für den Zuhörer nötig sind, wird er diese kurz einschieben, um dann wieder an seinen Erzählstrang anzuknüpfen. Dies möchte ich am Beispiel des messianischen Juden Wladimir (Narratives Interview 10[100]) erläutern, der von seiner Herkunft berichtet:

„Ich bin… ich bin in ehemaligen Sowjetunion geboren und das Land war ganz – wie gesagt ganz atheistisch… äh… die Bibel war verboten… und das Wort Gott war auch verboten. Und die Gläubigen waren wie gesagt die Feinde des Volkes. Es war dieser Begriff und alle waren… die mit dem Glauben und mit dem Begriff Gott verbunden sind… verboten – und ähm… wir sind in einer normalen… atheistischen Familie geboren und aufgewachsen (NI 10: 1/11-17).“

Wladimir vermutet für die Zuhörerin bei der Erwähnung seiner Geburt in der atheistisch geprägten Sowjetunion eine Erklärungsbedürftigkeit und detailliert diese Tatsache anschaulich. Dabei verlässt er die Ebene der Ereignisabfolge, die „Orientierungsfolie mit der temporalen Abfolge der Ereignisse“[101] und erläutert, dass in der Sowjetunion das Lesen der Bibel und religiöses Vokabular nicht nur verboten war, sondern dass sogar die Gläubigen als „Feinde des Volkes“ bezeichnet wurden. Dann knüpft er wieder exakt an die letztgeschilderten Ereignisse (Geburt und atheistisches Land) an und kann darüber hinaus seine atheistische Familie durch die eingeschobene Plausibilisierung nun bedenkenlos als „normal“ bezeichnen.

2] Der „Gestaltschließungszwang“ wird an den Stellen wirksam, an denen eine besondere kognitive Struktur im Erzählvorgang oder eine Ereigniskette begonnen hat und den Erzähler dazu zwingt, einen Sinn ergebenden Ablauf wiederzugeben. Dadurch kann die Struktur abgeschlossen werden, wie es in der Erzählung Wladimirs deutlich wird:

„Ich habe mit einem Mann gearbeitet und äh… einmal hat er mir gesagt – Walodija, ich habe mich bekehrt. Und ja – früher haben wir zusammen

---

100 Im Folgenden werden die Narratives Interviews dieser Untersuchung mit NI abgekürzt wiedergegeben.

101 Glinka, Narratives Interview, 84.

Sport trainiert getrieben und ich habe ihm vertraut... Ja, ich habe mich bekehrt zum Glauben zum Jesus zum Gott... Ja – was bedeutet? Habe ich ihn gefragt...um was geht's? Und er hat mir gesagt, wir sind alle Sünder... Und ich habe ihm geantwortet... das ist ungefähr 1992... Ich bin kein Sünder, ich habe überhaupt keine... Ich hab so gesagt. Wir haben uns unterhalten und über die Juden und über die Geschichte und über Gott...und er hat mir gesagt... ja, es gibt die Geschichte in der Bibel. Und ich hab gefragt – wieso weißt du? Du bist Russe... Und er hat mir erklärt, wie er sich bekehrt und ja... Ich hab... ich bin in die Gemeinde gegangen... und ich habe die Bibel bekommen (NI 10: 1/32-2/10)."

Hier wird zunächst die Verbindung Wladimirs zu seinem Arbeitskollegen und Sportskameraden thematisiert. Diese Vertrauensperson hat sich „bekehrt zum Glauben zum Jesus zum Gott" (2/1). Diese kognitive Struktur der „Bekehrung des Freundes" wird dann aber im Gespräch mit dem Freund überblendet durch die Einführung der eigenen „Lebensfragen" und ermöglicht erste Einblicke in die persönliche bisherige Lebensstruktur („ich bin kein Sünder"). Hier kann man deutlich erkennen, dass in dem übergeordneten Darstellungszusammenhang der eigentlichen Konversionserzählung die darin eingelagerte kognitive Struktur „Lebensfragen" zunächst über die „Bekehrung des Freundes" aufgeworfen wird. Im Gespräch über den Glauben wird diese Struktur detailliert dargestellt und mit dem Besuch in der Gemeinde und dem Erhalt der Bibel als eine mögliche Antwort (vorerst) abgeschlossen.[102]

An der Art dieser Gestaltschließung wird deutlich, wie Wladimir sich selbst und seine Situation in seiner Biographie einordnet: Obwohl er bald im Zuge seiner individuellen Lebensplanung den Kontakt zu dem „bekehrten Freund" verliert, bleibt die Bedeutung dieser Freundschaft durch das „Aufwerfen von Lebensfragen" und der eigenen späteren Annahme des Glaubens für ihn symbolisch erhalten.[103] Deshalb ist der Gestaltschließungszwang nicht nur konstitutiv für kognitive Strukturen, sondern auch für die globale Gesamtgestalt der Konversionsgeschichte.

3] Als dritter Erzählzwang wirkt der „Zwang der „Relevanzfestlegung und Kondensierung". Innerhalb der begrenzt zur Verfügung stehenden Zeit muss die

102 Einerseits „vorerst", da Wladimir noch keine für ihn befriedigende Antwort erhalten hat, aber dennoch abgeschlossen, da Wladimir nicht mehr weiter den Freund befragt, sondern nunmehr eine neue kognitive Struktur „die Bibel" aufruft.

103 Die symbolische Bedeutung liegt nicht nur in dem ermöglichten Erstkontakt mit dem Glauben und dem Aufwerfen von Lebensfragen, sondern auch in der Gemeinsamkeit des Glaubens.

Hauptaussage dargestellt werden. Der Erzähler muss permanent abwägen, was im Hinblick auf die „Gesamt-Ereigniskonstellation" der vorgegebenen Thematik an Ereignisknotenpunkten wirklich relevant ist. Da dieser Erzählzwang in seiner Wirkung den beiden erstgenannten entgegengesetzt wirkt, kann es sein, dass hier der Erzähler ihm die nicht relevant erscheinenden Aspekte ausklammert oder nur kurz als so genannte „Erzählzapfen" anreißt. Allein die Existenz solcher „Zapfen" sind aber meist schon ein Beleg dafür, dass der Erzähler noch viel mehr zu dieser Thematik zu sagen weiß.[104] Wladimir erwähnt zum Beispiel, dass er darüber nachdachte, warum die Juden so gehasst werden (NI 10: 3/28-4/1) und dass er nach seiner Konversion keine Antwort auf diese Frage gefunden habe (NI 10: 4/7-4/10). In diesem „Erzählzapfen" wurde aber für mich nicht deutlich, ob er nun in der Gegenwart eine Antwort gefunden hat. So griff ich diese Thematik im Nachfrageteil wieder auf, was zu einer überraschenden Passage mit einer für ihn völlig plausibel erscheinenden Begründung dieser Frage führte. Im Zuge seines jetzigen Glaubenslebens erschien diese Begründung aber nicht erwähnenswert für die Gesamtaussage seiner Konversion, so dass er diese ausgelassen hatte.

4.4.2 Konversion

Nun stellt aber die narrative Konversionserzählung eine Besonderheit einer Stegreiferzählung dar und es müssen einige Aspekte aus der Konversionsforschung berücksichtigt werden. Auch neutestamentliche Perspektiven stelle ich dar.

Das Auftreten der neuen religiösen Bewegungen trug dazu bei, dass sich zum Beispiel in der religionspsychologischen Konversionsforschung zwei Paradigmen herausgebildet haben:

1] Das traditionelle, „paulinische" Paradigma, das heißt eine Konversion „widerfährt" dem Konvertiten passiv und plötzlich[105] und

2] die Konversion als Ergebnis aktiv suchender Handlungen des Konvertiten.[106]

---

104 Vgl. GLINKA, Narratives Interview, 87.

105 Vgl. W. SARGANT, Battle for the mind. A physiology of conversion and brainwashing. London 1976; J. T. RICHARDSON (Hrsg.), The brainwashing/deprogramming controversy. Sociological, psychological, legal and historical perspectives, New York 1983, 1-11; DERS., The active vs. passive convert. Paradigm conflict in conversion/recruitment research, in: JOURNAL FOR THE SCIENTIFIC STUDY OF RELIGION 24 (1985) Nr. 2, 163-179.

106 Vgl. W. JAMES, Die Vielfalt religiöser Erfahrung. Eine Studie über die menschliche Natur, Frankfurt am Main/Leipzig 1997, 209.245.

J. LOFLAND und R. STARK haben 1965 ein Prozessmodell zur Konversion entwickelt, das auch den Beginn der sozialpsychologischen Forschung kennzeichnet.[107] Sie unterscheiden zwischen den „predisposing factors", den individuellen Dispositionen des Konvertiten vor dem Kontakt mit der Gruppe und den „situational contingencies", den situativen Faktoren in der Interaktion mit der Gruppe, die zu einer Konversion führen.[108] H. MALONY überträgt dieses Konversionsmodell auf verschiedene Kontexte und beschreibt, dass die Entscheidung zur Konversion durch Fragen nach dem Sinn des Lebens (mysteries), durch erlittene Verluste (tragedies) oder durch Lebensumstände (circumstances) ausgelöst werden könne.[109] Dabei wird allerdings nahezu völlig die Ebene der transzendenten Erfahrung ausgeblendet.[110]

Die Religionssoziologie geht indessen von einem Wandel der Deutungsmuster aus, der durch bestimmte soziale Interaktionen ausgelöst wird. W. SPRONDEL definiert 1985 Konversion als „radikale Veränderungen der Struktur subjektiver Weltsichten", wobei Inhalte nicht ausgetauscht, sondern neu hierarchisch strukturiert werden.[111] Dieser Wandel der Deutungsmuster bzw. Paradigmenwechsel ist eng mit einem Wandel der Person verbunden, da er für ein Problem in der Biographie eine neue Lösung anbietet: „Das heißt die alte Problematik der Biographie wird auch nach der Konversion erkennbar sein. Erkennbar sein muss aber auch eine strukturell andere Form der Lösung."[112] Daher ist es sinnvoll, den neuen sozialen Bezugsrahmen des Konvertiten und dessen neue Identität zu untersuchen, um einen biographischen, kulturellen oder sozialen Paradigmenwechsel zu erkennen.[113]

Dadurch dass die Konversionserzählung in einem engen Zusammenhang mit dem Konversionsprozess gesehen wird, kommt auch das Spezifische religiöser

---

107 J. LOFLAND/R. STARK, Becoming a world-saver. A theory of conversion to a deviant perspective, in: AMERICAN SOCIOLOGICAL REVIEW 30 (1965), 862-875; U. POPP-BAIER, Konversionsforschung als Thema gegenwärtiger Religionspsychologie, in: C. HENNING/E. NESTLER (Hrsg.), Konversion. Zur Aktualität eines Jahrhundertthemas, Frankfurt am Main 2002, 102.

108 J. LOFLAND/R. STARK, Becoming a world-saver, 862-875.

109 Vgl. H. N. MALONY, The psychology of religious conversion, Tokio 1998, in: http://www.religiousfreedom.com/Conference/japan/Malony.htm, Stand: 22.08.2007.

110 Vgl. RINK, Multidimensionale Methodik, 29.

111 Vgl. W. M. SPRONDEL, Subjektives Erlebnis und das Institut der Konversion, in: B. LUTZ, (Hrsg.), Soziologie und gesellschaftliche Entwicklung. Verhandlungen des 22. Deutschen Soziologentages in Dortmund 1984, Frankfurt am Main, New York 1985, 549-558.

112 M. WOHLRAB-SAHR, Biographie und Religion. Zwischen Ritual und Selbstsuche. Frankfurt am Main/New York 1995, 290.

113 Vgl. M. WOHLRAB-SAHR/V. KRECH/H. KNOBLAUCH, Religiöse Bekehrung in soziologischer Perspektive. Themen, Schwerpunkte und Fragestellungen der gegenwärtigen religionssoziologischen Konversionsforschung, in: H. KNOBLAUCH/V. KRECH/M. WOHLRAB-SAHR (Hrsg.), Religiöse Konversion. Systematische und fallorientierte Studien in soziologischer Perspektive, Konstanz 1998, 7-43, 26-27; U. POPP-BAIER, Das Heilige im Profanen. Religiöse Orientierungen im Alltag. Eine qualitative Studie zu religiösen Orientierungen von Frauen aus der charismatisch-evangelikalen Bewegung, Amsterdam/Atlanta 1998; DIES., Selbsttransformationen in Bekehrungserzählungen. Eine narrativ-psychologische Analyse, in: C. HENNING/E. NESTLER, Religionspsychologie heute, Frankfurt am Main 2000, 253-279.

Kommunikation zum Tragen.[114] LUHMANN führt dabei aus, dass dem Individuum durchaus die anderen möglichen Alternativen („es wäre auch möglich, nicht zu konvertieren) bewusst sind, das heißt durch die Konversion selektiert der Konvertit die nicht an Jesus glaubende Umwelt. Religiöse Kommunikation von individuellen Erlebnissen bedeute somit immer auch Neuformierung von Ablehnung und Zustimmung. Der Begriff der Konversion ist darum als eine Entscheidung für ein dargebotenes Angebot zu verstehen, bei der durch eine feste Bindung an die Gruppe auch die eigene Identität definiert werde.[115]

T. RINK beschreibt zudem einige Aspekte, die die neutestamentliche Konversion kennzeichnen:[116]

1] Annahme der Sühne, Buße und Lebensübereignung: Grundlage der Bekehrung ist das Geschehen am Kreuz, da es die Sühne der Sünde bewirkt, um den Menschen mit Gott zu versöhnen: „Die Annahme dieser Sühne bildet den Kern der Umkehr zu Gott." Ohne die Bekehrung kann kein Mensch gerettet werden (Mt 3,2; 4,17; Act 2, 38). Wie eng Buße und Konversion zusammengehören, wird durch das hebräische Wort „Teschuva" deutlich, das nicht nur „Bekehrung", sondern auch „Buße" bedeutet. Um den Aspekt der Sühne und Befreiung der Sünde zu betonen, wird von Paulus die Umkehr zu Gott als Rechtfertigung (Röm 3,21-23), als Befreiung (Röm 6,17-18), als Berufung (1.Kor 1,2) und als Loskauf (1.Kor 6,20) beschrieben.

2] Geistempfang: Die Konversion impliziert nach RINK einen „Herrschaftswechsel, der in eine Vater-Kind-Beziehung zu Gott hineinführt" (Mt 4,17; Mt 18,3; Röm 8,15-17; Gal 4,5f) und nach Mt 12,28 auch die Befreiung von dämonischen Mächten bewirkt. STRAEHLER skizziert die Bedeutungen verschiedener hebräischer und griechischer Wörter, die das Konversionsgeschehen bezeichnen:

Table 4: Hebrew and Greek Key Words for Conversion

Hebrew / Greek word		Basic meaning
shuv	שׁוּב	to go back again, to return
metamelomai	μεταμέλομαι	to have a feeling of care, concern, or regret
epistrepho	επιστρέφω	to turn toward, to return, to convert
metanoeo	μετανοέω	to think differently, to have a change of mind
aman	אָמַן	to consider established, regard as true, or believe
batach	בָּטַח	to attach oneself, trust, confide in, to feel safe, be confident, secure
pisteuo	πιστεύω	to believe what someone says, to accept a statement as true

Tab. 4.4.2-1 Hebräische und griechische Wörter zum Begriff der Konversion in der Bibel[117]

114 WOHLRAB-SAHR/KRECH/KNOBLAUCH, Religiöse Bekehrung, 18.

115 Vgl. LUHMANN, Funktion der Religion, 124-125.134-135; DERS., Religion der Gesellschaft, 296-297.

116 Vgl. im Folgenden, sofern nicht anders erwähnt: RINK, Multidimensionale Methodik, 40-43.

117 R. STRAEHLER, Conversions from Islam to Christianity in the Sudan, Pretoria 2005, 11, Tabel 4.

Die biblische Bedeutung der Konversion beinhalte immer zwei Aspekte, den „negativen Aspekt“, dass man die Sünde bereue (z.B. hebr. „shuv“ in 2. Chr 7,14, griech. „metamelomai“, „epistrepho“ in Act 3, 19 und 26,18 und „metanoeo“ in Mt 3,8). Zugleich beinhalte die biblische Bedeutung der Konversion immer auch den positiven Aspekt, z.B. im Alten Testament, dass man das vollste Vertrauen in Gott gewinne (z.B. „batach“ in Ps 22,4) oder im NT, dass man an das Evangelium („pisteuo“ in Mk 1,15) oder „an seinen Namen“ (Joh 1,12) glaube. Dieser Glaube habe eine rettende Wirkung, da er der auf dem Kreuzesgeschehen Jesu und seiner Auferstehung basiere (1. Kor 15,3-11). Da Wissen, Anerkennung und persönlicher Glauben/Vertrauen nach Grudem zum wahren rettenden Glauben eine Einheit bilden, gehören in der Bibel die Elemente der Reue und des Glaubens zusammen.[118] Auch Peace folgert: „Christian conversion is characterized by a decision (repentance) based on understanding (awareness, consciousness, conviction) to turn around from a life of sin (darkness, disobedience, waywardness) to the way of Jesus (light, God, holiness) with a resultant new way of living in the context of the kingdom of God.”[119]

Mit Johannes dem Täufer beginnt der eigentliche Umkehrruf (Mt 3,29), der die Hinwendung eines Menschen zu Gott meint.[120] Die Begriffe „Wiedergeburt“ und „Bekehrung“ zeigen dabei unterschiedliche Perspektiven der Konversion auf: Die Wiedergeburt bezeichnet den Empfang des neuen Lebens aus Gott („neue Geburt“ in: Joh 3,3.5; „neue Schöpfung“ in 2.Kor 5,17), das heißt, der Mensch wird durch die Bekehrung in die Gemeinschaft mit Gott neu „hineingeboren“[121] (religionssoziologisch oft als „passiv“ bezeichnet). Der Begriff der Bekehrung verweist einerseits auf die Hinkehr des Menschen zu Gott, andererseits wendet sich der Konvertit von bisherigen Mächten und Verhaltensweisen ab, weil er den Heiligen Geist empfangen hat und er nun die Sünde erkennen kann. Diese „Lebensübergabe“ bezeichnet Popp-Baier in der religionssoziologischen Forschung als ein „aktives Geschehen“.[122]

3] Taufe: Die Taufe gehört zum Umkehrgeschehen nach Act 2,38-41 hinzu,[123] sie „bildet den Schnittpunkt des Herrschaftswechsels im Leben des Gläubigen“.[124]

---

118 Vgl. Grudem, Systematic theology, 709.713; Straehler, Conversions, 11.

119 R. V. Peace, Conflicting understandings of Christian conversion. A missiological challenge, in: International Bulletin of Missionary Research (IBMR) 28 (2004) Nr. 1, 8-14.

120 Vgl. im Folgenden, sofern nicht anders erwähnt: Rink, Multidimensionale Methodik, 40-43.

121 Vgl. W. Künneth, Thesen über Wiedergeburt, Taufe, Bekehrung, in: G. Maier/G. Rost, Taufe, Wiedergeburt, Bekehrung in evangelistischer Perspektive, Lahr-Dinglingen 1980, 106.

122 Popp-Baier, Das Heilige, 221.

123 Vgl. H. Kasdorf, Die Umkehr. Bekehrung in ihren theologischen und kulturellen Zusammenhängen, Bielefeld 1989, 86f.

124 Rink, Multidimensionale Methodik, 41-42.

4] Gemeinschaft mit den Glaubenden: Das Ziel der Bekehrung ist eine ganzheitliche, persönliche Beziehung zu Gott, die den Willen, die Gefühle und das Denken des Konvertiten erfasst (Mt 22,37)[125] und ihn immer in die Gemeinschaft der Glaubenden aufnimmt.[126] RINK weist darauf hin, dass selbst in der paulinischen Konversion die soziale Dimension durch Hananias gegeben war, der Paulus' Erlebnisse interpretierte und ihm daraufhin seine zukünftige Aufgabe mitteilte.[127]

Fazit: Für die vorliegende Untersuchung ist es notwendig, die religionssoziologischen Ansätze mit den neutestamentlichen Kernaussagen zur Konversion zu verbinden. Gleichzeitig fokussiere ich innerhalb dieser Erzählungen die empirischen Daten, die neutestamentliche Bezüge aufweisen, für die Existenz einer transzendenten Erfahrung sprechen oder theologische Besonderheiten messianisch-jüdischer Konvertiten darstellen.

4.4.3 Aufbau der Konversionserzählung

Das narrative Interview soll die Konversion, also die „Annahme des Glaubens an Jesus als den Messias" thematisieren, so dass ich es in diesem Kontext als narrative Konversionserzählung auffasse.[128] Dabei orientiere ich mich dabei weitgehend an der rekonstruktiven Gattung der Konversionsgeschichte nach B. ULMER.[129] Dies möchte ich nun begründen.

T. Luckmanns Forschungskonzept der „kommunikativen Gattungen", die als „mehr oder minder wirksame und verbindliche ‚Lösungen' von spezifisch kommunikativen Problemen"[130] bezeichnet werden, hat ULMER aus der Forschungs-

125 Vgl. K. BOCKMÜHL, Konkrete Umkehr. Die christliche Lehre von der Bekehrung zwischen Marxismus und moderner Theologie, Gießen 1989, 27.

126 Vgl. D. J. BOSCH, Transforming Mission. Paradigm shifts in theology in mission, New York 2000[15], 117.

127 RINK, Multidimensionale Methodik, 40-42. bzgl. F. K. FLINN, Conversion. Up from evangelicalism or the pentecostal and charismatic experience, in: C. LAMB/M. D. BRYANT, Religious conversion. Contemporary practices and controversies, London/New York/Kassel 1999, 53f.

128 Einen Überblick über das kommunikative Muster von Konversionen bieten F. WIESBERGER, Bausteine zu einer soziologischen Theorie der Konversion. Soziokulturelle, interaktive und biographische Determinanten religiöser Konversionsprozesse, Berlin 1990 und V. KRECH, Was ist religiöse Bekehrung? Ein Streifzug durch zehn Jahre soziologischer Konversionsforschung, in: HANDLUNG, KULTUR, INTERPRETATION. BULLETIN FÜR PSYCHOLOGIE UND NACHBARDISZIPLINEN 4 (1995), Nr. 6, 131-159.

129 Falls nicht anders notiert, folge ich ULMER, Konversionserzählungen, 19-33.

130 T, LUCKMANN, Grundformen der gesellschaftlichen Vermittlung des Wissens. Kommunikative Gattungen, in: KÖLNER ZEITSCHRIFT FÜR SOZIOLOGIE UND SOZIALPSYCHOLOGIE. Sonderheft 27 (1986), 202.

perspektive des „linguistic turn"[131] auf Konversionserzählungen angewandt. ULMER bezeichnet Konversionserzählungen demnach als kommunikative Rekonstruktion des Erlebten, deren Struktur empirisch analysiert werden kann.[132] Es handelt sich nicht um „unvoreingenommene, objektive Schilderungen", sondern um Rekonstruktionen, bei denen biographische Ereignisse so selektiert, geordnet und gedeutet werden, dass ein konsistenter Lebenszusammenhang sichtbar wird, der in Einklang mit der durch die Konversion erworbenen Identität des Darstellers steht.[133] Dadurch wird der Status des Erzählers als „echter" Konvertit abgesichert bzw. legitimiert.[134]

Konversionserzählungen weisen in der Regel eine dreigliedrige Zeitstruktur auf, die vorkonversionelle Biographie, das Konversionsereignis und die nachkonversionelle Biographie.[135] K. POEWE hat diese Dreigliederung auch in Augustins Bekehrungsschilderung und bei Berichten im charismatischen Kontext festgestellt.[136]

Diese Struktur manifestiert sich deutlich in der „erzählten Zeit"[137] aber auch in der „Erzählzeit".[138] Bei der Schilderung des Konversionsereignisses lässt sich zum

---

131 Den religionssoziologischen Wechsel zur Betrachtung der Konversion aus der Perspektive der Konversionserzählung bezeichnet man als „linguistic turn". Vgl. KRECH, Religiöse Bekehrung, 131-159; H. KNOBLAUCH, Kommunikationskultur, Die kommunikative Konstruktion kultureller Kontexte, Berlin 1995.

132 Vgl. B. ULMER, Die autobiographische Plausibilität von Konversionserzählungen, in: W. SPARN (Hrsg.), Wer schreibt meine Lebensgeschichte? Biographie, Autobiographie, Hagiographie und ihre Entstehungszusammenhänge, Gütersloh 1990, 287-295. Auch andere religionssoziologische Forscher begreifen die Konversionserzählung als Sprachhandlung. Vgl. J. A.-BECKFORD, The sociology of Religion 1945-1989, in: Social Compass 37 (1990) 45-64; O. BISCHOFBERGER, Bekehrungsgeschichten. Ihr Stellenwert und ihre Interpretation, in: NEUE ZEITSCHRIFT FÜR MISSIONSWISSENSCHAFT 48 (1992) 117-130; C. L. STAPLES/A. L. MAUSS, Conversion or commitment? A Reassessment of the SNOW and MACHALEK approach to the study of conversion, in: JOURNAL FOR THE SCIENTIFIC STUDY OF RELIGION 26 (1987), 133-147; M. WOHLRAB-SAHR et al., Religiöse Bekehrung, 7-43.

133 Angaben, die ein Konvertit über seine vorkonversionelle Biographie macht, dürfen daher nicht unkritisch als Datengrundlage für die wissenschaftliche Analyse oder Rekonstruktion der Ursachen herangezogen werden. Die Konvertiten lassen sich häufig von den Deutungs- oder Darstellungsmustern der religiösen Gruppe, in der sie Mitglied sind, leiten. Vgl. J. A. BECKFORD, Accounting for conversion, in: BRITISH JOURNAL OF SOCIOLOGY 29 (1978), 249-262; B. JULES-ROSETTE, The conversion experience. The apostles of John Maranke, in: JOURNAL OF RELIGION IN AFRICA 7 (1975), 132-164; D. A. SNOW/R. MACHALEK, The Sociology of conversion, ANNUAL REVIEW OF SOCIOLOGY 10 (1984), 167-190.

134 Vgl. ULMER, Autobiographische Plausibilität, 294.

135 FLINN bezeichnet diese drei Phasen als a) a turning away or separation, b) a state of suspension und c) a turning toward. Vgl. FLINN, Conversion, 56ff.

136 Augustins Schilderung sei vor seiner Bekehrung von starken emotionalen Konflikten geprägt, während er die Zeit danach als intellektuelle Bewältigung der Konversion ansah. Im charismatischen Kontext geht POEWE von einem Höhepunkt (peak experience) aus, von dem dann die Schilderung über das Leben davor und danach (mit Schilderungen von Visionen, Sprachgebets etc.) folgt. Vgl. K. POEWE, Conversion among Charismatics, in: LAMB/BRYANT, Religious conversion, 196-199.

137 Die „Erzählte Zeit" bezeichnet die innere Zeitstreckung des Erzählgeschehens, die Zeitebene des dargestellten Vorgangs oder des erzählten Inhalts.

138 Die „Erzählzeit" bezeichnet die sprachliche Realisierung, die Zeitebene des Erzählvorgangs.

Beispiel in der Erzählzeit beobachten, dass das Konversionsereignis besonders ausführlich und detailliert mit stilistischen und intonatorischen Darstellungsmitteln dargestellt wird, so dass hier quasi die Erzählzeit und die erzählte Zeit zur Deckung kommen. Die Phasen vor und nach der Konversion werden dagegen stärker gerafft dargestellt.

Auch thematisch werden die Zeitstrukturen vor oder nach dem Konversionsereignis so dargestellt, dass die biographischen Begebenheiten immer im Zusammenhang mit der Konversion stehen. In der vorkonversionellen Erzählung wird meist auf ein frühes Ereignis, oft sogar in der Kindheit Bezug genommen. So wird die Konversion als etwas vorbereitet, das für die gesamte Biographie des Erzählers von zentraler Bedeutung ist. Meist beschreiben die Erzähler eine Lebenspraxis, die sich drastisch von der gegenwärtigen, nachkonversionellen Periode unterscheidet und entweder negativ bewertet und/oder mit einer Begrenztheit der Perspektive begründet wird. In allen geführten Interviews der vorliegenden Untersuchung war dies der Hinweis auf den Atheismus in der ehemaligen Sowjetunion und das fehlende Bewusstsein der jüdischen Identität. Die Erzähler integrieren diese vorkonversionelle Phase und betrachten sie „als (notwendige) Vorstufe zur jetzigen Lebenskonzeption“. Biographisch (existentielle) Krisen, in denen sich „alltägliche und sozial approbierte Lösungsalternativen [...] als untauglich und irrelevant erweisen“[139] können zur religiösen Problemlösungsperspektive und somit zum „Ort“ der Konversion führen. Dabei werden einerseits die Ereignisse in ihrer ursprünglichen Deutung geschildert, andererseits dienen die durch die Konversion erworbenen Strukturen der Erläuterung und Argumentation.

Das Konversionsereignis bildet den Höhepunkt der Konversionserzählungen. Der Konvertit verlagert das Geschehen nun unter Ausgrenzung der sozialen Umwelt in die Innenwelt. Diese wird als „Zwischenbereich konzipiert, in dem seine äußere, alltägliche Erfahrungswirklichkeit und die alltagstranszendente, religiöse Erfahrungsdimension ineinander übergehen“.[140]

Diese Verlagerung kann durch vier thematische Abfolgen in der Konversionsdarstellung zu erkennen sein: Zunächst wird dies an der geschilderten „Öffnung für das religiöse Phänomen“ deutlich. Dann folgt oft – aber nicht notwendigerweise – die Schilderung eines (außergewöhnlichen) Ereignisses, das den Konvertiten zum passiven Objekt macht. Nun kann sich der Bericht über eine „emotionale Erschütterung“[141] anschließen, die die darstellbare Seite der ansonsten unzu-

139 ULMER, Konversionserzählungen, 24.

140 ULMER, Konversionserzählungen, 27.

141 Hier möchte ich mich der Erfahrung von JÖDICKE anschließen, der in seiner Schweizer Studie beschreibt, dass das außergewöhnliche Ereignis und die emotionale Erschütterung nicht unbedingt sein müssen. Vgl. A. JÖDICKE, Die moderne Religiosität von Bekehrten. Eine Studie zum Evangelikalismus in der Schweiz, in: J. BERGMANN/A. HAHN/T. LUCKMANN (Hrsg.), Religion und Kultur. Sonderheft der KÖLNER ZEITSCHRIFT FÜR SOZIOLOGIE UND SOZIALPSYCHOLOGIE

gänglichen religiösen inneren Konversionserfahrung bildet.[142] Abschließend folgt die Schilderung der „Entscheidungssequenz", in der der Konvertit die religiöse Erfahrung reflektiert, sein bisheriges Leben retrospektiv bewertet und prospektive Konsequenzen zieht, indem er sich für das neue, religiös bestimmte Leben entscheidet.

Die gesamte Konversionserfahrung wird ein Ereignis für die neue „biographische Zeitrechung". Gleichzeitig dient sie als Maßstab zur Deutung und Bewertung des bisherigen und zukünftigen Lebens. Auch U. Popp-Baier beschreibt die durch den „plot" der Bekehrung ermöglichte Inversion als „zeitliche Klassifikation der eigenen Lebensgeschichte in eine Vergangenheit, die man hinter sich lassen kann, und in eine akzeptable Gegenwart, welche mit Zukunftschancen verbunden ist".[143] Zunächst können aber auch Unbestimmtheit oder Unsicherheit bei der betroffenen Person hervorgerufen werden.[144]

In der nachkonversionellen Biographie werden die abstrakt vollzogenen Entscheidungsmuster konkretisiert. Hier werden die unmittelbaren Auswirkungen der Konversion (z. B. psychisch) mit einer zunehmenden Veräußerlichung des Konversionsgeschehens (physisch und sozial) spiegelbildlich gegenüber den vorkonversionellen Verinnerlichungsprozessen dargestellt. Der 19-jährige Pawel fühlt sich unmittelbar nach der Konversion „erfüllt [...] und beflügelt" (NI 10: 9/25 vs. vorherige Depression), er „stürzt sich in alle möglichen Bibelstudien und Studienkreise" (11/7-8 vs. vorherige Passivität).

Anschließend berichtet der Konvertit von biographischen Veränderungen, wobei viele der vorkonversionellen Krisenphänomene hier wieder aufgegriffen werden, um positive Veränderungen zu illustrieren. Der Erzähler beschreibt weitere Ereignisse im Leben, die oftmals als die Kraftwirkung einer religiösen Macht beschrieben werden. Dadurch macht er deutlich, dass die Konversion in eine dauerhafte und stabile religiöse Orientierung übergeht. Die Konversion wird somit als ein „master attribution scheme" beobachtbar, das den Konvertiten als kompetenten Interpreten eines geschlossenen Deutungssystems darstellt.[145]

---

33 (1993), 220. Auch in meiner Untersuchung stellte sich heraus, dass viele Personen kein konkretes Ereignis nennen konnten oder sie bezeichneten ihr Ereignis nicht als außergewöhnlich. Dementsprechend blieb eine emotionale Erschütterung aus.

142 Vgl. Sprondel, Subjektives Erlebnis, 549-558.

143 Popp-Baier versteht Konversionsgeschichten als einen spezifischen Typus einer lebensgeschichtlichen Erzählung, als „Selbst-Narrative", die durch das kommunikative Modell der Konversion als „plot" so strukturiert werden, dass sie einen Wandel des Erzählers demonstrieren. Vgl. Popp-Baier, Selbsttransformationen, 256.258.276.

144 Vgl. Glinka, Narratives Interview, 59.

145 Snow und Machalek weisen auf den Erkenntnisgewinn des Konvertiten hin: „Feelings, behaviors, and events formerly interpreted with reference to a number of causal schemes are now interpreted from the standpoint of one pervasive schema. Moreover, matters that were previously

Das kommunikative Problem der glaubwürdigen intersubjektiven Vermittlung der in der Innenwelt erlebten Konversion wird durch die zeitliche und thematische Dreigliederung der Konversionserzählung gewährleistet. Entscheidend dabei sind die Ausdifferenzierungen der verschiedenen Erfahrungsbereiche. Indem sich der Konvertit religiös öffnet und unmittelbar darauf ein außergewöhnliches Erlebnis folgt, konstruiert er eine „Suchen-Finden-Analogie", da er zunächst eine lebensverändernde Erfahrung „sucht" und sie in der Konversion „findet", wie es auch JÖDICKE beschreibt: „Eine bestimmte Erlebnisqualität, die den Glauben an die alltäglichen Erfahrungen bindet, wird in der Bekehrung erstmals erreicht und für das weitere Glaubensleben als bleibende Fähigkeit erworben."[146]

Durch die (eventuelle) emotionale Erschütterung, die Entscheidungssequenz und die biographische Zeitrechung erfolgt eine Annäherung an das Erlebnis. Dieses soll aber nicht nur der sozialen Absicherung dienen, sondern das Ereignis der Konversion durch eine spezielle religiöse Reflexion nachvollziehbar machen.[147] Soziale Integration des Konvertiten erfolge dabei über die Adaption eines in der Bezugsgruppe gültigen Deutungsmusters und personale Individuation über die Konstitution einer neuen Identität, die wiederum im Einklang mit der Gruppenidentität stehe.[148]

Fazit: Konversionserzählungen weisen in der Regel eine dreigliedrige Zeitstruktur auf. In der vorkonversionellen Biographie bereitet sich der Konvertit auf das Konversionsgeschehen vor. Die Erzählung des Konversionsereignisses ist gekennzeichnet durch die „Öffnung für das religiöse Phänomen", die Schilderung eines Ereignisses sowie der Entscheidungssequenz. In der nachkonversionellen Biographie berichtet der Konvertit von nachhaltigen Veränderungen und dem Wirken Gottes.

---

inexplicable or ambiguous are now clearly understood." SNOW/MACHALEK, Sociology of conversion, 173.

146 JÖDICKE, Moderne Religiosität, 221.

147 KRECH weist jedoch darauf hin, nicht an der scharfen Abgrenzung von Eindrucks- und Ausdrucksseite festzuhalten. Und POPP-BAIER betont, dass ein Erlebnis erst durch eine Reflexion eine Erfahrung wird. Vgl. KRECH, Religiöse Erfahrung, 502-503; POPP-BAIER, Selbsttransformationen. Dies bedeutet, dass man die religiösen Erklärungen des Konvertiten durchaus zum Erlebnis zugehörig betrachten kann.

148 WOHLRAB-SAHR/KRECH/KNOBLAUCH, Religiöse Bekehrung, 27.

4.4.4 Ablauf des narrativen Interviews

Der Ablauf eines narrativen Interviews gliedert sich in die Phase der Anwerbung, der Aushandlungsphase, dem Prozess des Erzählens und der Bilanzierungsphase.

1] Phase der Anwerbung: Auf dem letzen Blatt des Fragebogens gaben 58 Personen ihren Namen und Telefonnummer an, die zu einem Interview bereit waren. Die erste telefonische Kontaktaufnahme fand zwischen ein bis sechs Monaten nach unserer persönlichen Begegnung in der Gemeinde statt. Bei diesem ersten Informationsgespräch erzählte ich, um Vertrauen zu schaffen und die Rahmenbedingungen abzustecken, etwas mehr zu meiner Person, meinen eigenen Beweggründen und den wissenschaftlichen Anspruch des Interviews. Dann erklärte ich die Vorgehensweise und die Besonderheiten eines narrativen Interviews. Ich sicherte den Interviewpartnern den Datenschutz zu und erkundigte mich nach ihrem Einverständnis zur Aufnahme. Mit zwölf Personen vereinbarte ich dann einen weiteren telefonischen Interviewtermin.[149] Alle Befragten zeigten sich mit einer Verbindung zu ihrem ausgefüllten Fragebogen einverstanden, so dass zu Beginn oder während des Interviews keine persönlichen oder chronologischen Daten (Einwanderung, Bekehrungszeitraum etc.) erfragt werden mussten, die den Erzählfluss gestört hätten.

Insgesamt führte ich mit fünf Männern und sieben Frauen der Fallstudie narrative Konversionsinterviews durch. Fünf Interviews transkribierte und segmentierte ich, aber nur drei (von zwei Männern und einer Frau) nahm ich in die Auswertung auf.[150] Ich interviewte nur Personen, die angaben, dass sie Juden seien. Das kürzeste geführte Interview dauerte 30 Minuten, das längste eine Stunde und 25 Minuten.

2] Aushandlungsphase, Veränderung des Handlungsschemas und Eröffnung des Interviews: In der Aushandlungsphase habe ich mit den Interviewpartnern die endgültige Erzählthematik ausgehandelt[151] und die Rollenverteilung

---

149 Von den Beteiligten wurde ein telefonischer Termin meist ausdrücklich gewünscht und war auch die Voraussetzung für die Zusicherung eines Interviews, da es zunächst eine Schutzatmosphäre bot (z.B. kein Aufnahmegerät in Sichtweite). Dadurch entstand das Gefühl einer alltäglichen Gesprächssituation und bot wiederum Sicherheit aufgrund der Anonymität (keine volle Anschrift, kein „erkannt werden" etc.). Drei Interviews wurden persönlich geführt (NI12 wurde mit ausgewertet). Da diese narrativen Interviews nicht psychoanalytisch oder religionspsychologisch ausgewertet wurden, reichte ein telefonischer Termin durchaus aus.

150 Die Auswahl der Interviews erfolgte durch den kontrastiven Vergleich der GTM (minimal und maximal), durch den ich feststellen konnte, ob die ausgesuchten Interviews den entdeckten, typischen Kodierungen entsprachen.

151 Vgl. falls nicht anders erwähnt: GLINKA, Narratives Interview.

vorbereitet, da die Erzähler nun Träger des Handlungsschemas, Informanten und Experten hinsichtlich ihrer eigenen Thematik waren. Ich forderte sie auf, möglichst alles zu erzählen, was sie zu der Konversion geführt hat, indem ich auf die Bedeutsamkeit von Details hinwies.

Danach gab ich den Erzählern die Möglichkeit, Rückfragen zu stellen. Dann eröffnete ich das Interview (und somit auch die Aufnahme) mit der zentralen „Anfangsthemenstellung":[152] „Können Sie mir jetzt bitte Ihre persönlichen Erfahrungen erzählen, wie Sie überhaupt zum Glauben an Jesus als den Messias gekommen sind, wie das Ereignis für Sie war und was Sie danach erlebt haben?"

Diese Frage enthält neben der Frage nach dem „Wie", die auf prozessuale Abläufe ausgerichtet ist, den Bereich der persönlichen Erfahrungen, so dass der Erzähler sein subjektives Wissen als Kompetenz erlebt und damit der narrative Erzählstimulus deutlich wird. Darüber hinaus kommt in dieser Fragestellung die für Konversionserzählungen typische Dreiteilung zum Tragen: die vorkonversionelle Biographie, das Konversionsereignis und die nachkonversionelle Biographie.

Da das „Zeugnis ablegen" im Sinne von Kurzzeugnissen (Erlebnisse mit Gott) oder von Lebenszeugnissen (Erzählung über die eigene Konversion) in manchen Gottesdiensten als Kommunikationsschema bekannt ist (Kapitel 5.3),[153] erwies sich der Interviewpartner Pawel als schon „geübt" im Erzählen seiner Konversionsgeschichte.[154] Dennoch behielt seine Erzählweise den Charakter einer Stegreiferzählung bei, da er sehr frei und spontan erzählte und auch für ein „Zeugnis" untypische intime Details preisgab. Für die anderen Interviewpartner hingegen war eine Erzählung über ihre Konversion etwas völlig Neues.

3] Der Prozess des Erzählens: Im Verlauf der Erzählung beschränkte ich mich auf die Rolle der interessierten Zuhörerin und fragte nur nach, wenn etwas unverständlich war oder ein zu starker Kondensierungszwang entstand. Gerade anfangs war es für mich sehr schwierig zu entscheiden, wann ich eine mögliche

---

152 Vgl. SCHÜTZE, Technik, 4.

153 Die Bezeichnung „Zeugnis" (theologischer Gebrauch) und „Bekehrungserzählung" (empirischer Begriff) meinen den gleichen Vorgang und können daher synonym verstanden werden. Vgl. RINK, Multidimensionale Methodik, 11.

154 Nach meiner Eröffnungsfrage fragte Pawel sofort: „Also, mein Zeugnis sozusagen?" (NI 7: 1/5). Auch POPP-BAIER beschreibt, dass das „Zeugnis ablegen" innerhalb der charismatisch-evangelikalen Gruppierungen bekannt ist. Vgl. POPP-BAIER, Das Heilige, 120.

Unsicherheit „aushalten" musste, um den Erzählprozess nicht zu unterbrechen oder wann es nötig war, direkt nachzufragen.[155] Durch verschiedenste Aufmerksamkeitsmarkierer „hm", „ja" etc. habe ich häufig zur Stegreiferzählung ermutigt. Eventuell nötige Kommentare oder meine Fragen während der Haupterzählung nahmen dabei keinen neu thematisierenden Charakter ein. Dadurch konnte sich der Erzähler deutlich auf seine Erzählung konzentrieren.

4] Der Nachfrageteil, Bilanzierungsphase und Abschluss: Damit sichergestellt wurde, dass die Interviews untereinander vergleichbar sein würden, stellte ich einige Zusatzfragen[156] mit narrativer Generierungskraft nach dem „Wie" von Ereignisabläufen, um das Erzählpotential des Informanten weiter auszuschöpfen. Dabei knüpfte ich entweder an die oben genannten „Erzählzapfen" an oder ich versuchte Plausibilitätslücken oder unbewusste Ausblendungen seitens der Erzähler zu schließen.[157]

Zum Schluss des Nachfrageteils stellte ich einige Fragen zusammen, die die Erzähler zu eigenen Erläuterungen oder momentanen Stellungnahmen herausfordern sollten. Hier fragte ich zum Beispiel nach der Bedeutung der jüdischen Gesetze im Alltag und nach der jüdischen Identität.

5] Dann leitete ich über zur Bilanzierungsphase, in der ich versuchte, den „Sinn" der Konversion sozusagen auf einen Nenner zu bringen. Erfolgte dies nicht unaufgefordert in einer Art „Schlussplädoyer", fragte ich den Erzähler: „Könnten Sie in einem Satz nennen, was Ihnen das Wichtigste bei Ihrer Erzählung war?"[158]

---

155 Da ich mir während des Gesprächs Notizen machte, konnte ich im Nachfrageteil auf weitere Unstimmigkeiten eingehen. Daneben machte ich die Erfahrung, dass sich viele Fragen oft im Verlauf des Gesprächs aufgrund des oben geschilderten Detaillierungszwanges erübrigten.

156 1. Zusatzfrage(n): Können Sie bitte ausführlich erzählen, was Sie vor Ihrer Glaubensannahme erlebt haben? Wie kam es, dass Sie anfingen, sich für den Glauben zu interessieren? 2. Zusatzfrage(n): Wie erlebten Sie genau Ihre Konversion? Können Sie mir das bitte genauer schildern? 3. Zusatzfrage(n): Können Sie mir jetzt erzählen, wie Ihre Familie oder Bekannten Ihre Entscheidung, an Jesus zu glauben, aufgenommen haben? Was haben Sie nach der Glaubensannahme erlebt?

157 Vgl. Witzel, Verfahren.

158 Den Nachfrageteil und die Bilanzierungsphase habe ich sehr flexibel gehandhabt, teilweise verzichtete ich hier auch auf weitere Fragen. Bestätigt wurde ich in dieser Vorgehensweise durch Popp-Baier. So könne man davon ausgehen, dass sich die „theoretische Kompetenz" der Interviewpartner schon im narrativen Teil manifestieren werde, da die Erzähler sich aufgrund ihrer religiösen Orientierung dazu verpflichtet fühlen, mit ihrem Leben das Wirken Gottes (für mich oder andere) offen dazulegen, im Sinne von „bezeugen". Vgl. Popp-Baier, Das Heilige, 142.

Wenn alle wichtigen Inhalte zur Sprache gekommen waren, schaltete ich das Aufnahmegerät ab, um die Phase der informellen Unterhaltung einzuleiten. Hier äußerten sich alle Beteiligten zu ihrem Befinden und wir trafen weitere Absprachen.

4.4.5 Auswertung des narrativen Interviews

Die Auswertung der nun erhobenen Daten erfolgte im Vergleichsfeld IV, wobei ich anhand von drei Interviews (N7 + N10 + N12) strukturelle Gemeinsamkeiten und Unterschiede zur Erfassung der Zielperspektive „Einordnung der im Subjekt lokalisierten Strukturen" herausfilterte.

Die erste Einschätzung der Interviews erfolgte zunächst durch ein Gedächtnisprotokoll, das unmittelbar nach dem Gespräch angefertigt wurde. Hier hielt ich Datum, Dauer des Interviews, Vorinformationen, persönliche Daten, Ablauf des Gesprächs, angesprochene Themen, Themen für die Auswertung und den eigenen ersten Gesprächseindruck fest. Anschließend erfolgte die Transkriptionsnotation, wobei ich mich weitgehend nach W. Kallmeyer und F. Schütze (1976) richtete:[159] Beim Zitieren von Interviewausschnitten in der vorliegenden Untersuchung habe ich jedoch nur folgende zwei Transkriptionsnotationen übernommen, um den Lesefluss zu erleichtern.

(lachen bis +)	(+)	=	Charakterisierung von nicht sprachlichen Vorgängen bzw. Sprechweise, Tonfall
...		=	Pause (die Länge einer Pause habe ich nicht differenziert)

Die Namen der Interviewpartner oder von Orten habe ich durch adäquate Bezeichnungen beim Zitieren ersetzt.

159 Vgl. W. Kallmeyer/F. Schütze, Zur Konstitution von Kommunikationsschemata der Sachverhaltsdarstellung. Dargestellt am Beispiel von Erzählungen und Beschreibungen, in: D. Wegner (Hrsg.), Gesprächsanalysen. Vorträge, gehalten anlässlich des 5. Kolloquiums des Instituts für Kommunikationsforschung und Phonetik, Hamburg 1977, 159-274.

4.4.5.1 Analyseverfahren

In der Stegreiferzählung gliedert sich der eigentliche Gesamterzählstrang in einzelne Erzählsegmente, die meist in einem größeren Erlebniszusammenhang stehen. Die Segmente teilen sich auf in einen einleitenden Erzählsatz, mehrere Erzählsätze und eine Detaillierung und schließen meist mit einer Erlebnissicherung oder einem Kommentar ab. Die Segmente habe ich zwar nach Schütze in narrative und argumentative Passagen unterschieden, ich betrachte aber die erklärenden Passagen als conditio sine qua non für den Erzählvorgang, da eine „gemachte“ Erfahrung immer aus einem reflektierten Erlebnis resultiert.[160]

Das Analyseverfahren der narrativen Interviews gliederte sich in die formale Textanalyse, bei der die großen Erfahrungszusammenhänge dargestellt werden und in die strukturelle inhaltliche Beschreibung der einzelnen Erzählsegmente des Gesamterzählstranges. Die Ergebnisse kodierte ich offen und axial.

1] Im ersten Analyseschritt, der formalen Textanalyse, unterschied ich die narrativen von den nicht-narrativen Textpassagen. Zunächst stellte ich die großen Erfahrungszusammenhänge dar, die oft über mehrere Erzählsegmente liefen und manchmal an einer Art Vorankündigung des folgenden Inhalts erkennbar waren. So wie bei Galja, der 72-jährigen Ärztin im Ruhestand aus Düsseldorf: „Und ich muss sagen, dass ich einige Erlebnisse hatte – die mir zeigten dass es wirklich eine höhere Kraft… einen Gott gibt – der über uns steht und uns lenkt von Kindheit an, ja?“ (NI 12: 1/15-17). Mit der segmentübergreifenden Erzählpräambel „Und, ich muss sagen, dass ich einige Erlebnisse hatte“ macht Galja der Zuhörerin sofort klar, welcher Erzählduktus (hier der Anreihung von Erlebnissen) dominieren wird. „Die Erzählpräambel hat also gleichzeitig die Funktion eines auf die Gesamtgeschichte bezogenen suprasegmentalen Markierers.“[161] Ein suprasegmentaler Markierer ist ein Hinweis darauf, dass nun ein größerer Gliederungszusammenhang dargestellt wird, der mehrere Segmente (hier Galjas Erlebnisse) mit einer bestimmten Haltung zum Geschehensablauf (Gott, der über uns steht und uns lenkt) umfassen wird. Dieser Markierer rekurriert zunächst auf das Erlebnis der Konversion und der jetzigen Glaubensperspektive („die mir zeigten, dass es wirklich eine höhere Kraft, einen Gott gibt“), deren Bedeutung sie schon in der Kindheit gespürt haben musste („von Kindheit an“). Gleichzeitig erweist sich dieser Markierer – soviel

160 Popp-Baier kritisiert bei Schütze, dass er den argumentativen Passagen eher eine untergeordnete, ja gar „störende“ Funktion des narrativen Erzählverlaufs zukommen lässt. Popp-Baier geht aber davon aus, dass diese erläuternden Passagen durchaus notwendig sind, um die Reflexion der Erlebnisse darzustellen. Vgl. Popp-Baier, Das Heilige, 136-141.

161 Glinka, Narratives Interview, 149.

kann hier schon gesagt werden – für Galjas Konversion und ihr dargestellter Lebensausschnitt als tragende Kategorie.

2] Anschließend habe ich die Gesamterzählung in einzelne Erzählsegmente unterteilt, die man meist schon an den „Rahmenschaltelementen" erkennen konnte („und dann...", „also gut" etc.), die einen Neuanfang in der Erzählstruktur signalisieren. Die entstandenen Erzählsegmente unterzog ich dann einer „strukturellen inhaltlichen Beschreibung". Hier führte zum Beispiel die Erzählerin innerhalb eines Erzählsegments die eigene Person als Ereignisträgerin[162] ein (Geburt, Herkunft etc.). Meist folgte nun eine Detaillierung der Ereignisse, die von einem ergebnissichernden Kommentar abgeschlossen wurde. So stellte Galja nach der Beschreibung ihrer Sehnsucht nach ihrem verstorbenen Vater fest, dass diese Sehnsucht allein für ihre Suche nach Gott verantwortlich war (NI 12: 1/12-15).

Die ersten offenen Codes wurden in dieser sequentiellen Analyse gewonnen, in der ich jedem einzelnen Segment eine Überschrift gab (z. B. „erstes religiöses Suchen", „Vater" etc.). Dann fasste ich das Erzählte paraphrasierend zusammen und führte erste inhaltliche und formale Auffälligkeiten auf. Anschließend formulierte ich Interpretationsvorschläge, wobei ich bereits erzähltheoretische Aspekte berücksichtigte (Erzählperspektive, Zeitbezüge, Charakteristik etc.). In der axialen Kodierung formulierte ich dann die Themen:[163] Atheistische Familien- und Herkunftsstruktur mit fehlender jüdischer Identität, Perestroika und Sehnsucht/Suche nach Sinn/Gott, Bewusstsein der Existenz Gottes, Konversion, Glaubensgestaltung (Bibellese, Gebet, etc.), Anschluss an eine messianisch-jüdische Gemeinde und „Entdecken" der jüdischen Identität.

4.4.5.2 Theorien

Aus den offenen oder axial kodierten Daten ließen sich nun Theorien ableiten, die den Erzähler zu bestimmten Aussagen bewogen haben könnten.

1] Die theoretischen Darstellungen des Erzählers enthalten entweder die damalige (reflektierte) Innenwelt des Erzählers, die Einnahme einer Fremdperspektive oder den jetzigen Vergleich von Erlebnissen. Indikatoren für solche Passagen sind meist explizite Markierer folgender Art: „Wenn ich heute darüber nach-

162 Vgl. GLINKA, Narratives Interview, 51-53.

163 Vgl. auch die Vorgehensweise von POPP-BAIER, Das Heilige, 146-150.

denke, dann…" oder „Sie müssen sich das mal vorstellen, was…" oder eine Aussage in einem völlig anderen Tonfall. Inhaltlich sind solche Abschnitte daran zu erkennen, dass sich der Erzähler die Erlebnisse selbst erklärt oder er formuliert Zustands- und Identitätsveränderungen, die meist durch Verben des Glaubens oder Empfindens gekennzeichnet sind, zum Beispiel bei Galja: „Jetzt weiß ich, das war die Strafe für meine Prahlerei, für meinen Stolz" (NI 12: 6/17-18).

2] Daneben gibt es die Abstraktions- und Distanzierungsleistungen des Erzählers, der voraussetzt, dass die Zuhörerin seiner Erzählung die gleiche Bedeutung zuschreibt wie er selber. Die Perspektivübernahme kann dabei innerhalb des Ereignisstranges erfolgen, in dem Gemeinsamkeiten und Unterschiede der Interaktionspartner hinsichtlich einer Problematik vorliegen. So kann Galja zwischen ihrer eigenen Befindlichkeit und der ihrer Familie sehr gut differenzieren:

„Und dann habe ich Taufe gemacht kurz danach […] und hab äh meinen Mann und äh… meinen Sohn und meinen Enkel und meine Schwiegertochter eingeladen… obwohl die äh… mich… muss ich gleich sagen für verrückt hielten […] (lachende Stimme bis +) wie kann ihre wissenschaftliche Mutter (+)… Doktor der Wissenschaften äh… in so was verfallen (NI 12: 7/18-25)?"

Galja thematisiert die Distanz zwischen ihrem eigenen Glauben und dem Glauben ihrer Familie, gleichzeitig hält sie es für wichtig, dies für die Zuhörerin zu erklären. Daneben kann sie auch noch ihre Haltung aus der heutigen Sicht zum Ausdruck bringen, das Glinka auch als „zweite Perspektive"[164] bezeichnet, in der kontrastiv aktuelle Einschätzungen auch im Vergleich mit anderen Situationen vorgenommen werden.

3] Im Prozess der Theoriebildung, in dem zwischen Darstellung und der bewertenden Haltungseinnahme differenziert wird, untersuchte ich ansatzweise die argumentativen und evaluativen Äußerungen des Interviewpartners auf mögliche Theoriesorten hin.[165] Auch mögliche Hintergrundskonstruktionen (z. B. nachgereichte und erläuternde Erzählsequenzen), Beschreibungen zur

164 Glinka, Narratives Interview, 167.

165 Zum Beispiel die Orientierungstheorien, die innerhalb der Geschichte auf die damalige Zukunft ausgerichtet sind und aus deren Sicht Handlungsalternativen eingeschätzt werden. Des Weiteren gibt es die Erklärungstheorien, mit denen der Erzähler nach Auslösern und Bedingungen für die geschilderte Situation sucht. Die globalen Kommentartheorien am Ende der Erzählung beziehen sich auf größere Zusammenhänge und können eine komplizierte argumentative Eigendynamik entwickeln. Vgl. Glinka, Narratives Interview, 197.

Selbstvergewisserungsfunktion des Stegreiferzählens, die Rekonstruktion von übermächtigen Ereignissen (die der Erzähler zum Beispiel selbst noch nicht richtig begriffen hat) und das Konzept der Verlaufskurve[166] musste mitgedacht werden.

4] Im vierten Analyseschritt führte ich den minimalen und maximalen Vergleich mit den anderen Interviews durch, um die Theorien generieren zu können.

4.5 Zusammenfassung

Die Untersuchung messianisch-jüdischer Gemeinden führte ich auf der Grundlage der Grounded Theorie Methodology (GTM) durch, wobei die Datengewinnung, die Analyse und die Theorienbildung immer in einer wechselseitigen Beziehung standen.

In der triangulär angelegten Studie konnte ich durch den Einsatz unterschiedlicher Methoden das Forschungsfeld aus verschiedenen Perspektiven betrachten (methodologische Triangulation). In der systematischen Perspektiven-Triangulation triangulierte ich die Methoden der teilnehmenden Beobachtung, des Fragebogens und des narrativen Interviews mit den polaren Perspektiven „Einordnung in Strukturen, die im Subjekt lokalisiert sind" und „Einordnung in sozial geprägte Interaktionsmuster".

Die Beobachtung messianisch-jüdischer Gemeinden in den Zeitraum von 2004 bis 2005 führte ich als passiv teilnehmende, offene Feld- und direkte Fremdbeobachtungen durch. Aus dem offenen Kodieren des Kodierungsprozesses der GTM entstanden drei Kategorien: die „Gemeindeintegration/aktive Gottesdienstteilnahme", die ich im weiteren Forschungsprozess in „Gottesdienst- und Gemeindetypen" umbenannte, die „Gemeindestruktur" und der „messianisch-jüdische Glauben" (später: Selbstbeschreibungen des messianisch-jüdischen Glaubens). Das axiale Kodieren schaffte nun Zusammenhänge zwischen den einzelnen Kategorien und das selektive Kodieren setzte die Kernkategorien mit den anderen beiden Kategorien „jüdisch-messianischer Glaube" systematisch miteinander in Beziehung, so dass erste Zwischenberichte mit Thesen zur weiteren Planungsgrundlage entstanden.

Der Aufbau des Fragebogens für den Untersuchungszeitraum Januar 2004 bis Juni 2005 richtete sich nach den drei Kategorien. Die quantitativen Ergebnisse der Fallstudie stellen aber keine statistische repräsentativen Daten dar, sondern

---

166 Man erlebt den Verfahrensablauf als eigenmächtiges Phänomen, dem man nicht mehr entrinnen kann (engl. „trajectory" - die Flugbahn eines Geschosses). Vgl. GLINKA, Narratives Interview, 199-218.

sie gelten als typische Fälle, die sich aus den Kollektivphänomenen der Gruppen ergeben. Ich erhielt aus elf Gemeinden und sechs Gruppen insgesamt 211 gültige Fragebögen.

Die narrativen Konversionserzählungen aus dem Jahr 2005 untersuchte ich religionssoziologisch nach Ulmer und fokussierte in einem intra-disziplinären Ansatz die neutestamentlichen Bezüge. Konversionserzählungen weisen nach Ulmer in der Regel eine dreigliedrige Zeitstruktur auf, die vorkonversionelle Erzählung, die Schilderung eines Konversionsereignisses und die nachkonversionelle Biographie.

Im nächsten Kapitel (5.) folgt nun die Darstellung der Ergebnisse aus der teilnehmenden Beobachtung und der Fallstudie, so dass die kollektiven Strukturen des messianisch-jüdischen Glaubens deutlich werden. Im 6. Kapitel stelle ich die Ergebnisse der narrativen Konversionserzählungen vor.

5 Kollektive Strukturen des messianisch-jüdischen Glaubens

Die kollektiven Strukturen des messianisch-jüdischen Glaubens sind die gemeinsamen demographischen Strukturen der Besucher, die Gottesdienstformen, Rituale, Feste, das Gemeindeleben und die gemeinsamen Glaubensbekenntnisse der Bewegung. Einen Schwerpunkt nimmt dabei die Beschreibung der religiösen Kommunikation, also der messianisch-jüdischen Rituale in den Gottesdiensten ein. In der sozialwissenschaftlichen Forschung werden Rituale einerseits als „formalisierte symbolische Ausdrucksformen" der religiösen Gruppe betrachtet, andererseits als „Angebote zur subjektiven Ausgestaltung" für die einzelnen Besucher.[1] Hier lassen sich wieder die beiden Perspektiven „Einordnung in sozial geprägte Interaktionsmuster" (kurz: „Interaktion") und „Einordnung in (Wissens)strukturen, die im Subjekt lokalisiert sind" (kurz: subjektives Wissen) erkennen.

Um die religiöse Kommunikation differenziert darstellen zu können, lehne ich die Ergebnisse an C. Glocks fünf Dimensionen der Religiosität an.[2] Die Religionssoziologie empirisch-funktionaler Richtung hat religiöses Denken und Handeln in der Interdependenz unterschiedlicher Dimensionen analysiert und die Einteilung von Glock ist dabei weitgehend akzeptiert worden, so dass ich ihr auch folge, um die gottesdienstlichen Rituale mit ihrem spezifischen messianisch-jüdischen Gehalt aufzeigen zu können.

C. Glock nennt die „rituelle (ritualistic) Dimension", das heißt die religiöse Praxis (hier der Gottesdienste, Feste, Rituale etc.) und die „ideologische Dimension", das sind die Erwartungen einer Gruppe, dass sich ein Besucher zu bestimmten Glaubenssätzen bekennt. Ferner nennt er die „Wissensdimension", das ist das Wissen um die eigene Glaubenslehre (Selbstbeobachtung des Systems nach Luhmann). Des Weiteren nennt er die „Dimension der religiösen Erfahrung", hier konkret das subjektive Erlebnis der Konversion und die „Dimension der Konsequenzen aus religiösen Überzeugungen und Erwartungen", zum Beispiel die Interaktionen des psychischen oder religiösen Systems.[3]

Die Dimensionen nach Glock stellen dabei die Konkretisierungen der Perspektiven dar: zum Beispiel gibt die ritualistische Dimension die konkreten „Inter-

---

1 G. Heimbrock, Gottesdienst – Spielraum des Lebens. Sozial- und kulturwissenschaftliche Analysen zum Ritual in praktisch-theologischem Interesse, Kampen 1993, 39.

2 Vgl. im Folgenden: C. Y. Glock/R. Stark, Religion and society in tension, Chicago 1970; C. Y. Glock, Über die Dimension der Religiosität, in: J. Matthes, Kirche und Gesellschaft. Einführung in die Religionssoziologie, Bd. 2, Reinbek bei Hamburg 1969, 150-168.

3 Nicht immer ließen sich alle Aspekte vollständig erfassen und die Aufteilungen scharf abgrenzen. Die dargestellte Aufteilung soll aber die vorliegenden Ergebnisse systematisieren und praxisnah darstellen.

aktionsstrukturen" und die Dimension der religiösen Erfahrung die konkreten „im Subjekt lokalisierten Strukturen" wieder. Die ideologische Dimension, die Wissensdimension und die Dimension der Konsequenzen aus religiösen Überzeugungen lassen sich beiden Perspektiven zuordnen.

5.1 Präsentation der Ergebnisse

Die Darstellung der Ergebnisse aus der triangulär angelegten Studie richtet sich insbesondere nach der Arbeitsmethode der GTM. So teile ich die Kapitel nach den erfassten Kategorien der „Gemeindestruktur", „Gottesdienst und Gemeindetypen" (frühere Bezeichnung „Gemeindeintegration") und „Selbstbeschreibung des jüdisch-messianischen Glaubens" auf. Dadurch wird der Forschungsprozess transparent (vgl. Kapitel 4.1).

Die Kategorie „Gemeindestruktur" lässt sich durch die Ergebnisse aus dem Vergleichfeld I (Ergebnis ∑ B1-14), Vergleichsfeld II (Ergebnis ∑ FB1-211) und Vergleichsfeld III (∑ B1-14 im Vergleich zu ∑ FB1-211) erfassen. Im Kapitel 5.2 werden somit die demographischen Aspekte der Leiter und Besucher erfasst, die Besucherzahlen, Personenmerkmale und die biographischen Strukturen der Gemeindemitglieder.

Die Erfassung der Kategorie „Gottesdienst- und Gemeindetypen" geschieht in den Kapiteln 5.3 und 5.4, indem ich durch die Ergebnisse der Vergleichsfelder I-III einen Überblick über die religiöse Kommunikation in den Gemeinden gebe. Konkret ist dies in der typischen Gottesdienstform, dem Gemeindeleben, an den Ritualen und den Festen zu erkennen (ritualistische Dimension nach GLOCK). Die sozialen Interaktionsmuster werden zum Beispiel durch die Ergebnisse im Vergleichsfeld I (∑ B1-14) dargestellt. Die verschiedenen Gemeindeformen mit ihren jüdischen und christlichen Anteilen des messianisch-jüdischen Glaubens (ideologische Dimension) zeige ich anhand der additiven Indexbildung (vgl. Kapitel 4.2.5). Zudem stelle ich dar, woraus sich das Selbstverständnis als messianische Gemeinde zusammensetzt und inwieweit die Gruppen oder Gemeinden einen gemeinsamen Konsens für eine (neue) religiöse Bewegung in Deutschland aufweisen (Dimension der Konsequenzen).

Die Kategorie „messianisch-jüdischer Glauben" wird einerseits durch die Analyse der Glaubensbekenntnis/se mit der Zielsetzung „Interaktion" erfasst (Kapitel 5.4.3.2). Die Glaubenbekenntnisse sind Ausdruck für die Selbstbeobachtung des messianisch-jüdischen Systems und des Wissens um die eigene Glaubenslehre (Wissensdimension). Hier fließen aber auch die Erkenntnisse aus der Kategorie „Gottesdienst- und Gemeindetypen" ein.

Andererseits erfolgt eine Darstellung der individuellen Strukturen des messianisch-jüdischen Glaubens im 6. Kapitel, wobei der Schwerpunkt in der Perspektive

„subjektives Wissen“ liegt. Dies geschieht durch eine umfassende Analyse der narrativen Interviews im Vergleichsfeld IV (Vergleich NI7 + NI10 + NI12) und durch die Ergebnisse aus dem Vergleichsfeld II (∑ FB1-211). Zudem können im Vergleichsfeld V (verschränktes Sampling) die Selbstbeobachtungen des psychischen Systems verdeutlicht werden. Konkret finden sich hier demzufolge die Selbstbeschreibungen des psychischen Systems (Dimension der religiösen Erfahrung, Wissensdimension) und die subjektiven Beweggründe zu einem messianisch-jüdischen Glauben (ideologische Dimension). Außerdem die Wirkungen und Konsequenzen dieser Glaubensüberzeugungen (Dimension der Konsequenzen).

Für die vorliegende Präsentation der kollektiven Strukturen des messianisch-jüdischen Glaubens, kombinierte ich entweder mehrere Vergleichsfelder oder auch nur Teile eines Vergleichsfeldes miteinander. Dabei habe ich aber immer die gleichmäßige Erfassung beider Perspektiven berücksichtigt, wie die folgende Tabelle veranschaulicht:

Kategorie der GTM und Kapitel	**Vergleichsfelder**	**Perspektive**	**Dimension** (GLOCK)
Gemeindestruktur Gemeinde- und Gruppenzusammensetzung (Kapitel 5.2)	Vergleichfeld I: Ergebnis ΣB_{1-14} Vergleichsfeld II: Ergebnis ΣFB_{1-211} Vergleichsfeld III: Ergebnis ΣB_{1-14} im Vergleich zu ΣFB_{1-211}	Schwerpunkt „Einordnung in sozial geprägte Interaktionsmuster“	
Gottesdienst und Gemeindetypen Gottesdienst, Rituale, Gemeindeleben, (Kapitel 5.3, 5.4)	Ergebnisse der Vergleichsfelder I-III zusätzlich Vergleichsfeld I: Ergebnis der additiven Indexbildung_ ΣB_{1-14}	Verbindung der „Interaktion“ mit „subjektivem Wissen“	rituelle Dimension, Wissensdimension, ideologische Dimension, Dimension der Konsequenzen
messianisch-jüdischer Glauben Glaubensbekenntnis/se (Kapitel 5.4.3) Konversionserzählungen (Kapitel 6)	Vergleichsfeld II: ΣFB_{1-211} Vergleichsfeld IV: Vergleich $NI_7 + NI_{10} + N_{I12}$ Vergleichsfeld V: NI_7 im Vergleich zu dem entsprechenden FB	Schwerpunkt „subjektives Wissen“	Dimension der religiösen Erfahrung, Wissensdimension, ideologische Dimension, Dimension der Konsequenzen

Tabb. 5.1 – 1 Präsentation der Ergebnisse

5.2 Gemeinde- und Gruppenzusammensetzung

Bevor ich die messianisch-jüdischen Gottesdienste schildere, ist es wichtig, die Besucher- und Leiterprofile darzustellen. Wie setzen sich die Gruppen und Gemeinden der messianisch-jüdischen Bewegung zusammen? Wie viele messianische Juden gibt es überhaupt in Deutschland? Was haben sie für gemeinsame demographische oder biographische Strukturen?

5.2.1 Leitung

26 der 32[4] befragten messianisch-jüdischen Leiter aus 39 messianischen Gruppen und Gemeinden (zum Zeitpunkt der Untersuchung) gaben an, als Juden nach dem Zuwanderungsgesetz zwischen 1992 und 2000 aus den Nachfolgestaaten der UDSSR eingewandert zu sein (vgl. Kapitel 3.3.2).

Acht Leiter gaben konkret an, dass sie aus Kiew stammen. Weitere sechs nannten allgemein die Ukraine, einer nannte Weißrussland, einer gab Moskau, einer allgemein die Sowjetunion und einer gab Aserbaidschan an. Die anderen Leiter machten keine genauen Angaben zu ihrer Heimatstadt, dennoch ist aufgrund der Interviews davon auszugehen, dass bis auf vier Deutsche (s. u.) alle Leiter aus der ehemaligen Sowjetunion stammen.

20 Leiter machten konkrete Angaben zum Zeitpunkt ihrer Konversion: 16 gaben an, zwischen 1990 und 2000 bereits in ihrer ehemaligen Sowjetunion zum Glauben an Jesus als den Messias gekommen zu sein, vier konvertierten erst nach ihrer Einreise (vgl. Kapitel 3.3.2).

Insgesamt stehen 16 Gemeinden und dreizehn Gruppen zum Zeitpunkt der Untersuchung unter jüdischer Leitung. Ein Leiter ist zwar kein Jude, aber seine Frau und Mitarbeiterin in der Leitungsfunktion ist Jüdin. Eine Gemeinde hat zusätzlich einen nichtjüdischen Mitarbeiter als Leitungsmitglied.

Vier Gemeinden und vier Gruppen stehen unter nichtjüdischer Leitung: Die charismatische Gemeinde in Köln-Kornweiler wird von einem nichtjüdischen Pastor geleitet. Die Gemeinde in Koblenz steht unter der Leitung des niederländisch-ukrainischen Ehepaars und ein Schotte leitet die Nürnberger Gemeinde. Die Gemeinde in Potsdam wird von einem rumänischen Nichtjuden geleitet. In Bad Pyrmont und in Heimerzheim-Swisttal (bei Bonn) steht die Gruppe jeweils unter der Leitung eines deutschen Pastors (Spätaussiedler), in Chemnitz organisiert

4 Es sind nur 32 Leiter befragt worden, da die messianischen Gemeinden in Potsdam und in Schwerin zum Zeitpunkt der Untersuchung ohne Leitung waren. Zudem waren mir zum Zeitpunkt der Untersuchung einige Leiter unbekannt. Vgl. Kapitel 3.3.2.

ein deutscher Diakon und in Bamberg ein deutscher Mitarbeiter des BSSE die Treffen.

Welche theologischen Hintergründe haben diese eingewanderten Juden, die hier in Deutschland eine messianisch-jüdische Gemeinde gründeten oder übernahmen?

Zwei Mitarbeiter des BSSE (W. Pikman und B. Galinker) waren schon in Kiew Mitglied bei CPM und besuchten die messianisch-jüdische Gemeinde „Beit El Gibor" in Kiew (vgl. Kapitel 3.3.2). Sechs Leiter waren vor ihrer jetzigen Gemeinde Mitglied in einer evangelisch-freikirchlichen Gemeinde, einer war zuvor Mitglied in einer „Freien Evangelischen Gemeinde" (FEG). Ein nichtjüdischer Leiter war vorher Pastor einer „Freien Evangelischen Christengemeinde". Ein Gemeindeleiter ist weiterhin Mitglied in einer evangelisch-freikirchlichen Brüdergemeinde und einer besucht parallel eine methodistische Gemeinde. Ein Gemeindeleiter gehört zum Bund freikirchlicher Pfingstgemeinden (BFP), ein Organisator einer kleinen Gruppe ist Diakon der Evangelischen Lutherischen Landeskirche Sachsens.

E. Tsypenyuk hat bereits in der Ukraine ein zweijähriges Vollzeitstudium am evangelikalen „Messianic Jewish Bible Institut" (MJBI) in Odessa und M. Braker (Hannover) eine zweijährige evangelikale Ausbildung für die Gemeindearbeit in der Ukraine absolviert. B. Galinker (München) und W. Pikman (Berlin) besuchten Mitte der 1990er Jahre ein halbjähriges theologisches Seminar zur Evangelisationsschulung der CPM in Amerika. K. Swiderski (Düsseldorf) und V. Kromm (Aachen) haben in Deutschland das dreijährige Vollzeit-Bibelseminar in Bonn (vgl. Kapitel 5.3.1) mit einem „Bachelor" absolviert. K. Swiderski schrieb 2002 seine Abschlussarbeit auch zum Thema „messianisches Judentum".[5]

A. Snyder hat seinen Magisterabschluss für Mission am „Fuller Theological Seminary", der Schule für Weltmission in Kalifornien absolviert und A. Uschomirski hat in Korntal die evangelikale Akademie für Weltmission (AWM) besucht.[6] W. Pikman (Berlin) hat 2006 sein vierjähriges Studium in Dallas mit einem „Master of Theology" abgeschlossen und promoviert mittlerweile in Deutschland. B. Galinker besucht seit 2006 einen Studiengang innerhalb des Faches der Judaistik an der Ludwig-Maximilian-Universität in München. Praktische Erfahrungen in der messianisch-jüdischen Gemeindeleitung oder -arbeit haben B. Galinker, M. Braker und. W. Pikman in ihrer Heimat erworben. P. Wiebe (Bonn) hat eine Ausbildung an der Freien Theologischen Fachschule in Breckerfeld absolviert und war Pastor einer russlanddeutschen Gemeinde.

---

5 Swiderski, Geschichte, Stand: 12.08.2007.

6 Nach Abschluss der empirischen Untersuchung absolviert Uschomirski ein Theologiestudium (MA) bei der AWM. Vgl. E-Mail von A. Uschomirski vom 22.2.1008.

Somit ist der theologischer Hintergrund bzw. Gemeindeherkunft der Gemeindeleiter weitgehend evangelikal. Neun Leiter haben sogar eine evangelikale Ausbildung erhalten, zwei weitere Leiter absolvieren zum Zeitpunkt der Untersuchung ein akkreditiertes Hochschulstudium. Die anderen messianisch-jüdischen Leiter besuchen regelmäßig messianisch-jüdische Seminare und Konferenzen.

Ähnlich wie für Israel beschrieben (vgl. Kapitel 2.4.4.2) werden auch in Deutschland die messianisch-jüdische Gemeinden nach monarchischen Strukturen geleitet, das heißt ein Leiter übernimmt die Hauptfunktion der Leitung und „verkörpert (bis zur Schaffung eines Ältestenrates) die Gemeindeleitung und kümmert sich um den geistlichen Zustand der Gemeindeglieder“,[7] wie es in der Gemeindesatzung der Gemeinde „Schma Israel“ heißt. Zum Zeitpunkt der Untersuchung gibt es nur in Chemnitz eine Frau in einer Leitungsposition.

Fazit: Die Leiter der messianischen Gemeinden sind als Juden nach dem Zuwanderungsgesetz, zum größten Teil zwischen 1992 und 2000 aus den Nachfolgestaaten der UDSSR eingewandert und auch in diesem Zeitraum, meist schon vor ihrer Einreise, in einem evangelikalen oder messianisch-jüdischem Umfeld konvertiert. Insgesamt stehen 16 Gemeinden und 12 Gruppen unter jüdischer Leitung und vier Gemeinden und vier Gruppen stehen unter nichtjüdischer Leitung. Zehn Leiter haben eine theologische (meist evangelikale) Ausbildung.

5.2.2 Besucher und Mitgliederanzahlen

Immer wieder wurde ich während des Forschungsprozesses von Interessierten und selbst von Vertretern der messianisch-jüdischen Bewegung gefragt: „Wie viele messianische Juden gibt es denn jetzt eigentlich in Deutschland?“ Die Beantwortung dieser Frage war zwar kein direktes Forschungsziel, aber es war unumgänglich, Systematik in die teilweise widersprüchlichen und unüberschaubaren Zahlenangaben zu bringen.

5.2.2.1 Schätzungen

K. Swiderski machte 2002 die optimistische, aber keinesfalls konkrete Aussage: „Keiner von uns kann eine genaue Anzahl messianischer Versammlungen, Gebetskreise und ähnlicher Gruppen sagen. Wir wissen nur eins – die Anzahl der an

7 A. Uschomirski et al, Satzung der Gemeinde Schma Israel (Kurzfassung), Stuttgart, bisher nicht veröffentlicht. Übersetzung aus dem Russischen von A. Dyskine, 28.11.1998, überarbeitet am 23.12.1998 von H. Renz, vgl. Anhang 8.2.2.

Jesus gläubigen Juden wächst von Tag zu Tag."[8] A. USCHOMIRSKI und H. RENZ (EDI) dagegen nennen konkrete Zahlen und schätzen 2005 die Mitgliederzahl der 20 messianisch-jüdischen Gemeinden auf etwa 500-600.[9] H.-P. OBRIST (AMZI) schätzt im gleichen Jahr allerdings 800 messianische Juden in „zwölf Gemeinden und 15 Kreisen"[10] und die DEUTSCHE EVANGELISCHE ALLIANZ berichtet 2005 gar von 1.000 messianischen Juden.[11] Auch H. STRESOW (BSSE) spricht von 800 bis 1.000 messianischen Juden im Jahr 2005.[12]

Den Leitern der messianisch-jüdischen Gemeinden und Gruppen stellte ich ebenfalls die folgende Frage: „Wie viele messianische Juden gibt es Ihrer Schätzung nach in den messianischen Gemeinden und Gruppen in Deutschland?" 14 der 32 befragten Gemeinde- oder Gruppenleiter machten Angaben. Die Spannweite lag dabei zwischen 100 bis 3000.[13]

Wie kam es nun zu diesen divergierenden Zahlenangaben? Zunächst einmal war es wichtig bei der Zählweise zwischen den Mitgliedern und den regelmäßigen Besuchern zu unterscheiden. Deshalb habe ich in dieser Studie zunächst nach den formalen Mitgliedschaftskriterien und aktuellen Mitgliederzahlen gefragt.[14] Da mir aber nur von dreizehn Gemeinden (und keiner Gruppe) formale Mitgliedschaftskriterien genannt wurden, erkundigte ich mich zusätzlich nach den regelmäßigen Besuchern der Gemeinden und Gruppen, die mindestens 14 Jahre alt, also juristisch religionsmündig sind.

Da aber Mitglieder und Besucher messianisch-jüdischer Gemeinden sowohl Juden als auch Nichtjuden sein können (vgl. 3.3.1.1), war eine weitere Differenzierung notwendig. STRESOW betont zum Beispiel ausdrücklich, dass er mit der Zahl 800-1.000 die tatsächliche Anzahl der Juden meint, nicht der nichtjüdischen Mitglieder oder Besucher.

Ich erkundigte mich daher konkret nach dem Anteil der jüdischen Mitglieder oder Besucher. Daraus ergaben sich zunächst vier verschiedene Zahlenkohorten:

---

8 SWIDERSKI, Geschichte, Stand: 12.08.2007.

9 Vgl H. RENZ, Segen, 1-2; EDI (Hrsg.), Mache dich auf, Vortrag am 05.06.3005, Experteninterview mit H. RENZ, geführt am 30.08.2005.

10 OBRIST, Messianische Juden, 5.

11 Vgl. EAD (Hrsg.), Messianisches Zentrum, Stand: 09.08.2007.

12 Vgl. STRESOW im Experteninterview, geführt am 30.05.2005. Im Jahr 2007 spricht W. PIKMAN gar von „5000 Juden im Lande, die an Jesus glauben". Vgl. U. RECHBERGER, Von messianischen Juden in Deutschland zu Grundfragen der Hermeneutik. Das AFET-Doktoranden- und Habilitandenkolloquium 2007, in: Afet (Hrsg.), Eangelikale Theologie 13/1 (2007), 19.

13 Zwei Leiter nannten 3000 messianische Juden, einer nannte 1000-2000, ein weiterer Leiter nannte 1000-1500 und vier nannten jeweils 1000. 500-800 wurde einmal, 400 wurde zweimal, jeweils einmal wurde 300-400, 300-350 und 100 genannt. Die restlichen Befragten gaben keine Schätzung ab. Der Mittelwert ergibt 1071 bis 1139.

14 KRECH weist darauf hin, dass die Fluktuation von Personen, die sich an eine religiöse Gemeinschaft binden, sehr hoch ist und dass deshalb immer nach der aktuellen Zahl der aktiven Mitlieder oder Anhänger gefragt werden sollte. Vgl. KRECH, Kleine Religionsgemeinschaften, 116-144.

die Anzahl der Mitglieder (nach einer formalen Mitgliederaufnahme, Juden und Nichtjuden, Kapitel 5.2.2.2.), der regelmäßigen Besucher (mindestens 14-jährig, Juden und Nichtjuden, Kapitel 5.2.2.3), die Anzahl der jüdischen Mitglieder sowie die Anzahl der jüdischen Besucher. Da aber zum Zeitpunkt der Untersuchung in allen Gemeinden fast alle der Mitglieder Juden waren, fasste ich die letzten beiden Kohorten (jüdische Besucher und jüdische Mitglieder) zur Kohorte „messianische Juden" zusammen (vgl. Kapitel 5.2.2.4).[15]

5.2.2.2 Mitglieder

Wie aber wird man Mitglied in einer messianisch-jüdischen Gemeinde? Für eine Aufnahme in die messianisch-jüdische Gemeinde kann der Antragsteller Jude oder Nichtjude sein. Weitere Kriterien für die Mitgliedschaft sind folgende:[16]

1] Der Antragsteller soll mindestens 14 Jahre alt sein. Mitglieder, die das 18. Lebensjahr noch nicht vollendet haben, sind nicht stimmberechtigt.

2] Der Bewerber muss konvertiert sein und somit an Jesus als den Messias glauben.

3] Der Antragsteller sollte als Jugendlicher oder Erwachsener durch Untertauchen bewusst getauft worden sein. Ein speziell messianisch-jüdisches Bekenntnis wird nicht vorausgesetzt. Wichtig ist, dass die Taufe der Person explizit auf den Namen Jesu, des Messias vollzogen wurde. Über die Anerkennung bereits getaufter Bewerber entscheidet die Gemeindeleitung.

4] Nach einem schriftlichem Antrag auf Mitgliedschaft erfolgt manchmal ein halbes bis ein Jahr Probezeit, in der das potentielle Mitglied die Gemeinde besucht und gegebenenfalls auch aktiv mitarbeitet.

5] Nach der Probezeit erfolgt eine Gemeindeversammlung, in der über das Anliegen des Antragstellers und über seine erfolgte Probezeit beraten wird. Das Leitergremium entscheidet über den Antrag.

6] Abschließend muss der Antragsteller den Gemeinderegeln der Gemeinde zustimmen, indem er die Gemeindesatzung unterzeichnet.

---

15 Nach Abschluss der empirischen Untersuchung änderte sich dies zunehmend, denn je mehr nichtjüdische Leiter in der Bewegung involviert sind und somit die Mitgliedschaftskritieren bestimmen, desto eher werden auch Nichtjuden Mitglieder.

16 Vgl. im Folgenden Experteninterviews mit verschiedenen Gemeindeleitern und R. VIDONYAK, Die Grundlagen des Glaubens mit Kommentaren innerhalb der Gemeindesatzung der Gemeinde „Adat Adonai", Heidelberg, nicht veröffentlicht; A. USCHOMIRSKI et al, Satzung der Gemeinde Schma Israel, Stuttgart, nicht veröffentlicht. Übersetzung aus dem Russischen von A. DYSKINE, 28.11.1998. Überarbeitet am 23.12.1998 von H. RENZ. Vollständig aufgeführt im Anhang 8.2.

Einige Gemeindesatzungen enthalten auch Kriterien für das geistliche Leben der neuen Gemeindemitglieder, zum Beispiel sollte ein Gemeindemitglied regelmäßig die Bibel lesen, beten, regelmäßig die Gemeinschaft mit Gläubigen suchen, evangelisieren, regelmäßig an Gottesdiensten und anderen Aktivitäten der Gemeinde teilnehmen, die Gemeinde freiwillig mit materiellen/finanziellen Gaben unterstützen und persönliche Fähigkeiten zur Förderung des Wachstums der Gemeinde einsetzen.

In zehn Gemeinden wurden keine Angaben über die Mitgliederzahlen gemacht, die anderen Gemeinden machten nur mündliche Angaben und kein Gemeindeleiter gab mir schriftliche Mitgliederverzeichnisse.

Es wurde mir insgesamt die Zahl von 252-262 Mitgliedern genannt. Da ich aufgrund der Ergebnisse annahm, dass es in jeder Gemeinde, die keine Angabe gemacht hat, mindestens fünf bis zehn Mitglieder gibt, beträgt meine geschätzte Mindestanzahl der jüdischen und nichtjüdischen Mitglieder insgesamt zwischen 302-362.

5.2.2.3 Besucher (messianische Juden und messianische Nichtjuden)

Die Anzahl der jüdischen und nichtjüdischen, mindestens 14-jährigen Besucher umfasst in messianisch-jüdischen Gemeinden immer auch die Anzahl der Mitglieder, selten gibt es passive Mitglieder. Hier erhielt ich konkretere Angaben, die ich mit meinen Ergebnissen der teilnehmenden Beobachtungen vergleichen konnte.

Demnach gibt es je nach Gemeinde- bzw. Gruppengröße eine Anzahl zwischen 10 bis 150 regelmäßigen Besuchern pro Gemeinde. Zwei Gemeinden und vier Gruppen machten keine Angaben, dennoch konnte ich ihre Anzahl aufgrund der Ergebnisse der anderen Gemeinden berechnen: Da die niedrigste genannte Mindestanzahl für eine Gemeinde bei 10 und die niedrigste genannte Mindestanzahl für eine Gruppe bei 4-6 Besuchern lag, berechnete ich für die fehlenden sechs Gemeinden bzw. Gruppen eine zusätzliche Anzahl von 36-44, so dass ich insgesamt 914-1042 Besucher (messianische Juden und messianische Nichtjuden) errechnete.

5.2.2.4 Messianische Juden (jüdische Besucher und jüdische Mitglieder)

H.-P. Obrist (Amzi), die DEA und Stresow (BSSE) gingen allerdings bei ihren Schätzungen von 800-1000 nicht von Mitgliedern oder Besuchern aus, sondern konkret von der Anzahl messianischer Juden.

13 Leiter gaben entweder konkret auf die Frage nach der jüdischen Identität der Mitglieder Auskunft (z.B. alle 40 Mitglieder sind Juden) oder konnten Angaben zur Besucherstruktur machen (z.B. ca. 80% der Besucher sind Juden). Andere messianisch-jüdische Leiter machten keine Angaben zu der jüdischen Identität ihrer Besucher. Sie begründeten dies entweder damit, dass sie eine „Zählung" und damit „Selektion" von Juden als verletzend und antisemitisch betrachteten oder sie betonten die „Unterschiedslosigkeit in der Gemeinde Jesu", zum Beispiel: „Wir sind alle ein Leib, uns ist es unwichtig, wer Jude ist und wer nicht."

Wenn keine Angaben vom Gemeindeleiter gemacht wurden, ging ich davon aus, dass mindestens 50% der Besucher Juden seien, da dies laut H. Stresow (BSSE) die niedrigste angenommene Anzahl von Juden in den messianischen Gruppen und Gemeinden war.[17] Des Weiteren konnte ich hier die Ergebnisse der Fallstudie (teilnehmende Beobachtungen, geführte Experteninterviews, informellen Gesprächen, Fragebögen) einbeziehen.

In zwei Gemeinden und in fünf Gruppen konnten überhaupt keine Angaben ermittelt werden. Geht man hier wiederum von den niedrigsten genannten Anzahlen für eine Gemeinde (mind. fünf bis acht) und einer Gruppe (drei bis fünf) aus, konnten 25-41 messianische Juden hier geschätzt werden. Daraus ergab sich eine Gesamtanzahl von 577 bis 687 messianischen Juden in den messianisch-jüdischen Gemeinden und Gruppen in Deutschland.

Fazit: In den messianischen Gemeinden und Gruppen gibt es 914-1042 regelmäßige Besucher (messianische Juden und Nichtjuden), von denen 55,4 bis 75,2% messianische Juden (577-687) sind. Oder anders ausgedrückt: Geht man von der jeweils durchschnittlichen Besucheranzahl (=978) und der durchschnittlichen Anzahl messianischer Juden (=632) aus, sind durchschnittlich 64,6% der Besucher messianische Juden. Vice versa beträgt der Anteil der nichtjüdischen Besucher somit zwischen 24,8-44,6% oder durchschnittlich 35,4%. Damit sind aber nicht die jüdischstämmigen Gläubigen in nicht messianisch-jüdischen Gemeinden erfasst.

17 Vgl. H. Stresow im Experteninterview, geführt am 30.05.2005.

18 In Berlin wurden 2006 die formalen Mitgliederstrukturen aufgelöst und seitdem werden nur noch die regelmäßigen Besucher gezählt. Vgl. Experteninterview mit W. PIKMAN am 16./17.03.2007.

19 In den Gruppen gibt es keine Mitgliederaufnahme.

Missionswerk/Ort	gegründet	Besucher-anzahl	Anzahl der Mitglieder	messianische Juden
BSSE				
Gemeinden:				
Berlin	1995	ca. 100	40[18]	ca.80
Düsseldorf	1996	ca. 150	80	ca. 120
München	2000	20-25	keine Angabe	18-22
Heidelberg	2000	20	12	mind. 12
Aachen	2001	ca. 20	keine Angabe	16
Gruppen:				
Potsdam	2001/2002	bis 15	keine Mitglieder[19]	mind. 10
Erfurt	ca. 2003	ca. 12-15	keine Mitglieder	mind. 7-8
Würzburg	2003	10	keine Mitglieder	8
Bamberg	2005	4-6	keine Mitglieder	4-6
Osnabrück	2005	10	keine Mitglieder	keine Angabe
EDI				
Gemeinden:				
Stuttgart-Vaihingen	1996	35-40	23	mind. 23-32
Hamburg	1996	25-30	10	mind. 10-20
Gruppen:				
Karlsruhe	1999	ca. 10	keine Mitglieder	3-5
Chemnitz	2001/2002	keine Angabe	keine Mitglieder	keine Angabe
Schwerin	2004/2005	10-20	keine Mitglieder	3-5
Bonn (Heimerztal-S.)	2005	ca. 15	keine Mitglieder	keine Angabe
AMZI				
Gemeinde:				
Hannover	1999	25-30	keine Angabe	25-30
UNABHÄNGIGE, NICHT CHARISMATISCHE GEMEINDEN:				
Stuttg.-Feuerb. (A. J.)	1996	30	keine Angabe	mind.27
Mülheim/Ruhr	1998	30-40	keine Angabe	24-32
Berlin (Freude)	1998	ca. 20	keine Angabe	ca. 5
Bremen	2000/2001	keine Angabe	keine Angabe	keine Angabe
Koblenz	2001	40	12	20
Augsburg	2002	30-40	22	mind. 20-36
Potsdam	2005	20-30	keine Angabe	
Gruppen:				
Frankfurt/D.	2001	10-15	keine Mitglieder	6
Essen	2001/2002	20-30	keine Mitglieder	16-24
Wismar	2003 (?)	14/15	keine Mitglieder	7
Köln (Club)	2004	ca. 7-10	keine Mitglieder	3-5
Gießen	2004	6-7	keine Mitglieder.	6-7
Köln	2005	15	keine Mitglieder	15
Duisburg	2004/2005	keine Angabe	keine Mitglieder	keine Angabe
Solingen	2004/2005	keine Angabe	keine Mitglieder	keine Angabe
Bad Pyrmont	2005	ca. 20	keine Mitglieder	min. 10
CHARISMATISCHE GEMEINDEN:				
Chemnitz	2001	15-30	keine Angabe	15-30
Stuttg.-Feuerb.[20]	2001	70-80	20-30	10-12
Köln-Kornweiler	2005	20	8	8

unabhängige Gemeinde innerhalb des BFP Wuppertal	2003	30-40	25	21-28
KEINE ZUORDNUNG MÖGLICH Gemeinde: Nürnberg Gruppe: Nürnberg	k. Angabe k. Angabe	keine Angabe keine Angabe	keine Angabe keine Angabe	keine Angabe keine Angabe
insgesamt		**878-998 (+ geschätzte 36-44) = 914-1042 (durchschnittliche Anzahl: 978)**	**252-262 (+ geschätzte 50-100) = 302-362 (durchschnittliche Anzahl: 332)**	**552-646 (+ geschätzte 25-41)= 577-687 (durchschnittliche Anzahl: 632)**

Tab. 5.2-1 Anzahl der Mitglieder, Besucher und messianischer Juden im Vergleich

5.2.3 Personenmerkmale der Fallstudie

Wer sind aber nun konkret die befragten Frauen und Männer, die als Juden oder Nichtjuden daran glauben, dass Jesus der Messias ist und sich einer messianisch-jüdischen Gemeinde angeschlossen haben? Dies soll zunächst anhand einiger demographischer und biographischer Aspekte der Fallstudie beleuchtet werden.

An der Fallstudie (N=211) sind 122 Frauen und 84 Männer beteiligt, so dass der Anteil der Frauen 59% und der Anteil der Männer 41% beträgt. Auch die Gemeindeleiter geben für ihre Gemeinden und Gruppen einen Anteil der Frauen von 60% gegenüber den Männern (40%) an.

71 Frauen und 53 Männer geben an, dass sie Juden bzw. Jüdinnen sind, also nehmen insgesamt 124 messianische Juden und Jüdinnen an der Fallstudie teil. Vice versa geben 51 Frauen und 31 Männer an, keine Juden und Jüdinnen zu sein, das heißt insgesamt nehmen 82 messianische Nichtjuden und Nichtjüdinnen an der Fallstudie teil.[21] Demnach beträgt der Anteil der messianischen Nichtjuden an

20 Hier sei noch einmal daran erinnert, dass die Bezeichnung „charismatisch" dieser Gemeinde meiner Einschätzung und nicht dem Selbstbild der Gemeinde entspricht. Vgl. Kapitel 3.3.2.4.

21 Dabei ging ich davon aus, dass es unter den messianischen Nichtjuden keine Personen gab, die zunächst als Juden aufgewachsen waren, sich aber nach ihrer Konversion nicht mehr als Juden betrachteten. Denn in den messianisch-jüdischen Gemeinden wird explizit das Judesein betont und ich habe deutlich nach der jüdischen Identität gefragt.

der Gesamtzahl der Fallstudie 39% und der Anteil der messianischen Juden 59%.[22] Dies passt auch zu dem oben errechneten Anteil messianischer Juden von 55,4 bis 75,2%, wenngleich er auch unter dem durchschnittlich errechneten Anteil von knapp 65% liegt.

5.2.3.1 Demographische Aspekte

Die demographischen Aspekte geben die Antworten der Befragten der Fallstudie zur ihrem Alter, Familienstand, Schulbildung, Berufsabschluss und Arbeitssituation wieder. Es sei noch einmal daran erinnert, dass alle Aussagen und Zahlenangaben nur für diese Fallstudie gelten und Generalisierungen nur im Sinne von Existenzaussagen („es gibt...") vorgenommen werden, da es nicht um die Repräsentativität im statistischen Sinne geht (vgl. Kapitel 4.3).[23]

Alterszusammensetzung

Die Zusammensetzung der Stichprobe (N=202) ergibt einen Anteil der über 65-Jährigen von insgesamt 24,9% (31,7% der MJ von N=123; 14,1% der MNJ von N=78).[24] Der Anteil der 55-64-Jährigen beträgt 14,9% (12,2% der MJ und 19,2% der MNJ), der Anteil der 45-54-Jährigen beträgt 22,4% (19,5% der MJ und 26,9% der MNJ). 35 bis 44 Jahre alt sind 10,4% der Befragten (9,8% der MJ und 11,5% der MNJ). Der Anteil der 24-34-Jährigen liegt bei 13,9% (11,4 % der MJ und 17,9% der MNJ), ebenso der Anteil der 17-24-Jährigen[25] von 13,4% (15,4% der MJ und 10,3% der MNJ).

---

22 Der hier fehlende Anteil von 2% entspricht dem Anteil der Befragten (N=4), die ihr Geschlecht nicht angaben. Dennoch konnten ihre Antworten in die weitere Auswertung einbezogen werden, da die Studie nicht geschlechterbezogen analysiert wurde.

23 Dabei stelle ich meistens die Ergebnisse von drei Kohortengruppen der Fallstudie nebeneinander vor: Die Antworten der Befragten insgesamt (abgekürzt: insg.), die Antworten der messianischen Juden (MJ) und der messianischen Nichtjuden (MNJ). Die gesamten Auswertungen der Fragebögen sind nicht im Anhang dargestellt, können aber bei Interesse bei der Verfasserin eingesehen werden (über eine Anfrage beim LIT-Verlag).

24 Im Folgenden soll bei den demographischen Aspekten und weiteren Kurzdarstellungen „messianische Juden" mit MJ und „messianische Nichtjuden" mit MNJ abgekürzt werden.

25 17 war das jüngste Alter, das in der Fallstudie angegeben wurde.

Fazit: Dies bedeutet, dass insgesamt 62,4% der Befragten älter als 45 und immer noch 40,1% über 55 Jahre alt sind. Der Anteil der messianischen Juden beträgt bei den über 45-Jährigen 66,2%, bei den über 55-Jährigen 43,9%.

Dies entspricht auch den Zahlenangaben für die russisch-jüdischen Einwanderer aus den verschiedenen repräsentativen Studien, die davon ausgehen, dass 44% der russischen Einwanderer bereits über 50 Jahre alt sind. S. Haug gibt für die über 65-jährigen Einwanderer 23% an, hier sind dagegen ein wenig mehr mit 31,7%.[26]

Familienstand

50,5% der Befragten insgesamt geben an, verheiratet zu sein (44,5% der MJ, N=128; 59,8% der MNJ, N=82). 33,3% geben an, ledig zu sein (37,5% der MJ und 26,8% der MNJ), 8,6% der Befragten sind verwitwet (9,4% der MJ und 7,3% der MNJ) und 7,6% geschieden (8,6% der MJ und 6,1% der MNJ). 38,3% leben mit zwei Personen in einem Haushalt, 28,2% alleine, 17,2% zu dritt, 11,5% zu viert, 1% zu fünft, 3,3% zu sechst und 0,5% zu acht.

Fazit: Auffällig ist, dass in den Gemeinden messianischer Juden viel weniger Personen verheiratet sind (50,5%), als dies bei einer Vollerhebung des Bundesamtes für Migration und Flüchtlinge aller jüdischen Einwanderer im Jahr 2005 der Fall ist, bei der 70,5% angeben, verheiratet zu sein. Somit sind mehr messianische Juden ledig (33,3%) als in der vergleichbaren Gruppe russisch-jüdischer Einwanderer (17,8%).27 Dementsprechend geben deutlich mehr messianische Juden (28,2%) an, alleine in einem Haushalt zu leben als bei der vergleichbaren Vollerhebung (10,8%).28

Schulbildung

3,4% der Befragten insgesamt haben den Abschluss der 8. oder 9. Klasse erworben (2,4% der MJ, N=125; 5% der MNJ, N=80), der mit dem deutschen Hauptschulabschluss Typ A gleichzusetzen ist. 30,6% haben die 10. Klasse (gleichzusetzen mit deutscher Mittlerer Reife) absolviert (28% der MJ und 35% der MNJ). Und 59,2% der Befragten haben die Hochschulreife oder den Abschluss der 10. Klasse mit speziellen Zusatzexamina erworben, der zum Studium befähigt (61,6% der MJ und

26 Vgl. Haug, Jüdische Zuwanderer, 8.

27 6,1% der Befragten der Studie des Bundesamtes sind geschieden und 5,6% sind verwitwet, was in etwa den Zahlen der Fallstudie messianischer Juden entspricht. Vgl. Haug, Soziodemographische Merkmale, 18.

28 Vgl. Haug, Soziodemographische Merkmale, 19.

55% der MNJ). 2,4% haben den Abschluss der Fachhochschulreife (1,6% der MJ und 3,8% der MNJ) und 4,4% sind noch Schüler (6,4% der MJ und 1,3% der MNJ).

Fazit: Auffällig ist der hohe Anteil derjenigen, die die Hochschulreife erworben haben (59,2%). Hier ist ein Zusammenhang zwischen dem Judesein und der Schulbildung zu erkennen: Je höher der Bildungsgrad, desto höher ist der Anteil der Juden, je geringer der Bildungsgrad, desto höher der Anteil der Nichtjuden.

Berufsabschluss

30,1% der befragten messianischen Juden (N=111) und messianischen Nichtjuden (N=74) geben an, eine Ausbildung oder Lehre abgeschlossen zu haben (26,1% der MJ und 36,5% der MNJ). 53,3% der Befragten sind Hochschulabsolventen (57,7% der MJ und 47,3% der MNJ). 1,1% haben einen Fachhochschulabschluss (0,9% der MJ und 1,4% der MNJ), 4,8% befinden sich noch in der Ausbildung (6,3% der MJ und 2,7% der MNJ) und 5,9% im Studium (6,3% der MJ und 5,4% der MNJ). Nur 4,3% geben an, keinen Berufsabschluss erworben zu haben (2,7% der MJ und 6,8% der MNJ).

Fazit: Hier ist wiederum ein Zusammenhang zwischen dem Judesein und dem Berufsabschluss unverkennbar: Je höher die Berufsqualifizierung, desto höher ist der Anteil der Juden und vice versa je geringer die Qualifizierung, desto geringer ist der Anteil der Juden. Es wird somit bestätigt, dass insgesamt sehr viele Hochqualifizierte die ehemalige Sowjetunion verlassen haben. Dennoch liegt die Zahl von 57,7% der messianischen Juden mit einem Hochschulabschluss unter den Zahlen von 68 bis 73% anderer jüdisch-russicher Einwanderergruppen (vgl. Kapitel 3.1.1).

Erwerbstätigkeit

26,5% der befragten messianischen Juden (N=115) und der messianischen Nichtjuden (N=81) geben an, erwerbstätig zu sein (20% der MJ und 21,5% der MNJ). Von diesen Erwerbstätigen (N=41) geben 31,7% der Befragten an, als Angestellte oder Beamte erwerbstätig zu sein, 26,8% als (Fach-)Arbeiter, 22% gehen einer Hilfstätigkeit nach, 9,8% sind selbstständig und ebenfalls 9,8% sind in sonstigen Bereichen tätig.

45,4% der Befragten sind nicht erwerbstätig (40% der MJ und 53,1% der MNJ) und 7,1% der Fallstudie geben an, innerhalb eines Ausbildungsverhältnisses erwerbstätig zu sein (8,7% der MJ und 4,7% der MNJ). 20,9% der Befragten sind nicht erwerbstätig, da sie „Rentner" bzw. in rentenfähigem Alter sind (31,3% der MJ und 6,2% der MNJ). Erfragt wurde nicht, wie der Lebensunterhalt bestritten wird. Es kann davon ausgegangen werden, dass die meisten nicht Erwerbstätigen von der Sozialhilfe oder dem Arbeitslosengeld II zum Zeitpunkt der Untersuchung leben.

Fazit: 45,4% der Befragten sind nicht erwerbstätig, 40% der messianischen Juden und 53,1% der messianischen Nichtjuden. Dies liegt dennoch unter der Zahl von 60 bis 70%, die das Moses Mendelssohn-Zentrum für russisch-jüdischen Einwanderer angibt (vgl. Kapitel 3.1.1).

5.2.3.2 Biographische Aspekte

Unter den biographischen Aspekten fasse ich die Herkunft, den Zeitpunkt der Einreise nach Deutschland, den Zeitpunkt des Gemeindebesuches sowie die Staatsangehörigkeit zum Zeitpunkt der Untersuchung.

Herkunft

Von den Befragten (N=211) sind 12,8% in Deutschland geboren (3,9% der MJ und 26,8% der MNJ), 41,4% kommen aus der Ukraine: 53,1% der MJ und 23,2% der MNJ (1,2% der MNJ sind Spätaussiedler, 22% der MNJ ukrainischstämmig) und 24,8% stammen aus der russischen Förderation: 26,6% der MJ und 22% der MNJ (14,7% der MNJ sind Spätaussiedler, 7,3% russischstämmig). 4,8% der Befragten insgesamt geben an, aus Kasachstan zu stammen: 2,3% der MJ und 8,5% der NMJ (7,2% der MNJ als Spätaussiedler und 1,3% der MNJ sind kasachischstämmig). Insgesamt geben 2,9% der Befragten an, aus Usbekistan und 3,3% aus Kirgisien zu kommen.

Weitere stammen aus Estland/Lettland (1,9%), Aserbaidschan (1,4%), Tadschikistan (1,4%), Israel (0,9%), Moldawien (0,5%), Armenien (0,5%) und 1,9% aus sonstigen Ländern.

	messianische Juden N=124 (59%)	messianische Nichtjuden N=82 (41%)
„russische Herkunft"	**"messianische Juden russischer Herkunft"** N=117 94,6% der befragten MJ	**„messianische Nichtjuden russischer Herkunft"** N=31 37,8% der befragten MNJ
„deutsche Herkunft"	**„messianische Juden deutscher Herkunft"** N=5 3,9% der befragten MJ	**„messianische Nicht-juden deutscher Herkunft"** N= 22 26,6% der befragten MNJ
„Spätaussiedler"	kein Anteil in der Fallstudie	**„messianische Nichtjuden deutsch-russischer Herkunft"** N=23 27,9% der befragten MNJ
sonstige	1,6% der befragten MJ (0,8 % aus Israel; 0,8% sonstige)	4,9% der befragten MNJ (1,2% aus Israel, 3,7% sonstige)
Gesamt	100%[29]	97,2%[30]

Tab. 5.3.2.3. -1 Zusammensetzung der Fallstudie

Fazit: Insgesamt 59% der Fallstudie sind messianische Juden (N=124) und 41% (N=82) sind nicht messianische Juden. Es ist ein deutlicher Zusammenhang zwischen der Herkunft und dem Judesein zu erkennen: 94,6% der messianischen Juden geben an, aus den Nachfolgestaaten der ehemaligen Sowjetunion gekommen zu sein. Von den messianischen Nichtjuden sind insgesamt 26,6% in Deutschland geboren, 37,8% sind russischstämmig und 27,9% sind „deutsch-russischer Herkunft", also Spätaussiedler (vgl. Kapitel 3.3.1).

Zeitpunkt der Einreise nach Deutschland

Insgesamt gaben 3,2% der befragten messianischen Juden (N=124) und 26,6% der messianischen Nichtjuden (N=79) an, in Deutschland geboren zu sein (insg. 12,3%). Vor 1980 sind 3,4% der Befragten eingereist (0,8% der MJ und 7,6% der MNJ), 1,5% der Befragten reisten zwischen 1980-1985 ein (0,8% der MJ und 2,5% der MNJ) und 2,5% zwischen 1986-1990 (1,6% der MJ und 3,8% der MNJ).

Wie erwartet, reiste der größte Teil der Befragten (80,6%) erst nach 1991 ein: Zwischen 1991-1995 reisten 21,2% der Befragten ein (26,6% der MJ und 12,7% der MNJ), 33% immigrierten zwischen 1996-2000 (40,3% der MJ und 21,5% der MNJ) und 26,1% wanderten zwischen 2001 und 2005 ein (26,6% der MJ und 25,3% der MNJ).

29 Da die einzelnen Prozentzahlen aufgerundet vorliegen, werden hier summiert über 100% angegeben.

30 Der Anteil der fehlenden Prozentzahl ergibt sich daraus, dass bei 2,6% (N=3) der Fälle nicht genau differenziert werden konnte, ob dies ein Spätaussiedler oder ein messianischer Nichtjude russischer Herkunft war.

Fazit: 80,6% der Befragten reisten erst nach 1991 ein, wobei ein Zusammenhang zwischen dem Judesein und dem Zeitpunkt der Einwanderung deutlich wird: Lediglich 3,2% der messianischen Juden sind in Deutschland geboren (versus MNJ: 26,6%). Bis 1990 sind 13,9% der Nichtjuden eingereist und lediglich 3,2% der messianischen Juden. Ab 1991 ermöglichte dann der Status als Kontingentflüchtling 93,5% Juden der Studie die Einwanderung.

Staatsangehörigkeit

35,2% der Befragten sind zum Zeitpunkt der Untersuchung im Besitz der deutschen Staatsangehörigkeit (21,1% der MJ und 57,3% der MNJ). 16,2 % besitzen die russische (21,1% der MJ und 8,5% der MNJ) und 36,7 % die ukrainische (45,3% der MJ und 23,2% der MNJ).

2,4% der Befragten haben die usbekische (3,1% der MJ und 1,2% der MNJ), 2,4% die kirgisische (3,1% der MJ und 1,2% der MNJ), 1,4% die weißrussische (0,8% der MJ und 2,4% der MNJ) und 1,4% die aserbaidschanische Staatsangehörigkeit (1,6 % der MJ und 1,2% der MNJ). 4,8% der befragten messianischen Juden und Nichtjuden haben eine sonstige Staatsangehörigkeit.[31]

17,2% der eingewanderten Juden russischer Herkunft und 2,9% der messianischen Nichtjuden russischer Herkunft haben bereits die deutsche Staatsangehörigkeit erworben (vgl. Anhang 10.2).

Fazit: Der Zusammenhang zwischen dem Judesein und der Staatsangehörigkeit wird deutlich: Nur 21,1% der befragten messianischen Juden sind zum Zeitpunkt der Fallstudie im Besitz der deutschen Staatsangehörigkeit, aber 57,3% der Nichtjuden. 75,5% der befragten messianischen Juden und 37,8% der messianischen Nichtjuden sind im Besitz der Staatsangehörigkeit aus den Nachfolgestaaten der UdSSR.

Zeitpunkt der Konversion

100% der befragten messianischen Juden und Nichtjuden (N=211) bejahen die Frage „Glauben Sie, dass Jesus der Messias ist?“ und 83,9% der befragten Besucher können exakt das Jahr der Konversion angeben.

Vor 1990 konvertierten insgesamt 18,3% der messianischen Juden (vor 1960: 1,0%, 1960-1965: 1,9%, 1966-1970: 1,0%, 1971-1975: 1,0%, 1976-1980: 2,9%, 1981-1985: 3,8%, 1986-1990: 6,7%). 23,8% der befragten messianischen Juden geben an, dass sie in dem Zeitraum 1991-1995 konvertiert sind. 34,3% gaben ihre Konversion

31 0,9% insgesamt haben eine doppelte russisch-deutsche Staatsangehörigkeit, 0,9% der Befragten haben die israelische, 0,5% die kasachische, 0,5% die lettische, 0,5% die moldawische, 0,5% die polnische und 0,5% die französische Staatsangehörigkeit.

in den Jahren 1996 bis 2000 an und in den Jahren 2000 bis 2005 haben sich 23,8% der befragten messianischen Juden bekehrt.

Vor 1990 konvertierten 44,4% der messianischen Nichtjuden (vor 1960: 9,7%, 1961-1965: 6,9%, 1966-1970: 4,2%, 1971-1975: 2,8%, 1976-1980: 0%, 1981-1985: 9,7%, 1986-1990: 11,1%). Zwischen 1991-1995 konvertierten 30,6%, in den Jahren 1996-2000 gaben 13,9% der messianischen Nichtjuden an, konvertiert zu sein und in den Jahren 2001-2005 waren es 11,1%[32].

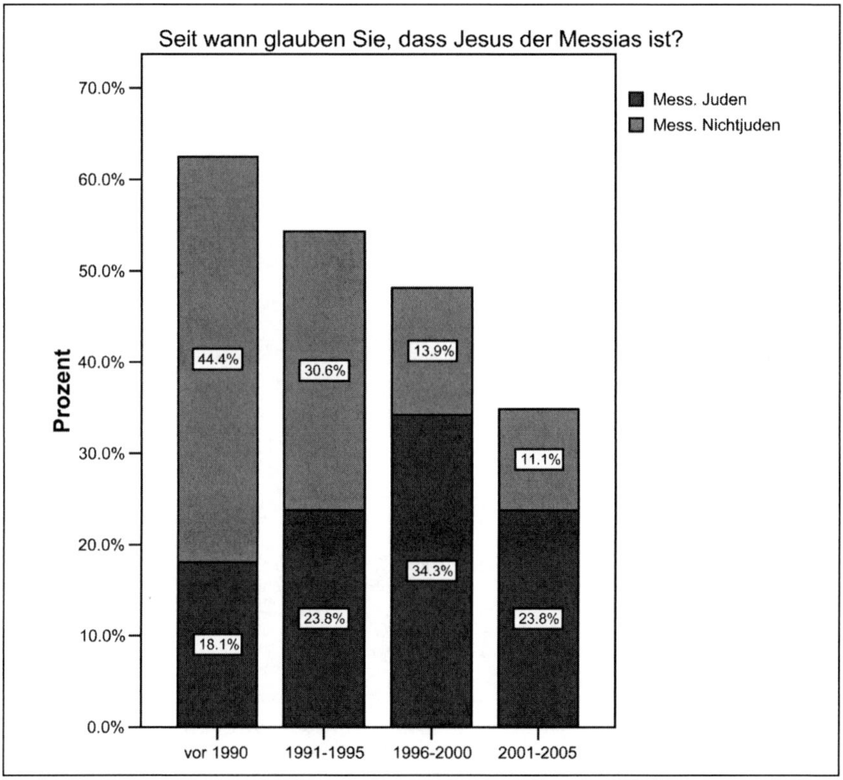

Abb. 5.2.3.2 – 1 Zeitpunkt der Konversionen

Fazit: Insgesamt haben sich 81,9% der befragten messianischen Juden in den Jahren 1991 bis 2005 bekehrt:

32 Bei den MNJ verteilen sich die Konversionszeiträume gleichmäßiger. Dass dennoch 30,6% im Zeitraum 1991-1995 konvertierten, liegt an dem hohen Anteil der nichtjüdischen Spätaussiedler, die ebenfalls von den politischen Umbrüchen betroffen waren.

Zeitpunkt des Besuches einer messianischen Gemeinde

Insgesamt 8,4% der Befragten (N=124) besuchen seit 1991-1995 eine messianische Gemeinde (8,8% der MJ, N=124; und 7,8% der MNJ, N=77). 26,7% der Befragten besuchen seit den Jahren 1996-2000 eine messianische Gemeinde (31,2% der MJ und 19,5% der MNJ).

Der größte Teil der Befragten (63,9%) besucht seit 2001-2005 eine messianische Gemeinde (59,2% der MJ und 71,4% der MNJ).

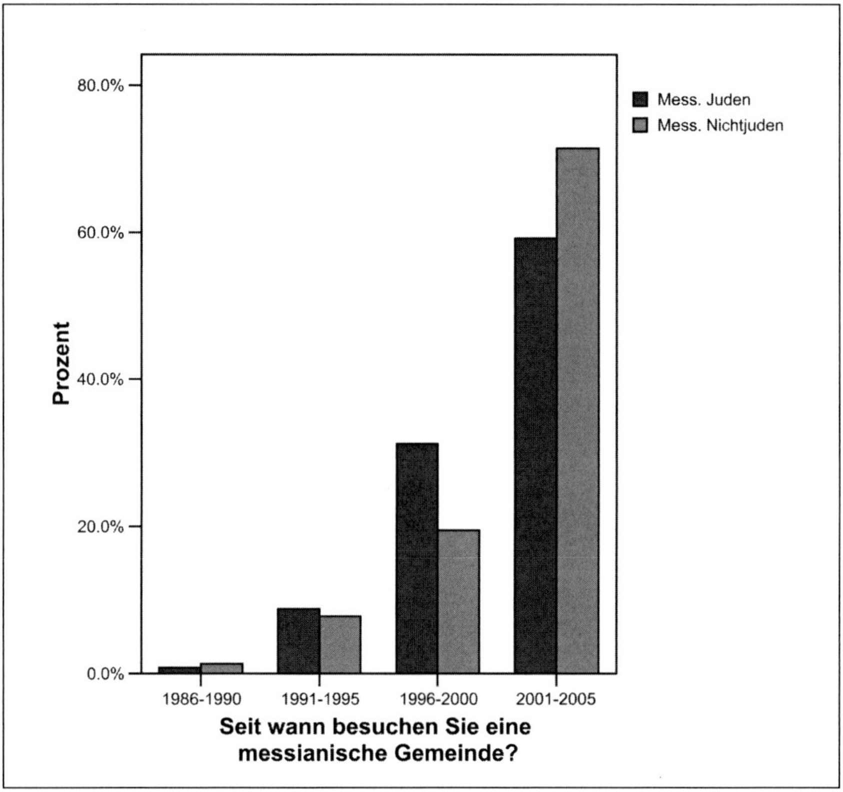

Abb. 5.2.3.2 – 2 Zeitpunkt des Besuchs einer messianisch-jüdischen Gemeinde

Die folgende Tabelle veranschaulicht, dass ein immenser Sprung zwischen dem Zeitraum 1991-1995 (nur 8,8% der Konvertierten besuchen eine messianisch-jüdische Gemeinde) und dem Zeitraum 1996-2000 (40%) zu beobachten ist. Dies kann aufgrund der Gemeindegründungen erklärt werden, die erst ab Mitte der 1990er Jahre in Deutschland begonnen haben. Des Weiteren ist ein Sprung vom

Zeitraum 1996-2000 mit 40% der Konvertiten, die eine messianisch-jüdische Gemeinde besuchen, zum Zeitraum 2000-2005 zu erkennen (100% der Konvertiten besuchen eine messianisch-jüdische Gemeinde), was sich mit der raschen Entwicklung von Gemeinden in Deutschland begründen lässt.[33]

Zeitraum	Konversionen der befragten messianischen Juden	Besuch einer messianisch-jüdischen Gemeinde	insgesamt: Konvertierte mit Gemeindebesuch
Vor 1985	11,4%	–	0%
1986-1990	6,7%	–	0%
1991-1995	23,8%	8,8%	8,8%
1996-2000	34,3%	31,2%	40%
2001-2005	23,8%	59,2%	100%

Abb. 5.2.3.2. – 3 Konversion und Gemeindebesuch

Fazit: 31,2% der messianischen Juden (und 19,5% der MNJ) besuchen seit den Jahren 1996-2000 eine messianische Gemeinde. Der größte Teil (59,2%) jedoch der befragten messianischen Juden (und 71,4% der MNJ) besuchen seit 2001-2005 eine messianische Gemeinde. Zwischen den Jahren 1996-2000 schlossen sich mehr Juden als Nichtjuden einer messianisch-jüdischen Gemeinde an. In den letzten Jahren hingegen stoßen deutlich mehr Nichtjuden als Juden dazu.

Was Baumann für andere Einwanderergruppen feststellt, gilt auch für die Gruppenbildung messianischer Juden: Religiöse Gemeinschaften stellen einen Handlungs- und Orientierungsrahmen für den neuen Alltag dar, bieten emotionalen Halt und vermitteln „ein Gefühl von Vertrautheit und Heimatverbundenheit".[34] Der Glaube an eine gemeinsame Herkunft wirkt daher „vergemeinschaftend".[35] Auch Theis schildert, dass der Rückzug in Religion für Einwanderer eine integrative Funktion haben könne, da in dem fremden neuen Land ein Zuhause entstehe.[36] Aufgrund der Integrationsschwierigkeiten russisch-jüdischer Einwanderer in die jüdischen Gemeinden kann vermutet werden, dass es für einige russische Einwanderer aus

33 Es muss aber hier berücksichtigt werde, dass die Stichprobenauswahl keine andere Antwort zulässt, denn es wurden ja nicht die Konvertiten befragt, die keine messianisch-jüdische Gemeinde besuchen.

34 M. Baumann, Migration, Religion, Integration. Buddhistische Vietnamesen und hinduistische Tamilen in Deutschland, Marburg 2000, 18-19.

35 M. Weber/J. Winkelmann (Hrsg.), Wirtschaft und Gesellschaft. Grundriss der verstehenden Soziologie, Tübingen 2002[5].

36 Vgl. Theis, Religiosität, 19.

folgenden Gründen leichter fällt, sich einer evangelikalen oder messianisch-jüdischen Gemeinde als einer jüdischen Gemeinde anzuschließen:

1] In messianisch-jüdischen Gemeinden gilt ein vereinfachtes Aufnahmeverfahren (Bekenntnis, Taufe, Probezeit), um dazuzugehören. Hier ist kein aufwändiges Konversionsverfahren mit anschließender Prüfung notwendig.

2] Auch wenn man kein Mitglied in einer messianisch-jüdischen Gemeinde werden möchte, kann man regelmäßig den Gottesdienst besuchen und fühlt sich zugehörig. Denn viele regelmäßigen Besucher sind keine festen Mitglieder. Sie arbeiten aber dennoch mit und haben Mitspracherecht.

3] Die jüdische Identität wird nicht in Frage gestellt und auch ohne halachische Bestimmung anerkannt. Darüber hinaus herrscht in den jüdisch-messianischen Gemeinden die Auffassung, die jüdische Abstammung wie in der Bibel, patrilinear, herzuleiten.[37] Dies kommt den Einwanderern entgegen, deren Abstammung oft väterlicherseits oder gar von den Großeltern belegt wird.

4] Die religiöse Unkenntnis der Einwanderer ist in messianisch-jüdischen Gemeinden nicht von Belang, sofern der russisch-jüdische Zuwanderer zum messianisch-jüdischen Glauben konvertiert und somit glaubt, dass Jesus, der Messias Gottes ist.

5] Es gibt in messianisch-jüdischen Gemeinden keine komplizierten liturgischen Vorgaben, so dass die Einwanderer sich rasch integrieren können. Die wenigen festgelegten messianisch-jüdischen Rituale können rasch und authentisch übernommen werden, was eine offene Atmosphäre begünstigt.[38]

6] Darüber hinaus existieren keine sprachlichen Diskrepanzen, da hier die Gottesdienst- und Alltagssprache russisch ist.

7] Des Weiteren machen kulturelle Gemeinsamkeiten und Gewohnheiten den Besuch in einer messianischen Gemeinde interessant.

8] Einer der wichtigsten Aspekte der Zugehörigkeit zu einer messianisch-jüdischen Gemeinde ist der regelmäßige Besuch des Gottesdienstes, um den es nun gehen soll.

---

37 Vgl. Gespräche mit Leitern evangelikaler Gemeinden und Experteninterviews mit den Gemeindeleitern messianischer Gemeinden.

38 KÖRBER beschreibt in ihrer Studie einer ostdeutschen Kleinstadt, dass die russischen Immigranten jüdische Rituale hauptsächlich als symbolische Zugehörigkeit zu der jüdischen Gemeinschaft betrachteten. Im Kontrast dazu wurden freiwillige und selbst organisierte Feiern und Treffen als authentisch betrachtet. Vgl. KÖRBER, Emigranten, 143-145.

5.3 Messianisch-jüdischer Gottesdienst

Über den Gottesdienst in der messianisch-jüdischen Gemeinde „Schma Israel" in Stuttgart-Vaihingen erschien 1999 folgender Bericht im Deutschen Allgemeinen Sonntagsblatt: „Mal kommt man sich vor wie in der Synagoge oder der Kirche, dann wieder wie im Missionszelt. [...] Hürden für religiöse Anfänger sind aus dem Weg geräumt. Man verzichtet auf eine Liturgie, auf die klassische Textauslegung und das Glaubensbekenntnis, stattdessen gibt es eine Mischung aus fröhlichem Happening und den ernsten Mahnungen einer Bibelstunde.[39] Da diese vagen Aussagen kaum eine präzise Schlussfolgerung zulassen, ist eine systematische Darstellung eines messianisch-jüdischen Gottesdienstes vonnöten.

Ein Gottesdienst stellt die dichteste Beschreibung einer religiösen Form dar.[40] „Dicht" ist die Beschreibung einerseits, weil ich einzelne Ereignisse, Symbole und Rituale detailliert und anschaulich beschreibe. Anderseits ist die Beschreibung „dicht", weil sie an diesem exemplarischen Fall allgemeine Bedeutungsebenen aufzeigt.[41] Zunächst stelle ich dabei die Kernstruktur der Gottesdienste dar. Die einzelnen Teilabschnitte erfahren in den verschiedenen Gemeindetypen, die sich feststellen ließen, jedoch unterschiedliche Akzentsetzungen oder inhaltliche Gestaltungen (Beobachterperspektive zweiter Ordnung).

5.3.1 Rahmenbedingungen

Die Rahmenbedingungen messianischer Gemeinden sind die Gottesdienstzeiten, die Versammlungsgebäude und -räume und die entsprechenden Raumausstattungen wie zum Beispiel (messianisch-jüdische) Dekorationen.

Die messianisch-jüdischen Gottesdienste finden jeweils einmal wöchentlich in den frühen bis späten Nachmittagstunden eines Sabbats[42] oder auch in den Abendstunden am „Erev Schabbat", dem eigentlichen Sabbatbeginn am Freitagabend

39 H. Gafga, Gott hat mich hierher gerufen, in: Deutsches Allgemeines Sonntagsblatt 18, (1999), abgedruckt in: Idea Dokumentation 6 (2000), 40-41.

40 Vgl. C. Geertz, Thick description. Toward an interpretive theory of culture, New York 1973, 3-30.

41 Vgl. Knoblauch, Qualitative Religionsforschung, 30.

42 In 13 messianischen Gemeinden und fünf Gruppen finden die Gottesdienstzeiten bzw. Versammlungen am Samstag in den frühen bis späten Nachmittagsstunden (bis auf zwei Gemeinden) statt. In der messianischen Gemeinde in Potsdam findet der Gottesdienst zum Zeitpunkt der Untersuchung gegen 10/11 Uhr statt. In der Chemnitzer Gemeinde findet der Gottesdienst um 11 Uhr statt, um 14 Uhr in Berlin, München und Augsburg, um 15 Uhr in Heidelberg und Hamburg, um 16 Uhr in Düsseldorf, um 17 Uhr in Aachen und Koblenz. In Stuttgart findet der Gottesdienst in der charismatischen Gemeinde und in der Gemeinde Adon Jeschua und in Nürnberg um 18 Uhr statt. In den messianischen Gruppen in Köln und Gießen findet das Treffen nur einmal monatlich statt (in Köln um 12 Uhr und in Gießen um 16 Uhr). In den Gruppen Wismar und Würzburg treffen sich die messianischen Juden um 16 Uhr, in Essen um 18 Uhr.

statt.[43] Die Gottesdienste dauern jeweils zwei bis drei Stunden. Im Gegensatz zu amerikanischen messianischen Gemeinden gibt es am Morgen des Sabbats keine Versammlung.[44]

In 18 messianischen Gemeinden findet der Gottesdienst in den Räumlichkeiten evangelikaler Gemeinden statt. Vier messianische Gemeinden treffen sich in einer evangelisch-freikirchlichen Gemeinde,[45] drei in einer Freien evangelischen Gemeinde (FEG).[46] Aber auch die Stadtmission, der „Christliche Verein junger Menschen" (CVJM, ökumenisch-christlicher Jugendverband), die Heilsarmee[47] oder große Gemeindezentren verschiedener Gemeinden stellen ihre Räume für die messianischen Juden zur Verfügung.[48] Ab 2006 hat die Berliner Gemeinde als erste messianisch-jüdische Gemeinde in Deutschland ein eigenes Gebäude.

In den Gebäuden der evangelikalen Gemeinden finden sich jedoch nur selten Hinweise oder Informationen (Schaukästen, Informationstafeln etc.) zu den messianisch-jüdischen Versammlungszeiten. Oft finden sich nur provisorische, auf Russisch geschriebene Zettel, die auf die Existenz der jüdisch-messianischen Gemeinde hinweisen. Demnach kann ein Außenstehender ohne entsprechende Informationen nicht so leicht den Weg zu einer messianischen Gemeinde finden.

Der Versammlungsraum ist meist mit zwei Blöcken von fünf bis zehn Stuhlreihen bestückt und kann je nach Gemeindegröße durchschnittlich 40-60 und teilweise sogar mehr Personen fassen. Vor dem Gottesdienst wird der Raum von dem Gemeindeleiter oder einigen dafür verantwortlichen Personen „messianisch-jüdisch"

---

43 Fünf messianische Gemeinden und eine Gruppe feiern ihren Gottesdienst am Abend des Sabbats (Erev Schabbat): Um 16/17 Uhr in Köln-Kornweiler, um 18 Uhr in Hannover, um 18 Uhr 30 in Stuttgart-Vaihingen, um 19 Uhr in Bremen und in Berlin (FREUDE). Die Besucher der Frankfurter Gruppe versammeln sich um 18 Uhr. Nur zwei messianische Gemeinden feiern am Sonntagnachmittag Gottesdienst, da ihnen an einem Samstag der Raum nicht zur Verfügung steht: 16 Uhr in Wuppertal, 17 Uhr in Mülheim an der Ruhr. Die Besucher der Karlsruher messianischen Gruppe treffen sich mittwochs um 18 Uhr. Von den anderen Gemeinden oder Gruppen war keine Auskunft diesbezüglich zu erhalten.

44 Die einzige Ausnahme stellt die Berliner Gemeinde (FREUDE) dar, in der zusätzlich zu der Erev Schabbat-Gottesdienstfeier ein traditionelles jüdisches Morgengebet am Samstag um 10 Uhr stattfindet.

45 Schma Israel in Stuttgart, Hamburg, Augsburg und bis September 2006 auch die Gemeinde in Berlin.

46 Heidelberg, Mülheim an der Ruhr bis 2006, Hannover.

47 Die Gemeinden Chemnitz und Bonn treffen sich in Räumen der Heilsarmee. Die Heilsarmee ist eine überkonfessionelle, internationale Bewegung und bezeichnet sich als „eine Freikirche und eine soziale Organisation zugleich". Vgl. Heilsarmee (Hrsg.), Was ist die Heilsarmee?, Köln, in: http://www.heils armee.de/a-z/faq.php?sel=2#wasist, Stand18.8.2007.

48 Zwei Gemeinden treffen sich in der örtlichen Stadtmission (Aachen, Koblenz). Der CVJM stellt der Würzburger messianischen Gemeinde seine Räume zur Verfügung. In Frankfurt treffen sich die messianischen Juden im Haus Metanoia/Lebenswende. Die Stuttgarter Gemeinde Adon Jeschua hat einen Raum der Süddeutschen Gemeinschaft und die charismatische Stuttgarter Gemeinde versammelt sich in der Biblischen Glaubensgemeinde (BGG). Die methodistische Kirche stellt der Gemeinde in Wismar einen Raum zur Verfügung. Drei Gemeinden (München, Aachen und Düsseldorf) versammeln sich in einem großen Haus, in dem mehrere evangelikale Gemeinden ihre Gottesdienste feiern. In Köln-Kornweiler findet der Gottesdienst in einem Privathaus statt.

umgestaltet und vorbereitet: In sechs Gemeinden wird zum Beispiel ein vorhandenes Kreuz mit einem Wandbehang oder einer israelischen Fahne verdeckt. In einigen Gemeinden bleibt das Kreuz während des Gottesdienstes sichtbar. Statt eines Altars gibt es ein Lesepult und einen Tisch unter anderem für die Sabbatkerzen. Des Weiteren stellt das Vorbereitungsteam in 17 Gemeinden regelmäßig eine Menora auf, bereitet die Sabbatkerzen vor und deckt den Tisch für die Havdala, die Zeremonie des Sabbatausganges (vgl. 5.3.3.) mit Leinen festlich ein (in elf Gemeinden). Die Wände oder Tische werden in 15 Gemeinden mit Israelfahnen dekoriert, in zehn Gemeinden finden sich Wandbehänge oder hebräische Schriftzüge.[49] Auch ein speziell messianisch-jüdisches Symbol ist in acht Gemeinden zu finden (eine Menora, deren Standfuß in der obersten Spitze des Davidsterns mündet.[50] Dieser wiederum geht in die Zeichnung des Fischsymbols über, vgl. Abb. 5.3.1-1, Mitte oben).

Abb. 5.3.1-1 Gottesdienstraum der Gemeinde „Adon Jeschua"

49 Meist sind dies kurze Bekenntnisse wie „Jeschua hamaschiach", „Schalom Israel" etc., manchmal auch Psalmenworte.

50 Schon vor der Zeitrechung war der „Davidsstern" mehreren Völkern als geometrisches Zeichen geläufig. Als „Magen Davids" (Schild Davids) wurde das Symbol zuerst im 14. Jahrhundert in einem kabbalistischen Werk aufgeführt und 1897 vom ersten zionistischen Kongress als Sinnbild gewählt. Vgl. auch G. SCHOLEM, Das Davidschild. Geschichte eines Symbols, in: JUDAICA 1 (1968), 117-118.

In der Gemeinde „Adon Jeschua" in Stuttgart befinden sich die Menora, ein Bild mit der Aufschrift „Israel" (deutsch/hebräisch), das Lesepult mit der Aufschrift „Adon Jeschua" (hebr.) und „Jevreiska messianska obschina" (russ., d. h. „israelitische messianische Gemeinde"). Darüber befinden sich das messianisch-jüdische Symbol und rechts der Tisch für die Havdala (v.l.n.r.).

Zusätzlich wird ein Tageslichtprojektor aufgestellt und je nach Anzahl der nicht russisch-sprechenden Besucher Lautsprecheranlagen und Übersetzungskopfhörer installiert. Auf einem Büchertisch befinden sich in einigen Gemeinden messianisch-jüdische Zeitungen, Zeitschriften oder Flugblätter, meist in russischer Sprache. Ein „Schofar" ist in acht Gemeinden, ein Toraschrein mit einer Torarolle ist zum Zeitpunkt der Untersuchung nur in der Gemeinde in Hannover und seit 2006 auch in Berlin vorhanden.

Abb. 5.3.1-2 Dekoration in Hannover

Auswertung: Indikatoren der rahmenden Elemente, die auf das Judentum oder den Staat Israel hinweisen sind folgende: Der Gottesdienst findet fast immer am Sabbat statt, wobei es aber nicht wie im jüdischen Gottesdienst drei Gebetszeiten gibt. Die Menora und auch die israelische Flagge symbolisieren die Verbundenheit mit dem Staat Israel. Das Schofar ist ein äußerst wichtiger Bestandteil des jüdischen Gottesdienstes, ebenso die Bima, das Vorlesepult. Die Gebetsrichtung oder die Sitzplätze sind aber nicht nach Osten (Jerusalem) ausgerichtet, wie in einem jüdischen Gottesdienst.

Messianische Juden haben aber auch eigene Symbole entwickelt: In allen messianisch-jüdischen Gemeinden ist die angezündete Menora zu finden, die einmal als

Symbol erfüllter Messiashoffnungen (Joh 1,4-5) verstanden wird, zugleich ist sie das offizielle Symbol des Staates Israel.

Das typisch messianisch-jüdische Symbol der Menora, die über den Davidsstern mit dem urchristlichem Fischzeichen verbunden ist, drückt zunächst aus, das Christen im Judentum verwurzelt sind. Der Davidsstern wird als Erkennungssymbol des Messias Israels gedeutet (Stern über Bethlehem, heller Morgenstern in Off 22,16) und symbolisiert die erfüllte Prophezeiung über das Kommen des Messias aus dem Hause Davids (Num 24,17). Durch das Symbol des Davidssternes kann auch das Symbol des Kreuzes vermieden werden.

Folgerichtig können Juden (Menora) und Heidenchristen (Fisch) in Jesus (Jesus als Sohn Davids = Davidsstern) eine Einheit bilden:[51] „Die […] Zeichen aus Menora und Fisch, die sich zum Davidsstern verbinden, symbolisieren die Einheit der Juden und Nichtjuden in Gottes Heilsplan. Diese Einheit existiert durch den Messias Jeschua."[52] Durch den Gebrauch dieses Symbols können sich messianische Juden in ein Kontinuum mit dem frühen Judentum, dem frühen Urchristentum, dem Heidenchristentum und dem jetzigen Judentum einordnen.[53]

Einzige Indikatoren für das Christentum sind bei den rahmenden Elementen die ausschließliche Nutzung der Räumlichkeiten von evangelikalen Gemeinden und dass sich in einigen Gemeinden ein Kreuz befindet.

51 Vgl. A. Hornung, Die Kirche und das jüdische Volk in Bibel und Geschichte, in: http://www.christliche-freunde-israels.de/grundkurs/geschichte.htm, 1999, Stand: Februar 2006, 1.

52 Israelitische messianische Gemeinde Adon Jeschua, Das Zeichen der ersten Gläubigen in Jerusalem, in: Dies. (Hrsg.), Menora. Messianische Zeitschrift 1 (2007), 26.

53 Dieses Symbol gibt es in Israel auch ohne den Davidsstern, wobei der Fisch Jesus symbolisiert und die Menora den nationalen jüdischen Aspekt. Vgl. G. Nerel, Symbols used by Messianic Judaism in Israel today, in: http://www.imja.com/Gershon2.html, Stand: 12.08.2007; W. Riggans, Image and reality. The use of Jewish symbolism by Messianic Jews, in: Mishkan 19 (1993), 42-49, in: http://www.caspari.com/pages/resources/Mishkan/pdf/mishkan19.pdf, Stand: 11.08.2007.

5.3.2 Gottesdienstteilnehmer

85,6% der befragten messianischen Juden und Nichtjuden der Fallstudie geben an, den Gottesdienst regelmäßig einmal in der Woche besuchen. In den messianischen Gemeinden sind meist mehr Frauen als Männer anwesend (62:38). Der erste Kontakt zu einer messianischen Gemeinde erfolgt durch freundschaftliche Beziehungen. Manchmal wird auch mit speziellen Flyern eingeladen.

Der Gemeindeleiter und oft auch seine Frau begrüßen zu Beginn jede eintretende Person persönlich und reden mit ihr ein paar Minuten. Die meist russisch- aber auch deutsch-sprechenden Besucher scheinen sich gut zu kennen und begrüßen sich dementsprechend vertraut.

In 16 Gemeinden tragen 15-40% der männlichen Besucher eine „Kippa". In zwölf Gemeinden tragen 1-15% der Männer einen schalartigen weiß-blauen „Tallit" mit den „Zizit". In fünf Gemeinden tragen die Männer, die in dem Gottesdienst eine verantwortliche Tätigkeit übernehmen, einen weiß-blauen „Tallit qatan", der unter dem Oberteil der normalen Kleidung herausragt.

In jeder Gemeinde trägt die Frau, die das Gebet zum Anzünden der Sabbatkerzen spricht, einen Gebetsschal. Auch die betenden Männer tragen eine Kopfbedeckung. Bevor der Gemeindeleiter den Tallit über die Schultern legt, hält er kurz zu einem Augenblick des freien Gebets oder der Meditation inne.

Der Anteil der messianischen Juden und Nichtjuden, die sich aktiv an der Gottesdienstgestaltung beteiligen, beträgt 58,7% (N=207, 60% der MJ und 57,2% der MNJ). Ein großer Komplex (41,4%) der angegebenen Aufgaben bezieht sich dabei auf einen reibungslosen Ablauf des Gottesdienstes: 20,7% der befragten Besucher geben an, sich aktiv an der „Vorbereitung und Organisation" zu beteiligen. 10,9% nennen speziell „hauswirtschaftliche Tätigkeiten", 6,5% gaben Übersetzung" an, 2,2% nennen den „Bücherdienst/Bibliothek" und 1,1% den Bereich der „Technik".

26,2 % der Besucher geben an, bei den liturgischen Abläufen mitzuwirken: 19,6% geben ihre musikalische Mitarbeit beim „Lobpreis" und der „Musikgestaltung" an, 12% nennen als Tätigkeit „Predigt oder Auslegung der Tora" und 7,6% nennen „Lesung der Tora". 7,6% der Besucher geben „Leitung und Durchführung von kleineren (Amts-)handlungen im Gottesdienst" an und 4,3% sehen ihren Anteil zur Gottesdienstgestaltung darin, dass sie „Gott bekennen oder Zeugnis geben".

Weitere 6,5% der befragten messianischen Juden und Nichtjuden sahen ihre Aufgabe im Dienst an den anderen Besuchern, wie „Gebetsdienst" (1,1%), „Mitarbeit in der Kinderstunde" (2,2%), „Seelsorge und dem Dienst an Menschen" (2,2%) oder speziell in der „Hilfe für alte Menschen in der Gemeinde" (1,1%).

Fazit: Weitere jüdische Indikatoren sind das Tragen der Kippa, um sich an die Gegenwart Gottes zu erinnern, als Ehrfurcht und um die Zugehörigkeit zum jüdischen Volk auszudrücken, das Tragen des Tallits, auch wenn es seltener zu finden ist (Männer) und das Tragen eines Gebetsschals beim Schabbatkiddusch (Frauen). Die Mindestanzahl von zehn Männern (Minjan) für einen Gottesdienst findet keine Berücksichtigung. Zudem stellt eine Besonderheit messianisch-jüdischer Gemeinden dar, dass knapp 60% der Besucher aktiv an der Gottesdienstgestaltung mitwirken.

5.3.3 Liturgische und rituelle Elemente

Die Besucher nehmen regelmäßig an den liturgischen Elementen und Ritualen eines messianisch-jüdischen Gottesdienstes teil. Dies zeigt, dass ihnen eine „Anschlusskommunikation" im messianisch-jüdischen System „gelungen" ist. Denn alle Interaktionen beruhen auf der getroffenen Anfangsunterscheidung, dass Jesus der Messias ist. Dabei zeigen sich deutliche Differenzen, aber auch Gemeinsamkeiten zu den liturgischen Formen eines jüdischen und eines christlichen Gottesdienstes.

14 Gemeindeleiter konnten zwar keine feststehende Liturgie, dafür aber die rituellen Elemente nennen, die sich nach und nach fest in ihren Gemeinden etabliert haben.[54]

Der Gottesdienst beginnt selten zur anberaumten Zeit. Meist unterhalten sich die Gemeindebesucher sehr rege und es kommen zahlreiche Nachzügler.

Der Gemeindeleiter eröffnet den Gottesdienst mit dem Ausruf „Schabbat Schalom", manchmal auch mit Aufruf „Baruch et adonai haeworach" („Gesegnet sei der Herr, der Gepriesene!").[55] Die Gemeinde antwortet ebenfalls mit einem „Schabbat Schalom". Jetzt erfolgt das Anzünden der Menorakerzen, das von einem kurzen Gebet begleitet wird: „Gesegnet sei der Sabbat, an welchem wir alle Kerzen anzünden dürfen, weil Jeschua hamaschiach schon gekommen ist". Falls diese Ausrufe oder Gebete auf Hebräisch gesprochen wurden, erfolgt die Übersetzung für die Gemeinde durch den Leiter anschließend auf Russisch.[56]

---

54 Die Leiter der charismatischen Gemeinden gaben an, dass es nach der Predigt keine feste Liturgie gebe, sondern dann würde der Heilige Geist die Versammlung leiten und führen.

55 Dies geschieht dann ohne das jüdisch-traditionelle Vorbeugen des Leiters und der Gemeinde. Selten erfolgt die Eröffnung „Segen dem Herrn, welcher gesegnet ist, Segen dem Herrn, welcher gesegnet ist für immer und immer". Dieser Eröffnungsspruch ist in den amerikanischen messianischen Gemeinden in Amerika dagegen Usus. Vgl. J. Fisher/D. Bronstein, Siddur for Messianic Jews, Palm Harbor 1988, 9.

56 Eine Simultanübersetzung der russischen Gottesdienstsprache ins Deutsche geschieht entweder durch eine professionelle Übersetzungsanlage oder während des Gottesdienstes durch ein oder zwei Personen in einer bestimmten Reihe, in der sich dann die deutschsprachigen Besucher sammeln.

Nach der Begrüßung erfolgt in elf Gemeinden das Rezitieren des Schemaʿ Israels. Jedoch nur drei Gemeinden rezitieren das Schemaʿ in der vollen Länge (Dtn 6,4-9; 11,13-21; Num 15,37-41). Dies geschieht auf Russisch, ebenso wie die in den Gemeinden am häufigsten rezitierte „Kurzversion" des Schemaʿs (Dtn 6,4-9). In den anderen Gemeinden spricht der Gemeindeleiter nur den Vers 4, dann aber auf Hebräisch („Schemaʿ Jisrael, adonai elohenu adonai echad") oder das Schemaʿ wird als Lied gemeinsam auf Russisch gesungen, in einer Gemeinde auf Hebräisch. Das Schemaʿ Jisrael wird von einem freien Gebet des Gemeindeleiters abgeschlossen, in dem er auf Jesus Bezug nimmt. Manchmal beten hier auch weitere Besucher aus der Gemeinde.

In allen Gemeinden, die an einem Erev Schabbat den Gottesdienst feiern, zündet nun eine Frau mit einem Gebetsschal an dieser Stelle die Sabbatkerzen an und spricht folgenden Segen – meist auf Russisch – dazu: „Gelobt seist du, Ewiger, unser Gott, König der Welt, der uns durch den Glauben an Jeschua hamaschiach das Licht der Welt geheiligt hat, in dessen Namen wir diese Sabbatkerzen anzünden". In einigen Gemeinden wird auch das folgende Gebet sinngemäß gesprochen, in dem das Anzünden gar nicht mehr thematisiert wird: „Gelobt seist du […], der du wahres Licht, Jeschua hamaschiach, in die Welt kommen ließest, um den Menschen zu leuchten."[57] Oder: „Gelobt seist du […], der uns geboten hat ein Licht für die Nationen zu sein und uns Jeschua, unseren Messias, das Licht der Welt, gegeben hat."[58] Nur in wenigen Gemeinden wird zusätzlich der traditionelle Segen gesprochen („Gelobt seist du […], der du uns durch deine Gebote geheißen hast und uns auferlegt, das Sabbatlicht anzuzünden.").

Während der Zeremonie schließt die Frau ihre Augen und ihre Hände umkreisen die Kerzen dreimal, um symbolisch das Licht und die Freude des Sabbats überall ins Haus zu bringen. Manchmal wird die Besonderheit thematisiert, dass eine Frau die Sabbatkerzen anzünden soll. Dies geschieht aber nicht mit dem traditionellen Zitieren (Sprüche 31,10-11) wie in amerikanischen messianischen Gemeinden,[59] sondern mit dem Hinweis auf die erfüllte Prophezeiung aus Jesaja 7, 14, dass eine Frau den Messias geboren hat. Nach der Zeremonie steht die Gemeinde auf und es wird hier oft das fröhliche Lied „Schabbat Schalom" gesungen.

Dann erfolgen die Ankündigungen von Veranstaltungen für die Gemeinde und die Begrüßung der Gäste. Manchmal stellen sich die Gäste vor und richten Grüße von ihrer Gemeinde aus. Bisweilen erfolgen nun kurze „spontane Zeugnisse", das heißt ein oder mehrere Besucher erzählen, wie sie konvertiert sind oder jemand be-

---

57 KJÆR-HANSEN berichtet von dieser Formulierung auch in Israel. Vgl, KJÆR-HANSEN, Jewish identity, 44; Ders., Messianische Juden, 73.

58 Dieses Gebet ist in drei Gemeinden zu beobachten, ähnlich wie in amerikanischen messianischen Gemeinden. Vgl. GREENBERG, Messianic Shabbat, 6.

59 Vgl. COHN-SHERBOK, Messianic Judaism, 91.

richtet über Jesu Wirken im Alltag. An dieser Stelle werden auch Geburtstagsgrüße übermittelt und ein Gebet für die Kranken der Gemeinde gesprochen.

Nun erfolgt der Lobpreis- und Anbetungsteil, der meist von einer kleinen Lobpreisgruppe mit Instrumenten unterstützt wird und etwa 15 Minuten bis zu einer Stunde oder länger dauern kann. Dabei werden die Liedtexte an die Leinwand immer auf Russisch, oft auf Deutsch und/oder Hebräisch in russischer Transkription projiziert. In den Texten geht es um den Lobpreis Gottes und die Anbetung Jeschuas. In den charismatischen Gemeinden wird oft die Kraft des Heiligen Geistes besungen. Aufgrund der vielen Wiederholungen und der leicht eingängigen, hebräischen Melodien singen meist alle Besucher intensiv mit.[60]

Dabei gibt es höchst unterschiedliche, nach außen sichtbare, Intensitätsgrade der Anbetung: Einige Besucher singen leise mit geschlossenen Augen im Sitzen. Andere stehen still, aber mit erhobenen Händen, wieder andere haben die Hände ausgebreitet mit den Handflächen nach außen. Einige wenige wippen seitlich hin und her, klatschen leicht in die Hände oder bewegen ihre Füße zum Rhythmus der Musik. In den vier charismatischen Gemeinden klatschen die meisten Besucher mit, manche bewegen sich tanzend oder sprechen laut Anbetungsrufe wie „Halleluja" oder „Schalom" zwischen den Liedern.

Zwischen den einzelnen Liedern erfolgen kurze Gebete von dem Gemeindeleiter oder Mitarbeitern, die Gottes Gnade und Allmächtigkeit preisen. Die messianische Gemeinde stimmt mit „Amen" ein. Manchmal lassen sich bei Gebeten wiegende Bewegungen (von vorne nach hinten) beobachten. In den charismatischen Gemeinden erfolgen nun auch die Bekanntgabe von Visionen und Prophetien sowie Glossolalie der Besucher. Nach dem Anbetungsteil erfolgt an dieser Stelle oft ein Auszug aus dem Kaddisch, immer aber der Ausruf: „Sein großer Name sei gepriesen in Ewigkeit und in der Ewigkeit der Ewigkeiten!"

Des Weiteren liest manchmal ein Besucher einen Psalm. Dann liest ein Mitarbeiter den entsprechenden Abschnitt aus der Tora und erklärt diesen, wobei er immer Bezug auf das Neue Testament nimmt.[61] Die Toraauslegung wird mit einem kurzen, zusammenfassenden Gebet abgeschlossen. Selten erfolgt die spezielle Le-

60 Einige Textbeispiele: 1. Schabbat Schalom; Agitn schabos Aj, Aj, Od avinu chaj, Am Israel Chaj, Od Jeschua Chaj, Am Israel chaj; 2. Evejnu Schalom alejchem, Schaalu Schalom Jeruschalaim, Schalom Schalom Jeruschalaim, Schabbat Schalom, 3. Die Sonne sinkt, der Schabbat naht, Ribbono schel Olam: Die Kerze brennt: Schabbat Schalom, Ribbono schel Olam, Und wir danken, Adonai, Und wir bitten, steh uns bei, von den Mühen dieser Woche mach uns frei; 4. Wir preisen, Herr, den Namen dein, Halle-Halleluja. Und wir wollen uns an dir erfreuen, Halle-Halleluja. Lass den Schabbat–Lichterschein leuchten in die Nacht hinein, bis Dein Friede komme in die dunkle Welt; 5. Schalom, Freunde, Lehitraot, lehitraot, schalom, schalom etc., vgl. U.a. Liedermappe der Gemeinde in Hannover.

61 Z.B. wird in einer teilnehmenden Beobachtung Gen 28 von einem Besucher ausgelegt, der an den Segen Gottes trotz menschlicher Angst, erinnert. Dann nimmt der Besucher Bezug auf die Seligpreisungen in Mt 5, 1-2 und mahnt, dass man auch in schwierigen Zeiten glücklich sein und Gott vertrauen solle.

sung aus den Propheten, die Haftara. Oft jedoch wird aus den Propheten während der Predigten zitiert in Bezug auf die im NT erfüllten Weissagungen.

In neun messianischen Gemeinden erfolgt nun der Segen über die Kinder unter einem großen Tallit. Über Jungen wird folgender traditioneller Segen gesprochen: „Möge Gott dich wie Ephraim und Manasse bereiten" und über Mädchen: „Möge Gott dich wie Sarah, Rebekka, Rachel und Lea zubereiten." Dann wird über alle Kinder der Aaronitische Segen gesprochen. Anschließend folgen zwei bis vier Lobpreislieder, bevor der Gemeindeleiter oder ein Mitarbeiter predigt.

Die Predigten sind zwar so individuell wie die Prediger und die Gemeinden selber, dennoch gibt es immer wieder bestimmte Grundtopoi: Meist beginnt eine Predigt mit einem Text aus dem Tenach, der ausführlich in dem entsprechenden Kontext erklärt wird. Folgende Themen (axiale Kodes der GTM) tauchten immer wieder auf: Bewusstmachung von Sünde,[62] Verbindung von Tenach und Neuem Testament (mit der impliziten Aussage „Der Gott des Alten Testamentes ist der Gott des Neuen Testamentes"), Soteriologie und Konversion,[63] Vergebung und persönliche Erlebnisse mit Jeschua hamaschiach.

Oft wird die Gemeinde in die Predigt durch offene, direkte Ansprachen und Fragen einbezogen oder herausgefordert (zum Beispiel mit Fragen wie: „Weißt du, was Sünde ist?", „Wie fühlst du dich jetzt?", „Sind dir deine Süden schon vergeben worden?"). Manche Besucher murmeln Antworten, andere antworten laut und deutlich, manchmal werden die Besucher auch aufgefordert, ihre Hand zur Antwort zu heben. Theologische Sachverhalte werden vereinfacht dargestellt und manchmal popularisiert. Es kann sich ein Gespräch oder eine lebhafte Diskussion zwischen den Gemeindemitgliedern und dem Prediger entwickeln.

Mit einem zusammenfassenden Gebet, selten dem Vaterunser, schließt die Predigt, manchmal beten hier spontan einige Besucher. In einigen Gemeinden erfolgt an dieser Stelle auch eine Lesung aus dem Siddur. Manchmal schließen sich auch kurze Diskussionen über das Gehörte an. Die Gemeinde singt nun ein oder zwei Lieder vor dem Abschlusssegen.

In den fünf Gemeinden, die am Erev Schabbat Gottesdienst feiern, wird nach der Predigt an dieser Stelle ein Kiddusch gehalten, eine kurze Mahlzeit, bei der der Sabbat mit Wein und Brot gesegnet wird. Dabei werden die traditionellen

---

62 USCHOMIRSKI erläutert in seiner Predigt vier Dimensionen von Sünde: 1. Die „Zielverfehlung", nach der man es nicht schaffen würde, dem Ebenbild Gottes gerecht zu werden, 2. die „Grenzüberschreitung", z.B. bei Adam geschehen, 3. die „Gesetzlosigkeit", da viele Christen nicht die Tora beachten und 4. die „Unfähigkeit, Schuld zu begleichen". Abschließend zitiert er Jes 59,1-2 und fasst zusammen: Man solle begreifen, dass Gott alles tue, um seine Kinder zu retten, aber er könne seine Augen nicht vor unserer Sünde verschließen.

63 Z.B. erfolgt einmal die Auforderung, dass man die Wahrheit (bzgl. Joh 14, 6: „Ich bin der Weg, die Wahrheit und das Leben, niemand kommt zum Vater, denn durch mich") ganz neu erleben könne. Der Leiter fordert die Gemeindebesucher auf: „Du sollst auch den Weg laufen! Einige sind den Weg schon vorher gelaufen, die ersten an Jesus gläubigen Juden auch! Du kannst ihn auch gehen!"

Kidduschworte auf Hebräisch oder Russisch gesprochen: „Gelobt seist du [...], der die Früchte des Weins geschaffen hat." Dem Kidduschgebet folgend wird nun ein Segen über zwei gewundene Brotlaibe („challah") gesprochen: „Gelobt seist du [...], welcher weiter Brot aus der Erde bringt." Diese Brotlaibe symbolisieren einerseits die doppelte Portion des Mannas, die dem Volk Israel in der Wüste von Gott jeweils vor dem Sabbat geschenkt wurde, damit es am Ruhetag kein Manna sammeln musste. Andererseits symbolisiert es in manchen Gemeinden die Einheit von Juden und Heiden. Dann trinken alle Besucher einen halbvollen Becher mit Wein (oder Traubensaft) und nehmen das Brot, das in eine Schüssel mit Salz getaucht wird, ebenfalls ein.

In den anderen Gemeinden wird an dieser Stelle der Sabbatausgang gefeiert. Bei der Havdala-Zeremonie, die die Separation des Sabbats von den anderen Tagen aufzeigt, zündet der Leiter eine spezielle Kerze in geflochtener Form an und spricht über einen Becher Wein und über eine Gewürzdose die traditionellen Segensgebete („Gesegnet [...], der die verschiedenen Gewürze/das Licht des Feuers erschaffen hat"). Dann reicht er die Gewürze als Mahnung an die besondere Lieblichkeit des Sabbats durch die Reihen (Abb. 5.3.3-5) und erinnert an die Einheit der Gläubigen im Messias. Abschließend trinkt der Leiter den Wein und löscht die Kerze.[64]

Abb. 5.3.3 – 1 Havdala-Tisch in der Gemeinde „Adon Jeschua". Links steht die Dose mit den Gewürzen, in der Mitte steht der Becher mit Wein und rechts sieht man die bereits gelöschte Kerze.

64 In amerikanischen Gemeinden dagegen schließt die Havdala – Zeremonie mit dem Lied Eliahu ha-Navi, welches das Kommen des Messias preist. Vgl. GREENBERG, Messianic Shabbat, 90.

Manchmal erfolgt hier oder an anderer Stelle die Keduscha, die Proklamation der Heiligkeit Gottes (vgl. S. 65), selten wird hier das Vaterunser gesprochen. Nach dem Gottesdienst am Erev Schabbat erfolgt der Gruß „Schabbat Schalom". Am Sabbat wünschen sich die Besucher „Eine gute Woche". Abschließend spricht der Gemeindeleiter den Aaronitischen Segen und schließt den Gottesdienst mit dem Ausruf „Amen. Baruch atta" ab.

Anschließend sitzen alle Gottesdienstbesucher bei einer gemeinsamen Mahlzeit zusammen. Dieser gemütliche Teil kann bis zu zwei Stunden dauern, bevor die Besucher gemeinsam den Raum aufräumen.

Nachstehend ist der strukturelle Ablauf eines messianisch-jüdischen Gottesdienstes verkürzt und mit Variationen aufgeführt:

Elemente des Gottesdienstes	**Verantwortliche Person**	**Variationen**
• Begrüßung „Schabbat Schalom" und Antwort der Gemeinde	Gemeindeleiter und Gemeinde	• samstags und sonntags „Schalom"
• Anzünden der Menorakerzen mit speziellem Gebet	meistens eine Frau, Mitarbeiter	
• Rezitieren des „Schema⊠ Jisrael" (Dtn 6, 4-9)	Gemeindeleiter	• Dtn 6,4 (Hebräisch) • vollständig (Russisch) • als Lied (meistens Russisch)
• Freies Gebet	Gemeindeleiter	• zuerst Ankündigungen • weitere Gebete durch Besucher
• Anzünden der Sabbatkerzen • und Gebet	messianische Jüdin	• entfällt sonntags • meistens mit Gebetsschal
• Gebet der Frau über den Kerzen, Verteilen des Rauches	Frau	• verschiedene Gebete
• Lied „Schabbat Schalom"	Gemeinde	• entfällt in manchen Gemeinden
• Ankündigungen	Gemeindeleiter	• zuerst freies Gebet
• etwa zehn bis 20 Minuten: Lobpreislieder, zwischendurch frei formulierte Gebete	Mitarbeiter, Gemeinde, Lobpreisteam, Gemeindeleiter	• kann bis zu einer Stunde dauern • mit Band • mit Liederheft • Overheadprojektion • mit charismatischen Anbetungsformen

• Teile des Kaddischs, insbesondere Responsum	Leiter und Gemeinde	• kann entfallen • ausschließlich Responsum
• Psalmenlesung	Mitarbeiter, Gemeinde	• kann entfallen, manchmal nur ein Psalm
• Toralesung	Mitarbeiter, Ältester	• meistens mit Kippa • Kippa und Tallit • ohne Kippa, ohne Tallit • Verkürzung der Toralesung
• Toraauslegung	Mitarbeiter, Ältester, Pastor	• zweimalige Toraauslegung
• manchmal Haftara	Mitarbeiter, Ältester	• entfällt in vielen Gemeinden
• Segnung der Kinder	Gemeindeleiter, Mitarbeiter	• Gebet für Kinder, • kann entfallen
• zwei bis vier Lobpreislieder	Lobpreisband	
• Predigt (Tora und Haftara werden bzgl. des NT´s ausgelegt) • Fragen, Diskussion mit der Gemeinde	Pastor/Gemeindeleiter Gemeinde	• Nur Predigt ohne direkte Einbeziehung der Gemeinde • Diskussion kann entfallen
• frei formuliertes Gebet • Besucher beten spontan	Pastor/Gemeindeleiter Gemeinde	• selten Vaterunser
• Gebet aus dem Siddur	Ältester/ Mitarbeiter	• kann entfallen
• Schabbatkiddusch	Frauen bereiten vor, verteilen etc., Leiter	• entfällt am Samstag
• Havdala	Leiter	• entfällt am Erev Schabbat,
• Keduscha	Leiter, Mitarbeiter	• kann entfallen • auch an anderer Stelle
• manchmal: Vaterunser	Leiter/Gemeinde	• entfällt in den meisten Gemeinden
• Aaronitischer Segen	Pastor/Gemeindeleiter	
• Ausruf „Amen. Baruch atta" (gepriesen seist du!").	Gemeindeleiter	
• Gemeinsame Mahlzeit		• Entfällt nur in drei Gemeinden

Abb. 5.3.3 – 2 Struktureller Ablauf eines Gottesdienstes mit Variationen

Im Vergleich zu amerikanischen messianisch-jüdischen Gemeinden fehlen in Deutschland einige jüdische liturgische Elemente wie die ʿAmida, das Reichen der Tora durch die Gemeinde und die Segensprüche über die Tora, das Gebet Alenu, die poetische Formulierung Jigdal und das Lied Adon Olam (vgl. Kapitel

2.4.3). Das Keduscha-Gebet und das Kaddisch erfolgen nicht in jeder Gemeinde und auch nicht regelmäßig. Daher gibt es mehr Ähnlichkeiten mit messianisch-jüdischen Gottesdiensten in Israel (vgl. Kapitel 2.4.4).

5.3.3.1 Jüdische und christliche Indikatoren

Da der christliche Gottesdienst letztlich auf den synagogalen Gottesdienst zur Zeit Jesu zurückgeht, kann man manche Elemente nicht ausschließlich dem Juden- oder dem Christentum zuordnen (zum Beispiel der Aaronitische Segen, die Ausrufe „Amen", Gebete für die Gemeinde, Bittgebete, Fürbitte, „Halleluja" oder „Hosianna", Segensworte, Lesung des Alten Testamentes, Psalmen etc.).[65]

Eindeutig jüdische Indikatoren sind das Anzünden der Sabbatkerzen, das Rezitieren des Schemaʿ Jisraels, die Toralesung und –auslegung, der einjährige Zyklus, die Freude über die Tora, das Singen hebräischer Lieder, der Schabbatkiddusch, die Segnung der Kinder (mit speziellem Segensspruch für die Jungen und Mädchen), einige Gebete aus dem Siddur, die Keduscha, das Kaddisch, die Havdala und der Ausruf des Gemeindeleiters am Ende des Gottesdienstes „Amen. Baruch atta".

Andere Elemente übernehmen messianische Juden dagegen gar nicht: Das „Lekah Dodi" Gebet, um den Sabbat willkommen zu heißen, erfolgt im Gegensatz zu amerikanischen messianischen Gemeinden in Deutschland nicht.[66] Dafür werden aber fröhliche Sabbatlieder im Laufe des Gottesdienstes gesungen. Die ʿAmida und die Musaf-ʿAmida, die Gebete, die ursprünglich an die Stelle des Tempelopfers traten, werden im Gegensatz zu amerikanischen messianisch-jüdischen Gemeinden[67] in Deutschland nicht gesprochen, da durch das Opfer Jesu die Tempelopfer unnötig geworden seien. Auch die Benediktion gegen die Häretiker, die auch für die Judenchristen verwendet wurde, erschwert das Sprechen der ʿAmida für messianische Juden (Kapitel 2.1.3).

Das „Jedid Nefesch", das Liebeslied auf Gott entfällt ebenfalls. Das Alenu („auf uns", vgl. Kapitel 2.4.3) wird in den messianischen Gemeinden nicht gebetet, da es zu sehr die Tora in den Mittelpunkt stellt.[68] Auch das Kaddisch wird im

---

65 Im Folgenden habe ich zum Vergleich herangezogen: EKD (Hrsg.), Der christliche Gottesdienst in seinem Verhältnis zum jüdischen Gottesdienst, Hannover 2000, http://www.ekd.de/EKD-Texte/christen_juden_2000_c-j4.html, Stand: 10.08.2007; Evangelisches Gesangbuch, Bielefeld/Neukirchen-Vluyn 1996, 1236-1237; ZENTRALRAT DER JUDEN (Hrsg.), Der jüdische Gottesdienst, Berlin, in: http: //www.zentralratjuden.de/de/topic/204.html, Stand: 12.01.2007.

66 Vgl. GREENBERG, Messianic Shabbat, 4.

67 Vgl. COHN-SHERBOK, Messianic Judaism, 93.

68 Das Alenu ist aber in amerikanischen Gemeinden üblich, um Gott zu loben, dass er seinem erwählten Volk die Tora gegeben hat und wird auch mit der Herrschaft Jesu im messianischen Reich verbunden. Vgl. COHN-SHERBOK, Messianic Judaism, 93.

Gegensatz zu amerikanischen messianischen Gemeinden nicht in jeder Gemeinde gesprochen. Dies kann an der Passage über den Aufenthalt der Seele im Paradies liegen, in der geschildert wird, dass an dem Schicksal der Seelen die Gebete nichts ändern können.[69] Das Lied Adon Olam, das im Mittelalter verfasst wurde, um sich von trinitarischen Äußerungen zu distanzieren (vgl. Kapitel 2.4.3) wird nicht gesungen, da messianische Juden gerade die Trinität betonen.[70] Das Lied Jigdal, das eine poetische Formulierung der dreizehn Glaubensartikel des Maimonides, darstellt, erfolgt ebenso wenig, da messianische Juden sich nicht auf diese dreizehn Artikel beziehen, sondern eigene messianisch-jüdische Glaubensartikel haben (vgl. Kapitel 5.4.3.2). Das Schlusslied „En Kelohenu" („Niemand ist wie unser Gott") wird auch nicht übernommen.[71]

Wenn messianische Juden liturgische Elemente eines jüdischen Gottesdienstes übernehmen, verleihen sie diesen theologisch eine zusätzliche Bedeutung: Einerseits wird der Sabbat als das Zeichen des Bundes zwischen Gott und seinem Volk (Jes 56,2; Jes 58,13-14) begangen. Gleichzeitig erfährt aber der Sabbat eine zusätzliche Interpretation: Das Anzünden der Sabbatkerzen weist hin auf Jesus, der als das Licht der Welt betrachtet wird, als Herrn und Vollender des Sabbats (Mk 2,28). Nur der Messias Jeschua kann Erneuerung am Sabbat schenken sowie den ewigen Sabbat und Segen bringen.[72]

Messianische Juden übernehmen das Schema' Jisrael, das Bekenntnis der göttlichen Einheit, da es Jesus auch das höchste Gebot genannt hat (Mk 12,29), wobei sie es aber trinitarisch definieren. Da messianische Nichtjuden, die Gott als einzigen anerkennen, nach dem Talmud das Schema' mitsprechen dürfen (Sanhedrin 56a), können diese in die messianisch-jüdische Gemeinschaft einbezogen werden.

Die Tora, die den Mittelpunkt eines jüdischen Sabbatgottesdienstes darstellt, wird in messianischen Gemeinden auf Russisch, selten auf Hebräisch gelesen. Da die meisten Gemeinden keine Torarolle haben, fällt die feierliche Prozession zum Redepult (bima) und weitere Proklamationen aus. Der Lesezyklus ist zudem sehr individuell: In wenigen messianischen Gemeinde wird der babylonische einjährige Lesezyklus mit 54 Abschnitten konsequent eingehalten. Meist werden das erste

69 Da dieses Gebet die Ankunft des Königreichs des Messias thematisiert, übernehmen es aber messianische Juden in Amerika, um das zweite Kommen des Messias freudig zu antizipieren. Vgl. COHN-SHERBOK, Messianic Judaism, 91.

70 Vgl. D. H. STERN/E. BRANDT, The use of liturgy in Messianic Jewish worship, in: MISHKAN 25 (1996), 15-25, in: http://www.caspari.com/pages/resources/Mishkan/pdf/mishkan25.pdf, Stand: 11.08.2007.

71 Als gemeinsames Schlussgebet, zum ersten Mal bezeugt in „Seder Raw Amram" (um 860). Der Text basiert auf 1. Sam 2,2. Vgl. A. BÖCKLER, Jüdischer Gottesdienst. Wesen und Struktur, Berlin 2002, 102.

72 COHN-SHERBOK beschreibt diese Interpretation auch für amerikanische messianische Gemeinden. Vgl. COHN-SHERBOK, Messianic Judaism, 91.

oder die ersten beiden Kapitel gelesen, zudem wird die Tora immer in Bezug zum Neuen Testament ausgelegt.

Typisch ist dagegen das häufige Kurzbekenntnis „Jeschua hamaschiach" während des Gottesdienstes. Der Siddur wird auch manchmal genutzt. Dabei ist es aber nicht üblich, Gebete zu sprechen, die den baldigen Wiederaufbau des irdischen Tempels erbitten, da der dritte Tempel nach Ez 38-40 nicht von dieser Welt sein wird.

Christliche Indikatoren aus einem protestantischen Gottesdienst sind das Vaterunser, das Singen oder Rezitieren von Psalmen mit Kehrversen, die Fürbitten, die Lesung aus dem NT, wobei den Evangelientexten immer eine besondere Bedeutung zukommt, der hohe Stellenwert der Predigt des Evangeliums, das Bekenntnis, dass Jesus der Messias ist, das Abendmahl, die Nachgespräche mit Kaffee und einem gemeinsamen Essen, das in vielen protestantischen Kirchen und auch in evangelikalen Gemeinden üblich ist.

Gemeinsamkeiten mit einem evangelikalen Gottesdienst sind die offene, direkte, oft vereinfachende Predigtform, die frei formulierten Gebete, die vielen Lobpreislieder mit eingängigen Melodien, kurzen Texten und vielen Wiederholungen, die persönlichen Kontakte vor und nach dem Gottesdienst sowie die Mitgestaltung der Gottesdienste von Gemeindemitgliedern.[73]

Darüber hinaus zeigten sich auch einige Indikatoren des Urchristentums in der Liturgie messianisch-jüdischer Gemeinden: das Rezitieren des Schema' wie Jesus, seine Jünger und die Urgemeinde,[74] das Vaterunser,[75] die Bedeutsamkeit der paulinischen und apostolischen Briefe und die Ausübung evangelikal-charismatischer Glaubensformen (prophetisches Reden, Glossolalie etc). Zudem erinnert das übliche gemeinschaftliche Mahl nach den Gottesdiensten an die Mahlzeiten in den Häusern der Urgemeinde. Auch die Predigten messianisch-jüdischer Gemeinden sind charakterisiert durch das Eingehen auf die praktischen, alltäglichen Probleme und durch ermahnende Inhalte wie die Predigten im Urchristentum.[76] Andererseits gibt es in den messianisch-jüdischen Gemeinden nicht den „heiligen Kuss" (1. Kor 16,20), eine Geste, die in den urchristlichen Gemeinschaften immer der Eucharistie vorausging (Justin, Apol I 65), ebenso wenig den üblichen aramäischen Gebetsruf „maranatha", das heißt „unser Herr komm" (1. Kor 16,22, vgl. 11,25).[77]

---

73 Vgl. HOLTHAUS, die Evangelikalen 73-77.

74 Vgl. J. JEREMIAS, Das tägliche Gebet im Leben Jesu und in der ältesten Kirche, in: Ders., Abba. Studien zur neutestamentlichen Theologie und Zeitgeschichte, Göttingen 1966, 67-82.

75 Die Jünger Jesu haben zu den drei Gebetszeiten jeweils das Vaterunser gesprochen. Vgl. R. RIESNER, Vom Messias Jesus zum christlichen Bekenntnis. Jüdische Voraussetzungen und judenchristliche Überlieferungen, in: THBEITR 32 (2001), 373-392.

76 Vgl. J. C. SALZMANN, Lehren und Ermahnen. Zur Geschichte des christlichen Wortgottesdienstes in den ersten drei Jahrhunderten, Tübingen 1994, 473-474.477.

77 R. RIESNER, Messias Jesus, 377.

Fazit: Messianische Juden übernehmen zwar viele liturgische Elemente eines jüdischen Gottesdienstes, interpretieren diese aber messianisch-jüdisch. Inhaltlich und auch liturgisch weisen messianisch-jüdische Gottesdienste zudem eine große Nähe zu einem protestantischen, insbesondere zu einem evangelikalen Gottesdienst auf. Auch urchristliche Elemente lassen sich dabei finden.

Insgesamt stellte sich heraus, dass es empirisch drei verschiedene Gemeindeformen gibt, die sich insbesondere durch die Gottesdienstformen unterscheiden lassen:

Gemeindetyp (A): Die erste Form zeigt sich durch die Tendenz, mehr christliche Inhalte und Symbole als hier dargestellt zu verwenden. Dies sind zum Beispiel die Gemeinden, die entweder das Kreuz im Raum belassen oder weniger jüdische Rituale oder Symbole verwenden, zum Beispiel regelmäßig das Abendmahl feiern, das Vaterunser beten, verstärkt aus dem Neuen Testament predigen etc.[78]

Gemeindetyp (B): Die zweite Form ist die hier dargestellte messianisch-jüdische Form, das heißt es werden viele Symbole aus dem Judentum übernommen, messianisch-jüdisch interpretiert und eigene liturgische Abläufe, Gebete etc. gefunden. Dabei werden Elemente aus dem Juden- und aus dem Christentum „revitalisiert" und „gemischt".[79]

Gemeindetyp (C): Der dritte Typus einer messianisch-jüdischen Gemeinde sucht stärker den Anschluss zum jüdisch-religiösen System als zum christlichen. Hier werden Gebete aus dem Siddur gesprochen, das Schemaʿ Jisrael wird in voller Länge rezitiert, weitere jüdische Liturgielemente werden übernommen (wie in amerikanischen messianisch-jüdischen Gemeinden), es gibt weniger christliche Gebete und Symbole und die Mitglieder betonen äußerlich verstärkt ihre jüdische Identität, zum Beispiel durch das Tragen einer Kippa oder des Tallits.[80]

---

78 Dies sind z.B. die unabhängige Gemeinde in Mülheim/Ruhr, die Gemeinde in Koblenz, eine Gemeinde des BSSE in Aachen, die charismatischen Gemeinden sowie die Gemeinde innerhalb des BFP in Wuppertal.

79 Dies sind z.B. die Gemeinden des BSSE in Berlin, Düsseldorf und München, die Gemeinden des Edi in Stuttgart-Vaihingen und in Hamburg sowie die Gemeinde von Amzi in Hannover.

80 Dies sind z.B. die unabhängigen Gemeinde in Berlin („Freude"), Augsburg und Stuttgart-Feuerbach („Adon Jeschua"), die Gemeinde in Heidelberg „Adat Adonai".

5.3.3.2 Semantik

Angesichts der beschriebenen Gottesdienstrituale können wir deutlich erkennen, welches messianisch-jüdische Begriffsrepertoire für die Generierung von Sinn entstanden ist und welche Kommunikationsthemen generalisiert und bewahrt werden und damit die „gepflegte Semantik“ (Selbstbeschreibungen, liturgische Abläufe etc.) darstellen, damit messianische Juden sich „(selbst)verständigen“ können.[81]

Viele jüdische Symbole oder Rituale werden durch andere Konnotierungen in eine neue Semantik überführt. Zum Beispiel konnotieren messianische Juden das Symbol der Menora, das ursprünglich auf den Leuchter im Tempel hinweist, mit dem Licht des bereits erschienenen Messias Jesus. Oder sie betrachten den Sabbat nicht nur als das Zeichen des Bundes zwischen Gott und seinem Volk, sondern konnotieren zusätzlich, dass Jesus als der Herr Erneuerung am Sabbat schenken könne.

Auch christliche Traditionen werden in einen erweiterten Sinn überführt. So übernehmen messianische Juden inhaltlich das Kurzbekenntnis des Christentums „Jesus ist der Messias“, konnotieren dies aber dann mit ihrer jüdischen Identität, so dass sie es auf Hebräisch „Jeschua hamaschiach“ formulieren.

Diese Konnotierungen sind das Ergebnis der „Selbstreferenz“ des messianisch-jüdischen Systems, die „Selbstbeobachtung“ eines Systems zur Identitätsausdifferenzierung (vgl. Kapitel 1.7.). Alle Rituale oder Interpretationen sind nun abhängig von der getroffenen Anfangsunterscheidung („Glaube an Jesus als den Messias“) aller an der Kommunikation beteiligten psychischen Systeme, wobei der binäre Code des religiösen Systems deutlich wird („Glaube an Jesus als den Messias/kein Glaube an Jesus als den Messias“).

Messianische Juden haben sich daher entschieden, den Sabbat zu übernehmen, da er sich entsprechend dem oben genannten Code deuten lässt. Lassen sich einige liturgische Handlungen oder Symbole des jüdischen Gottesdienstes nicht messianisch-jüdisch konnotieren (zum Beispiel die Gebete, die auf den irdischen Tempel zielen, die ʿAmida oder das Lied Adon Olam etc.), werden sie nicht übernommen.

Indem die messianischen Juden (im Sinne des LUHMANN’SCHEN „Vier-Selektionen-Modell“) den erweiterten Bedeutungen der jüdischen Rituale zustimmen, wird nicht nur eine Verständigung, also eine „gelungene Anschlusskommunikation“ für alle Beteiligten ermöglicht, sondern dadurch verdichtet sich auch die Identität des messianisch-jüdischen Systems. Dieses, mit veränderter Bedeutung versehene, Handeln, also die neuen messianisch-jüdischen Ergänzungen, Inhalte oder „Themenvorräte“ der Kommunikationen stellen einen „höherstufig generali-

81 BÜTTNER/DIETERICH, Religion als Unterricht, 215; BARALDI, Art. Semantik, 168-169; LUHMANN, Gesellschaftsstruktur und Semantik, Bd. 3, Frankfurt am Main 1998, 19f.

sierten, relativ situationsunabhängig verfügbaren Sinn",[82] die „Semantik" dar. Das heißt, jede messianisch-jüdische Konnotation eines Rituals erlaubt nicht nur ein Verständnis für die Beteiligten, das sich an der getroffenen Anfangsunterscheidung orientiert (Alltagsgebrauch von Sinn), sondern ist gleichzeitig eine abstrakte Formulierung der messianisch-jüdischen Glaubensinhalte. Die messianisch-jüdische Semantik besteht aus den theologischen Begriffen wie „Jeschua hamaschiach", „Jeschua bringt Erlösung", „Jeschua ist die Vollendung des Sabbats" oder „Jeschua ist der im Tenach verheißene Messias" etc., die regelmäßig benutzt werden.

Die weniger abstrakte, schriftlose Semantik, wie zum Beispiel in den Ritualen geschildert, kann nur dann dauerhaft zum Begriffsrepertoire messianischer Juden gehören, wenn sie tradiert, abstrahiert, gepflegt und fixiert wird.[83] Praktisch geschieht dies zunächst dadurch, indem messianische Juden einige Formeln oder Rituale immer wiederholen, so dass sich diese allen einprägen. Des Weiteren sind Erläuterungen der Rituale oder Handlungen zum Verständnis, zur Generierung von Sinn nötig. Diese Aufgabe übernimmt meist der Gemeindeleiter. Warum zünden wir jetzt die Schabbakkerzen an und begrüßen damit Jeschua hamaschiach? Warum haben wir kein Kreuz in der Gemeinde, auch wenn wir an Jesus glauben? Wieso lesen wir den Tenach und das NT in Beziehung zueinander? Diese und weitere Fragen erschließen sich den Besuchern erst durch wiederholte Auslegungen und eben auch durch eigenes Erleben und Handeln im Gottesdienst. In dem Moment, in dem die Frau die Sabbatkerzen anzündet und den Kiddusch dazu spricht, aktualisiert sie die Semantik des messianisch-jüdischen Begriffsrepertoires. Die Teilnahme am Gottesdienst gilt daher auch als „eines der hervorragenden Mittel der Einsozialisierung in eine Semantik",[84] hier des messianisch-jüdischen Systems.

Als Ergebnis einer tradierten Semantik werden immer wiederkehrende Elemente gefestigt, aufgeschrieben oder in Symbolen manifestiert. Dies ist zum Beispiel in dem Aufschreiben von Liedtexten, in einem eigenen Glaubensbekenntnis (vgl. Kapitel 5.4.3.2.1), in einer messianisch-jüdischen Pessachhaggada (Kapitel 5.4.4.1) oder in der Tradierung von messianisch-jüdischen Symbolen (Kapitel 5.3.1) geschehen.

Zum Beispiel stellt das Symbol der Menora mit Davidsstern und Fisch ein Konglomerat von verschiedenen überlieferten Semantiken dar: Die erste Semantik ist die Verwurzelung des Christentums im Judentum (Menora und Fisch) und die daraus resultierende Schlussfolgerung, dass der Glaube an Jesus als den Messias den Ursprung in einer jüdischen Gruppe, dem Judenchristentum hat. Die zweite Semantik ist die Einheit von messianischen Nichtjuden und Juden (Menora und

---

82 LUHMANN, Gesellschaftsstruktur und Semantik, Bd. 1, Frankfurt am Main 1998², 19.

83 Diese „gepflegte Semantik" hat aber keine eigene Existenz, sondern ist nur in dem Erleben und Handeln real, was sie gerade aktualisiert. Vgl. LUHMANN, Gesellschaftsstruktur Bd. 1, 19; BÜTTNER/DIETERICH, Religion als Unterricht, 214.

84 BÜTTNER/DIETERICH, Religion als Unterricht, 216.

Fisch) in einer gemeinsamen Gemeinde der an Jesus Gläubigen. Die dritte Semantik ist die des Davidssternes, der Jesus als Sohn Davids meint. Eine vierte, aber latente Semantik ist die Vermeidung des christlichen Kreuzsymbols. Eine fünfte, abstrakte, ebenfalls latente Semantik ist die Aussage, dass messianische Juden daher die Fortsetzung des Urchristentums darstellen.

Durch die aktive Gottesdienstteilnahme werden die Inklusions- und Exklusionsmarker deutlich. Ein Besucher, der nicht an dem Entstehungskontext einer messianisch-jüdischen Semantik teilgenommen hat, kann diese Semantik nicht nachvollziehen und sie bleibt ihm verborgen. Die wichtigste Voraussetzung jedoch, um die Semantik vollständig erfassen und an der religiösen Kommunikation teilnehmen zu können, ist die Konversion, in der man den Glauben annimmt, dass Jesus persönlicher Messias ist. Der Partizipierende erkennt durch die Konversion einerseits, dass Jesus sich als Messias offenbart hat und andererseits „offenbart" sich dieser Messias ihm nun persönlich (vgl. Kapitel 6.3). Indem sich der Konvertit auf diesen Glauben festlegt, versteht er vollends die eigentliche messianisch-jüdische Semantik oder mit LUHMANN'SCHEN Worten: „Letztlich führt die Kette der Zeugnisse zurück auf die Offenbarung des Glaubens und setzt dort die Selbstoffenbarung Christi voraus."[85]

Dadurch kann ein Konvertit seine Identität bestimmen und in den Kontext der messianisch-jüdischen Gemeinde einordnen. Sein Denken, Fühlen, Glauben und „subjektives Wissen" ist nun identisch mit seinem innersten Sein, mit seiner Person, in der sich Jesus als der Messias offenbart hat. Durch diese implizit ontologische Struktur ist es möglich, dass der Partizipierende der gottesdienstlichen Handlungen nicht nur an den Ritualen oder den messianisch-jüdischen Interpretationen Anteil hat, sondern er hat auch an der Substanz des messianisch-jüdischen Glaubens Anteil.

Somit erfüllt die (gepflegte) Semantik drei wichtige Funktionen:

Erstens ermöglicht sie die Ausdifferenzierung und die Identitätskonzentration des messianisch-jüdischen Systems, da sie eine Vergewisserung innerhalb der Gruppe und eine Rahmenstruktur bietet.

Zweitens ruft die Semantik die Identitätsbestimmung der Individuen hervor, da sie nur durch eine Konversion vollends begriffen werden kann und sich der potentielle Konvertit entscheiden muss, ob er dieser Semantik zustimmt oder sie ablehnt.

Drittens ermöglicht die Semantik eine sichtbare und abgrenzbare Gemeinschaftsbildung mit denen, die das Gleiche glauben,[86] so dass der messianisch-jüdische Glaube eine soziale Bestätigung findet und als Kommunikationsmedium fungieren kann.

---

85 LUHMANN, Funktion der Religion, 138.

86 Vgl. B. R. WILSON, Religion in secular society. A sociological somment. London 1966, 160ff.; LUHMANN, Funktion der Religion, 138.

5.4 Messianisch-jüdische Gemeinde

Um die „Beziehung des messianisch-jüdischen Systems zu sich selbst" näher und anschaulicher beschreiben zu können, übernehme ich den Begriff der „Milieuzentrierung" von TROELTSCH. Der Begriff der „Weltgestaltung" thematisiert die Beziehung des Systems zur Umwelt.[87]

5.4.1 Milieuzentrierung und Weltgestaltung

Messianisch-jüdische Gemeinden weisen ein aktives Gemeindeleben auf, wodurch sie sich als religiöses System ausgestalten und definieren können. 66,7% der befragten messianischen Juden und Nichtjuden (N=204) bejahten die Frage: „Besuchen Sie weitere Veranstaltungen der messianischen Gemeinde?" In neun Gemeinden finden zusätzlich zu der Gottesdienstveranstaltung Hauskreise oder Bibelkreise statt.[88] Der Besuch eines Hauskreises wurde von 41,6% und der Besuch einer Bibelstunde von 37,2% der befragten Besucher (N=137) genannt, wobei Mehrfachantworten möglich waren. Gerade der Hauskreis stellt aufgrund seiner vertraulichen Atmosphäre eine optimale Möglichkeit dar, den (neuen) messianisch-jüdischen Glauben unbefangen kennen zu lernen und die religiöse Kommunikation einzuüben. Weitere Veranstaltungen wie Gebetskreise, Bibellernkurse, Toralehre und gemeinsame evangelistische Aktionen gibt es in neun Gemeinden.[89]

Diese Aktivitäten stabilisieren und differenzieren das messianisch-jüdische System weiter nach innen aus. Dabei ist aber keine auffällige Milieuzentriertheit oder gar ein Rückzug aus der religiösen Umwelt evangelikaler oder jüdischer Gemeinden erkennbar. Im Gegenteil: 45,6% der befragten MJ und 57,3% MNJ gaben an, auch Veranstaltungen außerhalb der messianischen Gemeinden (z.B. von

87 E. TROELTSCH, Was heißt „Wesen des Christentums?, in: Ders.: Zur religiösen Lage, Religionsphilosophie und Ethik, Aalen 1991, 386-451.

88 Die Gemeinde in Düsseldorf hat mindestens in sieben Orten Bibelkreise (Düsseldorf, Solingen, Neuss, Mönchengladbach, Krefeld, Duisburg, Leverkusen). Die Gemeinden in Heidelberg, Hamburg, Hannover, Koblenz, Stuttgart-Feuerbach („Adon Jeschua"), Frankfurt, Wismar und Würzburg haben je einen Hauskreis und einen Bibelkreis.

89 In den Gemeinden in Augsburg und Hannover gibt es Gebetskreise und in der Chemnitzer Gemeinde treffen sich die Besucher zu einer „Lobpreis/Theatergruppe". In der Gemeinde „Adon Jeschua" trifft sich regelmäßig die Tanzgruppe „Am Segula" (das auserwählte Volk). In Hannover und in Chemnitz werden Deutschkurse angeboten. Ebenfalls in Hannover und in Berlin („Freude") finden Bibellernkurse statt. Spezielle Treffen zur Toralehre gibt es in Berlin („Freude") und in Chemnitz. In Hannover existiert ein Frauenkreis und in Chemnitz ein Kreativkurs. In der Gemeinde „Adon Jeschua" gibt es weitere, sehr spezielle Treffen: ein regelmäßiges Männerfrühstück und eine Sabbatfeier für Taubstumme. Messianische Clubabende für jüdische und nichtjüdische Jugendliche gibt es in Hamburg. Evangelistische Aktionen wie das Verteilen von Traktaten z.B. in jüdischen Wohnheimen finden sporadisch in mindestens fünf Gemeinden regelmäßig statt (Hamburg, Berlin, Frankfurt, Köln-Kornweiler, Würzburg).

evangelikalen Gemeinden) zu besuchen (50,5% insg. von N=207).[90] Dies waren vor allem Besucher aus den Gemeinden des Typus A.

Messianische Juden und Nichtjuden wünschen sich, dass sie von den evangelikalen Gemeinden als eigenständige Gemeinde anerkannt werden. Auf die Frage „Was erwarten Sie in Zukunft besonders von den nichtjüdischen Gemeinden" (Mehrfachantworten möglich) geben 68% der messianischen Juden (N=125) und 53,8% der messianischen Nichtjuden (N=80; 62,9% insg.) an: „Mehr Akzeptanz und Anerkennung des biblischen Rechts als Gemeinde". Insbesondere kamen diese Antworten aus den Gemeinden des Typus B.

Andererseits spricht sich über die Hälfte für eine intensivere Zusammenarbeit mit den nichtjüdischen Gemeinden aus (52,8% der MJ und 53,8% der MNJ, 53,7% insg. nannten „mehr Zusammenarbeit"). 64% der messianischen Juden und 52,5% der messianischen Nichtjuden (60,0% insg.) wünschen sich zudem konkret von den nichtjüdischen Gemeinden „Unterstützung und Hilfe beim Zeugnis unter Juden". Die gewünschte Zusammenarbeit mit den nichtjüdischen Gemeinden soll allerdings nicht auf Kosten der Unabhängigkeit gehen, zum Beispiel in finanzieller Hinsicht. Demnach geben nur 31,2% der befragten messianischen Juden und 20% der messianischen Nichtjuden (27,3% insg.) als Wunsch „finanzielle Unterstützung" von den nichtjüdischen Gemeinden an.

Auch die Bereitschaft, eine jüdische Gemeinde zu besuchen besteht häufig, gerade im Gemeindetyp C. Die Frage „Würden Sie auch einen Synagogengottesdienst besuchen?" bejahten 50% der messianischen Juden (N=120) und 42,5% der messianischen Nichtjuden (N=80, 47% insg., N=200).[91]

Zudem besteht zum Zeitpunkt der Untersuchung reger Kontakt der befragten Besucher zu nicht messianischen Juden: So bejahten 85,5% der messianischen Juden (N=124) und 68,3% der messianischen Nichtjuden (N=82; 78,3% insg., N=207) die Frage: „Haben Sie auch Kontakt zu nicht messianischen Juden?" Hier wurde bei der Fragestellung zwar nicht nach Art und Weise des Kontaktes differenziert, aber es kann hier vermutet werden, dass diese Kontakte unter anderem auch evangelisti-

---

90 Es wurde von 65 (34MJ/34MNJ) Personen die konkrete Gemeinde genannt: 15 Personen gaben an, Veranstaltungen in einer ev. freikirchlichen Gemeinde zu besuchen, zehn in einer FEG, sechs gaben eine freikirchliche Pfingstgemeinde an. Ebenfalls sechs gaben eine ev. Landeskirche an, zwei Befragte eine Brüdergemeinde, einer nannte die „Gemeinde Gottes", drei gaben „viele verschiedene" an, einer nannte die katholische Kirche, sechs die „Biblische Glaubensgemeinde", 15 nannten „sonstige".

91 Hier ist zu beachten, dass die deutsche Fragestellung einen regelmäßigen, aber auch einen gelegentlichen Synagogenbesuch meinen kann. Wohingegen die russische Fragestellung „Стали бы Вы посещать службу в Синагоге?" eher von einem regelmäßigen Besuch ausgeht. Hier hätte ich konkret zwischen einem regelmäßigen oder sporadischen Gottesdienstbesuch auf Russisch differenzieren müssen. Für einen gelegentlichen Gottesdienstbesuch lässt sich dann sogar ein höherer Anteil vermuten, da 71% der Fragebögen auf Russisch (oder teils russisch/teils Deutsch) ausgefüllt wurden und damit die russische Übersetzung relevant war (vgl. Kapitel 4.3.1).

scher Natur sind, was sich auch in dem Begriff der „Freundschaftsevangelisation“[92] widerspiegelt. Denn 82,4% der messianischen Juden (ohne Unterschiede in den verschiedenen Gemeindetypen) unterstützen die Aussage „Mission unter Juden ist wichtig, damit auch sie erkennen, dass Jesus Christus ihr Messias ist“.

Erstaunlich ist zudem eine gewisse Affinität zu der Religiosität von Russlanddeutschen. Insbesondere der persönliche emotionale Gottesbezug, die korporative Identität, der Glauben an die Verbalinspiration, die Bedeutung eschatologischer Ereignisse sind einige gemeinsame Strukturen von messianischen Juden und den Spätaussiedlern (vgl. Kapitel 3.3.1.1). Dies lässt sich einerseits dadurch erklären, dass die russlanddeutsche Religiosität geprägt ist durch eine „Vielfalt protestantisch-pietistischer Traditionen“ und einer „fundamentalistisch-religiös geprägte[n] Mentalität“. Darüber hinaus besitzen Spätaussiedler nur „rudimentäre Kenntnis von religiösen Traditionen und ein distanziertes Verhältnis zur Amtskirche“,[93] so dass sie sich wie messianische Juden in einer Gemeindeform mit relativ freien Strukturen wohl fühlen. Dennoch sind diese Gemeinsamkeiten nicht so stark ausgeprägt, denn oftmals sind erhebliche kulturelle Unterschiede zu finden, auch die unterschiedliche Herkunft darf nicht außer Acht gelassen werden (russische Juden stammen im Gegensatz zu Spätaussiedlern eher aus großstädtischen Milieus). Zudem können russlanddeutsche Einwanderer, im Gegensatz zu messianischen Juden, oftmals auf eine konstitutive Funktion des Glaubens im Generationenprozess verweisen.[94] Dennoch zeigt der Anteil der Fallstudie von 27,9% Spätaussiedlern der messianischen Nichtjuden, dass messianische Juden und Spätaussiedler zu einer gemeinsamen Glaubens- und Gemeindeform gefinden können.

Fazit: Das messianisch-jüdische System zieht folglich deutliche Grenzen zu dem System des jüdisch-religiösen und des christlichen Glaubens. Daher ist das – für ein religiöses System typische – aktive milieuzentrierte, auf sich selbst referierende Gemeindeleben zu erkennen. Gleichzeitig aber hat das messianisch-jüdische System Kontakt mit seiner unmittelbaren Umwelt. So besuchen etwa die Hälfte der befragten messianischen Juden Veranstaltungen von evangelikalen Gemeinden, äußern den Wunsch nach mehr Zusammenarbeit und wünschen sich von den evangelikalen Gemeinden Unterstützung beim Zeugnis unter Juden. Auch zu den Spätaussiedlern besteht Kontakt und teilweise befinden sich messianische Juden mit Spätaussiedlern in einer Gemeindeform.

---

92 Wie der Name schon sagt, wird bei der Freundschaftsevangelisation kein besonderer Wert darauf gelegt, viele, anonyme Personen einzuladen (wie z. B. in Berlin „Juden für Jesus“), sondern man unterhält nur eine oder wenige Beziehung(en) zu einem nicht an Jesus glaubenden Freund, den man zu der Gemeinde einlädt.

93 Theis, Religiosität, 240.

94 Theis, Religiosität, 241.

Aus den Gemeindeformen B und C wurde zudem verstärkt der Wunsch geäußert, als eigenständige Gemeindeform akzeptiert zu werden. Das System messianischer Juden wirkt aber auch auf seine Umwelt ein und gestaltet sie, indem es affektive Beziehungen zu (noch) nicht messianischen Juden aufnimmt. 82,4% der messianischen Juden sehen die Mission unter Juden als unverzichtbar an.

5.4.2 Messianisches Judentum als neue religiöse Bewegung

Eine religiöse Bewegung ist gekennzeichnet durch ein Netzwerk zwischen einzelnen Gruppen mit festen Organisationsgraden. Kollektive Glaubensansichten oder neue bzw. reaktivierte religiöse Überzeugungen können diese Bewegung prägen und weiter mobilisieren (vgl. Kapitel 3.3.1.2). Prägend für die messianisch-jüdischen Gruppen und Gemeinden waren das mobilisierende Glaubensbekenntnis „Jeschua hamaschiach" und die Marker „Konversion", „Erwählung" und „Mission" etc., wodurch die kollektive systeminterne Identität eine deutliche Abgrenzung zu der Umwelt vollzogen hat.

Dementsprechend wünschen sich messianische Juden und Nichtjuden, dass das Netzwerk der Gemeinden in Deutschland untereinander verstärkt wird. 63,3% der Befragten nennen als Antwort auf die Frage: „Was ist Ihr Wunsch für die messianische Bewegung in Deutschland?" die Kategorie „Ich wünsche mir ein stärkeres Gemeinschaftsgefühl und Zusammenarbeit innerhalb der schon bestehenden messianischen Gemeinden". Zudem sprechen sich messianische Juden häufig für die Entstehung neuer örtlicher Gemeinden aus und wünschen sich einen quantitativen Zuwachs der Gemeinden: 56,8% der messianischen Juden (und 61,3% der MNJ, 60,5% insg.) geben die Antwort: „Ich wünsche mir die Entstehung vieler neuer messianischer Gemeinden." Ebenso wird der Wunsch nach fundierter theologischer Kenntnis laut: Die Kategorie „Ich wünsche mir die Möglichkeit einer Schulungseinrichtung für messianische Juden" wurde von 40% der messianischen Juden, zum Vergleich aber nur von 29,6% der messianischen Nichtjuden (40,2% insg.) genannt.

Obwohl das messianisch-jüdische Religionssystem in Deutschland sich spezifisch herausgebildet hat, kann es sich mit der weltweiten Bewegung messianischer Juden identifizieren und pflegt Kontakte zu dieser. Dementsprechend geben auf die Frage „Welche Beziehungen/Kontakte zu messianischen Juden außerhalb Deutschlands haben Sie?" (Mehrfachantworten möglich) 58,4% der messianischen Juden (N=125) und 37% der messianischen Nichtjuden (N=76, insg. 49,8%) an, „freundschaftlichen Beziehungen" zu messianischen Juden außerhalb Deutschlands zu unterhalten. Am häufigsten wird „Israel" (71,7%) als Kontaktland genannt, dann die „Ukraine" (30,2%), „Russland" (22,6%) und die USA (15,1%).

18,4% der messianischen Juden pflegen „Informationsaustausch" (18,5% der MNJ; insg. 18,4%) und 10,4% der messianischen Juden (2,5% der MNJ, 7,2% insg.) haben „verwandtschaftliche Beziehungen" in den entsprechenden Ländern zu messianischen Juden. Hier wird auch die Diskrepanz zu den messianischen Nichtjuden deutlich: 35,2% der messianischen Juden, aber 53,1% der messianischen Nichtjuden (42,5% insg.) geben an, dass sie „keine Beziehungen" zu messianischen Juden außerhalb Deutschlands unterhalten.

Auf die Frage „Unterstützen Sie regelmäßig Hilfs- oder Missionsaktionen für messianische Juden?" antworten 49,6% der messianischen Juden (N=123) und 55% der messianischen Nichtjuden (N=80, insg. 52%) mit „ja", wobei vorwiegend Deutschland (66,7%) angegeben wird, 21,6% nennen „Israel" und 7,8% die Ukraine.

Fazit: Das messianische Judentum in Deutschland kann als neue religiöse Bewegung definiert werden. Dementsprechend wünschen sich messianische Juden und Nichtjuden, dass das Netzwerk der Gemeinden in Deutschland untereinander verstärkt wird. Viele Besucher (66,7%) unterstützen die Hilfs- oder Missionsaktionen messianischer Gemeinden in Deutschland. Über die Hälfte wünscht sich, dass neue messianische Gemeinden in Deutschland entstehen. 40% der messianischen Juden und knapp 30% der messianischen Nichtjuden erhoffen zudem eine fundierte messianisch-jüdische Ausbildungsmöglichkeit in Deutschland.

5.4.3 Wissensdimension

Da die religiöse Kommunikation messianischer Juden sich nicht nur in der Sprache und in der rituellen Dimension zeigt, sondern gerade auch in den Selbstbezeichnungen und den schriftlich fixierten Glaubensbekenntnissen, soll nun die Wissensdimension, das heißt das Wissen um die eigene Glaubenslehre des messianisch-jüdischen Systems dokumentiert werden (Selbstbeobachtung des messianisch-jüdischen Systems).

5.4.3.1 Selbstbezeichnungen der Gemeinden

Die Selbstbezeichnungen der Gemeinden spiegeln die systeminterne Wissensdimension wider, die auch nach außen getragen wird. Insgesamt bezeichnen sich 13 messianische Gemeinden (vorwiegend des Typus B und C) mit einem hebräischen Namen oder mit dessen deutschem Pendant.

Vier Gemeinden des BSSE haben eine hebräische Selbstbezeichnung: Beit Schomer („Haus des Hirten") in Berlin, Beit Chesed („Haus der Gnade") in Düsseldorf, Bnej Ha Or („Söhne des Lichts") in München und die Adat Adonai („Gemeinde des Herrn") in Heidelberg. Auch die Gemeinden des Evangeliumsdienstes für Israel (Edi) und von Amzi haben hebräische Bezeichnungen: „Schma Israel" („Höre Israel") vom Edi in Stuttgart und „Schofar Chesed Jeschua" („Schofar der Gnade Jesu", nach Braker: „Gottes Ruf von der Gnade in Jeschua"[95]) von Amzi in Hannover. Die unabhängige (nicht charismatische) Gemeinde in Stuttgart-Feuerbach bezeichnet sich als „Adon Jeschua" („Herr Jesu").

Zwei weitere unabhängige (nicht charismatische) Gemeinden betiteln sich hauptsächlich mit den deutschen Übersetzungen, dies sind einmal die „Kinder Israels" in Augsburg und in Berlin ist es die Gemeinde „Freude am Baum des Lebens".

Die charismatische Gemeinde in Köln heißt „Kalah Jeschua" („Braut Jesu") und in Chemnitz „Jajin Chadasch" („Neuer Wein"). Die Gemeinde (in Stuttgart-Feuerbach) heißt „messianische jüdische Gemeinde". Die Gemeinde innerhalb des BFP in Wuppertal nennt sich „Zion".[96]

Mit den genannten Selbstbezeichnungen beziehen sich die meisten Gemeinden auf Begrifflichkeiten des Judentums. Mit den Bezeichnungen wie „Haus",[97] „Versammlung",[98] „Söhne"[99], „Kinder" (oft als „Söhne" verstanden) geben die Namen wenig Aufschluss über die jüdisch-messianische Ausrichtung.

---

95 M. Braker, Versammlung in Hannover, in: Amzi (Hrsg.): Messianisches Zeugnis 5 (2003), 10.

96 Die anderen sechs Gemeinden haben zum Zeitpunkt der Untersuchung (noch) keine spezielle Selbstbezeichnung. Sie nennen sich schlicht „messianische Gemeinde" (Aachen, Potsdam, Hamburg, Bremen). oder „messianische Versammlung" (Koblenz). Auch die messianischen Gruppen heißen entweder „messianische Gruppe" (Chemnitz, Wismar, Würzburg, Erfurt), „messianische Bibelgruppe" (Schwerin), „messianischer Bibelkreis" (Karlsruhe) oder „Bibelkreis messianischer Juden" (Frankfurt). Die Versammlungen der Organisation von „Juden für Jesus" nennen sich einfach „Bibelstudium" (Essen) oder „Hauskreis/Gruppe" (Köln und Gießen). Die messianische Gemeinde Mühlheim an der Ruhr trägt erst seit 2006 den Namen „Schalom".

97 Hebr. בית = 1. Haus, 2. Ort, Aufenthaltsort, 3. das Innere, 4. im übertragenen Sinne: Familie (Frau, Kinder und übrige Hausbewohner), 5. alles, was im Hause ist; Hausstand, Vermögen, Besitz. Vgl. W. Gesenius, Hebräisches und Aramäisches Handwörterbuch, Berlin/Göttingen/Heidelberg18, 95-96; F. Matheus, Kompaktwörterbuch Althebräisch. Althebräisch-Deutsch, Stuttgart 2006, 37.

98 Hebr. עדה = 1. (Israelitische) Volksversammlung: Israels Gemeinde, Gemeinde der messianischen Zeit, 2. Gottes Rat (bzgl. Ps 82,1), 3. Schar, Menge, Versammlung der Völker, 4. Rotte, 5. Hausstand, Familie. Matheus ergänzt um die Begriffe „Gesellschaft", „Freundeskreis" und „Zusammenkunft". Vgl. Gesenius, Handwörterbuch, 565; F. Matheus, Kompaktwörterbuch, 233.

99 Hebr. בן = 1. Enkel, 2. Knabe, Jüngling, 3. in der Pluralform die Mitglieder eines Volkes oder Geschlechtes, 4. Zögling, Schüler, 5. Söhne Jahwes (=Israel), 6. Söhne eines Ortes, 7. Begriff der „Angehörigkeit". Vgl. Gesenius, Handwörterbuch, 103-104; F. Matheus, Kompaktwörterbuch, 40.

Auch die Titulierungen wie „Hirte“,[100] „Licht“,[101] „Herr“[102] oder „Gnade“[103] weisen nicht offensichtlich auf messianisch-jüdische Interpretationen hin. Bei vielen hebräischen Bezeichnungen äußert sich aber die enge Zugehörigkeit zu einer Gruppe, insbesondere die Zugehörigkeit zu dem Volk Israel (Söhne, Haus, Versammlung).

Die Bezeichnung Schema[104] Jisrael bezieht sich auf das Glaubensbekenntnis der jüdischen Liturgie. Der Name „Freude am Baum des Lebens“ kann sich auf die Tora beziehen[105] und die Bezeichnung „Zion“ steht für die Hoffnung eines messianischen Reiches und als Synonym für Jerusalem und seine Bewohner (z.B. Jes. 1, 27).

Als Bezeichnungen für messianisch-jüdische Gemeinden erhalten die Namen aber eine neue Bedeutung: So bedeute der Name Bnei Ha Or laut B. Galinker, dass die Gemeinde nach dem Licht Jesu strebe, der als vollkommener Jude das spezielle Licht von Israel und der Welt sei.[106] Auch die Gemeinde Beit Chesed verbindet in einer Selbstdarstellung die Gnade Gottes explizit mit dem Glauben an Jeschua: „Das Hauptziel der Gemeinde Beit Chesed ist es, Ihnen zu zeigen, dass Jeschua aus Nazareth der wahre Messias Israels und der Retter der ganzen Welt ist [...]. Besuchen Sie unsere Gemeinde Beit Chesed – Haus der Gnade. Dort werden Sie Freundschaft, Verständnis und das Wichtigste – Gnade, die Gnade Gottes, die Sie so sehr brauchen, finden.“[107]

Der messianisch-jüdische Charakter der Gemeinde Adat Adonai wird erst in der entsprechenden Gemeindesatzung deutlich: „Unsere Hauptziele sind [...]

100 Hebr. „eine Herde bewachen“ (רמש) = 1. hüten, bewachen, a) Hüter, Wächter, Hirte, b) Gott, der die Menschen bewahrt, 2. bewahren, aufbewahren, 3. beobachten, achtgeben, 4. (die Schritte) bewachen, 5. beobachten, im Sinne von (z.B. den Bund) halten. Oder בקרה = bezeichnet die Fürsorge eines Hirten. Vgl. Gesenius, Handwörterbuch, 112, 847-848; F. Matheus, Kompaktwörterbuch, 44, 347-348.

101 Hebr. רוא = 1. Licht (als Gegensatz zur Finsternis), 2. Lebenslicht (das Licht schauen = leben), 3. Licht des Angesichts (Freundlichkeit), 4. bildlich von: Gerechtigkeitsoffenbarungen, 5. bildlich: Glück. Matheus ergänzt um „Anbrechen des Morgens“. Vgl. Gesenius, Handwörterbuch, 18; F. Matheus, Kompaktwörterbuch, 8.

102 Hebr. אנדי = Mein Herr, in dieser Form nur von Gott gebraucht. Vgl. Gesenius, Handwörterbuch, 9; F. Matheus, Kompaktwörterbuch, 6.

103 Hebr. חסד = 1. Liebe, Gunst, Gnade: a) die Liebe der Menschen untereinander, Güte, Wohlwollen etc., b) Liebe und Gnade Gottes zu den Menschen (Gnadenerweisungen, Verheißungen), c) die Liebe der Menschen zu Gott, 2. Liebreiz, Anmut. Matheus ergänzt um „Treue“, „Glaube“, „Solidarität“. Vgl. Gesenius, Handwörterbuch, 246-247; Matheus, Kompaktwörterbuch, 102. Der Begriff bezieht sich zunächst auf die göttliche Gnade (Lev 33, 19; Psalm 34,6, Psalmen) und wurde vom rabbinischen Judentum übernommen (TanB, ShemR 45,6). Das Gesetz wird auch als Manifestation der göttlichen Gnade verstanden. Vgl. J. J. Petuchowski, Art. Gnade, in: Petuchowski/Thoma, Begegnung, 72.

104 Hebr. שמצ = hören, zuhören, verstehen, (von Menschen) gehorchen) bzw. שמצ.

105 Denn in Prov 3,18, Pirke Avoth 6,7 wird mit „Freude am Baum des Lebens“ ebenfalls die Tora gemeint.

106 B. Galinker in seiner Predigt am 22.01.2005.

107 K. Swiderski, Lebensgeschichte, Stand: 12.08.2007.

dem Allerhöchsten nachzufolgen, im Glauben an den Messias Jeschua zu wachsen und gestärkt zu werden […].“[108] In der Selbstbezeichnung Schema‘ Jisrael der Stuttgarter Gemeinde wird deutlich, dass messianische Juden ihr Bekenntnis zu dem göttlichen Jesus nicht im Widerspruch zum Monotheismus des jüdischen Glaubens interpretieren. Die Verbindung des Namens Zion mit dem messianisch-jüdischen Glauben symbolisiert nicht nur die Verbindung mit Israel, sondern die Hoffnung eines zukünftigen messianischen Reiches Jeschuas.

Nur drei messianische Gemeinden beziehen sich bereits in ihrem Namen deutlich auf Jesus: Die Gemeinde in Hannover Schofar Chesed Jeschua in Hannover referiert auf die Gnade Jesu. Da die Gemeinde an Ro'sch ha-Schanah gegründet wurde, verwundert es nicht, dass das Blasen des Schofars auch in der Selbstbezeichnung Eingang gefunden hat. So wie das Schofar-Blasen an Ro'sch ha-Schanah die Erlösung und messianische Zeit ankündigt, wird hier in der Selbstbezeichnung auf die Gnade Jesu hingewiesen, der allein die Erlösung von dem Gericht Gottes bewirken kann.[109] Auch die Selbstbezeichnung der messianischen Gemeinde in Stuttgart-Feuerbach Adon Jeschua stellt bereits ein deutliches Glaubensbekenntnis in minimaler Form dar. Die charismatische Gemeinde in Köln betitelt sich als „Braut Jesu“.[110] Durch die Namen wie „Haus“, „Volk“, „Versammlung“, „Kinder (Israels), „Söhne“ etc. drücken die Gemeinden ihren Wunsch nach Zugehörigkeit zum Volk Israel aus, die wiederum mit dem messianisch-jüdischen Glauben (Jeschua als das Licht, Jeschuas Gnade, der vor Gericht bewahrt etc.) verbunden wird.

Fazit: Die hebräischen Namen der Selbstbezeichnungen stellen die „gepflegte Semantik“, die verkürzte, abstrakte und generalisierte Glaubensaussagen des Systems dar, die schriftlich fixiert werden. Diese Semantik umfasst alle bisher mündlich weitergegebenen Vorstellungen und abstrahiert diese, so dass ein Außenstehender aufgrund der Selbstbezeichnungen nicht ohne weiteres auf deren Sinn schließen kann. Denn nur für die „Zugehörigen“ weist ein Name wie „Bnei Ha Or“ auf Jesus hin.

Zudem könnten die hebräischen Namen einen Selbstschutz des Systems darstellen, denn mit einer Ablehnung dieser Namen würde man ja das System des Judentums, nicht das messianisch-jüdische System, treffen. Und die eigene

108 Vgl. R. Vidonyak, Die Grundlagen des Glaubens mit Kommentaren innerhalb der Gemeindesatzung der Gemeinde „Adat Adonai“, Heidelberg, nicht veröffentlicht. Vgl. Anhang 8.2.1.

109 Vgl. Experteninterview mit M. Braker, geführt am 4.1.2004, mit seiner Frau am 22.8.2005 sowie mehrere teilnehmende Beobachtungen mit informellen Gesprächen.

110 Hebr. כלה= 1. Schwiegertocher, 2. Braut. Vgl. Gesenius, Handwörterbuch, 347; Matheus, Kompaktwörterbuch, 143.

systeminterne Vorstellung kann nicht von der Umwelt abgelehnt werden, da diese zunächst latent bleibt.

Wird aber die „gepflegte Semantik" in den schriftlich fixierten Glaubensbekenntnissen des Religionssystems messianischer Juden deutlicher? Dieser Frage soll nun nachgegangen werden.

5.4.3.2 Glaubenbekenntnis(se)

Nach LUHMANN bezieht sich ein religiöses System auf die eigene Identität. Reflexion bedeutet somit „das Wissen über die selbst vorgenommene, kontingente Festlegung der eigenen Identität".[111] Auf der Basis eigener Texte könne das System theologisch reflektieren.[112] Die Wissensdimension des messianisch-jüdischen Systems lässt sich daher anhand eines schriftlich fixierten Glaubensbekenntnisses darstellen.

Auf der ersten messianischen Konferenz 1998 wurden 13 messianisch-jüdische Glaubensartikel (im Folgenden kurz: MJA) in Analogie zu den dreizehn Glaubensgrundsätzen des Moses Maimonides[113] formuliert. Etwa 100 messianische Juden sowie die Gemeindeleiter PIKMAN, SWIDERSKI (BSSE), USCHOMIRSKI (EDI) und BRAKER (AMZI) fixierten diese Artikel schriftlich und proklamierten sie. Verbreitet wurden sie vor allem vom Evangeliumsdienst für Israel (EDI).[114]

Auf meine Frage an A. USCHOMIRSKI, ob die MJA denn in allen Gemeinden und Gruppen in Deutschland anerkannt werden, antwortete er: „Die meisten werden dazu ja sagen [...]. Ich habe noch nicht erlebt, dass ein Leiter oder eine Gemeinde einen Artikel verneint."[115] Gleichwohl befragte ich 32 Gemeindeleiter, ob sie diesen Glaubensartikeln zustimmen oder eigene Bekenntnisse formuliert haben. Das Ergebnis ist angesichts der bereits thematisierten Vielfalt der messianischen Gemeinden in Deutschland nicht überraschend:

Vor allem die Gemeinden und Gruppen des Typus A und B stimmen den messianisch-jüdischen Glaubensartikeln zu. Insgesamt erkennen neun Gemeinden und

---

111 A. KÖTT, Systemtheorie und Religion. Mit einer Religionstypologie im Anschluss an Niklas LUHMANN, Würzburg 2003, 181; LUHMANN, Funktion der Religion, 59.

112 LUHMANN, Funktion der Religion, 59; KÖTT, Systemtheorie, 180.

113 Maimonides, Moses (1135-1204) war ein jüdischer Philosoph, Gelehrter und Arzt. Er veröffentlichte 1160 in seinem Kommentar zur Mischna 13 Glaubensartikel, die in den meisten jüdischen Gebetbüchern als das „Ani Maamin" („Ich glaube") abgedruckt werden. Leo HIRSCH empfahl 1935 diese dreizehn Glaubensartikel jeden Tag zu lesen. Sie wurden zwar in den Siddur aufgenommen, haben aber keine dogmatische Bedeutung. Vgl. Anhang 8.1.1. Vgl. L. HIRSCH, Jüdische Glaubenswelt, Basel 1978.

114 Vgl. PIKMAN, Erste Konferenz, 3-4.

115 A. USCHOMIRSKI im Experteninterview, geführt am 1.6.2005.

sechs Gruppen die Artikel direkt oder mit Zusätzen an.[116] Weitere drei Gemeinden und drei Gruppen stimmen den Glaubenssätzen neben den Doktrinen oder Statements ihrer eigenen Organisation zu.[117] Zwei Gemeinden des Typus C stimmen dem Bekenntnis nicht in allen Punkten zu und möchten daher in Zukunft ein eigenes Glaubensbekenntnis entwickeln.[118]

Zwei weitere Gemeinden des Typus C haben bereits ein eigenes Glaubensbekenntnis entwickelt: Die Gemeinde Adon Jeschua in Stuttgart-Feuerbach hat 2000 ihr „Glaubensbekenntnis"[119] und die Gemeinde Adat Adonai in Heidelberg hat 2001 die „Grundlagen des Glaubens" formuliert.

Im Folgenden stelle ich die messianisch-jüdischen Glaubensartikel vor. Dabei konfrontiere ich sie einerseits mit den dreizehn Glaubensartikeln des Maimonides. Andererseits vergleiche ich die MJA mit den Glaubensgrundsätzen der CPM,[120] den „Statements of Faith" der Jews for Jesus[121] und der Glaubensbasis der Deutschen Evangelischen Allianz (DEA)[122] und benenne auffällige Divergenzen.[123]

---

116 Sechs Gemeinden und sechs Gruppen stimmen ohne Modifizierungen zu: Stuttgart-Vaihingen (B), Hamburg (B), Hannover (B), Koblenz (A), Mülheim an der Ruhr (A), Wuppertal (A). Folgende Gruppen stimmen zu: Wismar (A), Frankfurt (A), Karlruhe (B), Chemnitz (B), Schwerin (B), Würzburg (B). Die drei charismatischen Gemeinden (A) ergänzen die Artikel um die Charismen des Heiligen Geistes.

117 Drei Gemeinden des BSSE in Berlin (B), Düsseldorf (B) und in Aachen (A) bekennen sich aufgrund ihrer Zugehörigkeit zu dem übergeordneten Missionswerk CPM zu dessen „Doctrinal Statements". Dennoch stimmen diese Gemeindeleiter den MJA ebenso zu. Die Gemeinde in München des BSSE (B) und die Gruppe in Potsdam (B) geben aber ausschließlich die Doktrinen der CPM an. Drei Gruppen (Essen, Köln, Gießen = Typus A) stimmen den MJA zu, aber ergänzen sie um die „Statements of Faith" der Organisation Jews for Jesus. In den anderen Gemeinden oder Gruppen war keine Auskunft erhältlich.

118 Die Gemeindeleiter der unabhängigen Gemeinden in Berlin (C) und Augsburg (C) möchten die Bedeutung der Tora mehr herausstellen.

119 Israelitische messianische Gemeinde ADON JESCHUA (Hrsg.), Unser Glaubensbekenntnis, Stuttgart, in: http://menora-online.de/adon-jeschua/deutsch/glauben.htm, Stand: 6.9.2007. Vgl. Anhang 8.1.4.

120 CPM (Hrsg.), Doctrinal Statement, 2000, in: http://www.chosenpeople.com/docs/GB/About/doctrinal statement.html, 18.8.2007, vgl. Anhang 8.1.5.

121 Vgl. JEWS FOR JESUS (Hrsg.), Statement of faith, in: http://www.jewsforjesus.org/about/statementoffaith, Stand: 11.08.2007, vgl. Anhang 8.1.6.

122 Vgl. DEA (Hrsg.), Evangelische Allianz, 3. Die Glaubensaussagen der DEA habe ich nicht im Anhang aufgeführt.

123 Sofern bestimmte Gemeinden oder Bekenntnisse hier nicht genannt werden, stimmen deren Glaubensaussagen mit den MJA wörtlich oder sinngemäß überein. Vgl. Messianisch-jüdische Gemeinde, Glaube und Wissen, Stuttgart.

5.4.3.2.1 *Dreizehn messianisch-jüdische Glaubensartikel*

Diese 13 Grundsätze des messianischen Judentums wurden am 29. März 1998 verfasst und werden auch manchmal das messianische Manifest genannt.[124]

1] Wir glauben, dass die Bibel von Gott inspiriert ist. Sie ist sein einzigartiges, unbestreitbares, unteilbares und wahres Wort an alle Menschen. Die Bibel ist eine Sammlung von jüdischen heiligen Schriften, die als Altes und Neues Testament eine untrennbare Einheit bilden.

2] Wir glauben, dass Gott Einer ist und sich den Menschen als Vater, Sohn (Messias Jeschua) und Heiliger Geist offenbart.

3] Wir glauben, das Jeschua der verheißene Messias Israels ist, und dass er, von einer Jungfrau geboren, wahrer Gott ist. Wir glauben, dass er ein sündloses Leben führte, viele Zeichen und Wunder tat, als Sündopfer für unsere Schuld starb und von den Toten auferstand. Er ist jetzt bei Gott zur rechten Hand des Vaters und wird bald zurückkehren in Macht und Herrlichkeit.

4] Wir glauben, dass jeder Mensch aufgrund seiner Sünde dem Gericht Gottes verfallen ist. Rettung aus dem Gericht geschieht in der völligen Wiedergeburt durch den Heiligen Geist. Die Wiedergeburt zeigt sich im Glauben an den Messias Jeschua und in der Buße.

5] Wir glauben, dass der Heilige Geist auch heute wirkt. Er allein bewirkt, dass Menschen zum Glauben kommen und geistlich wachsen.

6] Wir glauben an die Auferstehung der durch Glauben Gerechtfertigten, an die ewige und selige Gemeinschaft mit Gott und Jeschua und dass alle anderen in ewiger Verurteilung und Qual bleiben.

7] Wir glauben, das alle an den Messias Jeschua Gläubigen geistlich in der Familie der Kinder Gottes verbunden sind, unabhängig von Nationalität oder Wohnort.

8] Wir glauben, dass der Glaube eines Menschen seine Nationalität nicht ändert, und dass Juden, die an Jesus glauben, weiterhin zu Israel, dem auserwählten Volk Gottes, gehören.

---

124 Vgl. A. USCHOMIRSKI, Satzung der Gemeinde Schma Israel, Stuttgart, 1. Vgl. Anhang 8.2.2.

9] Wir glauben, dass an Jeschua gläubige Juden als Glieder des Volkes Israel und der geistlichen Familie der Kinder Gottes ihrem biblisch-jüdischen Erbe verpflichtet sind.

10] Wir unterstützen den biblischen Zionismus, das heißt das Recht für Juden, in Israel zu leben.

11] Wir glauben, dass messianisches Judentum heute die Fortsetzung des biblischen, rechtmäßigen Judentums ist.

12] Wir glauben, das ein richtiges Schriftverständnis und ein darauf gegründetes Leben nur möglich ist, wenn wir die biblisch jüdischen Wurzeln verstehen. Dadurch können heidnische Einflüsse, die das Christentum 2000 Jahre hindurch geprägt haben, erkannt und ausgesondert werden.

13] Wir glauben, das unsere biblische Verpflichtung darin besteht, die Wahrheit von Jeschua allen Menschen zu bringen, den Juden zuerst.[125]

Tenach und NT

1. „Wir glauben, dass die Bibel von Gott inspiriert ist. Sie ist sein einzigartiges, unbestreitbares, unteilbares und wahres Wort an alle Menschen. Die Bibel ist eine Sammlung von jüdischen heiligen Schriften, die als Altes und Neues Testament eine untrennbare Einheit bilden."

Zunächst lässt sich erkennen, dass dieser Artikel zwar in Anlehnung an Maimonides 8. Artikel („Die Tora, die wir jetzt besitzen, ist durch Mose übermittelt worden") geschrieben wurde. Gleichzeitig jedoch wird der 9. Artikel Maimonides („Die Tora wird nicht aufgehoben, und es wird keine andere Tora außer ihr von Gott her kommen") verändert, da das NT als eine „jüdische Schrift" und AT und NT als eine „untrennbare Einheit" gelten und damit gibt es im messianischen Judentum über die Tora hinaus, die Schriften des NT, die ebenfalls von Gott als inspiriert angesehen werden.

Die Gemeinde Adat Adonai geht davon aus, dass der messianisch-jüdische Glaubende sein Leben und seine Denkweise im Einklang mit der Bibel bringen müsse, denn diese Schriften „enthalten die Unterweisung Gottes und Gebote für unser Leben. Alles was dem widerspricht, was in der Bibel steht, ist nicht wahrhaftig und kann nicht Gottes Offenbarung sein." Auch die Gemeinde Adon

125 Edi (Hrsg.), Eine messianische Gemeinde stellt sich vor, Faltblatt „Schma Israel", Leinfelden-Echterdingen 2000, vgl. Anhang 8.1.4.

Jeschua charakterisiert die Bibel als „notwendige und ausreichende [...] Quelle zur Erkenntnis unseres Herrn, unserer Erlösung und Seines Willens bezüglich unseres Glaubens und unseres Lebens".

Fazit: Die MJA betrachten nicht nur den Tenach als verbal inspiriertes Wort Gottes und als jüdische Schrift, sondern auch das NT, das untrennbar mit dem Tenach in Verbindung stehe. Desgleichen fordern sie, insbesondere die Gemeinden des Typus C, dass die Bibel die höchste Autorität im Leben eines messianischen Juden einnehmen müsse.

Vater, Sohn Jeschua und Heiliger Geist

2. „Wir glauben, dass Gott Einer ist und sich den Menschen als Vater, Sohn (Messias Jeschua) und Heiliger Geist offenbart [...]".

Im Gegensatz zu Maimonides zweitem („Gott ist Einer, nach einer Einheit, die nicht ihresgleichen hat") und fünftem Artikel („Es geziemt sich, zu ihm und zu sonst keinem anderen Wesen zu beten") ist die Trinität bei den MJA und allen Bekenntnissen zu finden. Adon Jeschua betont zudem die drei unterschiedlichen und gleichwertigen „Personen", von denen jeder die Natur und die Perfektion der Gottheit habe und bekennt bereits an dieser Stelle, dass jeder Wiedergeborene den Vater, den Sohn und den Heiligen Geist habe.

Die Gemeinde Adat Adonai ergänzt zudem an dieser Stelle: „Gott ist ewig und Schöpfer von allem, was existiert" und „[Gott] ist allwissend und allmächtig, unveränderlich und heilig, gerecht und barmherzig, treu und liebevoll", was deutlich an Maimonides ersten Glaubensgrundsatz („Gott, der Schöpfer, ist Ursache und Lenker von allem, was existiert") erinnert. Auch die anderen Bekenntnisse nennen zusätzlich die Schöpfertätigkeit Gottes und weitere zu preisende Eigenschaften Gottes. Die Gemeinde Adon Jeschua und die Glaubensaussagen der CPM bekennen zudem die Gottebenbildlichkeit des Menschen.

Die Fortsetzung des 2. Artikels der MJA lautet: „Wir glauben, dass Jeschua der verheißene Messias Israels ist und dass er, von einer Jungfrau geboren, wahrer Gott ist" im Gegensatz zu Maimonides 12. Artikel „Obgleich der Messias sein Kommen verzögert, muss man stets an sein Kommen glauben", da die MJA in Jesus den bereits erschienen jüdischen Messias sehen.

Bis auf die Statements der Jews for Jesus nennen alle Bekenntnisse die Bezeichnung „Jeschua" und alle bezeichnen ihn als Messias und als Teil der Einheit Gottes. Die Gemeinde Adat Adonai allerdings bezeichnet Jesus als den, der „Gottheit besitzt".

Auch 63,2% der befragten messianischen Juden (N=117) und 69,2% der messianischen Nichtjuden (N=78) geben auf die Frage nach der Gottheit Jesu an: „Jesus ist Mensch und Gott zu beiden Teilen gleich“ (65,8% insg.).

Die Anzahl der Befragten der Fallstudie aber, die Jesus einen höheren menschlichen als göttlichen Anteil zusprechen ist mit insgesamt 14,5% der befragten messianischen Juden doch sehr hoch: 11,1% der befragten messianischen Juden vor allem aus dem Gemeindetypus C geben an „Jesus ist der von Gott am meisten bevollmächtigste Mensch“ (1,3% der MNJ, 7,1% insg.) und 3,4% der messianischen Juden (1,3% der MNJ, 2,6% insg.) äußern „Jesus ist mehr Mensch als Gott“.

Dagegen nennen 20,5% der messianischen Juden (24,4% der MNJ, 21,9% insg.) folgende Antwortkategorie: „Jesus ist mehr Gott als Mensch“ (insbesondere aus den Gemeinden des Typus A und B) und sprechen Jesus damit einen höheren göttlichen denn menschlichen Anteil zu.

Der letzte Satz des 2. Artikels (MJA) lautet: „Wir glauben, dass er ein sündloses Leben führte, viele Zeichen und Wunder tat [...] als Sündopfer für unsere Schuld starb und von den Toten auferstand“.

Inhaltlich ist allen weiteren Bekenntnissen gemeinsam, dass sie Jesu Erlösungswerk am Kreuz betonen. Die Gemeinde Adon Jeschua betont zudem, dass Gott bereits die „Erlösung vorhergesehen“ und seinen Sohn am „Kreuz von Golgatha geopfert“ und dadurch von den Sünden erkauft habe.

Fazit: Wie im System des christlichen Glaubens, erweitern die MJA die Vorstellung von Gott um den Glauben an Jesus und den Heiligen Geist. Der göttliche Anteil Jesu wird in dem Bekenntnis der Gemeinde Adat Adonai nicht explizit betont, was auch die Ergebnisse der Fallstudie widerspiegeln, denn knapp 15 % der Befragten betonen mehr die Menschlichkeit Jesu. 20,4% der messianischen Juden (aus den Gemeindetypen A und B) wiederum sprechen Jesus jedoch einen höheren göttlichen als menschlichen Aspekt zu.

Parusie Jesu

3. „Er ist jetzt bei Gott zur rechten Hand des Vaters und wird bald zurückkehren in Macht und Herrlichkeit“. Alle Bekenntnisse schließen sich hier den MJA an und gehen wie im christlichen Glauben von der baldigen Parusie Jesu und der Aufrichtung seines Königreiches aus. Dies unterscheidet sich wiederum von dem 12. Artikel des Maimonides.

Rettung vor dem Gericht Gottes durch die Konversion

4. „Wir glauben, dass jeder Mensch aufgrund seiner Sünde dem Gericht Gottes verfallen ist."

Andere Bekenntnisse betonen zudem, dass die sündigen Menschen entweder mit „unüberwindbare[r] sündiger Begierde geboren" werden (Adat Adonai) oder in ihrem Wesen Gott gegenüber in Rebellion befinden (CPM) und daher die Erlösung brauchen. Auch Maimonides betont in seinem 11. Artikel, dass der Mensch bestraft werden müsse („Gott belohnt den, der seine Gebote befolgt, und bestraft den, der sie übertritt").

Fortsetzung zum 4. Artikel: „[…] Rettung aus dem Gericht geschieht in der völligen Wiedergeburt durch den Heiligen Geist. Die Wiedergeburt zeigt sich im Glauben an den Messias Jeschua und in der Buße."

Das Glaubensbekenntnis der Gemeinde Adon Jeschuah konkretisiert, dass die Konversion nur „unter Einverständnis des Menschen im Gebet" geschehe, indem man die Sünden bekenne und bereue. Die Doktrinen der CPM und auch das Bekenntnis der Adat Adonai ergänzen an späterer Stelle, dass Juden und Nichtjuden gleichermaßen Jesus brauchen und dass wahre Gläubige in Jesus nicht mehr ihre Errettung verlieren könnten.

Auch die Befragten der Fallstudie sind sich ihrer Errettung sehr gewiss. Die Frage „Sehen Sie sich selbst als errettet für die Ewigkeit an?" wurde von 80,2% der messianischen Juden (N=116) und 91,8% der messianischen Nichtjuden (N=73, 84,7% insg.) bejaht. Und auf die Frage: „Welche Juden sehen Sie noch als erlöst an?" geben 68,9% der befragten messianischen Juden (N=106; 81,3% der MNJ von N=75; 74,2% insg.) an „nur die messianischen Juden, die das erwählte Volk Gottes darstellen".

17% der befragten messianischen Juden (5,3% der MNJ; insg. 12,1%) sehen aber „alle Juden aufgrund der Erwählung Israels von Gott" als erlöst an. Weitere 7,5% der messianischen Juden (und 8% der MNJ; insg. 7,7%) betrachten „alle Juden, die versuchen, das Gesetz des Alten Testamentes zu erfüllen" als errettet. Hinzu kommen 6,6% der messianischen Juden (und 5,3% der MNJ; insg. 6%), die „alle Juden, die durch das AT an Gott glauben" als errettet ansehen.

Fazit: Die MJA bekennen, dass alle Menschen aufgrund ihrer Sünde schuldig seien und nur durch die Konversion zu Jesus als dem Messias gerettet werden können. Aus einer vollzogenen Konversion resultiert eine hohe Gewissheit des zukünftigen Heils, so dass 80,2% der befragten messianischen Juden sich als errettet und 68,9% auch nur die messianischen Juden als „erlöst" ansehen. Dennoch gibt es ein empirisches Drittel (und 18,6% der MNJ), das auch den nicht konvertierten

Juden Errettung zuspricht, zum Beispiel, weil das Volk Israel von Gott erwählt ist (17%), weil Juden versuchen, das Gesetz des Alten Testamentes zu erfüllen (7,5%) oder weil Juden durch das AT an Gott glauben (6,6%).

Wirken des Heiligen Geistes

Den 5. Artikel der MJA „Wir glauben, dass der Heilige Geist auch heute wirkt. Er allein bewirkt, dass Menschen zum Glauben kommen und geistlich wachsen", ergänzt die (messianische jüdische) Stuttgarter Gemeinde mit der Aussage: „Wir glauben an die Gaben, Kraft und Salbung des Heiligen Geistes, die für den Bau der Gemeinde notwendig sind."[126] In den anderen schriftlichen Bekenntnissen heißt es übereinstimmend, dass der Heilige Geist den Menschen der Sünde überführe. Dadurch werde der Mensch erneuert und die Früchte des Heiligen Geistes werden bei jedem Gläubigen hervorgerufen. Der Empfang des Heiligen Geistes erfolge bei der Konversion, so das Bekenntnis der Gemeinde Adon Jeschua.

Durch den Heiligen Geist werde der messianische Jude „rein gewaschen und gereinigt" und „in den Leib des Messias eingefügt", so das Bekenntnis der Gemeinde Adat Adonai. „Gradmesser der Geistlichkeit" sei ein frommes Leben in Liebe und Dienst. Da das Leben des Gläubigen nicht von den Anfechtungen Satans ausgenommen sei, könne nur das „erfüllt sein mit dem Heiligen Geist" das Leben vervollkommnen und dadurch der Welt Gottes Herrlichkeit demonstrieren.

Auch die Befragten der Fallstudie sehen nicht nur Jesus, sondern auch den Heiligen Geist als einen Teil der Einheit Gottes an: 85,3% der befragten messianischen Juden (N=116) und 84,4% der messianischen Nichtjuden (N=77) geben auf die Frage: „Beten Sie auch zum Heiligen Geist?" an: „Der Heilige Geist ist ein Teil der Einheit Gottes, so dass mein Gebet zu Gott auch ein Gebet zum Heiligen Geist ist" (85,1% insg., N=194).[127]

Einige messianische Juden (aus den charismatischen Gemeinden des Gemeindetypus A) legen verstärkt Wert auf das Wirken des Heiligen Geistes: 6% der messianischen Juden und 10,4% der messianischen Nichtjuden (9,3% insg.) nannten auf die Frage: „Beten Sie auch zum Heiligen Geist? die Antwort „der Heilige Geist ist ein unabhängiger Teil Gottes, so dass ich ihn auch direkt anbete".

Fazit: In den MJA und allen anderen Bekenntnissen heißt es übereinstimmend, dass der Heilige Geist den Menschen der Sünde überführe und den Menschen erneuere. Die Gemeinden des Typus C betonen die Früchte des Heiligen Geistes, zum Bei-

---

126 Die Gemeinde Adat Adonai nennt als einziges Bekenntnis die Bezeichnung „Ruach hakodesch".

127 Weitere 5,6% der messianischen Juden (5,2% der MNJ) äußerten sich wie folgt: „Da der Heilige Geist nur eine Kraftwirkung Gottes ist, bete ich ihn nicht an" (5,7% insg.).

spiel ein geheiligtes frommes Leben, die charismatischen Gemeinden dagegen betonen eher die Gaben des Heiligen Geistes (Prophetie, Glossolalie etc.).

Rechtfertigung durch den Glauben

Der 6. Artikel der MJA lautet „Wir glauben an die Auferstehung der durch den Glauben Gerechtfertigten [...]. Die Artikel von Adon Jeschua konkretisieren, dass das Gesetz Mose gegeben sei, „um die Sündhaftigkeit des Menschen und die Unmöglichkeit der Erlösung durch das Halten des Gesetzes" aufzuzeigen. Des Weiteren weisen sie auf den Neuen Bund hin (Jer 31, 31-33), wenn sie betonen, dass die messianischen Juden heilig seien und das Gesetz in ihr Herz geschrieben sei. Auch die Glaubensgrundlagen der Adat Adonai betonen den neuen Bund:

> *„Das Gesetz des Mose hat nicht die Errettung vorgesehen. Als er den Juden die Tora als sein kostbares Geschenk gab, hatte der Herr das Ziel, Israel zum heiligen Dienst auszusondern und dieses Volk zur „königlichen Priesterschaft" zu machen. Aber dieses Ziel kann nur vollständig im Messias Jeschua erreicht werden, auf den das Gesetz verwiesen hat. Im Reich Gottes, unter der Herrschaft des Messias, wird das Gesetz auf vollständige Weise erfüllt sein."*

Die Gemeinden des Typus C betonen, dass das Volk Israel erst durch den neuen Bund, unter der Herrschaft Jesu zu einem priesterlichen Volk Gottes werden könne, wenn das Gesetz in ihr Herz geschrieben sei.

Auch das Gesetz betrachten die befragten messianischen Juden unterschiedlich: Der größte Teil (60,6%) der befragten messianischen Juden (N=109) und 39,7% der MNJ (N=73, insg. 52,2%) räumen dem Gesetz weiterhin eine nötige und gültige Maßstabsfunktion zum Handeln im alltäglichen Leben ein und antworten: „Das alttestamentliche Gesetz ist weiterhin nötig und gültig als Maßstab zum Handeln" (insbesondere aus den Gemeinden des Typus B und C). Etwa ein Drittel (34,9%) der befragten messianischen Juden (und 52,1% der MNJ) macht die Gültigkeit des Gesetzes von dem messianisch-jüdischen Glauben abhängig: „Durch Jeschuah hamaschiach kann man unterscheiden, welche Teile des alttestamentlichen Gesetzes weiter gültig und welche ungültig sind" (41,8% insg.). Dieser Teil ist den Gemeinden der Typologie B zuzuordnen.

Und nur ein geringer Teil (4,6% der MJ und 8,2% der MNJ, 6% insg.) antwortet auf die Frage: „Wie sehen Sie die Rolle des Tenachs, des alttestamentlichen Gesetzes seit Ihrem Glauben an Jeschua hamaschiach?" mit der Antwortkategorie

„Das alttestamentliche Gesetz ist durch den Glauben an Jeschua hamaschiach ungültig geworden (Gemeindetypus A).“[128]

Der Glaubensartikel der Adat Adonai verbindet an dieser Stelle zudem die Parusie Jesu mit der Aufrichtung seines Reiches. Auch die Glaubensaussagen der CPM konkretisieren einen prämillenaristischen Ablauf des Dispensationalismus (vgl. Kapitel 2.2.2.), so dass sich D. Justers Aussage über die messianisch-jüdische Theologie bestätigt: „Dispensationalism ist most related to the theology of messianic Judaism.“[129] Den eschatologischen Ablauf nehmen die meisten messianischen Juden in Deutschland wie folgt an: Nach der Entrückung der Gemeinde der an Jesus Glaubenden folge für Israel die Zeit der Trübsal. Bei der anschließenden Parusie Jesu werden alle noch lebenden Juden, Jesus als ihren Messias anerkennen und in seinem Reich herrschen. Israels Landverheißung gehe dann in Erfüllung und Israel werde zum Licht für alle Völker.[130]

Der letzte Satz des 6. Artikels der MJA lautet: „[Wir glauben...] an die ewige und selige Gemeinschaft mit Gott und Jeschua und dass alle anderen in ewiger Verurteilung und Qual bleiben“. Die Gemeinde Adat Adonai distanziert sich jedoch von dem Wissen um einen ungefähren Ablauf der letzten Geschehnisse: „Die Zeit der Ereignisse ist von Gott bestimmt und nur ihm bekannt.“

Fazit: Die Gemeinden des Typus C betonen, dass das Gesetz Mose gegeben wurde, um den Menschen ihre Sündhaftigkeit und die Unmöglichkeit einer vollkommenen Gesetzesobservanz zu zeigen. Erst durch den neuen Bund könne Israel zu einem priesterlichen Volk Gottes werden.

Die MJA und die meisten anderen messianisch-jüdischen Glaubensartikeln bekennen, dass die Parusie vor der Aufrichtung seines messianischen Reiches geschieht, so dass man von einem prämillenaristischen Dispensationalismus ausgehen kann.

Gemeinde der an Jesus Glaubenden

Der 7. Artikel der MJA lautet: „Wir glauben, dass alle an den Messias Jeschua Gläubigen geistlich in der Familie der Kinder Gottes verbunden sind, unabhängig von Nationalität oder Wohnort.“

---

128 Da eine Typologie typische Strukturen darstellt, kann hier davon ausgegangen werden, dass alle 6% zu der Typologie A gehören. Jedoch nicht alle aus der Typologie A nivellieren die Bedeutung des Gesetzes.

129 D. Juster, Covenant 26; ebenso: A. Fruchtenbaum, Eschatology and Jewish evangelism, in Mishkan 32 (2000), 32-42, in: http://www.caspari.com/pages/resources/Mishkan/pdf/mishkan32.pdf, Stand: 11.08.2007.

130 Vgl. Experteninterview mit W. Pikman, geführt am 12. 10. 2007.

Auch die Doktrinen der CPM bekennen, dass die an Jesus glaubenden Heiden die Miterben der jüdischen Gläubigen seien, wobei die CPM und die Statements der Jews for Jesus das Wort „Kirche" benutzen. Juden und Heiden sollten ermutigt werden, in Einheit zusammen zu leben und die kulturellen Unterschiede des anderen zu respektieren. Ebenso wird in den Glaubensaussagen der Gemeinde Adon Jeschua der Begriff „Versammlung der Gläubigen" benützt, synonym zu der Bezeichnung „ökumenische Gemeinde" und zu der Bezeichnung „wahrhaftiges geistiges Israel, das aus erlösten Juden und Nichtjuden besteht".

Die Glaubensaussagen der Adat Adonai betonen zudem, dass die Zugehörigkeit zu einer Gemeinde der Wille Gottes und ein Privileg für jeden messianisch-jüdischen Gläubigen sei. Die Gläubigen tragen Verantwortung vor Gott und voreinander, da der geistliche Sieg eines Einzelnen automatisch ein Segen für alle sei. Auch die Fallstudie, an der bezeichnenderweise 41% messianische Nichtjuden teilnahmen, zeugt von der geistlichen Verbundenheit messianischer Juden und Nichtjuden.

Dabei seien die Gemeinden der an Jesus Glaubenden der „sichtbare Ausdruck des Welt umfassenden Leibes" (Adat Adonai), jedoch nicht identisch mit Israel. Auch die Glaubensartikel der Gemeinde Adon Jeschua differenzieren zwischen dem „geistigen Israel" (Gemeinde aus den Gläubigen), welches das „gegenwärtige Israel" (Volk Israel) nicht ersetzt habe.

Fazit: Die MJA und die anderen Bekenntnisse betonen die Zugehörigkeit der messianischen Juden zu der Gemeinde aus Juden und Nicht-Juden, wobei jeweils kulturelle Unterschiede respektiert werden sollten. Die Gemeinden des Typus C richten sich insbesondere gegen die Substitutionstheologie und die Bündnistheologie.

Messianische Juden gehören zu Israel

Der 8. Artikel der MJA lautet: „Wir glauben, dass der Glaube eines Menschen seine Nationalität nicht ändert, und dass Juden, die an Jesus glauben, weiterhin zu Israel, dem auserwählten Volk Gottes gehören."

Deutlich wendet sich die Gemeinden Adon Jeschua (und sinngemäß auch Adat Adonai) wiederholt gegen die Substitutionstheologie: „Der Herr hat das Volk Israel nicht verlassen und ist auch heute dem Volke und seinem Wort treu. Die Versammlung der Gläubigen (die ökumenische Gemeinde) ersetzt Israel nicht." Jeder messianische Jude sei eine Bestätigung der bleibenden Erwählung, so die Glaubensgrundlagen der Gemeinde Adat Adonai und jede Form des Antisemitismus sei eine von Satan provozierte Sünde.

Fazit: Die MJA betonen, dass messianische Juden nicht nur zu der Gemeinde der an Jesus Glaubenden gehören, sondern auch zu Israel. Noch deutlicher wenden sich die Gemeinden des Typus C gegen die Substitutionstheologie und gegen jede Form von Antisemitismus.

Biblisch-jüdisches Erbe

Im 9. Artikel der MJA heißt es: „Wir glauben, dass an Jeschua gläubige Juden als Glieder des Volkes Israel und der geistlichen Familie der Kinder Gottes ihrem biblisch-jüdischen Erbe verpflichtet sind." Die Glaubensaussagen der CPM und die Statements der Jews for Jesus haben hier keinen entsprechenden Artikel. Die Glaubensgrundlagen der Gemeinde Adat Adonai betonen dagegen deutlich das jüdische Erbe:

> *„Eine Assimilation der Juden widerspricht dem Plan Gottes, der in der Bibel ausgelegt ist. Jegliche Versuche der Menschen, dies von den Juden zu verlangen, widersprechen Gottes Wünschen und sind sündig. Die messianischen Juden und auch die Gläubigen, die sich mit Israel identifizieren, können einen jüdischen Lebensstil führen und die jüdische Traditionen in einer für sie annehmbaren Weise aufrechterhalten, mit Ausnahme dessen, was der Schrift widerspricht."*

Fazit: Bei der Betonung des jüdischen Erbes gibt es Divergenzen zwischen den Missionswerken (CPM und Jews for Jesus) und den MJA, da die evangelikalen Werke diesen Passus nicht haben. Gerade die Gemeinde des Typus C jedoch betont die Einhaltung der jüdischen Traditionen und Lebensstiles, sofern dies nicht „der Schrift widerspricht".

Zionismus

Der 10. Artikel der MJA betont den Zionismus: „Wir unterstützen den Zionismus, das heißt das Recht für Juden, in Israel zu leben."

Dieser Artikel wurde von der messianischen jüdischen Stuttgarter Gemeinde nicht übernommen. Auch die Statements der Jews for Jesus, der DEA und die Gemeinde Adon Jeschua thematisieren diesen Artikel nicht. Die Doktrinen der CPM thematisieren „das Geschenk des Landes für das jüdische Volk".

Die Gemeinde Adat Adonai dagegen bekennt deutlich, dass Jesus bei der Errichtung des messianischen Reiches Israel das verheißene Land geben und so die Diaspora beenden werde. Auch dem heutigen Staat Israel messen die befragten messianischen Juden der Fallstudie eine immense Bedeutung bei. So antworteten auf die Frage: „Warum ist Ihnen der Staat Israel wichtig?" 59,4% der messianischen Juden „weil seine Gründung eine Tat Gottes ist".[131]

Fazit: Bei der Thematik des Zionismus gibt es Divergenzen, da die DEA, Jews for Jesus und die charismatische Gemeinde in Stuttgart den Passus nicht haben. Eine Gemeinde des Typus C und knapp 60% der messianischen Juden der Fallstudie betonen jedoch die Bedeutsamkeit des jüdischen Staates.

Messianisches Judentum als Fortsetzung des biblischen Judentums

Im 11. Artikel der MJA heißt es: „Wir glauben, dass messianisches Judentum heute die Fortsetzung des biblischen, rechtmäßigen Judentums ist."

Dieser Artikel wurde von der messianischen jüdischen Stuttgarter Gemeinde nicht übernommen und hat auch kein entsprechendes Pendant bei den Glaubensaussagen der CPM, den Statements of Faith der Jews for Jesus und bei der DEA.

Die Glaubensgrundlagen der Adat Adonai dagegen bezeichnen das messianische Judentum als die biblische und rechtmäßige Fortsetzung des „Judentums der Tora". Vor dem Kommen des Reiches Gottes gieße der Herr seinen Heiligen Geist auf die Juden „und sie werden alle Jeschua als den Messias anerkennen, und werden, indem sie an ihn glauben (d.h. als messianische Juden), in dieses Reich Gottes hineingehen".

Fazit: Wiederum divergieren hier die Glaubensartikel der MJA mit den Glaubensaussagen der CMP, Jews for Jesus, DEA und der (messianischen jüdischen) Stuttgarter Gemeinde, die keinen Passus über die Stellung des messianischen Judentums zum biblischen Judentum haben. Wogegen die messianische Gemeinde des Typus C das messianische Judentum explizit als biblische und rechtmäßige Fortsetzung des „Judentums der Tora" bezeichnet.

Biblisch-jüdische Wurzeln

Der 12. Artikel der MJA lautet: „Wir glauben, dass ein richtiges Schriftverständnis und ein darauf gegründetes Leben nur möglich sind, wenn wir die biblisch-jüdischen Wurzeln verstehen. Dadurch können heidnische Einflüsse, die das Christentum hindurch geprägt haben, erkannt und ausgesondert werden."

---

131 59,4% der MJ (N=121) und 79,2% der MNJ (N=77) antworteten „weil seine Gründung eine Tat Gottes ist" (68,4% insg.) und 36,4% der MJ und 13% der MNJ nannten die Aussage „weil ein Jude seine geistliche Heimat in Israel hat" (24,9% insg.). 6,6% der MJ und 7,8% der MNJ gaben an: „weil dort viele Juden leben" (6,5% insg.), 7,4% der MJ und 7,8% der MNJ empfinden den Staat Israel als „unwichtig" (6,9% insg.).

Dieser Artikel findet sich außer bei der Gemeinde Adat Adonai bei keinem weiteren Bekenntnis.

Fazit: Die MJA betonten als einzige Glaubensaussagen die biblisch-jüdischen Wurzeln und die Vermeidung heidnischer Einflüsse des Christentums.

Mission

Der 13. Artikel lautet: „Wir glauben, dass unsere biblische Verpflichtung darin besteht, die Wahrheit von Jeschua allen Menschen zu bringen, den Juden zuerst."

Dem stimmen alle Bekenntnisse zu, wie es ja auch schon in der Fallstudie deutlich wurde (82,4% erachten die Mission für unverzichtbar). Das Glaubensbekenntnis von Adon Jeschua drückt es wie folgt aus: „Die Nachfolger Jeschuas sind dazu berufen, lebendige Zeugen seiner Herrlichkeit zu sein und die frohe Botschaft der Erlösung, der messianischen Wahrheit zu verkünden". Messianische Juden benutzen dabei immer den Begriff der „Freundschaftsevangelisation" (vgl. Kapitel 5.4.1) und dass man sein Leben als Zeugnis führen solle, wie es auch Kjær-Hansen beschreibt:

> *„Die beste Evangelisationsmethode ist wohl nach alldem, dass man sein christliches Leben so führt, dass dadurch Fragen bei den Mitmenschen entstehen, dass, wenn man so will, Fragen provoziert werden. Die meisten messianischen Juden möchten ihrem Volk auf diese Weise begegnen […], von Mund zu Herz."*[132]

Fazit: Übereinstimmend bekennen die MJA und die evangelikalen Werke die Notwendigkeit der Evangeliumsverkündigung an Juden (zuerst) und an Nichtjuden.

5.4.3.2.2 *Zusammenfassung*

Messianische Juden betrachten die hebräische Bibel und das NT als eine untrennbare Einheit, als von Gott verbal inspiriert und daher als höchste Autorität für Leben und Handeln.[133]

Die MJA betonen ausdrücklich den trinitarischen Glauben an Gott, seinen Sohn Jesus und an den Heiligen Geist. Dadurch betrachten messianische Juden Gott als eine komplexe Einheit.[134] Jesus wird als der verheißene Messias Israels

---

132 Kjær-Hansen, Messianische Juden, 137.

133 Ebenso: Juster, Jewish Roots, 157-163; Hornung, Messianische Juden, 21.

134 Ebenso: Rausch, Messianic Judaism, 125.

betrachtet, wodurch betont wird, dass der Glaube an Jesus äußerst jüdisch ist. Divergierende Ergebnisse gibt es jedoch bezüglich der Göttlichkeit Jesu zu den Aussagen der Gemeinde des Typus C und zu den empirischen Ergebnissen: Der göttliche Anteil Jesu wird in den Bekenntnissen der Gemeinde des Typus C nicht explizit betont, zum Beispiel wird formuliert „Jesus besitzt Gottheit". Und 14,5% der befragten messianischen Juden betonen mehr die Menschlichkeit Jesu. 20,4% der messianischen Juden (aus den Gemeindetypen A und B) sprechen Jesus jedoch wiederum einen höheren göttlichen als menschlichen Aspekt zu.

Die MJA und die evangelikalen Bekenntnisse der anderen Organisationen bekennen die Soteriologie. Keine Divergenzen gibt es bei der Glaubensaussage, dass der Heilige Geist den Menschen der Sünde überführe und den Menschen erneuere und erfülle. Die charismatischen Gemeinden betonen zudem die Kraft, die Salbung und die Gaben des Heiligen Geistes, wogegen die Gemeinden des Typus C die Früchte des Heiligen Geistes betonen, die an einem frommen Leben zu erkennen seien. In allen Bekenntnissen gibt es auch Konsens darüber, dass man durch den Glauben und die Gnade gerechtfertigt werde. Doch der größte Teil der befragten messianischen Juden (60,6%) gesteht dem jüdischen Gesetz weiterhin eine nötige und gültige Maßstabsfunktion zum Handeln im alltäglichen Leben zu.

Aus der Konversion resultiert Heilsgewissheit. So betrachten sich 80,2% der befragten Juden als errettet. Daher ist es nicht verwunderlich, dass die meisten (68,9%) der Befragten auch nur die ebenfalls konvertierten Juden als erlöst ansehen. Übereinstimmend bekennen sich auch alle Bekenntnisse zur Mission an Juden.[135] Obwohl die MJA damit strikt zwischen den erlösten und den nicht erlösten Juden differenzieren, gibt es ein empirisches Drittel der Fallstudie (insbesondere aus den Gemeinden des Typus C), die auch den nicht konvertierten Juden Errettung zugestehen: zum Beispiel, weil das Volk Israel von Gott erwählt ist (17%), weil Juden versuchen, das Gesetz des Alten Testamentes zu erfüllen (7,5%) oder weil Juden durch das AT an Gott glauben (6,6%).

In allen Bekenntnissen werden die Züge des traditionellen, insbesondere prämillenaristischem Dispensationalismus erkennbar, da einerseits zwischen der Gemeinde aus den Nationen und zwischen Israel unterschieden wird. Messianische Juden betrachten sich zu beiden Gruppen mit ihren jeweiligen Verheißungen zugehörig.[136] Die MJA und die Gemeinden des Typs B betonen insbesondere die Zugehörigkeit zum Volk Israel. Des Weiteren wird die Parusie Jesu meist vor der Aufrichtung seines messianischen Reiches erwartet.[137]

---

135 Ebenso beschreibt COHN-SHERBOK für das amerikanische messianische Judentum, dass die Evangelisation das Herzstück der messianischen Bewegung sei. Vgl. COHN-SHERBOK, Messianic Judaism, 179; ebenso: HUTCHENS, A Case, 277; STERN, Manifesto, 4-5.

136 Ebenso: JUSTER, Jewish Roots, 157-163; HORNUNG, Messianische Juden, 21.

137 Ebenso: COHN-SHERBOK, Messianic Judaism, 169-172.

Die MJA und die Gemeinden des Typus C bekennen, dass das messianische Judentum die Fortsetzung des biblischen Judentums sei. Dazu betonen sie die Zugehörigkeit zum Volk Israel, das jüdische Erbe, die biblisch-jüdischen Wurzeln, den Zionismus und die Vermeidung heidnischer Einflüsse des Christentums. Diese fünf, somit typisch messianisch-jüdischen Artikel (8.-12.) haben in den Bekenntnissen der evangelikalen Werke und der messianischen jüdischen Gemeinde keine Entsprechung. Zudem wenden sich ausdrücklich ausschließlich die Gemeinden des Typus C gegen Antisemitismus und gegen die Substitutionstheologie.

5.4.3.2.3 *Theologische Einordnung*

Welche impliziten theologischen Ansichten sind in den Daten zu erkennen? Und wie lassen sich daher die „messianisch-Jüdischen Glaubensartikel" theologisch einordnen?

- Messianische Juden betrachten sich als theologisch bedeutsam, da sie die Erwählung Israels bestätigen (8. Artikel der MJA). Auch in Röm 9-11 wird deutlich, dass Paulus die Existenz von Judenchristen als Bestätigung der bleibenden Erwählung Israels gesehen hat: „Hat Gott etwa sein Volk verstoßen? Das sei ferne! Denn auch ich bin ein Israelit, aus der Nachkommenschaft Abrahams, aus dem Stamm Benjamin" (Röm 11,1).

- Messianische Juden betrachten sich ferner zu der Gemeinde aus den Nationen und dem Volk Israel zugehörig (7., 8. und 9. Artikel der MJA). Sie seien einerseits durch ihre Abstammung mit dem jüdischen Volk und als an Jesus glaubende Juden mit der Gemeinde Jesu verbunden.

- Messianische Juden glauben, dass eine Konversion nicht die Zugehörigkeit zum jüdischen Volk schmälert (8. Artikel).

- Messianische Juden glauben, dass der Rückbezug auf die biblisch-jüdischen Wurzeln (11. und 12. Artikel) es ermöglicht, sich als „rechtmäßige, biblische Juden" (11. Artikel) zu bezeichnen.

- Die Unterstützung des „biblischen Zionismus" (10. Artikel) resultiert aus dem prämillenaristischen Glauben, dass messianische Juden als Teil des Volkes Israel auch an den Landverheißungen teilnehmen werden.

Bei einem Vergleich der MJA mit dem christlichen Bekenntnis im Apostolischen Glaubensbekenntnis fällt zum Beispiel auf, dass nicht die Bezeichnungen „Jesus Christus“ und „heilige christliche Kirche“ genannt werden. Auch wird das Passions- und Ostergeschehen in den MJA nicht so ausführlich beschrieben. Aber es gibt folgende grundlegende Gemeinsamkeiten: Gott als Schöpfer, die Trinität Gottes, Jesus von einer Jungfrau geboren, Soteriologie, Vergebung der Sünden, Jesus sitzt zur Rechten des Vaters, Parusieerwartung, „Gemeinschaft der Heiligen“, Auferstehung der Toten. Die MJA weisen zusätzlich das Bekenntnis der Verbalinspiration des Wortes Gottes auf, die persönliche Bekehrung oder Wiedergeburt, die Rechtfertigung allein durch den Glauben sowie die typischen messianisch-jüdischen Artikel (8.12.).

Volle Übereinstimmung der MJA gibt es aber mit den Grundzügen des evangelikalen Glaubens (vgl. Kapitel 2.2.2). Die MJA betonen die persönliche Konversion im Glauben an Jesus durch den Heiligen Geist, die Verbindlichkeit der Bibel, weil sie als das wörtlich inspirierte Wort Gottes bekannt wird, die biblische Heiligung des persönlichen Lebens, die Ausrichtung auf die Wiederkunft Christi, die vor dem großen Gericht erwartet wird' die Evangelisation unter allen Völkern und die Gemeinschaft der Gläubigen. Dadurch haben die messianisch-jüdischen Glaubensartikel“ eine größere Schnittmenge mit dem evangelikalen Glauben.

Die MJA lassen sich somit den christlichen, insbesondere evangelikalem Bekenntnis zuordnen, stellen aber mit den fünf messianisch-jüdischen Artikeln eine Besonderheit dar.

5.4.3.2.3 *Gepflegte Semantik*

Insbesondere in den MJA lässt sich nun die „gepflegte Semantik“ des religiösen Systems erkennen. Neben der geschilderten Übernahme zahlreicher Glaubensinhalte aus dem christlich-evangelikalen Bereich, kommt es zu einer neuen Semantik, die sich auf die spezielle messianisch-jüdische Kommunikationsstruktur eingestellt hat (vgl. Kapitel 5.3.3.2).

Eine gepflegte Semantik muss trotz aller impliziten Bedeutungen immer flexibel auf Veränderungen in der religiösen Kommunikation eingehen können. Dabei verlaufen Semantik und religiöse Kommunikation immer zirkulär: Die Veränderung der Semantik hängt von der Kommunikationsstruktur ab und gleichzeitig bestimmt die Semantik den Erfolg der veränderten Kommunikationsstrukturen.[138] Dies zeige ich am Beispiel der speziellen messianisch-jüdischen Glaubensartikel auf:

---

138 Vgl. LUHMANN, Gesellschaftsstruktur Bd. 1, 19f.; BARALDI, Art. Semantik, 170.

Die christlich-evangelikalen Glaubensstrukturen mussten den Begrifflichkeiten der messianisch-jüdischen Semantik angepasst werden, zum Beispiel wurde aus „Jesus (Christus)" „Jeschua (Messias/hamaschiach)", wobei die zu vermeidenden Begriffe „Christ/christlich" zwar nicht aufgeschrieben werden, aber dennoch in ihrer theologischen Bedeutung bestehen bleiben (Christus = Messias).

Da zudem die Konversion ausschlaggebend für das Verständnis der messianisch-jüdischen Semantik ist, wird ihre Notwendigkeit mehrfach betont (Artikel 4, 5) und die Konsequenzen ihrer Unterlassung dargelegt (Artikel 6). Dass die Konversion als Zeichen für die Zugehörigkeit zum messianisch-jüdischen Systems (Inklusion) gilt, zeigt sich im 7. Artikel, der die Einheit der an den „Messias Jeschua Glaubenden" in der „Familie der Kinder Gottes" betont. Im messianisch-jüdischen System besteht folglich auch eine hohe Exklusion derer, die nicht konvertiert sind.

Doch der Missionsauftrag an Juden gehört ebenfalls zur gepflegten Semantik, da die Juden durch ihre potentielle Konversion Mitglieder des messianisch-jüdischen Systems werden und dessen Fortbestand sichern könnten.

Da in der religiösen Kommunikation immer wieder die jüdische Identität betont wird, übernehmen messianische Juden in ihrer „gepflegten Semantik" diese Struktur. Dadurch bestimmt diese veränderte Semantik auch die nächsten Kommunikationsthemen, zum Beispiel dass „Juden, die an Jesus glauben, weiterhin zu Israel, dem auserwählten Volk Gottes gehören" (8. Artikel) oder „Wir glauben, dass an Jeschua gläubige Juden Glieder des Volkes Israel [sind]" (9. Artikel). Der Erfolg dieser neuen Kommunikationsstruktur „Zugehörigkeit zu Israel" ist gleichzeitig abhängig von der veränderten „gepflegten Semantik" mit folgenden Indikatoren: Verpflichtung zu dem „biblisch-jüdischen Erbe" (9. Artikel), Unterstützung des Zionismus (10. Artikel), Betonung der „biblisch-jüdischen Wurzeln" und Aussonderung „heidnischer Einflüsse, die das Christentum geprägt haben" (12. Artikel).

Ob dies praktisch umgesetzt werden kann, hängt wiederum von den Beteiligten ab. So entspricht der Gemeindetyp A nicht immer dieser geforderten Semantik, da er weniger jüdische Elemente übernommen hat. Solche Variationen innerhalb der Semantik eines Systems sind aber durchaus wichtig und nötig, damit die Systemgrenzen deutlich werden.

5.4.4 Jüdische Feste mit messianischer Bedeutung

„Die Gemeinde feiert die biblischen Feste im Sinne ihrer messianischen Bedeutung"[139] heißt es in der Gemeindesatzung der messianisch-jüdischen Gemeinde

139 A. Uschomirski et al, Satzung der Gemeinde Schma Israel, Stuttgart, 1, bisher nicht veröffentlicht. Übersetzung aus dem Russischen von A. Dyskine, 28.11.1998. Überarbeitet am 23.12.1998 von H. Renz.

„Schma Israel“. Doch woran lässt sich biblisch-jüdisches Erbe bei der Ausübung der Feste erkennen? Und was ist die messianische Bedeutung der jüdischen Feste? Diesen Fragen möchte ich im nächsten Kapitel nachgehen.

Das Bewusstsein der jüdischen Identität ist aus der jahrhundertelangen Schicksals- und Glaubensgemeinschaft entstanden. Traditionen und das Feiern der Feste in der Familie und Synagoge werden als Zusammenhalt, aber auch als Abgrenzung zu anderen Religionen und Völkern gesehen. Das Feiern der jüdischen Feste ist auch ein regelmäßiger Bestandteil des messianisch-jüdischen Gemeindelebens und stellt einen weiteren Aspekt der religiösen Kommunikation dar.

Bei der offen gestellten Frageformulierung: „Welche jüdischen Feste halten Sie für wichtig im messianischen Gemeindeleben?” nannten die befragten messianischen Juden und Nichtjuden folgende jüdischen Feste (N=163)[140]: Pessach (88,3%), Sukkot (63,8%), Jom Kippur (58,3%), Ro´sch ha-Schanah (56,4%), Chanukkah (53,4%), Schawu´ot (50,3%), Purim (49,1%), Simchat Tora (29,4%).[141] Bei jedem genannten Fest war der Anteil der messianischen Juden zwischen 0,3% bis sogar 26,8% höher vertreten als der Anteil der messianischen Nichtjuden. Besonders deutlich wird dies bei den Festen Purim und Ro'sch ha-Schanah. So lautete die Prioritätenreihenfolge der Feste bei den messianischer Juden: Pessach (86,9%), Ro'sch ha-Schanah (64,5%), Sukkot (63,3%), Jom Kippur (59,8%), Purim (55,1%), Chanukkah (54,2%), Schawuʿot (48,6%) und Simchat Tora (30,8%). Bei den messianischen Nichtjuden dagegen lautete die Reihenfolge: Pessach (85%), Sukkot (58,3%), Jom Kippur (50%), Schawuʿot (48,3%), Chanukka (46,7%), Purim (33,3%), Ro'sch ha-Schanah (37,7%) und Simchat Tora (23,3%).

Bei den messianischen Nichtjuden nehmen somit die biblisch nicht gebotenen Feste die vier letzten Plätze ein.[142] Messianische Juden dagegen nennen zum Beispiel Ro'sch ha-Schanah als zweithäufigstes und Purim und Chanukkah noch öfter als Schawuʿot. Die folgenden Darstellungen veranschaulichen die Häufigkeiten der genannten jüdischen Feste von messianischen Juden und Nichtjuden.

140 Ingesamt machten 163 Personen 732 Angaben, so dass jede Person somit im Durchschnitt ca. vier jüdische Feste nannte.

141 86,9% der befragten MJ (N=103) und 85% der MNJ (N=60, 88,3%) nennen Pessach. 63,3% der MJ (58,3% der MNJ, 63,8% insg.) nennen Sukkot. Jom Kippur wird von 59,8% der MJ (50% der MNJ, 58,3% insg.) genannt. 64,5% der MJ (37,7% der MNJ, 56,4% insg.) nennen das Fest Ro'sch ha-Schanah. Chanukkah wird von 54,2% der MNJ (46,7% der MNJ, 53,4% insg.) genannt. 48,6% der MJ (48,3% der MNJ, 50,3% insg.) nennen Schawuʿot. Das Fest Purim wird von 55,1% der MJ, aber nur von 33,3% der MNJ genannt (49,1% insg.). Simchat Tora nennen 30,8% der befragten MJ (23,3% MNJ, 29,4% insg.).

142 Obwohl Ro'sch ha-Schanah als „Fest der Posaunen“ in Lev 23,24 geboten wird, gilt das jüdische Neujahrsfest oft als biblisch nicht gebotenes Fest. Vgl. Kapitel 5.4.4.4.

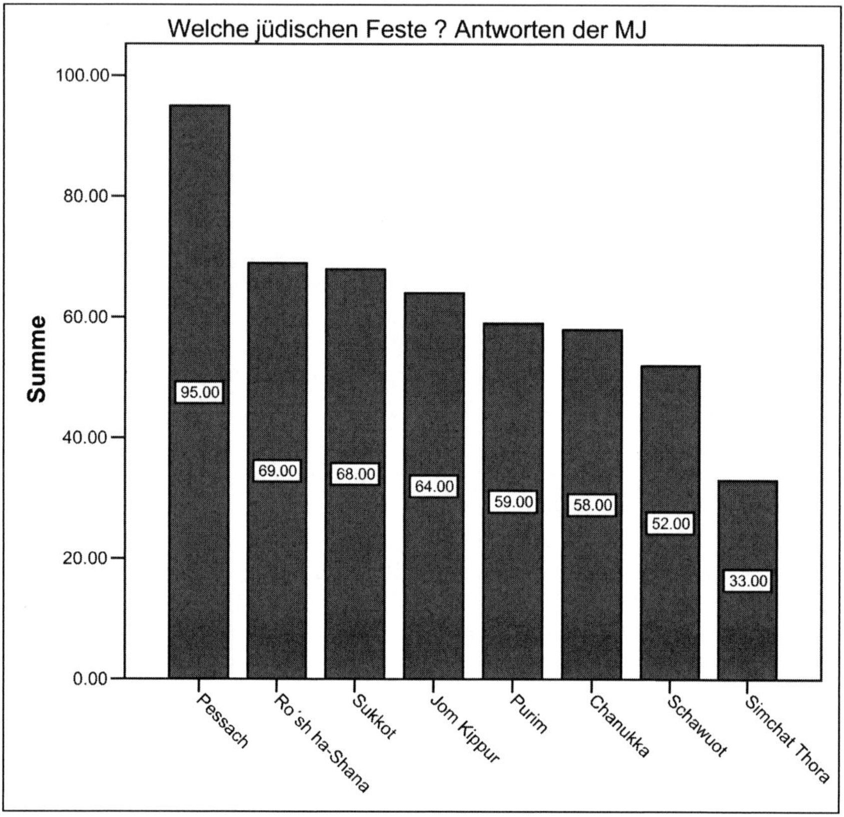

Abb. 5.4.4 – 1 Häufigkeit der Nennung jüdischer Feste von MJ und MNJ im Vergleich

5.4.4.1 Pessach

„The seder serves as a metaphor for Messianic Judaism in general [...]."[143] Diese Aussage Fehers über das Pessachmahl in einer nordamerikanischen messianisch-jüdischen Gemeinde soll für die Gemeinden in Deutschland überprüft werden.

Das Pessach wurde nach der Befreiung des Volkes Israel aus Ägypten als Erinnerung an die Erlösung aus der Knechtschaft am 14. Nissan gefeiert. Im Land Kanaan fielen Pessachfest und das Fest der ungesäuerten Brote (Num 23, 9ff), ein Frühlingsfest der seßhaften Bauern, zusammen. Im Zuge der josianischen Reform

143 FEHER, Passing over Easter, 20.

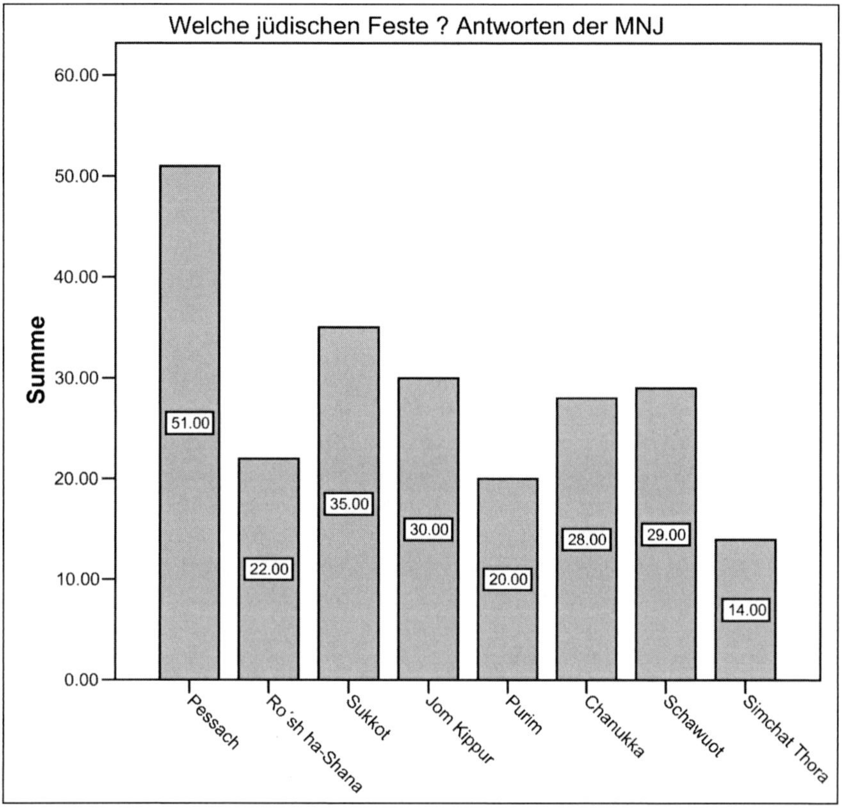

621/622 v. Chr.,[144] der Zentralisierung von Gottesdienst und Kult in Jerusalem (2. Kön 22+23), wurde das Schlachten des Passahlammes in den Tempelopferkult integriert und dadurch zum Gemeinschaftsopfer (Ex 12, 27; Dt 16; 3, Num 3, 1-5; 2. Chron 35, 1-19).

Das Pessachfest wird in der Fallstudie von 86,9% der befragten messianischen Juden und 85,0% der messianischen Nichtjuden als wichtiges Fest im Gemeindeleben genannt. Anhand von fünf verschiedenen schriftlich fixierten Pessachhaggadot, den Gebetsordnungen für einen Pessachabend der messianischen Bewegung

144 Josianische Reform, ca. 621 v. Chr. zur Regierungszeit des Josia (641/40–609): Annahme eines priesterlichen Gesetzbuches (Urdeuteronomium), Säuberung des Tempels in Jerusalem, Entfernung und Zerstörung von Gegenständen und Geräten assyrischer Kulte, alle Heiligtümer im Land wurden für unrein erklärt und alle Priester nach Jerusalem befohlen.

Deutschlands, und meinen Aufzeichnungen der teilnehmenden Beobachtungen,[145] stelle ich einen strukturellen Ablauf eines Pessachfestes dar, wobei ich auch die Unterschiede zu einer jüdischen Sederfeier kennzeichne.

Zunächst begrüßt der Gemeindeleiter die Besucher in einem festlich geschmückten Raum mit einem fröhlichen „Shalom. Hag Sameach". Vorher erfolgt keine rituelle Suche nach gesäuertem Brot, welches dann entfernt wird (Biur Chametz), obwohl in manchen Gemeinden darauf hingewiesen wird, dass Sauerteig ein Sinnbild für die Sünde sei, von der man sich reinigen solle (1. Kor. 5, 7-8).[146] Die Pessachkerzen werden angezündet und der Leiter spricht das traditionelle Gebet: „Gelobt seist du, Ewiger, unser Gott, König der Welt, der uns bis zu dieser Zeit geführt und geschützt hat."[147]

Kadesch: Zunächst wird der traditionelle Kidduschsegen über den ersten von vier Bechern Wein gesprochen („Gelobt seist du [...], der die Frucht des Weinstockes schafft"). Dann sprechen messianische Gemeindeleiter das traditionelle Dankgebet über die Erwählung des Volkes Gottes und die Bestimmung der Festzeiten. Dabei sehen sie den Bezug zu Jesus: „[...] zum Andenken an unseren Auszug aus Ägypten und Sühne durch das Opfer von Jeschua ha Maschiach".[148] Braker (Hannover) spricht folgendes Gebet: „Gelobt seist du Ewiger, unser Gott, der du deinen eingeborenen Sohn gegeben hast, Jesus, den Messias als unser Passalamm, um an unserer Stelle geopfert zu werden". Anschließend trinken die messianischen Besucher den ersten Becher Wein oder Traubensaft und der Gemeindeleiter führt die rituelle Waschung der Hände durch.[149]

Karpas: Der Gemeindeleiter betont, dass die Erdfurcht (Karpas: meistens Petersilie, Radieschen oder Sellerie) von Gott geschenktes Leben symbolisiert. Mit dem traditionellen Segensspruch („Gelobt seist du [...], der du die Erdfrucht schaffst") wird die Einnahme der Erdfrucht eingeleitet. Durch das Eintauchen der Erdfrucht in das Salzwasser gedenken messianische Juden einerseits an den Ysop, mit dem das Blut des Lammes an die Türpfosten verteilt wurde (Amzi). Andere messianische Juden

---

145 Amzi (Hrsg.), Messianische Haggada. Liturgischer Leitfaden für eine Messianische Passafeier, Reinach; H. Obrist (Hrsg.), Feste Israels mit messianischer Haggada, Reinach 2006; A. Uschomirski et al., Messianische Haggada, Deutsch und Russisch, Stuttgart, nicht veröffentlicht; BSSE (Hrsg.), Pessach-Haggada, Berlin, nicht veröffentlicht; Edi (Hrsg.), Leitfaden (Haggada) für einen christlichen Sederabend an Passa, 2004, nicht veröffentlicht; H. Fischbein, Pessach, in: http://www.adon-jeschua.de/russisch/pesah-ru.htm, München, Stand: 23.08.2007 (Russisch), handschriftliche Mitschriften der Verfasserin bei drei verschiedenen Sederabenden.

146 Vgl. D. Meyer, Eine messianische Passa-Feier, in: Amzi (Hrsg.), Messianisches Zeugnis 3 (1999), 9-10; Obrist, Feste Israels, 57.

147 BSSE, Haggada. Obrist (Amzi) schlägt den Segensspruch der Frau des Hauses vor: „Gelobt seist du, Ewiger, unser Gott, König der Welt, denn du hast uns angenommen durch deine vergebende Liebe und hast uns erlaubt, die Festkerzen anzuzünden!. Vgl. Obrist, Feste Israels, 55.

148 BSSE, Haggada, 2; ähnlich Edi, Leitfaden, 5; Obrist, Feste Israels, 58.

149 Obrist schlägt hier die Waschung der Hände und Füße (Ur'schatz) und die Lesung von Joh 13,12-14 vor. Vgl. Obrist, Feste Israels, 59.

erinnern an die Tränen der Knechtschaft (Amzi, BSSE, Schma) und an das Salzwasser des Schilfmeeres (Amzi, BSSE). Die Gemeinden des BSSE erinnern zusätzlich an das Versprechen Jesu, dass er jede Träne abwischen werde (Off 21, 4).

Yachaz: Der Gemeindeleiter entnimmt aus der mittleren Abteilung der „Mazzatasch" (jiddische Bezeichnung der speziellen Tasche für die Mazzen mit drei Abteilungen) eine Mazza (ungesäuertes Brot aus Wasser und Mehl) und bricht sie in zwei ungleichgroße Stücke. Manchmal erklärt der Gemeindeleiter an dieser Stelle die rabbinische Deutung der Mazzen (Einigkeit des Volkes Israel = unterste Mazza, mittlere = Leviten, oberste Mazza = Priester oder erinnert an die drei Patriarchen Abraham, Issak und Jakob.[150] Hervorgehoben wird jedoch meist die messianisch-jüdische Interpretation:

> *„Wir, die an Jeschua glauben, sehen darin ein Symbol der wunderbaren Einigkeit, in der sich der Allerhöchste gezeigt hat: Gott Vater, Jeschua hamaschiach und Ruach ha Kodesch […]. Gesegnet seist du Herr, unser Gott, der das Volk Israel geschaffen und sich ihm und der ganzen Welt in seiner wunderbaren Einigkeit gezeigt hat."*[151]

Der Gemeindeleiter versteckt den größeren Teil versteckt als „Afikoman"[152] in einer Serviette in dem Festraum. Viele Gemeinden machen daraus ein Versteckspiel für die anwesenden Kinder.

Magid, Lesung der Haggada: Zunächst wird die Schüssel mit den bedeckten Mazzen hochgehoben und feierlich die traditionelle Einladung gesprochen.[153] Zusätzlich verweist der Leiter darauf, dass nur Jesus von der Knechtschaft der Sünde befreien kann. Die Gemeinden des BSSE lesen dazu Joh 8, 31-36 und der Leiter ergänzt: „Er befreit uns durch den Glauben an Jeschua hamaschiach. Er schenkt uns die Freiheit. In diesem Jahr kämpfen wir mit Sünden, im nächsten Jahr aber – besiegen wir sie. In diesem Jahr wissen wir über unsere Freiheit – in nächstem Jahr spüren wir die ganze Kraft.[154]

---

150 Vgl. Obrist, Feste Israels, 60.

151 Vgl. BSSE, Haggada, 3; ähnlich Amzi, Haggada, 7 und Edi, Leitfaden, 5.

152 Griechisch: „Hinzugekommene", „das Kommende, „das was später kommt". Die Rabbinen dachten, es bedeute „Nachspeise" oder „Unterhaltungen nach dem Mahl". Deshalb wurde der Brauch eingeführt, nach dem Mahl ein Stück Mazza zu essen. Vgl. Shire, Haggada. 40.

153 „Das ist das armselige Brot, das unsere Vorfahren im Lande Ägypten gegessen haben. Wer hungrig ist, komme und esse mit uns; wer bedürftig ist, komme und feiere das Pessachfest mit uns. Dieses Jahr hier, das nächste Jahr im Lande Israel, dieses Jahr als Sklaven, nächstes Jahr als freie Menschen."

154 BSSE, Haggada, 4.

Nach dem Eingießen des zweiten Bechers stellt der jüngste Teilnehmer die traditionellen Fragen.[155] Der anschließende traditionelle Satz über Gottes machtvollen Auszug aus Ägypten[156] wird entweder vollständig (AMZI, Schma, BSSE) oder verkürzt von der Gemeinde als Antwort gesprochen.[157] Die Gemeindeleiter des BSSE schließen mit folgender Erklärung: „Darum, wären wir auch alle weise […], so ist es dennoch unsere Pflicht, vom Auszug aus Ägypten und über unseren Erretter – Jeschua hamaschiach zu erzählen und jeder, der ausführlich darüber erzählt, ist lobenswert."[158] Meist liest nun ein Mitarbeiter traditionelle Textpassagen aus der Tora vor.[159]

Gemeinsam tauchen der Leiter und die Besucher den kleinen Finger in ihr Weinglas und verspritzen die Weintropfen. Bei jedem Weintropfen zählen sie die zehn Plagen Ägyptens auf. In den Gemeinden des EDI entfällt dieser Teil jedoch.[160]

Anschließend erfolgt das Lied Dajenu („Uns hätte das gereicht"),[161] wobei in den Gemeinden des BSSE eine zusätzliche Strophe angehangen wird: „Hätte er das alles uns nicht gegeben, doch uns nur Jeschua hamaschiach gegeben –Dajenu–, uns hätte das mehr als gereicht."[162] Bei AMZI heißt es abschließend: „Sogar Jesus, den Messias, hat Er uns gebracht, um für all unsere Sünden zu sühnen, glückselig sind wir."[163] Anschließend erfolgt die Lesung aus Exodus 12,1-14 über die Anweisungen zur letzten Nacht vor dem Auszug.

Nach den traditionellen Worten von Rabbi Gamliel („Wer an Pessach nicht diese drei Dinge erwähnt, kommt seiner Pflicht nicht nach. Diese sind es: das Pes-

---

155 „Warum ist diese Nacht so anders als alle anderen Nächte? Alle anderen Nächte essen wir normalerweise gesäuertes Brot, aber warum essen wir heute nur ungesäuertes Brot? In allen anderen Nächten essen wir sämtliche Kräuter. Warum essen wir heute nur die bitteren Kräuter? In allen anderen Nächte tauchen wir die Kräuter nicht ein, warum tun wir es in dieser Nacht gleich zweimal? In allen anderen Nächten können wir im Liegen oder im Sitzen speisen. Warum essen wir in dieser Nacht nur liegend?"

156 „Wir waren Knechte des Pharao in Ägypten und der Herr, unser Gott, hat uns von dort mit starker Hand und mit machtvollem Arm herausgeführt. Hätte Gott – Gottes Heiligkeit sei gepriesen – unsere Vorfahren nicht aus Ägypten herausgeführt, würden wir immer noch dem Pharao in Ägypten versklavt sein, – wir, unsere Kinder und Enkelkinder.

157 Die Gemeinden des EDI verweisen in einem kurzen Satz auf den Auszug. Dann betonen sie, dass Jesus das Brot ebenso gegessen habe. Vgl. EDI, Leitfaden, 6.

158 BSSE, Haggada, 5.

159 Ex 1, 8-14; 3,1-10; 7,1-5; 9,13-16; 11, 1; 12, 21-42; 13, 8,14; Dtn 26, 1+5-9; Jos 24, 2-4. In manchen Gemeinden wird Joh 3, 16 und 1.Kor 6,11 ergänzt.

160 OBRIST empfiehlt hier die Lesung von Ex 12, 1-8+12-14. Vgl. OBRIST, Feste Israels, 63.

161 Das Dajenu ist eine spätantike Dichtung über die Wundertaten Gottes, die immer mit dem Ruf Dajenu unterbrochen wird, um die Genügsamkeit des Volkes Israels herauszustellen. Vgl. C. LEONHARD, Pessachhaggada und Osternacht. Gegenseitige Beeinflussung von jüdischer und christlicher Liturgie, in: Kirche und Israel 16 (2001), 45-47.

162 BSSE, Haggada, 9.

163 AMZI, Haggada, 13.

sachopfer, ungesäuertes Brot und Bitterkraut"), folgen individuelle Erklärungen der Gemeindeleiter über die Bedeutungen der Bestandteile des Pessachmahls. Mit Verweis auf den Lammknochen (Seror) wird Jesus als Lamm bezeichnet, das zur Schlachtbank geführt wird. Den Bezug zu Jesaja 53 stellen hier die Gemeinden des BSSE und AMZI (auch OBRIST) her. Zudem spricht der Leiter die Worte aus Joh 1,29 („Siehe, das ist Gottes Lamm, das der Welt Sünde trägt"). Die Festteilnehmer verweisen auf die Erlösung durch Jesus:

> *„Und genauso wie die Israeliten das Blut der Passahlämmer im Glauben an die Türpfosten strichen, so muss auch das Blut des Messias an unsere Herzenstüren gestrichen werden [...] Ja, durch den Glauben an Jesus Christus wurden wir von der Sünde erlöst."*[164]

In der Gemeinde Schma Israel stellt A. USCHOMIRSKI zum Pessachfest 2006 ebenfalls einen deutlichen Bezug zu den Festteilnehmern her:

> *„Gott, der unsere Vorfahren aus Ägypten herausführte, ist noch derselbe. Er fragt uns heute an diesem Pessachfest: Wie sehen die Pfosten und Schwellen deines Herzens aus? Tragen sie das Zeichen, dass dich vom Gericht erretten kann?"*[165]

In der Gemeinde Schma Israel und in Hannover vergleicht der Leiter die ungesäuerten durchlöcherten Mazzen mit dem sündlosen und durchbohrten Körper Jesu mit Verweis auf Jes. 53, Sach. 12, 10 und Ps 22, 16-17.[166] In den Gemeinden des BSSE fordern die Leiter die Besucher auf, ihr eigenes Leben ohne Sünde zu leben mit dem Hinweis auf 1. Kor 5, 7-8.

Dann werden die bitteren Kräuter (Maror: geschnittener oder geriebener Lattich) traditionell mit Ex 1,14 erklärt. Die Gemeinden des BSSE weisen darauf hin, dass die Befreiung von der bitteren Sünde nur durch Jesus erfolgen könne (Rö 3,

---

164 OBRIST, Feste Israel, 64. OBRIST verweist auch deutlich auf die Erlösung Gottes von der Sklaverei der Sünde (1. Petr 1,18 und 2. Kor 5,20). Vgl. OBRIST, Feste Israel, 67. Ebenso deutlich verweist die Gruppe in Essen auf die Annahme des Glaubens: „So wie meine (unsere) Vorfahren das Blut des Lammes an die Türpfosten streichen mussten, um vor Gottes Gericht gerettet zu werden, muss jeder von uns das Blut von Messias auf die Türpfosten unseres Herzens streichen. Wenn wir diesen Schritt des Glaubens tun, dann wird der Tod, das Gericht an uns vorbeigehen, wenn wir das nicht tun, dann wird dieses Gericht bleiben. Und das ist das Evangelium". A. SNYDER am 25.04.2005 in Essen.

165 A. USCHOMIRSKI, Denn das Blut ist die Entsühnung, in: EDI (Hrsg.) GESANDT 35 (2006), Nr. 3, 3.

166 BSSE vergleicht zudem die braunen Abbrennungen des Mazzabrotes mit den Spuren von Schlägen und OBRIST die Streifen mit den Wunden Jesu. Vgl. BSSE (Hrsg.), Pessach. Fest der Mazza, in: BSSE (Hrsg.), KOL HESED 2 (2005), 5; ähnlich: OBRIST, Feste Israel, 75.

23-25) und die Gemeinde Schma Israel und die Gemeinden von Amzi vergleichen die Maror mit dem bitteren Leiden Jesu (Joh 19, 29-30).

Im Wechsel sprechen Leiter und Gemeinde die Hallelpsalmen Psalm 113 (und 114). Die Gemeinden des BSSE ergänzen hier anschließend:

> *„Herr, unser Gott, unser Vater, du hast uns von der Sünde befreit, durch die Gabe von Jeschua hamaschiach, den du unseren Vätern versprochen hast. Du hast uns das Leben im Überfluss geschenkt. Wir werden unseren Kontakt mit dir in der Ewigkeit genießen. Wir werden dich ewig im neuen Jerusalem preisen.“*[167]

Der Leiter spricht den Weinkiddusch und die Festgäste leeren den zweiten Becher Wein.

Rachza: In den Gemeinden des BSSE und in der Gruppe von Juden für Jesus waschen nun die Teilnehmer ihre Hände. In den Gemeinden des BSSE liest der Leiter Jes 1,15-16 und Jak 4,8 vor und schließt mit dem Segen ab: „Gelobt seist du [...], der du uns durch den Glauben an Jeschua hamaschiach geheiligt und uns das Händewaschen befohlen hast.“[168]

Mozi-Mazza: Alle Teilnehmer sprechen gemeinsam den Brotsegen über die emporgehobenen Mazzen. Manche Leiter erinnern in Bezug auf das Salz, das auf die Mazzen gestreut wird, an den Bund Gottes mit den Menschen (3. Mose 2, 13) und daran, dass man das ewige Leben empfangen kann, wenn man den Glauben an Jesus annimmt.[169]

Maror (z. B. Lattich) und Charosset (süßes Mus aus Äpfeln, Nüssen und Zimt, in Rotwein gemischt): Die Gemeinde spricht den traditionellen Segensspruch über die Bitterkräuter („Gelobt seist du [...], denn du hast uns angenommen durch deine vergebende Liebe und hast uns geboten, bittere Kräuter zu essen“) und die Teilnehmer nehmen das Bitterkraut ein. Der Leiter erinnert bei der Schärfe des Marors an die Bitterkeit der Sklaverei, Obrist erinnert an den Verrat Jesu durch Judas[170] und die Gemeinden des BSSE denken an die „Todesbitterkeit Jesu“.[171] Das Charosset wird traditionell mit dem Lehm verglichen, mit dem die Ziegel für den Pharao in Ägypten hergestellt wurden. Die Gemeinden des BSSE vergleichen zudem den süßen Beigeschmack des Charossets mit der Erlösung durch Jesus von der bitteren Sünde:

---

167 BSSE, Haggada, 13.

168 BSSE, Haggada, 14.

169 Vgl. BSSE, Pessach. Fest der Mazza, 5.

170 Obrist, Feste Israels, 72.

171 BSSE, Haggada, 15.

„Lasst uns die Bitterkeit sogar versüßen. Sklaverei probieren und uns daran erinnern, dass unser Leben in der Sünde ohne Gott unerträglich bitter war, obwohl wir es mit verschiedensten Vergnügungen zu verschönern versuchten. Lasst uns probieren, welchen Geschmack das Leben der Leute hat, die jetzt noch nicht an Jeschua glauben.“[172].

Schulchan Orech („gedeckter Tisch“): Die Teilnehmer des Pessachmahls tauchen ein geröstetes, hart gekochtes Ei in Salzwasser und erinnern sich einerseits an die Zerstörung des Tempels im Jahre 70 n. Chr, andererseits denken sie an die Trauer über den Tod Jesu (Ei in Salzwasser = Gericht für Trauernde).[173]

Dann erfolgt das eigentliche Abendessen, meist russische Spezialitäten, das in geselliger Runde eingenommen wird. Etwas Wein und Mazzot bleiben übrig.

Afikoman: Nach der Mahlzeit suchen meist die anwesenden Kinder den Afikoman. Die Gemeinden des BSSE und Schma Israel verweisen auf die Worte Jesu (Mt 26,26; Lk 22,19), die eine Erfüllung von Jes. 53 und Jona 1, 9-12 darstellen. Dementsprechend deuten messianische Juden den Afikoman als „Ich bin gekommen“. Das Verstecken und Wiederfinden des Afikomans vergleichen alle messianisch-jüdischen Gemeinden mit dem Begräbnis und der Auferstehung Jesu.

Die Gemeinden des Edi, die Gemeinde von Amzi und die Gemeinde Schma Israel bezeichnen die Einnahme des Afikomans und des dritten Becher Weines als Abendmahl.[174] Obrist weist auf Lk 22, 19 hin und ergänzt wie folgt: „Dann nahm er das Brot (das wir heute Afikoman nennen) [...].“ Dementsprechend essen die Teilnehmer den Afikoman in „Erinnerung an Jeschua, unser Passahlamm“ und erinnern sich in Bezug auf Mk 26,27-29 beim dritten Becher Wein „an den Tod und die Auferstehung des Messias“.[175] Auch die Gemeinde in Hannover (Amzi) feiert an dieser Stelle explizit das Abendmahl und verweist auf Jesaja 53 und den neuen Bund (Jer. 31,31-34).[176] Die Gemeindeleiter der BSSE-Gemeinden ziehen die Verbindung des Sinaibundes (Ex 24,7-8) zum neuen Bund in Jesus (1. Kor 11,25-26) und leiten das Trinken des dritten Bechers mit folgenden Worten ein: „Also, lasst uns diesen Kelch nicht nur zur Erinnerung an die Erlösung und die Befreiung aus der ägyptischen Sklaverei trinken, sondern in erster Linie zur Erinnerung an den Herrn Jeschua und sein Opferblut, das zu unserer Errettung vergossen wurde.“[177]

---

172 BSSE, Haggada, 15; ähnlich: Obrist, Feste Israels, 73.

173 Das Ei erinnert auch an das freiwillige, zweite Pessachopfer der Pilger, das diese brachten, um mit Gott Gemeinschaft zu haben (Num 28, 19). Vgl. Obrist, Feste Israels, 73-74.

174 Edi, Leitfaden, 13-15.

175 Obrist, Feste Israels, 76-77.

176 Amzi, Messianische Haggada, 20-23; ebenso: Obrist, Feste Israels, 76-77.

177 BSSE, Haggada, 19.

H. Fischbein weist darauf hin, dass Jeschua dem traditionellen Dankesbecher somit eine neue Bedeutung gegeben habe (Lk 22,20). Der alte Bund auf dem Fundament des geopferten Tierblutes sei durch das Blut Jesu ausgetauscht worden und jeder, der aus dem Becher trinke, zeige seine Dankbarkeit gegenüber Gott für die Vergebung und Auslösung seiner Sünde.[178]

Anschließend wird ein Kind gebeten, die Tür für Elia zu öffnen. Der Becher des Elia wird mit Wein gefüllt, aber nicht ausgetrunken. Die Gemeinden des BSSE beziehen diesen Teil auf die Wiederkunft Jesu (Joh 14, 18; Off 22, 20).

Galel: Nun folgen die Hallelpsalmen (113-118, 136), wobei aber selten alle rezitiert werden und der vierte Kelch des Lobpreises wird getrunken.

Nizra: Die Gemeinden des Edi schlagen an dieser Stelle den Aaronitischen Segen vor. In einigen Gemeinden wird auf die endgültige Erlösung (Off 21,2+5-7) verwiesen. Der Wunsch: „Haschana Habaah B'Jiruschalajim" („Nächstes Jahr in Jerusalem") erfolgt in den Gemeinden des BSSE und bei Amzi. Die Gemeinde in Hannover (Amzi) ergänzt zudem um: „Die messianischen Juden bitten Gott, dass Jesus die Herrschaft Gottes aufrichten möge mit den Worten: Und nächstes Jahr – möge Gott in Zion wohnen!" In einigen Gemeinden bitten die Teilnehmer um die Wiederkunft Jesu mit: „Maranatha! Komm Herr Jeschua!"[179]

5.4.4.1.2 *Auswertung*

Messianische Juden feiern Pessach einerseits, weil dies ein biblisches Gebot ist und sie sich ihrem biblisch-jüdischen Erbe verpflichtet fühlen (9. Artikel der MJA). Messianische Juden übernehmen aber in ihren Haggadot weniger die Elemente des biblischen Pessachmahles, das zur Zeit Jesu wohl aus einem Mahl mit vier Bechern Wein, einigen Weihegebeten, Segenssprüchen, dem traditionellem Fragenstellen und den Hallelpsalmen bestanden hat, sondern richten sich nach den rabbinischen Sederordnungen[180], die sie messianisch-jüdisch interpretieren. Deutlich wird dies beispielsweise bei dem Eintauchen der Erdfurcht in Salzwasser. Dabei erinnern sich messianische Juden nicht nur an den Sinaibund, sondern auch an den neuen Bund, an Jesu zukünftige Wiederkehr und an sein messianisches Reich.

---

178 Vgl. Fischbein, Pessach, Stand: 23.08.2007, Übersetzung S.P.; ebenso: Ders., Das Pessach-Fest, Stuttgart, http://menora-online.de/adon-jeschua/deutsch/prazdnik/pesah-de.htm, Stand: 31.8.2007.

179 Vgl. Obrist, Feste Israels, 81.

180 O. C. Kvarme, Vom Passah zum Osterfest. Über das alttestamentliche und jüdische Erbe des Festes und über die Art und Weise, heute dieses Fest zu feiern, in: A. Burchartz/O. C. Kvarme, Passah und Abendmahl. Eine Hilfe für Christen, Leinfelden-Echterdingen 1992, 26.36-37. Die erste vollständige Beschreibung der nachbiblischen Sederfeier findet sich im 10. Kapitel des Mischnatraktates Pesachim, wobei nicht klar ist, ob die geschilderten Bräuche bereits im 1. Jahrhundert üblich waren. Vgl. J. J. Petuchowski, Art. Abendmahl/Seder, in: Petuchowski/Thoma, Begegnung, 1.

Doch O. Kvarme weist darauf hin, dass auch der alttestamentlich-jüdische Hintergrund eine bedeutende Rolle für messianische Juden spiele. Da das Volk Israel zwischen dem Passahopfer und der „Opferung" Isaaks einen Zusammenhang gesehen[181] und die Opfer- und Erlösungsfunktion des Pessachlammes betont habe, können messianische Juden die Auslösung Isaaks auf das Erlösungswerk Jesu beziehen.[182]

Des Weiteren verbinden messianische Juden das altisraelische Pessachfest mit dem Herrenmahl der judenchristlichen Gemeinde und bekennen, dass Jesus während des Pessachmahles die entsprechenden Einsetzungsworte gesprochen habe.[183] Laut Kvarme betone Jesus selbst den Erinnerungsaspekt, wenn er seine Jünger bittet, das Mahl zu seinem Gedächtnis zu feiern. Da auch Paulus im Abendmahl Bezug auf das Passahmahl nehme (Dankgebet, Brotbrechen, Becher mit dem Wein, Bezeichnung der Gläubigen als „ungesäuerte Brote", Christus als das wahre Passahlamm etc.), geht Kvarme geht davon aus, dass die Erwähnung des Segensbechers in 1. Kor 10, 24-22 eine Anspielung auf den dritten Weinbecher des Passahmahls sei.[184]

Andere Theologen wiederum sprechen sich dagegen aus, dass das Herrenmahl vom Pessachmahl abgeleitet werden kann, zum Beispiel Theissen, Merz und Klauck.[185] Auch wenn es in der neutestamentlichen Forschung umstritten ist, ob es sich bei dem Abendmahl Jesu um eine jüdische Sederfeier handelt oder nicht, wird deutlich, dass die Frühe Kirche das Abendmahl „durch das Prisma von Pessach-/Paschamotiven gesehen" hat.[186] Auch messianische Juden haben diese Sicht übernommen und verbinden das Pessachfest mit dem Herrenmahl. Dadurch, dass sie sich dem neuen Bund zugehörig fühlen, können sie das Abendmahl während des Pessachmahls und außerhalb dieses Festrahmens (in ihren Gottesdiensten) feiern.

Des Weiteren übernehmen messianische Juden auch den gemeinschaftlichen Charakter des Pessachs und der Abendmahlfeier, wie G. Dix das Herrenmahl im Neuen Testament charakterisiert: „The Eucharist or breaking of bread is every-

---

181 Buch der Jubiläen 17+18; ähnlich: Rabbinischer Kommentar zum Ex 12,13, Mechilta des Rabbi Ismael.

182 Kvarme, Passah, 19-40.

183 Auch der johanneische Bericht betone den Opfercharakter Jesu als ein Pessachlamm (Auftreten Jesu zum Pessachfest, Tod zur Stunde der Schlachtung etc. Vgl. Kvarme, Passah, 30. 336-37.

184 Vgl. Kvarme, Passah, 29-32.

185 G. Theissen/A. Merz, Der historische Jesus, Göttingen 2001³, 375; H-J. Klauck, Leib Christi. Das Mahl des Herrn in 1. Kor 10-12, in: Ders.: Religion und Gesellschaft im frühen Christentum, Tübingen 2003, 198. .

186 Vgl. Petuchowski, Art. Abendmahl/Seder, 1-2.

where in the N.T. a rite for which christians meet together [...]. From the first the eucharist was always a corporate, not a private observance."[187]

Fazit: Indem messianische Juden neben dem jüdischen Brotbrechen und der Betonung des Opfers die Interpretationen der Judenchristen (Herrenmahl, Neuer Bund etc.) übernehmen, schaffen sie eine Kontinuität zwischen den altjüdischen Hintergründen und den urchristlichen Gemeinden. Aus dieser Perspektive ist es nachvollziehbar, wenn messianische Juden sich einerseits als Fortsetzung des biblischen Judentums aber auch als Fortsetzung der judenchristlichen Bewegung betrachten. Dabei übernehmen sie wie das Urchristentum als „Sakrament" insbesondere das Abendmahl. Durch die Elemente des rabbinischen Seders im messianisch-jüdischen Pessach ziehen messianische Juden Verbindungen zum rabbinischen Judentum.

5.4.4.2 Das Fest der ungesäuerten Brote

Zum Fest der ungesäuerten Brote verweisen messianische Juden auf die Sünde, die durch den Sauerteig symbolisiert wird und auf die Aufforderung Gottes, die Herzen von der Sünde zu reinigen (1. Kor 5, 7-8 und Gal 2,20):

> *„Nachdem der Messias sich für uns geopfert und den Heiligen Geist geschickt hat in die Herzen der Gläubigen, hat er uns gereinigt vom Sauerteig (der Sünde) und hat uns dadurch zu Nachfolgern von Jeschuah (zu ungesäuerten Broten) gemacht […]. Es ist notwendig, den Verstand zu erneuern und abzusagen dem sündigen Leben (und bereit zu sein für gerechtes Leben).* "[188]

Fazit: Der Vergleich des Sauerteiges mit der Sünde der Menschen erinnert an den 3. Artikel der MJA und die eigene Sündenvergebung weist auf die dafür notwendige Konversion hin (4. Artikel der MJA). Die Heiligung des eigenen Lebens als „ungesäuerte Brote" erinnert an die Früchte des Heiligen Geistes aus dem 5.Artikel der MJA.

---

187 G. Dix, The shape of the liturgy, London 2005, 60-61.

188 H. Fischbein, Das Fest der ungesäuerten Brote, in: http://www.adon-jeschua.de/russisch/opres-ru.htm, München, Stand: 12.11.2006, Übersetzung S.P.; ebenso: Ders., Das Fest der ungesäuerten Brote, Stuttgart, in: http://menora-online.de/adon-jeschua/deutsch/prazdnik/opres-de.htm, Stand: 31.08.2007.

5.4.4.3 Schawu'ot

Am 50. Tag nach Pessach, (griech. „Fünfzigster"=Pfingsten). also nach sieben Wochen wird Schawuot gefeiert. Das Wort Schawu'ot heißt „Wochen" (Chag ha Schawu'ot = Fest der Wochen/Wochenfest).[189] Ursprünglich war Schawu'ot ein Erntedankfest und Wallfahrtsfest nach Jerusalem (Lev 23,17-22), das später mit dem Gedenken an die Gesetzgebung verbunden wurde.
48,6% der befragten messianischen Juden und 48,3% der messianischen Nichtjuden der Fallstudie nennen Schawu'ot als wichtiges Fest im messianischen Gemeindeleben. Einerseits weil es ein biblisch gebotenes Fest ist (Lev 23, 9-20; Dtn 16, 9-10). Andererseits betonen messianische Juden aufgrund der Erstlingsgabe, dass Jesus auch als der Erstgeborene bezeichnet wird (Rö 8,29; 1. Kor 15,20).
Das Schwingen der gesäuerten Brote symbolisiere die Gemeinde aus Juden und Nichtjuden (Eph 2,18; 1.Kor 12,12f, Gal 3,28), die durch die Ausgießung des Ruach hakodesch an Schawu'ot (Act 2,1-12) entstanden sei.[190] Das Schawu'ot der Apostelgeschichte stelle somit den Geburtstag der weltweiten messianischen Gemeinde dar.[191] Die Gemeinde aus Juden und Nichtjuden müsse sich aber immer wieder neu Gottes Gebote in die Herzen schreiben lassen.[192] Dann breche die „Zeit der Gnade" an:

> *„Dadurch, dass das Volk die Tora von Gott bekommen hat, hat Gott die `Zeit des Gesetzes` geschaffen, in der sich der Mensch durch Befolgung von Gesetzen vor dem ewigen Tod gerettet hat. Dadurch, dass Gott den Heiligen Geist geschenkt hat, hat Gott die `Zeit der Gnade` geschaffen und die Tora in die Herzen der Menschen gepflanzt."*[193]

---

189 Zudem enthält das Wort Schawu'ot die Zahl shewa (=sieben), da es nach sieben Wochen (gezählt vom Bringen des Omer) am 50. Tag gefeiert nach Pessach gefeiert wird.

190 In den charismatischen messianischen Gemeinden thematisieren die Besucher auch die Ausgießung des Heiligen Geistes. In Amerika ist dies ebenfalls üblich. Vgl. COHN-SHERBOK, Messianic Judaism, 107-108.

191 Vgl. USCHOMIRSKI, Die Kraft, die die Welt verändert, in: EDI (Hrsg.), GESANDT 34 (2005), Nr.4, 3; ebenso: S. POLONSKIJ, Schawu'ot, in BSSE (Hrsg.), KOL HESED 3 (2006), 5.

192 Vgl. U. STETTLER/C. MEERWEIN, Die jüdischen Feste auf einen Blick, in: AMZI (Hrsg.), MESSIANISCHES ZEUGNIS 1 (2005), 4.

193 H. FISCHBEIN, Schawu'ot, Stuttgart, in: http://www.adon-jeschua.de/russisch/schawuot-ru.htm, Stand: 13.12.2006, Übersetzung S.P.; ebenso: Ders., Schawu'ot, Stuttgart., in: http://menora-online.de/adon-jeschua/deutsch/prazdnik/shwot-de.htm, Stand: 31.08.2007; ähnlich: USCHOMIRSKI, Die Kraft, 3.

Da die Zeit des Gesetzes „keinen zur Vollkommenheit gebracht" habe, betone das Fest Schawuʿot die „Ernte der an Jeschua Gläubigen", die Gott von der Erde in den heutigen Tagen durch seine Gnade sammle, die messianischen Juden.[194]

Fazit: Messianische Juden finden zum Wochenfest viele messianisch-jüdische Vergleiche und die Interpretationen stellen eine „Kurzfassung" der messianisch-jüdischen Glaubensartikel dar: Zum einen erinnert die Erstlingsgabe an Jesus, den Erstgeborenen (3. Artikel der MJA). Das Schwingen der gesäuerten Brote symbolisiert die Einheit der Gemeinde aus den Nationen (7. Artikel). Diese neue messianisch-jüdische Gemeinde des Neuen Bundes ist durch den Heiligen Geist am Schawuʿotfest der Apostelgeschichte entstanden (5. Artikel) und jeder messianische Jude muss sich die Tora ins Herz schreiben lassen (1. Artikel und 4. Artikel). Messianische Juden sind somit die gegenwärtige „Ernte der an Jeschua Gläubigen" und sie sollen daher ebenfalls „Zeugen Jeschuas in der ganzen Welt" sein (13. Artikel).

5.4.4.4 Ro'sch ha-Schanah

Ro'sch ha-Schanah wird auch „Tag des Gerichts/der Besinnung/des Schofarblasens/der Erlösung" oder als der „Tag der Geburt der Welt" bezeichnet. Ro'sch ha-Schanah wurde als Fest für den 1. Tischri nach der Rückkehr Israels aus dem babylonischen Exil eingeführt. Denn als Esra das Gesetz am 1. Tag des siebten Monats vor die Gemeinde brachte (Neh 8,2), war das ein Neuanfang für das Volk. Es wurde als „Fest der Posaunen/des Schofarblasens" in Lev 23,24 (vgl. Num 29,1) und im Talmud geboten (Bab. Talmud, Traktat Ro'sch ha-Schanah 16A). In Hesekiel 40,1 wird der Tag des Schofarblasens als „Anfang des Jahres" (Ro'sch ha-Schanah = Haupt des Jahres) bezeichnet.[195]

Ro'sch ha-Schanah wird von 64,5% der befragten messianischen Juden, aber nur von 37,7% der messianischen Nichtjuden (56,4% insg.) genannt. Messianische Juden erinnert das Neujahrsfest daran, dass Jesus, zur Rechten Gottes sitzend, für sie vor Gericht eintritt. Messianische Juden denken an diesem Tag auch an die Entrückung der gläubigen Gemeinde (1. Thess 4,16-18.), die von dem Schofarblasen eingeleitet wird und an die Auferstehung der Toten mit Gericht und Belohnung für die „gereinigten Knechte Gottes".[196]

194 A. USCHOMIRSKI, Die Kraft, 3; ebenso M. BENHAYIM/F. MAY, Die Bedeutung der biblischen Feste Israels für Juden, messianische Juden und Christen, in: http://www.jerusalem-schalom.de/biblisch2.htm, Stand: 05.08.2007.

195 Vgl. COHN-SHERBOK, Messianic Judaism, 112.

196 H. FISCHBEIN, Fest des Schofarblasens, Stuttgart, in: http://www.adon-jeschua.de/russisch/rosharu.htm, München, Stand: 13.11.2006, Übersetzung S. P.

„Der Ton der Posaune ruft heute dazu auf, über den in Herrlichkeit kommenden Messias und über den Tag des Gerichts nachzudenken, solange noch eine Bekehrung und Reinigung möglich sind. […] Die Erfüllung des Festes liegt noch in der Zukunft, wenn die Engel Gottes die Posaunen blasen, die letzte Posaune ertönt, die Toten auferstehen, die Gottlosen gerichtet und die vom Opfer des Messias Gereinigten belohnt werden.“[197]

Die Gemeinde in Hannover (Schofar Chesed Jeschua) konnotiert das Schofar-Blasen mit der zukünftigen Ankündigung der messianischen Zeit (vgl. Kapitel 5.4.3.1). Des Weiteren hoffen messianische Juden auf eine geistliche und physische Erneuerung des Volkes Israel in den letzten Tagen. Die Töne des Schofars werden daher als Aufruf zur Buße, Umkehr und Bekehrung verstanden, „denn es ist noch nicht zu spät“.[198] Manchmal wird auch auf die Worte Maimonides zur Reue und Umkehr (Mischne Tora; Hilkhot Teschuba III.4.) verwiesen.[199]

Fazit: Da Ro'sch ha-Schanah nur von wenigen messianischen Nichtjuden genannt wird, kann vermutet werden, dass die nichtjüdischen Besucher dem Fest aufgrund seiner Mahnung vor dem Gericht weniger Bedeutung beimessen, da sie sich durch die Konversion als gerettet betrachten. Messianische Juden thematisieren aber gerade die Rettung vor dem Gericht als Dank (3. und 4. Artikel der MJA). Des Weiteren rufen messianische Juden zwar auch zu Buße und Umkehr auf (4. Artikel), insbesondere aber weisen sie in die Zukunft, wenn sie an die Parusie Jesu, die Entrückung der gläubigen Gemeinde und die geistliche und physische Erneuerung des Volkes Israel im messianischen Reich denken (3. Artikel).

5.4.4.5 Jom Kippur

Jom Kippur ist der höchste jüdische Feiertag und wird am 10. Tischri (September/Oktober) gefeiert. Im Pentateuch, im Priesterkodex wird Jom Kippur erwähnt (Lev 16;23.26-32; Num 29,7-11) zur Reinigung von kultischer Unreinheit. Das Schreiten des Hohenpriesters in das Allerheiligste des Tempels und sein Sühnegebet wurden als sündentilgender Akt verstanden (mYom 3,8; bYom 39b).[200]

59,8% der messianischen Juden und 50% der messianischen Nichtjuden nennen Jom Kippur als wichtiges Fest. Messianische Juden sehen durch den stellvertre-

---

197 H. Fischbein, Das Fest der Posaunen, Stuttgart., in: http://menora-online.de/adon-jeschua/deutsch/ prazdnik/rosha-de.htm, Stand: 31.8.2007.

198 Fischbein, Fest des Schofarblasens, Stand: 13.11.2006.

199 Vgl. A. Uschomirski, Messianische Gemeinde, 3; Cohn-Sherbok, Messianic Judaism, 113-117.

200 C. Thoma, Art. Sakramente, in: Petuchowski/Thoma, Begegnung, 179.

tenden Opfertod Jesu den Opferdienst des Tempels als erfüllt an (Hebr 10,18). Wichtig ist, dass das Opfer Jesu auch angenommen werde und dass man seine Sünden bekenne:

> *„Das heißt beide, das AT-liche Opfer und das NT-liche Opfer des Messias reinigen diejenigen, die vor Gott mit Frieden stehen und diejenigen, die zugegeben haben, dass sie sündig und schuldig sind und das unschuldige Blut vergossen haben des erlösenden Opfers von Jeschua dem Messias.“*[201]

Messianische Juden fasten mit dem Volk, um ihre Zugehörigkeit zu zeigen, zugleich beten sie aber auch um die Errettung des jüdischen Volkes.[202] Einige messianische Juden befreien sich symbolisch von dem Staub ihrer Kleidung, die sie über Wasser ausschütteln (Micha 7,19).

Jom Kippur weise auf die Zeit hin, wenn Juden und alle Völker die Sühne durch Jesus annehmen: „Wenn auch jetzt schon viele Juden zum Glauben an den Messias finden, so wird die Versöhnungstat Jesu erst bei seiner Wiederkunft von ganz Israel anerkannt werden (Sach 12,10; Römer 11,25-26, Off 1,7.“[203] In den Gottesdiensten thematisieren die Besucher Beichte und Sündopfer und fordern zum Frieden und Buße auf. Gegenseitig wünscht man sich, dass man ins „Buch des Lebens“ eingeschrieben wird: „Doch als Gläubige an Jeschua den Messias sind wir unserer Rettung sicher und äußern diesen Wunsch gegenüber denen, die diese Gewissheit nicht haben.“[204]

Fazit: Messianische Juden sehen zwar den Opferdienst des Tempels durch den Opertod Jesu als erfüllt an und betrachten sich durch die Konversion als errettet. Dennoch begehen sie diesen Feiertag, um für die Errettung ihres Volkes zu bitten, da sie glauben, dass bei Jesu Parusie „ganz Israel“ an ihn glauben werde (3. Artikel der MJA).

---

201 H. Fischbein, Jom Kippur, Stuttgart, in: http://adon-jeschua.de/russisch/jomkippur-ru.htm, München, Stand: 12.11.2006.

202 Im Gegensatz zu der Studie Fehers in Nordamerika fasten messianische Juden in Deutschland nur an Jom Kippur, nicht zu anderen Gelegenheiten. Vgl. Feher, Passign over Easter, 105-106.

203 Vgl. Stettler/ Meerwein, Die jüdischen Feste, 5; ebenso: Obrist, Feste Israels, 32.

204 Fischbein, Jom Kippur, Stuttgart, in: http://menora-online.de/adon-jeschua/deutsch/prazdnik/kipur-de.htm, Stand: 31.8.2007. In amerikanischen messianischen Gemeinden erfolgen an Jom Kippur zusätzlich die Gebete Kol Nidre, Schemaʿ, Amida, Keduscha, ein Schuldbekenntnis, Alenu, Adon Olam und der Aaronitische Segen. Vgl. Cohn-Sherbok, Messianic Judaism, 121-124.

5.4.4.6 Sukkot

Als letztes Wallfahrtsfest wird das achttägige Fest der Laubhütten fünf Tage nach Jom Kippur am 15-21. Tischri gefeiert. Ursprünglich ist es als Erntedankfest (Ex 23,16; 34,22) für die Oliven- und Traubenernte und zur Erinnerung an Gottes Versorgung während der Wüstenwanderung in Lev 23,34.42-43 beschrieben. Es gilt als „Zeit unserer Freude“ in Lev 23,40; Dtn 16,14.

63,3% der befragten messianischen Juden und 58,3% der messianischen Nichtjuden nennen das Fest Sukkot. Messianische Juden vergleichen dabei den Weg von Ägypten nach Kanaan mit dem Weg eines Gläubigen bis in das „himmlische Kanaan“[205] und in Jesus sehen sie die Erfüllung der messianischen Hoffnungen (Joh 7,37-39).[206]

Messianische Juden errichten eine Sukka in dem Gemeinderaum. Die „Frucht des schönen Baumes“ (Etrog), die symbolisch für Fruchtbarkeit steht, weist in der messianisch-jüdischen Interpretation auf die Frucht der Errettung durch den Messias hin. Die Palmenzweige (lulav) symbolisieren den Sieg Gottes über die Sünden, die Myrtenzweige die Ewigkeit Gottes, die Bachweidenzweige die Abhängigkeit der Geretteten von Gott und seiner Gnade.[207] Messianische Juden gedenken besonders daran, dass Jesus am Höhepunkt des Festes beim Ausgießen des Wassers erschien.[208]

Des Weiteren sehen messianische Juden die Erfüllung des Festes darin, dass ganz Israel Jesus annehme und das messianische Königreich aufrichten werde (Sach 14,16-19) und hoffen auf die Zeit, zu der Gott bei den Menschen im neuen Jerusalem wohnen werde (Off 21,3). Dann bereite Gott allem Provisorischen ein Ende, bis dahin lebe man aber in der Erwartung des zweiten Kommens Jesu (Off 22,20) und bleibe in der Welt ein Fremdling (1.Petr 2, 11).[209]

---

205 H. FISCHBEIN, Sukkot, Stuttgart, in: http://www.adon-jeschua.de/russisch/sukot-ru.htm, Stand: 14.11.2006, Übersetzung S.P.

206 Dementsprechend lud die Organisation Juden für Jesus zum Laubhüttenfest 2004 mit folgenden Worten ein: „Lernen Sie den Feiertag kennen, von dem die Bibel sagt, dass ihn alle Gläubigen (Juden und Nichtjuden) zusammen feiern werden, wenn Jesus zurückgekommen ist! (Sach 14,16). Am Laubhüttenfest sagte Jesus zu der Menge im Tempel; wenn jemand dürstet, der komme zu mir und trinke“ (Joh 7,37). Kommen Sie und finden Sie heraus, warum Jesus diese Worte gerade an diesem besonderen Tag sprach.“ Vgl. A. SNYDER, Laubhüttenfest, Faltblatt, Essen 2004.

207 FISCHBEIN, Sukkot, Stand: 14.11.2006; ebenso: Ders., Sukkot, Stuttgart., in: http://menora-online.de/adon-jeschua/deutsch/prazdnik/sukot-de.htm, Stand: 31.8.2007.

208 Zu den Zeiten des Tempels mischte der Hohepriester Wasser aus dem Siloabecken über den Altar in ein bestimmtes Becken mit Wein und ließ es durch spezielle Vorrichtungen in den Bach zu Kidron fließen. Der Talmud schreibt dazu: „Wer das Fest des Wasserschöpfens nicht gesehen hat, weiß nicht, was Freude ist (Traktat Sukka 51a).“ Dieses Wasserfließen drückte eine messianische Hoffnung aus, da das Fließen von Gottes Geist im Königreich des Messias erwartet wurde. Vgl. V. BUKSBAZEN, The gospel in the feasts of Israel, Philadelphia 1995^2, 53-54.

209 Vgl. STETTLER/MEERWEIN, Die jüdischen Feste, 5, A. BURCHARTZ, Israels Feste. Was Christen davon wissen müssen, Neukirchen-Vluyn 2003^5, 36; FISCHBEIN, Sukkot, Stand: 31.8.2007; H.

Fazit: Messianische Juden feiern das Sukkotfest in den Gemeinden, indem sie dort eine Sukka aufbauen. Sie betonen mit den vier Früchten die Errettung durch den Messias und den Sieg Gottes über die Sünde (4. Artikel) sowie die Ewigkeit Gottes und die Abhängigkeit der Geretteten von Gottes Gnade (6. Artikel). Messianische Juden gedenken besonders daran, dass Jesus am Höhepunkt des Festes beim Ausgießen des Wassers erschien und sehen daher in ihm die Erfüllung aller messianischen Hoffnungen (3. Artikel). Sie weisen auf die Errettung ganz Israels und die Aufrichtung des messianischen Reiches hin (3. Artikel).

5.4.4.7 Simchat Tora

Am neunten Tag von Sukkot wird das Fest Simchat-Tora begangen. In den Synagogen werden die Torarollen aus den Schränken geholt und abwechselnd von allen Männern tanzend getragen und von den Besuchern geküsst. Nach den jährlichen Texteinteilungen werden die letzen und die ersten Kapitel gelesen.

30,8% der messianischen Juden und 23,3% der messianischen Nichtjuden nennen das Fest Simchat Tora. Dieser Tag wurde wohl zum Zeitpunkt der Untersuchung am authentischsten in der Gemeinde Schofar Chesed Jeschua in Hannover gefeiert, da diese Gemeinde im Jahr 2005 noch die einzige mit einer Torarolle ist. Seit 2006 feiern auch die messianischen Juden in Berlin mit einer eigenen Torarolle.

Der Gemeindeleiter nimmt die Torarolle aus dem Schrein, die Gemeindebesucher dürfen sie anfassen, küssen, umarmen und weiterreichen. Das Fest wird wie in der jüdischen Tradition begangen und es wird daran erinnert, dass die Tora die Grundlage der Bibel ist, da alle anderen Schriften auf ihr aufbauen. Die anderen Gemeinden ohne Torarolle richten ihr Augenmerk auf die Tora in der Predigt.[210]

Der Gemeindeleiter erklärt, dass Jesus Vervollständigung und die Krone der Tora sei. Da Jesus ein sündloses Leben geführt habe, die Tora zitiert und ausgelegt habe, habe er sie damit zur Perfektion gebracht.[211] Die ersten Worte der Tora „Im Anfang" erinnerten an Gott, der die Welt erschuf und dass Jesus, das Wort bei ihm gewesen sei (bzgl. Joh 1,1). „Jeschua der Messias kam in einem menschlichen

OBRIST, Jüdische Herbstfeste, in: AMZI (Hrsg.), MESSIANISCHES ZEUGNIS 5 (2003), 3-5.

210 Da es in vielen amerikanischen messianischen Gemeinden eine Torarolle gibt, sind die liturgischen Abläufe dementsprechend ausgerichtet. Es werden die Gebete Schema', 'Amida und Kaddisch rezitiert. Dann folgt eine Lesung der Tora (Dtn 34,5-12, Gen 1, 1-5) und Lesungen aus dem NT (Joh 1, 22-25), gefolgt von dem Alenu und dem Kiddusch. Der Gottesdienst endet damit, dass die Besucher mit der Tora tanzen und singen. Vgl. COHN-SHERBOK, Messianic Judaism, 125-127.

211 Ähnlich: STERN, Manifesto, 74.

Körper und lebte unter uns. Er ist dieses Wort, von dem Johannes sagt, dass es „am Anfang“ war. Und Er ist dieses Wort, welches auch gleichzeitig Gott ist.“[212]

Wenn messianische Juden die Tora begrüßen, dann begrüßen sie daher Jesus als „Gottes Wort“, da er als „Gottes Wort“ Fleisch geworden ist (Joh 1, 1). Messianische Juden glauben, dass der neue Bund ebenso als Tora (im hebräischen als „Lehre“), wie die Tora am Berg Sinai gegeben wurde.[213]

Fazit: Einerseits wird die Tora am Fest Simchat Tora als Grundlage der Bibel gefeiert. Zudem weisen messianische Juden daraufhin, dass Jesus die Tora durch sein sündloses Leben vervollständigt und erfüllt habe. Des Weiteren habe Jesus die Tora ergänzt, da er sie ausgelegt und damit zur Perfektion gebracht habe. Wenn messianische Juden daher die Tora als „Gottes Wort“ begrüßen, begrüßen sie implizit Jesus, der den neuen Bund in Kraft gesetzt hat.

5.4.4.8 Chanukka

Chanukka wird am 25. Kislew zur Erinnerung an die Wiedereinweihung des Tempels und des Sieges durch Judas Makkabäus über die Armee des Antiochus IV. Epiphanes gefeiert. Nach einer Legende (2. Makk 10, 1-8) reichte das Öl, das die Makkabäer im Heiligtum vorfanden, acht Tage zur Beleuchtung aus.

54,2% der befragten messianischen Juden und 46,7% der messianischen Nichtjuden nennen Chanukka als wichtiges Fest im messianisch-jüdischen Gemeindeleben. Messianische Juden feiern Chanukka, weil es Jesus auch gefeiert hat (Joh 10, 22-23), weil sie den nationalen Sieg über die Feinde Israels, den Satan und die Sünde betonen und den weltweiten Antisemitismus thematisieren.[214]

Die Besucher zünden einen Chanukkaleuchter in den Gemeinden an. Oft erfolgt ein symbolischer Vergleich: Die Entweihung des Tempels wird mit der Entweihung des Menschen durch die Sünde verglichen. Und so wie Judas der Makkabäer den Tempel befreit habe, so sei auch Jesus der „Erlöser und Befreier“ (Act 7, 35) vom ewigen Tod geworden. Und so wie das Öl den Tempel wieder erneuert und geweiht habe, so mache Jesus, der Messias aus seinen Nachfolgern

---

212 H. Fischbein, Simchat Tora, Stuttgart, in: http://menora-online.de/adon-jeschua/deutsch/prazdnik/simhat-de.htm, Stand: 31.8.2007.

213 Ähnlich: Stern, Manifesto, 74.

214 BSSE, Hanuka. Das Licht leuchtet weiter, in: BSSE (Hrsg.), Kol Hesed 5 (2006), 5.

Tempel des Heiligen Geistes (1. Kor 6, 19).[215] So wird Jesus als das wahre Licht der Welt gefeiert (Joh 8, 12)[216], der den Sieg über die Sünde errungen hat:

> *„Das Chanukkalicht, welches von Jeschua angezündet wurde, ist nicht nur das Zeugnis des Sieges über [die] antisemitischern Bande und deren Idole [...], sondern über die Sünde selbst. Stellen Sie diese Chanukka an die höchste Stelle Ihres Herzens. [...] Soll Jeschua Sie an diesem wunderbaren jüdischen Fest reinigen und erneuern. Verstecken Sie sich nicht vor ihm, treten Sie vor ihn – er wird Sie richten. Doch sein Gericht ist das Licht, das Licht, das reinigt und erneuert, mit anderen Worten, es ist das Chanukkalicht."*[217]

A. Uschomirski ruft an Chanukka dazu auf, das empfangene Evangelium weiter zu verkünden: „Als messianische Juden sind wir berufen, ein Licht für die Welt zu sein (Mt 5, 14) und von dem zu zeugen, der das Licht der Welt ist (Joh 8, 12).[218]

Fazit: Messianische Juden betonen den Sieg Israels über die Feinde (10. Artikel) ebenso wie den Sieg über den Satan, die Sünde (3. und 4. Artikel) und den weltweiten Antisemitismus (12. Artikel) an Chanukka. Des Weiteren vergleichen messianische Juden die Befreiung des Tempels mit der Erlösung durch Jesus (4. Artikel). Die Erneuerung des Tempels erinnere an das neue Leben, das Jesus schenkt (4. Artikel), deshalb wird er als das wahre Licht gefeiert (3. Artikel). Zudem sollen messianische Juden auch daran denken, von dem wahren Licht zu verkünden (13. Artikel).

5.4.4.9 Purim

Das Fest Purim (akkadisch: pur = Los) wird am 14. Adar (Febr./März) zum Gedenken an die Errettung der persischen Juden gefeiert (Buch Esther). Die Frau des Perserkönigs (Arta)Xerxes I., vereitelt die geplanten Judenverfolgungen des Haman.

Hier ist besonders auffällig, dass 55,1% der befragten messianischen Juden, aber nur 33,3% der messianischen Nichtjuden das Fest Purim nennen. Besucher messianischer Gemeinden feiern Purim als Triumph und „Sieg über die Feinde des

215 H. Fischbein, Chanukka, Stuttgart, in: http://www.adon-jeschuah.de/russisch/chank-ru.htm, München, Stand: 13.12.2006, Übersetzung S.P.; Ders., Chanukka, Stuttgart., in: http://menora-online.de/adon-jeschua/deutsch/ prazdnik/chank-de.htm, Stand: 31.8.2007.

216 Vgl. Obrist, Feste Israels, 38.

217 K. Swiderski, Chanukka, Düsseldorf 2002, in: http://www.beithesed.org/de/artikle_out.php?id=18,2, Stand: 12.08.2007.

218 Uschomirski, Messianische Gemeinde, 3.

jüdischen Volkes". Das Fest sei ein Grund, „Gott zu ehren, der hinter den Kulissen der Geschichte der Menschheit stehe und mit versteckter Hand die Schicksale der Völker und einzelner Personen leite".[219] Gleichzeitig wird auch hier ein Vergleich gezogen: „Die körperliche Befreiung der Juden symbolisiert die geistige Befreiung von dem ewigen Tod durch den Messias."[220] Messianische Juden lesen in den Purimfeiern das Buch Esther, sie tauschen Geschenke aus und essen süße Hamantaschen und die Kinder und Jugendliche präsentieren Theaterstücke.[221] Manche Gemeinden fasten bewusst und beten für das jüdische Volk, dass es den Messias erkennen möge und laden nicht-messianische Juden zu den Festgottesdiensten ein.[222] Uschomirski betont, dass messianische Juden auch daran denken, wie Gott die Juden in der ehemaligen Sowjetunion vor der totalen Vernichtung bewahrt habe.[223]

Fazit: Besucher messianischer Gemeinden feiern Purim als Triumph und „Sieg über die Feinde des jüdischen Volkes" (10. Artikel) und als Symbol der Befreiung von dem ewigen Tod durch den Messias (4. Artikel) und geben dem Fest auch eine politische Bedeutung.

5.4.4.10 Sonstige Feste

Manche messianisch-jüdische Gemeinden begehen auch den Unabhängigkeitstag und denken an die Ausrufung des Staates Israel am 14. Mai 1948. Auch der Holocaust-Gedenktag (27. Nissan) und der Jerusalemtag (28. Iljar) werden in den Gottesdiensten thematisiert, aber nicht ausdrücklich begangen.

Viele messianische Juden betrachten die Gründung des Staates als die Erfüllung der Verheißung aus Jes 35, 1-2 und als biblisches Recht für das jüdische Volk: „Wir

---

219 Vgl. H. Fischbein, Purim, Stuttgart, in: http://www.adon-jeschua.de/russisch/purim-ru.htm, Stand: 14.12.2006, Übersetzung S.P.

220 BSSE, Purim, in: Ders. (Hrsg.), Kol Hesed (2004), Nr.1, 5.

221 Vgl. H. Fischbein, Purim, Stuttgart., in: http://menora-online.de/adon-jeschua/deutsch/prazdnik/purim-de. htm, Stand: 31.8.2007. Purim entfällt in den Gemeinden mit einem hohen Altersdurchschnitt. Vgl. Experteninterview mit M. Braker, geführt am 04.01.2004.

222 Fischbein, Purim, Stand: 14.12.2006; Ders., Purim, Stand 31.8.2007; Ders., Gefastet und überrascht, in: Amzi (Hrsg.), Messianisches Zeugnis 4 (2005), 9; Experteninterview mit H. Fischbein, geführt am 24.07.2005.

223 Die Gemeinde Schma Israel denkt dabei an die Judendeportation unter Stalin im Jahr 1953. Dadurch, dass am Purimfest Stalin eine plötzliche Hirnblutung mit Todesfolge erlitt, wurden die Juden vor einer Hinrichtung bewahrt. Vgl. Uschomirski, Messianische Gemeinde, 3-4.

sind sicher, dass Gott auf der Seite Israels Krieg geführt hat, weil er dieses Land bereits Abraham versprochen hatte (Gen 17,8)."[224]

Auch das Trauerfest „Tisch'ah b^e-'Aw", das an die Trauer über den zerstörten Tempel 70. n. Chr. erinnert, wird in manchen Gemeinden begangen. Manche messianische Juden glauben, dass Gott die Tempelzerstörung erlaubt habe, da er stattdessen die an Jesus Glaubenden mit dem Heiligen Geist füllen wollte, laut 1. Kor 3,16: „Wisst ihr nicht, dass ihr Gottes Tempel seid und dass der Geist Gottes in euch wohnt?"[225] Deshalb trauern messianische Juden über die Juden, die nicht an Jesus glauben: „Doch indem wir mit den religiösen Juden trauern, beweinen wir die „leeren Tempel", die Herzen, in denen der Heilige Geist nicht wohnt, und beten für ihre Wiedergeburt."[226]

Obwohl Chanukka zeitlich in die Nähe des Geburtsfestes Jesu fällt, feiert keine messianische Gemeinde das Weihnachtsfest.[227] Fischbein behauptet, dass sich messianische Juden bei der Ausübung dieses ursprünglich heidnischen Festes nicht wohl fühlen würden.[228] Zudem bestreitet Fischbein die Notwendigkeit der „Geburtstagsfeier" Jesu: „Ist es vorstellbar, dass Jeschua, der das ewige Wort Gottes ist und durch den alles geschaffen wurde, einen Geburtstag hat?"[229] Weitere christliche Feste werden nur in der Gemeinde „Zion" (Wuppertal) gefeiert.[230]

Fazit: Messianische Juden feiern vereinzelt den Unabhängigkeitstag oder das Trauerfest Tisch'ah b^e-'Aw" und thematisieren einzelne Feste wie den Holocaustgedenktag

224 H. Fischbein, Unabhängigkeitstag, Stuttgart, in: http://www.adon-jeschua.de/russch/nezaw-ru.htm, Stand: 13.12.2006, Übersetzung S. P.

225 Vgl. H. Fischbein, Tisch'ah be-'Aw, Stuttgart, in: http://www.adon-jeschua.de/russisch/9awa-ru.htm, Stand: 14.12.2006, Übersetzung S. P.; Ders., Tisch'ah be-'Aw, Stuttgart., http://menora-online.de/adon-jeschua /deutsch/prazdnik/9awa-de.htm, Stand: 31.8.2007.

226 Vgl. Fischbein, Tisch'ah be-'Aw, Stand: 31.8.2007.

227 Obwohl Schulz die Möglichkeit einer „Weihnukka" in Betracht zieht, ist dies empirisch nicht aufgetreten. Vgl. J. Schulz, Fröhliche Weihnukka, in: Amzi (Hrsg.), Messianisches Zeugnis 6 (2005), Nr. 6, 4.

228 Dagegen beschreibt Cohn-Sherbok, dass amerikanische messianisch-jüdische Gemeinden auch Advent und Yom Hamaschiach feiern. Dabei gebe es sogar Adventskränze, deren Kerzen messianisch-jüdisch interpretiert werden: Drei rote Kerzen symbolisieren dabei die Reue, eine rosa Kerze stehe für Freude. Eine weiße Kerze in der Mitte symbolisiere die Reinheit des Messias. Vgl. Cohn-Sherbok, Messianic Judaism, 133-137; ähnlich: R. Nichol, Should we celebrate the birth of Yeshua", in http://www.imja.com/ask3.html, 1-5, Stand: 11.8.2007.

229 H. Fischbein, Christen und das Weihnachtsfest, Stuttgart, in: http://www.adon-jeschua.de/deutsch/christ-de.htm, 4.

230 Dagegen feiern die Mitglieder in amerikanischen messianisch-jüdischen Gemeinden nicht nur Weihnachten, sondern auch Ostern. Vgl. Feher, Passing over Easter, 110-112.

oder den Jerusalemtag in den Gottesdiensten. Christliche Feste werden im Gegensatz zu amerikanischen messianisch-jüdischen Gemeinden nicht gefeiert.

5.4.4.11 Zusammenfassung

Messianische Juden feiern die jüdischen Feste aus folgenden Gründen:

- Sie möchten ihrer jüdischen Identität und ihrer Zugehörigkeit zum jüdischen Volk Ausdruck zu verleihen und das biblisch-jüdische Erbe pflegen.

- Darüber hinaus benutzen messianische Juden die Feste, um die Kontinuität zu den Judenchristen im 1. Jahrhundert zu verdeutlichen.[231]

- Des Weiteren interpretieren messianische Juden die jüdischen Feste messianisch-jüdisch. So weisen die Frühlingsfeste, wie Pessach und Schawuʿot besonders auf das erste Kommen Jesu, den Tod Jesu und seine einmalige historische Offenbarung hin. Immer wieder erinnern messianische Juden in den Frühlingsfesten an Jesu Leben, seinen Tod und Auferstehung. Besonders deutlich wird dies beim Pessach.

- Durch das Feiern der Feste können die Konvertiten die Gemeinschaft besonders intensiv ausleben, dadurch vergewissern sie sich gegenseitig die Aktualität und die Lebendigkeit ihres messianisch-jüdischen Glaubens.

- In allen Festen wird deutlich, dass eine hohe Kontinuität zu den MJA gegeben sind, das heißt, messianische Juden „praktizieren" den Inhalt der schriftlich fixierten Glaubensartikel und geben den Ritualen entsprechende Deutungen.

Zudem wird deutlich, dass die jeweiligen Feste bestimmte Aspekte des messianisch-jüdischen Glaubens thematisieren. Das Wochenfest Schawuʿot erinnert zunächst an die durch die Offenbarung ermöglichte historische und gegenwärtige Entstehung der Gemeinde aus Juden und Nichtjuden des Neuen Bundes, die durch den Heiligen Geist am Schawuʿotfest der Apostelgeschichte entstanden sei. Die Herbstfeste dagegen thematisieren messianisch-jüdisch die zukünftige Offenbarung Jesu: So denken messianische Juden an Ro'sch ha-Schanah zunächst an die Errettung vor dem Gericht und die dazu nötige Umkehr. Darüber hinaus verweisen messianische Juden auf die Parusie Jesu, die Entrückung der gläubigen

231 Ähnlich berichtet dies FEHER, Passing over Easter, 113.

Gemeinde und die geistliche und physische Erneuerung des Volkes Israel im messianischen Reich.

Messianische Juden begehen Jom Kippur, indem sie für die Errettung ihres Volkes bitten in der Hoffnung, dass sich bei der Parusie Jesu „ganz Israel" bekehren werde. An Sukkot wird an den Sieg Gottes über die Sünde gedacht. Messianische Juden gedenken besonders daran, dass Jesus am Höhepunkt des Festes beim Ausgießen des Wassers erschien und sehen daher in ihm die Erfüllung aller messianischen Hoffnungen. An Simchat Tora „befeiern" messianische Juden die Tora als Grundlage der Bibel. Jeschua gilt als Krone und Erfüllung der Tora. Messianische Juden betonen an Chanukkah den Sieg Israels über die Feinde ebenso wie den Sieg über den Satan, die Sünde und den weltweiten Antisemitismus.

Kraft fasst ebenfalls die Thematik der Jahresfeste aus der Sicht messianischer Juden zusammen: „In den Frühlingsfesten können wir Elemente des Werkes Jesus, von Kreuz und Auferstehung sehen; die Herbstfeste enthalten Aspekte seines zweiten Kommens und der Errichtung seines messianischen Reiches."[232]

Ähnlich wie in amerikanischen messianisch-jüdischen Gemeinden ist die Einteilung in Frühlingsfeste, die an das erste Kommen und die Herbstfeste, die an das zukünftige Kommen erinnern, zu erkennen. In Deutschland gibt es aber keine eindeutige Präferenz eines Festes zu einer einzigen bestimmten messianisch-jüdischen Interpretation. So weist das Pessach nicht nur auf Jesus Tod hin, das Schauwotfest nicht nur auf das Kommen des Heiligen Geistes. Sondern es wird deutlich, dass messianische Juden den verschiedenen Bestandteilen der jüdischen Feste jeweils unterschiedliche Interpretationen geben. So erinnern sich messianische Juden beim Pessachfest an den Tod Jesu, dessen Auferstehung und seiner Erlösung vor dem Gericht etc. Auch Ro'sch ha Schanah symbolisiert nicht ausschließlich die Wiederkunft Jesu, Jom Kippur nicht nur das Gericht und Sukkot symbolisiert nicht nur das zukünftige messianische Reich.[233]

5.4.5 Messianisch-jüdische Zeremonien

Neben den geschilderten Gottesdienstformen und den messianisch-jüdisch interpretierten jüdischen Festen, gibt es weitere Zeremonien im Gemeindeleben, die wichtige Meilensteine im Leben eines messianischen Juden darstellen, zum Beispiel die Beschneidung, die Bar oder Bat Mizwa, die Taufe oder Mikve, die Trauung und die Zeremonie für eine Beerdigung.

---

232 Kraft, Feste, 2-4.

233 Vgl. Feher, Passing over Easter, 113; B. Kasdan, B., God's appointed customs. A Messianic Jewish guide to the biblical lifecycle and lifestyle, Baltimore 1996.

5.4.5.1 Beschneidung

Die Beschneidung, das Entfernen der Vorhaut am achten Tag, galt für das Volk Israel als besonderes Bundeszeichen zwischen Gott und Abraham und seinen Nachkommen (Gen 17,9-14). Bei der religiösen Feier wird das neugeborene Kind somit in den „Bund unseres Vaters Abraham" aufgenommen und ihm wird sein Name verliehen.[234]

Einige Gemeindeleiter und Besucher halten die Beschneidung nicht für notwendig, da deren Bedeutung als Initiationsritus durch die Taufe ersetzt werde. W. Pikman (BSSE) sagt, dass kein Zwang bestehe, aber dass bei der Geburt eines Sohnes durchaus zu der Beschneidung ermutigt werde. Dann bedeute die Beschneidung die Zugehörigkeit zum jüdischen Volk und die Verbundenheit mit dem Bund Abrahams.[235]

H. Stresow (BSSE) akzeptiert die Beschneidung ebenfalls, wobei er ihr aber keine Heilswirkung beimisst.[236] Auch A. Uschomirski äußert sich eher neutral: Messianische Juden könnten sich nach jüdischer Tradition beschneiden lassen, aber es werde keiner dazu gezwungen. „Wir verstehen die Beschneidung, wie Paulus es benannt hat: Wer dazu berufen ist, lasse sich beschneiden, wer aber nicht, der nicht."[237]

In den Gemeinden des Typus C ist die Beschneidung allerdings bereits öfter praktiziert worden. Einige Gemeindeleiter und Besucher dieser Gemeinden erklärten mir, dass sie die Beschneidung für wichtig erachteten, weil Jesus und seine Jünger beschnitten waren. Sie verglichen sich insbesondere manchmal mit Timotheus (Act 16,1-3), der wie die Juden aus der ehemaligen Sowjetunion nicht im jüdischen Glauben erzogen, aber dennoch später beschnitten wurde. Es gibt sogar einige Leiter, die sich als Erwachsene in Deutschland haben beschneiden lassen.[238]

Die Auslösung des Erstgeborenen, wobei der erstgeborene Sohn, der früher dem Tempel geweiht wurde (Numeri 3, 44-5), in einer Zeremonie am 31. Tag nach seiner Geburt durch 5 Schekel „ausgelöst" wird, ist bis zum Zeitpunkt der Untersuchung in messianisch-jüdischen Gemeinden meines Wissens nicht praktiziert worden.

234 Vgl. J. J. Petuchowski, Beschneidung, in: Petuchowski/ Thoma, Begegnung, 22-23.

235 Vgl. W. Pikman, im geführten Experteninterview am 12.04.2007.

236 H. Stresow, im Experteninterview, geführt am 30.05.2005.

237 C. Ludwig, Wir sind Juden und glauben an Jesus als den Messias. Die messianischen Juden zwischen allen Stühlen, in: Evangelisches Gemeindeblatt für Württemberg 10, 5.3.2000, abgedruckt in: Idea Dokumentation 6 (2000), 42-43.

238 Vgl. Experteninterview mit W. Pikman, geführt am 12.04.2007.

Fazit: Im Gegensatz zu amerikanischen und israelischen messianischen Gemeinden, in denen die Beschneidung Usus ist, gibt es in Deutschland keinen einhelligen Konsens. Schwierigkeiten ergeben sich schon dadurch, dass viele der eingewanderten Juden in der Sowjetunion nicht beschnitten wurden. Manche Gemeinden (insbesondere des Typus C) praktizieren die Beschneidung bei neugeborenen Jungen, um den Bund Israels mit Abraham und die Zugehörigkeit zum jüdischen Volk zu betonen. Die Gemeinden des Typus A halten die Beschneidung aufgrund der Taufe nicht für notwendig. Die meisten Gemeinden (meist Typus B) ergänzen die Beschneidung mit der Bedeutung des Abrahambundes mit der heilnotwendigen Konversion und dem Initiationsritus der Taufe.

5.4.5.2 Bar-Mizwa und Bat-Mizwa

Die Bar-Mizwa (= Sohn des Gebots) ist die Bezeichnung für den jüdischen Jungen, der das 13. Lebensjahr vollendet hat und nun als vollständiges Mitglied der Gemeinde aufgenommen wird und zur Erfüllung der Gebote verpflichtet bzw. berechtigt ist. Die Bat-Mizwa (=Tochter des Gebots) für die Mädchen ist erst im Reformjudentum üblich geworden.

Beide Zeremonien sind bereits in vielen messianisch-jüdischen Gemeinden praktiziert worden. Messianische Juden beziehen sich dabei auf den Besuch des 12-jährigen Jesus im Tempel, der an eine Bar-Mizwa erinnert (Lk 2,41-47). Zuvor erhalten die jungen Kandidaten einen messianisch-jüdischen Religionsunterricht in der Gemeinde, meistens durch den Leiter oder einen Mitarbeiter, der über mehrere Monate erfolgen kann.

Während der Zeremonie bekennen sich die jungen Gläubigen öffentlich zu Jesus, wenn sie zuvor konvertiert sind. In manchen Gemeinden müssen die Jungen und Mädchen einen Teil aus der Tora auf Hebräisch einstudieren.[239] Der Vater des Bat oder Bar Mizwa betet ebenfalls in dieser Zeremonie und manche messianische Juden begehen dann ein Familienfest an diesem Tag.

5.4.5.3 Trauung und Ehe

Unter messianischen Juden sind Mischehen mit einem nichtjüdischen Partner möglich, vorausgesetzt, dieser ist ebenfalls zum messianisch-jüdischen Glauben konvertiert. Daher feierten bis zum Zeitpunkt der Untersuchung bereits einige

239 Vgl. M. Braker, Unterschied zwischen Menschen und Enten, in Amzi (Hrsg), Messianisches Zeugnis 5 (2006), 9.

junge Paare messianisch-jüdische Hochzeitszeremonien, von denen nicht immer beide Partner Juden waren.

Die Hochzeitszeremonie folgt den jüdisch-traditionellen Hochzeitshandlungen, zum Beispiel beginnt sie damit, dass die Braut und der Bräutigam das Ehedokument (ketubbah) unterzeichnen. Das Ehepaar stellt sich zusätzlich unter den Segen des dreieinigen Gottes und die Gemeinde betont den Glauben an Jeschua hamaschiach. Messianische Juden verstehen die Ehegemeinschaft als unverbrüchliche Einheit und Hinweis auf den Schöpfer (Mt 5,27-32; 19,3-9) und oft orientiert sich das Verhältnis zwischen Mann und Frau an dem Verhältnis von Jesus zu seiner Gemeinde, so dass der Mann als „Haupt" seiner Frau gilt (Eph 5,21-23).

Fazit: Im Gegensatz zu Israel, wo sich messianische Juden von einem Rabbiner nach der traditionellen Zeremonie trauen lassen (müssen), ergänzen messianische Juden in Deutschland die traditionellen Liturgien mit messianisch-jüdischen Elementen. Eine einheitliche Liturgie gibt es im Gegensatz zu amerikanischen messianisch-jüdischen Gemeinden noch nicht.

5.4.5.4 Tod und Trauer

Während des Untersuchungszeitraumes sind meines Wissens acht bis zehn Todesfälle in den Gemeinden aufgetreten, so dass in Düsseldorf, in Hannover und in Berlin bereits Trauergottesdienste abgehalten wurden. Dort rezitierte der Gemeindeleiter unter anderem auch das Kaddisch, das traditionelle Gebet und wies dazu auf die Erlösung durch Jesus hin: „Wir versuchen diesen Tag zu benutzen, um zu zeigen, besonders für Ungläubige, dass immer noch die Zeit zur Verfügung steht, um sich zu bekehren, sonst kann es zu spät sein."[240]

5.4.5.5 Taufe/Mikwe

Das Eintauchen in Wasser war im frühen Judentum eine übliche Praxis bei Krankheiten (Lev 14,1-4; 7,9) und zum Reinigen von Körperausscheidungen (Lev 15), wobei der ganze Mensch untertauchte. Zudem wurde dem Volk Israel geboten, dass sie ihre Kleider zur Reinigung waschen sollten, bevor sie die Gesetze am Sinai erhalten (Ex 19,10) und Aaron und seine Söhne, bevor sie im Allerheiligsten dienen sollten (Lev 8 und 16). Während der zweiten Tempelperiode reinigten sich Priester,

240 K. Swiderski, im Experteninterview, geführt im Februar 2005.

bevor sie kultische Gegenstände berührten. Auch bei Konversionen zum Judentum wurde das Eintauchen des Konvertiten üblich.

Obwohl nach der Zerstörung des Tempels die Reinigung von Priestern vor der Berührung von Kultgegenständen keine Rolle mehr spielte, reinigen sich orthodoxe Juden in der Mikwe, (mikwa = „Wasseransammlung", Becken oder Brunnen mit fließendem Wasser), wenn sie sich auf den Sabbat vorbereiten, da die Mikwe geistige Erneuerung und Hingabe zu Gott symbolisiert. Das Reinigungsbecken wird in jüdischen Gemeinden nach den Bestimmungen des Talmuds gebaut und sollte immer fließend und mit Naturwasser (Grundwasser, Quellwasser etc.) gefüllt sein, da die Tora von „lebendigen Wassern" spricht.

Johannes der Täufer (Mk 1,2-8; Mt 3,1-2) dagegen betont die Bedeutung der Sündenvergebung (Mk 1,4) gegenüber dem Aspekt der Reinigung. Deshalb bekundet ein Täufling des Johannes, dass er bereit ist, sein Leben zu ändern und sich auf das Kommen des „Menschensohnes" zum Gericht vorzubereiten. Auch Jesus ließ sich von Johannes taufen, um alle Gerechtigkeit zu erfüllen.

Die urchristliche Gemeinde nahm für die Taufe die Aspekte der Buße, der Sündenvergebung und der Sicherheit vor dem Gottesgericht zwar wieder auf, vollzog sie aber auf den Namen Jesu des Messias, das heißt der Täufling wurde dem Messias Jesus übereignet. Ebenso empfing der Täufling den Heiligen Geist (Act 2,38). Die Taufe bedeutete die Aufnahme in die Gemeinschaft (Act 2, 41) und war somit ein Initiationsritus.[241]

Paulus verbindet die Taufe zudem mit der Anteilhabe des Täuflings am „Mitbegrabenwerden" und der Auferstehung Jesu (Röm 6,1-4), das heißt am Täufling vollzieht sich ein Macht- und Herrschaftswechsel, so dass er durch diese geistige Wiedergeburt fortan nicht mehr der Sünde, sondern der befreienden Herrschaft Jesu untersteht. Zur Taufe gehörte daher auch ein Bekenntnis, in dem der Täufling sich zu Jesu als dem Messias bekennt, dies konnte ein Gebet im Zusammenhang mit der Taufe sein.[242]

Die urchristliche Taufe war somit im Gegensatz zu den Reinigungsriten, die auf Wiederholung angelegt waren, ein einmaliger Initiationsritus, bei dem der Täufling der Sünde absagte, sich zu Jesus als dem Messias bekannte, den Heiligen Geist empfing und in die Gemeinde der an Jesus als den Messias Gläubigen aufgenommen wurde.

In messianisch-jüdischen Gemeinden ist ebenfalls die Taufe üblich, die auch oft „Mikwe Jeschua" genannt wird und an einem zuvor konvertierten Juden (oder Nichtjuden) vollzogen wird. Die Frage: „Wurden Sie getauft, nachdem Sie zum

---

241 L. SCHENK, Die Urgemeinde. Geschichtliche und theologische Entwicklung. Stuttgart 1990, 114-115; F. AVEMARIE, Die Tauferzählungen der Apostelgeschichte. Theologie und Geschichte, Tübingen 2002, 441.

242 RIESNER, Messias Jesus, 382.

Glauben kamen?" bejahten 79,4% der befragten messianischen Juden (N=126) und 75,6% der messianischen Nichtjuden (N=78, 78% insg.). Meistens erfolgt das Eintauchen der Täuflinge in den Räumlichkeiten der gastgebenden Gemeinden oder in einem Schwimmbad.

Bei der Taufe soll der Täufling sein persönliches Glaubenszeugnis abgeben, wie er zum messianisch-jüdischen Glauben konvertiert ist und sich so von seinem sündigen Leben abgewandt hat. Dann tauft ihn der Gemeindeleiter auf den Namen Jeschua hamaschiach, so dass die Taufe als ein Akt der Absage bzw. Reinigung des alten sündigen Leben und der symbolischen Festlegung auf ein neues, geheiligtes Leben in Jesu Namen gilt. Messianische Juden betonen aber ausdrücklich, dass sie durch die Taufe nicht ihre jüdische Identität verlieren: „Die Taufe ist kein Ritual, das einen Juden zum (Heiden)Christen macht, sondern ein öffentliches Bekenntnis zu Jeschua, dem Messias."[243]

Fazit: Messianische Juden nehmen einerseits Aspekte der geistigen Erneuerung und Hingabe der Reinigungsbäder des frühen Judentums auf, indem sie betonen, dass die Taufe eine Absage ihres sündigen alten Lebens und Heiligung ihres neuen Lebens bedeutet. Insbesondere übernehmen sie aber die Taufmotive der urchristlichen Gemeinden, zum Beispiel die Taufe auf den Namen Jesu den Messias, den Geistempfang und die Aufnahme in die Gemeinschaft. Äußerst wichtig ist für messianische Juden, dass sie durch die Taufe, bei der sie sich auf die neue Herrschaft Jesu in ihrem Leben festlegen, nicht zum Heidenchristentum konvertieren, sondern ihre jüdische Identität behalten. Gerade indem sie sich auf übliche Taufmotive der judenchristlichen Gemeinden beziehen, die selbstverständlicher Teil der jüdischen Gesellschaft waren, beanspruchen sie diese Beibehaltung ihrer jüdischen Identität.

5.5 Zusammenfassung

Das messianische Judentum in Deutschland lässt sich als neue religiöse Bewegung definieren, da die Auseinandersetzung der russischen Juden in Deutschland seit Mitte der 1990er Jahre mit dem messianisch-jüdischen Glauben etwas völlig Neues ist. In den messianisch-jüdischen Gemeinden und Gruppen in Deutschland gibt es zum Zeitpunkt der Untersuchung (2005) etwa 914-1042 regelmäßige Besucher (messianische Juden und Nichtjuden), von denen 55,4 bis 75,2% messianische Ju-

243 A. USCHOMIRSKI, Zwei wichtige Feste, in: EDI (Hrsg.) GESANDT 34 (2005) Nr. 1, 4; ebenso: Ders., im Experteninterview am 01.06.2005, ähnlich: COHN-SHERBOK, Messianic Judaism, 163.

den sind (577-687). Geht man von der jeweils durchschnittlichen Besucheranzahl (=978) und der durchschnittlichen Anzahl messianischer Juden (=632) aus, sind durchschnittlich 64,6% der Besucher messianische Juden.

Die messianisch-jüdischen Gemeinden zeichnen sich durch intensive systeminterne Aktivitäten aus (aktive Beteiligung am Gottesdienst, Besuch von weiteren Veranstaltungen etc.). Die religiösen Handlungen werden durch die Homogenität der demographischen und biographischen Strukturen ermöglicht: gemeinsame Herkunft aus der ehemaligen Sowjetunion,

Einreise nach Deutschland, Konversion zum messianisch-jüdischen Glauben, Anschluss an eine messianische Gemeinde zwischen 1996-2000, Taufe, Konversionszeitraum 1991 bis 2005 etc.

Aber auch Außenkontakte prägen die messianisch-jüdische Bewegung in Deutschland, denn etwa die Hälfte der befragten messianischen Juden besuchen Veranstaltungen von evangelikalen Gemeinden und äußern den Wunsch nach mehr Zusammenarbeit. Ebenso wünschen sich messianische Juden Hilfe der evangelikalen Gemeinden bei der Evangelisation unter Juden. Zum System des religiösen oder säkularen Judentums bestehen Kontakte und die Hälfte ist bereit, gelegentlich einen Gottesdienst in einer Synagoge zu besuchen.

Bei den Gottesdienstformen stellte sich heraus, dass das messianisch-jüdische System viele Elemente des jüdischen und des christlich-evangelikalen Systems übernommen hat. Die Gottesdienstzeit an einem Sabbat oder jüdische Symbole wie die Menora, die israelische Flagge, das Schofar sind in den Gottesdiensträumen vorhanden und weisen auf die Zugehörigkeit zum jüdisch-religiösen System hin. Des Weiteren trägt fast die Hälfte der männlichen Besucher eine Kippa, einige tragen auch den Tallit. Die Frauen tragen beim Gebet am Sabbat einen Gebetsschal. Zusätzlich ergänzen aber messianische Juden diese rahmenden und symbolischen Elemente des Judentums mit eigenen Symbolen: So ist in allen Gemeinden die angezündete Menora als Symbol erfüllter Messiashoffnungen zu finden. Auch das Symbol des Davidssternes, der mit einer Menora und dem urchristlichem Fischzeichen verbunden ist, ist in vielen Gemeinden zusätzlich vorhanden und drückt die Einheit der messianisch-jüdischen Gemeinde von jüdischen und nichtjüdischen an Jesus Gläubigen aus.

Bei den liturgischen Elementen überwiegen zunächst jüdische Indikatoren wie Anzünden der Sabbatkerzen, das Rezitieren des Schemaʿ Jisrael, das Singen hebräischer Lieder, der Schabbatkiddusch, die Toralesung, die Toraauslegung, die Segnung der Kinder, das Kaddisch, Gebete aus dem Siddur, die Havdala, der Ausruf des Gemeindeleiters am Ende des Gottesdienstes „Amen. Baruch atta" („Gepriesen seist du!").

Aber es gab auch liturgische Hinweise auf einen christlichen Gottesdienst: die Abkündigungen, das Vaterunser, das Singen oder Rezitieren von Psalmen mit

Kehrversen und Singesprüchen, Fürbitten, Lesung aus dem NT, wobei den Evangelientexten immer eine besondere Bedeutung zukommt, der hohe Stellenwert der Predigt des Evangeliums, das Bekenntnis, dass Jesus der Messias ist, das Abendmahl, die Nachgespräche und gemeinsames Essen. Insgesamt zeigte sich, dass zwar viele liturgische Elemente des Judentums übernommen werden, dass diese aber mit „christlichen“ Glaubensinhalten (Trinität, Jesus als der Messias, Jesus als das Licht der Welt, Soteriologie, Vergebung der Sünden) in den Liedern, Ritualen und Predigten „gefüllt“ werden. Zunächst wird deutlich, dass große Übereinstimmung mit dem Christentum und aufgrund der Betonung der Rechtfertigung aus Glauben, insbesondere mit dem evangelischen Glauben besteht.

Volle Übereinstimmung gibt es daher mit dem evangelikalen Glauben. Besonders deutlich wurde dies bei der Darstellung der messianisch-jüdischen Glaubensartikel (MJA). Messianische Juden betrachten die Hebräische Bibel und das NT als eine untrennbare Einheit, als von Gott verbal inspiriert und daher als höchste Autorität für ihr Leben und Handeln. Die MJA betonen explizit den trinitarischen Glauben und die Soteriologie. Aus einer Bekehrung resultiert eine Heilsgewissheit. In den MJA werden die Züge des traditionellen, insbesondere prämillenaristischem Dispensationalismus erkennbar.

Die typischen messianisch-jüdischen Artikel (Betonung des jüdischen Erbes, biblisch-jüdische Wurzeln, Zionismus, Vermeidung christlicher Einflüsse, Zugehörigkeit zu Israel), stellen jedoch eine Besonderheit der messianisch-jüdischen Theologie dar.

Das Feiern der jüdischen Feste verweist zunächst auf das System des religiösen Judentums. Messianische Juden übernehmen in ihren Pessach-Haggadot viele biblisch-jüdische Elemente und verbinden diese mit messianisch-jüdischem Glauben. Zum Beispiel gilt Jesus als das Pessachlamm, das die Menschen von der Sünde befreien kann. Zusätzlich interpretieren messianische Juden sämtliche traditionell-jüdischen Rituale des Sedermahls mit messianisch-jüdischen Interpretationen. Da messianische Juden zudem das Herrenmahl in die Pessachfeier integrieren, verbinden sie implizit das altjüdische Fest mit dem Einsetzen des Neuen Bundes. Dadurch betrachten sie sich als Fortsetzung des biblischen Judentums (Opfergedanke, Erlösung etc.), aber auch als Fortsetzung der judenchristlichen Bewegung (Herrenmahl, Neuer Bund etc.).

Messianische Juden interpretieren die Frühlingsfeste häufig mit dem Tod Jesu und seiner Auferstehung. Das Wochenfest Schawuʿot erinnert zudem an die Entstehung der Gemeinde aus Juden und Nichtjuden, die durch den Heiligen Geist am Schawuʿotfest entstanden sei. Die Herbstfeste thematisieren eher eschatologische Themen wie die Parusie Jesu, die erhoffte „Bekehrung Israels“ und das messianische Reich.

Messianische Juden übernehmen die Traditionselemente, die für ihre jüdische Identität notwendig sind und die eine biblische Begründung haben und geben ihnen eine neue Deutung:

> *„Sie [MJ, Anm. der Verf] fühlen sich an die Traditionen nicht durch die Gebote und Vorschriften der Mose-Tora gebunden, sondern sehen sie als das religiöse Erbe des Volkes, das mit seinen alttestamentlichen Wurzeln vom Christusglauben her neu gedeutet wurde."*[244]

Auch bei den Zeremonien im Leben nehmen messianische Juden alttestamentliche Rituale, wie die Beschneidung auf, betrachten diese aber nicht als heilsnotwendig wie die Konversion. Einen wichtigen Stellenwert nimmt die Taufe ein. Messianische Juden betonen, dass sie durch die Taufe ihrem bisherigen sündigen alten Lebens absagen und ein neues Leben beginnen. Insbesondere übernehmen sie aber die Taufmotive der urchristlichen Gemeinden, zum Beispiel die Taufe auf den Namen Jesu des Messias, den Geistempfang und die Aufnahme in die Gemeinschaft. Äußerst wichtig ist für messianische Juden, dass sie durch die Taufe, bei der sie sich auf die neue Herrschaft Jesu in ihrem Leben festlegen, nicht zum Christentum konvertieren, sondern ihre jüdische Identität behalten. Indem sie sich auf übliche Taufmotive der judenchristlichen Gemeinde beziehen, die selbstverständlicher Teil der jüdischen Gesellschaft war, beanspruchen messianische Juden die Beibehaltung ihrer jüdischen Identität.

Insgesamt ist eine auffallend hohe Kontinuität zwischen den schriftlich fixierten Glaubensartikeln, den Ritualen in den Gottesdiensten und den messianisch-jüdischen Interpretationen der Feste zu erkennen.

244 Kjær-Hansen, Messianische Juden, 77.

6 Individuelle Strukturen des messianisch-jüdischen Glaubens

Nun stellt sich die Frage: Stimmen denn alle Besucher mit der Ausführung der Rituale, den messianisch-jüdischen Glaubensartikeln und den messianisch-jüdischen Interpretationen der Feste überein? Nachdem ich die kollektiven Strukturen des messianisch-jüdischen Glaubens beschrieben habe, stelle ich die individuellen Strukturen des messianisch-jüdischen Glaubens dar, um auch die subjektiven Erfahrungen der Besucher erfassen zu können.

Ein empirisches Modell individuellen und kollektiven Ritualerlebens sollte immer davon ausgehen, dass ein an Ritualen partizipierender messianischer Jude auch die „Kon-Texte" der „Ritualtexte" versteht, „denn das zeitlich begrenzte Ritual spielt sich im Kontinuum des Alltags ab, der auf Verhalten im und Erleben von Ritual zurückwirkt".[1] Dies bedeutet, dass ich die geschilderten kollektiven messianisch-jüdischen Strukturen an den individuellen Erfahrungen der Partizipierenden erkennen kann. Des Weiteren sollte ein empirisches, interaktional orientiertes Modell die persönlichen, jeweils unterschiedlichen Zugänge zum Form- und Inhaltsangebot der Gemeinden berücksichtigen, also mit Interaktionen und kreativen Akten der Beteiligten rechnen[2] und die Besucher als „living human documents"[3] betrachten.

Wie die Ergebnisse der kollektiven messianisch-jüdischen Strukturen zeigten, gehört zu der wichtigsten persönlichen Erfahrung eines messianischen Juden die Konversion. Würde man also von einer „Idealbiographie" eines messianischen Juden ausgehen, müsste die Konversion eine Schlüsselfunktion einnehmen. An den Schilderungen der Konversionserlebnisse als „living human documents" kann man erkennen, welche persönlichen Erfahrungen ein messianischer Jude hatte, wie er die „Kon-Texte" der gottesdienstlichen Handlungen versteht und welche unterschiedlichen Zugangsweisen es zu den kollektiven gottesdienstlichen Handlungen gibt.

Daraus ergeben sich folgende Ansatzpunkte: Wie ist es beim Einzelnen zu einer Konversion gekommen? Welche Faktoren führten maßgeblich dazu? Und wie hat sich das weitere Leben des Konvertiten verändert? Welche Auswirkungen hat die Konversion auf die Teilnahme am Gemeindeleben? Diese und weitere Fragen sollen durch die Auswertung der narrativen Interviews, die Konversionserzählungen messianischer Juden, beantwortet werden. Dabei verbinde ich die Daten der Konversionserzählungen mit den kollektiven Strukturen und den Ergebnissen der Fallstudie.

---

1 HEIMBROCK, Gottesdienst, 39.

2 HEIMBROCK, Gottesdienst, 39-40.

3 A. BOISEN, The exploration of the inner world. A study of mental disorder and religious experience, Philadelphia 1971.

6.1 Konversionserzählungen – Drei Fallgeschichten

Nach der Auswertung der Konversionserzählungen ließen sich drei typische Fallgeschichten darstellen: Die Konversion des 28-jährigen Pawels aus Usbekistan, des 48-jährigen Wladimirs aus der Ukraine (Kiew) und der 72-jährigen Galja aus Russland (St.Petersburg)[4]. Für die Konversionserzählungen benutze ich im Anschluss an U. Popp-Baier den Terminus „Fallgeschichte", der die Bezeichnung „case histories"[5] adäquater wiedergibt als der Begriff der „Fallbeschreibung" oder der „Fallrekonstruktion"[6]. Die Fallgeschichten sind dazu geeignet, einen bestimmten Typus darzustellen, hier eines messianischen Juden, wobei sich dieser Typus aus dem Vergleich mit den anderen narrativen Interviews sowie der offenen, axialen und selektiven Kodierung ergibt (vgl. Kapitel 4.4.5).

Um die Orientierung zu erleichtern, stelle ich zunächst die chronologische Abfolge des Lebens der jeweiligen Interviewpartner dar.

6.1.1 Die Fallgeschichte „Pawel"[7]

Pawel wird 1977 als Sohn eines Juden und einer nichtjüdischen Ukrainerin in Usbekistan geboren und wächst dort ohne jüdische Erziehung auf und ohne, dass er etwas von seiner jüdischen Abstammung erfährt. Nach der Scheidung seiner Eltern lebt er fortan bei seiner Mutter, zu der er eine intensive Beziehung hat. 1990 erkrankt seine Mutter schwer, daraufhin hat der dreizehnjährige Pawel das erste Mal ein „persönliches Erlebnis" (NI 7: 3/25-25) mit Gott, wobei er ihn ganz deutlich „spürt" (3/4) und die anschließende Genesung seiner Mutter auf das Wirken Gottes zurückführt. Weil er von diesem Erlebnis so beeindruckt ist, lässt er sich noch im gleichen Jahr – zusammen mit seiner Mutter – in einer russisch-orthodoxen Kirche taufen. Die Taufe in der Atmosphäre dieser Kirche befremdet ihn allerdings sehr, hier kann er Gott nicht „spüren" und er ist von dem Erlebnis der Taufe sehr enttäuscht. Dennoch lässt ihn der Gedanke an Gott nicht los: Er unternimmt zwischen 1991-1993 verschiedenste Anläufe, die Bibel zu lesen, wobei ihm aber ein tieferes Verständnis verwehrt bleibt.

1994 erfährt er als Siebzehnjähriger erstmals von seiner jüdischen Identität, was allerdings keine große Wirkung auf ihn ausübt. 1995 bekommt er ein Neues Testa-

---

4 Die Altersangaben gelten zum Zeitpunkt der Interviews im Jahr 2005.

5 Strauss, Qualitative analysis.

6 Vgl. Popp-Baier, Selbsttransformationen, 263.

7 Die gesamten Transkriptionen, Segmente und Auswertungen der narrativen Interviews sind nicht im Anhang dargestellt, können aber bei Interesse bei der Verfasserin eingesehen werden (über eine Anfrage beim LIT-Verlag).

ment geschenkt, das er sofort durchliest und durch das er nach eigenen Angaben einen offenbarenden „Ruf von Jesus Christus“ (5/33) vernimmt. Diesem Ruf habe er sich aber zunächst bewusst verweigert, da er glaubte, dass er sich dann ganz von „einem Leben in der Welt“ (6/2) distanzieren müsse.

Pawel beginnt 1995 mit dem Studium zum Elektroingenieur und hat zu dieser Zeit erstmalig eine feste Beziehung mit einer Frau. Parallel besucht er einen Englischkurs der amerikanischen Organisation „Campus für Christus“ (vgl. Kapitel 2.4.5) und freundet sich dort mit einem Mitarbeiter an. Als seine Liebesbeziehung scheitert, gerät er in eine Phase tiefer Depressionen. Durch ein Gebet zu Gott verschwindet seine Depression, sagt er. Dies ist der Anlass für seine Konversion, die er im Beisein eines Mitarbeiters vollzieht, indem sie zusammen ein „Übergabegebet“ sprechen.

1996-1998 liest er intensiv und regelmäßig in der Bibel und trifft sich mit anderen an Jesus Glaubenden zum Austausch über den neuen Glauben. Mitte 1999 schließt er sein Studium zum Elektroingenieur ab. Im Herbst 1999 lässt er sich in Usbekistan „messianisch-jüdisch“ taufen, diesmal geschieht dies im Rahmen einer messianisch-jüdischen Konferenz in einem Gebirgssee. Drei Wochen später reist er nach Deutschland aus.

Seit 2001 besucht er eine messianische Gemeinde in Stuttgart (Gemeindetypus A) und nimmt dort an Hauskreisen, Bibelstunden und sonstigen Versammlungen teil. Mittlerweile leitet er auch Bibelarbeiten und manchmal hält er eine Toraauslegung im Gottesdienst. Zusätzlich ist er für die Technik während des Gottesdienstes zuständig.

Seit 2003/2004 ist er als Doktorand und wissenschaftlicher Mitarbeiter an der örtlichen Universität tätig. Ende 2004 lernte ich Pawel persönlich beim Besuch in seiner Gemeinde in einer mittelgroßen Stadt in Deutschland kennen, woraufhin er sich zu dem Interview bereit erklärte. Im April 2005 fand das Vorgespräch zum Interview statt, am 24.05.2005 wurde das Interview geführt. Er weist eine ausgesprochen gute Sprachkompetenz auf, mit mittelstarkem russischem Akzent. Zum Zeitpunkt des Interviews besitzt er die usbekische Staatsangehörigkeit, er ist 28 Jahre alt und ledig.

6.1.2 Die Fallgeschichte „Wladimir“

Wladimir wird 1957 in der Ukraine in ein jüdisches Elternhaus in Kiew geboren und wächst dort ohne jüdische Erziehung auf. 1975-1980 absolviert er sein Studium zum Ingenieur in der Metallindustrie, er heiratet und hat zwei Söhne.

1987 stellt er sich erstmals Fragen nach dem Sinn des Lebens und führt 1992 ein Gespräch mit einem russischen nichtjüdischen Freund, der ihm von seiner

Bekehrung erzählt. Wladimir ist aber zunächst skeptisch, da er nicht einsieht, dass er Jesus zur Sündenvergebung brauche. Dennoch besucht er 1992-1994 sporadisch eine baptistische Gemeinde in Kiew und liest regelmäßig den Tenach. Zunehmend sei ihm deutlich geworden, dass er als Jude zum Volk Gottes gehöre. 1994 habe er beim Lesen des Neuen Testamentes erkannt, dass er ein Sünder sei. In einem ersten „Gespräch" mit Jesus sei er niedergekniet und dabei emotional überwältigt worden: Er sei in Tränen ausgebrochen, ohne dass er den Grund dafür erkannt habe. Nachdem er in einem baptistischen Gottesdienst eine Vision gehabt habe, sei er konvertiert. Noch im gleichen Jahr (1994) hat er sich auch dort taufen lassen.

1994-1996 besucht er einen Hauskreis mit nichtjüdischen Besuchern der baptistischen Gemeinde. Trotz seiner Konversion habe ihn aber weiterhin die Frage gequält: „Warum werden immer die Juden gehasst?" (NI 10: 4/1-8) 1996 reist er mit seiner Familie nach Deutschland aus. Im gleichen Jahr habe er eine weitere Vision gehabt und durch einen Vortrag Fruchtenbaums (vgl. Kapitel 2.3.2) habe er dann eine „Erklärung" gefunden: Satan hasse das Volk Gottes und säe den Hass auf die Juden weltweit.

Seit Januar 1999 besucht er regelmäßig eine messianische Gemeinde (Gemeindetypus B) in Berlin und arbeitet auch dort intensiv mit, zum Beispiel bei der Durchführung der Sabbatabende.

Anfang 2005 lernte ich Wladimir persönlich beim Besuch in der Gemeinde in einer Großstadt Deutschlands kennen. Er signalisierte mir noch an diesem Tag die Bereitschaft zu einem Interview. Im Mai 2005 fand das Vorgespräch für das Interview statt, am 13.06.2005 führte ich mit ihm das Interview.

Wladimir arbeitet zum Zeitpunkt des Interviews als Aushilfskraft, er hat die ukrainische Staatsangehörigkeit und ist 48 Jahre alt. Seine deutsche Sprachkompetenz ist ausreichend, jedoch mit starkem Akzent und manchmal sucht er länger nach Worten.

6.1.3 Die Fallgeschichte „Galja"

Galja wird 1933 als Tochter einer Jüdin und eines russischen Vaters in St. Petersburg geboren. Als sie vier Jahre ist, stirbt ihr Vater unerwartet als „Stalinopfer" (1937), denn bei den stalinistischen „Säuberungen" in den Dreißiger Jahren wurden viele Juden und Nichtjuden getötet. Sie erhält keinerlei jüdische Erziehung von ihrer Mutter.

1951-1957 absolviert sie das Studium der Allgemeinmedizin, sie heiratet einen Deutschen und bekommt einen Sohn. 1957-1969 arbeitet sie als Ärztin in Ostdeutschland, nach 1970 reist sie wieder nach St. Petersburg zurück. 1970 lässt sie sich scheiden, der gemeinsame Sohn verbleibt bei ihr. Kurz nach ihrer Scheidung hat sie eine erste „Gottesoffenbarung“ (NI 12: 2/27), die ihr die Realität Gottes bewusst macht.

1975 heiratet sie einen atheistischen Juden, ihr Sohn wächst weiter bei ihr auf. Sie arbeitet währenddessen in einem Krankenhaus in St. Petersburg. Aufgrund vieler körperlicher Krankheiten nimmt sie ab 1990 regelmäßige Meditations- und Yogaübungen auf. 1993 habe sie dabei ein einschneidendes Erlebnis gehabt, sie habe während einer Entspannungsübung in einem „weißen Fleck [...] Jesus“ (NI 12: 3/29-30) gesehen und erkannt und sei daraufhin konvertiert.

1994 reist sie nach Deutschland aus und wünscht sich eine Gemeinschaft gleich oder ähnlich gläubiger Menschen. Jedoch erst 1997 habe sie die messianische Gemeinde in einer Großstadt kennen gelernt und diese fortan regelmäßig besucht. Noch im gleichen Jahr lässt sie sich dort taufen. Anschließend leitet sie bis 2004 eine messianisch-jüdische Frauengruppe. 1998 habe sie einen prägenden Traum von ihrem Vater gehabt, der ihr darin zugesagt habe, dass der jüdisch-messianische Glauben für Galja völlig richtig sei. Ende 2004 verabschiedet sie sich von der bisherigen Gemeinde (Gemeindetypus B) und wird in einer anderen messianischen Gemeinde (Gemeindetypus C) Mitglied. Die alte Gemeinde war ihr nicht jüdisch genug.

Zum Zeitpunkt des Interviews ist Galja 72 Jahre alt und Rentnerin. Sie lernt intensiv hebräisch und besucht zahlreiche Bibelkurse der neuen Gemeinde.

Im Mai 2005 fand das Vorgespräch zum Interview statt, im Juni 2005 führte ich das Interview. Galja ist im Besitz der deutschen Staatsangehörigkeit und spricht fließend Deutsch.

6.2 Das Leben vor der Konversion

Bei allen Interviewten fiel zunächst auf, dass die Erzählung ihrer vorkonversionellen Phase durch extreme Raffungen im Verhältnis zwischen Erzählzeit (Zeit des Erzählvorgangs) und erzählter Zeit (Zeitebene des erzählten Vorgangs) gekennzeichnet ist (vgl. Kapitel 4.4.3). So gab es auch hier kaum ausführliche Angaben zur Familie, zur Heirat, Geburt von Kindern etc., es sei denn diese Aspekte wurden für die Konversionsgeschichte als wichtig erachtet.

6.2.1 Kommunismus und Atheismus

Als Ergebnis des Kodierprozesses der GTM entstanden zahlreiche Konzepte, von denen insbesondere das Konzept „Kommunismus und Atheismus in der ehemaligen Sowjetunion" abgebildet und in allen drei Interviews gleich zu Beginn thematisiert wurde, hier zum Beispiel bei Wladimir:

> *„Na ja, also das ist nicht so schwer zu sagen, ich bin… ich bin in ehemaligen Sowjetunion geboren und das Land war ganz, wie gesagt, ganz atheistisch, äh… die Bibel war verboten und das Wort Gott war auch verboten und die Gläubigen waren… wie gesagt die Feinde des Volkes. Es war dieser Begriff und alles, was mit dem Glauben und mit dem Begriff Gott verbunden war, war verboten. Und ähm… wir sind in einer normalen atheistischen Familie geboren und aufgewachsen und ja, gegen 30 habe ich überlegt, wieso lebe ich? Wieso lebe ich überhaupt? Und… ähm die so genannte Perestrojka beginnt und ich… ähm hab verstanden, dass Kommunismus nicht der richtige Weg der Menschen ist (NI 10: 1/11-21)."*

Wladimir verbindet hier seine Biographiebeschreibung einer „normalen atheistischen Familie" (NI 10: 1/16) mit der auftauchenden Frage nach dem Sinn des Lebens, weil sich sein nichtjüdischer Arbeitskollegen „plötzlich" bekehrt hat. Wladimir ist über dessen Konversion höchst erstaunt, so dass er sich weiter mit dem Glauben beschäftigt.

Pawel thematisiert ebenfalls den Kommunismus und skizziert sein damaliges naives und unpersönliches Gottesverständnis:

> *„Und ähm… eigentlich in der Familie wurde das Thema Gott, Glauben oder sowas ähnliches überhaupt nicht besprochen. Das waren die Zeiten von der Sowjetunion. In der Schule lief Atheismusunterricht und ich weiß nicht, das war eigentlich irgendwie… das war irgendwie nicht… das Thema eigentlich, nirgendwo. Und ähm… aber also der Begriff Gott war schon geläufig, weil man sagt, Gott sei Dank und ähm.. und so weiter und so weiter, also ist einfach in der Sprache geblieben. Und so hatte man ein Bild von etwas, was auf den Wolken sitzt und als Gott bezeichnet hat. Also… keine Erfahrung bis ich 13 Jahre alt war (NI 7: 1/12-26)."*

Galja dagegen schildert den Kommunismus als expliziten Auslöser für ihre tiefe Sehnsucht und dem Suchen nach „Vater, Lehre und Vorbild", da der Kommunismus ihr früh diese Werte genommen habe:

„Ja ähm..., dass ich aus der absolut atheistischen Haus stamme, das ist wichtig, ja? Dass ich sehr früh durch Stalinterror meinen Vater verloren habe. Und von Kindheit an eine große (langsam bis +) Sehnsucht nach Vater hatte, nach Vater, nach Lehre, nach Vorbild (+). Und diese Sehnsucht hat mich eigentlich früh in meinem Suchen hineingeführt, ja? (NI 12: 1/4-15).“

Zugleich erkennen die Interviewpartner den Kommunismus und den daraus resultierenden Atheismus als Gründe für das mangelnde jüdische Identitätsbewusstsein. Somit gehören die drei Interviewpartner zu den 68,9% der befragten messianischen Juden der Fallstudie (N=122), die angeben, vor der Konversion keinerlei jüdische Kenntnisse erworben zu haben. 23,8% der messianischen Juden geben an, dass ihnen einige Kenntnisse vermittelt wurden und nur 7,4% gaben an, dass sie einige jüdische Kenntnisse („Essen“, „Feste“, „Synagogenbesuch“, „Schabbat“) kennen gelernt haben.

Darum fragt sich Wladimir erst mit 30 Jahren, was es überhaupt bedeutet, Jude zu sein (NI 10: 1/19-24). Für Pawel spielt bis zum 17. Lebensjahr das Jude Sein überhaupt keine Rolle, weil er bis dahin von seiner jüdischen Identität nichts weiß. Darüber hinaus hat er sogar antisemitische Deutungsmuster der Sowjetunion internalisiert, was an der stereotypen Beschreibung für seinen Vater deutlich wird. Pawel bezeichnet das Aussehen seines Vaters als „komisch [...] nicht wie ein richtiger Russe“ und „mit einer großen Nase“ (NI 7: 6/27-28). Auch Wladimir weist internalisierte antisemitische „subjektive Theorien“ auf, indem er zunächst annimmt, dass die Juden für den Tod Jesu verantwortlich sind (NI 10:3/15).[8]

Galja schildert, dass ihre jüdische Abstammung matrilinear immer von der dominanten atheistisch-kommunistischen Persönlichkeit des Vaters „unterdrückt“ wurde. Galja „praktiziert“ dies im Interview ebenso, indem sie Kommentare zu ihrer Mutter immer wieder selbst performativ unterbricht und stattdessen ausführlich auf ihren Vater zu sprechen kommt:

„Na..., ich muss Ihnen sagen, dass ich mich früher nie wie Jüdin gefühlt habe, denn meine Mutter war auch ungläubig. (leise, schnell bis +) Sie stammte zwar aus einer alten jüdischen Familie wo viel Bräuche, sie viel kennen gelernt hatte (+), aber durch Heira..., durch Heirat mit meinem Vater... mit meinem Vater war sehr auch sehr interessant, der war... ist Bauernsohn und wuchs in einem kleinen Dorf in Russland...(NI 12: 15/7-12).“

---

8 Dieser internalisierte Antisemitismus ist in der ehemaligen Sowjetunion häufig zu finden. Vgl. Z. Gitelman, (Hrsg.), Jewish life after the USSR, Bloomington 2003; L. Duwidowitsch/V. Dietzel, Russisch-jüdisches Roulette. Jüdische Emigranten erzählen ihr Leben in der Sowjetunion, Zürich 1993, 8.

Des Weiteren schildert Galja, dass ihre Mutter nach der Heirat die atheistischen Werte des Vaters angenommen habe (NI 12: 17/18-20).[9]

Fazit: In allen drei Fallgeschichten erleben die Interviewpartner den Kommunismus und den daraus folgenden Atheismus als alltäglichen Bestandteil ihres Lebens. Damit begründen sie entweder ihre mangelnde Religiosität vor der Konversion und skizzieren diese als „normal" (Wladimir) oder es lässt sich mit dem Kommunismus ein naives und unpersönliches Gottesverständnis erklären (Pawel). Der Kommunismus kann aber auch Sehnsüchte nach einem anderen Leben, nach „Vater, Lehre und Vorbild" wecken (Galja).

Des Weiteren erkennen die Interviewpartner den Kommunismus und den daraus resultierenden Atheismus als Gründe für das mangelnde jüdische Identitätsbewusstsein vor der Konversion. Letztlich hat die Thematisierung des Kommunismus in allen drei Interviews noch eine weitere Funktion: Die Interviewpartner begründen so, dass sie in dieser atheistischen Umwelt unmöglich konvertieren konnten. Dadurch machen die Erzähler zudem deutlich, dass sie sich zum Zeitpunkt des Interviews längst gegenüber dem System des Kommunismus abgegrenzt haben.

6.2.2 Lebensumbrüche

Nachdem die Interviewten den Kommunismus und dessen Auswirkungen geschildert hatten, berichteten sie von einer neuen Zeit, der Perestrojka[10] und ihren nachfolgenden Umwälzungen, die im Leben der Interviewpartner Lebensumbrüche bewirkten (Konzept der GTM: Lebensumbrüche/Perestrojka). Greeley bezeichnet das allgemeine religiöse Interesse infolge der Perestrojka als eine einmalige religiöse Renaissance und keinesfalls als Übergangsphänomen. Ein Fünftel der russischen Bevölkerung sei vom Atheismus zum Glauben oder von religiöser Ungebundenheit zur Orthodoxie konvertiert[11]. Auch alle Interviewten vollzogen ihre Konversion im Zeitraum der Perestrojka und der nachfolgenden politischen und wirtschaftlichen Stimmungslage.

Pawel hat seine erste „Gotteserfahrung" (vgl. Kapitel 6.2.3) bereits 1990 mit 13 Jahren, mit 14 beschließt er die Bibel als „Grundlage" (NI 7: 4/20) selbst zu studie-

9 Ähnlich äußern Interviewpartner des Forschungsprojektes zu post-sowjetischen Ethnizitäten, dass die jüdische Abstammung ihrer Mutter nicht bedeutsam gewesen sei. Vgl. Oswald/Voronkow, Post-sowjetische Ethnizitäten, 42.

10 Perestrojka (russ. Umbau), von Gorbatschow eingeleitete „Umgestaltung" des gesellschaftlichen, vor allem wirtschaftlichen Gefüges der UdSSR.

11 Vgl. Greeley, Religiöses Wiedererwachen, 538.

ren, da sie zu diesem Zeitpunkt schon frei verkäuflich ist (4/24-27). Den Glauben an Jesus als den Messias nimmt er 1997 an. Wladimir fängt „gegen 30", also ca. 1987, an über seinen Lebenssinn im Zuge der Perestrojka nachzudenken und versteht, dass der Kommunismus nicht der richtige Weg für die Menschen ist (NI 10: 1/19-23). 1994 konvertiert er. Galja beginnt mit ihren meditativen Yogaübungen, durch die sie vertiefende spirituelle Erfahrungen sammelt, ebenfalls während der Zeit der Perestrojka ab 1990 und hat das Erlebnis der Konversion im Jahr 1993.

Wladimir und Galja gehören somit zu den 23,8% befragten messianischen Juden der Fallstudie, die angeben in dem Zeitraum 1991-1995 konvertiert zu sein. Pawel zählt zu den 34,3% der befragten messianischen Juden, die eine Konversion in den Jahren 1996 bis 2000 erlebten.

Wie wirkte sich zudem die Einreise nach Deutschland auf die Zahl der Konversionen aus? Es stellte sich heraus, dass 44% der befragten messianischen Juden und Nichtjuden (N=149) die Konversion höchstens drei Jahre vor oder nach der Einreise nach Deutschland vollzogen haben. 28,5% bekehrten sich zwischen vier und sieben Jahre vor oder nach der Einreise.

Alle drei Interviewpartner gehören dabei zu den 51,7% (N=77) der befragten messianischen Juden und Nichtjuden (N=149), die angeben, schon vor der Einreise konvertiert zu sein. 40,4% (N=60) sind erst nach ihrer Einreise und 8,1% (N=12) seien im gleichen Jahr der Einreise konvertiert.[12] Es wird deutlich, dass die Einreise einen nicht unerheblichen Einfluss auf die Konversion hat: So konvertierte ein Großteil der Befragten (44%) zeitnah zur Einreise, 51,7% insgesamt noch in der ehemaligen Sowjetunion.

Kann eine Konversion auch abhängig vom Alter der betreffenden Personen sein? Es könnte ja vermutet werden, dass sich gerade viele junge Menschen von der neuen religiösen Aufbruchsstimmung erfassen ließen. Anhand der Fallgeschichten und der Fallstudie wird aber deutlich, dass Konversionen unabhängig vom Alter auftreten. Pawel ist zum Zeitpunkt der Konversion 19, Wladimir 37 und Galja bereits 60 Jahre alt. Da etwa 44% der russischen Einwanderer bereits über 50 Jahre alt sind (vgl. Kapitel 3.1.1), gibt es auch viele Konversionen, die im mittleren bis fortgeschritteneren Alter der Befragten erfolgt sind. Galja gehört zu den 71,4% der heute über 65-Jährigen befragten messianischen Besucher, die zum Zeitpunkt der Konversion mindestens schon 51 Jahre und älter sind.[13]

---

12 Hier kann nicht mehr nachvollzogen werden, ob der Glaube vor oder nach der Einreise angenommen wurde.

13 28,6% der zum Zeitpunkt der Untersuchung 65- und über 65-Jährigen (N=42) sind im Alter bis 50 konvertiert. 23,8% waren zum Zeitpunkt der Konversion in einem Alter zwischen 51 und 55 Jahren, 33,3% waren 56-60 Jahre alt und 14,3% sind zum Zeitpunkt der Konversion mindestens 61 Jahre alt.

Auch bei den heute 55-64-Jährigen (N=25) sind 64% bei der Konversion 41 Jahre und älter gewesen.[14] Wladimir gehört zu den 68% der befragten 45-54-Jährigen Besucher (N=38), die angeben, mit über 30 Jahren konvertiert zu sein.[15] 66,7% der zum Zeitpunkt der Untersuchung 35-44-Jährigen (N=26) sind bei der Konversion über 20 Jahre alt. Pawel gehört dagegen zu den Jüngeren, somit zu den 23,1% der zum Zeitpunkt der Untersuchung 25-34-Jährigen, die bei der Konversion zwischen 16-20 Jahre alt sind.[16]

Fazit:

- Zwischen 1991 bis 2005 konvertierten 81,9% der befragten messianischer Juden: 23,8% konvertierten zwischen 1991 und 1995 und 34,3% zwischen 1996 und 2000 und 23,8% zwischen 2000 und 2005.
- Die Konversion kann daher abhängig von der wirtschaftlichen Umbruchsituation (z.B. Perestrojka) und einer neuen Lebensphase sein, in der lebenswichtige Entscheidungen getroffen werden müssen.
- Die Konversion kann mit der Einreise nach Deutschland zusammenhängen, da ein Großteil der Befragten (44%) zeitnah zur Einreise konvertierte.
- Eine Konversion zum messianisch-jüdischen Glauben tritt unabhängig vom Alter auf.
- Über die Hälfte der Befragten (51,7% insgesamt) konvertierten noch in der ehemaligen Sowjetunion.

6.2.3 Gottesvorstellungen

Nachdem die Fakten gezeigt haben, dass eine Konversion oft in Abhängigkeit von lebensverändernden und –umgestaltenden Prozessen erfolgt, müssen die genauen Umstände und Faktoren, die zu einer Konversion führen, beleuchtet werden. Die Interviewpartner schilderten bereits vor ihrer Konversion ein Erlebnis oder eine neue „Erkenntnis“ (Konzept der GTM: Gottesvorstellung/Sinnsuche).

Pawel widerfährt mit 13 Jahren ein einschneidendes Erlebnis: Seine Mutter, die aufgrund der Scheidung die einzige Bezugsperson Pawels darstellt, erkrankt

---

14 36% waren 40 Jahre oder jünger als sie zum Glauben kamen, 24% waren zwischen 41-45 Jahre alt, 20% waren 46-50 Jahre alt und weitere 20% waren mindestens 51 Jahre alt.

15 31,6% sind 30 Jahre alt und jünger bei der Konversion, 31,6% sind zwischen 31 und 35 Jahren alt, 18,4% sind bereits 36 bis 40 Jahre und 18,4% sind mindestens 41 Jahre alt zum Zeitpunkt der Konversion.

16 Neun Personen (34,6%) der zum Zeitpunkt der Untersuchung 25-34-Jährigen waren zwischen 11-15 Jahren bei ihrer Bekehrung. Sieben Personen (30,4%) der 17-24-Jährigen waren mindestens 11 Jahre, fünf (19,2%) mindestens 21 Jahre alt. Sechs (23,1%) der befragten 25-34-Jährigen (N=26) und 16 (69,5%) der 17-24-Jährigen (N=23) geben an, sich mit zehn Jahren bekehrt zu haben.

lebensbedrohlich. In dieser Lebenskrise geht Pawels „Schrei im Herzen" (3/6) zu dem bis dahin unbekannten Gott: „Gott wenn es dich gibt, bitte rette meine Mutter! Ich verspreche dir, wir werden uns taufen lassen!" (2/33-34.). Pawel begründet das Taufversprechen damit, dass man nicht einfach etwas verlangen könne, ohne dafür etwas zu geben (2/32-33). Nach diesem ersten Gebet habe er Nähe, Ruhe und Frieden empfunden (3/16-17) und er habe gewusst, dass alles gut werden würde. Dieses Ereignis habe dann sein Leben radikal verändert und „richtig auf den Kopf gestellt". Er habe „ab diesem Zeitpunkt [...] nie daran gezweifelt, dass es Gott gibt" (3/18-20).

Dieses „persönliche Erleben" (4/7, 3/24-25) wird für Pawel durch die zunehmende Genesung der Mutter bestätigt. Als Konsequenz lässt er sich, zusammen mit seiner Mutter, in der russisch-orthodoxen Kirche taufen. Dabei habe er aber keinen Frieden gefunden. Es sei ihm in der Kirche und bei der Taufhandlung alles so „fremd" vorgekommen (4/17)[17]. Dennoch ist er sich fortan der Existenz Gottes gewiss und er möchte Gott weiter durch das Lesen der Bibel kennen lernen. Hier überragt die Schilderung des ersten persönlichen Erlebens mit Gott die zuvor thematisierten Aspekte der Genesung der Mutter und der Taufe und geht in ein neues Lebensmuster über, einer aktiven Suche nach Gott.

Wladimir lernt durch seinen bekehrten nichtjüdischen Arbeitskollegen ein baptistisches nichtjüdisches Ehepaar kennen, das sich viel Zeit für Wladimirs (Lebens-) Fragen nimmt. Das Ehepaar weist Wladimir auch auf seine jüdische Identität hin: „Wir sind alle Heiden, alle Heiden und du...bist der Jude...du gehörst zum Volk, das von Gott auserwählt ist" (NI 10: 2/27-29). Wladimir kommt dann durch das Lesen des Tenachs ebenfalls zu der von Gott „offenbarten" Erkenntnis, dass er zu Gottes auserwähltem Volk gehört: „Und ehrlich gesagt, habe ich... äh... ziemlich wenig Problem, wenn ich das Alte Testament gelesen habe. Gott hat mir sofort geöffnet, was bedeutet das jüdische Volk: Abraham, Isaak, Jakob [...]. Und ich hab verstanden, dass er mein Gott auch ist (NI 10: 2/33-3/6)." Wladimir definiert sich daher rasch als Jude, aber mehr ethnisch als religiös.

Auch Galja hatte vor ihrem eigentlichen Konversionserlebnis eine „Gottesoffenbarung" (NI 12: 2/27). Sie erzählt, dass sie sich nach ihrer Scheidung sehr einsam gefühlt und abends auf einem Spaziergang ein langes „Gespräch" mit einem imaginären Partner („ich weiß nicht, mit wem", 2/1) geführt habe. Ihr sei dabei klar geworden, dass ihr Mann während der Ehe unfähig gewesen sei, sie oder sonst jemanden zu lieben. Darum habe sie dem imaginären Gesprächspartner das Versprechen gegeben, ihren Sohn das „lieben lernen" zu „lehren" (2/5-6). In diesem

17 Auch THEIS berichtet, dass die anfängliche Neugier zum Besuch einer russisch-orthodoxen Kirche nach der Perestrojka und „eine Flut an Taufen" keine dauerhafte kirchliche Bindung geweckt habe. Vgl. THEIS, Religiosität, 118.

„emotional gespannten" (2/8) Moment habe sie plötzlich einen heftigen Schlag auf ihrem Kopf verspürt und eine leise „Gottesstimme"[18] gehört (2/15):

> *„Und da war eine totale Stille um mich herum. Und in dieser Stille hörte ich ganz deutlich, eine ganz (leise bis +) leise Stimme: Kannst du lieben? (+) Und ich muss sagen, dass diesen Moment (schnell bis +) ich weiß jetzt hinterher, ja, dass das wirklich eine Gottesstimme war. Von Christus noch nicht die Rede, ja? (+) Und das war für mich ein Umbruch. Ich habe angefangen, in mich hineinzuschauen, bisschen mehr, und hab verstanden, dass ich selbst nicht lieben kann und nicht mal weiß, was Liebe ist, und das, was ich für Liebe gehalten habe, gar keine ist. Das war so äh… ein erster äh… ich möchte schon sagen… das war schon eine Gottesoffenbarung (NI 2:2/9-27)."*

Galja gibt in dieser Darstellung die wörtliche Rede der leisen Stimme („Kannst du lieben?") wieder. F. Schütze bezeichnet dies als den „naturgemäßen" Darstellungsvollzug[19], denn die Frage nach ihrer Fähigkeit zu lieben ist die Zusammenfassung des ganzen Erzählsegments und pars pro toto auch ihres ganzen Lebensabschnitts (der Suche und Sehnsucht nach Liebe in ihrer Ehe). Die wörtliche Rede kommentiert sie dann in ihrer heutigen Perspektive mit einem Verb des Wissens und „identifiziert" sie: „Ich weiß jetzt hinterher, ja? Dass das wirklich eine Gottesstimme war" (2/14-15). Aus der Reflexion der Konversion heraus war dieses Erlebnis für sie eine erste Begegnung mit Gott, ein „Umbruch" (2/19), aber „von Christus noch nicht die Rede" (2/17). Dadurch habe sie ihre eigene Unfähigkeit zu lieben erkannt. Besonders deutlich wird auch Galjas Gewissheit, dass es „eine höhere Kraft, einen Gott gibt, der über uns steht und uns lenkt von Kindheit an" (1/16-17). Galja möchte dieser höheren Kraft durch Meditationsübungen näher kommen.

Alle Interviewten beschreiben somit einen transzendenten Gott (als Kontingenzformel nach Luhmann), der ihr eigenes immanentes Leben und Handeln beobachtet und eingreift. Erkennbar wird dies an den beobachtbaren, zum Beispiel emotionalen Situationen. Pawel überführt das erste Gespräch mit dem transzendenten Gott in besondere psychische Zustände (Nähe, Ruhe, Frieden, nie mehr Zweifel etc.). Seine Reaktion ist die ebenfalls beobachtbare Handlung, die Taufe. Seine Erwartung eines weiteren transzendenten Erlebens bei der Taufe wird zwar zunichtegemacht, dennoch zweifelt er nicht an der Existenz der Transzendenz, sondern er „erkennt" seine eigene Unzulänglichkeit Gott gegenüber. Daraufhin versucht er, diesen Mangel auszuglei-

---

18 Ich bezeichne im Gegensatz zu der religionspsychologischen Forschung Galjas Erlebnis als Audition oder später als Vision, statt als Halluzination.

19 Vgl. Schütze, Hervorlockung, 180ff.

chen, indem er wie Wladimir unermüdlich die Bibel liest (immanentes Handeln) und sich dadurch weiter der Transzendenz annähert.

Die Interviewpartner definieren sich in ihren Schilderungen fortan als religiös Suchende.[20] Sie differenzieren eine religiöse Sinnform aus, wenn die Umwelt des Kommunismus, die das Erleben und Handeln bestimmt hat, plötzlich zusammenbricht. Da die russischen Juden nicht mehr zu dem Sinnsystem des Kommunismus zurückkehren können, suchen sie eine neue Sinnform, um sich zurechtzufinden.[21] Indem die russischen Juden eine mögliche Kombination anderer Symbole thematisieren („es kann auch anders möglich sein"), zeigen sie, welche Erlebnis- und Handlungsselektionen für sie relevant sind. Ein religiöser Sinn erklärt oder absorbiert die Enttäuschungen und bietet Ersatzorientierungen und Handlungsgrundlagen an. Die russischen Juden erkennen zudem, dass eine Selbsterlösung unmöglich ist, die zuvor im „weltlichen" Sinnsystem des „Kommunismus[22] propagiert wurde.

Alle drei thematisieren aber, dass das Bewusstsein um die Existenz Gottes nicht ausreichend und befriedigend für ihr Leben gewesen sei und dass noch etwas gefehlt habe. Galja beschreibt, dass von Christus noch nicht die Rede sei, Wladimir liest mühsam die Evangelien und Pawel beschreibt, dass er zwar fest an Gott glaube, „aber jetzt mit Messias hatte ich Probleme" (6/22).

Fazit: Alle drei Interviewten entwickeln noch vor ihrer Konversion eine bestimmte Gottesvorstellung. Bei Pawel ist es der helfende und heilende Gott, bei Wladimir der Gott des jüdischen Volkes und bei Galja der omnipotente Gott, der aber zudem ihre Sehnsucht nach Liebe erkennen kann. Die Interviewpartner reagieren meist auf diese transzendente Vorstellung mit immanenten Handlungen wie zum Beispiel mit der Taufe (Pawel), dem Bibellesen (Pawel, Wladimir), Gottesdienstbesuchen (Wladimir) oder der Aufnahme von Meditationsübungen (Galja), die sie als religiös Suchende kennzeichnet. Durch den Zusammenbruch des Kommunismus kam es zu der religiösen Sinnsuche. Des Weiteren thematisieren

20 Auch FEHER beschreibt, dass die Interviewten in der nordamerikanischen messianisch-jüdischen Gemeinden lange vor ihrer Konversion bereits auf der Suche gewesen seien und verschiedene Gemeinden oder Wege (Ostasiatische Philosophie, Yoga, Meditation etc) ausprobiert hätten. Vgl. S. FEHER, Passing over Easter, 140.

21 Laut THEIS werde das Ende des Staatssozialismus häufig als „ideologisches Vakuum" dargestellt und Religion erhalte eine neue weltanschauliche Orientierungsfunktion. Vgl. THEIS, Religiosität, 109-110.

22 BERGER weist darauf hin, dass Konversionen auch zwischen „weltlichen" Sinnsystemen stattfinden können, die LUCKMANN auch als „unsichtbare Religionen" bezeichnet. Vgl. P. L. BERGER, Einladung zur Soziologie. Eine humanistische Perspektive, München 19844, 62, T. LUCKMANN, Die unsichtbare Religion, Frankfurt am Main 1991. Hier ist dagegen ein umgekehrter Paradigmenwechsel von einem weltlichen zu einem religiösen Sinnsystem gegeben.

alle Interviewpartner, dass ihnen zu diesem Zeitpunkt noch etwas gefehlt habe: Aussagekraft der Evangelien (Wladimir), Christus (Galja) oder Messias (Pawel).

6.2.4 Aktive Vorbereitung auf die Konversion

Nachdem sich die Interviewpartner als religiös Suchende geschildert hatten, erzählten sie, wie sie sich auf die Konversion aktiv vorbereiteten. ULMER bezeichnet diese absolute Bereitschaft des Konvertiten, sich konkret auf die Konversion einzulassen, als die Einleitung der Konversion, die „religiöse Öffnung".[23] Dieser Moment der „religiösen Öffnung" ist zuvor immer wieder durch eine aktive Vorbereitung, zum Beispiel durch wiederholte, religiöse Handlungen oder Muster „eingeübt" worden, so dass man sich auf die Konversion „einstimmen" kann.[24]

Pawels Bemühungen jedoch, den Tenach kennen zu lernen, gestalten sich zunächst als sehr schwierig, da er anfängt den Tenach „wie alle Bücher von Anfang an zu lesen" (NI 7: 4/30-31). Nach der zermürbenden Bekanntschaft mit den Genealogien und einem völlig ziellosen Herumblättern in der gesamten Bibel lernt er als „Ergebnis all dieser Versuche" das Vaterunser auswendig und betet es jeden Abend (5/1-9). Erst mit 17 Jahren erlebt er eine befreiende Erfahrung beim Lesen des Neuen Testamentes:

> *„Ich habe das Buch einfach so, innerhalb zwei Tage durch gelesen – und alles verstanden. Das war die Offenbarung für mich, ich war schon 17 Jahre alt. Und dann natürlich, habe ich diesen diesen... äh... Ruf von Jesus Christus, ihm nachzufolgen habe ich natürlich verstanden (5/28-34)."*

Hier scheint bereits alles auf die „religiöse Öffnung" hinzuweisen, wenn nicht Pawel noch einen Kampf zwischen dem „Leben mit Gott" und dem „Leben in der Welt" (6/1-2) auszufechten gehabt hätte. Gerade die Attraktivität der „weltlichen Ehe" (6/12), also einer freien sexuellen Beziehung, die er „ohne das zu probieren" (6/6-7) seiner Ansicht nach aufgeben sollte, überwiegt letztendlich. Daher erfolgt hier noch keine Konversion, was auch ein Element einer typischen Konversionserzählung darstellt: „Das abgelehnte Angebot Gottes gehört zum Repertoire vieler Bekehrten und stellt ein optionales Element der Syntax von Bekehrungsgeschichten dar."[25]

---

23 Vgl. ULMER, Konversionserzählungen, 28.

24 Die „Vorbereitung zur religiösen Öffnung" muss nicht als eigenständige Phase, sondern als eigenständige Thematisierung innerhalb der Konversionserzählungen verstanden werden.

25 A. JÖDICKE, Misslungene Bekehrungen. Zur begrenzten Interpretationsmächtigkeit eines evangelikalen Symbols, in: H. KNOBLAUCH/V. KRECH/M. WOHLRAB-SAHR (Hrsg.), Religiöse Konversion. Systematische und fallorientierte Studien in soziologischer Perspektive, Konstanz 1998, 77.

Als Pawel noch im gleichen Jahr erfährt, dass er patrilinear ein Jude ist, beschreibt er dies zwar als eine „interessante Erfahrung“ (7/1-4), es habe aber nicht seine – zu diesem Zeitpunkt die Konversion ablehnende – Einstellung beeinflusst. Während des Studiums allerdings, als Pawel von seiner ersten ernsthaften Liebesbeziehung enttäuscht ist, verfällt er in eine lang anhaltende Depression mit Suizidgedanken. Daraufhin ist er nach dem „Alles-oder-nichts-Prinzip“ bereit, sich auf den Öffnungsmoment der Konversion einzulassen (8/2-3).

Auch Wladimir sucht den „Ort der religiösen Öffnung“ durch den beständigen Austausch mit dem befreundeten Ehepaar (NI 10: 2/21-29) und den Besuch in der baptistischen Gemeinde. Er erfährt nicht nur theoretisches Wissen über die Konversion, sondern hat diese auch schon mehrmals bei anderen Personen beobachtet. So kennt er die Situation nach der Predigt, wenn der Pastor die Besucher auffordert, nach vorne zu kommen und sich zu Jesus zu bekehren (NI 10: 4/16-21). Das heißt, Wladimir hat das immanente, beobachtbare Verhalten anderer Personen bei ihrer Begegnung mit einer transzendenten Erfahrung bereits kennen gelernt. Dass er aber bisher dieser Aufforderung nicht nachkommen konnte, begründet er wie folgt: „Ich hab das Gefühl, dass mich eine Kraft festhält, ich konnte nicht aufstehen und nach vorne gehen. Und einfach gehen und knien und wie gesagt Buße tun“ (NI 10: 4/21-23).

Dies zeigt einerseits, dass er mit dem erworbenen Wissen um das äußere Ablaufschema („nach vorne gehen“, „sich niederknien“) und der inneren Abläufe („Buße tun“) bewusst und aktiv die Begegnung mit Jesus sucht. Gleichzeitig tritt hier aber eine weitere transzendente Macht zu Tage, der er eine universalistische Funktion zuschreibt, die Kraft, die ihn am Stuhl festhält. Später erläutert Wladimir, dass das Satan gewesen sei, der ihn von der Konversion abhalten wollte.

Kurz vor der Konversion erlebt Wladimir einen emotionalen Zusammenbruch. Wladimir zeigt Unverständnis über den Tod Jesu sowie über das angebliche Schuldeingeständnis der Juden in Mt 27,25: „Wenn die Ältesten [...] gesagt, das Blut von Jesus komme auf uns und unsere Kinder (NI 10: 3/16-17).“ Dies fordert ihn zu einem zweifelnden Ruf zu Jesus heraus: „Ich bin nicht einverstanden, Jesus! Ich bin erstes Mal, ich bin niedergekniet und habe gebeten zu Jesus und ich habe geweint und ich habe noch nicht verstanden, was überhaupt passiert (NI 10: 3/17-19).“

Galja betrachtet sich weiterhin eher als ziellos Suchende („und dann suchte ich weiter und suchte weiter“, 2/29). Sie bereitet sich dennoch aktiv auf die „religiöse Öffnung“ durch das philosophisch-religiöse Meditationssystem der indischen Yogaübungen vor. Hier findet sie nicht nur die erste „Antwort“ einer „Gotteseinmischung“ (3/6), da ihr die Übungen die erhoffte physische Heilung zukommen lassen. Zusätzlich manifestiert sich im psychischen Erfahrungsbereich auch eine religiöse Problemlösungsstrategie, da sie immer „eine höhere gute Kraft“ (3/9) spürt, die ihr hilft und sie herausholt „aus meinen Tiefen“, 3/12).[26]

Fazit: Alle drei Interviewten schildern, wie sie sich auf die Konversion aktiv vorbereiteten, wobei ULMER diese absolute Bereitschaft als „religiöse Öffnung" bezeichnet. Oft erfolgt diese Bereitschaft erst, wenn es keine Störfaktoren mehr gibt. Pawel vernimmt zwar beim Bibellesen einen deutlichen „Ruf von Jesus Christus", den er zunächst überhört und erst in einer Lebenskrise erwidern kann. Wladimir wird von einer anderen Macht, die er als Satan bezeichnet, von der Konversion abgehalten. Erst durch ein anklagendes und zweifelndes Gebet zu Jesus und einem emotionalen Zusammenbruch, ist er bereit für die Konversion und kann diese Kraft überwinden. Galja bereitet sich durch die Yogaübungen auf „eine höhere gute Kraft" vor.

6.3 Konversionsereignis

Alle drei Interviewpartner schildern das Konversionsereignis ausführlich. Zunächst skizziere ich Faktoren und Motive, die kumulativ zu einer Konversion führen können. Dann stelle ich die geschilderten Konversionsereignisse dar.

6.3.1 Faktoren und Motive

Neben den beschriebenen Spannungen durch die Perestrojka und der aktiven religiösen Sinnsuche, die LOFLAND und STARK als die „predisposing factors“ für eine Konversion bezeichnen, können nun auch kumulativ wirkende situative Faktoren („situational contingencies“) eine Konversion begünstigen. In einer Umbruchsituation kann es zur Entstehung sozialer Kontakte zu einem messianischen Juden oder einem evangelikalen Christen kommen und zu dem Besuch einer messianisch-jüdischen oder evangelikalen Gemeinde.

Pawel und Wladimir gehören zu den 34,5% der befragten messianischen Juden, die angegeben haben, dass sie durch einen Nichtjuden den Weg zum Glauben gefunden haben (35,8% der MNJ, 34,5% insg.). Auch 83,3% der befragten Leiter (N=25) geben an, durch einen Nichtjuden konvertiert zu sein.

26 Hier wird weiterhin deutlich, dass Galjas Suchen noch nicht von theologischem Wissen bestimmt ist, so dass sie nicht um die religiösen Hintergründe der ostasiatischen Yogaübungen weiß. Nach vollzogener Konversion kann sie sich wiederum von den Yogaübungen distanzieren und findet auch, wie sie sagt, physische Genesung in Jesus (NI 12: 23/5-6).

38% der messianischen Juden geben an, dass sie von einem anderen messianischen Juden begleitet wurden (sowie 17,3% der MNJ, 30% insg., N=203). Lediglich 9,9% der messianischen, meist jüngeren Juden geben an, durch ihr Elternhaus auf den Glauben vorbereitet worden zu sein (sowie 23,5% der NMJ und 15,2% insg.). Galja wiederum gehört zu den 18,2% der befragten messianischen Juden, die angeben, ohne menschliche Vermittlung zum Glauben gefunden zu haben (23,5% der MNJ, 20,2% insg.).

37,6% der befragten messianischen Juden (35,9% der MNJ, 36,9% insg.) geben zudem an, dass ein schwerer Schicksalsschlag oder ein tragisches, schweres Leben für die Konversion mit verantwortlich war. Auch T. KÜHN schreibt über die Besucher der messianisch-jüdischen Gemeinde in Berlin: „Die Schwere des Schicksals zu ertragen, gelingt ihnen nur durch den dauerhaften Kontakt mit Jesus, ihrem persönlichen Retter, wie sie sagen".[27]

Insgesamt sind somit 72,5% der befragten messianischen Juden durch eine (affektive) Beziehung zu einem an Jesus Gläubigen zur Konversion „geführt" oder begleitet worden.[28]

Weitere situative Faktoren treten in der hier vorliegenden Untersuchung hinzu: Auf die Frage „Wodurch erkannten Sie in insbesondere, dass Jeshua hamaschiach ist?", geben 11,7% der befragten messianischen Juden ein „außergewöhnliches Erlebnis" an (12,8% der MNJ und 11,4% insg.). 19,2% der befragten Juden nennen eine „Versammlung oder Bibelstunde" (7,7% der MNJ, 14,6% insg.). Dieses Ergebnis erstaunt ebenfalls angesichts der vergleichsweise niedrigen Zahlen unter amerikanischen Gemeinden: In einer Umfrage unter messianischen Juden von 1986 bis 1991 geben nur 4% an, durch eine messianische Versammlung zum Glauben gefunden zu haben,[29] SCHIFFMAN gibt 1987 sogar nur 2% an.[30] 13,3% der messianischen Juden der vorliegenden Studie nennen wieder ausdrücklich das Vorbild eines anderen Gläubigen (11,5% der MNJ und 12,6% insg.), 9,2% nennen „Zeugnisse messianischer Juden in Büchern oder Schriften"[31] (3,8% der MNJ; 7,1% insg.) und 3,3% der befragten messianischen Juden (2,6% der MNJ und 2,8% insg.) geben „eine besondere Veranstaltung" an („jüdische Feier", „Evangelisation", „messianische Jugendfreizeit", „Konferenz", „Musikveranstaltung/Konzert").

---

27 KÜHN, Mission Jesus, 3.

28 Auch STRAEHLER berichtet im Kontext von Konversionen vom Islam zum Christentum im Sudan von dem erheblichen Einfluss der „affectional factors". Dies könne einerseits ein guter Freund sein, der bereits den neuen Glauben angenommen habe (ähnlich wie bei Wladimir) oder auch der Verlust eines geliebten Menschen, der zu einer Krise und anschließend zu dem neuen Glauben führe (ebenso bei Galja und Pawel). Vgl. Strahler, Conversions, 57-59.

29 Vgl. TELCHIN, Messianic Judaism, 66.

30 Vgl. SCHIFFMAN, Return, 163.

31 Konkrete Titel waren zum Beispiel: TELCHIN, Verraten, J. MAC DOWELL, Die Tatsache der Auferstehung, Bielefeld 1996[2]; P. TAINE, Lazarus, komm heraus, Baden-Baden 1966[3].

Der größte Anteil jedoch, 43,4% der befragten messianischen Juden geben an, insbesondere durch das Lesen der Bibel konvertiert zu sein (61,6% der MNJ und 50,3% insg., N=199. Dies kommt Telchins Umfrageergebnis von 1996 nah (s. o.), bei dem 39,6% das Bibellesen als wichtigsten Faktor nannten, der zur Konversion geführt habe.[32]

Fazit: Die Ergebnisse zeigen, gerade im Gegensatz zu amerikanischen messianisch-jüdischen Gemeinden, dass der soziale Faktor und die affektiven Beziehungen bei den russisch-jüdischen Einwanderer äußerst bedeutsam für eine Konversion sind: Insgesamt geben 72,5% der befragten messianischen Juden als ausschlaggebend für ihre Konversion, den Kontakt zu einer bereits konvertierten Person an: 38% nennen einen messianischen Juden, 34,5% einen an Jesus gläubigen Nichtjuden.

Weitere häufig genannte Faktoren waren das Lesen der Bibel (43,4%), ein schwerer Schicksalsschlag oder ein tragisches, schweres Leben (37,6%). Durch weitere genannte Einwirkungen (Gottes Macht, außergewöhnliches Ereignis, Konversion ohne menschliche Vermittlung) erhält die Konversion andererseits einen passiven Charakterzug.

6.3.2 Bereitschaft zur Konversion

Was aber passiert nun mit einem potentiellen Konvertiten, wenn alle Faktoren und Motive zusammenwirken?

Auch wenn die Konversion in Anwesenheit anderer Personen geschieht, thematisieren messianische Juden das Ereignis immer als individuelle Erfahrung. Somit wird die Innenwelt des Konvertiten, als „Ort" der Konversion, „als Zwischenbereich konzipiert, in dem seine äußere, alltägliche Erfahrungswirklichkeit und die alltagstranszendente, religiöse Erfahrungsdimension ineinander übergehen"[33]. Meines Erachtens kann dieser „Ort" auch der, die Konversion auslösende Moment oder eine bestimmte Stimmung oder die Bereitschaft einer Person zur Konversion, darstellen. Zum Beispiel bildet die tiefe Depression Pawels konkret diesen „Ort der Konversionsöffnung" ab:

> *„Also äh... als in der schwersten..., also als es wirklich schlimm ging, bin ich... ich, da hab ich dann, bin ich zu Gott gegangen in meinem Herzen. Schon wieder! Hab gesagt, Vater, zieh mich raus! Es ist so dunkel (lacht trocken) und nicht gut hier, wo ich jetzt gelandet bin (NI 7: 8/5-8)."*

---

32 Telchin, Messianic Judaism, 106.

33 Ulmer, Konversionserzählungen, 27

Pawel versteht die anschließende Begegnung mit dem Missionar der evangelikalen Organisation „Campus für Christus“ als Antwort auf diesen Hilferuf, da der Missionar ihm zur Konversion verhilft: „Also, der hat mich einfach gefragt, ob ich mein Leben dem Gott gegeben habe“ (10/3-4). Der Missionar gibt Pawel dann die Broschüre der Organisation „Die vier geistlichen Gesetze“[34] (10/6-7) und Pawel spricht mit ihm zusammen ein „Übergabegebet“ (vgl. Kapitel 6.3.3).

Wladimirs „Ort der religiösen Öffnung“ ist der baptistische Gottesdienst, den er regelmäßig besucht. Nun kommt hinzu, dass es ein „Pfingsttag“ (NI 10: 3/24) ist, an dem Wladimir konvertiert. Gerade die positive emotionale Gesamtatmosphäre des Gottesdienstes zur Feier der „Geburtsstunde“ der Kirche, hat ihn besonders beeindruckt, war doch bis vor einigen Jahren so ein Gottesdienst in der ehemaligen Sowjetunion überhaupt undenkbar.

Für Galja steht ihre Konversion in direktem Zusammenhang mit ihren täglichen meditativen Übungen. Sie beschreibt ihre Erfahrungen als weißen Punkt, in dem sie schließlich Jesus erkennt, der sie im Alltag beobachtet. Damit verknüpft sie ihre religiöse Erfahrung und ihr Handeln eng miteinander, was auch ihrer lebenslangen Suche „nach Lehre – nach Vorbild“ (1/12) entspricht. Denn Gott scheint ihren Alltag zu beobachten und zu bewerten, was die Bedeutung ihrer Individualität in Gottes Augen bestärkt. Dennoch verliert sie sich dabei nicht in „Selbstthematisierung von Individualität“[35], sondern sie öffnet sich hier für die Konversion.

Fazit: Der Beginn der Konversion, der auch als „Ort der religiösen Öffnung“ bezeichnet werden kann, wird in die Innenwelt des Erzählers verlagert, das kann die tiefe Depression Pawels sein, der emotional beeindruckende Pfingstgottesdienst (Wladimir) oder der „weiße Punkt“ bei Galja, den sie bei ihren Meditationsübungen als Symbol für Gottes Anwesenheit deutet.

---

34 1. Gesetz: Gott liebt Sie und hat einen Plan für Ihr Leben, 2. Gesetz: Der Mensch ist sündig, er ist von Gott getrennt. Deshalb kann er die Liebe und den Plan Gottes für sein Leben weder erkennen noch erfahren, 3. Gesetz: Jesus Christus ist Gottes einziger Ausweg aus der Sünde des Menschen. Durch ihn können Sie die Liebe Gottes und seinen Plan für Ihr Leben kennen lernen und erfahren, 4. Gesetz: Wir müssen Jesus Christus durch persönliche Einladung als Erlöser und Herrn aufnehmen. Dann können wir die Liebe Gottes und seinen Plan für unser Leben erfahren. Vgl. CfC (Hrsg.), Kennen Sie schon die vier geistlichen Gesetze, Orlando, in: http://www.jesuswho.org/german/four.htm, Stand: 18.7.2007.

35 Vgl. K. Hartmann, Es könnte auch Religion sein. Religiöse Orientierungen in biographischen Konstruktionen von Managern, in: M. Wohlrab-Sahr (Hrsg.), Biographie und Religion. Zwischen Ritual und Selbstsuche. Frankfurt am Main/New York 1995, 257.

6.3.3 Schilderung des Konversionsereignisses

Nachdem die Erzähler das Konversionsereignis in ihre Innenwelt verlagert haben, werden die Schilderungen sehr individuell.[36]

Pawel konvertiert, indem er mit dem Missionar zusammen das oben genannte „Übergabegebet" spricht: „Herr Jesus Christus, ich brauche dich. Ich habe gegen Dich gesündigt. Ich öffne Dir mein Leben und bitte Dich, mein Herr und Erlöser zu sein. Vergib meine Schuld. Übernimm die Herrschaft in meinem Leben und verändere mich so, wie Du mich haben willst." Pawel thematisiert zwar auch, dass er im Zuge seiner Konversion von seiner Depression geheilt worden sei. Wichtiger jedoch sei die „Entscheidung" gewesen, die er „richtig im Herzen" getroffen habe (9/9-10). In dem Moment, in dem er sein Leben Gott übergeben habe, habe er „eine innerliche Erleichterung verspürt" (9/31) und „das Leben war voller Farben schon wieder" (9/5-6). Diese Erfahrungen entziehen sich für Pawel auch allen alltagssprachlichen Erklärungen: „Also man kann nicht diese... Antwort... ähm... genau zusammenfassen... in Worte fassen (9/16-17)."

Die beiden anderen Interviewpartner ergänzen ihre Konversionsschilderung um weitere Ereignisse. Galja und Wladimir gehören zu den 18,8% der messianischen Juden (N=122; 8,6% der MNJ von N=81; insg. 14,2%), die auf die Frage: „Welches Erlebnis hatten Sie, als Sie erkannten, dass Jeshua hamaschiach ist?" angeben, dass sie zum Zeitpunkt der Konversion eine Vision oder Erscheinung hatten. 6,6% der befragten messianischen Juden (und 11,1% der MNJ; 8,3% insg.) geben an, eine Audition oder Stimme wahrgenommen zu haben. Auch STRAEHLER und andere Autoren berichten von der bedeutenden Rolle, die übernatürliche Faktoren (wie Träume, Visionen, Antworten im Gebet etc.) bei den Konvertiten spielen können, aber solche Erlebnisse stellten eher die Ausnahme als die Regel dar.[37] Wladimir schildert zum Beispiel das Ereignis im Gottesdienst, das ihn endlich vom Stuhl befreit habe:

> *„Ich hab einen großen Finger gesehen... vom Dach. Es dauerte ungefähr zwei, drei Sekunden und... äh... ich hab verstanden, dass ich nach vorne gehen soll und beten und knien und beten und Jesus als meinen Erlöser im Herz nehmen. Das ist, wie gesagt, nicht Befehl, aber Gott. [...] Und an diesem Tag habe ich*

36 In diesem Kapitel habe ich die zwei Phasen „Ereignisschilderung" und „emotionale Erschütterung" nach ULMER zusammengefasst. Vgl. ULMER, Konversionserzählungen, 27-28.

37 Vgl. STRAEHLER, Conversions, 56. 61-62; J. LOFLAND/N.SKONOVD, Conversion motivs, in: JOURNAL FOR THE SCIENTIFIC STUDY OF RELIGION 20 (1981) Nr. 4, 373-385; L. R. RAMBO, Understanding religious conversion, New Haven 1993, 15; D. GREENLEE, Christian conversion from Islam. Social, cultural, communication, and supernatural factors in the process of conversion and faithful church participation, Deerfield 1996, 132-135.

einen Finger gesehen und ich habe verstanden, was ich machen soll (NI 10: 4/14-26)."

Wladimir beschreibt die Vision des Fingerzeiges als Gottes unmissverständlichen Aufruf („und ich habe verstanden, was ich machen soll"), dennoch schildert er die Konversion als eine aktive freie Entscheidung. Dies wird deutlich an dem Muster einer konkreten Handlungssequenz (nach vorne gehen, knien und Buße tun), was einer „Institutionalisierung" des hier baptistischen Kontextes entspricht[38].

Aber auch hier ist zu erkennen, dass nicht das Erlebnis an sich etwaige Emotionen auslöst, sondern die neue Erkenntnis nach der Konversion: Wladimir beschreibt, wie bei der Konversion zwei Mächte um ihn gerungen haben und wie Gott durch Wladimirs Konversion der Sieg über Satan gelungen sei. Damit rekonstruiert er seine eigene Bedeutsamkeit in Gottes Augen.

Galja konvertiert bei einer besonders intensiven Meditationsübung: Der weiße Punkt sei immer näher und näher gekommen und habe Umrisse ausgebildet „bis ich auf einmal in diesem weißen Fleck, das war schon nicht mehr Punkt, Jesus erkannt habe (NI 12: 3/29-30)." Sie bekehrt sich somit, als sie Jesus in dem weißen intensiven Punkt erkennt, sie nimmt das Gespräch mit ihm auf (4/1) und beschreibt die Konversion später als das „Kennengelernt-haben Jesu" (5/13). Dennoch wird deutlich, dass Galja ihr Konversionsereignis nicht so ausführlich wie die anderen beiden beschreibt, auch die Aspekte der Sündenerkenntnis und Buße werden nicht deutlich angesprochen. Daher misst sie auch in ihrem weiteren Glaubensleben noch anderen Faktoren (Lesen der Tora, Besuch der Gemeinde) eine erhebliche Bedeutung zu. Das Konversionsereignis ist zwar konstituierend für Galja als der „Beginn" ihres Glaubenslebens, aber diese neue Beziehung zu Jesus als ihrem Messias muss immer wieder neu „aktualisiert" werden.

Es muss auch nicht immer ein außergewöhnliches oder übernatürliches Ereignis im Zuge der Konversion genannt werden. So geben 43,3% der befragten messianischen Juden (und 51,9% der MNJ; 46,8% insg.) an, dass sie kein bestimmtes Erlebnis hatten, als sie konvertierten. Ebenso muss einem Konversionsereignis nicht immer eine emotionale Erschütterung folgen.

Einige Befrage konnten auch keinen genauen Zeitpunkt ihrer Konversion angeben, da bei ihnen die Erkenntnis, dass Jesus ihr Messias ist, im Zuge ihrer kontinuierlichen Bibellese oder Teilnahme an den Gottesdiensten, allmählich erfolgt ist.

Fazit: Alle drei Interviewten thematisieren ihre individuelle Rolle bei ihrer Konversion. Dadurch wird die Transzendenz Gottes in die „Unergründlichkeit des jeweils ei-

38 Vgl. JÖDICKE, Misslungene Bekehrungen, 65-89.

genen Selbst, des Ich"[39] überführt und kann dort als immanent wahrgenommen und kommuniziert werden, so dass die Interviewten ihre beobachtbaren, immanenten Reaktionen (Freude, Gewissheit, das „Nach-vorne-Gehen") schildern. Des Weiteren thematisieren sie wiederum passive und aktive Geschehensmomente der Konversion, denn alle thematisieren ein passives transzendentes Widerfahrnis (Pawel: Heilung, Wladimir und Galja: Vision und plötzliche Erkenntnis), woraufhin eine aktive „Lebensübergabe" (Pawel und Wladimir) oder ein „Gesprächsbeginn" (Galja) folgt. Außergewöhnliche oder übernatürliche Ereignisse sind aber nicht notwendig, damit eine Konversion erfolgen kann, zudem kann der Konversionsprozess auch allmählich erfolgen.

6.3.4 Bewertung der Konversion

Nach der Schilderung des Konversionsereignisses reflektieren und begründen die Interviewpartner ihre Konversion, blicken retrospektiv auf die Konversion und ihr Leben zurück und bieten einen Ausblick aufgrund ihrer neu gewonnenen Lebensperspektive. Pawel schildert zum Beispiel nach der Konversionsschilderung noch einmal eine reflektierte Kurzfassung:

> *„Und dann war mir klar, dass ich einfach dem Gott aus dem Wege gegangen bin, selbstständig. Und das waren einfach die Konsequenzen davon. Und da habe ich einfach gebeichtet und innerlich und… vollständig mein Leben in die Hände Gottes gegeben. Und das war eigentlich – ich war neunzehn… und das war der Anfang meines aktiven Lebens mit Gott… bis jetzt (8/27-32)."*

Bereits sprachlich – auf der Ebene der erzählten Zeit – steht der biographisch relativ genau verortete Zeitpunkt („ich war neunzehn") im Mittelpunkt, der eine zeitliche Wendemarke darstellt, um die Erzählung in ein „davor" (die Zeit, in der er Gott aus dem Wege gegangen ist) und in ein „danach" („Anfang des aktiven Lebens mit Gott") zu unterteilen. Pawels Selbstverständnis ist fortan von dem Wissen geprägt, dass er vor der Konversion nichts von der Konversion gewusst hatte. Diese Unterscheidungsfähigkeit bezeichnet Jödicke auch als „inversen Sokrates".[40]

> *„Die Unterscheidung vor/nach Konversion ist erst nach der Konversion möglich, das heißt dann erst ist die Unterscheidungsfähigkeit der Konvertiten gegeben. Der Bekehrte lernt gerade in der Bekehrung zwischen dem Vorher und dem*

39 Luhmann, Religion der Gesellschaft, 111.

40 Jödicke, Moderne Religiosität, 226.

Nachher zu unterscheiden [...]. So ist Bekehrung eine Veränderung, bei der das Geändert-Sein (das heißt Unterscheiden können) das Selbstverständnis des Bekehrten ausmacht."[41]

Thematisch enthält diese kurze Passage in komprimierter Form alle relevanten Elemente der Konversion: Der Rückzug in die Innenwelt, die Beichte (mit der Erkenntnis von Sünde), die vollständige Übergabe des Lebens an Gott in der Entscheidungssequenz und die Stabilität dieser Entscheidung. Auf die Nachfrage der Interviewerin erfolgt dann eine detaillierte Darstellung, wobei sich die Erzählzeit und die erzählte Zeit nahezu decken. Zum Beispiel wechselt Pawel von dem vorherrschenden Erzählduktus des Perfekts (des „erzählten Ichs") zu der direkten und eindringlichen Ansprache in der Gegenwartsperspektive an die Zuhörerin: „Aber du verspürst es", „du bist ein Teil", 9/17+21). Gleichzeitig erhält dieser Zeitpunkt dadurch seine besondere Relevanz, dass Pawel „bis jetzt" (8/31-32) in der Gegenwart der Erzählzeit an diesem Lebensmuster festhält.

Abschließend fasst Pawel die auslösenden Faktoren der Konversion zusammen: „Das war einfach die passende Situation" (10/17). Es sei für ihn unmöglich gewesen, sich selber länger zu belügen (10/18-19). Damit stellt er das Konversionsereignis als ein unausweichliches Geschehen dar, als einzigen Ausweg aus seinem Selbstbetrug. Nun könne er seine „weltlichen" Bedürfnisse hintenanstellen, da er „diese Angst etwas zu verlieren – los war" (10/23-24). Pawel distanziert sich somit in einer Art „biographischer Inversion"[42] von den Wünschen und Ängsten seiner Vergangenheit. Im Rückblick kann er erkennen, wo er der Konversion bereits sehr nahe war oder ihr ausgewichen ist.

Wladimir thematisiert ebenso spiegelbildlich, dass er vor der Bekehrung keine Sündenerkenntnis gehabt habe (NI 10: 2/65-6, 7/4-7). Im Zuge der Konversion habe er aber durch den Heiligen Geist erkannt, dass er ein Sünder sei und dafür bestraft werden müsse. So habe er „ein oder zwei Tage danach" (nach der Konversion) Gott immer wieder dafür gedankt, dass er ihm seine Sünden offenbart und seinen Sohn als Opfer gegeben hatte (7/12-13). Auch R. STRAEHLER betont, dass Gott in einem Konvertiten Reue und Glauben bewirke:

„*God is already at work in the life of a person, long before conversion. It is neither the work of other Christians as change agents nor it is the own free decision of the convert alone. But nevertheless there is a relationship between God's work and human responsibility/action in conversion*".[43]

---

41 JÖDICKE, Moderne Religiosität, 226.

42 POPP-BAIER, Selbsttransformationen, 276.

43 STRAEHLER, Conversions, 64.

Dennoch bleiben bei Wladimir nach seiner Konversion viele Fragen unbefriedigend offen (z.B. NI 10: 4/7-8) insbesondere die Frage nach dem Grund für den überall verspürten Hass auf das von Gott erwählte Volk. Diese Spannung löst sich auch in der weiteren Erzählung zunächst nicht auf und stellt eine Besonderheit einer messianisch-jüdischen Konversion dar, da in der religionssoziologischen Forschung ein spiegelbildlicher Verlauf mit sich auflösenden Spannungen nach der Konversion, angenommen wird (vgl. Kapitel 6.4.3).

Galja reflektiert ihre Konversion nicht an dieser Stelle, sondern gleich zu Beginn ihrer Konversionserzählung (NI 12: 4/33-5/3). Durch Jesus habe sie nun den „Gottvater aus dem Alten Testament" kennen gelernt (5/16) und in ihm die Erfüllung ihrer Sehnsucht gefunden, beschreibt sie an anderer Stelle. Als Ausdruck ihrer neuen Identität bezeichnet sie sich fortan als „Gotteskind" (11/28, 11/33, 12/3). An späterer Stelle erfolgt zudem eine retrospektive Anmerkung, dass die Aussage Jesu „Keiner kommt zum Vater, denn durch mich" die „richtige Wahrheit" (12/22-26) für sie geworden sei.

Nach der Schilderung eines reflektierenden Rückblickes schließt sich nun ein Ausblick der Konvertiten an. Pawel ordnet die eigene Person als „Teil des universalen Plans Gottes" (9/11) ein und „nicht als Zufall der Natur" (9/8). Damit definiert er seine Lebenssituation neu und erfährt Motivation: „Das erfüllt einen und beflügelt" (NI 7 9/15). Auch Galja evaluiert das Konversionsereignis als eine dauerhafte, stabile, entscheidende Orientierung: „Und es dauerte, das dauert bis jetzt – und es verging kein Tag, an dem ich mit ihm nicht reden würde (NI 12: 4/3-4)." Nur Wladimir thematisiert aufgrund seiner ungelösten Lebensfragen keine spannungsfreie Zukunft.

Fazit: Die Interviewpartner reflektieren rückblickend ihre Konversion, indem sie die Konversion entweder biographisch genau verorten oder diesem Zeitpunkt besondere Relevanz beimessen. Dadurch kann das Leben in eine Zeit vor (ohne Gott) und in eine Zeit nach der Konversion (mit Gott) eingeteilt werden. Dies grenzt den Konvertiten von den nicht konvertierten Personen ab. Wladimir reflektiert kurz nach der Konversionsschilderung seine ungelösten Lebensfragen, die sich aus seiner jüdischen Identität ergeben.

6.4 Das Leben nach der Konversion

Alle drei Interviewten schildern ihr „geistliches Wachstum" in Bezug auf den neuen Glauben, Gottes Wirken im Alltag, die Einreise nach Deutschland, das Erlebnis ihrer Taufe und den Anschluss an eine (messianisch-jüdische) Gemeinde oder Gruppe. Pawel und Wladimir berichten zudem von Schwierigkeiten mit ihrer jüdischen Identität.

6.4.1 Gottes Wirken

Wladimir schildert, dass er nach seiner Einreise nach Deutschland einen bedeutsamen Traum gehabt habe. In einer dunklen Steppe habe er „viele viele gelbe Sterne" gesehen, die „in Reihen, viele Reihen" (5/31; 6/3) standen. Ihm sei von einer „guten Stimme" erklärt worden, dass die hell aufleuchteten Sterne die Seelen der Menschen seien, die just in diesem Moment Buße tun würden. Dadurch würden sie ins „Buch des Lebens" eingeschrieben und von den Engeln „befeiert".

Aus dem Traum können Rückschlüsse auf die Metaebene des messianisch-jüdischen Religionssystems gezogen werden: Zunächst individualisiert die Vision Wladimir wiederum als von Gott geliebten Menschen. Zum zweiten wird die immerwährende Aktivität Gottes betont, der weitere Menschen erretten möchte: „Gott rettet immer jeden Tag, jede Stunde, jede Minute (6/21-22)." Zudem vergleicht er seinen Traum mit dem Damaskuserlebnis von Paulus (6/18-19), so dass er seine Konversion als radikale Lebensumkehr von seinen Sünden versteht und sich der Konsequenzen einer nicht vollzogenen Konversion bewusst ist (6/22-25).

Zudem drängt sich auch der Bezug zum Holocaust auf, da die vielen gelben Sterne in vielen Reihen stehen, so wie die Juden im Zweiten Weltkrieg auf dem Weg zu ihrem Tod in langen Reihen standen. Wladimirs Traum zeigt meines Erachtens deutlich, wie sehr ihn die Frage belastet hat, warum das jüdische Volk soviel Anfeindungen, Leid und Verfolgung erfahren musste.

Da gleichzeitig auch der Bezug zu Abraham unter dem Sternenhimmel gegeben ist und im Zusammenhang mit den erretteten Seelen thematisiert wird, deutet sich Wladimirs Hoffnung auf Errettung des gesamten jüdischen Volkes an. Denn aus seiner Sicht kann diese Erlösung nur durch die Konversion aller Juden erfolgen. Dies erklärt er auch an anderer Stelle (bzgl. Sach 12,10): „Deswegen hab ich die große Hoffnung, dass viele, ich weiß nicht genau ob alle, viele Juden bekehren sich, dass wenn die Menschen weinen und an Kreuz sehen und weinen..., das bedeutet, dass sie sich bekehren (NI 10: 12/10-13)."

Galja gibt ihre meditativen Übungen zugunsten des Gebets zu Jesus auf, durch den sie Heilung und Trost erfährt. Sie möchte nun Jesus „immer näher und näher und näher kommen" (NI 12: 13/32-33). Dann habe sie einen bedeutenden Traum von ihrem Vater gehabt. Da für Galja der atheistische Vater, gerade wegen seines frühen dramatischen Todes, eine prägende Rolle spielt, sieht sie in dem Traum eine Bestätigung ihres messianisch-jüdisches Glaubens: Zunächst beschreibt sie ihren Vater als „kristallehrlichen und sauberen Menschen" (16/12-13), der aufgrund seiner unangenehmen Erfahrungen mit der russisch-orthodoxen Kirche sich von dieser distanziert habe. Daher habe er „praktisch dieses... geistige... Vakuum [...] durch den Glaube an... Kommunismus ersetzt" (15/22-26). Für seine kommunistisch-messianische Hoffnung „in einem Land so ein Himmelreich auf der Erde aufzubauen" (15/30-31) habe er sich im wahrsten Sinne des Wortes geopfert. Auf den Bericht von Galjas Konversion habe er nun aber erwidert: „Weißt du? (langsam, überdeutlich bis +) Ich weiß jetzt, wofür ich gekämpft habe (+) (17/9-10)."

Galja stellt ihre Konversion damit als ein (unbewusstes) Ziel ihres Vaters dar, denn er habe auch für ein messianisches Reich gekämpft. Hier zeigt sich, dass Galja den Atheismus ihres Vaters rechtfertigt, da ihr Vater sich nur dem System des Kommunismus verschrieben habe, weil er von der Kirche enttäuscht war. Des Weiteren zeigt sich, dass Galja einige kommunistische internalisierte Werte und Normen ihres 60-jährigen vorkonversionellen Lebens auch nach der Konversion semantisch übernimmt, zum Beispiel die Hoffnung auf ein Friedensreich. So äußert H. Ulonska im Gespräch über diese Passage seine Vermutung: „Kann es nicht sein, dass die messianischen Juden von der Ideologie des Kommunismus in die Ideologie des messianisch-jüdischen Glaubens geraten sind?"[44]

Fazit: Die Interviewten berichten in ihrem nachkonversionellem Leben von Gottes Wirken. Zudem stellen die Konvertiten ihr Leben in einen heilsgeschichtlich-eschatologischen Zusammenhang: Sie betrachten sich als Teil von Gottes Erlösungsplan für diese Welt und betonen verschiedene Zeitalter (Dispensationen): die noch sündige Welt, die erhoffte Errettung der Gemeinde aus Juden und Nichtjuden und das messianische Reich. Das heißt, hier bestätigen sich die theologischen Züge des traditionellen Dispensationalismus (vgl. Kapitel 2.1.2.2). Wladimir betrachtet sich durch die Konversion als ein Mitglied der Gemeinde aus den Nationen. Gleichzeitig fühlt er sich dem Volk Israel durch seine jüdische Abstammung zugehörig. Für Israel nimmt er eschatologisch die Errettung durch die Annahme des Glaubens an Jesus als den Messias Israel an. Dennoch betrachtet er das jüdische Volk als das erwählte Volk Gottes und wendet sich ausdrücklich gegen die Substitutions- oder Bündnistheologie (wie auch später Galja und Pawel).

44 H. Ulonska im Gespräch mit der Verfasserin, Albersloh 2006, ähnlich: Wohlrab-Sahr, Biographie und Religion, 308.

6.4.2 Gestaltung des neuen Glaubens

Wie sieht aber nun der neue Glaube im Alltag an? Welche Rituale entstehen? Gibt es schon typisch messianisch-jüdische Indikatoren? Es zeigte sich zunächst, dass insbesondere das Lesen der Bibel, das Gebet und der Kontakt mit anderen Konvertiten prägend wurden.

6.4.2.1 Bibellesen

Pawel berichtet, dass er seit seiner Konversion „Hunger“ auf das Studium der Bibel (NI 7: 10/34) habe: „Ich will wissen, ich will begreifen, so viel ich kann [...] Und ich wollte natürlich soviel wie möglich darüber erfahren (11/2-5).“ Daher habe er sich „in alle möglichen Bibelstudien und Studienkreise [...] gestürzt (11/7-8).“ Aber erst im intensiven Kontakt mit einer evangelikalen Gruppe berichtet er, dass er „geistlich sehr stark gewachsen“ sei (11/13-14). Dieser Austausch mit anderen Gläubigen sei auch nach seiner Einreise in Deutschland zu einem regelmäßigen Bestandteil seines Lebens geworden (11/16-21).

Auch für Wladimir sei das Lesen der Bibel und der Austausch in der Gruppe konstituierend für den Aufbau eines „geistlichen Fundaments“ geworden (NI 10: 4/32-5/7).

Galja habe ebenfalls seit der Konversion „so eine Sehnsucht nach Gemeinschaft verspürt“ (NI 12: 4/31). Sie habe aber keine Gesprächspartner gehabt („Alle um mich herum waren Atheisten“, 4/12) und auch in einer russisch-orthodoxen Kirche sowie später in einer Synagoge habe sie keinen Anschluss gefunden (4/14-16, 19/10-12). Daher hat sie zunächst keinen Glaubensfortschritt zu verzeichnen und auch das Lesen der Bibel stellt für sie eher eine schleppende Erfahrung dar. Erst als sie sich der messianisch-jüdischen Gemeinde in Deutschland anschließt und der Gemeindeleiter das NT immer in Bezug auf den Tenach auslegt, kann sie den Glauben an Jesus besser erfassen. Die Persönlichkeit Jesu sei ihr nun „soviel lebendiger, viel tiefer... viel wirklich – verwurzelt“ (9/24-25) erschienen.

Fazit: Die interviewten messianischen Juden hatten immense Schwierigkeiten, alleine die Bibel zu verstehen und geben ein ausgeprägtes Bedürfnis nach Gemeinschaft an. Anderen, nichtjüdischen Gläubigen, sind dagegen oft vor ihrer Konversion Grundstrukturen des christlichen Glaubens bekannt. Deshalb ist es umso erstaunlicher, dass dennoch 43,3% der messianischen Juden angegeben haben, durch das Lesen der Bibel konvertiert zu sein.

6.4.2.2 Gebet

Auch die Aufnahme des Gebets gestaltet sich sehr unterschiedlich: Pawel geht anfangs nur in den geschilderten Notsituationen zu Gott und bittet ihm um Hilfe. Das erste längere Gebet ist zugleich das Konversionsgebet: Ein Beicht-, dann ein Übergabegebet. Dann wird das Gebet zu einem beständigen selbstverständlichen Bestandteil seines Lebens.

Wladimir steht schon vor der Konversion in einem, wie er es nennt, Gesprächsaustausch mit Jesus. Er könne alles sagen, was er denke, er könne Jesus anklagen und vor ihm weinen. Wladimir berichtet auch, dass er Antworten erhält: Zum Beispiel in Form von Visionen (3/24ff, 4/14), Träumen (5/24-6/16), Ereignissen (5/24), Bestätigungen während eines Gebets (6/27-31) und Wunscherfüllungen (4/29-32). Nach der Konversion habe sich sogar ein stetiges Kommunikationsschema entwickelt:

> *„Manchmal, wenn ich bete, höre ich die Stimme, ja? Und das ist auch schwierig zu erzählen. Aber Gott gibt mir die Vorschläge und was ich tun soll, in dieser Situation. Es ist nicht oft, aber manchmal. Und… äh… in paar Tagen kommt die Bestätigung und ich weiß genau, das ist von Gott (NI 10: 6/28-7/2).“*

Später thematisiert Wladimir diese Kommunikationsstruktur als eine ständige „Geistverbindung“ zwischen ihm und Jesus (9/12-13).

Galja beschreibt ihr anfängliches Gebet als „ungeschickt“, „naiv“ (NI 12: 5/6-7) und „kindlich“ (21/14). Es seien ausschließlich einfache Bittgebete gewesen. Zunehmend habe sich jedoch auch bei ihr ein Dialog mit Jesus entwickelt: „Ich spreche mit dir, du sprichst mit mir… du hilfst mir. Du führst mich (14/21-22).“ Aber erst durch das Kennenlernen des Siddurs in der messianischen Gemeinde (des Typus C) habe sie „Gottlobpreisungen“ und „Gebet für das Volk mit Gemeinschaft“ (20/18-19) in ihr persönliches Gebet einbezogen. Sie beschreibt, dass sich dadurch ihre Gebete „irgendwie auch geordnet“ haben, „irgendwie kürzer geworden“ seien, „präziser, mit größerer Tiefe“ (20/27-29).

Galja beschreibt ein typisches Gebet: Inhaltlich bitte sie zunächst für ihre „Geschwister auf der ganzen Erde“, die „Gottes Gesetze im Herzen und […] Jesus Licht in sich tragen.“ Dann bitte sie für das Leben ihrer Familie und „dass sie auch gerettet werden… durch Jeschua hamaschiach“ (20/31-21/5). Zuletzt bitte sie für sich selbst. „Ich sage: Gib mir deine Weisheit… Vater… gib mir Liebe wie bei Jeschuah hamaschiach. Und gib mir Geduld […] und mehr brauche ich nicht (21/22-25).“

Hier zeigt sich einerseits die Verwobenheit des persönlichen Glaubenslebens mit dem Gemeindegebet, andererseits die Veränderung in der Einstellung Gott gegenüber, da Galja nicht nur die Nehmende ist, sondern sie gibt Gott Ehre, Lobpreis und vertraut ihm geliebte Menschen zur Errettung an. Des Weiteren bitten sie um Weisheit, ähnlich der vierten Bitte der Amida „Begnade uns mit Verstehen und Einsicht von dir".

Alle drei thematisieren (triviale) Bittgebete zum Beispiel um Situationsveränderungen im Alltag, so dass eine Verschränkung des Alltags zu Jesus entsteht. Des Weiteren werden Gebete als Frage-Antwort-Gebete eingesetzt, um Alltagsentscheidungen treffen zu können (Wladimir). U. Popp-Baier beschreibt solch ein Gebet als eine „Alternative zur subjektiven Entscheidungsbildung" oder als den „Artikulationsrahmen für die subjektive Entscheidungsbildung",[45] wobei vorausgesetzt wird, dass diese Gebete keinesfalls eine transzendente Wirkung haben. Zustimmen kann ich allerdings Popp-Baier, wenn sie sagt, dass Gebete der Expression, der sprachlichen Artikulation von Gefühlen und Gedanken dienen und im Umgang mit Leid helfen; zum Beispiel beschreiben alle Konvertiten ihre tiefsten Wünsche und Sorgen im Gebet.[46]

Fazit: Auch ohne Vertrautheit mit religiösen Geschichten oder Ritualen können religiöse Erfahrungen nach der Konversion gemacht werden. Für ein festes Gebetsschema müssen aber implizite Vorstellungen vorhanden sein. Dementsprechend beginnt bei den drei Befragten das regelmäßige Gebet erst im Kontakt mit der (messianisch-jüdischen) Gruppe. Interessant ist hier zu beobachten, dass das Gebet Galjas zudem stark von der Begegnung mit dem Siddur geprägt wird.

6.4.2.3 Taufe

Wie sich bereits bei der Analyse der kollektiven Strukturen des messianisch-jüdischen Glaubens gezeigt hat, ist die Glaubenstaufe nach der Konversion äußerst wichtig für messianische Juden und 79,4% der befragten messianischen Juden haben angegeben, dass sie nach ihrer Konversion getauft wurden. Pawel wird zwei Jahre nach der Konversion kurz vor seiner Ausreise 1999 in Usbekistan getauft (NI 7: 13/4-26). Die Taufe erfolgt durch Untertauchen in einem Gebirgssee zusammen mit 20-30 weiteren Täuflingen. Diese Taufe war im Gegensatz zu seiner ersten russisch-orthodoxen Taufe als 13-Jähriger „eine bewusste Entscheidung" (13/19). Der Schritt zur Taufe war für ihn aber eher ein notwendiger, kein emotionaler

---

45 U. Popp-Baier, Beten und Handeln. Religion im Alltag von charismatisch-evangelikal orientierten Frauen, in: Dies. (Hrsg.), Religiöses Wissen und alltägliches Handeln. Assimilationen, Transformationen, Paradoxien, Münster 1998, 117.

46 Popp-Baier, Beten und Handeln, 117.

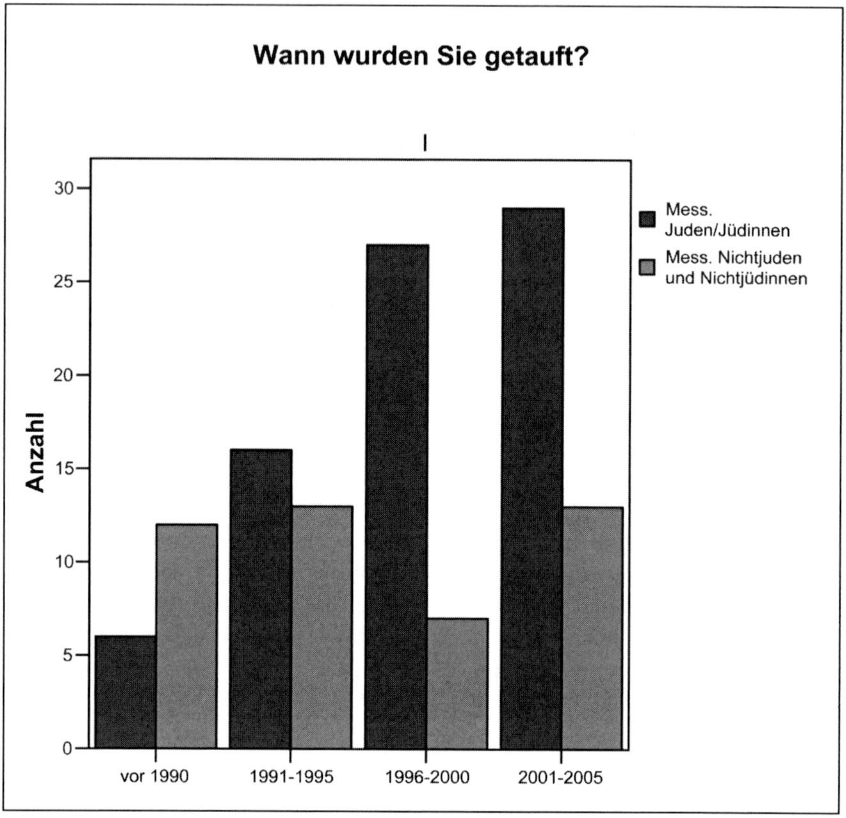

Abb. 6.4.2.2-1 Zeitraum, indem sich die Gemeindebesucher taufen ließen

Schritt, was auch in der anschließenden Reflexion deutlich wird: Pawel fühlte sich „zufrieden", wie „nach einer guten Sache, die man schon erledigt hat" (13/24-25).

Wladimir lässt sich noch im Jahr der Konversion (1994) in der baptistischen Gemeinde taufen (NI 10: 8/27-29). Er habe bei seiner Taufe gespürt, dass er durch den Heiligen Geist „etwas Neues" in sein Herz bekommen habe: „Ich hab noch nicht verstanden an diesem Tag was (8/31-9/1)." Die Taufe sei nötig gewesen als ein bekennendes Zeichen vor der unsichtbaren und sichtbaren Welt (8/1-5).

Galja lässt sich 1997 in Deutschland in der messianisch-jüdischen Gemeinde taufen (NI 12: 7/18-31). Die Taufe stellt für Galja die „Krone" ihres Glaubenslebens (14/16-17) und ein Symbol der Gotteskindschaft dar. Galja habe zwar eine „riesengroße Freude" dabei empfunden (14/27-28), die Taufe selbst habe aber keinen offenbarenden Charakter mehr gehabt, „weil diese Gnade, dieses Geschenk von

Glauben schon da war“ (15/1-2). Galja lädt zu ihrer Taufe auch ihre nicht an Jesus glaubende Familie ein (7/20-30).

Wladimir gehört zu den 20,5% der befragten messianischen Juden, die angeben, dass sie zwischen 1991-1995 getauft wurden.[47] Pawel und Galja gehören zu den 34,6% der befragten messianischen Juden (15,6% der MNJ, 28,2% insg.), die sich zwischen 1996-2000 haben taufen lassen. In den Jahren 2000-2005 beträgt der Anteil der messianischen Juden 37,2% (28,9% der MNJ und 33,9% insg.). Insgesamt haben sich somit 71,8% der befragten messianischen Juden in den Jahren 1996-2005 taufen lassen.

Fazit: Die Taufe gehört unabdingbar zur Konversion hinzu. Der Schritt der Taufe ist jedoch nicht von einer emotionalen Entscheidung abhängig (Pawel) und bedeutet keine weitere „Offenbarung" (Galja). Sondern sie stellt ein Symbol der „Gotteskindschaft" (Galja) und ein „bekennendes Zeichen vor der unsichtbaren und sichtbaren Welt" dar (Wladimir). Die Interviewpartner thematisieren, dass „etwas Neues" beginnt (Wladimir), dass sie sich zu der Gemeinschaft der an Jesus glaubenden Menschen zugehörig fühlen und dies auch öffentlich bekennen möchten. Deshalb kann die Taufe auch als die „Krone" des Glaubensleben (Galja) bezeichnet werden und bildet wie „den Schnittpunkt des Herrschaftswechsels im Leben des Gläubigen (vgl. 4.4.2)."[48]

6.4.3 Jüdische Identität

Die Besonderheiten messianisch-jüdischer Konversionserzählungen liegen nun aber gerade darin, dass die Interviewpartner ihre jüdische Identität nach der Konversion in einen gewissen Kontext einbinden (müssen). Obwohl 85,4% der Konvertiten angeben, dass ihnen die jüdische Identität nach der Konversion wichtiger geworden sei, kann die jüdische Identität zunächst als „störend“ empfunden werden.

6.4.3.1 Umgang mit der jüdischen Identität

Sobald Pawel auf seine jüdische Identität zu sprechen kommt, fängt er an, nach Worten zu ringen und äußert sich widersprüchlich. Innerhalb der messianisch-jüdischen Gemeinde werde er als Jude anerkannt. Und er spüre auch die jüdische

47 Nur 7,7% der befragten MJ (N=78), aber 26,7% der MNJ (N=45, 14,5% insg.) geben an, dass sie bereits vor 1990 getauft wurden.

48 RINK, Multidimensionale Methodik, 41-42.

Abstammung: „Das ist ziemlich stark – die Urgeneration in mir (NI 7: 15/16)." Nach der halachischen Definition sei er aber „eben kein richtiger Jude" (15/14), er sei auch „nicht beschnitten" (16/22). Er würde sich daher eher als Usbeke, denn als Jude bezeichnen (14/6). Religiös definiert er sich einerseits als Christ und als messianischer Jude: „Für mich ist das eigentlich das gleiche (15/19)." Ein wenig später bezeichnet er sich eindeutig als einen Christen: „Ich würde mich als Christ nennen – weil ich glaube an Gott – und ich glaube dass Jeschua der Messias war (15/29-30)." Somit dominiert bei Pawel die halachische und religiöse Definition: Er betrachtet sich nicht als „richtigen Juden" und weil er sich als Christ ansieht, möchte sich auch zunehmend von den messianischen Gemeinden distanzieren (14/21-22). Das messianische Judentum und damit implizit auch er sei noch auf der Suche nach einer geeigneten Form, so dass er sich nicht eindeutig auf ein Glaubenssystem festlegen möchte (15/30-32).

Damit habe auch die Gesetzesobservanz für ihn keine Gültigkeit mehr: „Ich verstehe nicht, warum ich etwas einhalten soll, wofür ich nicht bestraft werde (17/2-3)." Pawel nimmt somit eine Paradoxie zwischen seinem Judesein und dem Glauben an Jesus wahr. Konkret überführt er diese Differenz in die Begrifflichkeiten von Gesetz und Gnade, so dass er fortan den Glauben an Jesus mit Gnade gleichsetzt, die das Halten des Gesetzes unnötig mache. Pawel gehört damit dem Gemeindetypus A an, da er sich faktisch dem christlichen denn dem messianisch-jüdischen Glaubenssystem zuordnet.

Wladimir identifiziert sich bereits vor der Konversion mit dem „jüdischen auserwählten Volk des Tenachs", wobei dies mehr ethnisch, denn religiös ist (NI 10: 3/4-6). Nach der Konversion hat er zunächst Schwierigkeiten mit der Annahme des Neuen Testamentes. Er löst diese Differenz wie folgt auf: Jesus ist der im Tenach prophezeite jüdische Messias. Dennoch bleibt eine weitere Differenz bestehen: Das Volk Israel ist zwar erwählt, es wird aber von vielen Menschen gehasst und verfolgt. Die Judenfeindschaft ist damit eine Kehrseite der Erwählung. Eine „Erklärung" findet Wladimir durch ein universalistisch formuliertes Konzept: „Satan möchte alle Menschen, vor allem die Juden von Gott fernhalten (8/7)." Bevor Jesus auf die Erde kam, sei das jüdische Volk der einzige Zugang zu Gott gewesen. Daher habe der Satan bewirkt, dass sich viele Menschen (aus den Nationen) von den Juden distanziert hätten und dadurch Gott nicht kennen lernen konnten. Aber seit dem Kreuzgeschehen, habe Satan seine Taktik verändert und „halte alle Juden von Jesus fern", damit diese auf keinen Fall konvertieren und dadurch zu Gott gelangen könnten. Zudem hasse Satan das jüdische Volk, da durch den Tod des Juden Jesus alle Menschen Heil erlangen könnten. Kurz: Weil das Volk auserwählt sei und eine

Schlüsselstellung in Bezug auf die Errettung der Nationen habe, säe Satan weltweit den Hass auf die Juden.[49]

Wladimir bezeichnet daher die Menschen, die die Juden Jahrhunderte lang bekämpft haben, als „Knechte des Satans“ (10/8-9). Die „Knechte Gottes“ aber seien die konvertierten Juden und Heiden (10/24-11/1). Wladimir betrachtet sich und die anderen konvertierten Juden als den gegenwärtigen „Überrest“ Israels.[50] Die nicht an Jesus glaubenden Juden, die als ausgebrochene Zweige keine „Geistverbindung“ zu dem Heiligen Geist haben (Röm 11), bekämen jedoch durch diesen Überrest, der dem „ganzen Israel“ Teilhabe am endzeitlichen Handeln Gottes gewähre (Röm 11,26), in der Zukunft die Möglichkeit, Jesus zu erkennen (11/24-12/13). Wladimir pflegt daher sein jüdisches Erbe aus einer heilsgeschichtlichen Identifikation mit seinem Volk heraus.

Die messianisch-jüdische Gemeinde betrachtet er dabei als „Auflösung“ aller beschriebenen Differenzen. Denn hier erhält er „Balsam“ und Liebe und er erlebt sogar, dass ihn messianische Nichtjuden um Vergebung bitten. Wladimir betont somit, dass der Glaube an Jesus, den jüdischen Messias, unweigerlich zum jüdischen Volk gehört und quasi die einzige Heilsmöglichkeit für dieses darstellt. Somit steht er exemplarisch für die Besucher des Gemeindetypus B, da für ihn die messianisch-jüdische Gemeinde die optimale (und einzige) Möglichkeit für die Ausübung des messianisch-jüdischen Glaubens darstellt. Darüber hinaus sieht er seinen besonderen Auftrag darin, Juden und Heiden den Glauben an Jesus als den Messias zu verkündigen (NI 10:15/4-9):

> *„Also für mich ist es Gnade, ich wollte den Menschen helfen und ich versuche zu erzählen… zu erzählen über die Gnade von Gott, na ja, aber das ist schwierig, Menschen wollen nicht über das Leben nach dem Tod denken […]. Ich habe Beziehung mit meinem Freund behalten und zehn Jahre schon vorbei und ich habe alles gesagt, was ich gedacht habe und erzählt und meine Freunde haben alles oder fast alles akzeptiert und sie haben viele Fragen gestellt und na ja (lacht) und einmal habe ich gehört, das ist Weisheit, wir können nicht so denken, genauso wie du. Und ich habe gefragt: Wieso? Was tut's? Aber dass*

49 Wladimir bezieht sich auf seinen Besuch eines Vortrags von A. FRUCHTENBAUM, der diese Theorie den Anwesenden erklärte. FRUCHTENBAUM wiederum hat diesen Ansatz vermutlich von FEINBERG übernommen, den er wie folgt zitiert: „Satan hates the nation through whom has come so much blessing to the world, especially the saviour. First, the dragon is incensed against the child of the woman (Jesus Christ), then he goes to make a war with the remnant of her seed, Israel. Moreover, when Satan is angry against Israel, it always culminates in defiance against the Lord Jesus Christ. The two are inseparable." Vgl. C. L. FEINBERG, The curse of Anti-Semitism, zitiert in: FRUCHTENBAUM, Israelology, 837.

50 Mit „Überrest“ meint Paulus (Rö 9,27; 11,7.15), dass es innerhalb der jüdischen Nation immer einige gab, die Gott treu blieben und an ihn glaubten. Durch diese wenigen erretteten Juden konnte Gott immer wieder auf das ganze Volk wirken.

sie angefangen haben, die Bibel zu lesen, dazu haben sie keine Zeit. Na ja (NI 10: 14/11-25).“

Galja stellt den dritten Typus dar. Je mehr sie sich mit der Bibel und dem messianisch-jüdischen Glauben auseinandersetzt, umso mehr verspürt sie, dass sie „näher an die jüdische Wurzel ran muss“ (NI 12: 8/33-34): „Diese messianisch-jüdische Gemeinde ist äh… zwar messianisch-jüdisch, ja? Aber, da sind alle junge Leute, die selbst in den Wurzeln nicht so tief stecken… wie ich möchte, ja? (9/2-5).“ So besucht sie fortan eine andere messianisch-jüdische Gemeinde, in der ihre Definition von jüdischer Identität endlich aufgeht: intensives Torastudium (10/10-11), Lernen der hebräischen Sprache (9/29-10/2), Kennenlernen des Siddurs und jüdischer Gebetsformen (20/16-21/27) sowie intensive Diskussionen über den (messianisch)-jüdischen Glauben (9/7-15). Auch ihre Sprache ändert sich: Fortan bezeichnet sie die Gemeinde als „Synagoge“ (8/25,10/31) und den Gemeindeleiter als „Rabbi“ (9/7) oder „Rebbe“ (9/19,19/31).

Gleichzeitig fasst sie das Lesen der Tora, wie im Talmud beschrieben (Talmut bBer 5a), als einen Weg zur Sündenvergebung auf. Daher beschäftigt sie sich regelmäßig mit Gott und seinem Wort: „Immer im Wort bleiben – immer am Handeln bleiben […] immer lernen […]. Immer etwas tun. Das ist für mich das wichtigste. Bei mir vergeht kein Tag ohne Gebet, ohne Tora zu lesen oder hebräisch zu lernen (10/6-11).“ Vorauszusehen war dies schon in ihrer knappen Beschreibung ihres Konversionsereignisses (S. 328-329), denn für sie ist eher die neu gewonnene jüdische Identität für ihr Glaubensleben bedeutender. Zum Beispiel betont sie, dass die jüdische Identität unweigerlich mit dem Halten der Gesetze verbunden sei: „Da sind irgendwie bei den Juden – in den Genen äh… die Gesetze geschrieben (18/12-13).“[51] Daher betrachtet Galja ihren jüdischen, nicht an Jesus glaubenden, Ehemann aufgrund seines gesetzestreuen Lebensstils und seiner jüdischen Identität ebenfalls als erlöst. Galja identifiziert sich somit mit dem jüdischen Volk, dem sich Gott besonders offenbart hat:

„Ja, obwohl…, dass der Gott so gnädig ist zum Volk, das soviel sündigt, ja? Und dass er doch das Volk erhält – und weiterführt, trotz der Zerstreuung. Das ist eigentlich, gibt kein zweites Beispiel, wo Volk seine Identität bei der langen Zerstreuung behält. Das macht mich irgendwie so ein bisschen froh, dass ich dazu gehöre (lacht) zur Hälfte (18/33-19/8, ähnlich: 21/29-34).

---

51 Ähnlich äußert sich ein Interviewpartner in dem Forschungsprojekt zu post-sowjetischen Ethnizitäten: „Aber der Lebenssinn eines Juden liegt darin, dass er Jude ist; sie haben ein Gesetz, das sie auch nicht beachten brauchen, es ist ursprünglich da und lebt im Blut.“ Osvald/VORONKOV, Post-sowjetische Ethnizitäten, 51.

Galja ist stolz darauf, dass sie zur Hälfte Jüdin und ihr Mann „rein Jude" (17/32) ist. Dabei definiert sie sich als „Gotteskind": „Und wenn man mich fragt: Wer bist du? Mein Vater ist Russe, meine Mutter ist Jüdin und äh... mein erster Mann war Deutscher [...], aber ich sage, ich bin ein Gotteskind (11/30-33)." Die Synagogen betrachtet Galja als die Orte, die die „Lehre so in dieser Reinheit gewahrt" (19/13-14) haben. Sie plädiert dafür, dass diese Lehre auch innerhalb der messianisch-jüdischen Gemeinden gepflegt werde (19/18-29).
Galja hat erst durch die Konversion Sehnsucht nach den jüdischen Wurzeln bekommen und wurde zum Beispiel durch die Gebetspraxis des Siddurs „unheimlich bereichert" (21/31). Das heißt bei ihr entfaltet sich ein möglicher systemtheoretischer Code „Juden mit Tora und Glauben an Jesus im Herzen". Ingesamt lässt sich Galja dem Gemeindetypus C zuordnen, in dem die jüdische Identität und Gewohnheiten verstärkt betont werden. Es kann auch angenommen werden, dass Galja in Zukunft vielleicht eine Synagoge neben der messianisch-jüdischen Gemeinde besucht.

Demzufolge gehört Galja zu den 56,6% der messianischen Juden (N=122), die das Erlernen der hebräischen Sprache allgemein für wichtig erachten (55% der MNJ von N=80; 60,4% insg.). Auf die Frage „Warum halten Sie die hebräische Sprache für wichtig?" gibt Galja mit 87,3% der befragten messianischen Juden und Nichtjuden an: „Um den Tenach/die Bibel besser verstehen zu können". Die Antwortkategorie „Weil ein Jude hebräisch können muss" wurde von 33,3% und die Antwort „Um die rabbinische Auslegung/den Siddur lesen zu können" von 21,6% der Befragten genannt. Die Frage „Würden Sie hebräisch lernen, wenn Sie die Gelegenheit bekämen?" bejahten 65,4% der messianischen Juden (N=113; 63,2% der MNJ von N=68; insg. 62,4%). Jedoch nannten nur 4,4% der messianischen Juden (11,8% der MNJ, insg. 7,1%), dass sie schon Hebräisch gelernt haben, so dass Wunsch und Praxis noch weit auseinanderklaffen.

Wladimir und Galja gehören auch zu den 85,4% der befragten messianischen Juden (N=123), die angegeben haben, dass ihnen die jüdische Herkunft nach der Konversion „wichtiger geworden" sei.[52] Dies ist besonders erstaunlich, weil dieses Ergebnis im Gegensatz zu einer anderen Untersuchung (1985-1986) von 100 jüdischen Konvertiten zu der „Unification Church" („Moonies") und der „International Society for Krishna Consciousness" steht. Dabei gaben die Befragten an, dass sie als Befreiung erlebten, wenn sie nicht mehr länger jüdisch zu sein brauchen, sondern Mitglieder einer universalen Glaubensgemeinschaft wären.[53]

---

52 Dies entspricht auch einer Umfrage unter messianischen Juden in Großbritannien. 82 % der Konvertiten fühlten sich jüdischer als zuvor, 14 % merkten keinen spürbaren Unterschied und 4 % gaben an, dass sie sich weniger jüdisch fühlten. Vgl. W. RIGGANS, Messianic Judaism, 258.

53 Vgl. C. SELENGUT, American Jewish converts to new religious movements, in: THE JEWISH JOURNAL OF SOCIOLOGY 30 (1988), Nr. 2, 95-109.

Fazit: Das Besondere an einer messianisch-jüdischen Konversionserzählung liegt im Umgang mit der jüdischen Identität. 85,4% der befragten messianischen Juden antworteten, dass ihnen die jüdische Herkunft nach der Konversion „wichtiger geworden" sei. Dabei lassen sich drei verschiedenen „Typen" erkennen:

Typus A: Für Pawel hat die jüdische Identität, die ohnehin patrilinear bestimmt ist, kaum mehr Bedeutung und er ordnet sich dem System des christlichen Glaubens zu, da er die Paradoxie zwischen der jüdischen Identität und dem Glauben an Jesus nicht aufzulösen vermag.

Typus B: Wladimir betont, dass der Glaube an Jesus, den jüdischen Messias, unweigerlich zum jüdischen Volk gehört und quasi die einzige Heilsmöglichkeit für dieses darstellt. Wladimir betrachtet daher die messianisch-jüdische Gemeinde als optimale Verkörperung seines Glaubens, da hier der „Überrest" die Möglichkeit hat, das jüdische Erbe weiter zu pflegen.

Typus C: Galja stellt den dritten Typus dar. Sie fühlt sich zwar ebenso der Gemeinde der an Jesus-Glaubenden zugehörig, mehr noch aber betont sie ihre Zugehörigkeit zum jüdischen Volk. Sie betrachtet ihre jüdische Identität als unlösbar mit dem Halten der Gesetze verbunden. Ingesamt lässt sich Galja dem Gemeindetypus C zuordnen, in dem die jüdische Identität und Gewohnheiten verstärkt betont werden.

6.4.3.2 Messianisch-jüdische Identität als „Überrest" Israels

Da für das messianisch-jüdische Identitätsbewusstsein der Begriff des „Überrestes" eine bedeutsame Rolle spielt, möchte ich hier eine nähere Ausführung anschließen. Was genau meinen messianische Juden, wenn sie sich als „Überrest" Israels bezeichnen?

Wie ich dargelegt habe, sind die meisten messianischen Juden prämillenaristische Dispensationalisten und glauben an folgenden eschatologischen Ablauf: Nach der Entrückung der Gemeinde der an Jesus Glaubenden, folge eine Zeit der Trübsal für Israel. Bei der Parusie Jesu werden dann alle Juden, die noch leben, ihn als ihren Messias anerkennen und mit ihm in seinem Reich herrschen, anschließend werden die irdischen Verheißungen an Israel erfüllt (vgl. Kapitel 5.4.3.2).

Zudem glauben messianische Juden, dass sie einerseits zu der Gemeinde aus den Nationen, andererseits zu Israel gehören (s. Kapitel 5.4.3.2.1). Aber an welchen Verheißungen würden messianische Juden dann teilnehmen? Obwohl Dispensationalisten nicht auf messianische Juden hinweisen, könne man nach I. Swiderski,

Sohn des Düsseldorfer Gemeindeleiters, davon ausgehen, dass messianische Juden nach dieser Bibelauslegung durch ihren Glauben zu der Gemeinde aus Juden und Nicht-Juden gehören (bzgl. 1. Kor 10,32; 12,12-13; Gal 3,28; Kol 3,11; Eph 2,14; 3,6). Dadurch hätten messianische Juden aber nur an den Segnungen der Gemeinde teil und die Verheißungen Gottes an die Nachfahren Abrahams würden vernachlässigt werden.[54]

Logische Schlussfolgerungen wären nun entweder, dass die Verheißungen bei der Konversion eines Juden aufhören oder „vergeistlicht" werden (z.B. Erfüllung der abrahamitischen Verheißungen in Jesus) oder dass ein Jude, sobald er durch den Glauben Teil der Gemeinde geworden ist, aufhört, ein physischer Nachkomme Abrahams zu sein und daher auch nicht mehr an den Verheißungen Israels teilnimmt.

Diese „Lücke" im Dispensationalismus versucht I. Swiderski zu schließen, indem er – wie in den messianisch-jüdischen Artikeln (MJA) und in den Konversionserzählungen dargestellt –ausdrücklich Wert darauf legt, dass messianische Juden zwar selbstverständlicher Teil der Gemeinde sind, aber auch Teil des Volkes Israel. Zum Beispiel haben Petrus und Paulus sich selbst und andere an Jesus glaubende Juden immer mit Israel identifiziert (vgl. Röm 11,1; 2. Kor 11,22; Gal 2, 4; Phil 3, 4-8). Dies sei möglich, da sie den „Überrest" Israels darstellten. Paulus betont in Römer 9 und 11 (Röm 9,27; 11,7.15), dass Israel zwar kollektiv verhärtet oder „ungläubig", ein gläubiger Teil Israels aber, der „Überrest" bereits errettet sei. I. Swiderski definiert daher: „Der Glaubenssatz vom Überrest bedeutet, dass es innerhalb der jüdischen Nation als ein Ganzes immer einige gibt, die glauben. [U]nd alle diejenigen, die glauben, machen in Israel diesen Überrest aus. [...] Der Überrest ist abgesondert, aber abgesondert innerhalb der Nation."[55]

So wie in der Geschichte Israels die treuen Juden durch die Gnade Gottes errettet waren und mit ihrer Hilfe Gott immer wieder seine Ziele an Israel erfüllen konnte, so seien gegenwärtige messianische Juden durch den neuen Bund mit Gott errettet und daher der eigentliche „Überrest" Israels. Dies ermögliche die Zugehörigkeit zu der Gemeinde und zu Israel:

> *„Durch den Glauben schließen sich messianische Juden mit anderen Christus-Gläubigen zusammen, seien es Juden oder Nichtjuden, aber als Nationalität identifizieren sie sich mit dem jüdischen Volk; dies macht sie geeignet, an den Verheißungen teilzunehmen, die Abraham von Gott gegeben wurden. Deshalb*

---

54 Vgl. im Folgenden, sofern nicht anders erwähnt: I. Swiderski, Gemeinde oder Israel, 9.

55 I. Swiderski, Gemeinde oder Israel, 9.

gehören messianische Juden zu beiden, der Gemeinde und zu Israel in seiner ganzen Fülle!“[56]

Wenn nun die Entrückung der Gemeinde mit den messianischen Juden als „Überrest“ und die anschließende Trübsal stattgefunden habe, stelle „ganz Israel“ (Röm 11,26) bei der Parusie Jesu den neuen „gläubigen Überrest“ der verbliebenen Juden dar, da sie den Glauben an Jesus annehmen werden. Meines Erachtens wäre dann die logische Folge, dass messianische Juden davon ausgehen, an den Verheißungen Israels (z.B. Landverheißungen) teilzunehmen, da sie mit den an Jesus glaubenden Juden im messianischen Reich herrschen werden. Dies wurde bereits im 10. Artikel der MJA (Unterstützung des Zionismus) und in den eschatologischen Hoffnungen Wladimirs und Galjas deutlich. Swiderski beschreibt, dass diese Lehre in den Dispensationalismus exakt hineinpasse und plädiert für eine Verbreitung dieser Bibelauslegung. Auch A. Fruchtenbaum hat schon die Lehre vom „Überrest“ als das fehlende Glied in der systematischen Theologie bezeichnet.[57]

Auch die von Wladimir beschriebene und im messianischen Judentum oft herangezogene „Ölbaum-Theologie“[58] schließt sich hier an: Die Ölbaum-Theologie, die sich auf Römer 11,17-24 bezieht, geht davon aus, dass die Wurzel des edlen Ölbaums die ursprüngliche Gemeinde Gottes ist, an der Gott seine Heilsgeschichte vollenden wird. Die abgeschnittenen Zweige symbolisieren die Juden, die nicht an den Messias glauben.

Die heidenchristliche Gemeinde, die den wilden Ölbaum darstellt, ist durch ihren Glauben dazugekommen, in den edlen Ölbaum eingepfropft und somit der Heilsgeschichte teilhaftig geworden. Die messianischen Juden verstehen sich als die echten, herausgerissenen Ölzweige, die wieder in den Baum eingepflanzt worden sind, zu dem sie von Natur aus gehören, wie es auch T. Zaretsky zusammenfasst: „Jüdische Jesusgläubige repräsentieren den Rest Israels, der aus Gnade gerettet wurde, die wieder eingepfropften natürlichen Ölzweige und das Zeichen der fortdauernden Erwählung Israels.“[59]

Fazit: Messianische Juden glauben, dass sie einerseits zu der Gemeinde aus den Nationen, andererseits zu Israel gehören. Dies ist möglich, wenn sie sich als „Überrest“ Israels ansehen. Dadurch könnten sie auch an den Verheißungen der Gemeinde und Israels teilnehmen. Wenn nun die Entrückung der Gemeinde mit den messianischen Juden als „Überrest“ und die anschließende Trübsal stattgefunden

56 I. Swiderski, Gemeinde oder Israel, 9.

57 Fruchtenbaum, Israelology, 996.

58 Vgl. Kjær-Hansen, Messianische Juden, 74; Amzi/Edi (Hrsg), Wir glauben, Faltblatt; Stern, Manifesto, 47-58; Zaretsky, Evangelium, 46-47.

59 Zaretsky, Evangelium, 46.

habe, stelle „ganz Israel" bei der Parusie Jesu den neuen „gläubigen Überrest" der verbliebenen Juden dar, da sie den messianisch-jüdischen Glauben annehmen werden.

6.4.4 Selbstbezeichnungen

Wie bezeichnen sich angesichts der thematisierten Identitätsproblematiken messianische Juden selbst? Als Christen wie Pawel? Welche anderen Selbstbezeichnungen werden noch genannt?

Pawel gehört zu den 10,6% der befragten messianischen Juden (N=123; 67,1% der MNJ von N=79) die sich „Christen" nennen. Wladimir bezeichnet sich mit 42,3% der befragten messianischen Juden (6,3% der MNJ) als „messianischen Juden". Zudem wurde die Bezeichnung „jesusgläubiger Jude" von 24,4% der messianischen Juden (und 1,3% der MNJ) genannt. 11,4% der befragten messianischen Juden (und 6,3% der MNJ) gaben als Selbstbezeichnung „hebräischer Christ/Judenchrist" an.[60] „biblischer Jude" wurde von 3,3% und „vollständiger/vervollständigter Jude" von 1,6% der befragten messianischen Juden genannt. „Jude für Jesus" nannten 1,6% der befragten messianischen Juden (und 2,5% der MNJ).[61]

Fazit: Hier wird deutlich, dass sich insgesamt 73,2% der befragten messianischen Juden als Juden bezeichnen. Interessant ist, dass neben der Nennung „messianische Juden" (42,3%), auch die Bezeichnung „jesusgläubiger Jude" relativ oft genannt wird (24,4%). Zudem beziehen sich 22% der befragten messianischen Juden auf die Begrifflichkeiten des christlichen Systems und bezeichnen sich als „Christ" (10,6%) oder „hebräischer Christ" (11,4%).

60 Da man im Russischen nicht zwischen hebräischer Christ und Judenchrist differenzieren kann, habe ich die Begriffe zu einer Kategorie zusammengefasst.

61 Sonstige Bezeichnungen gaben 5,7% der MJ (und 16,5% der MNJ) an. Selbstbezeichnungen der MJ: „Gläubiger an Jeshua hamaschiach", „Christ mit jüdischen Wurzeln", „wahrer Jude". Selbstbezeichnungen der MNJ: „messianischer gläubiger Christ", „messianischer Nichtjude/Heide", „Jude von Seele", „wiedergeborener Christ", „messianischer charismatischer Christ", „durch die Gnade Jeschuas aufgepfropfter Heide", „Gläubiger an die Tora, Propheten und an Jesus Christus".

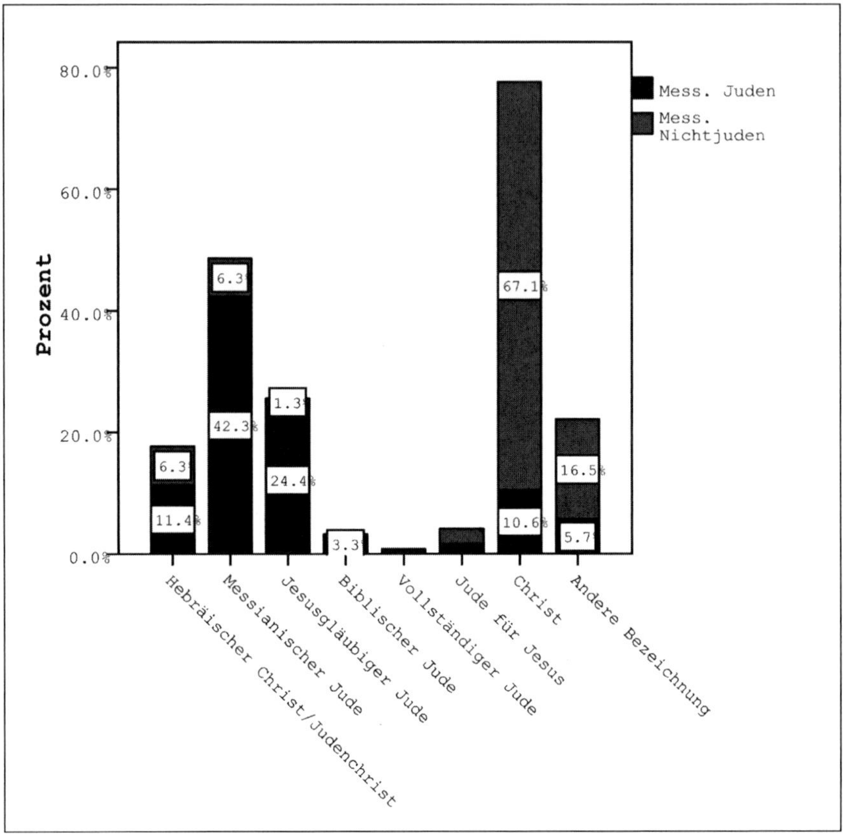

Abb. 6.4.4 – 1 Selbstbezeichnungen der Fallstudie

6.4.5 Anschluss an eine messianische Gemeinde/Gruppe

Wie schildern die Konvertiten den Anschluss an eine messianisch-jüdische Gemeinde?

Pawel nimmt noch in seiner letzten Woche in Usbekistan an einer messianisch-jüdischen Konferenz teil. Die ganze Atmosphäre wirkt auf ihn „sehr sehr bewegend" (NI 7: 12/26). Auf dieser Konferenz erfährt er auch von messianisch-jüdischen Gemeinden in Deutschland und schließt sich direkt nach seiner Einreise einer im Aufbau begriffenen Gemeinde an. Bald übernimmt er dort verschiedene Tätigkeiten, ohne jedoch Gemeindemitglied zu werden (12/26-33).

Auch Wladimir sucht aktiv eine messianische Gemeinde und als er in einem Aussiedlerheim von Juden, die an Jesus als den Messias glauben, hört, nimmt er Kontakt zu ihnen auf. Nach intensiver „Absprache mit Gott" schließt er sich dieser Gruppe fest an (9/18-10/4).

Galja wird von einem messianischen Nichtjuden in eine messianisch-jüdische Gemeinde „mitgenommen" und für sie ist sofort klar: „Ich habe überhaupt nicht gewusst, was messianisches Judentum heißt. [...] Und ich bin hingegangen und dann habe ich zum ersten Mal in meinem Leben eine Predigt gehört von A.B. Und war sehr begeistert – und bin da geblieben praktisch. Von heute auf morgen (7/7-16)." Galjas jahrelange Suche nach Gemeinschaft und nach Lehre hat nun ein Ende.

Fazit: Wladimir und Pawel werden direkt nach ihrer Konversion Teil einer evangelikal-christlichen Gemeinschaft. Dass Konvertiten so lange alleine bleiben wie Galja (etwa fünf Jahre) stellt eine Ausnahme dar. Bei allen Interviewten wird deutlich, dass sie über die Existenz anderer messianischer Juden erstaunt waren. So findet letztlich ihr Glaube auch eine soziale Bestätigung und sie erfahren, dass ihr Glaube auch für andere Juden real und wahr ist. Nun können die Konvertiten mit anderen messianischen Juden religiös kommunizieren, denn die eigene religiöse Erfahrung und das religiöse Handeln werden erst im gemeinsamen Bekenntnis zur „Glaubenssache".[62]

6.5 Zusammenfassung und Auswertung

In den Konversionserzählungen wird die Dreiteilung vorkonversionelle Phase, Konversionsphase und nachkonversionelle Phase deutlich eingehalten. Alle drei Fallgeschichten thematisieren den Kommunismus und den daraus folgenden Atheismus als alltäglichen Bestandteil ihres Lebens. Dadurch begründen die Interviewpartner ihr mangelndes jüdisches Identitätsbewusstsein vor der Konversion und die Unmöglichkeit einer Konversion in dieser atheistischen Umwelt. Die Konversion wird in Abhängigkeit von der wirtschaftlichen Umbruchsituation, der neuen Lebensphase und der Einreise nach Deutschland thematisiert. Eine Konversion tritt unabhängig vom Alter auf.

Alle Interviewten entwickeln noch vor ihrer Konversion eine bestimmte Gottesvorstellung. Dieser Wandel von den Werten des kommunistischen Systems zur Gottesvorstellung geht als „Umbruch" der eigentlichen Konversion voraus,

62 Vgl. LUHMANN, Funktion der Religion, 138.

erfordert aber noch keine „Lebensübergabe" oder „Hingabe". Daher thematisieren alle Interviewpartner, dass zu diesem Zeitpunkt noch etwas gefehlt habe, ihre „Kontingenzformel Gott" war noch nicht vollständig. Es fehlte der Glauben an Jesus als den Messias.

Dem entsprechend bereiten sich die Interviewten aktiv durch religiöse Handlungen auf ihre Konversion vor („religiöse Öffnung"), so dass sie fortan als religiös Suchende gekennzeichnet sind. Für 72,5% der befragten messianischen Juden waren affektive Beziehungen zu anderen Konvertiten bedeutsam für den Schritt zur Konversion. 38% nennen dabei einen messianischen Juden und 34,5% einen an Jesus gläubigen Nichtjuden. Weitere häufig genannte Faktoren waren das Lesen der Bibel (43,4%) und ein schwerer Schicksalsschlag oder ein tragisches, schweres Leben (37,6%). Auch die messianisch-jüdischen Gottesdienste spielen für die potenziellen Konvertiten eine wichtige Rolle.

Der Auslöser für die Konversion war bei allen Interviewten ein „Ort" in der Innenwelt (Depression, positive Grundstimmung, Meditation), was die Individualität und Subjektivität der Interviewpartner betont. Dementsprechend ist auch jedes Konversionsereignis individuell.

Wichtigstes Merkmal aller Konversionserzählungen ist die Erweiterung der Gottesvorstellung um den Glauben an Jesus als den Messias und um die Vorstellung des Heiligen Geistes. Durch den Heiligen Geist erkennen die Konvertiten ihre Sünde, so dass die konvertierten Juden fortan zwischen den Optionen „erlöst/nicht erlöst" unterscheiden können[63] und ein sich ihrem Heil gewiss werden.

Insgesamt wird ein „Passiv-aktiv-passiv-aktiv-Konversionsschema" deutlich: Die potenziellen Konvertiten schilderten lange vor ihrer Konversion ein ihnen passiv widerfahrendes „Gotteserlebnis" oder eine „Erkenntnis". Vorbereitung auf die Konversion erfolgte dann als religiös Suchende äußerst aktiv (Gottesdienst, Bibellesen etc.). Anschließend erfolgte wiederum ein passives Widerfahrnis, das die Konversion auslöste (Eingreifen Gottes, Heilung, plötzliche Erkenntnis etc.) und mit einer aktiven Lebensübergabe, der „Entscheidung" (Gebete, Bekenntnis, Aufnahme des Gesprächs etc.) abschloss.

Da religiöse Kommunikation dort entsteht, wo das Individuum dem „Angebot" der Konversion zustimmt (bei Bewusstsein möglicher Alternativen), kann nach Luhmann die Konversion als eine Entscheidung für ein gesuchtes und dargebotenes Angebot verstanden werden.[64]

---

63 Für Nock zeichnet sich eine Konversion dadurch aus, dass die Unterscheidungsfähigkeit zwischen den Optionen erst in der Konversion erlernt wird. Das unterscheidet die Konversion von einer Wahl, bei der bestimmte Gründe zur Auswahl einer Option führen. Vgl. A. D. Nock, Conversion. The old and the new in religion from Alexander the Great to Augustine of Hippo, Lanham 1933.

64 Vgl. Luhmann, Funktion der Religion, 124-125. 134-135, Ders., Religion der Gesellschaft, 296-297.

Je nachdem, welche individuellen Anteile überwiegen, bezeichnen die Konvertiten ihre Konversion eher passiv als „Wiedergeburt", wobei sie damit den Empfang des neuen Lebens meinen oder als „Bekehrung", wobei eine aktive Hinkehr zu Gott und eine Abkehr von bisherigen Verhaltensweisen stärker betont wird. Manchmal gibt es auch allmähliche Konversionen, die nicht genau datiert werden können, da der Konvertit kontinuierlich in den messianisch-jüdischen Glauben hineingewachsen ist.

Nach der Konversion berichten die Interviewpartner von Gottes Wirken in ihrem Alltag und von einem spiegelbildlichen Verlauf vergangener Wünsche, Verhaltensweisen etc. (Ausnahme: Umgang mit der jüdischen Identität). Des Weiteren schildern alle Konvertiten Verständnisschwierigkeiten beim Lesen der Bibel und ihr ausgeprägtes Bedürfnis nach Gemeinschaft. Ein regelmäßiges Gebetsleben beginnt erst im Kontakt mit der (messianisch-jüdischen) Gruppe. Auch die Taufe gehört unweigerlich zu der nachkonversionellen Phase hinzu, einerseits als Symbol der Gotteskindschaft, als Zeichen der Zugehörigkeit zur messianisch-jüdischen Gemeinschaft und als öffentliches Bekenntnis zum neuen Glauben.

Obwohl 85,4% der messianischen Juden angeben, dass ihnen ihre jüdische Identität nach der Annahme des Glaubens wichtiger geworden sei, berichten die Konvertiten von Schwierigkeiten im Umgang mit der jüdischen Identität. Probleme entstanden, wenn sich die Konvertiten aufgrund ihrer patrilinearen Abstammung nicht eindeutig dem jüdischen Volk zuordnen konnten oder weil der Glaube an Jesus sich nicht mit der jüdischen Identität vereinbaren ließ. Auch offen erlebter Antisemitismus oder internalisierte antisemitische Vorstellungen konnten einen selbstverständlichen Umgang mit der jüdischen Identität verhindern. Daher ließen sich drei verschiedene „Typen" messianischer Juden erkennen:

Typus A: Hier hat die jüdische Identität eine untergeordnete bis keine Bedeutung und die Konvertiten ordnen sich eher als „Christen" dem System des christlichen Glaubens zu, was auch in den Selbstbezeichnungen deutlich wird: 10,6% der befragten messianischen Juden geben „Christ" und 11,4% „hebräischer Christ" an. Meist sind dies Konvertiten, die ihre jüdische Identität patrilinear definieren und oft kein ausgeprägtes jüdisches Identitätsgefühl haben.

Typus B: Der Konvertit fühlt sich der Gemeinde aus den Nationen und dem Volk Israel zugehörig. Die messianisch-jüdische Gemeinde stellt für diese Konvertiten die optimale Möglichkeit dar, ihr jüdisches Erbe weiterzupflegen. Der Konvertit betrachtet sich und die anderen konvertierten Juden auch als den gegenwärtigen „Überrest" Israels, doch auch die nicht an Jesus glaubenden Juden können bei der Parusie Jesu zum messianisch-jüdischen Glauben konvertieren. Typische Selbstbezeichnungen für diese Konvertiten sind: „messianischer Jude" (42,3%) oder „jesusgläubiger Jude" (24,4%).

Typus C: Der dritte Typus widmet sich verstärkt der jüdischen Identität (Gebrauch des Siddurs, jüdische Gebetsformen, hebräische Bezeichnungen etc.). Die jüdische Identität gilt als unlösbar und notwendigerweise mit dem jüdischen Gesetz verbunden.

Schließlich ließen sich weitere theologische Spezifika messianischer Juden erkennen:

- Messianische Juden betrachten sich als theologisch bedeutsam, da sie die Erwählung Israels bestätigen. Zum Beispiel werde in Röm 9-11 deutlich, dass Paulus die Existenz von Judenchristen als Bestätigung der bleibenden Erwählung Israels gesehen habe.

- Messianische Juden betonen ihre „Brückenfunktion" für die Nationen. Wladimir beschreibt zum Beispiel seinen Auftrag, unter Juden und Heiden mit dem Evangelium zu dienen.

- Messianische Juden betrachten sich zu der Gemeinde aus den Nationen und dem Volk Israel zugehörig (7. + 8. Artikel der MJA, Wladimir, Galja). Das ist möglich, wenn sie sich als „Überrest" Israels ansehen. Dadurch könnten sie auch an den Verheißungen der Gemeinde und Israels teilnehmen.

- Messianische Juden bezeichnen sich als „Überrest" Israels und betonen ihre eschatologische „Platzhalterfunktion damit „ganz Israel" errettet werde. Wenn die Entrückung der Gemeinde mit den messianischen Juden als „Überrest" und die anschließende Trübsal stattgefunden habe, stelle „ganz Israel" bei der Parusie Jesu den neuen „gläubigen Überrest" der verbliebenen Juden dar, da sie den messianisch-jüdischen Glauben annehmen werden.

Somit ist deutlich geworden, dass die individuellen Strukturen des messianisch-jüdischen Glaubens den kollektiven Strukturen entsprechen, denn alle „Typen" messianischer Juden lassen sich den drei unterschiedlichen Gemeindetypen A-C (vgl. Kapitel 5.3.3.1) zuordnen. Messianische Juden können den Glaubensartikeln und Ritualen ihrer jeweiligen Gemeinde zustimmen, da sie die Konversion selbst „erlebt" haben. Dadurch können sie den jüdischen Ritualen und Festen die Bedeutung „Jeschua hamaschiach" verleihen, denn dies ist ihr auch individuelles Bekenntnis.

7 Einordnung des messianischen Judentums zwischen Christentum und Judentum

Nach der Evaluation des Forschungsprozesses ordne ich in diesem abschließenden Kapitel das messianische Judentum als religiöse Bewegung zum einen innerhalb der Pluralität des Christentums ein, zum andern innerhalb der Pluralität des Judentums in Deutschland. Dies geschieht durch eine abschließende Auswertung mit Rückbezug auf die gewonnenen empirischen Daten. Abschließend skizziere ich weitere Entwicklungsmöglichkeiten und eine mögliche Zukunft des messianischen Judentums in Deutschland.

7.1 Evaluation des Forschungsprozesses

Nachdem die Ergebnisse der Pilotstudie vorliegen, möchte ich die angewandte Methodik, den Forschungsprozess und die Relevanz der wissenschaftlichen Untersuchung überprüfen, um Anregungen zur qualifizierten Weiterarbeit geben zu können. Für diese Qualitätssicherung überprüfe ich zunächst, ob die Forschungsstrategien, insbesondere der Einsatz der GTM angemessen waren. Des Weiteren beleuchte ich den Forschungsprozess, das heißt, welche Ungenauigkeiten oder Widersprüche noch zu klären sind bzw. welche Fragen nicht beantwortet werden konnten.

Wie die Auswertung der vorliegenden Pilotstudie gezeigt hat, war die GTM eine geeignete Methode, um die kollektiven und die individuellen Strukturen des messianisch-jüdischen Gemeindelebens zu untersuchen. Praktische Umsetzung erfolgte durch die systematische Triangulation verschiedener qualitativer Verfahren (Beobachtungen, Interviews, Fragebogen der Fallstudie) und Perspektiven („Interaktion" und „subjektives Wissen").

Durch die Verbindung der Ergebnisse der verschiedenen Methoden konnten Konzepte und Kategorien generiert, systematisch zueinander in Beziehung gesetzt und damit validiert werden. Bereits die Anwendung der Triangulation impliziert daher eine Strategie zur Überprüfung und Begründung der Repräsentanz der empirisch erhobenen Daten, da die verschiedenen Verfahren die Gemeinden messianischer Juden jeweils aus verschiedenen Perspektiven beleuchten.

Bei dem Einsatz des Fragebogens, der quantitative Ergebnisse erzielte, konnte der Begriff der statistischen Relevanz vom Begriff des „Typischen“ abgelöst werden. Denn die Deutungs- und Handlungsmuster, die mithilfe der qualitativen und quantitativen Verfahren rekonstruiert wurden, konnten drei Gemeindetypen zugeordnet werden.

Die narrativen Konversionserzählungen haben sich bewährt, weil dies eine Pilotstudie war und wenig über die russisch-jüdischen Einwanderer bekannt war. Durch die Analyse der Konversionserzählungen ließen sich „exemplarische Verallgemeinerungen“ eines messianisch-jüdischen Konvertiten erkennen. Zusammen mit den teilnehmenden Beobachtungen und den Fragebögen in diesen Gemeinden entstanden Ergebnisse, die sich darüber hinaus als generalisierbar erweisen konnten. Die drei „Typen“ messianischer Juden ließen sich auch den drei Gemeindetypen zuordnen. Dadurch ist ein Gesamtbild messianischer Juden entstanden, welches aber auch den zahlreichen Variationen der Konvertiten und Gemeinden Raum lässt.

Die Ergebnisse der Fallstudie ließen sich mit den Konversionserzählungen ergänzen, da ich keine kongruenten, sondern komplementäre Ergebnisse erwartet hatte. In einem weiteren Forschungsprozess wäre jedoch ein standardisiertes Fragenkonzept in Verbindung mit den biographischen Daten angemessener, um Lücken analytisch erfassen zu können. So ist von den Konvertiten zu wenig auf die Taufe eingegangen worden, auf deren Bedeutung für ihren Glauben und auf ihre Mitgliedschaft in der Gemeinde. Außerdem sollten einige religionsvergleichende Fragen hinzugefügt werden, um erkennen zu können, welche Unterschiede die Konvertiten zwischen Juden- und Christentum erkennen und in welchem Religionssystem ihr Denken mehr verhaftet ist.

Als „Schwachpunkt“ der GTM erwies sich der allzu große zeitliche Aufwand, um die große Anzahl an gewonnenen Daten adäquat bewältigen zu können.[1] Da ein methodisches Verfahren (z.B. der Einsatz des Fragebogens) teilweise von den Ergebnissen einer anderen Methodik (z.B. der teilnehmenden Beobachtung) abhängig war, hätten konsequenterweise zunächst die Ergebnisse der teilnehmenden Beobachtung ausgiebig analysiert werden müssen, bevor der Einsatz des Fragebogens gerechtfertig wäre. Praktisch war dies jedoch unmöglich, da sich die Untersuchung dann über Jahre erstreckt und sich das empirische Feld gravierend verändert hätte. So liefen einige methodische Verfahren zeitlich parallel zu einander. Daher gibt es inhaltliche Lücken bezüglich der Taufpraxis, der Gestaltung des Abendmahls, der Beschneidung und der privaten Gebetsgewohnheiten messi-

1 Von der Auswertung der ersten teilnehmenden Beobachtung bis zur Analyse des letzten Interviews sind immerhin knapp zwei Jahre vergangen.

anischer Juden. In dieser Hinsicht wäre es ratsam, für die weitere Forschung diese Aspekte zu erfragen.

Mithilfe der Konzepte, Methoden und Techniken der Sozialwissenschaften untersuchte ich die Gemeinden und Gruppen messianischer Juden intra-disziplinär. Dabei berücksichtigte ich auch theologische Aspekte. Dennoch lag der Untersuchungsschwerpunkt der Ergebnisse in der religionssoziologischen Betrachtungsweise.

LUHMANNS Systemtheorie war für mich zunächst aufgrund des abstrakten Charakters gewöhnungsbedürftig. Dennoch konnte die Theorie deutlich machen, wie das religiöse System messianischer Juden entstanden ist, welche Inklusions- und Exklusionsmarker es gesetzt hat, wie es sich systemintern ausdifferenziert und die Beziehung zur Umwelt gestaltet. Daher hat diese Studie auch die empirische Anwendbarkeit von LUHMANNS Systemtheorie aufgezeigt. Kritisch sehe ich jedoch an einigen Stellen die komplexe und abstrakte Denkweise, die einfache Sachverhalte verkompliziert sowie die implizite Pauschalisierung. Zudem hat es sich gezeigt, dass der Anspruch eine Universaltheorie zu sein, nicht immer greifen kann. So geht LUHMANNS „Dysangelium der systemtheoretischen Außensicht“ davon aus, dass es keine Kommunikation mit Gott gibt bzw. keine kommunikativ erreichbare Transzendenz.[2] Dennoch konnte die abstrakte Betrachtungsweise LUHMANNS, die eine nötige Distanz zu den Daten ermöglichte, die gewonnenen empirischen Daten immer wieder systematisieren und damit die Ergebnisse erhellen.

Die Durchführung nach den geschilderten Vergleichsfeldern innerhalb der GTM (vgl. Kapitel 4) war meines Wissens ein neues Untersuchungsmuster, da es eine systematische und differenzierte Darstellung der Ergebnisse ermöglichte. Vielleicht konnte ich durch die transparente Darstellung der Forschungsmethodik der GTM zu neuen Verfahren, insbesondere bei empirisch theologischen Studien anregen.

Die Relevanz für die religionssoziologische Forschung zeigt sich ausdrücklich darin, dass eine Pilotstudie zur Untersuchung messianisch-jüdischer Gemeinden in Deutschland durchgeführt wurde, die viel Material zur weiteren Analyse der empirischen Wirklichkeit bietet. Dabei habe ich nicht nur die historische Entwicklung in Deutschland dokumentiert, sondern auch die Gottesdienst- und Gemeindeformen sowie typische Konversionsstrukturen dargestellt.

---

2 Vgl. LUHMANN, Funktion der Religion, 199.

7.2 Messianisches Judentum innerhalb des Christentums

Welche Bedeutung könnten messianische Juden für das Christentum erlangen? Kann die christliche Kirche vielleicht etwas von dem theologischen messianisch-jüdischen Denken lernen? Dazu möchte ich einige ekklesiologische Begründungen anführen.

7.2.1 Ekklesiologische Funktion

Messianische Juden messen sich selbst eine bedeutende Rolle zwischen Judentum und Christentum bei. Einige Theologen sehen das auch so.

LEUNER wies bereits 1966 auf die bedeutende Rolle von Judenchristen in der „Gemeinde aus Juden und Heiden" hin und hoffte, die judenchristliche Bewegung könne zu einem Instrument für die Erneuerung der Kirche und für die Bekämpfung des Antisemitismus werden.[3] Auch P. v. d. OSTEN-SACKEN betont die fundamentale Bedeutung der jesusgläubigen Juden für die Kirche als Korrektiv kirchlicher traditioneller Dogmen. Die Kirche müsse sich ihres judenchristlichen Teiles verstärkt bewusst werden, da die jüdische Gemeinde in Jerusalem die Urzelle der Kirche gewesen sei. Die ersten an Jesus glaubenden Juden seien eine ekklesiologisch nicht wegdenkbare Brücke zwischen Israel und den Völkern.[4] Er geht davon aus, dass die an Jesus glaubenden Juden im christlich-jüdischen Dialog Frieden stiften könnten zwischen Israel und den Nationen. Zudem sei es die Aufgabe der Kirchen, den Judenchristen bei der Ausprägung ihrer Identität zu helfen, da diese zu der Gemeinde Jesu Christi gehörten.[5]

HAEFNER bezeichnet messianische Juden als eine „von Gott selbst gebaute Brücke zwischen der Kirche aus den Völkern und dem Volk Israel" und spricht von einer „Enterbung" messianischer Juden, wenn ihre „Existenz und ihr biblisches Zeugnis im ökumenischen Dialog um die Erneuerung des Verhältnisses zwischen Christen und Juden nicht zur Sprache kommen" dürfe.[6]

---

3 H. D. LEUNER, in Hebrew Christian 39 (1966/67), 92.95, zitiert in: U. LAEPPLE, Den Juden die Kirche, der Kirche die Juden erklären! Heinz David LEUNER. Judenchrist und Brückenbauer (1960-1877), in: ThBtr 38 (2007) 4/5, 231.

4 OSTEN-SACKEN, Grundzüge, 148-151; ähnlich: BAUMANN, Art. Judenchristen, Sp. 854.

5 OSTEN-SACKEN, Grundzüge, 151-155, ähnlich: LEUNER, Zwischen Israel, 69.

6 A. HAEFNER, Eine neue Enterbungslehre, in: EDI (Hrsg.), GESANDT 25 (1996) Nr. 1, 4.

R. Stuhlmann regt an, die Bezeichnung „Judenchristen“ zu überdenken: „Müssen wir nicht auch im Blick auf die älteste Christenheit von `messianischen Juden und Jüdinnen` reden statt von Judenchristen und -christinnen?“[7]

Henrix bezieht sich auf den theologischen Entwurf des messianischen Juden Kinzers in „Postmissionary Messianic Judaism“ und bezeichnet diesen als „bemerkenswerte Ekklesiologie“, die „an der Schwelle zwischen Christentum und Judentum“ stehe.[8] Kinzer beschreibt, dass so genannte „postmissionarische“ Juden eine besondere Beziehung zu Jesus als dem jüdischen Messias, aber auch zum jüdischen Volk hätten. Messianische Juden sollten aus Treue zum Bund mit dem jüdischen Volk gesetzestreu leben, jedoch ohne missionarische Absichten. Des Weiteren seien Heidenchristen durch das messianische Judentum mit dem physischen Volk Israel verbunden und könnten dadurch den Bund Gottes mit Israel bestätigen und bezeugen. Daher verstärke der Glaube an Jesus als jüdischen Messias ihre jüdische Identität.[9]

Ich hoffe, dass durch die zentrale Bedeutung, die einige Theologen den messianischen Juden beimessen, die Existenz messianischer Juden neu überdacht werden könnte im christlich-jüdischen Dialog.Denn es wird ebenso im Interesse des Judentums sein, wenn die Kirche eigene antisemitische und antijudaisierende Tendenzen weiter abbaut und den bleibenden Erwählungsgedanken Israels, den messianische Juden betonen, anerkennt.

Fazit: Den an Jesus glaubenden Juden wird von einigen Theologen eine ekklesiologische Berechtigung zugestanden, da sie einerseits die Wurzel der Heidenkirche sind, andererseits eine Brücke zwischen dem Volk Israel und der heidenchristlichen Kirche darstellen. Dadurch könnten Judenchristen der Christenheit bei der Wiederentdeckung ihrer Verwurzelung im Judentum helfen. Für die Heidenchristen seien zudem die an Jesus glaubenden Juden wichtig, da sie dadurch mit dem physischen Volk Israel, als der Wurzel verbunden seien und den Bund Gottes mit Israel bestätigen und bezeugen können. Des Weiteren wird Judenchristen eine immense theologische Berechtigung beigemessen, da sie die bleibende Erwählung Israels bestätigen (Röm 11,1) und somit eine wichtige Grundlage im jüdisch-christlichen Dialog darstellen.

---

7 R. Stuhlmann, Messianische Juden. Provokation für Christen und Juden, in: M. Haarmann/J. v. Lüpke/A. Menn (Hrsg.), Momente der Begegnung. Impulse für das christlich-jüdische Gespräch, Neukirchen-Vluyn 2004, 336.

8 Henrix, Schweigen, Ringvorlesung.

9 Kinzer, Postmissionary Messianic Judaism, Grand Rapis, 13-16, vgl. auch Henrix, Schweigen, Ringvorlesung.

7.2.1.1 Funktion des Überrestes

Messianische Juden gehen davon aus, dass sie zwar selbstverständlicher Teil der Gemeinde aus den Nationen sind, aber auch einen Teil des Volkes Israel darstellen. Darüber hinaus betrachten messianische Juden sich als „Überrest" Israels.

In der beschriebenen Theorie des „Überrestes im Dispensationalismus" der messianischen Juden des Typus B (Kapitel 6.4.3.1) wird zunächst ebenfalls deutlich, dass gegenwärtige messianische Juden eine Brückenfunktion zwischen der Gemeinde und dem Volk Israel übernehmen könnten. Zudem haben nach dieser Auffassung messianische Juden eine immense heilsgeschichtliche Bedeutung inne.

Messianische Juden glauben, dass das jüdische Volk zum Zeitpunkt der Parusie Jesu ebenfalls zu einem gläubigen „Überrest" werden könne. Sie betonen daher die heilsgeschichtliche Bedeutung des Volkes Israel, dessen bleibende Erwählung und wenden sich ausdrücklich gegen die Substitutionstheologie. Sie betrachten nicht nur sich als erlöst, sondern auch das zukünftige Israel. Zudem gibt es einige messianische Juden, die das erwählte Volk Israel jetzt schon als errettet ansehen (17% sehen „alle Juden aufgrund der Erwählung Israels von Gott" als erlöst an).

Auch Betz betont in Bezug auf Paulus, dass bei der Parusie Jesu kein „ungläubiges Israel" gerichtet werde:

> *„Das zweite Kommen des Christus führt also nicht etwa zum Gericht an einem ungläubigen Israel, sondern zu dessen Rettung durch eine von Erfolg gekrönte messianische Diakonie. Nicht nur die Mehrzahl, wie bei den Heiden, sondern ganz Israel wird gerettet werden und in den ewigen Bund mit Gott einbezogen."*[10]

Demnach verkündige Paulus das Gleiche wie die Mischna: „Ganz Israel hat Anteil an der kommenden Welt" (Sanhedrin 10,1).[11] B. Klappert hat Röm 11 wie folgt ausgelegt: Paulus komme zu der Einsicht, dass zwar „Israel" ganz gerettet werde, aber nicht durch Mission. „Die Rettung geschieht am Ende nicht ohne den „Retter vom Zion", aber ohne die Kirche. Die Rettung ganz Israels geht an der Kirche vorbei!"[12]

Es muss jedoch immer berücksichtigt werden, dass die gegenwärtige messianisch-jüdische Bewegung nicht identisch ist mit den ersten Judenchristen, die in einem jüdischen Kontext lebten. Wie ich dargelegt habe, bekehrten sich gerade messianische Juden in Deutschland in einem evangelikalen Glaubensumfeld und

---

10 O. Betz, Die heilsgeschichtliche Rolle Israels bei Paulus, in: ThBtr 9 (1978), 14.

11 Betz, Heilsgeschichtliche Rolle, 14.

12 B. Klappert, zitiert in: Stuhlmann, Messianische Juden, 336.

die meisten wenden sich erst seit der Konversion ihrer jüdischen Identität zu. Das heißt, oft sind sie von (heiden-)christlicher Theologie geprägt worden, wie es auch H. HEGSTAT beschreibt: „Their faith in Jesus as the messiah has not been handed over to them directly from the Jewish believers of the first century, but through church history, of which today´ s Jewish believers are a part."[13] Schwierigkeiten ergäben sich, wenn messianische Juden Elemente des (gegenwärtigen) Judentums übernehmen: „When using concepts and habits from contemporary Judaism, messianic Jews are running the risk of including in their thinking and practice elements both unknown and maybe also incompatible with the thinking of the first-century Jews which we meet in the New Testament."[14]

Zudem spricht S. SCHOON von einem Anachronismus, wenn versucht werde, die Situation der Glaubenden der ersten Jahrhunderte in das 21. Jahrhundert zu kopieren.[15]

Fazit: Indem messianische Juden glauben, dass sie einerseits zu der Gemeinde aus den Nationen, andererseits zu Israel gehören und sich als „Überrest" Israels ansehen, können sie auch an den Verheißungen der Gemeinde und Israels teilnehmen. Da sie glauben, dass „ganz Israel" bei der Parusie Jesu den neuen „gläubigen Überrest" mit messianisch-jüdischen Glauben bildet, betrachten messianische Juden nicht nur sich als erlöst, sondern auch das zukünftige Israel. Dadurch betonen sie die heilsgeschichtliche Bedeutung Israels und dessen bleibende Erwählung.[16]

7.2.1.2 Identität in der Gemeinde aus Juden und Nichtjuden

Könnten messianische Juden als eigenständige Bewegung neben den heidenchristlichen Kirchen anerkannt werden?

H. HEGSTAT betrachtet die Existenz des messianischen Judentums als eine Herausforderung an die Kirchen und die christliche Theologie, da deren Existenz nicht nur das Verständnis der Kirche über Israel, sondern auch das Selbstverständnis der Kirche herausfordere:

---

13 HEGSTAT, Development, 70.

14 HEGSTAT, Development, 70.

15 Vgl. S. SCHOON, Christelijke presentie in de Joodse Staat, Dissertation, Kampen 1982, 13-20; 60-66, 84-102, 232-234.

16 An dieser Stelle möchte ich darauf hinweisen, dass messianische Juden nicht „funktionalisiert" werden sollen, indem ihnen verschiedene theologische „Aufträge" (Brückenfunktion, Platzhalterfunktion) gegeben werden. Sondern messianische Juden sollten auch unabhängig von diesen „Funktionen" eine Existenzberechtigung erhalten dürfen, ihren messianisch-jüdischen Glauben zwischen Juden- und Christentum auszuleben.

„In my opinion the very existence of messianic Jews and their communities as well as the self-understanding of this movement represent an important challenge for the Christian church and Christian theology. It is important because it challenge the church´s understanding of the Jewish people, as well as fundamental aspects of the traditional self-understanding of the church".[17]

Wie ich dargestellt habe, übernahmen messianische Juden nicht nur liturgische Elemente eines christlichen Gottesdienstes (Vaterunser, Rezitieren von Psalmen, Lesung aus dem NT, den hohen Stellenwert der Predigt des Evangeliums, das Abendmahl, Taufe auf den Namen Jesu als Messias etc.), sondern auch „christliche" Glaubensinhalte (Trinität, Gottheit Jesu, Jesus als das Licht der Welt, Sündenvergebung etc.).

Kjær-Hansen appelliert zudem an die heidenchristliche Kirche, dass sie messianische Juden nicht isolieren, sondern Hilfe und Verständnis bieten sollten:

„Die einfache Tatsache, dass jüdische Gläubige im ersten Jahrhundert aufgrund theologischer Erkenntnis Großzügigkeit demonstrierten, sollte ausreichen, um die christliche Kirche des zwanzigsten Jahrhunderts zur selben Großzügigkeit aufzufordern und zwar ebenfalls aufgrund theologischer Erkenntnis".[18]

Auch Quenzer geht davon aus, dass die Existenz messianischer Juden viele festgefahrene Denkstrukturen der Kirche aufzeigen und ein neues Verständnis des Neuen Testamentes im jüdischen Kontext bewirken könnte[19]. Und K. Haacker weist darauf hin, dass die frühen Judenchristen mehrheitlich „jüdische Jünger" waren, die nicht zur Aufgabe ihrer jüdischen Identität gezwungen wurden und plädiert für eine freie Identität an Jesus glaubender Juden innerhalb der Kirchen.[20]

So könnten meines Erachtens messianisch-jüdische Sichtweisen sicherlich christliche Gottesdienste beleben. Viel näher liegt jedoch die Annahme, dass messianische Juden in evangelikalen Gemeinden, in deren Umfeld sie oftmals konvertiert sind, akzeptiert werden, da die messianisch-jüdische Theologie viele evangelikale Glaubensaussagen enthält (Bibel als höchste Autorität für Leben, Lehre und Handeln, durch Konversion/Wiedergeburt/Bekehrung, Errettung, Gemeinschaftsbewusstsein etc.). Die Hälfte der befragten messianischen Juden besuchen

---

17 H. Hegstat, The development of a Messianic Jewish theology. Affirmations and questions, in: Mishkan 2 (1996), 67.

18 K. Kjær-Hansen, Jewish identity, übersetzt und zitiert in: H. Renz, Editoral, in: Edi (Hrsg.), Gesandt 35 (2006) Nr. 3, 3; ähnlich: Ders., Messianische Juden, 104f.

19 Quenzer, Orientalische Christen, 9, Osten-Sacken, Grundzüge, 155f.

20 K. Haacker, Umkehr zu Israel und Heimholung ins Judentum, in: Ders., Versöhnung mit Israel. Exegetische Beiträge, Wuppertal 2002, 191-208.

regelmäßig Veranstaltungen von evangelikalen Gemeinden und wünschen sich mehr Zusammenarbeit, ausdrücklich bei der Evangelisation unter Juden (64%).

Jedoch befürchten manche evangelikale Christen, dass die Betonung der jüdischen Identität auf Kosten des Glaubens an Jesus gehe. Zum Beispiel spricht sich Renz (Edi) dafür aus, dass es nicht zu einer Betonung der „Jewishness“ auf Kosten der „Jesusness“ innerhalb der messianischen Bewegung komme und dass die Kultur nicht das Evangelium verfremden dürfe.[21]

Einige (evangelikale) Gegner der gegenwärtigen messianisch-jüdischen Bewegung beziehen sich auf Gal 3,28: „Da ist nicht Jude noch Grieche, da ist nicht Sklave noch Freier, da ist nicht Mann und Weib; denn ihr alle seid einer in Christus Jesus“ und werfen daher der messianischen Bewegung vor, dass diese die in Jesus aufgehobenen Unterschiede zwischen Juden und Nichtjuden wieder forcieren würde. Oder sie würden die „Scheidewand des Zaunes, die Feindschaft“ (Eph 2,14) zwischen Juden- und Heidenchristen wieder aufbauen, indem sie ihre jüdische Identität überbetonten.[22] Diese Auffassung impliziert aber auch, dass der Gedanke an eine bleibende Erwählung Israel aufgegeben werden müsste, wenn sich messianische Juden ausschließlich der Gemeinde Jesu zuordneten. Zudem wird bei dieser Auslegung ignoriert, dass Paulus vormals für eine Mitgliedschaft von Nichtjuden in einer jüdischen Bewegung, innerhalb eines jüdischen Kontextes, kämpfte. Paradoxerweise müssten zeitgenössische messianische Juden nun für ihre Mitgliedschaft als Juden in einer heidnischen Bewegung mit einem nichtjüdischen Kontext kämpfen.[23] Baumann plädiert daher für eine Anerkennung der jüdischen Identität innerhalb der Gemeinde aus Nichtjuden und Juden, wenn man erkenne, dass das Resultat des Apostelkonzils (Act 15, vgl. Kapitel 2.1.1) die Bewahrung jüdischer Identität nicht aus-, sondern einschließe. Dem stehe Gal 3,28 nicht entgegen.[24]

In Deutschland zeigt es sich aber, dass die bisherige ertragreiche Zusammenarbeit evangelikaler Werke wie BSSE, Amzi, Edi mit messianisch-jüdischen Gemeinden Anknüpfungspunkte zu Begegnung, Austausch und Aufklärung geführt hat. Auch der interviewte messianische Jude Wladimir (Kapitel 6) erhofft sich diese Einheit des Glaubens:

---

21 Vgl. Experteninterview mit H. Renz am 30.08.2005; Ders. Messianische Juden, Vortrag am 14.10.2005. Stern hat dies auch für das amerikanische messianische Judentum formuliert: „Often it is Jews who had little education in Judaism before believing in Yeshua who become unduly attached to a few Jewish customs and make these the center o their lives instead of Yeshua.” Vgl. Stern, Manifesto, 24.

22 Vgl. J. Feinberg, Each generation must teach the next in: D. Cohn-Sherbok, Voices of Messianic Judaism, 93.

23 Vgl. M. Benhayim, Between church and synagogue. The dilemma of Hebrew Christians and Messianic, in: http://www.imja.com/Menahem.html, Stand: 05.08.2007.

24 Vg. Baumann, Art. Judenchristen, Sp. 854.

„Ich habe Brüder und Schwestern… in verschiedenen Gemeinden mit verschiedenen Mentalitäten, Mennoniten, Baptisten, charismatische Christen […]. Und es ist wichtig für uns, die Geschwister zu sehen und Jesus hat gesagt, dies sind meine Brüder […]. Er hat nicht gesagt, dass zum Beispiel nur eine bestimmte Denomination oder Gemeinde gerettet werde. Nein, das sind menschliche Probleme (NI 10: 11/9-18).“

Und Galja betont, dass die Vielfalt der messianisch-jüdischen Gemeinde auf die Vielfalt der weltweiten Gemeinde der an Jesus Glaubenden hinweise:

„Es wurde [in dem messianisch-jüdischen Gottesdienst, Anm. der Verf.] in allen Sprachen gesungen, es wurde in allen Sprachen gesprochen und es war wirklich wie eine… wunderbare Familie. Ich habe mich nirgends so wohl gefühlt. […] Das ist so wie ein Vorgeschmack, ja? Ja und diese Freude, wo die Menschen wirklich Brüder und Schwestern… sind und nicht nur davon reden, sondern… wirklich… sind. Und das ist eigentlich Sinn der Sache, ja? Und eigentlich Gottes Volk ist nicht an eine Nation gebunden. Dass Gott sich zuerst auf Berge Sinai dem jüdischen Volk offenbart hat äh… das bedeutet nicht, dass nur Juden Gottes Volk sind… es sind alle, die an einen Gott glauben und an Jesus Christus glauben als… Jeschua hamaschiach, als Gottes Sohn als äh… als als Gott als (lachend), eins mit Gott, ja? Und wenn wir richtig bestrebt sind, dass Jesus in uns lebt und wir in ihm leben, das heißt, wir sind auch in Gott und Gott ist in… in uns, da hat man keine Angst und (Lachansatz) keine Lust zu streiten, zu schlagen… überhaupt nicht zu [denken], ich bin besser als du, nein (NI 12: 11/4-26).“

Ich denke, dass messianische Juden in evangelikalen Gruppen eher anerkannt werden, wenn es zu häufigeren Begegnungen und Austausch kommen könnte, wie die Ausführungen der Interviewpartner zeigen.

Da messianische Juden Elemente des evangelikalen und des jüdisch-religiösen Glaubens aufnehmen, bezeichnet S. Feher in Amerika den Evangelikalismus und das Judentum als „parent communities“ des messianischen Judentums. Dabei entwickelten messianische Juden eigene Sozialstrukturen und Symbole, die bald zum „messianischen Repertoire“ gehören:

„By adopting the religious codes of mainstream parent communities, a new group, in some ways, is creating and perpetuating the social structure – granted,

with a twist. Messianic Judaism did not develop "out of blue"; it has a historical development that is aided by the rhetoric of the movement itself."[25]

Auch die vorliegende Untersuchung hat gezeigt, dass messianische Juden aus den jüdischen und christlichen-evangelikalen Elementen neue Rituale schaffen oder traditionellen Ritualen messianisch-jüdische Bedeutungen geben. S. FEHER prognostiziert für die amerikanische messianisch-jüdische Bewegung: Wenn die evangelikale Bewegung die messianischen Juden nicht aufnähme, würden sich messianische Juden nur noch unter sich versammeln.[26]

Für Deutschland stellt sich nun die Frage, ob messianische Juden denn überhaupt in einem evangelikalen oder anderen Umfeld überhaupt „anerkannt" werden müssten. Denn es zeigte sich in der vorliegenden Untersuchung, dass messianische Juden alle Aspekte einer individuellen Religionsgemeinschaft ausgebildet haben (eigene Gemeinden, organisierte nationale und internationale Strukturen, ausgeprägte Vitalität, Exklusions- und Inklusionsmarker). Messianische Juden haben dafür Elemente des christlichen und des jüdischen Systems kombiniert, so dass neue liturgische Elemente, Feste und Zeremonien entstanden sind. Dazu haben sie auch eigene Symbole entwickelt, messianisch-jüdische Rituale, Interpretationen und liturgische Elemente. Zudem ist ein eigenes Glaubensbekenntnis entstanden, dem auch die Besucher aufgrund ihrer eigenen Erfahrung zustimmen können.

Fazit: Heidenchristliche Kirchen bieten bisher kaum Anknüpfungspunkte für messianische Juden. Oft wird sich über messianische Juden „ausgeschwiegen" oder sie werden als religiöse Randgruppe betrachtet. In den evangelikalen Gemeinden gibt es kontroverse Stimmen. Gegner der gegenwärtigen messianisch-jüdischen Bewegung werfen den jüdischen Mitgliedern der Gemeinde Jesu vor, dass sie ihre jüdische Identität überbetonen. Dabei wird aber vergessen, dass dies eine ablehnende Haltung gegenüber dem Erwählungsgedanken Israels implizieren kann. Gleichzeitig werden die historischen Komponenten ignoriert. Paulus kämpfte zur Zeit des Apostelkonzils für eine Mitgliedschaft von Nichtjuden in einer jüdischen Bewegung innerhalb eines jüdischen Kontextes.

25 FEHER, Passing over Easter, 141.

26 FEHER, Passing over Easter, 142.

7.3 Messianisches Judentum innerhalb des Judentums

Nachdem ich beleuchtet habe, dass es innerhalb der evangelikal-christlichen Gemeinden Anknüpfungspunkte für messianische Juden gibt, aber auch, dass sich das messianische Judentum unabhängig von diesen weiterentwickeln kann, soll nun versucht werden, eine mögliche Position innerhalb der Pluralität des Judentums darzustellen.

7.3.1 Problemanzeige

Bisher konnte das messianische Judentum keine Position in der jüdischen Kultgemeinde in Deutschland beziehen. Wie ich aufgezeigt habe, leiten die russischen Juden in Deutschland ihre jüdische Identität matrilinear, patrilinear und sogar von den Großeltern ab. Messianische Juden begründen vielfach, gerade durch die Abstammung väterlicherseits, ihr Recht auf einen jüdischen Status, da sich das jüdische Volk biblisch immer patrilinear definiert habe. Da in Deutschland die traditionell-halachische Definition gilt, werden russische Juden oftmals nicht als Juden anerkannt. Es gibt in den letzten Jahren jedoch einige kontroverse Diskussionen, den russischen Juden eine Konversion zum Judentum zu erleichtern (vgl. Kapitel 3.1.3). Das heißt, für die eingewanderten russischen (nicht messianischen) Juden, die sich patrilinear als Juden definieren, gäbe es wohl Möglichkeiten, durch eine „Konversion" von der jüdischen Gemeinde akzeptiert zu werden.

Aber was ist, wenn ein messianischer Jude seine jüdische Identität halachisch anerkannt wissen möchte? Aus der traditionellen Sicht des Judentums bedeutet die Taufe einen Religionswechsel. Selbst wenn ein messianischer Jude sich matrilinear als Jude definiert, dürfte die Anerkennung innerhalb des Judentums aufgrund seines Glaubens äußerst schwierig sein. Die jüdische Gemeinschaft in Deutschland erkennt einen Juden, der an Jesus als den Messias glaubt, nicht mehr als Juden an (s. Kapitel 3.1). C. Harris-Shapiro erläutert, dass das Judentum messianische Juden nicht als Juden bezeichne, da der Glaube an Christus aus historischen Gründen mit Antisemitismus in Verbindung gebracht werde und bezieht sich auf Stuart Charmé: „Belief in Jesus as Messiah is not simply a heretical belief, as it may have been in the first century; it has become the equivalent to an act of ethno-cultural suicide."[27]

Das messianische Judentum wird zudem aus orthodoxer Sicht als fundamental unterschieden vom traditionellen Judentum angesehen, da es essentiell christologisch im Charakter ist (Jesus als lang erwarteter Messias, Inkarnation, Trinität,

27 Harris-Shapiro, Messianic Judaism, 177.

Sühne durch Jesu Tod). Das größte Hindernis der Anerkennung im Judentum stellt dabei der Glaube an die Trinität dar. Weitere Gründe der Ablehnung sind zum Beispiel der Glaube, dass auch das Neue Testament von Gott geoffenbartes Wort ist, Antisemitismus in der christlichen Religion etc.

Messianische Juden plädieren dafür, dass ihr jüdischer Status nicht verloren geht. Für sie bedeutet der Glaube an Jesus oder die Taufe auf seinen Namen keinen Austritt aus der jüdischen Gemeinschaft. R. STUHLMANN definiert in Anlehnung an KLAPPERT die Bedeutung der Taufe für Juden, „die ihnen die Zugehörigkeit zu ihrem Messias Jesus bringt".[28] Messianische Juden begründen ihr Recht auf die jüdische Identität damit, dass auch ein säkularer, atheistischer oder buddhistischer Jude immer ein Jude bleibe, wenn er von einer jüdischen Mutter geboren sei.[29] Selbst wenn man den messianisch-jüdischen Glauben als „Sünde" betrachte, könne doch nach dem Talmud der jüdische Status nicht verloren gehen (bTalmud, Sanhedrin 44 a).

Auch der jüdische Gelehrte Schalom BEN-CHORIN gestand den messianischen Juden einen jüdischen Status zu: „Ich meine, dass ein Jude an sich Jude bleibt, auch wenn er Jesus von Nazareth im Gegensatz zur Mehrheit des jüdischen Volkes als Messias anerkennt."[30] BEN-CHORIN schrieb auch, dass messianische Juden den ungekündigten Bund Israels bestätigen, indem sie ihr Judentum im Gegensatz zu getauften Juden früherer Epochen betonen: „Das neu wieder gewonnene jüdische Element wird so zum Zeugen der Erwählung Israels innerhalb der Gemeinde Jesu."[31]

Die vorliegende Studie hat auch gezeigt, dass messianische Juden ein reges jüdisches Glaubensleben führen, um ihrer jüdischen Identität Ausdruck zu verleihen. Messianisch-jüdische Gottesdienste finden an einem Schabbat statt, viele jüdische Symbole (Menora, israelische Flagge, Kippa, Tallit, Gebetsschal, Schofar) und liturgische Handlungen (Anzünden der Schabbatkerzen, Schemaʿ Jisrael, Singen hebräischer Lieder, Schabbatkiddusch, Toralesung, die Toraauslegung, aaronitischer Segen, Segnung der Kinder, Kaddisch, Keduscha, Gebete aus dem Siddur, Havdala etc.) werden übernommen. Messianische Juden feiern alle jüdischen Feste und viele jüdische Zeremonien (Bar-Miwza, Beschneidung, jüdische Hochzeit etc.). Sie drücken in vielen Ritualen ihre Zugehörigkeit zum jüdischen Volk aus und betonen, dass ihnen gerade nach ihrer Konversion ihre jüdische Identität wichtiger geworden sei. Auch die Selbstbezeichnungen zeigten die Bedeutsamkeit

---

28 R. STUHLMANN, Messianische Juden. Provokation für Christen und Juden, in: HAARMANN/LÜPKE/MENN (Hrsg.), Momente der Begegnung. Impulse für das christlich-jüdische Gespräch, Neukirchen-Vluyn 2004, 337.

29 Vgl. TELCHIN, Messianic Judaism, 71.

30 BEN-CHORIN, zitiert in: F. MAY, Aufbruch, 194.

31 S. BEN-CHORIN, Die Erwählung Israels. Ein theologisch-politischer Traktat, München 1993, 52.

der jüdischen Identität, wenn sie sich als „messianischer Jude“ oder „jesusgläubiger Jude“ bezeichnen.

S. FEHER stellt daher an das amerikanische Judentum die folgende Frage, die auch auf Deutschland übertragen werden kann: „If Messianic Jews are thoroughly Jewish in their culture and self-identity, why, then, do Jews – elites and others – condemn Messianics with such fervor?”[32] Sie gesteht den messianischen Juden aufgrund ihrer kulturellen Gebräuche einen Status als Juden zu:

> *„To those who wonder whether Messianic believers are Jews, I can only say that we must think about what we mean by being Jewish. In terms of ethnicity, they are more culturally Jewish and more proud of their Jewish heritage than many mainstream Jews.”*[33]

Messianischen Juden wird aber auch vorgeworfen, die Judenmission, die den christlich-jüdischen Dialog störe, zu forcieren (vgl. Kapitel 3.2.1). Dies sei ein weiterer Grund das messianische Judentum abzulehnen. Rabbiner D. COHN-SHERBOK reagiert wie folgt auf die Grundsatzerklärung des „Council of Christians and Jews“ (CCJ), in der aggressive Evangelisationsmethoden an Juden verurteilt werden:

> *„Aber mit der Anerkennung der jüdischen Forderung, unter gar keinen Umständen zu evangelisieren, haben die christlichen Leiter des CCJ die Sicht für ein wesentliches Grundprinzip des Christentums verloren – allen Menschen das Evangelium zu verkünden. Als Rabbi fürchte ich mich nicht davor, diese Botschaft zu hören. Ich vertraue meiner eigenen Religion und sehe keine Notwendigkeit, die Botschaft anderer zu zensieren [...] Unser Volk hat von messianischen Juden [...] nichts zu befürchten [...]. Wir dürfen jedoch Christen nicht zwingen, ihre Grundsätze aufzugeben.“*[34]

Daher sei es viel wichtiger als das Verbot von Missionsbemühungen, die Unterrichtung über den jüdischen Glauben innerhalb der jüdischen Gemeinschaft.

S. SCHOON weist zudem darauf hin, dass die Zurückweisung von Mission an Juden, immer auch impliziere, den messianisch-jüdischen Gruppen ihr Existenzrecht abzusprechen.[35] Daher muss eindeutig zwischen der Anerkennung messianisch-

---

32 FEHER, Passing over Easter, 32.

33 FEHER, Passing over Easter, 142.

34 D. COHN-SHERBOK, The Bishop who was taught a lesson by the Rabbi, in: CHURCH OF ENGLAND NEWSPAPER, 06.09.1996, übersetzt abgedruckt in: EDI (Hrsg.), Ein Rabbiner erteilt dem Bischof eine Lektion, Sonderdruck, Leinfelden-Echterdingen 1996.

35 S. SCHOON, Christians and Jews after the Shoa and the Mission to the Jews, in: P. J. TOMSON/D. LAMBERS-PETRY, The Image of the Judeao-Christians in ancient Jewish and Christian literature, Tübingen 2003, 299-314.

jüdischer Gemeinden und einer berechtigten Ablehnung einer Judenmission, die sich in rücksichtslosen Äußerungen, Handlungen oder Proklamationen zeigt, differenziert werden.

Die Ergebnisse der empirischen Untersuchung haben gezeigt, dass messianische Juden in Deutschland keineswegs aggressiv missionieren, sondern dass sie das für sie befreiende Erlebnis ihrer Konversion mit anderen, meist befreundeten Juden, teilen möchten. Da messianische Juden aber aufgrund ihrer Glaubensüberzeugung den für sie typischen Missionsauftrag nicht ablegen werden, kann dies die Akzeptanz innerhalb des Judentums weiter behindern.

Fazit: Die Anerkennung der messianisch-jüdischen Bewegung in Deutschland stellt aufgrund der Historie eine Sondersituation dar, die es im Gegensatz zu anderen Ländern zu berücksichtigen gilt. Dennoch könnte (messianischen) Juden bei der Anerkennung ihrer patrilinearen Abstammung, wie es zum Beispiel im Reformjudentum üblich ist, zunächst eine jüdische Identität zugesprochen werden. Sicherlich wird auch manch jüdische Kritik an messianischen Juden nachvollziehbar, wenn man an die weitgehend ungeklärte Identitätsproblematik der Juden in Deutschland denkt.

7.3.2 Das pluralistische Modell

Mittlerweile stellt das Judentum weltweit und zunehmend auch in Deutschland eine pluralistische Bewegung dar. M. Brumlik spricht zum Beispiel von einer Renaissance des liberalen Judentums in Deutschland und geht davon aus, dass gerade die jungen Juden und Jüdinnen vor dieser Pluralität und den weiteren Wandlungen ihr religiöses Selbstverständnis ausbilden müssen in einem multikulturellen, europäisierten Deutschland.[36]

Angesichts einer pluralistischen Vielfalt im Judentum, könnte auch für messianische Juden eine Chance der Anerkennung bestehen. So wurde bereits für Israel der Wunsch geäußert, das messianische Judentum als vierten Zweig des Judentums anzuerkennen.[37] Jüdische Pluralisten argumentieren am Beispiel von Amerikas Judentum, dass es in Zukunft ein vielschichtiges religiöses System mit vielen Untergruppen geben würde und dass messianisches Judentum als ein Ausdruck des Judentums anerkannt werden könnte. D. Cohn-Sherbok begründet dies wie folgt:

---

36 Vgl. M. Brumlik, Zuhause, keine Heimat? Junge Juden und ihre Zukunft in Deutschland. Gerlingen 1998¹, 23. 23.

37 F. May, Die vierte religiöse Kraft in Israel, in CFI (Hrsg.), Christen für Israel 151 (2004), 6.

> *„Messianic Judaism offers a pathway through the Jewish heritage. Admittedly, unlike the other branches of Judaism, this movement is firmly rooted in the belief that Yeshua is the long-awaited redeemer of Israel. Yet such a belief is in principle no more radical than the Reconstructionist and Humanistic rejection of a supernatural deity. Indeed, […], in many respects Messianic Jews are more theistically oriented and more Torah-observant even than their counterparts within the Conservative and reform movements."*[38]

D. Cohn-Sherbok stellt das pluralistische Modell in einer siebenarmigen Menora dar:

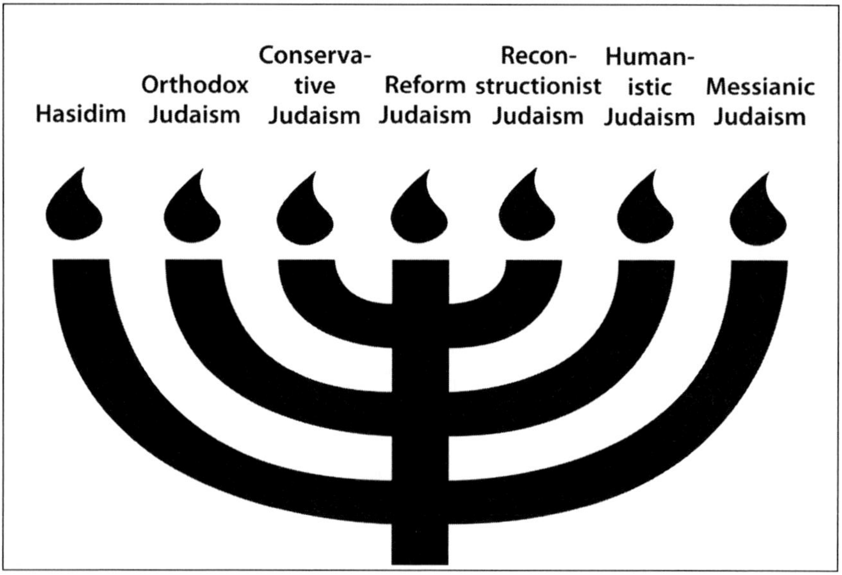

Abb. 7.3.2 – 1 Das pluralistische Modell[39]

Vielleicht kann das messianische Judentum das Judentum in Deutschland beleben, wie es S. Feher über die messianisch-jüdische Bewegung in Nordamerika äußert: „And yet, normative Judaism could use the example of Messianic Judaism´s success to revitalize itself by understanding what this new tradition offers that mainstream Judaism does not.[40]

38 Cohn-Sherbok, Messianic Judaism, 212.

39 Cohn-Sherbok, Messianic Judaism, 212.

40 Feher, Passing over Easter, 143.

Fazit: Das pluralistische Modell könnte eine Möglichkeit für das amerikanische Judentum sein, in Deutschland stellt sich eine Anerkennung aufgrund der historischen Situation und der Ablehnung der Judenmission im christlich-jüdischen Dialog weitaus schwieriger dar.

7.4 Ausblick

An dieser Stelle möchte ich aufzeigen, wie sich das messianische Judentum in Deutschland möglicherweise entwickeln könnte. Neben den Erwartungen der messianisch-jüdischen Bewegung schließt sich eine abschließende Bewertung und ein eigener Ausblick an.

7.4.1 Erwartungen der messianisch-jüdischen Bewegung

N. Kalmanowicz, Mitglied des Zentralrats der Juden geht davon aus, dass die messianisch-jüdische Bewegung langfristig keinen Erfolg haben werde.[41] Sprecher der messianisch-jüdischen Bewegung dagegen erwarten eine stetig wachsende Bewegung, die zunehmend deutschsprachig werden wird: „Die russischsprachige messianische Gemeindebewegung, wie sie heute in Deutschland aufgebrochen ist, halte ich für eine Übergangslösung [...]. Es ist nur eine Frage der Zeit, wann durch nachfolgende Generationen daraus eine deutschsprachige Bewegung wird."[42] In Heidelberg findet zum Zeitpunkt der Untersuchung bereits einmal im Monat ein deutschsprachiger messianisch-jüdischer Gottesdienst statt.[43] P. Johnson formuliert die Hoffnung, demnach auch mehr Juden, die in Deutschland aufgewachsen sind, mit dem Evangelium erreichen zu können.[44]

W. Pikman hofft, dass messianische Juden „noch mehr Kontakt zu Kirchen und einzelnen Christen bekommen. [...] Und wir hoffen, dass in wenigen Jahren die messianische Bewegung in Deutschland als eine gewaltige Bewegung unter den Juden anerkannt wird – eine Bewegung mit Jeschua"[45]. Glaser und Johnson (CPM) plädieren für den Aufbau jüdisch-messianischer Schulen, das Zentrum in Berlin

41 N. Kalmanowicz, zitiert in: Axelrod, Vereinnahmung, 23.

42 Fischbein, Einheit, Stand: 10.08.2007, ähnlich H. Renz, im geführten Experteninterview am 30.08.2005.

43 Vgl. Experteninterview mit Fr. Vidonyak am 22.07.2005. In Köln ist die Gottesdienstsprache seit 2008 ebenfalls auf Deutsch. Vgl. W. Pikman, Informatiosnbreif März 2008.

44 P. Johnson in BSSE (Hrsg), Kol Hesed (2006), Nr. 3, 12.

45 V. Pikman in: BSSE (Hrsg), Kol Hesed (2006), Nr. 3, 12.

sei erst der Anfang und die jüdische Evangelisation werde erfolgreich zunehmen[46]. Zudem wünschen sich messianische Juden eine staatliche Anerkennung, zum Beispiel als „Körperschaft des öffentlichen Rechts"[47].

7.4.2 Eigene abschließende Bewertung und Ausblick

Da sich die messianisch-jüdische *Bewegung* in Deutschland in „Bewegung" befindet, können meine Aussagen, die Zukunft betreffend, hier nur spekulativ sein.

Dennoch gehe ich zunächst davon aus, dass sich das messianische Judentum in Deutschland in den nächsten Jahren zunächst rasch weiter entwickeln wird und dass einige weitere evangelikale Werke die Bewegung unterstützen werden. Da aber das verschärfte Zuwanderungsgesetz von 2005 die Einwanderung von Juden und messianischen Juden begrenzt hat, werden auch weniger neu eingewanderte (messianische) Juden zu der Bewegung hinzukommen. Da die Einwanderer auch die Aufnahmezusage einer jüdischen Gemeinde vorzeigen müssen, werden sie sich kaum einer messianisch-jüdischen Gemeinde anschließen (können).

Es bleiben jedoch die anderen knapp 100.000 Juden, die bis Ende 2006 noch kein Mitglied in jüdischen Gemeinden geworden sind. Da diese nun aber meist schon einige Jahre in Deutschland leben, ist es fraglich, ob sie sich überhaupt noch einer jüdischen oder messianisch-jüdischen Gemeinde anschließen werden. Denn bisher haben sie sich auch ohne Zugehörigkeit zu einer Gemeinde in Deutschland „eingelebt". Das heißt, die Faktoren wie „gemeinsame Sprache, Kultur" oder der „Zusammenhalt der Einwanderer" würden wegfallen. Gerade auch der jüngeren messianisch-jüdischen Generation wird es zunehmend schwerer fallen, auf neue Einwanderer bezüglich Sprache und Kultur einzugehen oder auf diese Rücksicht zu nehmen.

Daher glaube ich, dass die Anzahl messianischer Juden von derzeit knapp 700 bis zum Jahre 2010 zunächst auf 2000 bis 3000 steigen, dass dann aber das Wachstum stagnieren wird. Sicherlich steigen auch parallel die Besucherzahlen (messianische Juden und Nichtjuden) in den Gottesdiensten insgesamt an, wobei ich davon ausgehe, dass die beschriebene Tendenz der Zunahme nichtjüdischer Besucher sich fortsetzen wird.[48]

Da es sich bei den messianischen Juden keineswegs um eine homogene Bewegung handelt, sondern um verschiedene Gruppen und Gemeinden, deren Mitglieder von Identitätssuche, persönlichen Biographiefragen, religiöser Unkenntnis

46 M. Glaser, in BSSE (Hrsg), Kol Hesed (2006), Nr. 3, 12.

47 Vgl. Experteninterviews mit verschiedenen messianisch-jüdischen Leitern.

48 Dabei gehe ich von meinen empirisch beobachteten Besucherzahlen aus, nicht von selbst beobachteten Zahlen des messianisch-jüdischen Systems. Vgl. Kapitel 5.2.2.

und dem messianisch-jüdischen Glauben gekennzeichnet sind, gehe ich davon aus, dass die drei unterschiedlichen Gemeindetypen eine weitere Ausprägung und Differenzierung erfahren werden. Gerade die ungeklärte Selbst- und Fremdidentität messianischer Juden kann weiter zu Verunsicherungen oder auch zu weiteren Abgrenzungen führen (zum Beispiel resultieren einige bisherige Typenbildungen sicherlich aus Identitätsunsicherheiten, wie mangelnder Anerkennung der jüdischen Identität).

So kann es durchaus sein, dass einige Gemeinden des Typus A die enge Zusammenarbeit mit einer evangelikalen Gemeinde suchen werden. Gerade wenn eine unterschiedliche Umgangs- und Gottesdienstsprache als Hinderungsgrund nicht mehr besteht und die Besucher sich weniger (wie Pawel) als Juden identifizieren, ist dies nahe liegend. Einige messianische Juden (wie Galja) werden sich wohl kaum in einer messianisch-jüdischen Gemeinde wohlfühlen, die das jüdische Erbe kaum beachtet. Da sie aber auch zu einer jüdischen Gemeinde aufgrund ihres Glaubens an Jesus als den Messias keinen Zugang finden wird, ist es notwendig, dass sich einige messianisch-jüdische Gemeinden auf die Bedürfnisse solcher Besucher einstellen und die jüdische Identität stärker betonen.

Parallel wird eine Innendifferenzierung des messianisch-jüdischen Systems notwendigerweise stattfinden. Die Gemeinden des Typus B werden zunehmend die eigenen Strukturen und Rituale festigen und zwischen den Gemeinden wird eine enge Zusammenarbeit stattfinden. Die messianisch-jüdischen Werke oder einige Sprecher der Bewegung werden weitere Vorlagen für Feste, Predigtauslegungen schriftlich fixieren und veröffentlichen.[49]

Des Weiteren ist für die Innendifferenzierung des messianisch-jüdischen Systems eine theologische Schulung der messianisch-jüdischen Mitarbeiter und Leiter nötig. Auch wenn das messianische Zentrum in Berlin von dem evangelikalen Werk BSSE ins Leben gerufen wurde und unterstützt wird, denke ich, dass auch Leiter anderer Gemeinden die theologischen Schulungen dort in Anspruch nehmen werden. Ich halte allerdings auch nicht für ausgeschlossen, dass vielleicht evangelikale Werke wie AMZI oder EDI eigene Schulungsmöglichkeiten für messianisch-jüdische Leiter anbieten. Dies würde bedeuten, dass auch zunehmend deutsche Mitarbeiter in die Bewegung involviert sind, was sich bei einer zunehmend deutschsprachigen messianisch-jüdischen Bewegung anbietet.

Sicher ist, dass die messianisch-jüdische Bewegung weiter ein religiös-politisches Thema bleiben wird. Einerseits ist dies bisher schon an den vehementen Gegenstimmen zu erkennen, denn es ist doch erstaunlich, dass eine zahlenmäßig so kleine Bewegung bisher schon so viel Resonanz erzeugen konnte. Daher erachte

49 Beispiele sind das jüngst erschienene Buch „Feste Israels mit messianischer Haggada" von AMZI oder die deutschsprachige Ausgabe der Zeitschrift MENORA.

ich es für nötig, dass sich die Landeskirchen mit der Thematik des messianischen Judentums in Deutschland auseinandersetzen. LAEPPLE wies 2007 auf die „theologiegeschichtliche Bedeutung von Judenchristen" und die „aktuelle Bedeutung der messianischen Juden (*weltweit und in Israel*)" für einen christlich-jüdischen Dialog hin.[50] Hier möchte ich ergänzen, dass gerade die messianischen Juden *in Deutschland* für den christlich-jüdischen Dialog eine große Rolle spielen können. So sollte sich die Evangelische Kirche in Deutschland (EKD) nicht nur mit messianischen Juden in Israel treffen – wie im April 2007 durch eine Delegation des Rates der EKD geschehen – sondern gerade in Deutschland ein „geschwisterliches Zeichen" setzen.[51]

Mittlerweile stellt das messianische Judentum ein eigenes religiöses System mit typischem messianisch-jüdischen Repertoire dar, das zwar Schnittmengen zum evangelikal-christlichen und dem jüdischen System aufweist, aber sich auch ohne deren „Anerkennung" weiter entwickeln kann. Daher soll diese Arbeit dazu ermutigen, sich gerade im christlich-jüdischen Dialog mit der Tatsache messianischer Juden in Deutschland als neuer religiöser Bewegung zwischen Christentum und Judentum auseinanderzusetzen.

---

50 LAEPPLE, Den Juden die Kirche, 223.

51 LAEPPLE, Den Juden die Kirche, 223.

8 Anhang

8.1 Glaubensbekenntnisse

8.1.1 Glaubensgrundsätze des Moses Maimonides

8.1.2 Messianisch-jüdische Glaubensartikel (MJA)

8.1.3 Glaubensartikel der „messianischen jüdischen Gemeinde" (Stuttgart-Feuerbach)

8.1.4 Glaubensbekenntnis der Gemeinde „Adon Jeschua" (Stuttgart-Feuerbach)

8.1.5 „Doctrinal Statement" von Chosen People Ministries

8.1.6 „Statement of Faith" von Jews for Jesus

8.2 Gemeindesatzungen

8.2.1 Gemeindesatzung mit Glaubensbekenntnis der Gemeinde „Adat Adonai" (Heidelberg)

8.2.2 Gemeindesatzung der Gemeinde „Schma Israel" (Stuttgart-Vaihingen)

8.1 Glaubensbekenntnisse und Gemeindesatzungen

8.1.2 Glaubensgrundsätze des Moses Maimonides[1]

Ich glaube und vertraue vollkommen darauf:

1] Gott, der Schöpfer, ist Ursache und Lenker von allem, was existiert.

2] Gott ist Einer, nach einer Einheit, die nicht ihresgleichen hat. Er ist unser Schöpfer und existiert ewig.

3] Gott ist weder Körper, noch kommen ihm physische Eigenschaften zu. Er ist anders als alles, was sonst existiert.

4] Gott ist das erste und letzte alles Seienden.

5] Es geziemt sich, zu ihm und zu sonst keinem anderen Wesen zu beten.

6] Alle Worte der Propheten sind wahr.

7] Die Prophetie des Moses ist wahr, und er ist der Vater (d. h. der größte) aller Propheten vor und nach ihm.

8] Die Tora, die wir jetzt besitzen, ist durch Moses übermittelt worden.

9] Die Tora wird nicht aufgehoben, und es wird keine andere Tora außer ihr von Gott her kommen.

10] Gott kennt die Taten und Gedanken der Menschen.

11] Er belohnt den, der seine Gebote befolgt, und bestraft den, der sie übertritt.

12] Obgleich der Messias sein Kommen verzögert, muss man stets an sein Kommen glauben. 13. Die Toten werden auferstehen.

8.1.2 Messianisch-jüdische Glaubensartikel (MJA)2

1] Wir glauben, dass die Bibel von Gott inspiriert ist. Sie ist sein einzigartiges, unbestreitbares, unteilbares und wahres Wort an alle Menschen. Die Bibel ist eine Sammlung von jüdischen heiligen Schriften, die als Altes und Neues Testament eine untrennbare Einheit bilden.

2] Wir glauben, dass Gott Einer ist und sich den Menschen als Vater, Sohn (Messias Jeschua) und Heiliger Geist offenbart.

---

1 Vgl. N. SALOMON, Judentum. Eine kurze Einführung, Stuttgart 1999, 157.

2 EDI (Hrsg.), Eine messianische Gemeinde stellt sich vor, Faltblatt „Schma Israel", Leinfelden-Echterdingen 2000.

3] Wir glauben, das Jeschua der verheißene Messias Israels ist, und dass er, von einer Jungfrau geboren, wahrer Gott ist. Wir glauben, dass er ein sündloses Leben führte, viele Zeichen und Wunder tat, als Sündopfer für unsere Schuld starb und von den Toten auferstand. Er ist jetzt bei Gott zur rechten Hand des Vaters und wird bald zurückkehren in Macht und Herrlichkeit.

4] Wir glauben, dass jeder Mensch aufgrund seiner Sünde dem Gericht Gottes verfallen ist. Rettung aus dem Gericht geschieht in der völligen Wiedergeburt durch den heiligen Geist. Die Wiedergeburt zeigt sich im Glauben an den Messias Jeschua und in der Buße.

5] Wir glauben, dass der Heilige Geist auch heute wirkt. Er allein bewirkt, dass Menschen zum Glauben kommen und geistlich wachsen.

6] Wir glauben an die Auferstehung der durch Glauben Gerechtfertigten, an die ewige und selige Gemeinschaft mit Gott und Jeschua und dass alle anderen in ewiger Verurteilung und Qual bleiben.

7] Wir glauben, dass alle an den Messias Jeschua Gläubigen geistlich in der Familie der Kinder Gottes verbunden sind, unabhängig von Nationalität oder Wohnort.

8] Wir glauben, dass der Glaube eines Menschen seine Nationalität nicht ändert, und dass Juden, die an Jesus glauben, weiterhin zu Israel, dem auserwählten Volk Gottes gehören.

9] Wir glauben, dass an Jeschua gläubige Juden als Glieder des Volkes Israel und der geistlichen Familie der Kinder Gottes ihrem biblisch-jüdischen Erbe verpflichtet sind.

10] Wir unterstützen den biblischen Zionismus, das heißt das Recht für Juden, in Israel zu leben.

11] Wir glauben, dass messianisches Judentum heute die Fortsetzung des biblischen, rechtmäßigen Judentums ist.

12] Wir glauben, dass ein richtiges Schriftverständnis und ein darauf gegründetes Leben nur möglich [sind], wenn wir die biblisch jüdischen Wurzeln verstehen. Dadurch können heidnische Einflüsse, die das Christentum 2000 Jahre hindurch geprägt haben, erkannt und ausgesondert werden.

13] Wir glauben, dass unsere biblische Verpflichtung darin besteht, die Wahrheit von Jeschua allen Menschen zu bringen, den Juden zuerst.

8.1.3 Glaubensartikel der „messianischen jüdischen Gemeinde" (Stuttgart-Feuerbach)[3]

- Wir, die Jüdisch-messianische Gemeinde, sind Juden und Nicht-Juden (Eph. 2,14), die den Heiligen Gott Israels, den Gott Abrahams, Isaaks und Jakobs, den Schöpfer alles Sichtbaren und Unsichtbaren anbeten und ihm dienen.

- Wir glauben, dass die Bibel von Gott inspiriert ist. Sie ist sein einzigartiges, unbestreitbares, unteilbares und wahres Wort an alle Menschen. Die Bibel ist eine Sammlung von heiligen Schriften, die Gott seinem auserwählten Volk Israel anvertraut hat. Der Alte und der Neue Bund der Bibel bilden eine untrennbare Einheit.

- Wir glauben, dass Gott Einer ist und sich den Menschen als Vater, Sohn (Messias Jeschua) und Heiliger Geist offenbart.

- Wir glauben, dass Jeschua der verheißene Messias Israels ist, und dass Er, von einer Jungfrau geboren, wahrer Gott ist. Wir glauben, dass Er nach der Heiligen Schrift in Bethlehem geboren, ein sündloses Leben führte, viele Zeichen und Wunder tat, als Sündopfer für unsere Schuld am Kreuz von Golgatha starb und durch seine Wunden [sind] wir geheilt (Jes. 53, 2-6). Er auferstand von den Toten und ist jetzt in der Herrlichkeit zur Rechten des Vaters als unser Fürsprecher. Er wird bald zurückkehren in Macht und Herrlichkeit.

- Wir glauben, dass jeder Mensch aufgrund seiner Sünde dem Gericht Gottes verfallen ist. Rettung aus dem Gericht geschieht in der völligen Wiedergeburt durch den Heiligen Geist. Die Wiedergeburt zeigt sich im Glauben an den Messias Jeschua und in der Buße.

- Wir glauben, dass der Heilige Geist auch heute mächtig wirkt. Er allein bewirkt, dass Menschen zum Glauben kommen und geistlich wachsen. Wir glauben an die Gaben, Kraft und Salbung des Heiligen Geistes, die für den Bau der Gemeinde notwendig sind.

- Wir glauben an die Auferstehung der Toten, an die ewige und selige Gemeinschaft der durch Glauben Gerechtfertigten mit Gott und Jeschua und dass alle Anderen in ewiger Verurteilung und Qual bleiben.

---

3 Messianische jüdische Gemeinde e.V. (Hrsg.), Messianische jüdische Gemeinde, Stuttgart., in: http://www.messianische-juden.org/pageID_2263508.html, Stand: 3.5.2008.

- Wir wissen, dass alle an den Messias Jeschua Gläubigen geistlich in der Familie der Kinder Gottes verbunden sind, unabhängig von Nationalität oder Wohnort.
- Wir wissen, dass der Glaube eines Menschen seine Nationalität nicht ändert, und dass Juden, die an Jeschua glauben, weiterhin zu Israel, dem auserwählten Volk Gottes gehören.
- Wir wissen, dass an Jeschua gläubige Juden als Glieder des Volkes Israel und der geistlichen Familie der Kinder Gottes ihrem biblisch-jüdischen Erbe verpflichtet sind.
- Wir wissen, dass unsere biblische Verpflichtung darin besteht, die Wahrheit von Jeschua allen Menschen zu bringen, den Juden zuerst (Röm. 1,16).

8.1.4 Glaubensbekenntnis der Gemeinde „Adon Jeschua" (Stuttgart-Feuerbach)[4]

1] Wir glauben, dass die Bibel Gottes Wort ist. Alle kanonischen Bücher des Alten und Neuen Testaments sind vom Heiligen Geist inspiriert und als notwendige und ausreichende Quelle zur Erkenntnis unseres Herrn, unserer Erlösung und seines Willens bezüglich unseres Glaubens und unseres Lebens sind (2.Tim 3,15–17; Apg 20,32; Hebr 1,1-2,2; 2.Petr 1,21, 1.Kor 2,13).

2] Wir glauben an den lebendigen, einzigen, wahrhaftigen und ewigen Gott, der sich in drei Personen offenbart hat: dem Vater, dem Sohn und dem Heiligen Geist (Mt 28,19; 2.Kor 13,14). Der Vater ist Gott (1.Kor 8,6); der Sohn ist Gott (Jes 9,6; Joh 1,1-4); der Heilige Geist ist Gott (Apg 5,3-4). Wir glauben, dass jeder Wiedergeborene den Vater, den Sohn und den Heiligen Geist hat (2.Joh 1,9; 1.Joh 2,23; 1.Kor 3,16).

3] Wir glauben, dass Gott den Menschen ohne Sünde zu seinem Bilde geschaffen hat und ihm den eigenen Willen gegeben hat (1.Mose 1,27). Der Mensch aber, versucht worden durch den Satan, hat gesündigt und die Herrlichkeit Gottes verloren. Alle Menschen sind Sünder (nach Adam) und brauchen Erlösung (Röm 3,9-19; Eph 2,1-3; Röm 5,12-19).

4] Wir glauben, dass der Mensch sich nicht selber retten kann (Mt 16,26). Weder eigene Frömmigkeit (Röm 10,3), noch eigene Werke (Gal 2,16; 3,10), noch

4 Israelitische messianische Gemeinde Adon Jeschua (Hrsg.), Unser Glaubensbekenntnis, Stuttgart, in: http://menora-online.de/adon-jeschua/deutsch/glauben.htm, Stand: 6.9.2007.

andere Menschen (Ps 48,89; Hebr 10,11) können ihn erlösen. Gott hat die Erlösung vorhergesehen, indem Er[5] seinen eigenen Sohn am Kreuz von Golgatha geopfert hat, und das Blut, das Er vergossen hat, uns von allen Sünden erkauft hat (Röm 3,25; Hebr 9,22). Wir glauben, dass der Mensch nur dann errettet und erlöst wird, wenn er seine Sünden bekannt und bereut hat, Jeschua als Messias, den Sohn Gottes und seinen Erlöser erkannt hat. Die Erlösung geschieht nur aus Gnade, und das durch den Glauben (Röm 6,23; Hebr 9,22; 2.Kor 5,21; Joh 3,16; Joh 5,24). Die Wiedergeburt geschieht durch den Heiligen Geist unter Einverständnis des Menschen durch das Gebet.

5] Wir glauben, dass der Empfang des Heiligen Geistes bei der geistlichen Wiedergeburt geschieht, wenn der Mensch im Glauben den Messias Jeschua in sein Herz aufnimmt (den Zeitpunkt weiß nur Gott allein: nach der Bekehrung, der Taufe durch Untertauchen und Handauflegen). Der Empfang des Heiligen Geistes (Taufe durch den Heiligen Geist) ist kein weiteres Werk der Gnade (1.Kor 12,13; Gal 3,27). Der Empfang des Heiligen Geistes unterscheidet sich von der Erfüllung mit dem Heiligen Geist, die zu jeder Zeit im Laufe des ganzen irdischen Lebens des Gläubigen geschehen kann und muss (Eph 5,18). Die Erfüllung mit dem Heiligen Geist ist nicht an den Gaben, sondern an den Früchten des erneuerten Lebens zu sehen.

6] Wir glauben an das zweite Kommen des Jeschua Messias (Mt 26,64; 1.Thess 1,10; 2.Thess 1,7; Offb 1,7). Seinem Wiederkommen auf die Erde in Glanz und Herrlichkeit soll die Auferstehung der Toten in Ihm und die Veränderung der lebenden treuen Gläubigen vorangehen (1.Thess 4,16-17; Kor 15,51–57; Phil 3,21; 1.Joh 3,2). Wir glauben an die Auferstehung aller Toten und an das gerechte Gericht Gottes vor dem weißen Thron (Offb 20,11-12; Mt 25,31-46). 1000 Jahre vor diesem Ereignis wird das Reich Jeschua mit dem Hauptsitz in Jerusalem herrschen. Wir glauben, dass nach dem Gericht die Ewigkeit kommt: für die einen im himmlischen Jerusalem, für die anderen – in der Verdammnis mit ewigen Qualen und dem zweiten Tod (Joh 5,29; Dan 12,2).

7] Wir glauben, dass jedem Menschen das Leben einmal gegeben ist, um sich für die Ewigkeit zu entscheiden (Pred 12; Hebr 9,27) und seinem Leib „als ein Opfer, das lebendig, heilig und Gott wohlgefällig ist" hinzugeben (Röm 12,1). Die Nachfolger Jeschua sind dazu berufen, lebendige Zeugen seiner Herrlichkeit zu sein und die frohe Botschaft der Erlösung der messianischen Wahrheit zu verkünden.

8] Wir glauben, dass das Menschenleben in Gottes Augen wertvoll ist und dass Er nicht will, dass irgendjemand „verloren geht, sondern das ewige Leben haben

5 Wenn sich Personalpronomen auf Gott oder Jesus beziehen, werden sie in der Vorlage meist auch im Satz groß geschrieben. Dies habe ich übernommen.

wird" (Joh 3,16; 17,1–2). Der Herr hat das Volk Israel nicht verlassen und ist auch heute dem Volke und seinem Wort treu (Röm 1-11). Die Versammlung der Gläubigen (die ökumenische Gemeinde) ersetzt Israel nicht. Das wahrhaftige „geistige Israel" besteht aus erlösten Juden und Nichtjuden (Röm 3,29-30). Das gegenwärtige Volk Israel sind Juden.

9] Wir glauben, dass alle Menschen: Juden und Nichtjuden, Frauen und Männer gleichermaßen vor Gott Sünder sind und der Bekehrung zum Glauben an Jeschua als ihren Erlöser bedürfen (Röm 3,9; 10,12).

10] Wir glauben, dass das Gesetz Moses uns gegeben ist um die Sündhaftigkeit des Menschen und die Unmöglichkeit der Erlösung durch das Halten des Gesetzes zu zeigen. Die Erlösung ist nur durch Gottes Gnade möglich, durch den Glauben und die Annahme dieser Erlösung durch das Opfer Jeschua (Röm 3,24-25). Die durch den Messias Jeschua erlösten Gläubigen kommen nicht ins Gericht (Joh 5,24), sie sind heilig in Gottes Augen (Röm 8.33; Hebr 10,14; Röm 8,16), und Sein Gesetz ist in ihr Herz geschrieben (Jer 31,33; Hebr 10,16).

8.1.5 „Doctrinal Statement" von Chosen People Ministries6

I We believe in the verbal, plenary inspiration of the Bible, which is therefore inerrant and infallible in the original autographs. We believe in the sole authority of the Bible, and therefore reject any claim that there is authority in tradition or in any supposed further revelation.

II We believe that there is one God. He is infinite and perfect, eternally existing in three distinct and equal persons – the Father, the Son, and the Holy Spirit – each possessing the nature and perfections of deity, as well as the characteristics of personality.

III We believe that God is the creator of all things. We believe that God created individually the various groups of living beings, including mankind, as special acts of creation rather than through evolution.

IV We believe that the first man, Adam, was created in the image of God. Adam sinned and, though the image of God has not been lost, as a consequence all people are now born guilty before God and with a nature in rebellion against him.

6 CPM (Hrsg.), Doctrinal Statement, New York 2000, in: http://www.chosenpeople.com/docs/GB/About/doctrinalstatement.html, Stand: 3.5.2008. Zu jedem Absatz gehören ein bis mehrere Fußnoten (mit einigen Bibelstellen), die auf der Internetseite nachzulesen sind.

V We believe that God made an everlasting and irrevocable covenant with Abraham. It includes the unconditional election of Israel as God's chosen people, the promise of the Messiah through whom all the world will be blessed, and the gift of the land of Israel to the Jewish people.

VI We believe that God the Son, the eternal word, took human nature to Himself[7] and was known as Yeshua, or Jesus, the Messiah. We believe in His full deity; His virgin conception by the work of the Holy Spirit; His full humanity; and His sinless life.

VI We believe Jesus, the Messiah is the promised Prophet, Priest, and King. As the Prophet, he revealed the mind of God in his teaching. As the great High Priest, he offered Himself once and for all as the only effective sacrifice for the sins of men, dying as an atonement which is both penal and substitutionary. He continues His priestly ministry as He intercedes for his people. As the King, He began his reign as Messiah when He ascended into heaven after His death and bodily resurrection. He will return physically and visibly to reign on earth.

VII We believe in the full deity and the personality of the Holy Spirit. We believe that He bears witness to Messiah Jesus through the Word of God; that He convicts people of sin; that He regenerates individuals, baptizing them into the Body of Messiah; that He indwells, seals, fills, helps, and produces in believers the fruit of the Holy Spirit.

We believe that the Holy Spirit sovereignly gives spiritual gifts to believers, though no one particular gift is given to every believer.

VIII We believe in justification by grace alone through faith alone. Faith in Messiah Jesus is the only way of salvation, for both Jew and Gentile. True believers in Messiah Jesus cannot lose their salvation.

IX We believe that the church is comprised of both Jews and Gentiles who have accepted Jesus as Messiah. Gentiles who have come to faith in Messiah Jesus are fellow heirs with Jewish believers of the promises of God.

We believe in the establishment of the local assembly of believers where both Jews and Gentiles are encouraged to live together in unity while expressing their respective cultural distinctives.

---

7 Wenn sich Personalpronomen auf Gott, Jesus oder den Heiligen Geist beziehen, werden sie in der Vorlage meist auch im Satz groß geschrieben. Dies habe ich übernommen.

X We believe there will be a seven-year period in which God will pour out his wrath on the earth, after which Messiah Jesus will return to earth to reign over the Millennial Kingdom. When all His enemies are put under his feet, He will hand over the Kingdom to the Father.

We believe that the final state of those who have trusted in Messiah Jesus will be eternal bliss in the presence of God. The eternal state of those who have not trusted in the Messiah will be one of conscious suffering in hell.

8.1.6 „Statement of Faith" von Jews for Jesus[8]

- We believe that the Scriptures of the Old and New Testaments are divinely inspired, verbally and completely inerrant in the original writings and of supreme and final authority in all matters of faith and life.

- We recognize the value of traditional Jewish literature, but only where it is supported by or conformable to the Word of God. We regard it as in no way binding upon life or faith.

- We believe in one sovereign God, existing in three persons: Father, Son and Holy Spirit, perfect in holiness, infinite in wisdom, unbounded in power and measureless in love; that God is the source of all creation and that through the immediate exercise of His[9] power all things came into being.

- We believe that God the Father is the author of eternal salvation, having loved the world and given His son for its redemption.

- We believe that Jesus the Messiah was eternally pre-existent and is co-equal with God the Father; that He took on Himself the nature of man through the virgin birth so that He possesses both divine and human natures.

- We believe in His sinless life and perfect obedience to the Law; in His atoning death, burial, bodily resurrection, ascension into heaven, high-priestly intercession and His personal return in power and glory.

---

8 Jews for Jesus (Hrsg.), Statement of Faith, San Francisco, in: http://www.jewsforjesus.org/about/ statementoffaith, Stand: 6.9.2007.

9 Wenn sich Personalpronomen auf Gott oder Jesus beziehen, werden sie in der Vorlage meist auch im Satz groß geschrieben. Dies habe ich übernommen.

- We believe that the Holy Spirit is co-equal and co-eternal with the father and the son; that He was active in the creation of all things and continues to be so in providence; that He convicts the world of sin, righteousness and judgment, and that He regenerates, sanctifies, baptizes, indwells, seals, illumines, guides and bestows his gifts upon all believers.

- We believe that God created man in His image; that because of the disobedience of our first parents at the Garden of Eden they lost their innocence and both they and their descendants, separated from God, suffer physical and spiritual death and that all human beings, with the exception of Jesus the Messiah, are sinners by nature and practice.

- We believe that Jesus the Messiah died for our sins, according to the Scriptures, as a representative and substitutionary sacrifice; that all who believe in Him are justified, not by any works of righteousness they have done, but by His perfect righteousness and atoning blood and that there is no other name under heaven by which we must be saved.

- We believe that Israel exists as a covenant people through whom God continues to accomplish His purposes and that the Church is an elect people in accordance with the New Covenant, comprising both Jews and Gentiles who acknowledge Jesus as Messiah and Redeemer.

- We believe that Jesus the Messiah will return personally in order to consummate the prophesied purposes concerning His kingdom.

- We believe in the bodily resurrection of the just and the unjust, the everlasting blessedness of the saved and the everlasting conscious punishment of the lost.

8.2 Gemeindesatzungen

8.2.1 Gemeindesatzung mit Glaubensbekenntnis der Gemeinde „Adat Adonai" (Heidelberg)[10]

I. Name

Der Name der Gemeinde lautet: „Adat Adonai" („Gemeinde des Herrn")

II. Ziele

Unsere Hauptziele sind:

1] Dem Allerhöchsten nachzufolgen, im Glauben an den Messias Jeschua zu wachsen und gestärkt zu werden, indem wir:
   - einander zur Liebe und guten Werken ermutigen;
   - füreinander beten;
   - einander helfen und dienen;
   - miteinander in Bruderliebe und Einmütigkeit Gemeinschaft haben, aufeinander acht geben, miteinander aufrichtig und offen sind, respektvoll und nachsichtig gegen einander sind;
   - einander vergeben und Frieden miteinander haben;
   - einander erbauen, lehren, trösten und, wenn nötig, der Sünde überführen;
   - uns von der Ausschweifung und Sündhaftigkeit der uns umgebenden Welt absondern.

1] Die Verbreitung des Evangeliums auf verschiedene Weise unter allen Menschen und in erster Linie unter den Juden.

2] Der Einsatz für die Bruderliebe und Einigkeit unter den messianischen Juden und den anderen Gläubigen.

---

10 R. Vidonyak, Die Grundlagen des Glaubens mit Kommentaren innerhalb der Gemeindesatzung der Gemeinde „Adat Adonai", Heidelberg, bisher nicht veröffentlicht.

III. Besondere Merkmale der Gemeinde

Die Gemeinde richtet ihre Aufmerksamkeit besonders auf:

1] Ihre Identifizierung mit dem jüdischen Volk und den Widerstand gegen jede Form von Antisemitismus.

2] Die Durchführung regelmäßiger Gottesdienste und Versammlungen mit Betonung der Besonderheiten der jüdischen Kultur und das Feiern der biblischen und jüdischen Feste zur Ehre des Messias Jeschua.

3] Das tiefgehende Studium der Bibel unter Berücksichtigung ihrer jüdischen Besonderheiten.

4] Die Wiederherstellung des Verständnisses für die jüdischen Wurzeln des Glaubens an Jeschua, den verheißenen Messias Israels.

5] Die Vertiefung des Verständnisses der Gläubigen für die Wichtigkeit der Evangelisierung der Juden und ihre praktische Durchführung.

IV. Verbindung mit dem BSSE

Die Gemeinde arbeitet eng mit dem Missionswerk „Beit Sar Shalom Evangeliumsdienst e.V." (BSSE) zusammen, durch dessen Hilfe sie entstand. Die Gemeinde betrachtet BSSE als ihren inneren Dienst für die Evangelisation und Unterweisung und erzeigt dem Missionswerk vielseitige Unterstützung.

V. Die Grundlagen des Glauben[s] mit Kommentaren

1] Wir glauben daran, dass die Bibel die Gott inspirierte, einzigartige, unverbrüchliche, unfehlbare und wahrhaftige Hinwendung zu allen Menschen ist, und dass sie die Heilige Schrift der Juden darstellt.

Alle 66 Bücher der Bibel sind für die Vervollkommnung der Gläubigen bestimmt, und ihren Wandel mit Gott. Der Gläubige muss sein Leben und seine Denkweise zum Einklang mit ihnen verändern. Sie enthalten die Unterweisung Gottes und Gebote für unser Leben. Alles was dem widerspricht, was in der Bibel steht, ist nicht wahrhaftig und kann nicht Gottes Offenbarung sein.

2] Wir glauben daran, dass Gott eine Person ist, die sich den Menschen in Vater, Sohn (Messias Jeschua) und Heiligem Geist offenbart hat.

Gott ist ewig und ist Schöpfer von allem was existiert. Er ist allwissend und allmächtig, unveränderlich und heilig, gerecht und barmherzig, treu und liebevoll. Dem Allerhöchsten gehört eine sehr große Zahl von Engeln, die seine dienenden Geister sind und seinen Willen erfüllen.

3] Wir glauben daran, dass Jeschua der verheißene Messias Israels ist und Gottheit besitzt. Wir glauben, dass er:

- von einer Jungfrau geboren ist;
- ein sündloses Leben geführt hat;
- viele Wunder und Zeichen vollbracht hat;
- gestorben und zum Opfer zur Erlösung von unseren Sünden geworden ist;
- von den Toten auferstanden ist und sich an der Seite Gottes befindet: „zur Rechten des Vaters";
- bald in Macht und Herrlichkeit wiederkommt.

Wir glauben, dass Jeschua unser Heiland und Retter ist. Wir glauben, dass:

- Gottes Wunsch darin besteht, dass alles in dieser Welt Jeschua unterworfen wird und ihn preist;
- Jeschua, wenn er nach Israel wiederkommt, dort 1000 Jahre herrschen wird;
- nach dem Gericht über diejenigen, die ihn abgelehnt haben, ewig mit dem Vater zusammen herrschen wird.

4] Wir glauben daran, dass für die Errettung von Gottes Strafe für die Sünde jeder Mensch unbedingt die Wiedergeburt mit Hilfe des Heiligen Geistes braucht, die untrennbar mit dem Glauben an den Messias Jeschua und Umkehr von seinen Sünden verbunden ist.

Jeder Mensch ist mit unüberwindbarer sündiger Begierde geboren und sündigt während seines ganzen Lebens in Gedanken, Worten und Werken. Gott, der wahrhaftig und gerecht ist, warnt vor der unentrinnbaren Strafe für die begangenen Sünden. Jeder Mensch braucht Errettung vor dem kommenden Gericht und der unentrinnbaren Strafe. Diese Errettung kann man unmöglich aus seinem eigenen Vermögen oder seinen Verdiensten bekommen. Sie wird als Geschenk gegeben und ist der Ausdruck der unverdienten Gnade Gottes. Es gibt keine anderen Wege zur Errettung außer dem Glauben an den Messias Jeschua. Darin gibt es keinen Unterschied zwischen Juden und anderen Völkern. Ein Mensch, der Gottes Errettung als Geschenk bekommen hat, kann sie niemals und auf keine Weise wieder verlieren.

5] Wir glauben an das Wirken des Heiligen Geistes, durch den die Menschen zu Gott kommen und danach weiter geistlich wachsen können.

Ruach hakodesch (der Heilige Geist) wirkt durch die ganze Menschheitsgeschichte hindurch mit dem Ziel, den Allerhöchsten und den Messias Jeschua zu preisen und die Menschen zum rettenden Glauben an Jeschua zu führen. Er fördert jedes Werk Gottes und öffnet der Welt die Augen für Sünde, Gerechtigkeit und Gericht. Jeder Mensch, der durch Jeschua gerettet wurde, besitzt in sich den Heiligen Geist, durch den er die Fülle und allen geistlichen Segen in Jeschua erhält, rein gewaschen und gereinigt ist, in den Leib des Messias eingefügt ist und für ein frommes Leben berufen ist. Ein frommes Leben in Liebe und Dienst ist das Kennzeichen der Anwesenheit des Heiligen Geistes im Menschen und Gradmesser seiner Geistlichkeit.

Die Gläubigen sind in dieser Welt nicht von der Verführung durch die Sünde ausgenommen und sie sind anfällig gegenüber den Angriffen des Satans. Das Erfülltsein mit dem Heiligen Geist eröffnet die Möglichkeit für die Vervollkommnung des Lebens der Gläubigen. Wenn die Gläubigen auf diese Weise dem Willen Gottes folgen und sich vom Heiligen Geist führen lassen, zeigen sie der Welt Gottes Herrlichkeit.

Zum Dienst und zur Stärkung des Leibes des Messias erhält jeder Gläubige von Gott mindestens eine Gabe des Heiligen Geistes. Der Geist gibt diese besonderen geistlichen Fähigkeiten nach seinem Willen. Dies geschieht im Einklang mit dem Plan Gottes, und nicht nach dem Wunsch des Menschen, seinen Ambitionen und Bitten. Es gibt keine einheitliche geistliche Gabe für alle Gläubigen und keine der Gaben kann besonders hervorgehoben oder abgesondert werden. Sie sind alle wichtig und unsere Aufgabe ist es, sie im Dienst anzuwenden oder zu benutzen.

Der Heilige Geist tröstet, unterweist, unterstützt, lehrt und überführt den Gläubigen der Sünde. Er ist der Garant unserer Rettung. Das Wirken des Heiligen Geistes zeigt sich auch in Heilungen der Gläubigen zu der Zeit und auf die Weise, die mit Gottes Plan übereinstimmt. Die Heilung kann auf übernatürliche und natürliche Weise geschehen. Die Gläubigen sind berufen, füreinander für die Heilung zu beten.

6] Wir glauben an die Auferstehung: Der Gerechten nach dem Glauben zum ewigen Glück durch das Zusammensein mit Gott in Jeschua, alle anderen zum Urteil der ewigen Verdammnis.

Die Zeit dieser Ereignisse ist von Gott bestimmt und nur ihm bekannt. Der Satan, der eine reale geistliche Person ist, der Urheber des Bösen, der Lüge und Versuchung, ist durch den Tod des Messias besiegt. Nach dem Ende der tausendjährigen Herrschaft von Jeschua in Israel wird der Satan zusammen mit seinen Dienern, die uns als böse Geister und Dämonen bekannt sind, zur ewigen Qual in den feurigen Pfuhl geworfen. Danach werden alle, die nicht an Jeschua glauben und zum Gericht auferstanden sind, sein Schicksal teilen.

7] Alle an den Messias Jeschua Gläubigen sind in einer einzigen Familie der Kinder Gottes geistlich vereinigt, unabhängig von ihrer Staatsangehörigkeit und ihrem Aufenthaltsort.

Alle Gläubigen sind Glieder des umfassenden „Leibes" des Messias. Dieser „Leib" hat am Schawuot (Pfingsttag) nach der Himmelfahrt von Jeschua mit dem Kommen des Heiligen Geistes seinen Anfang genommen. Die Entwicklung des „Leibes" wird mit der Wiederkunft des Messias für die Gläubigen vollendet. Dieser „Leib" (die allgemeine christliche „Gemeinde" oder „Kirche" aller Gläubigen) ist nicht identisch mit Israel. Die Gemeinden der an Jeschua Gläubigen sind der sichtbare Ausdruck des weltumfassenden „Leibes". Der Dienst in einer der Gemeinden ist der Wille Gottes für jeden Gläubigen und ist auf seine freie Entscheidung gegründet. Die Zugehörigkeit zu einer Gemeinde ist sowohl ein Privileg als auch eine Verantwortung vor Gott und voreinander: Der geistliche Sieg eines Einzelnen ist automatisch ein Segen für alle und die Sünde eines Einzelnen wirkt sich unausweichlich auf alle aus. Alle Versammlungen der Gläubigen müssen zur erfolgreichen Unterweisung und zum guten Zeugnis gebührlich und anständig durchgeführt werden, in Frieden und Ordnung.

8] Der Glaube eines Menschen verändert nicht seine Staatsangehörigkeit, und ein Jude, der anfängt, an Jeschua zu glauben, gehört weiter dem auserwählten Volk Gottes Israel an. Die Gemeinde hat Israel nicht ersetzt und ist kein „neues Israel". Gott hat das jüdische Volk nicht verstoßen und jeder messianische Jude ist dafür eine Bestätigung. Jede Form des Antisemitismus ist eine von Satan provozierte Sünde.

9] Die Juden, die Jesus nachfolgen, müssen sich sowohl mit dem Volk Israel als auch mit der ganzen geistlichen Familie der Kinder Gottes identifizieren und ihr biblisch-jüdisches Erbe tragen.

Eine Assimilation der Juden widerspricht dem Plan Gottes, der in der Bibel ausgelegt ist. Jegliche Versuche der Menschen, dies von den Juden zu verlangen, widersprechen Gottes Wünschen und sind sündig. Die messianischen Juden, und auch die Gläubigen, die sich mit Israel identifizieren, können einen jüdischen Lebensstil führen und die jüdische Traditionen in einer für sie annehmbaren Weise aufrecht erhalten, mit Ausnahme dessen, was der Schrift widerspricht.

10] Wir bekräftigen das Recht der Juden, im Land Israel zu leben.

Bei der Errichtung von Gottes Reich gibt Jeschua Israel das ganze Land, das Gott den Juden verheißen hat. Er sammelt schließlich alle Juden in Israel und beendet auf diese Weise ihre lang andauernde Zerstreuung.

11] Wir meinen, dass das „[m]essianische Judentum" die biblische und rechtmäßige Fortsetzung des „Judentums der Tora" ist.

Der Glaube an den Herrn Jeschua ist von Gott als einzige Möglichkeit angeordnet, dem Allerhöchsten zu gefallen und zu ihm zu kommen. Alle Religionen und Weltanschauungen der Menschen, die Jeschua ausweichen oder zusätzliche Möglichkeiten der Rettung anbieten, können nicht für sich beanspruchen, dem wahren Gott zu folgen und stellen verschiedene Arten des Heidentums dar.

Das Gesetz des Mose hat nicht die Errettung vorgesehen. Als er den Juden die Tora als sein kostbares Geschenk gab, hatte der Herr das Ziel, Israel zum heiligen Dienst auszusondern und dieses Volk zur „Königlichen Priesterschaft" zu machen. Aber dieses Ziel kann nur vollständig im Messias Jeschua erreicht werden, auf den das Gesetz verwiesen hat. Im Reich Gottes, unter der Herrschaft des Messias, wird das Gesetz auf vollständige Weise erfüllt sein.

Vor dem Kommen des Reichs Gottes, gießt der Herr seinen Heiligen Geist auf die Juden, die zu dieser Zeit leben werden, und sie werden alle Jeschua als den Messias Israels anerkennen, und werden, indem sie an ihn glauben (das heißt messianische Juden werden) in dieses Reich Gottes hineingehen.

12] Die Bibel kann nur richtig ausgelegt werden, wenn man ihre biblisch-jüdischen Wurzeln berücksichtigt und die heidnischen Traditionen ausfiltert, die das Christentum seit 2000 Jahren durchdrungen haben.

13] Es ist unsere biblische Pflicht, die Wahrheit über Jeschua zu allen Menschen zu bringen, angefangen bei den Juden.

8.2.2 Gemeindesatzung der Gemeinde „Schma Israel" (Stuttgart-Vaihingen)[11]

§ 1 Name der Gemeinde

Der Name der Gemeinde lautet:
„Schma Israel – messianische Gemeinde Esslingen"

§ 2 Ziele der Gemeinde

Das Ziel der Gemeinde ist, dem Messias Jeschua ähnlich zu werden durch:

a) ständige Liebe und Demut in der Beziehung zu Gott und den Mitmenschen;

b) die Verkündigung der Guten Nachricht, zuerst den Juden und ebenso den Nichtjuden (Röm 1,16);

c) die Förderung der Einheit zwischen Juden und Nichtjuden im Messias (Eph 2, 14-16);

d) die Identifikation mit dem jüdischen Volk und durch den Widerstand gegen alle Formen von Antisemitismus;

e) die Rückkehr zu den biblischen jüdischen Wurzeln des Glaubens an Jeschua – den verheißenen Messias Israels;

f) durch die Förderung des Dienstes, der biblischen Lehre und der Gemeinschaft unter den Gläubigen an Jeschua, im Licht der messianisch-jüdischen Tradition.

§ 3 Dienst der Gemeinde

A. Öffentliche Gottesdienste in messianisch-jüdischer Form finden regelmäßig jede Woche statt. Für zusätzliche und besondere Gottesdienste ist die Zustimmung des Gemeindeleiters erforderlich.

---

11 A. Uschomirski et al, Satzung der Gemeinde Schma Israel (Kurzfassung), Stuttgart, bisher nicht veröffentlicht. Übersetzung aus dem Russischen von A. Dyskine, 28.11.1998, überarbeitet am 23.12.1998 von H. Renz.

B. Die Gemeinde feiert die biblischen Feste im Sinne ihrer messianischen Bedeutung.

§ 4 Glaubensgrundlage der Gemeinde

Die Grundlagen des Glaubens der gemeinde „Schma Israel“ sind die Heiligen Schriften des Alten (Tenach) und Neuen Testaments.

Das messianische Manifest (13 Grundsätze des messianischen Judentums) vom 29.März 1998 ist Ausdruck unseres Glaubens.

§ 5 Aufnahme in die Gemeinde und Austritt oder Ausschluss aus der Gemeinde

A. Aufnahme in die Gemeinde

1) Mitglied der Gemeinde kann werden, wer persönlich an Jeschua Messias als die Quelle der Errettung glaubt, wer getauft ist, mit den Zielen der Gemeinde (vgl. §2) und den Grundlagen des Glaubens vgl. (§ 4) einverstanden ist und das 13. Lebensjahr vollendet hat. Mitglieder, die das 18. Lebensjahr noch nicht vollendet haben, sind nicht stimmberechtigt.

2) Bitten um Aufnahmen in die Gemeinde sind an die Gemeindeleitung zu richten.

3) Über die Anerkennung der Taufe bereits getaufter Bewerber entscheidet die Gemeindeleitung.

4) Der Gemeindeleiter ist verpflichtet, den geistlichen Zustand des Bewerbers/der Bewerberin zu beurteilen um eine Aufnahme zu empfehlen oder davon abzuraten.

5) Eine Aufnahme in die Gemeinde kann nur mit der einstimmigen Zustimmung der in der Gemeindeversammlung anwesenden Gemeindeglieder erfolgen.

A. Austritt aus der Gemeinde

Der Austritt aus der Gemeinde erfolgt durch eine schriftliche Erklärung gegenüber dem Gemeindeleiter.

B. Ausschluss aus der Gemeinde

Der Ausschluss eines Mitgliedes kann nur mit der Mehrheit von zwei Dritteln aller in der Gemeindeversammlung anwesenden Gemeindemitglieder erfolgen.

§ 6 Das geistliche Leben der Gemeindemitglieder

Von den Gemeindegliedern wird erwartet:

a) dass sie ihr geistliches Leben durch regelmäßiges Lesen der Bibel, durch Gebet und durch die Gemeinschaft mit Gläubigen fördern;

b) dass sie die Gute Nachricht über Jeschua Messias mit Nichtgläubigen teilen;

c) dass sie regelmäßig an den Gottesdiensten und anderen Aktivitäten der Gemeinde teilnehmen.

d) Dass sie die Gemeinde freiwillig und regelmäßig mit materiellen Gaben unterstützen;

e) Dass sie ihre natürlichen und geistlichen Gaben zur Förderung des Wachstums der Gemeinde brauchen.

§ 7 Leitung der Gemeinde

Der Gemeindeleiter verkörpert (bis zur Schaffung eines Ältestenrates) die Gemeindeleitung und kümmert sich um den geistlichen Zustand der Gemeindeglieder.

§ 8 Allgemeine Mitgliederversammlung

A. Die Mitgliederversammlung der Gemeinde findet mindestens einmal pro Jahr statt.

B. Bei Bedarf kann der Gemeindeleiter eine außerordentliche Versammlung einberufen.

C. Eine außerordentliche Gemeindeversammlung muss innerhalb von vier Wochen einberufne werden, wenn mindestens ein Viertel der Mitglieder dies schriftlich fordern.

D. Die Gemeindeversammlung ist beschlussfähig, wenn mindestens eine Person mehr als die Hälfte aller Mitglieder anwesend ist.

E. Alle Gemeindemitglieder müssen mindestens zwei Wochen vor dem Termin einer Versammlung benachrichtigt werden.

§ 9 Finanzwesen der Gemeinde

A. Die finanziellen Angelegenheiten werden von einem Gemeindemitglied erledigt, das dazu beauftragt wird. Es ist dazu verpflichtet, alle Einnahmen und Ausgaben der Gemeinde schriftlich festzuhalten.

B. Der Jahresfinanzbericht muss allen Gemeindemitgliedern frei zugänglich sein.

C. Einmal im Jahr findet die Prüfung der Jahresrechung und der Finanzen der Gemeinde durch zwei von der Gemeindeversammlung gewählte Personen statt.

9 Abkürzungsverzeichnis

Allgemeine Abkürzungen und Abkürzungen der biblischen Bücher etc. orientieren sich in der Regel an S. Schwertner, (Internationales Abkürzungsverzeichnis für Theologie und Grenzgebiete, in: Theologische Realenzyklopädie, Berlin 1994²). Häufig verwendete Abkürzungen verschiedener Werke und Organisationen sowie eigene Abkürzungen der Forschungsmethodik führe ich nachstehend auf.

AAJE	American Association for Jewish Evangelism
AMJD	Allianz messianischer Juden in Deutschland
Amzi	Arbeitsgemeinschaft für das messianische Zeugnis an Israel
ABMJ	American Bard of Mission to the Jews
ACD	Arbeitsgemeinschaft der Christengemeinden Deutschlands
AMD	Arbeitsgemeinschaft missionarischer Dienste
BGG	Biblische Glaubensgemeinschaft
BFP	Bund freikirchlicher Pfingstgemeinden
BMI	Bundesministerium des Innern
BSSE	Beit Sar Shalom Evangeliumsdienst
BTCP	Bible Training Center for Pastors
CFI	Christen für Israel
CPM	Chosen People Ministries
CWI	Christian Witness to Israel
CVJM	Christliche Verein junger Menschen
DEA	Deutsche Evangelische Allianz
Edi	Evangeliumsdienst für Israel
FCTJ	Fellowship of Christian Testimonies to the Jews
FEG	Freie Evangelische Gemeinde
FMC	Fellowship of Messianic Congregations
FTA	Freie Theologische Akademie
GEE	Geistliche Gemeindeerneuerung
HCAA	Hebrew Christian Alliance of America
HCU	Hebrew Christian Union
ICB	Israel College of the Bible
IAMCS	International Alliance of Messianic Congregations and Synagogues
ICLN	Israel Congregation Leaders Network

IHCA	International Hebrew Christian Alliance
IMJA	International Messianic Jewish Alliance
JBJ	Jewish Believers in Jesus
JDJ	Jewish Defense League
JMA	Jewish Missions of America
LIO	Licht im Osten
LB-DZ	Lausanner Bewegung - Deutscher Zweig
LCJE	Lausanne Consultation on Jewish Evangelism
LCWE	Lausanne Commitee for World Evangelization
LSPCJ	London Society for Promoting Christianity among the Jews
MCLM	Messianic Congregation Leadership Network
MJAA	Messianic Jewish Alliance of America
MJBC	Messianic Jewish Bible College
M.N.N.A.	Messianic Association of North America
NJPS	National Jewish Population Survey
OM	Operation Mobilisation
SEJ	Schweizerische Evangelische Judenmission
UCCI	United Christian Council in Israel
UHL	University of the Holy Land
UMJC	Union of Messianic Jewish Congregation
VEF	Vereinigung Evangelischer Freikirchen
WEF	World Evangelical Fellowship
YECHI	Yehudim Chasidei Yeshua
YHCA	Young Hebrew Christian Alliance
ZWST	Zentralwohlfahrtstelle der Juden

Eigene Abkürzungen der qualitativen Forschungsmethodik

B	(teilnehmende) Beobachtung
FB	Fragebogen
GTM	Grounded Theory Methodology
MJ	Messianische Juden
MJA	Messianisch-jüdische (Glaubens-)artikel
MNJ	Messianische Nichtjuden
NI	Narratives Interview

10 Literaturverzeichnis

ABRAMS, E., Faith or fear. How Jews can survive in a Christian Amerika, New York 1997.

ALLGEMEINE JÜDISCHE WOCHENZEITUNG, Judenmission verurteilt, in: ALLGEMEINE JÜDISCHE WOCHENZEITUNG 11 (1998), 2.

AMZI (Hrsg.), Informationsfaltblatt, Reinach/Lörrach o. J.

Dies. (Hrsg.), [Messianische Haggada]. Liturgischer Leitfaden für eine messianische Passahfeier, Reinach o. J.

Dies. (Hrsg.), [Jüdischen Freunden] den Messias bezeugen. Eine Hilfe für den evangelistischen Kontakt zu jüdischen Menschen, Lörrach 1995.

Dies., Wachstum, in: AMZI (Hrsg.), MESSIANISCHES ZEUGNIS 12 (1995), 4.

Dies., Evangelisation Deutschland, in: AMZI (Hrsg.), MESSIANISCHES ZEUGNIS 10 (1995), 4.

Dies. (Hrsg.), Gebetskarte 6 (1995).

Dies., 100 Gemeinden, in: AMZI (Hrsg.), MESSIANISCHES ZEUGNIS 3 (1997), 6.

Dies., Neues Leben in Elat, in: AMZI (Hrsg.), MESSIANISCHES ZEUGNIS 3 (1998), 5-6.

Dies. (Hrsg.), Gebetskarte 11 (1998).

Dies., [Gemeinden und Werke] in Israel, in: AMZI (Hrsg.), MESSIANISCHES ZEUGNIS 3 (2004), 12.

Dies., Evangelische Kirche und Messianisches Judentum, in: AMZI (Hrsg.), MESSIANISCHES ZEUGNIS 2 (2005), 15.

AMZI/EDI (Hrsg.), [Wir glauben] an Jesus den Messias. Messianische Juden in Deutschland, Reinach/Lörrach, o. J.

ARING, P.-G., [Christliche Judenmission]. Ihre Geschichte und Problematik dargestellt und untersucht am Beispiel des evangelischen Rheinlandes, Düsseldorf 1980.

Ders., [Art. Judenmission], in: TRE, Bd. 17, Berlin/New York 1988, 325-330.

AVEMARIE, F. (Hrsg.), Bund und Tora. Zur theologischen Begriffsgeschichte in alttestamentlicher, frühjüdischer und urchristlicher Tradition, Tübingen 1996.

Ders., Die Tauferzählungen der Apostelgeschichte. Theologie und Geschichte, Tübingen 2002.

ARBEITSGEMEINSCHAFT JUDEN UND CHRISTEN BEIM DEUTSCHEN EVANGELISCHEN KIRCHENTAG, Ja zur Partnerschaft und zum innerbiblischen Dialog. Nein zur Judenmission, in: K. v. BONIN/A. GIDION (Hrsg.), Deutscher Evangelischer Kirchentag (DEKT) 1999. Dokumente, Gütersloh 1999, 539ff.

AXELROD, T., [Vereinnahmung] statt Dialog. Die Frontlinie im Kampf um die jüdische Seele liegt in Berlin-Lichterfelde, in: JÜDISCHE ZEITUNG 12/16 (2006), 23.

BAHNEN, A., Ganz und gar unberufen. Sollen deutsche Protestanten Judenmission betreiben? Ein Streit nicht nur in Württemberg, in: FRANKFURTER ALLGEMEINE ZEITUNG, 4.2.2000, 45.

BARKER, E., Und wer wird nun gewinnen? Nationalkirchen und Minderheitenreligionen in der postkommunistischen Gesellschaft, in: D. POLLACK et al (Hrsg.), Religiöser Wandel, 121-149.

BARTH, H., Die bleibende Erwählung Israels. Auswirkungen auf die Kirchenordnungen der evangelischen Kirche, Rothenburg 2001, in: http://www.ekd.de/vortraege/Barth/BARTH_ 010926.html, Stand: 05.08.2007.

BAUCKHAM, R., Jews and Jewish Christians in the land of Israel at the time of the Bar Kochba war, with special reference to the Apocalypse of Peter, in: STANTON/GRAHAM/STROUMSA, Tolerance and intolerance, 228-238.

BAUMANN, A. H., Christliches Zeugnis und die Juden heute. Zur Frage der Judenmission. Hannover 1981.

Ders., [Art. Judenchristen]. 2.1 Geschichtliche Entwicklungen und Judenchristen heute, in: EKL, Bd. 2, Göttingen 19863, Sp. 851-854.

Ders., Art. Judenmission. in: EKL, Bd. 2, Göttingen 19863, Sp. 854-857.

BAUMANN, M., Migration, Religion, Integration. Buddhistische Vietnamesen und hinduistische Tamilen in Deutschland, Marburg 2000.

BECK, E., Russische Juden. Zurück nach Deutschland, in: www.nahost-politik.de/deutschland/russland.htm, München 2003, 1-4, Stand: 17.03.2007.

BECKER, F./KÖRBER, K., Juden, Russen, [Flüchtlinge]. Die jüdisch-russische Einwanderung nach Deutschland und ihre Repräsentation in den Medien, in: F. RAPHAËL (Hrsg.), Das Flüstern, 425-450.

Dies., [Holocaust memory] and multiculturalism. Russian Jews in German Media after 1989, in: W. MILWAUKEE, New German Critique 92 (2005), 5-20.

BECKMANN, J. (Hrsg.), [Kirchliches Jahrbuch] für die Evangelische Kirche in Deutschland 1933-1945, Gütersloh 1948.

BECKERMANN, J., Kehilat Jeschua, in: BSSE (Hrsg.), KOL HESED 2 (2005), 3.

BEN-CHORIN, S., Die Erwählung Israels. Ein theologisch-politischer Traktat, München 1993.

BENHAYIM, M., Hail and farewell, in: The Messianic Jew (and Hebrew Christian) 2 (1993), 51-54.

Ders., The [Emergence] of Messianic Jews, in: KJÆR-HANSEN (Hrsg.), Jewish identity, 49-56.

Ders., The Messianic movement in Israel – A personal perspective (1963-1998), in: MISHKAN 28 (1998), 5-29, in: http://www.caspari.com/pages/resources/Mishkan/pdf/mishkan28.pdf, Stand: 11.08.2007.

Ders., Between church and synagogue. The dilemma of Hebrew Christians and Messianic, Rancho Mirage, in: http://www.imja.com/Menahem.html, Stand: 05.08.2007.

BENHAYIM, M./MAY, F., Die Bedeutung der biblischen Feste Israels für Juden, messianische Juden und Christen, in: http://www.jerusalem-schalom.de/biblisch2.htm, Stand: 05.08.2007.

Ben-Rafael, E./Lyubansky, M./Glöckner, O./Harris, P., Israel, Y./Jasper, W./Schoeps, J., [Building a Diaspora]. Russian Jews in Israel, Germany and the USA, Leiden/Boston 2006.

Berger, J., Zum Stand des christlich-jüdischen Gesprächs heute. Thesen und Klarstellungen, in: H. Erler/A. Koschel (Hrsg.), Der Dialog, 84-85.

Bernstein, H., Evangelizing Jews. Messianic Jews versus Jews for Jesus. Annual meeting of the association for the sociology of Religion, Toronto 1997.

Betz, O., Die heilsgeschichtliche Rolle Israels bei Paulus, in: ThBtr 9 (1978), 1-21.

Ders., Jesus, der Messias Israels. Aufsätze zur biblischen Theologie, Tübingen 1987.

Ders., Jesus, der Herr der Kirche. Aufsätze zur biblischen Theologie 2, Tübingen 1990.

Bially, G., Wachsende Zahl messianischer Synagogen in Deutschland, in: Charisma 29 (2003), Nr. 126, 33.

Biermann, H., Einer für alle, alle für einen, in: Jüdische Allgemeine 43 (2005), 21.

Blaising, C. A., Dispensationalism, Israel and the church. The search for definition, Michigan 1992.

Bockmühl, K., Konkrete Umkehr. Die christliche Lehre von der Bekehrung zwischen Marxismus und moderner Theologie, Gießen 1989.

Boie, J., Messias auf dem [Ku´ damm]. Gemeinde kritisiert Judenmission der amerikanischen Organisation „Jews for jesus", in: Jüdische Allgemeine 34 (2005), 17.

Borodowski, M., Jüdisches Leben in Moskau heute, in: Judaica 2 (1990), 113-117.

Bosch, D. J., Transforming Mission. Paradigm shifts in theology in mission, New York 20001[5].

Boyer, P. S., Art. Chiliasmus. IV. Nordamerika, in: RGG4, 2003, Sp. 140-141.

Böckler, A., Jüdischer Gottesdienst. Wesen und Struktur, Berlin 2002.

Braker, M., Messianisches Zeugnis in der Ukraine, in Amzi (Hrsg.), Messianisches Zeugnis 11 (1999), 5.

Ders., Zeugnis, in: Amzi/Edi (Hrsg.), Wir glauben, 10.

Ders., Ukraine. Not und Offenheit, in: Amzi (Hrsg.), Messianisches Zeugnis 10 (2000), 6.

Ders., Auf die Wurzeln besinnen, in: Amzi (Hrsg.), Messianisches Zeugnis 4 (2003), 11.

Ders., Versammlung in Hannover, in: Amzi (Hrsg.), Messianisches Zeugnis 5 (2003), 10.

Ders., Unterschied zwischen Menschen und Enten, in Amzi (Hrsg.), Messianisches Zeugnis 5 (2006), 9.

Ders., Gegenwind in Deutschland, in: Amzi (Hrsg.), Messianisches Zeugnis 2 (2007), 9.

Brandt, H. G., Rede bei der Begegnung mit Vertretern des Vatikans am 09.03.2006, Bad Nauheim 2006, in: http://www.deutscher-koordinierungsrat.de/04_02_mehr.php?pNUM=1&mID=60, Stand: 6.9.2007.

Brenner, M., Nach dem Holocaust. Juden in Deutschland 1945-1950, München 1995.

Ders., Eine gute Mischung. Goethe trifft Tolstoi. Wie die russische Zuwanderung Deutschlands Judentum stärken und bereichern kann, in: Jüdische Allgemeine 43 (2005), 1.

Brown, L., The place of [Rabbinic tradition] in Messianic Judaism, Harrisburg, in: http://www.icnministries.org/resources/rabtrad.htm, Stand: 05.08.2007.

Brumlik, M. (Hrsg.), [Jüdisches Leben] in Deutschland seit 1945. Frankfurt am Main 1988.

Ders., Zuhause, keine Heimat? Junge Juden und ihre Zukunft in Deutschland, Gerlingen 1998.

Brym, R. J., The emigration potential of Jews in the former Soviet Union, in: Eastern European Jewish Affairs 23 (1993), Nr. 2, 9-24.

BSSE (Hrsg.), Was hast du den Juden getan?, Berlin o. J., Faltblatt.

Ders. (Hrsg.), [Pessach-Haggadah], Berlin, nicht veröffentlicht.

Ders., Man muss die [Schrift] „mit jüdischen Augen" lesen. Interview mit H. Fischbein, in: Kol Hesed 1 (2004), 3.

Ders., Purim, in: Ders. (Hrsg.), Kol Hesed 1 (2004), 5.

Ders. (Hrsg.), [Pessach. Fest der Mazza], in: BSSE (Hrsg.), Kol Hesed 2 (2005), 5.

Ders., Messianische Konferenz 2005, in: Ders. (Hrsg.), Kol Hesed 2 (2005), 15.

Ders., Beit el Gibor, in: BSSE (Hrsg.), Kol Hesed 3 (2005), 3.

Ders., Der messianische Hilfsdienst, Berlin 2005, www.messianischerhd.de, Stand: 13.03.2007.

Ders. (Hrsg.), Einladung, Faltblatt, Berlin 2006.

Ders. (Hrsg.), Jüdisch-messianisches Zentrum in Berlin, Berlin 2006, einzelnes Blatt.

Ders., Hanuka. Das Licht leuchtet weiter, in: BSSE (Hrsg.), Kol Hesed 5 (2006), 5.

Ders. (Hrsg.), Jüdisch-messianische Dienste an Gemeinden, Berlin, in: http://www.beitsar-shalom.org/, Stand: 2.5.2008.

Buck, W., Unsere Geschichte, Korntal-Münchingen, in: http://www.lio.org/index.php?id=23, Stand: 06.08.2007.

Buksbazen, V., The gospel in the feasts of Israel, Philadelphia 1995².

Bundesamt für Migration und Flüchtlinge (Hrsg.), [Migration und Asyl] in Zahlen, Nürnberg 2004.

Bundesministerium des Innern (Hrsg.), [Migrationsbericht]. Bericht des Sachverständigenrates für Zuwanderung und Integration im Auftrag der Bundesregierung in Zusammenarbeit mit dem Europäischen Forum für Migrationsstudien (efms) an der Universität Bamberg, Berlin 2004.

Dass., Teilstatistik Migration und Asyl, Berlin 23.08.2006, in: http://www.bamf.de/cln_042/nn_564242/SharedDocs/Anlagen/DE/DasBAMF/Downloads/Statistik/statistik-auflage14-1-migration-asyl.pdf, 68, Stand: 05.05. 2007.

Dass. (Hrsg.), Die Neuregelung des Aufnahmeverfahrens, Berlin 2007, in: http://www.bamf.de/nn_972904/DE/Integration/JuedischeZuwanderer/juedische-zuwanderer-node.html__nnn=true, Stand: 05.08.2007.

Dass. (Hrsg.), Staat und Religionsgemeinschaften in Deutschland, Berlin 2007, in: http://www.bmi.bund.de/cln_028/nn_122688/Internet/Content/Themen/Kirchen__und __Religionsgemeinschaften/DatenundFakten/Staat__und__Religionsgemeinschaften.html, Stand: 08.08.2007.

Dass./Bundesamt für Migration und Flüchtlinge (Hrsg.) Jüdische Zuwanderer aus der ehemaligen Sowjetunion, in: Bundesministerium des Innern/Bundesamt für Migration und Flüchtlinge, Migrationsbericht des Bundesamtes für Migration und Flüchtlinge im Auftrag der Bundesregierung, Berlin 2007, 83-87.

Burchartz, A., Israels Feste. Was Christen davon wissen müssen, Neukirchen-Vluyn 20035.

Burchartz, A./Kvarme, O. C., [Passah und Abendmahl] – eine Hilfe für Christen, Leinfelden-Echterdingen 1999².

Burchartz, A/Maoz, B., Israel – unsere Liebe. Beiträge zur gegenwärtigen Diskussion um eine Erneuerung des Verhältnisses zwischen Christen und Juden, Leinfelden-Echterdingen, 1989.

Burgauer, E., Zwischen Erinnerung und Verdrängung. Juden in Deutschland nach 1945, Reinbek bei Hamburg 1993.

Burkhardt, H., Die biblische Lehre von der Bekehrung, Gießen/Basel 19852.

Busch, R., [Einzug] in die festen Burgen. Ein kritischer Versuch, die Bekennenden Christen zu verstehen, Hannover 1995.

Campus for Christ (CfC) (Hrsg.), Kennen Sie schon die vier geistlichen Gesetze, Orlando, in: http://www.greatcom.org/german/four.htm, Stand: 09.08.2007.

Carlebach, J., Jewish Identity in the Germany of New Europe, in: J. Webber (Hrsg.), Jewish identities in the new Europe, London 1994, 205-218.

Chadwick, H., Die Kirche in der antiken Welt, Berlin 1972.

Chernoff, J., [Messianic Jewish revival] and liturgy, in: Cohn-Sherbok, Voices, 11-17.

Chernoff, Y., [Born a Jew], die a Jew. The story of Martin Chernoff. A pioneer in Messianic Judaism, Hagerstown 1996.

Christian Friends of Israel (Hrsg.), Über uns, in: http://cfri.de/ueberuns.html, Trostberg, Stand: 28.2.2008.

CFI (Hrsg.), Über uns, in: http://cfri.de/ueberuns.html, Trostberg, Stand: 28.2.2008.

Cohen, R., A centrally run organization, in: Cohn-Sherbok, Voices, 71-76.

Cohn-Sherbok, D., The Bishop who was taught a lesson by the Rabbi, in: Church of England Newspaper, 06.09.1996, übersetzt abgedruckt in: Edi (Hrsg.), Ein Rabbiner erteilt dem Bischof eine Lektion, Sonderdruck, Leinfelden-Echterdingen 1996.

Ders., Messianic Judaism. London/New York 2000.

Ders., [Voices] of Messianic Judaism. Confronting critical issues facing a maturing movement, Baltimore 2001.

Ders., [Modern Hebrew Christianity] and Messianic Judaism, in: Tomson/Lambers-Petry (Hrsg.), The image, 287-299.

COLPE, C., [Das Siegel] der Propheten. Historische Beziehungen zwischen antikem Judentum, Judenchristentum, Heidentum und frühem Islam, Berlin 20062.

Ders., Das deutsche Wort „Judenchristen" und ihm entsprechende historische Sachverhalte, in: S. SHAKED/D. SHULMAN/G.G. STROUMSA (Hrsg.), Gilgul. Essays on transformation, revolution and permanence in the history of religions, Leiden 1987, 50-68.

CONZELMANN, H., Geschichte des Urchristentums, Göttingen 1989^{6}.

CPM (Hrsg.), Boris GALINKER. Germany, New York 2007, in: http://www.chosenpeople.com/docs/GB/About/Staff/GALINKER.html, Stand: 09.08.2007.

Ders. (Hrsg.), Doctrinal Statement, New York, in: http://www.chosenpeople.com/ docs/GB/About/doctrinalstatement.html, Stand: 18.08.2007.

CROMBIE, K., For the love of Zion. Christian witness and the restoration of Israel, London u.a. 1991.

Ders., Anglican mission to Israel 1948-1980, in: MISHKAN 20 (1994), 20-28, in: http://www.caspari.com/pages/resources/Mishkan/pdf/mishkan20.pdf, Stand: 11.08.2007.

DANIÉLOU, J./BAKER, J. A., The theology of Jewish christianity, London 1964.

Ders., Das [Judenchristentum] und die Anfänge der Kirche, Köln 1964.

DARIEVA, T., [Von anderen Deutschen] und anderen Juden. Zur kulturellen Integration russischsprachiger Zuwanderer in Berlin, in: B. WARNEKEN/T. HAUSCHILD (Hrsg.), Inspecting Germany. Internationale Deutschland-Ethnographie der Gegenwart, MÜNSTER 2002, 405-420.

DIENSTE IN ISRAEL – DIE BRÜCKENBAUER (Hrsg.), Über uns, Hannover, in: http://www.dienste-in-israel.de/wir-ueber-uns.html, Stand: Februar 2008.

DERFNER, L./SVETLOVA, K., [Messianic Jews in Israel] claim 10.000, in: Jerusalem Post Online, Jerusalem 28.04.2005, in: http://pqasb.pqarchiver.com/post/access/832899721.html?dids=832899721:832899721&FMT=ABS&FMTS=ABS:FT&date=Apr+28%2C+2005&author=LARRY+DERFNER+and+KSENIA+SVETLOVA&pub=Jerusalem+Post&edition=&startpage=01&desc=Messianic+Jews+in+Israel+claim+to+number+10%2C000, Stand: 09.08.2007.

DERKSEN, H., Bibelseminar, Bonn, in: http://www.bsb-online.de/index.php?kat=3&action=article&kat=3&cat=view&article_id=3&sid=05fda5985b4c29e94b84925ab63d04e2, Stand: Januar 2007.

DEUTSCHLAND AN DER SEITE ISRAELS (Hrsg.), Eine Initiative für Israel, in: http://www.deutschland-israel.de/initiative/index.html, Stand: 28.02.2008.

DEUTSCHE EVANGELISCHE ALLIANZ (DEA), (Hrsg.) Die [Evangelische Allianz] stellt sich vor. Gemeinsam glauben, miteinander handeln, Informationsbroschüre o. J.

Dies. (Hrsg.), Zwischenbilanz, Evangelikale unterwegs zum Jahr 2000, Stuttgart 1991.

Dies. (Hrsg.), In der Bundeshauptstadt entsteht ein [messianisches Zentrum], in: http://www.ead.de/aktuell/archiv.php?suche=messianisches%20zentrum&id=1016, Stand: 09.08.2007.

Dies. (Hrsg.), Zum [Verhältnis] von Christen und Juden. Eine Handreichung der Deutschen Evangelischen Allianz, Bad Blankenburg 1999.

Dies. (Hrsg.), Internetrundbrief.info@ead.de, 21.07.2005.

DIETZ, B., Jüdische Einwanderer in Deutschland. Ausreisemotive, Aufnahmeverfahren und Integration von Immigranten aus der früheren UdSSR. Texte zur Aussiedlerarbeit A7, Hamm 1999.

DIPROSE, R. E., Israel and the church. The origins and effects of replacement theology, Waynesboro 2000.

DIX, G., The shape of the liturgy, London 2005.

DIXON, M., The [Rebirth] and restoration of Israel, Chichester 1988.

DOBERT, R. (Hrsg.), Zeugnis für Zion. Festschrift zur 100-Jahrfeier des Evangelisch- Lutherischen Zentralvereins für Mission unter Israel e.V., Erlangen 1971.

DOOMERNIK, J., Soviet Jewish immigrants in Berlin and their strategies of adaption to german society, in: L. CLAUSEN (Hrsg.), Gesellschaften im Umbruch. Verhandlungen des 27. Kongresses der Deutschen Gesellschaft für Soziologie in Halle an der Saale 1995, Frankfurt am Main/New York 1996, 413-426.

Ders., [Going west]. Soviet Jewish immigrants in Berlin since 1990, Aldershot 1997.

DUWIDOWITSCH, L./DIETZEL, V., Russisch-jüdisches Roulette. Jüdische Emigranten erzählen ihr Leben in der Sowjetunion, Zürich 1993.

EBEN-SHOSHAN, A. (Hrsg.), Ha-million he-chadasch, Jerusalem 1987 (Hebräisch).

EDELSTEIN, A., Jews who choose Jesus, in: Moment 19 (1994), 30-63.

EDI (Hrsg.), Sie glauben an Jesus den Messias. Messianische Juden in Israel und in Deutschland, Diavortrag, Leinfelden-Echterdingen o. J.

Ders. (Hrsg.), [Jesus für Juden]. Beiträge zur Geschichte und zum Auftrag des Evangeliumsdienstes für Israel, Leinfelden- Echterdingen 1997.

Ders. (Hrsg.), Eine messianische Gemeinde stellt sich vor, Faltblatt „Schma Israel", Leinfelden-Echterdingen 2000.

Ders., Lausanner Tagung über Evangelisation unter Juden. Helsinki 2003. Jesus und sein Volk, in: EDI (Hrsg.), GESANDT 32 (2003), Nr. 5, 9.

Ders. (Hrsg.), Israelkonferenz 2004. Messianische Juden in Deutschland, Vortrag am 20.06.2004.

Ders. (Hrsg.), [Leitfaden] (Haggada) für einen christlichen Sederabend an Passa, 2004, nicht veröffentlicht.

Ders., [Mache dich auf], werde Licht! Messianische Juden in Deutschland, Vortrag an der EDI-Israelkonferenz, 05.06.2005, Tonmitschnitt Ebersbach 2005.

EHRENBERG, Y., Sollte der Übertritt zum Judentum für Zuwanderer einfacher werden? [Etikettenschwindel], in: JÜDISCHE ALLGEMEINE 37 (2005), 11.

EKD (Hrsg.), [Christen und Juden] I-III. Die Studien der Evangelischen Kirche in Deutschland Gütersloh 1997, 2000, 2002.

Dies. (Hrsg.), Der christliche Gottesdienst in seinem Verhältnis zum jüdischen Gottesdienst, Hannover 2000, in: http://www.ekd.de/EKD-Texte/christen_juden_2000_c-j4.html, 10.08.2007.

Dies. (Hrsg.), EKD-Denkschrift Nr. 144, Christen und Juden III, Hannover 2000, in: http://www.ekd.de/EKD-Texte/christen_juden_2000_c-j3.html, Stand: 18.08.2007.

ELBOGEN, I., Der jüdische Gottesdienst in seiner geschichtlichen Entwicklung, Frankfurt am Main 19953.

ELGVIN, T., [Israel and Yeshua]. Festschrift celebrating the tenth anniversary of Caspari Center for Biblical and Jewish Studies, Jerusalem 1993.

Ders., [The theology] of Messianic Jewish worship, in MISHKAN 29 (1998), 22-29, in: http://www.caspari.com/pages/resources/MISHKAN/pdf/mishkan29. pdf, Stand: 11.08.207.

ELICHAI, Y., History of the catholic Liturgy in Hebrew. Unveröffentlichtes Manuskript. (Hebräisch), Jerusalem 1994, zitiert in: L. LODEN [Catholic], The catholic Jewish community in Israel, in: MISHKAN 29 (1998), 61-66, in: http://www.caspari.com/pages/resources/ MISHKAN/pdf/mishkan29.pdf, Stand: 11.08.2007.

EPSTEIN, J., Roots of religious prejudice, in: JOURNAL OF ECUMENICAL STUDIES 5 (1968), 697-725.

Ders., I., Judaism. A historical presentation, Harmondsworth 1979.

ERICKSON, M. J., Christian theology, Grand Rapids 1985.

ERLER, H./KOSCHEL, A. (Hrsg.), Der [Dialog] zwischen Juden und Christen. Versuche des Gesprächs nach Auschwitz, Frankfurt am Main/New York 1999.

EVANGELISCH LUTHERISCHE LANDESKIRCHE SACHSENS, Rundschreiben 1 (2006), 1-2.

EVANGELISCHE NACHRICHTENAGENTUR IDEA, [Antisemitismus] ist, Juden das Evangelium vorzuenthalten, Wetzlar, in: http://www.idea.de/cfml/homepage/detail_artikel.cfm?ArtikelID=33189, Stand: 3.12. 2006.

EVANGELISCHE ZENTRALSTELLE FÜR WELTANSCHAUUNGSFRAGEN (EZW), Judenchristliche Gemeinde. Nur für Heidenchristen, in: EZW 1 (1982), 18-20.

EYSELEIN, C., Russlanddeutsche Aussiedler verstehen. Praktisch-theologische Zugänge, Leipzig 2006.

FACKRE, G., The place of Israel in Christian faith, in: Ecumenical Faith in Evangelical Perspective, Michigan 1993, 148-153.

FEHER, S., [Passing over Easter]. Constructing the boundaries of Messianic Judaism, Walnut Creek 1998.

FEIMANN, J., [Offen] für das Evangelium, in: BSSE (Hrsg.), Or Jeschua 8 (2005), 4.

FEIMANN, J./FEIMANN, G., Praktische Hilfe, in: BSSE (Hrsg.), Or Jeschua 12 (2005), 4.

Dies., Gott hat durch eure treuen Gebete Großes getan, in: BSSE (Hrsg.), Or Jeschua 3 (2006), 4.

FEINBERG, J. E., Each generation must teach the next in: COHN-SHERBOK, Voices, 93-99.

FIEDLER, K., Evangelikale Bewegung, II. Europa, in: RGG4, Bd.2, 1999, Sp. 1696-1699.

FISCHER, J., Messianic Jews are still Jews, in: CHRISTIANITY TODAY, 24.4.1981, 25.

FISCHER J./BRONSTEIN, D., [Siddur] for Messianic Jews, Palm Harbor 1988.

Dies., Messianic services for festivals and holy days, Palm Harbor 1992.

FISCHBEIN, H., Über die [Einheit] der messianischen Gläubigen. Eine Botschaft für Christen, Stuttgart, in: http://menora-online.de/adon-jeschua/deutsch/christ-de.htm, Stand: 10.08.2007.

Ders., Unsere Entstehungsgeschichte, Stuttgart, in: http://menora-online.de/adon-jeschua/deutsch/geschichte.htm, Stand: 10.08.2007.

Ders., Wie wir verstehen, Stuttgart, in: http://www.adon-jeschua.de/deutsch/ponatia-de.htm, Stand: 29.08.2006.

Ders., Pessach, Stuttgart, in: http://www.adon-jeschua.de/russisch/pesah-ru.htm, München, 1-2, Stand: 23.08.2007 (Russisch).

Ders., Das Pessach-Fest, Stuttgart, http://menora-online.de/adon-jeschua/deutsch/prazdnik/pesah-de.htm, Stand: 31.8.2007.

Ders., Das Fest der ungesäuerten Brote, Stuttgart, in: http://www.adon-jeschua.de/russisch/opres-ru.htm, Stand: 12.11.2006 (Russisch).

Ders., Das Fest der ungesäuerten Brote, Stuttgart, in: http://menora-online.de/adon-jeschua/deutsch/prazdnik/opres-de.htm, Stand: 31.08.2007.

Ders., Schawuot, Stuttgart, in: http://www.adon-jeschua.de/russisch/schawuot-ru.htm, München, Stand: 13.11.2006 (Russisch).

Ders., Schawuot, Stuttgart, in: http://menora-online.de/adon-jeschua/deutsch/prazdnik/shwot-de.htm, Stand: 31.08.2007.

Ders., Fest des Schofarblasens, Stuttgart, in: http://www.adon-jeschua.de/russisch/rosha-ru.htm, München, Stand: 13.11.2006 (Russisch).

Ders., Das Fest der Posaunen, Stuttgart, in: http://menora-online.de/adon-jeschua/deutsch/prazdnik/rosha-de.htm, Stand: 31.8.2007.

Ders., Jom Kippur, Stuttgart, in: http://adon-jeschua.de/russisch/jomkippur-ru.htm, München, Stand: 12.11.2006 (Russisch).

Ders., Jom Kippur, Stuttgart, in: http://menora-online.de/adon-jeschua/deutsch/prazdnik/kipur-de.htm, Stand: 31.8.2007.

Ders., Sukkot, Stuttgart, in: http://www.adon-jeschua.de/russisch/sukot-ru.htm, Stand: 14.11.2007 (Russisch).

Ders., Sukkot, Stuttgart, in: http://menora-online.de/adon-jeschua/deutsch/prazdnik/sukot-de.htm, Stand: 31.8.2007.

Ders., Simchat Tora, Stuttgart, in: http://www.adon-jeschua.de7russisch/simhat-ru.htm, Stand: 12.12.2006 (Russisch).

Ders., Chanukka, Stuttgart, in: http://www.adon-jeschuah.de/russisch/chank-ru.htm, München, Stand: 13.12.2006 (Russisch).

Ders., Purim, Stuttgart, in: http://www.adon-jeschua.de/russisch/purim-ru.htm, Stand: 14.12.2006 (Russisch).

Ders., in: Gebetsnewsletter des Missionsbundes LICHT IM OSTEN vom 25.06.2005.

Ders., Gefastet und überrascht, in: AMZI (Hrsg.), MESSIANISCHES ZEUGNIS 4 (2005), 9.

Ders., Unabhängigkeitstag, Stuttgart, in: http://www.adon-jeschua.de/russich/nezaw-ru.htm, Stand: 13.12.2006 (Russisch).

Ders., Tisch'ah be-'Aw, Stuttgart, in: http://www.adon-jeschua.de/russisch/9awa-ru.htm, Stand: 14.12.2006 (Russisch).

Ders., Tisch'ah be-'Aw, Stuttgart, http://menora-online.de/adon-jeschua/deutsch/ prazdnik/ 9awa-de.htm, Stand: 31.8.2007.

Ders., Christen und das Weihnachtsfest, in: http://www.adon-jeschua.de/deutsch/christ-de.htm4, Stand: 12.12.2006.

FREEDMAN, D., An essay on Jewish Christianity, in: JOURNAL OF ECUMENICAL STUDIES 6 (1969) 81-86.

FRIEDMAN, T., Who is not a Jew. The halakhic status of an apostate, in: CONSERVATIVE JUDAISM 41 (1988/89), 53-60.

FRUCHTENBAUM, A., The [Quest] for a Messianic theology, in: MISHKAN 2 (1985), 1-17.

Ders., A Passover Haggadah for Jewish believers, Tustin 19915.

Ders., [Hebrew Christianity]. Its theology, history, and philosophy, Tustin 1992^{6}.

Ders., [Israelology]. The missing link in systematic theology, Tustin 1996.

Ders., Eschatology and Jewish evangelism, in MISHKAN 32 (2000), 32-42, in: http://www.caspari.com/pages/resources/Mishkan/pdf/mishkan32.pdf, Stand: 11.08.2007.

FRYDLAND, R., Let there be no strife I pray thee, in: AMERICAN MESSIANIC JEW 61 (1976), Nr. 1, 3-6.

FUCHS, S., Sollen [Christen] Juden bekehren, in: http://www.hagalil.com/archiv/2001/04/christentum.htm, München 02.04.2001, 3, Stand: 10.08.2007.

GAEBELEIN, A. C., Half a century. The autobiographie of a servant, New York 1988 (Nachdruck der Auflage von 1930).

GAFGA, H., Gott hat mich hierher gerufen, in: DEUTSCHES ALLGEMEINES SONNTAGSBLATT 18 (1999), abgedruckt in: IDEA DOKUMENTATION 6 (2000), 40-41.

GAL-ED., Das Buch der jüdischen Jahresfeste, Frankfurt am Main/Leipzig 2001.

GARTENHAUS, J., Famous Hebrew Christians, Grand Rapids 1979.

GELDBACH, E., Art. Evangelikale Bewegung, in: EKL, Bd. 1, 19863, Sp. 1186-1191.

GESE, H., Zur biblischen Theologie. Alttestamentliche Vorträge, Tübingen 19893.

GESE, H./HÖFNER, M./RUDOLPH, K., Die Religionen Altsyriens, Altarabiens und der Mandäer, Stuttgart 1970.

GINSBURG, H. J., Politik danach. Jüdische Interessenvertretung in der Bundesrepublik, in: BRUMLIK, Jüdisches Leben, 108-118.

GITELMAN, Z. Y. (Hrsg.), Jewish life after the USSR, Bloomington 2003.

GLASER, M., The traditional Jewish mission as a model, in: COHN-SHERBOK, Voices, 169-176.

Ders., Chosen People Ministries, in BSSE (Hrsg.), KOL HESED 3 (2006), 12.

GLASSER, A., Evangelical objections to Jewish evangelism, in: MISHKAN 16 (1992), 36-49.

GLAZER, N., American Judaism, Chicago 1989².

GOBLE, P. E., Everything you need to grow a Messianic synagogue, Pasadena 1974.

Ders., Reaching Jews through messianic synagogues, in: Evangelical Missions Information service 11 (1975), Nr. 2, 80-87.

Ders., Everything you need to grow a messianic yeshiva, Pasadena 1981.

GOLD, S. J., Refugee Communities. A comparative field study, Newbury Park 1992.

GOLDBERG, L., The Messianic Jew, in: CHRISTIANITY TODAY 18 (1974), 6-11.

Ders., Our Jewish Friends, New York 1983.

Ders., [The rise], disappearance, and resurgence of messianic congregations, in:

VARNER/FRUCHTENBAU/STERN/FISCHER/NEREL (Hrsg.), How Jewish, 13-26.

GOPPELT, L., Die apostolische und nachapostolische Zeit, Göttingen 19662.

GORELIK, L., Wir Russen. Wer sind die Menschen, die aus der ehemaligen Sowjetunion nach Deutschland gekommen sind? Ein Erklärungsversuch, in: JÜDISCHE ALLGEMEINE 41/42 (2005), 1.

GREELEY, A., [Religiöses Wiedererwachen] in Russland?, in: POLLACK/BOROWIK/ JAGODZINSKI, Religiöser Wandel, 517-539.

GREENBERG, J., [Messianic Shabbat] siddur. A messianic prayer book for use in sabbath services and at Home, Tampa 2004.

GRUBER, S./RÜSSLER, H., [Hochqualifiziert] und arbeitslos. Jüdische Kontingentflüchtlinge in Nordrhein-Westfalen. Problemaspekte ihrer beruflichen Integration. Eine empirische Studie, Wiesbaden 2002.

GRUDEM, W., [Systematic theology]. An introduction to biblical doctrine, Leicester 1994.

GRUNDMANN, E., Mein Weg in den Dienst am jüdischen Volk, in: EDI (Hrsg.), GESANDT 36 (2007), Nr. 2, 7.

Ders., Heute den Dienst tun, den Gott uns aufgetragen hat, in: EDI (Hrsg.), GESANDT 36 (2007), Nr. 4, 7-9.

GUENIS, J., Hungrig nach Gottes Wort, in: BSSE (Hrsg.), Or Jeschua 12 (2005), 4.

GUNTHER, J. J., The fate of the Jerusalem church. The flight to Pella, in: THEOLOGISCHE ZEITSCHRIFT 29 (1973), Nr.2, 81-94.

GUTMARK, J., [Zuwanderung] war ein Segen, in: JÜDISCHE ALLGEMEINE 33 (2005), 19.

GUTWIRTH, J., Les [Judéo-chrétiens] d´aujourd hui, Paris 1987.

HAACKER, K., [Umkehr zu Israel] und Heimholung ins Judentum. Schritte zur Versöhnung zwischen Christen und Juden, in: Ders., Versöhnung mit Israel. Exegetische Beiträge, Wuppertal 2002, 191-208.

HAGALIL e. V. (Hrsg.), Zum Beispiel Berlin: Wie die evangelische Kirche Judenmission unterstützt, München, in: http://www.judentum.org/judenmission/judenmission/evangelisch. htm, Stand: 12.12.2006.

Ders. (Hrsg.), Strategien und Konzepte der Judenmission, Teil 1, München 2001, in: http://juden.judentum.org/missionare.htm, Stand: 11.08.2007.

Ders. (Hrsg.), Messianische Juden und christliche Fundamentalisten fest vernetzt, München, in: http://www.judentum.org/judenmission/judenmission/AMZI.htm, Stand: 12.08.2007.

HAEFNER, A., Eine neue [Enterbungslehre], in: EDI (Hrsg.), GESANDT 25 (1996), Nr. 1, 4.

HARCOURT, S., The [History] of the International HEBREW CHRISTIAN ALLIANCE, in: MISHKAN 14 (1991), 74-79.

HARRIS, P. A., Russische Juden und Aussiedler. Integrationspolitik und lokale Verantwortung, in: K. J. BADE/J. OLTMER (Hrsg.), Aussiedler. Deutsche Einwanderer aus Osteuropa, Osnabrück 1999, 274-263.

Ders., Die [Einwanderung] russischer Juden nach Deutschland. Voraussetzungen und Integrationsperspektive, Vortrag an der Universität Münster, 19.12.2005 innerhalb der Vorlesungsreihe: Zuwanderung und Integration in Deutschland und ihr entwicklungspolitischer Kontext, WWU Münster WS 2005/2006.

HARRIS-SHAPIRO, C., Messianic Judaism. A Rabbi´s journey through religious change in America, Boston 1999.

HAUG, S., [Jüdische Zuwanderer] in Deutschland. Ein Überblick über den Stand der Forschung. Working Papers 3 der Forschungsgruppe des BUNDESAMTES FÜR MIGRATION UND FLÜCHTLINGE, Nürnberg 2005.

Dies., [Soziodemographische Merkmale]. Berufsstruktur und Verwandtschaftsnetzwerke jüdischer Zuwanderer. Working Papers 8 der Forschungsgruppe des BUNDESAMTES FÜR MIGRATION UND FLÜCHTLINGE, Nürnberg 2007.

HAUSCHILD, T. (Hrsg.), Inspecting Germany. Internationale Deutschland-Ethnographie der Gegenwart, Berlin 2002.

HEBREW CHRISTIAN ALLIANCE (Hrsg.), Art. Messianic Judaism, in: The HEBREW CHRISTIAN ALLIANCE I (1917), 86.

HEGSTAT, H., The [Development] of a Messianic Jewish theology. Affirmations and questions, in: MISHKAN 2 (1996), 67-72.

HEILSARMEE (Hrsg.), Was ist die Heilsarmee?, Köln, in: http://www.heilsarmee.de/a-z/faq.php?sel=2#wasist, Stand18.8.2007.

HEMPELMANN, R., [Charismatische Bewegungen] im deutschen Protestantismus. Kontinuität und Wandel, in: Materialdienst der Evangelischen Zentralstelle für Weltanschauungsfragen (EZW) 59 (1996), 163-179.

Ders. (Hrsg.), [Handbuch] der evangelistisch-missionarischen Werke, Einrichtungen und Gemeinden. Deutschland – Österreich – Schweiz, Stuttgart 1997.

Ders., Sehnsucht nach Berührung, Pfingstbewegung, in: UNSERE KIRCHE Nr. 23 (2006), 10.

HENDREN, N., [Schabbatfeiern] in der Gemeinde, in: AMZI (Hrsg.), MESSIANISCHES ZEUGNIS 3 (2004), 5-7.

HENGEL M., Der nie gekündigte Bund. Basis des christlich- jüdischen Verhältnisses, in: Erbe und Auftrag 66 (1990), 193-208.

Ders., [Das früheste Christentum], in: Kleine Schriften, Bd. 2., JUDAICA, Hellenistica et Christiana. Tübingen 1999.

HENRIX, H. H., [Schweigen] im Angesicht Israels? Zum Ort des Jüdischen in der ökumenischen Theologie, in: Salzburger Ringvorlesung, Salzburg 2007.

HENRIX, H. H./KRAUS, W. (Hrsg.), Die [Kirchen und Judentum, Bd. 2]. Dokumente von 1986-2000, Bd. 2, Paderborn 2001.

HERZIG, A., [Jüdische Geschichte] in Deutschland. Von den Anfängen bis zur Gegenwart, Bonn 2005.

HESS, R./KRANZ, J., [Jüdische Existenz] in Deutschland heute. Probleme des Wandels der jüdischen Gemeinden in der Bundesrepublik Deutschland infolge der Zuwanderung russischer Juden nach 1989, Berlin 2000.

HEUHSEN, H.-J/HEUHSEN, D., Laubhüttenfest mit 70 Juden und Christen, in: Christliche Freunde Israels (CFRI) (Hrsg.), Rundbrief 10 (2004), 2.

HIRSCH, L., Jüdische Glaubenswelt, Basel 1978.

HOEKENDIJK, B., So fanden wir den Messias. Wie Gott heute unter Juden wirkt, Neuhausen/ Stuttgart 1995[2].

HOLLENWEGER, W. J., Charismatisch-pfingstliches Christentum. Herkunft, Situation, ökumenische Chancen, Göttingen 1997.

HOLTHAUS, S., [Die Evangelikalen]. Fakten und Perspektiven, Lahr 2007.

HORBURY, W., Jews and Christians in contact and controversy, Edinburgh 1998.

Ders., Early Christians on synagogue prayer and imprecation, in: STANTON/GRAHAM/STROUMSA, Tolerance and intolerance, 296-317.

HORNUNG, A., [Messianische Juden] zwischen Kirche und Volk Israel. Entwicklung und Begründung ihres Selbstverständnisses, Gießen 1995.

Ders., Die Kirche und das jüdische Volk in Bibel und Geschichte, Trostberg 1999, in: http://www.christliche-freunde-israels.de/grundkurs/geschichte.htm, Stand: 13.08.2007.

HOWARD, B., Orthodoxer Mob stürmt Gemeinden, in: AMZI (Hrsg.), MESSIANISCHES ZEUGNIS 2 (2006), 15.

HUBER, J., Boom der Orthodoxen. Einmal Israel und zurück. Viele emigrierte Juden und Jüdinnen kehren wieder nach Russland zurück, in: Die Wochenzeitung (WOZ) 12 (2005), 2-3.

HUTCHENS, J., [A case] for Messianic Judaism, Pasadena 1974 (nicht veröffentlicht).

Ders., [Messianic] Judaism. A progress Report, in: MISSIOLOGY. An International Review V (1977), Nr. 3, 285-299.

HVALVIK, R., A new sect within Judaism, in: KJÆR-HANSEN (Hrsg.), Jewish identity, 19-26.

Israelitische messianische Gemeinde Adon Jeschua, Das Zeichen der ersten Gläubigen in Jerusalem, in: Dies. (Hrsg.), Menora. Messianische Zeitschrift 1 (2007), 26.

Jäger, C., Schalom-Konferenz in Mosbach, in: Edi (Hrsg.), Gesandt 27 (1998), Nr. 6, 3.

Jähnert, M., Ein historischer Tag. Institut für Israelogie wurde eingeweiht, in: Christen für Israel 152 (2005), 10.

Jeremias, J., Das tägliche Gebet im Leben Jesu und in der ältesten Kirche, in: Ders., Abba. Studien zur neutestamentlichen Theologie und Zeitgeschichte, Göttingen 1966, 67-82.

Jews for Jesus (Hrsg.) Statement of faith, San Francisco, in: http://www.jewsforjesus. org/about/statementoffaith, Stand: 11.08.2007.

Dies. (Hrsg.), Jews, Jesus and Jews for Jesus, San Francisco http://files.jewsforjesus.org/pdf/other/4j.pdf, 1-11, Stand: 11.08.2007.

Johnson, P. in BSSE (Hrsg.), Kol Hesed 3 (2006), 12.

Johnston, R. K., Art. Evangelikale Theologie, in: RGG4, Bd. 2, Tübingen 1999, Sp. 1699-1701.

Johnstone, P./Mandryk, J., Operation World. When we pray God works, London 2001.

Juden für Jesus (Hrsg.), Juden für Jesus ruft aus Berlin „Erkenne deinen Gott“, Essen o. J., Faltblatt.

Dies. (Hrsg.), [Juden] für Jesus stellen sich vor, Essen o. J., Faltblatt.

Dies. (Hrsg.), Über uns, Essen 04.05.2006, http://www.juden fuerjesus.de /ueberuns.htm, Stand: 11.08.2007.

Jung, F., Die deutsche evangelikale Bewegung. Grundlinien ihrer Geschichte und Theologie, Bonn 2001[3].

Jung, M., Die württembergische Kirche und die Juden in der Zeit des Pietismus (1675-1780),
Berlin 1992.

Juster, D., Jewishness of Jesus, Wisconsin 1977.

Ders., [Covenant] and dispensation. Toward a Messianic Jewish perspective, in: Mishkan 2 (1985), 24-42.

Ders., Jewish Roots. A foundation of biblical theology, Shippensburg, 20034.

Kasdan, B., God´s appointed customs. A Messianic Jewish guide to the biblical lifecycle and lifestyle, Baltimore 1996.

Kasdorf, H., Die Umkehr. Bekehrung in ihren theologischen und kulturellen Zusammenhängen, Bielefeld 1989.

Kashi, U./Gatz, O. Messianisches Streben in der Endzeit, Missionierung als Heils- und Erlösungswerk, Jerusalem/Berlin 2000, in: http://www.hagalil.com/ irael/fundamentalismus/nai-2.htm, Stand: 11.08.2007.

Kauschke, D., Eine zweite Amtszeit wird es nicht geben. Albert Meyer über Erfolge, Misserfolge und die Zukunft der Einheitsgemeinde, in: Jüdische Allgemeine 32 (2005) 17.

Keil, J./Braun, S., Vorwürfe wegen Juden-Mission klären, in: Pressemitteilung des Amtes für Information der evangelischen Landeskirche in Württemberg vom 6.12.1995, gesammelt in: Idea Dokumentation 22 (1995), 31.

Kern, T., Zeichen und Wunder. Enthusiastische Glaubensformen in der modernen Gesellschaft, Frankfurt am Main 1997.

Ders., [Schwärmer], Träumer & Propheten? Charismatische Gemeinschaften unter der Lupe. Eine soziologische Bestandsaufnahme, Frankfurt am Main 1998.

Kessler, J., [Jüdische Immigration] seit 1990. Resümee einer Studie über 4000 jüdische Migranten aus der ehemaligen Sowjetunion in Berlin, in: Zeitschrift für Migration und soziale Arbeit 3-4 (1997), 40-46.

Dies., [Zuwanderer 1] aus den ehemaligen GUS-Staaten. Erwartungen und Realitäten in der jüdischen Gemeinde, Teil I, München, in: http://www.juden-in-berlin.de/gemeinde/sozialarbeit.htm, Stand: 11.08.2007.

Dies. [Zuwanderer 2], aus den ehemaligen GUS-Staaten. Ihre Erwartungen und die Realitäten in der jüdischen Gemeinde, Teil 2, München, in: http://www.juden-in-berlin.de/gemeinde/sozialarbeit-2.htm, 11.08.2007.

Dies., Jüdische Migranten aus der ehemaligen Sowjetunion seit 1990, München 23.2.2003, in: http://www.berlin-judentum.de/gemeinde/migration.html, Abschnitt 4.2.2, Stand: 23.08.2007.

Kinzer, S. M., [Postmissionary Messianic Judaism]. Redefining Christian engagement with the Jewish people, Grand Rapids 2005.

Kirchner, H. (Hrsg.), Charismatische Erneuerung und Kirche, Neukirchen-Vluyn 1986^2.

Kippenberg, H. G./Wevers, G. A. (Hrsg.), Textbuch zur neutestamentlichen Zeitgeschichte, Göttingen 1979.

Kjær-Hansen, K, Josef Rabinowitz – the Herzl of Jewish Christianity, in: Mishkan 14 (1991), 1-14.

Ders., The cost of the discipleship. Lessons from the first century, in: Elgvin, Israel and Yeshua, 23-34.

Ders., Joseph Rabinowitz and the Messianic movement. The Herzl of Jewish Christianity, Edinburgh 1995.

Ders., From [Research object] to living reality, in: Ders. (Hrsg.), Jewish identity, 41-48.

Ders. (Hrsg.), [Jewish Identity] and faith in Jesus, Jerusalem 1996.

Ders., (Hrsg.), Tod eines Messias. Messiasgestalten und Messiaserwartungen im Judentum, Stuttgart 1996.

Kjær-Hansen, K./Kvarme, O., Messianische Juden. Judenchristen in Israel, Erlangen 1983.

Kjær-Hansen, K./Skjøtt, B. F., [Facts & myths] about the Messianic congregations in Israel, Jerusalem 1999.

Klauck, H.-J., [Leib Christi] – Das Mahl des Herrn in 1. Kor 10-12, in: Ders., Religion und Gesellschaft im frühen Christentum, Tübingen 2003, 194-202.

Klayman, S., The Messianic Jewish youth experience. Our past, present and future, in: Kesher. A journal of Messianic Judaism 11 (2000), 117-141.

Klijn, A. F., The study of Jewish Christianity, in: New Testaments Studies (NTS) 20 (1974), 419-431.

Ders., A., Jewish-Christian gospel tradition, Leiden 1992.

Klüger, R., [Viel zu tolerant], in: Jüdische Allgemeine 51 (2004), 11.

Kohn, R., Hebrew Christianity and Messianic Judaism, in: Religion Today 3 (1986), 1-16.

Korn, S. in: Frankfurter Rundschau, 21.4.1998, 16.

Kosmin, B. et al., Highlights of the CJF 1990 National Jewish Population Survey, New York 1991.

Körber, K., Juden, Russen, [Emigranten]. Identitätskonflikte jüdischer Einwanderer in einer ostdeutschen Stadt, Frankfurt am Main 2005.

Körtner, U., Art. Chiliasmus. V. Systematisch, in: RGG4, Bd. 2, Tübingen 1999, Sp. 141-142.

Kraft, D., Die [Feste] des Volkes Israel. Hinweise auf den Messias, in: Amzi (Hrsg.), Messianisches Zeugnis 27 (1995), Nr. 10, 2-4.

Ders., [Evangelisation] unter Juden in Deutschland, in: Idea Dokumentation 22 (1995), 14.

Ders., [Neues Leben] in Jesus. Messianisches Zeugnis in Deutschland, in: Amzi (Hrsg.), Messianisches Zeugnis 1+2 (1997), 4.

Kraft, A./Caspara, M./Kanis, A./Zippe, M., Zweierlei Erinnern. Wie Zuwanderer sich dem Pogromgedenken nähern, in: Jüdische Allgemeine 46 (2005), 19.

Krause, T., Schtetl in der Großstadt der Neunziger, in: Der Tagesspiegel, 30.11.1992.

Kravitz, B., Die jüdische Antwort an Missionare. Handbuch gegen Mission, Los Angelos 20032, in: http://www.jewsforjudaism.org/web/pdf/germanhandbook.pdf, Stand: 11.08.2007.

Kremers, H., Judenmission heute? Von der Judenmission zur brüderlichen Solidarität und zum ökumenischen Dialog, Neukirchen-Vluyn 1979.

Kremers, H./Lubahn, E. (Hrsg.), Mission an Israel in heilsgeschichtlicher Sicht, Neukirchen-Vluyn 1985.

Krindatsch, A., Religiöse Wiedergeburt und Entstehung einer neuen „konfessionellen Landschaft" in Russland (II), in: Osteuropa 3 (2000), 264-279.

Küenzelen, G., Sind nicht die Fundamentalismen der anderen das Problem, sondern womöglich auch die fundamentalistische Moderne selbst?, in. Jahrbuch Mission 1995, 1-10.

Kühn, T. [Mission Jesus]. Die messianische Bewegung versucht, christliche Fundamentalisten an sich zu binden, um gemeinsam Juden zu bekehren. Beobachtungen bei Verführern und Verführten, in: Jüdische Allgemeine 62 (2006), 3.

Künneth, W., Thesen über Wiedergeburt, Taufe, Bekehrung, in: G. Maier/G. Rost, Taufe, Wiedergeburt, Bekehrung in evangelischer Perspektive, Lahr-Dinglingen 1980, 105-110.

Kvarme, O., The development of Hebrew Christianity. Credal and Ecclesiological Questions – the problem of Contexualization, in: Jäger D.-M. A. (Hrsg.), Papers read at the 1979 Tantur Conference on Christianity in the Holy Land, Jerusalem 1981, 142-315.

Ders., Vom [Passah] zum Osterfest. Über das alttestamentliche und jüdische Erbe des Festes und über die Art und Weise, heute dieses Fest zu feiern, in: BURCHARTZ/KVARME, Passah und Abendmahl, 26-37.

LAEPPLE, U., [Den Juden die Kirche], der Kirche die Juden erklären. Heinz David LEUNER, Judenchrist und Brückenbauer (1906-1977), in: ThBtr 38 (2007), Nr. 4/5, 223-238.

Landessynode der Evangelischen Kirche im Rheinland, Synodalbeschluss zur Erneuerung des Verhältnisses von Christen und Juden, 1980 in: http://www.lomdim.de/ klak/80rhein.html, Stand: 11.08.2007.

LANGE, D., Eine [Bewegung] bricht sich Bahn. Die deutschen Gemeinschaften im ausgehenden 19. und beginnenden 20. Jahrhundert und ihre Stellung zu Kirche, Theologie und Pfingstbewegung, Gießen/Dillenburg 19903.

LAUBACH, F., [Aufbruch] der Evangelikalen, Wuppertal 1972.

LCJE (Hrsg.), Die Willowbank-Erklärung über das christliche Evangelium und das jüdische Volk, Willowbank/Bermuda 1989, in: http://www.lcje.net/willowbank.html (englisch), Stand: 11.08.2007.

Dies. (Hrsg.), [Lausanner Bewegung] für Evangelisation unter Juden, Bad Blankenburg 2005, Faltblatt.

Dies. (Hrsg.), About LCJE, Lystrup, in: http://www.lcje.net/about.html, Stand: 11.08.2007.

Dies. (Hrsg.), Lausanner Bewegung Deutschland, Bad Blankenburg, in: http://www.lausanner bewegung.de/sowie www.koalitionfuerevangelisation.de, Stand: 11.08.2007.

LCWE (Hrsg.), Christian witness to the Jewish people, LOP 7, Pattaya/Thailand 1980, in: http://www.lausanne.org/pattaya-1980/lop-7.html, Stand: 23.08.2007.

Dies. (Hrsg.), Das Manifest von Manila, Manila 1989, in: LCJE (Hrsg.), Lausanner Bewegung, Faltblatt, 103 sowie in: http://www.lausanne.org/id/manila-1989/manila-manifesto.html, South Hamilton 1989, Stand: 11.08.2007.

LEHNERT, V. A., [Exegetisch Kirche leiten]. Klaus HAACKER als Lehrer der Kirche, in: THBEITR 38 (2007), Nr. 4/5, 239-250.

LEONHARD, C., Pessachhaggada und Osternacht. Gegenseitige Beeinflussung von jüdischer und christlicher Liturgie, in: Kirche und Israel 16 (2001), 45-47.

LEPPIN, V., Art. Chiliasmus, III. Kirchengeschichtlich (Mittelalter, Reformation und Neuzeit), in: RGG4, Bd. 2, Tübingen 1999, Sp. 139-140.

LEUNER, H. D., [Zwischen Israel] und den Völkern. Vorträge eines Judenchristen, Berlin 1978.

LEVY, M. J., Jewish ordinances in the light of Hebrew Christianity, in: The HEBREW CHRISTIAN ALLIANCE, Bd. 1 (1917), zitiert in: WINER, The messianic Jewish alliance, 63.

LEYTUS, I., [Im Herzen jüdisch]. Zuwanderer und ihre Probleme mit dem Übertreten, in: JÜDISCHE ALLGEMEINE 1 (2004), 19.

LIBERMAN, P., The fig tree blossoms. Messianic Judaism emerges, Harrison 1977.

LIPSON, J. G., [Jews for Jesus]. An anthropological Study. New York 1990.

LODEN, L. [The Catholic Jewish Community], The catholic Jewish community in Israel, in: MISHKAN 29 (1998), 70-76.

Dies., A look at [Leadership] in Israel's Messianic community, in: MISHKAN 42 (2005), 25-31.

LONGENECKER, R. N., The Christology of early Jewish christianity. Studies in biblical theology. Second Series 17, London 1971.

LUDWIG, C., Wir sind Juden und glauben an Jesus als den Messias. Die messianischen Juden zwischen allen Stühlen, in: Evangelisches Gemeindeblatt für Württemberg 10 (2000), abgedruckt in: IDEA DOKUMENTATION 6 (2000), 42-43.

MAC DOWELL, J., Die Tatsache der Auferstehung, Bielefeld 1996².

MAIER, J./HENRIX, H. H. (Hrsg.), Jüdische Liturgie. Geschichte-Struktur-Wesen, Freiburg im Breisgau 1979.

MAJER-LEONHARD, F., [Allianz] 1985, in: EDI (Hrsg.), GESANDT 15 (1985), 3.

MAKATOWSKI, B., Die messianische Bewegung und die Christen, Solingen 20032.

MANNS, F., Le judéo-christianisme. Mémoire ou prophétie?, Paris 2000.

MAOZ, B., Jewish Christianity. Whither and why, in: ELGVIN, Israel and Yeshua, 119-127.

Ders., [Jewish Christian paradigms] in Israel, in: MISHKAN 29 (1998), 6-20, in: http://www.caspari.com/pages/resources/Mishkan/pdf/ mishkan29.pdf, Stand: 11.08.2007.

Ders., Gnade und Wahrheit-Gemeinde, Rishohn Le Tsion, in: EDI (Hrsg.), GESANDT 28 (1999), Nr.5, 5-7.

Ders., Wachsende Gemeinden, in: AMZI (Hrsg.), MESSIANISCHES ZEUGNIS 6 (2001), 6-7.

Ders., [Judaism is not Jewish]. A friendly critique of the Messianic movement, Fearn 2002.

MARSDEN, G. M., Art., Evangelical and fundamental Christianity, in: Encyclopedia of Religion V, London/New York 1987, 190-197.

MASIN, L., Im Blickfeld Israel und Deutschland, in: BSSE (Hrsg.), KOL HESED 1 (2004), 7.

MASVIE, T., Worship in Israel in Messianic congregation, in: MISHKAN 29 (1998), 30-33, in: http://www.caspari.com/pages/resources/Mishkan/pdf/mishkan29.pdf, Stand: 11.08.2007.

MAY, F., [Aufbruch] im Heiligen Land. Messianische Juden in Israel. Wer sie sind, was sie wollen, wie sie diskriminiert werden, Ulm 19982.

Ders., Die vierte religiöse Kraft in Israel, in: Arbeitsgemeinschaft CHRISTEN FÜR ISRAEL (CFI) (Hrsg.), CHRISTEN FÜR ISRAEL 151 (2004), 6-7.

MERKEL, H., [Art. Judenchristen], in: Evangelisches Kirchenlexikon (EKL), Bd. 2, Göttingen 19893, Sp. 851-852.

MERTENS, L., [Alija]. Die Emigration der Juden aus der UdSSR/GUS, Bochum 19932.

MESSIANISCHE JÜDISCHE GEMEINDE e.V. (Hrsg.), Glaube und Wissen, Stuttgart, in: http// www.messianische-juden.org/pageID_2263508.html., Stand 28.08.2007.

Dies. (Hrsg.), Schalom liebe Freunde, Stuttgart, in: http://www.messianische-juden.org/index.html, Stand: 01.10.2007.

MESSNER, T., [Die Bewegung des Pietismus] in Geschichte und Gegenwart, in: H. SCHMID (Hrsg.), Was will der Pietismus? Historische Beobachtungen und aktuelle Herausforderungen, Wuppertal 2002, 7-34.

MEYER, A., Eine [Gemeinde für Israelis], in: AMZI (Hrsg.), MESSIANISCHES ZEUGNIS 1+2 (1997), 3-4.

Ders., Wer ist Jude?, in: AMZI (Hrsg.) MESSIANISCHES ZEUGNIS 9 (1997), 6-7.

Ders., Antimissionsgesetz und wachsende Probleme, in: AMZI (Hrsg.), MESSIANISCHES ZEUGNIS 9 (1998), 4

Ders., Antichristliche Stimmung nimmt zu, in: AMZI (Hrsg.), MESSIANISCHES ZEUGNIS 4 (1999), 6.

MEYER, D., Eine messianische Passa-Feier, in AMZI (Hrsg.), MESSIANISCHES ZEUGNIS 3 (1999), 9-10.

MICHEL, O., Pistis. The new international dictionary of the New Testament theology, Grand Rapids 1975.

MISHKAN, (Hrsg.), The Dahaf report on Israel public opinion concerning messianic Jewish Aliyah, in: MISHKAN 10 (1989), 79-90.

MIMOUNI, S. C., Le judéo-christianisme ancien. Essais historiques, Paris 1998.

Ders., Le judéo-christianisme dans tous ses états, Paris 2001.

MOTTE, U., Ostjuden sollen uns willkommen sein, in: SÜDDEUTSCHE ZEITUNG, 31.10./1.11.1992.

MÜNZ, R./SEIFERT, W./ULRICH, R., Zuwanderung nach Deutschland. Strukturen, Wirkungen, Perspektiven, Frankfurt am Main 19992.

NEREL, G., Messianic Jews in [Eretz Israel] (1917-1967). Trends and changes in shaping self-identity, Jerusalem 1996 (Hebräisch).

Ders., Messianic Jews in Eretz-Israel (1917-1967), in: MISHKAN 27 (1997), 11-23, in: http://www.caspari.com/pages/resources/Mishkan/pdf/mishkan27.pdf, Stand: 11.08.2007.

Ders., A Messianic Jewish church in Eretz Israel, in: MISHKAN 29 (1998), 46-60, in: http://www.caspari.com/pages/resources/MISHKAN/pdf/mishkan29.pdf, Stand: 11.08.2007.

Ders., An [Interaction] with a new book on modern Jewish believers in Yeshua, in: MISHKAN 33 (2000), 74-81, in: http://www.caspari.com/pages/resources/MISHKAN/ pdf/mishkan33.pdf, Stand: 11.08.2007.

Ders., Symbols used by Messianic Judaism in Israel today, Rancho Mirage, in: http://www.imja.com/Gershon2.html, Stand: 12.08.2007.

Ders., Messianic Jews and the modern Zionist movement, in: ELGVIN, Israel and Yeshua, 75-84.

NICHOL, R., Should we celebrate the birth of Yeshua, Rancho Mirage, in http://www.imja.com/ask3.html, Stand: 11.8.2007.

NIROUMAND, M., Deutsch-jüdisches Coming Out, in: Die Tageszeitung, 23.11.1992.

OBRIST, H.-P., [Messianische Bewegung in Israel], in: AMZI (Hrsg.), MESSIANISCHES ZEUGNIS 11+12 (2002), 3-4.

Ders., Jüdische Herbstfeste, in: AMZI (Hrsg.), MESSIANISCHES ZEUGNIS 5 (2003), 3-5.

Ders., [Schabbat] Schalom, in: AMZI (Hrsg.), MESSIANISCHES ZEUGNIS 1 (2004), 3.

Ders., Gott hält sich nicht an unseren Endzeitplan, in: AMZI (Hrsg.), MESSIANISCHES ZEUGNIS 3 (2004), 3-4.

Ders., Die [Messianische Juden] in Deutschland, in: AMZI (Hrsg.), MESSIANISCHES ZEUGNIS 4 (2005), 5.

Ders. (Hrsg.), [Feste Israels] mit messianischer Haggada, Basel/Gießen 2006.

OSTEN-SACKEN, P. v. d., [Grundzüge] einer Theologie im christlich-jüdischen Gespräch, München 1982.

Ders., [Art. Christlich-jüdischer Dialog], in: EKL, Bd. 2, Göttingen 19863, Sp. 685-690.

ØSTERBYE, P., The [Church] in Israel. A report on the work and position of the Christian churches in Israel, with special reference to the protestant churches and communities, Lund 1970.

OSWALD, I./VORONKOV, V. (Hrsg.), [Post-sowjetische Ethnizitäten]. Ethnische Gemeinden in St.-Petersburg und Berlin/Potsdam, Berlin 1997.

OTTO BENEKE STIFTUNG (Hrsg.), Qualifizierte Zuwanderinnen und Zuwanderer erfolgreich integrieren. Das Akademikerprogramm der OTTO BENEKE STIFTUNG e.V., Bonn 2005.

PAGET, J. C., [Art. Judenchristen]. II. Alte Kirche, in: RGG4, Bd. 4, Sp. 603- 605.

Ders., Jewish Christianity, in: W. HORBURY/W. D: DAVIES/J. STURDY (Hrsg.), The Cambridge history of Judaism 3, Cambridge 1999, 731-775.

PASSON, K.-D., [Juden für Jesus] in Deutschland. CHARISMA – Gespräch mit Avi SNYDER, Direktor der „Juden für Jesus" in Deutschland, in: CHARISMA 29 (2003) 126, 32-33.

PARKES, J., The [Conflict] of the church and the synagogue. A study in the origins of anti-Semitism, New York 19856.

PAUL, A., In der [Jesusfalle]. Messianische Juden missionieren – die Gemeinde ist empört, in: JÜDISCHE ALLGEMEINE 6 (2006), 19.

Ders., Keine Einzelerscheinung. Die Chemnitzer Jüdische Gemeinde im Konflikt mit messianischen Juden, in: Der Sonntag 8 (2006), in: Liberale Jüdische Gemeinde Ruhrgebiet (Hrsg.), Chemnitzer Jüdische Gemeinde im Konflikt mit messianischen Juden, in: http://www.solutix.de/content/view/437/137/, Stand: 19.8.2007.

PELIKAN, J., The Christian tradition. A history of the development of doctrine, Bd. 5, Chicago 1989.

PETUCHOWSKI, J. J. Art. Abendmahl/Seder, in: PETUCHOWSKI/THOMA, Begegnung, 1-2.

Ders., Beschneidung, in: PETUCHOWSKI/ THOMA, Begegnung, 22-24.

Ders., Art. Gnade, in: PETUCHOWSKI/THOMA, Begegnung, 72.

Ders., [Art. Judenchristen], in: PETUCHOWSKI/THOMA, Begegnung, 97-98.

PEZZOLI-OLIGIATI, D., Art. Chiliasmus. I. Religionswissenschaftlich, in: RGG4, Bd. 2, Tübingen 1999, 136.

Pikman, W., [Erste Konferenz] messianischer Gläubiger in Deutschland, in: Edi (Hrsg.), Gesandt 27 (1998), Nr. 3, 3-4.

Ders. in: BSSE (Hrsg.), Or Jeschua, 7 (2003), 1.

Ders., Historisches Ereignis, in BSSE (Hrsg.), Or Jeschua 8 (2006), 1.

Ders., Chosen People Ministries. [Der Herr segnet] Deutschland, in: BSSE (Hrsg.), Kol Hesed 3 (2006), 12.

Ders., [Informationsbrief] über die Arbeit des BSSE, Berlin 2007.

Ders., Informationsbrief, Berlin, März 2008.

Pinke, R., Die neue messianische Bewegung. Über ihre Geschichte und aktuelle Entwicklung, in: http://www.czf.de/ktember/israel02.htm, Stand: 04.01.2007.

Pixner, B., [Essener-Viertel] und Urgemeinde, in: R. Riesner (Hrsg.), Wege des Messias und Stätten der Urkirche, Gießen 1994^2, 327-332.

Pollack, D./Borowik, I./Jagodzinski, W. (Hrsg.), [Religiöser Wandel] in den postkommunistischen Ländern Ost- und Mitteleuropas, Würzburg 1998.

Polonskij, S., Schawuot, in BSSE (Hrsg.), Kol Hesed 3 (2006), 5.

Pritz, R. A., [Nazarene Jewish Christianity]. From the end of New Testament period until its disappearance in the fourth century, Jerusalem 1988.

Ders., From Jewish sect to Christian church, in: Kjær-Hansen (Hrsg.), Jewish identity, 27-32.

Ders., [Messianic institutions] for theological training in Israel, in: Mishkan 42 (2005), 18-24.

Pruter, K., Jewish Christians in the United States. A bibliography, New York 1987.

Quenzer, W., [Orientalische Christen] – Messianische Juden. Zur religiösen Landkarte des Nahen Ostens, in: EZW 1 (1985), 4-11.

Raabe, J., Rechtswidrige Verwaltungspraxis bei der Zuwanderung jüdischer Emigranten aus der ehemaligen Sowjetunion, in: Zeitschrift für Ausländerrecht und Ausländerpolitik 24 (2004), Nr. 11/12, 410-415.

Rabinowitz, B., [Glaube ohne Grenzen]. In Deutschland kann und muss sich ein modernes, weltoffenes Judentum entwickeln, in: Jüdische Allgemeine 45 (2005), 15.

Ders., Sollte der [Übertritt] zum Judentum für Zuwanderer einfacher werden? Gute Tradition, in: Jüdische Allgemeine 37 (2005), 11.

Raphaël, F. (Hrsg.), [Das Flüstern] eines leisen Wehens. Beiträge zu Kultur und Lebenswelt europäischer Juden, Konstanz 2001.

Rausch, D., Zionism within early American fundamentalism, New York 1979.

Ders., Messianic Judaism. Its history, theology, and polity, New York 1982.

Ders., The Messianic Jewish congregational movement, in: The Christian century 99 (1982), 15-22.

Ders., Arno C. Gaebelein. 1861-1945 Irenic Fundamentalist and Scholar. Studies in American religion, New York 1983.

Ders., [Communities in conflict]. Evangelicals and Jews, Philadelphia 1991.

RECHBERGER, U., Von messianischen Juden in Deutschland zu Grundfragen der Hermeneutik. Das AfeT-Doktoranden- und Habilitandenkolloquium 2007, in: Evangelikale Theologie 13 (2007), Nr. 1, 19.

Ders., Ist die Dreieinigkeit überhaupt biblisch? Eine Spurensuche im Buch der Bücher, in: Theologische Orientierung 146 (2007), 26-28.

REICHMANN, R., in: FRANKFURTER ALLGEMEINE ZEITUNG 59 (2005), 8.

RENDTORFF, R. (Hrsg.), [Arbeitsbuch] Christen und Juden. Zur Studie des Rates der Evangelischen Kirche in Deutschland Gütersloh 19894.

RENDTORFF, R./HENRIX, H. H., [Die Kirchen und das Judentum, Bd. 1]. Dokumente von 1945-1985, Bd. 1, Paderborn/München 19892.

RENGSTORF, K. H./KORTZFLEISCH, S. v. (Hrsg.), [Kirche und Synagoge]. Handbuch zur Geschichte von Christen und Juden. Darstellung mit Quellen, Band 1, Stuttgart 1968.

RENZ, H., Es war ein unglaublicher [Segen], Faltblatt, Leinfelden-Echterdingen o. J.

Ders., GESANDT zu Israel. Brauchen Juden Jesus?, Neuhausen-Stuttgart 1997.

Ders., [Messianische Juden] in Deutschland, Vortrag in Velbert am 14.10.2005.

Ders., Editoral, in: EDI (Hrsg.), GESANDT 35 (2006), Nr. 3, 2-3.

RICHARZ, M., [Juden] in der Bundesrepublik Deutschland und in der Deutschen Demokratischen Republik seit 1945, in: BRUMLIK, Jüdisches Leben, 13-30.

RIESEBRODT, M., Fundamentalismus als patriarchalische Protestbewegung. Amerikanische Protestanten (1910-28) und iranische Schiiten (1961-79) im Vergleich, Tübingen 1990.

RIESNER, R.., Die Frühzeit des Apostels Paulus, Tübingen 1994.

Ders. (Hrsg.), [Wege des Messias] und Stätten der Urkirche, Gießen 1994², 327-332.

Ders., Essener und die Urgemeinde in Jerusalem. Neue Funde und Quellen, Gießen 19982.

Ders., Vom [Messias Jesus] zum christlichen Bekenntnis. Jüdische Voraussetzungen und judenchristliche Überlieferungen, in: THBEITR 32 (2001), 373-392.

RIGGANS, W., [Messianic Judaism]. A case of identity denied, in: International Bulletin of Missionary Research 16 (1992), Nr. 3, 130-132.

Ders., Image und reality. The use of Jewish symbolism by Messianic Jews, in: MISHKAN 19 (1993), 42-49, in: http://www.caspari.com/pages/resources/MISHKAN /pdf/mishkan19. pdf, Stand: 11.08.2007.

Ders., [Jewish leaders] against Messianic Jews. The old/new Weapons, in: ELGVIN, Israel and Yeshua, 97-107.

RITTER, A. M., Art. Judenchristen. III. Mittelalter und Neuzeit, in: RGG4, Bd.4, Tübingen 2001, Sp. 605-607.

ROACH, E., Israeli Supreme Court sides with Messianic Jews, in: Baptist Press. News with a Christian Perspective, Nashville 21.4.2008, in: http://www.bpnews.net/bpnews.asp?id=27874, Stand: 2.5.2008.

ROBINSON, R., Who Was a Jew?, in: KJÆR-HANSEN, Jewish identity, 33-40.

ROHOLD, S. B., The editors Note, in: The HEBREW CHRISTIAN ALLIANCE Quarterly I (1917), 2-3.

ROSEN, M./PROCTOR, W., Jews for Jesus, New Jersey 1974.

ROSEN, R., Jesus for Jews, San Francisco 1987.

ROSENTHAL, G. S./HOMOLKA, W., [Das Judentum] hat viele Gesichter. Die religiösen Strömungen der Gegenwart, Gütersloh 2000.

ROZWASKI, C. Z., Messianisches Judentum. Gift im Schokoladenbonbon, München, in: http://juden.judentum.org/judenmission/messianische-juden.htm, Stand: 12.08.2007.

RUBIN, B., Dedicate and celebrate. A Messianic Jewish guide to Hanukkah, Baltimore 1999.

RUDOLPH, D., [Intermarriage] can have a positive effect on messianic Judaism, in: COHN-SHERBOK, Voices, 101-110.

RUFEISEN, D., Hebrew Christians between early and later Christian traditions, in: ELGVIN, Israel and Yeshua, 49-55.

RYRIE, C. C., Dispensationalism, Chicago 1995.

SADAN, T., The place of the siddur in the Messianic community, in: MISHKAN 25 (1996), 26-33, in: http://www.caspari.com/pages/resources/MISHKAN/pdf/mishkan25.pdf, Stand: 11.08.2007.

SALOMON, N., Judentum. Eine kurze Einführung, Stuttgart 1999.

SALPETER, E., Russische Juden. Deutschland ist ein attraktiveres Einwanderungsziel, München 2004, in: http://www.hagalil.com/archiv/2004/06/einwanderung.htm, Stand: 12.08.2007.

SAUCY, R., God has not rejected his people, has he? A theology of hope, Chicago 1991.

Ders., The case for progressive dispensationalism. The interface between dispensational non-dispensational theology, Michigan 1993.

SÄNGER, D., Die [Verkündigung] des Gekreuzigten und Israel. Studien zum Verhältnis von Kirche und Israel bei Paulus und im frühen Christentum, Tübingen 1994.

SCHÄFER, K., Art. Evangelisch-Lutherischer Zentralverein für Zeugnis und Dienst unter Juden und Christen, in: RGG4, Bd. 2, 1999, Sp. 1732.

SCHÄFER, H./WERNER, D., Wo der Geist des Herrn ist, da ist Freiheit (2. Kor. 3,17). Ökumenische Überlegungen zur charismatischen Bewegung. Eine Einladung zum Gespräch, in: PASTORALTHEOLOGIE 82 (1993), Nr. 7, 298-318.

SCHENKE, L., Die Urgemeinde. Geschichtliche und theologische Entwicklung, Stuttgart 1990.

SCHERER-EMUNDS, M., Die letzte Schlacht um Gottes Reich. Politische Heilsstrategien amerikanischer Fundamentalisten, Münster 1989.

SCHIFFMAN, L., At the crossroads: Tannaitic perspectives on the Jewish-Christian Schism, in: SANDERS, E. P./BAUMGARTEN, A. I. (Hrsg.), Jewish and Christian self-definition, Bd. 2, Philadelphia 1981, 115-156.

Ders., Who Was a Jew? Rabbinic and halakhic perspectives on the Jewish Christian Schism, New Jersey 1985.

Ders., Aliya for Messianic Jews, in: The Hebrew Christian. The Quarterly Organ of the International HEBREW CHRISTIAN ALLIANCE, Bd. LXII (1989), Nr. 2, 37-39.

Ders., [Return] of the remnant. The rebirth of Messianic Judaism, Baltimore 19962.

SCHMID, P., [Juden, die an Jesus glauben]. Messianische Gemeinden in Israel stoßen an, Matten 2004, in: http://www.livenet.de/index.php/D/article/187/16047/, Stand: 06.08.2007.

Ders., Ein anderes [Pessachfest]. Messianische Juden feiern Jeschua, 2004, in: http://jesus.ch/index.php/D/article/68/16011/, Stand: 06.08.2007.

SCHMITT, G. M. [40 Jahre Konzilserklärung], 40 Jahre Konzilserklärung Nostra aetate, Ansprache am 6. März 2005 in Rheingönheim, in: http://www.christen-und-juden.de/index.htm?html/aetate.htm, Stand: 12.08.2007.

SCHNEIDER, S., Jesus oder Satan. Geistlicher Kampf in Tiberias, in: AMZI (Hrsg.), MESSIANISCHES ZEUGNIS 12 (1996), 5.

SCHOEPS, H. J., Urgemeinde, Judenchristentum, Gnosis, Tübingen 1956.

SCHOEPS, J. H., [Die neuen Hebräer]. Das deutsche Judentum gibt es nicht mehr. Mit der Zuwanderung hat ein radikaler Wandel begonnen, in: JÜDISCHE ALLGEMEINE 60 (2005), Nr. 31, 1.

SCHOEPS, J. H./JASPER, W./VOGT, B., [Russische Juden] in Deutschland. Integration und Selbstbehauptung in einem fremden Land, Weinheim 1996.

Dies., Ein [Neues Judentum] in Deutschland. Fremd- und Eigenbilder der russisch-jüdischen Einwanderer, Potsdam 1999.

SCHOLEM, G., Das Davidsschild. Geschichte eines Symbols, in: JUDAICA 1 (1968), 117-118.

SCHONFIELD, H. J., The history of [Jewish Christianity]. From the first to the twentieth century, London 1936.

SCHOON, S., Christelijke presentie in de Joodse staat, Kampen 1982.

Ders., Christians and Jews after the Shoa and the Mission to the Jews, in: TOMSON/LAMBERS-PETRY, The image, 299-314.

SCHRECKENBERG, H., Die christlichen Adversus-Judaeos-Texte und ihr literarisches und historisches Umfeld (1.-11. Jh.), Frankfurt am Main 19994.

SCHREINER, S., Von den Zwangsdisputationen des Mittelalters zum christlich-jüdischen Dialog heute, in: JUDAICA 42 (1986), 141-157.

SCHULER, W., Messianischer Abend. Kongress Gemeinde und Israel, in: CFI (Hrsg.), ISRAEL HEUTE 12 (2006), Nr. 7, 4.

Ders., Jeschuah HaMaschiach alias Jesus Christus, in: CFI (Hrsg.), ISRAEL HEUTE 38 (2007), 11.

SCHWEID, E., Jewish Messianism. Metamorphoses of an idea, in: M. SAPERSTEIN (Hrsg.), Essential papers on messianic movements and personalities in Jewish history, New York 1992, 53-72.

SCHULZ, J., Sollen Juden Christen werden?, in: AMZI (Hrsg.), MESSIANISCHES ZEUGNIS 4 (2004), 3.

Ders., Wiedererstehung des Judenchristentums, in: AMZI (Hrsg.), MESSIANISCHES ZEUGNIS 6 (2004), 4-5.

Ders., Die [Messianische Bewegung] organisiert sich, in: AMZI (Hrsg.), MESSIANISCHES ZEUGNIS 4 (2005), 4-5.

Ders., Die [Judenchristliche Vergangenheit] Deutschlands, nicht publizierter Vortrag am 06.12.2005 in Gießen.

Ders., Fröhliche Weihnukka, in: AMZI (Hrsg.), MESSIANISCHES ZEUGNIS 6 (2005), 4.

SCHÜTZE, Y., Ich bin nur ein Jude und dann ein Russe. Der Akkulturationsprozess junger russischer Juden im Zeitverlauf, in: SOZIALE WELT 51 (2000), 303-324.

SEDACA, D., [The rebirth] of messianic Judaism, Rancho Mirage, in: http://www.imja. com/rebirth.html, Stand: 12.08.2007.

Ders., Die Wiedergeburt des messianischen Judentums, in: KJÆR-HANSEN (Hrsg.), Tod eines Messias: Messiasgestalten und Messiaserwartungen im Judentum, Stuttgart 1996, 152-161.

Ders., Messianism or Messianic Judaism?, Lystrup 2002, in: http://www.lcje.net/bulletins/2002/68/68_06.html, Stand: 12.08.2007.

Ders., Outreach through messianic Jewish congregations. A history and insight for today, Lystrup 2003, http://www.lcje.net/papers/2003/sedaca.doc, Stand: 12.08.2007.

Ders., The [Search] for a genuine Messianic Jewish identity, Rancho Mirage, in: http://www.imja.com/identity.htm, Stand: 12.08.2007.

SELENGUT, C., American Jewish converts to new religious movements, in: THE JEWISH JOURNAL OF SOCIOLOGY 30 (1988), Nr. 2, 95-109.

SEREDA, A., Messianische Juden in der Ukraine, in: BSSE (Hrsg.), KOL HESED 3 (2005), 3.

SHAPIRO, V., Das russische Judentum heute, Rodnik 1993 (Russisch).

SHIRE, M. (Hrsg.), Die [Pessach-Haggada], Berlin 20012.

SHULAM, J., Eschatology and Jewish evangelism, in: MISHKAN 32 (2000), 43-47, in: http://www.caspari.com/pages/resources/MISHKAN/pdf/mishkan32.pdf, Stand: 23.08.2007.

Ders., Yehudim Chasidei Yeshua, in: Feigenbaum e.V. (Hrsg.), Seht den Feigenbaum 251/252 (2004), 18.

SHURAWLJOW, M./MEYER, D., Mit dem Klang des Schofars ins neue Jahr, in: AMZI (Hrsg.), MESSIANISCHES ZEUGNIS 11 (1998), 7.

Ders., Mutter und Tochter glauben an Jesus, in: AMZI (Hrsg.), MESSIANISCHES ZEUGNIS 2 (1999), 9.

Ders., Menschen für Jesus gewinnen. Aus der Arbeit in Deutschland, in: AMZI (Hrsg.), MESSIANISCHES ZEUGNIS 9 (1999), 5.[1]

1 Weitere Titel von M. Shurawljow sind, aufgrund der vorgenommenen Namensänderung, unter M. BRAKER zu finden.

SIBLEY, J. R., [Trends] in Jewish Evangelism in Israel, in: MISHKAN 10 (1989), 22-36, in: http://www.caspari.com/pages/resources/MISHKAN/pdf/mishkan10.pdf, Stand: 11.08.2007.

SIMON, M., Le Judaïsme et le Christianisme antique, Paris 1968.

Ders., Verus Israel. A study of relations between Christians and Jews in the Roman Empire (135-425), Oxford 1986.

SIMON, R. J. (Hrsg.), New Lives. The adjustment of Soviet Jewish immigrants in the United States and Israel, Lexington 1985.

SKARSAUNE, O., The mission to the Jews – a closed chapter? Some patristic reflections concerning "the great commission", in: J. ÅDNA/H. KVALBEIN (Hrsg.), The mission of the early church to Jews and gentiles, Tübingen 2000, 69-83.

SKJØTT, B. F., [Sabbath and Worship] in Messianic congregations in Israel, in MISHKAN 22 (1995), 21-24, in: http://www.caspari.com/pages/resources /MISHKAN/pdf/mishkan22.pdf, Stand: 11.08.2007.

Ders., The Messianic Movement in Israel, in: MISHKAN 23 (1995), 33-42, in: http://www.caspari.com/pages/resources/MISHKAN/pdf/mishkan23.pdf, Stand: 11.08.2007.

SNYDER, A., Laubhüttenfest, Faltblatt, Essen 2004.

Ders., Dank- und Gebetsanliegen, Rund-E-Mails vom 14.08., 20.08. und 04.09.2005.

SOBEL, B. Z., [Hebrew Christianity]. The thirteenth tribe, New York/London/Sydney/Toronto 1974.

SPIVAK, J., MESSIANISCHES ZEUGNIS in Israel, in: EDI (Hrsg.), GESANDT 28 (1999), Nr. 1, 5-7.

STADELMANN, H., Was ist evangelikal?, in: Idea Spektrum 30 (2007), 1.

STANTON, G. N./GRAHAM, N./STROUMSA, G., [Tolerance and intolerance] in early Judaism and Christianity, Cambridge 1998, 228-238.

STEEB, H., Wie alles begann. Gründung und Geschichte, Stuttgart, http://www.ead.de/info/welcome.htm, Stand: 12.08.2007.

STEGEMANN, E. W./STEGEMANN, W., Urchristliche Sozialgeschichte. Die Anfänge im Judentum und die Christusgemeinden in der mediterranen Welt, Stuttgart/Berlin/Köln 19972.

STERN, D. H., Restoring the Jewishness of a gospel, Jerusalem 1988.

Ders., Jewish New Testament. A translation of the New Testament that expresses its Jewishness, Jerusalem/Clarksville 19952.

Ders., Messianic Jewish [Manifesto], Jerusalem 1998.

Ders., Zurück zum Jüdischen im Evangelium. Eine Botschaft für Christen, Holzgerlingen 2002.

Ders., [The future] of Messianic Judaism, in: VARNER/FRUCHTENBAU/STERN/FISCHER/NEREL (Hrsg.), How Jewish, 175-192.

Ders., Das Jüdische Neue Testament. Eine Übersetzung des Neuen Testamentes, die seiner jüdischen Herkunft Rechnung trägt, Holzgerlingen 20033.

STERN, D. H./BRANDT, E., The use of liturgy in Messianic Jewish worship, in: MISHKAN 25 (1996), 15-25, in: http://www.caspari.com/pages/resources/MISHKAN/pdf/mishkan25.pdf, Stand: 11.08.2007.

STETTLER, U./MEERWEIN, C., [Die jüdischen Feste] auf einen Blick, in: AMZI (Hrsg.), MESSIANISCHES ZEUGNIS 1 (2005), 3-4.

Stiftung Kirche und Judentum (Hrsg.), Stiftung Kirche und Judentum, Basel 4.12.2001, in: http://query.staatsarchiv.bs.ch/query/Detail.aspx?ID=137911, Stand: 6.9.2007.

STRECKER, G., [Art. Judenchristentum], in: TRE, Bd. 17, Berlin/New York 1988, 310-325.

STRESOW, H., Wurzeln und Zweige, in: BSSE (Hrsg.), KOL HESED 1 (2004), 12.

Ders., [Jüdisch-messianisches Zentrum] in Berlin, in: BSSE (Hrsg.), KOL HESED 4 (2006), 15-16.

STUHLMANN, R., [Messianische Juden]. Provokation für Christen und Juden, in: M. HAARMANN/J. v. LÜPKE/A. MENN (Hrsg.), Momente der Begegnung. Impulse für das christlich-jüdische Gespräch, Neukirchen-Vluyn 2004, 334-337.

SUURMOND, J.-J., [Word and spirit] at play. Towards a charismatic theology, Grands Rapids 1995.

SWIDERSKI, I., [Gemeinde oder Israel]. Was ist die biblischste dispensationalistische Sicht der Messianischen Juden, in: BSSE (Hrsg.), KOL HESED 9 (2007), 8-9.

SWIDERSKI, K., [Lebensgeschichte], Düsseldorf 2002, in: http://www.beithesed.org/pastor/pastde.htm, Stand: 12.08.2007.

Ders., Die [Geschichte] des messianischen Judentums, Düsseldorf 2002, in: http://www.beithesed.org/de/history/index.html, Stand: 12.08.2007.

Ders., Chanukka, Düsseldorf 2002, in: http://www.beithesed.org/de/artikle_out.php?id=18,2, Stand: 12.08.2007.

Ders., Wie die [Jüdisch-messianische Bewegung] in Deutschland entstand, in: Bsse (Hrsg.), KOL HESED 2 (2007), 1.

TAINE, P. Lazarus, komm heraus. Die Geschichte eines jüdischen Mannes, der zur Ehre Gottes vom Tode auferweckt wurde, Baden-Baden 19663.

TELCHIN, S. Betrayed, Lincoln 1981.

Ders., Verraten, Hagen 1983.

Ders., [Messianic Judaism] is not Christianity. A loving call to unity, Michigan 2004.

THEIS, S., Religiosität von Russlanddeutschen, Stuttgart 2006.

THEISSEN, G., Die [Religion] der ersten Christen. Eine Theorie des Urchristentums, Gütersloh 2003[3].

THEISSEN, G./MERZ, A., Der historische Jesus. Göttingen 20013.

THOMA, C., Das Messiasprojekt. Theologie Jüdisch-christlicher Begegnung, Augsburg 1994.

Ders. [Art. Dialog], in: PETUCHOWSKI/THOMA, Begegnung, 35-39.

Ders., Art. Sakramente, in: PETUCHOWSKI/THOMA, Begegnung, 178-181.

THOMAS, E., Gottes Wort gewinnt Herzen und überwindet Grenzen, in: EDI (Hrsg.), GESANDT 32 (2003), Nr. 4, 6-9.

TOMSON, P. J./LAMBERS-PETRY, D. (Hrsg.), [The image] of the Judaeo-Christians in ancient Jewish and Christian literature, Tübingen 2003.

TREPP, L., Der jüdische Gottesdienst. Gestalt und Entwicklung, Stuttgart/Berlin/Köln 1992.

UCKO, H., Common roots, new horizons. Learning about Christian faith from dialogue with Jews, Genf 1994.

USCHOMIRSKI, A., Gott hört Gebet, in EDI (Hrsg.), GESANDT 25 (1996), Nr. 4, 6-7,

Ders., [Im Namen des Vaters], des Sohnes und des Ruach Ha Kodesch, in: EDI (Hrsg.), GESANDT 27 (1998), Nr. 2, 3-4.

Ders., Zeugnis, in: AMZI/EDI: (Hrsg.), Wir glauben an Jesus, 7-9.

Ders., Erste Konferenz messianischer Gläubiger in Deutschland, in: EDI (Hrsg.), GESANDT 27 (1998), Nr. 3, 3-4.

Ders., Begegnungen in der alten Heimat, in: EDI (Hrsg.), GESANDT 28 (1999), Nr. 5, 3-4.

Ders., Chanukka und Weihnachten, in: EDI (Hrsg.), GESANDT 29 (2000), Nr. 1, 4.

Ders., Messianisches Studienseminar, in: EDI (Hrsg.), GESANDT 31 (2002), Nr. 5, 3-4.

Ders., Frühe Judenchristliche Gemeinden, in: EDI (Hrsg.), GESANDT 31 (2002), Nr. 6, 5-6.

Ders., Zurüstung und Dienst, in: EDI (Hrsg.), GESANDT 32 (2003), Nr. 1, 3-5.

Ders., [Messianische Gemeinde] in Hamburg, in: GESANDT 33 (2004), Nr. 3, 5-6.

Ders., Ich heiße [Anatoli], in: BSSE (Hrsg.), KOL HESED 3 (2005), 4.

Ders., Zwei wichtige Feste, in: EDI (Hrsg.), GESANDT 34 (2005), Nr. 1, 4.

Ders., [Die Kraft], die die Welt verändert, in EDI (Hrsg.), GESANDT 34 (2005), Nr. 4, 3.

Ders., Messianische Gemeinde [Schma Israel], Stuttgart, in EDI (Hrsg.) GESANDT 34 (2005), Nr. 4, 5-6.

Ders., So groß ist Gott, in: EDI (Hrsg.), GESANDT 35 (2006), Nr. 6, 3-5.

Ders., Denn das Blut ist die Entsühnung, in: EDI (Hrsg.) GESANDT 35 (2006), Nr. 3, 3.

Ders., Siehe, wie fein und lieblich ist es, wenn Brüder einträchtig beieinander wohnen, in: EDI (Hrsg.), GESANDT 35 (2006), Nr. 3, 4-5.

Ders., Satzung der Gemeinde Schmah Israel, Stuttgart o. J.

Ders., [Zehnte nationale Konferenz] messianischer Juden in Deutschland, in: GESANDT 36 (2007), Nr. 3, 3-5.

USCHOMIRSKI, A. et al., [Messianische Haggada]. Deutsch und Russisch, Stuttgart o. J., nicht veröffentlicht.

Ders. et al, Satzung der Gemeinde Schmah Israel, Stuttgart, Nicht veröffentlicht.

VARNER, W./FRUCHTENBAUM, A./STERN, D. H./FISCHER, J./NEREL, G. (Hrsg.), [How Jewish] is Christianity. 2 views on the Messianic movement, Grand Rapids 2003.

VAUX, R. d., Ancient Israel, Bd. 2, New York 1961.

VEREINIGUNG EVANGELISCHER FREIKIRCHEN (VEF), Mitgliedskirchen, Wustermark, in: http://www.vef.info/ordnung.phtml, Stand: 6.9.2007.

VIDONYAK, R., Die Grundlagen des Glaubens mit Kommentaren innerhalb der Gemeindesatzung der Gemeinde „Adat Adonai", Heidelberg, o. J., nicht veröffentlicht.

VIELHAUER, P., Geschichte der urchristlichen Literatur. Einleitung in das Neue Testament, die Apokryphen und die Apostolischen Väter, Berlin 1985[4].

VOLKMANN, M., Zionismus und Staat Israel im christlich-jüdischen Dialog, Bad Boll 2006, in: http://www.ev-akademie-boll.de/fileadmin/res/otg/640806-VOLKMANN.pdf, Stand: 12.08.2007.

WAGNER, S., Franz Delitzsch. Leben und Werk, Gießen/Basel 1991[2].

WALLMANN, J., Was ist [Pietismus]?, Göttingen 1995, 11-27.

WANDER, B., [Trennungsprozesse] zwischen frühem Christentum und Judentum im 1. Jahrhundert n. Chr. Datierbare Abfolgen zwischen der Hinrichtung Jesu und der Zerstörung des Jerusalemer Tempels, Tübingen 1997[2].

Ders., Art. Judenchristen. I. Neues Testament, in: RGG4, Bd. 4, Tübingen 2001, Sp. 601-603.

WASSERMANN, J. S., Messianic Jewish congregations. A North American expression, in: MISHKAN 27 (1997), 24-36, in: http://www.caspari.com/pages/resources/MISHKAN/pdf/mishkan27.pdf, Stand: 11.08.2007.

WENGST, K., Neutestamentliche Aspekte zur trinitarischen Rede von Gott, Heppenheim 12.01.2004, in: http://www.jcrelations.net/de/?item=2404, Stand: 25.08.2007.

WERBLOWSKI, Z., Messianism in Jewish History, in: M. SAPERSTEIN (Hrsg.), Essential papers on messianic movements and personalities in Jewish history, New York 1992, 35-52.

WIEBE, P. Überwältigt von Gottes Wirken und Führung, in: EDI (Hrsg.), GESANDT 35 (2006), Nr. 5, 5-6.

Ders., Bei dir ist die Quelle des Lebens und in deinem Licht sehen wir das Licht, in: EDI (Hrsg.), GESANDT 36 (2007), Nr. 2, 3-5.

Ders., Wir freuen uns, dass wir unserem Volk dienen dürfen, in: EDI (Hrsg.), GESANDT 36 (2007), Nr. 4, 4-7.

WIELAND, W., [Interview] mit Benjamin und Reuven BERGER. Das messianische Israel und die Identität der christlichen Gemeinde, in: PROPHETISCHES BULLETIN 12, Winterthur 2002, 9-15.

WINER, R. I., The [Calling]. The history of the Messianic Jewish Alliance of America, 1915-1990, Wynnewood 1990.

Ders., The [Messianic Jewish Alliance] of America 1901-1939, in: MISHKAN 15 (1991), 48-56, in: http://www.caspari.com/pages/ resources/MISHKAN/pdf/ mishkan15.pdf, Stand: 11.08.2007.

WINKELMANN, A., [Anders], alles gut, in: JÜDISCHE ALLGEMEINE 51 (2004), 11.

WITTE, S., Es zählt nicht nur die Religion, in: MÜNSTERSCHE ZEITUNG, 22.8.2007, 8.

WOLTHAUS, H., [Ich will], dass ihr Worte des Lebens zu meinem Volk redet, in: BSSE (Hrsg.), KOL HESED. 3 (2005), 11.

WULIGER, M., Da war doch noch was, in: JÜDISCHE ALLGEMEINE 33 (2005), 22.

WUTHNOW, R., Experimentation in American religion. The new mysticisms and their implications for the churches, Berkeley 1978.

WÜRTTEMBERGISCHE EVANGELISCHE LANDESSYNODE, Erklärung zum Verhältnis von Christen und Juden, Bad Boll 6.4.2000, http://www.elk-wue.de/fileadmin/mediapool/elkwue/erklaerung_der_110.pdf, Stand: 12.08.2007.

ZACKER, J., in: The HEBREW CHRISTIAN ALLIANCE Quarterly 5 (1921), Nr. 4, 135-144.

ZARETSKY, T., Das [Evangelium] – auch für Juden. Impulse aus der messianischen Bewegung, Basel/Gießen 2006.

ZENTRALKOMITEE DER DEUTSCHEN KATHOLIKEN (Hrsg.), [Juden und Christen] in Deutschland. Verantwortete Zeitgenossenschaft in einer pluralen Gesellschaft, Berlin 2005, in: http://www.zdk.de/data/erklaerungen/pdf/Juden_u_Christen_Zeitgenossenschaft_2005_April_1113386246.pdf, Stand: 12.08.2007.

ZENTRALRAT DER JUDEN (Hrsg.), Der jüdische Gottesdienst, Berlin, http://www.zentral ratjuden.de/de/topic/204.html, Stand: 12.01.2007.

Ders. (Hrsg.), Jüdische Mitglieder, Berlin 2005, http://cgi.zentralratjuden.de/cgi-bin/index.php, Stand: 5.1.2007.

Ders. (Hrsg.), Neue Zahlen, Berlin 28.10.2005, in: http://www.zentralratdjuden.de/ de/article/764.html, Stand: 18.8.2007.

ZENTRALWOHLFAHRTSTELLE DER JUDEN IN DEUTSCHLAND (ZWST), Leitfaden für jüdische Zuwanderer aus der ehemaligen Sowjetunion, Frankfurt am Main 20013.

Dies. (Hrsg.), [Mitgliederstatistik], in: Dies., (Hrsg.), Selbstdarstellung, Frankfurt am Main 2005, 9.

Dies. (Hrsg.), [Mitgliederstatistik] der jüdischen Gemeinden und Landesverbände in Deutschland für das Jahr 2007 (Auszug), Frankfurt am Main 2008.

Dies. (Hrsg.), Projekte und Aktivitäten. Ein aktueller Ausschnitt, Frankfurt am Main 2005.

Dies., (Hrsg.), Mitgliederstatistik 2007, E-Mail an die Verf. vom 24.09.2007.

ZIMMERLING, P., Die [Charismatische Bewegungen]. Theologie, Spiritualität, Anstöße zum Gespräch, Göttingen 2002².

10.1 Lexika und Hilfsmittel

BECKER, H.-J. (Hrsg.), [Der Jerusalemer Talmud]. Sieben ausgewählte Kapitel. Übersetzt, kommentiert und eingeleitet von Hans-Jürgen BECKER, Stuttgart 1995.

BETZ, H. D./BROWNING, D. S./JANIKOWSKI, B./JÜNGEL, E. (Hrsg.), [RGG4], Religion in Geschichte und Gegenwart. Handwörterbuch für Theologie und Religionswissenschaft, Tübingen 1998-2005[4].

Ders./EGO, B./GRIMM, W./ZWICKEL, W (Hrsg.), Calwer Bibellexikon, Stuttgart 2003.

FAHLBUSCH, E./LOCHMANN, J. M. /MBITI, J. S. (Hrsg.), Evangelisches Kirchenlexikon [EKL]. Internationale theologische Enzyklopädie, Göttingen 1986-1996[3].

GESENIUS, W., Hebräisches und Aramäisches [Handwörterbuch], Berlin/Göttingen/Heidelberg 1949[17].

GUTBROD, K./KÜCKLICH, R./SCHLATTER, T. (Hrsg.), Calwer Bibellexikon, Stuttgart 1969[5].

HAUCK, F./SCHWINGE, G., Theologisches Fach- und Fremdwörterbuch, Göttingen 2002[9].

KITTEL, G./FRIEDRICH, G. (Hrsg.), Theological dictionary of the new testament [TDNT], Grand Rapids 1972.

MAIER, J./SCHÄFER, P., Kleines Lexikon des Judentums, Stuttgart 1987[2].

MATHEUS, F., Kompaktwörterbuch Althebräisch. Althebräisch-Deutsch, Stuttgart 2006, 37.

MÜLLER, G./BALZ, H./KRAUSE, G. (Hrsg.), Theologische Realenzyklopädie [TRE], 36 Bände, Berlin/New York 1977-2004.

PETUCHOWSKI, J. J./THOMA, C., Lexikon der jüdisch-christlichen [Begegnung]. Hintergründe – Klärungen – Perspektiven, Freiburg im Breisgau 1997[3].

SCHOEPS, J. H. (Hrsg.), Neues Lexikon des Judentums, Gütersloh 2000.

SCHWERTNER, S. (Hrsg.), Internationales Abkürzungsverzeichnis für Theologie und Grenzgebiete (IATG), in: TRE, 1994[2].

10.2 Zeitschriften

AMZI (Hrsg.), MESSIANISCHES ZEUGNIS, Reinach/Lörrach.

BSSE (Hrsg.), KOL HESED. Stimme der Gnade, Jüdische messianische Zeitung, Düsseldorf.

EDI (Hrsg.), GESANDT zu Israel. Ein Brief für Freunde, Leinfelden-Echterdingen.

ISRAELITISCH MESSIANISCHE GEMEINDE ADON JESCHUA (Hrsg.), MENORA. Messianische Zeitschrift, Stuttgart.

KJÆR-HANSEN, K. (Hrsg.), MISHKAN. A Forum on the gospel and the Jewish people, Jerusalem.

10.3 Literaturverzeichnis zur qualitativen Sozialforschung, Religionspsychologie, Religionssoziologie, empirischer Theologie und zur Methodologie

ALEMANN, H. v./ORTLIEB, P., Die [Einzelfallstudie], in: J. v. KOLLWIJK/M. WIEKEN-MAYSER (Hrsg.), Techniken der empirischen Sozialforschung, Bd. 2, München 1974, 170ff.

BAILEY, K. D., Methods of social research, New York 1994⁴.

BARALDI, C./CORSI, G./ESPOSITO, E. (Hrsg.), [GLU]. Glossar zu Niklas LUHMANNS Theorie sozialer Systeme, Frankfurt am Main 1997.

BARALDI, C., Art. Semantik, in: BARALDI et al, GLU, 168-169.

BARTELS, P., Einführung in [SPSS], unveröffentlichtes Skript, WWU Münster 2005.

BECKFORD, J. A., [Accounting for conversion], in: BRITISH JOURNAL OF SOCIOLOGY 29 (1978), 249-262.

Ders., The sociology of religion 1945-1989, in: Social Compass 37 (1990), 45-64.

BERGER, P. L. Einladung zur Soziologie. Eine humanistische Perspektive, München 19844.

BERGMANN, J. R., [Flüchtigkeit] und methodische Fixierung sozialer Wirklichkeit. Aufzeichnungen als Daten der interpretativen Soziologie, in: W. BONNS/H. HARTMANN (Hrsg.), Entzauberte Wissenschaft. Zur Relativität und Geltung soziologischer Forschung, Sonderband 3 der Zeitschrift „SOZIALE WELT", Göttingen 1985, 299-320.

BERGOLD, J. B./FLICK, U. (Hrsg.), [Ein-Sichten]. Zugänge zur Sicht des Subjekts mittels qualitativer Forschung, Tübingen 1987.

BESOZZI, C./ZEHNPFENNIG, H., [Methodologische Probleme] der Indexbildung, in: J. v. KOLLWIJK/M. WIEKEN-MAYSER (Hrsg.), Techniken der empirischen Sozialforschung, Bd. 5, München 1976, 9-55.

BISCHOFBERGER, O., Bekehrungsgeschichten. Ihr Stellenwert und ihre Interpretation, in: NEUE ZEITSCHRIFT FÜR MISSIONSWISSENSCHAFT 48 (1992), 117-130.

BLUMER, H., What is wrong with social theory, in: AMERICAN SOCIOLOGICAL REVIEW 14 (1954), 3-10.

BOISEN, A. T., The exploration of the inner world. A study of mental disorder and religious experience, Philadelphia 1971.

BROMLEY, G.D./RICHARDSON, J. T. (Hrsg.), The brainwashing/deprogramming controversy. Sociological, psychological, legal and historical perspectives, New York 1983.

BRÜSEMEISTER, T., Qualitative Forschung. Ein Überblick, Wiesbaden 2000.

BRYMAN, A., Quantity and quality in social research, London 1988.

Ders., Quantitative and qualitative research. Further reflections on their integration, in: J. BRANNEN (Hrsg.), Mixing methods. Quantitative and qualitative research, Aldershot 1995.

BURKHARDT, H., Die biblische Lehre von der Bekehrung, Gießen/Basel 1985.

BÜTTNER, G./DIETERICH, V.-J. [Religion als Unterricht], Religion als Unterricht. Ein Kompendium, Göttingen 2004.

CAMPBELL, D. T./FISKE, D. W., Convergent and discriminant validation by multitrait-multimethod matrix, in: Psychological Bulletin 56 (1959), 81-105.

CORSI, G., Art. Religion, in: BARALDI, GLU, 156-159.

DENZIN, N. K. [Research], The Research Act. A theoretical introduction to sociological methods, Englewood Cliffs 1989³.

DEXTER, L. A., Elite and specialized interviewing, Evanston 1970.

DIEKMANN, A., [Empirische Sozialforschung]. Grundlagen, Methoden, Anwendungen, Reinbek bei Hamburg 2003¹⁰.

EIBEN, J./Viehöver, W., [Religion] und soziale Bewegungen. Zur Diskussion des Konzepts der „Neuen Religiösen Bewegungen", in: FORSCHUNGSJOURNAL NEUE SOZIALE BEWEGUNGEN 6 (1993), Nr. 3/4, 51-75.

ESPOSITO, E., Art. Identität/Differenz, in: BARALDI et al, GLU, 72-75.

Dies., Art. Operation/Beobachtung, in: BARALDI et al, GLU, 123-128.

Dies., Art. Psychisches System, in: BARALDI et al, GLU, 142-144.

Dies., Art. System/Umwelt, in: BARALDI et al, GLU, 195-199.

FEIGE, A., Erfahrungen mit Kirche. Daten und Analysen einer empirischen Untersuchung über Beziehungen und Einstellungen junger Erwachsener zur Kirche. Ein Beitrag zur Soziologie und Theologie der Volkskirchenmitgliedschaft in der Bundesrepublik Deutschland, Hannover 1982.

FEIGE, A./LUKATIS, I., [Empirie] hat Hochkonjunktur. Ausweitung und Differenzierung der empirischen Forschung in der deutschsprachigen Religions- und Kirchensoziologie seit den 90er Jahren. Ein Forschungsbericht, in: Praktische Theologie 39 (2004), Nr. 1, 12-32.

FIELDING, N. G./FIELDING, J. L., Linking Data, Beverly Hills 1986.

FISCHER, H. (Hrsg.), Ethnologie. Einführung und Überblick, Berlin/Hamburg 1992.

FLICK, U., Entzauberung der Intuition. Triangulation von Methoden und Datenquellen als Strategie der Geltungsbegründung und Absicherung von Interpretationen, in: J. H. P. HOFFMEYER-ZLOTNIK (Hrsg.), Analyse verbaler Daten. Über den Umgang mit qualitativen Daten, Opladen 1992, 11-55.

Ders. [Triangulation]. Eine Einführung, Wiesbaden 2004.

FLINN, F. K. [Conversion]. Up from evangelicalism or the pentecostal and charismatic experience, in: LAMB/BRYANT, Religious conversion, 51-72.

FRIEDRICHS, J./LÜDTKE, H., [Teilnehmende Beobachtung]. Einführung in die sozialwissenschaftliche Feldforschung, Weinheim/Basel 19773.

GARZ, D./KRAIMER, K. (Hrsg.), [Qualitativ-empirische Sozialforschung]. Konzepte, Methoden, Analysen, Opladen 1991.

GASSMANN, G./MEYER, H. (Hrsg.), Neue transkonfessionelle Bewegungen, Frankfurt am Main 1976.

GEERTZ, C., Thick Description. Toward an interpretive theory of culture, New York 1973.

GLASER, B., Theoretical sensitivity. Advances in the methodology of grounded theory, Mill Valley 1978.

GLASER, B. G./STRAUSS, A. L., The [Discovery] of grounded theory. Strategies for qualitative research, Chicago 1979[10].

Dies., Die Entdeckung der [Gegenstandsbezogenen Theorie]. Eine Grundstrategie qualitativer Sozialforschung, in: C. HOPF/E. WEINGARTEN (Hrsg.), Qualitative Sozialforschung, Stuttgart 1979, 91-118.

GLINKA, H.-J., Das [Narrative Interview]. Eine Einführung für Sozialpädagogen, Weinheim/München 1998.

GLOCK, C. Y., Über die Dimensionen der Religiosität, in: J. MATTHES, Kirche und Gesellschaft. Einführung in die Religionssoziologie Bd. 2, Reinbek bei Hamburg 1969, 150-168.

GLOCK, C. Y/STARK, R., Religion and society in tension, Chicago 1965.

GOFFMAN, E., Über Feldforschung, in: KNOBLAUCH, Kommunikative Lebenswelten, 261-269.

GOSSMANN, K./METTE, N., Lebensweltliche Erfahrung und religiöse Deutung. Ein religionspädagogisch-hermeneutischer Zugang, in: COMENIUS-INSTITUT (Hrsg.), Religion in der Lebensgeschichte. Interpretative Zugänge am Beispiel der Margret E., Gütersloh 1993, 163-175.

GREENLEE, D., Christian conversion from Islam. Social, cultural, communication, and supernatural factors in the process of conversion and faithful church participation, Deerfield 1996.

GRÖZINGER, A./LOTT, J. (Hrsg.), Gelebte Religion. Im Brennpunkt praktisch-theologischen Denkens und Handelns, Rheinbach 1997.

HACH, J., Gesellschaft und Religion in der Bundesrepublik Deutschland. Eine Einführung in die Religionssoziologie, Heidelberg 1980.

HAHN, A., Identität und Selbstthematisierung, in: Ders./V. KAPP (Hrsg.), Selbstthematisierung und Selbstzeugnis, Bekenntnis und Geständnis, Frankfurt am Main 1987.

HAMMERSLEY, M./ATKINSON, P., Ethnography. Principles in practice, London 19972.

HANNIGAN, J. A., Apples and oranges or varieties of the same fruit. The new religious movements and the new social movements compared, in: Review of Religious Research 31 (1990), 246-258.

Ders., Social movement theory and the sociology of religion. Toward a new synthesis, in: Sociological Analysis 52 (1991), 311-332.

HARTMANN, K., Es könnte auch Religion sein. Religiöse Orientierungen in biographischen Konstruktionen von Managern, in: WOHLRAB-SAHR, Biographie und Religion, 243-264.

HAUPERT, B., Vom narrativen Interview zur biographischen Typenbildung, in: GARZ/KRAIMER, Qualitativ-empirische Sozialforschung, 213-254.

HEIMBROCK, H.-G., [Gottesdienst] – Spielraum des Lebens. Sozial- und kulturwissenschaftliche Analysen zum Ritual in praktisch-theologischem Interesse, Kampen 1993.

Ders., [Empirische Hermeneutik] in der Praktischen Theologie, in: J. v. d. VEN/H.-G. ZIEBERTZ (Hrsg.), Paradigmenentwicklung in der Praktischen Theologie, Kampen/Weinheim 1993, 49-67.

Ders., Religiosität, Selbstbild und intermediäre Erfahrung. Zur Interpretation des Interviews aus psychoanalytischer Sicht, in: COMENIUS-INSTITUT (Hrsg.), Religion in der Lebensgeschichte. Interpretative Zugänge am Beispiel der Margret E., Gütersloh 1993, 121-136.

HENNING, C./NESTLER, E. (Hrsg.), [Religionspsychologie heute], Frankfurt am Main 2000.

Dies. (Hrsg.), Konversion. Zur Aktualität eines Jahrhundertthemas, Frankfurt am Main 2002.

HENNING, C./Murken, S./NESTLER, E. (Hrsg.), Einführung in die Religionspsychologie, Paderborn/München/Wien/Zürich 2003.

HILD, H. (Hrsg.), Wie stabil ist die Kirche?, Bestand und Erneuerung. Ergebnisse einer Meinungsbefragung, Bd. 1, Gelnhausen/Berlin 19752.

HOPF, C., Norm und Interpretation. Einige methodische und theoretische Probleme der Erhebung und Analyse subjektiver Interpretationen in qualitativen Untersuchungen, in: ZEITSCHRIFT FÜR SOZIOLOGIE 11 (1982), 307-329.

HOPF, C./WEINGARTEN, E. (Hrsg.), Qualitative Sozialforschung, Stuttgart 19933.

JACOB, R./EIRMBTER, W. H., Allgemeine Bevölkerungsumfragen. Einführung in die Methoden der Umfrageforschung mit Hilfen zur Erstellung von Fragebögen, München 2000.

JAHRAUS, O. (Hrsg.), Niklas LUHMANN. Aufsätze und Reden, Stuttgart 2001, 299-233.

JAMES, W., Die Vielfalt religiöser Erfahrung. Eine Studie über die menschliche Natur, Frankfurt am Main/Leipzig 1997 (Erstausgabe 1902).

JICK, T., Mixing qualitative and quantitative Methods. Triangulation in action, in: v. MAANEN (Hrsg.), Qualitative Methodology, Newbury Park 1983, 135-148.

JÖDICKE, A., Die [Moderne Religiosität] von Bekehrten. Eine Studie zum Evangelikalismus in der Schweiz, in: J. BERGMANN/A. HAHN/T. LUCKMANN (Hrsg.), Religion und Kultur. Sonderheft der KÖLNER ZEITSCHRIFT FÜR SOZIOLOGIE UND SOZIALPSYCHOLOGIE 33 (1993), 218-230.

Ders., Misslungene Bekehrungen. Zur begrenzten Interpretationsmächtigkeit eines evangelikalen Symbols, in: KNOBLAUCH/KRECH/WOHLRAB-SAHR, Religiöse Konversion, 65-89.

JULES-ROSETTE, B., The conversion experience. The apostles of John Maranke, in: JOURNAL OF RELIGION IN AFRICA 7 (1975), 132-164.

KALLMEYER, W./SCHÜTZE, F., Zur [Konstitution] von Kommunikationsschemata der Sachverhaltsdarstellung. Dargestellt am Beispiel von Erzählungen und Beschreibungen, in: D. WEGNER (Hrsg.), Gesprächsanalysen. Vorträge, gehalten anlässlich des 5. Kolloquiums des Instituts für Kommunikationsforschung und Phonetik, Hamburg 1977, 159-274.

KIRCHHOFF, S./KUHNT, S. /LIPP, P. /SCHLAWIN, S., Der Fragebogen. Datenbasis, Konstruktion und Auswertung, Opladen 2003³.

KNOBLAUCH, H., Kommunikationskultur. Die kommunikative Konstruktion kultureller Kontexte, Berlin 1995.

Ders. (Hrsg.), [Kommunikative Lebenswelten]. Zur Ethnographie einer geschwätzigen Gesellschaft, Konstanz 1996.

Ders., Religionssoziologie, Berlin/New York 1999.

Ders., [Qualitative Religionsforschung]. Religionsethnographie in der eigenen Gesellschaft, Paderborn 2003.

KNOBLAUCH, H./KRECH, V./WOHLRAB-SAHR, M., [Religiöse Konversion]. Systematische und fallorientierte Studien in soziologischer Perspektive, Konstanz 1998.

KOHLSCHEIN, F., Symbol und Kommunikation als Schlüsselbegriffe einer Theologie und Theorie der Liturgie, in: Liturgisches Jahrbuch 35 (1985), 200-218.

KÖTT, A., [Systemtheorie] und Religion. Mit einer Religionstypologie im Anschluss an Niklas LUHMANN, Würzburg 2003.

KÖTTIG, M., Triangulation von Fallrekonstruktionen, in: B. VÖLTER/DAUSIEN, B./ROSENTHAL, G. (Hrsg.), Biographieforschung im Diskurs. Theoretische und methodische Verknüpfungen, Opladen 2005, 65-83.

KRECH, V., Was ist [Religiöse Bekehrung]? Ein Streifzug durch zehn Jahre soziologischer Konversionsforschung, in: HANDLUNG, KULTUR, INTERPRETATION. BULLETIN FÜR PSYCHOLOGIE UND NACHBARDISZIPLINEN 4 (1995), Nr. 6, 131-159.

Ders., [Religiöse Erfahrung] – was oder wie? Zur soziologischen Rekonzeptualisierung eines religionswissenschaftlichen Begriffs anhand der Analyse von Konversionsberichten, in: TYRELL/KRECH/KNOBLAUCH, Religion als Kommunikation, 473-504.

Ders., Religionssoziologie, Bielefeld 1999.

Ders., [Kleine Religionsgemeinschaften] in Deutschland. Eine religionssoziologische Bestandsaufnahme, in: H. Lehmann (Hrsg.), Religiöser Pluralismus im vereinten Europa. Freikirchen und Sekten. Göttingen 2005, 116-144.

KUHN, T. S../KRÜGER, L. (Hrsg.), Die Entstehung des Neuen. Studien zur Struktur der Wissenschaftsgeschichte, Frankfurt am Main 1997⁵.

LAMB, C./BRYANT, M. D., [Religious conversion]. Contemporary practices and controversies, London/New York/Kassel 1999.

LAMNEK, S., Qualitative Sozialforschung. Bd. 1, [Methodologie], Weinheim 19953.

Ders., Qualitative Sozialforschung. Bd. 2 [Methoden und Techniken], Weinheim 19953.

LOFLAND, J./SKONOVD, N., Conversion motives, in: JOURNAL FOR THE SCIENTIFIC STUDY OF RELIGION 20 (1981), Nr. 4, 373-385.

LOFLAND, J./STARK, R., Becoming a world-saver. A theory of conversion to a deviant perspective, in: AMERICAN SOCIOLOGICAL REVIEW 30 (1965), 862-875.

LUCKMANN, T., Grundformen der gesellschaftlichen Vermittlung des Wissens. Kommunikative Gattungen, in: KÖLNER ZEITSCHRIFT FÜR SOZIOLOGIE UND SOZIALPSYCHOLOGIE. Sonderheft 27 (1986), 191-211.

LÜDERS, C./REICHERTZ, J., [Wissenschaftliche Praxis] ist, wenn alles funktioniert und keiner weiß warum. Bemerkungen zur Entwicklung qualitativer Sozialforschung, in: Sozialwissenschaftliche Literatur Rundschau 9 (1986), Nr. 12, 90-102.

LUHMANN, N., [Funktion der Religion], Frankfurt am Main 1977.

Ders., Systeme verstehen Systeme, in: Ders./K. E. SCHORR (Hrsg.), Zwischen Intransparenz und Verstehen. Fragen an die Pädagogik, Frankfurt am Main 1986.

Ders., [Lässt unsere Gesellschaft] Kommunikation mit Gott zu?, in: Ders., Soziale Aufklärung 4, Opladen 1987, 241-249.

Ders., [Soziale Systeme]. Grundriss einer allgemeinen Theorie, Frankfurt am Main 1993⁴.

Ders., Die Sinnform Religion, in: Soziale Systeme 2 (1996), 3-33.

Ders., Die [Gesellschaft] der Gesellschaft, Bd. 1-2, Frankfurt am Main 1997.

Ders., Gesellschaftsstruktur und Semantik, Bd. 1-3, Frankfurt am Main 1998a.

Ders. Die Wissenschaft der Gesellschaft, Darmstadt 2002.

Ders., Die [Religion der Gesellschaft], Frankfurt am Main 2002.

MACHALEK, R./SNOW, D. A., Conversion to new religious movements, in: D. G. BROMLEY/ J. K. HADDEN (Hrsg.), Religion and the social order. The handbook of cults and sects in America, Bd. 3, Teil B, Greenwich 1993, 53-74.

MALONY, H. N., The psychology of religious conversion, Tokio 1998, in: http://www.religiousfreedom.com/Conference/japan/MALONY.htm, Stand: 22.08.2007.

MAYRING, P., Einführung in die Qualitative Sozialforschung. Eine Anleitung zu qualitativem Denken, Weinheim/Basel 2002^5.

METTE, N./STEINKAMP, H., Sozialwissenschaften und Praktische Theologie, Düsseldorf 1983.

MEUSER, M./NAGEL, U., ExpertInneninterviews – vielfach erprobt, wenig bedacht. Ein Beitrag zur qualitativen Methodendiskussion, in: GARZ/KRAIMER, Qualitativ-empirische Sozialforschung, 441-471.

NASSEHI, A., [Religion] und Biographie. Zum Bezugsproblem religiöser Kommunikation in der Moderne, in: WOHLRAB-SAHR, Biographie und Religion, 103-126.

Ders., [Kommunikation] verstehen. Einige Überlegungen zur empirischen Anwendbarkeit einer systemtheoretisch informierten Hermeneutik, in: T. SUTTER (Hrsg.), Die Beobachtung verstehen, das Verstehen beobachten. Perspektiven einer konstruktivistischen Hermeneutik, Opladen 1997, 135-163.

NEIDHARD, F., Das innere System sozialer Gruppen, in: KÖLNER ZEITSCHRIFT FÜR SOZIOLOGIE UND SOZIALPSYCHOLOGIE 31, (1979), 611-638.

NOCK, A. D., Conversion. The old and the new in religion from Alexander the Great to Augustine of Hippo, Lanham 1933.

PEACE, R. V., Conflicting understandings of Christian conversion. A missiological challenge, in: International Bulletin of Missionary Research (IBMR) 28 (2004), Nr. 1, 8-14.

POEWE, K., Conversion among Charismatics, in: LAMB/BRYANT, Religious conversion, 191-206.

POLLACK, D., Religiöse Chiffrierung und soziologische Aufklärung. Die Religionstheorie Niklas LUHMANNS im Rahmen ihrer systemtheoretischen Voraussetzungen, Frankfurt am Main 1988.

POPP-BAIER, U., [Das Heilige] im Profanen. Religiöse Orientierungen im Alltag. Eine qualitative Studie zu religiösen Orientierungen von Frauen aus der charismatisch-evangelikalen Bewegung, Amsterdam/Atlanta 1998.

Dies., [Selbsttransformationen] in Bekehrungserzählungen. Eine narrativ-psychologische Analyse, in: HENNING/NESTLER, Religionspsychologie heute, 253-297.

Dies., [Beten und Handeln]. Religion im Alltag von charismatisch-evangelikal orientierten Frauen, in: Dies. (Hrsg.), Religiöses Wissen und alltägliches Handeln. Assimilationen, Transformationen, Paradoxien, Münster 1998, 98-122.

Dies., Konversionsforschung als Thema gegenwärtiger Religionspsychologie, in: C. HENNING/E. NESTLER (Hrsg.), Konversion. Zur Aktualität eines Jahrhundertthemas, Frankfurt am Main 2002, 95-115.

RAMBO, L. R., Understanding religious conversion, New Haven 1993.

RASCHKE, J., Zum Begriff der sozialen Bewegung, in: R. ROTH/D. RUCHT (Hrsg.), Neue Soziale Bewegungen in der Bundesrepublik Deutschland, Bonn 1991², 31-39.

Regionales Rechenzentrum für Niedersachsen (Hrsg.), SPSS Grundlagen, Einführung anhand der Version 11, Hannover 20038.

Dasselbe (Hrsg.), SPSS Fortgeschrittene. Durchführung fortgeschrittener statistischer Analysen, Hannover 2002³.

RICHARDSON, J. T., The active vs. passive convert. Paradigm conflict in conversion/recruitment research, in: JOURNAL FOR THE SCIENTIFIC STUDY OF RELIGION 24 (1985), Nr. 2, 163-179.

RINK, T. Eine [Multidimensionale Methodik] zur Analyse von Bekehrungsmotiven, Pretoria 2006.

SARGANT, W., Battle for the mind. A physiology of conversion and brainwashing. London 1976.

SCHATZMANN, L., Field research. Strategies for a natural sociology, Englewood Cliffs 1973.

SCHMIDTCHEN, G., Gottesdienst in einer rationalen Welt. Religionssoziologische Untersuchungen im Bereich der VELKD, Stuttgart/Freiburg 1973.

SCHMIDT-LAUBER, H.-C., Zukunft des Gottesdienstes. Von der Notwendigkeit lebendiger Liturgie, Stuttgart 1990.

SCHNELL, R./HILL, B./ESSER, E. [Methoden], Methoden der empirischen Sozialforschung, München 1999⁶.

SCHÜTZE, F., Zur [Hervorlockung] und Analyse von Erzählungen thematisch relevanter Geschichten im Rahmen soziologischer Feldforschung. Dargestellt an einem Projekt zur Erforschung kommunaler Machtstrukturen in: Arbeitsgruppe Bielefelder Soziologen (Hrsg.), Kommunikative Sozialforschung. Alltagswissen und Alltagshandeln, Gemeindemachtforschung, Polizei, politische Erwachsenenbildung, München 1976, 159-260.

Ders., Die [Technik] des narrativen Interviews in Interaktionsfeldstudien. Dargestellt an einem Projekt zur Erforschung von kommunalen Machtstrukturen, Bielefeld 1977.

Ders., Biographieforschung und narratives Interview, in: Neue Praxis 13 (1983), 283-294.

Schwab, U., Geschlossene Konzeptionen und permanenter Wandel. Religiosität in der Moderne zwischen institutioneller Bindung und individueller Konstruktion, in: A. Grözinger/J. Lott (Hrsg.), Gelebte Religion. Im Brennpunkt praktisch-theologischen Denkens und Handelns, Rheinbach 1997, 130-141.

Schweitzer, F., Praktische Theologie. Kultur der Gegenwart und die Sozialwissenschaften –Interdisziplinäre Beziehungen und die Einheit der Disziplin, in: Ders./Nipkow, K. E./Rossler, D. (Hrsg.), Praktische Theologie und die Kultur der Gegenwart. Ein internationaler Dialog, Gütersloh 1991.

Seitz, M./Mohaupt, L. (Hrsg.), Gottesdienst und öffentliche Meinung. Kommentare und Untersuchungen zur Gottesdienstumfrage der VELKD, Stuttgart 1977.

Selengut, C., American Jewish converts to new religious movements, in: The Jewish Journal of Sociology 30 (1988), Nr. 2, 95-109.

Smith, H. W., [Strategies] for social research. The methodological imagination, Englewood Cliffs 1975.

Snow, D./Machalek, R., The [Sociology of conversion], in: Annual Review of Sociology 10 (1984), 167-190.

Sprondel, W. M., [Subjektives Erlebnis] und das Institut der Konversion, in: B. Lutz (Hrsg.), Soziologie und gesellschaftliche Entwicklung. Verhandlungen des 22. Deutschen Soziologentages in Dortmund 1984, Frankfurt am Main 1985, 549-558.

Staples, C. L./Mauss, A. L., Conversion or commitment? A Reassessment of the Snow and Machalek approach to the study of conversion, in: Journal for the Scientific Study of Religion 26 (1987), Nr. 2, 133-147.

Statistisches Bundesamt (Hrsg.), Demographische Standards. Methoden, Verfahren, Entwicklungen (Hrsg.), Wiesbaden 2004, in: http://www.gesis.org/Methodenberatung/ Untersuchungsplanung/Standarddemografie/dem_standards/demsta2004.pdf, Stand: 31.8.2007.

Straehler, R., [Conversions] from Islam to Christianity in the Sudan, Pretoria 2005.

Strauss, A., [Qualitative analysis] for social scientists, New York 1987.

Strauss, A./Corbin, J., [Grounded theory]. Grundlagen Qualitativer Sozialforschung, Weinheim 1996.

Strübing, J., [Grounded Theory]. Zur sozialtheoretischen und epistemologischen Fundierung des Verfahren der empirisch begründeten Theoriebildung, Wiesbaden 2004.

Sundén, H., Die Religion und die Rollen. Eine psychologische Untersuchung der Frömmigkeit, Berlin 1966.

TROELTSCH, E., Was heißt Wesen des Christentums?, in: Ders.: Zur religiösen Lage, Religionsphilosophie und Ethik, Aalen 1991 (Neudruck von 1922²), 386-451.

TYRELL, H./KRECH, V./KNOBLAUCH, H., Religiöse Kommunikation. Einleitende Bemerkungen zu einem religionssoziologischen Forschungsprogramm, in: Dies., Religion als Kommunikation, 7-30.

Dies., [Religion als Kommunikation], Würzburg 1998.

ULMER, B., [Konversionserzählungen] als rekonstruktive Gattung. Erzählerische Mittel und Strategien bei der Rekonstruktion eines Bekehrungserlebnisses, in: ZEITSCHRIFT FÜR SOZIOLOGIE 17 (1988), Nr. 1, 19-33.

Ders., Die [Autobiographische Plausibilität] von Konversionserzählungen, in: W. SPARN (Hrsg.), Wer schreibt meine Lebensgeschichte? Biographie, Autobiographie, Hagiographie und ihre Entstehungszusammenhänge, Gütersloh 1990, 287-295.

VEN, J. v. d., [Entwurf] einer empirischen Theologie, Kampen 1990.

VOLMERG, U., Validität im interpretativen Paradigma. Dargestellt an der Konstruktion qualitativer Erhebungsverfahren, in: P. ZEDLER/H. MOSER (Hrsg.), Aspekte qualitativer Sozialforschung, Studien zu Aktionsforschung, empirischer Hermeneutik und reflexiver Sozialttechnologie, Opladen 1983, 124-143.

VOLP, R., Zeichen – Semiotik in Theologie und Gottesdienst, Mainz/München 1982.

WEBB, E. J./CAMPBELL, D. T./Schwartz, R. D. (Hrsg.), Unobtrusive Measures. Nonreactive research in the social sciences, Chicago 1973⁹.

WEBER, M./WINKELMANN, J. (Hrsg.), Wirtschaft und Gesellschaft. Grundriss der verstehenden Soziologie, Tübingen 2002⁵.

WIESBERGER, F., Bausteine zu einer soziologischen Theorie der Konversion. Soziokulturelle, interaktive und biographische Determinanten religiöser Konversionsprozesse, Berlin 1990.

WILSON, B. R., Religion in secular society. A sociological comment. London 1966.

WITZEL, A., [Verfahren] der qualitativen Sozialforschung. Überblick und Alternativen, Frankfurt am Main 1982.

WOHLRAB-SAHR, M. (Hrsg.), [Biographie und Religion]. Zwischen Ritual und Selbstsuche. Frankfurt am Main/New York 1995.

WOHLRAB-SAHR, M./KRECH, V./KNOBLAUCH, H., [Religiöse Bekehrung] in soziologischer Perspektive. Themen, Schwerpunkte und Fragestellungen der gegenwärtigen religionssoziologischen Konversionsforschung, in: KNOBLAUCH/KRECH/WOHLRAB-SAHR, Religiöse Konversion, 7-43.

ZEDLER, P./MOSER, H. (Hrsg.), Aspekte qualitativer Sozialforschung, Studien zu Aktionsforschung, empirischer Hermeneutik und reflexiver Sozialttechnologie, Opladen 1983.

ZERFASS, R., Praktische Theologie als Handlungswissenschaft, in: Praktische Theologie heute, München 1974.

ZIEBERTZ, H.-G., [Empirische Forschung] in der Praktischen Theologie als eigenständige Form des Theologie-Treibens, in: Praktische Theologie 39 (2004), 47-55.

11 Bildquellen

Kapitel 3 Messianische Juden in Deutschland

Abb. 3.1.1 – 1 Zuzug jüdischer Personen aus der ehemaligen Sowjetunion seit 1993
Quelle: BUNDESAMT FÜR MIGRATION UND FLÜCHTLINGE, abgebildet in: S. HAUG, Soziodemographische Merkmale, Berufsstruktur und Verwandtschaftsnetzwerke jüdischer Zuwanderer. Working Paper 8 der Forschungsgruppe des Bundesamtes, Nürnberg 2007, 9.

Abb. 3.1.3 – 1 Mitgliederstatistik der Zentralwohlfahrtsstelle der Juden in Deutschland
Quelle: ZENTRALWOHLFAHRTSSTELLE DER JUDEN IN DEUTSCHLAND (ZWST), Mitgliederstatistik der jüdischen Gemeinden und Landesverbände in Deutschland für das Jahr 2007 (Auszug), Frankfurt 2008, 2.

Kapitel 7 Einordnung des messianischen Judentums

Abb. 7.2.2 – 1 Das Pluralistische Modell
Quelle: D. COHN-SHERBOK, Messianic Judaism. London/New York 2000, 212.